# Les auteurs du guide

Ce guide a été réalisé par une équipe d'auteurs experts du Portugal : Denis Montagnon, auteur de l'édition originale, Sarah Sergent et Sandrine Rabardeau.

**Natasha Penot**, auteure de nombreux guides de voyages pour les éditions Hachette, s'est chargée de la présente édition. Elle a participé à de nombreux reportages au Portugal, qui l'ont amenée à arpenter des villages intemporels, à longer des côtes sauvages et à se plonger dans la frénésie de Porto et de Lisbonne. Elle voue une passion pour le cœur authentique du Portugal, en particulier pour la région injustement méconnue de l'Alentejo.

PORTUGAL

^ Bateau peint typique d'Aveiro



# SOMMAIRE

## L'Algarve 254



## Les Beiras 306



## Porto et le Nord 348



# TOUT SAVOIR SUR 438



# CARNET PRATIQUE 482



# CARTES ET PLANS

‹ Le funiculaire de Bica, à Lisbonne

## Lisbonne

La ville aux sept collines est bercée d'une lumière douce et magnifique qui illumine les façades d'azulejos. Ses quartiers, tantôt modernes, tantôt authentiques, nous offrent des cultures et des ambiances toujours différentes. Capitale animée qui ne demande qu'à être explorée, elle possède de multiples *miradouros* avec vue sur le Tage.

p. 50

## SINTRA

Oubliez le Portugal que vous connaissez et plongez au cœur de la magie de Sintra ! Hormis les villas chics et les boutiques artisanales, on trouve ici l'héritage d'une aristocratie un brin mégalo. Des palais à l'architecture fantasque et à la décoration opulente, au cœur de jardins remplis de mystères, vous attendent pour une balade romantique.

p. 131

# LES IN-CONTOURNABLES

## ÓBIDOS

Cette petite cité médiévale est l'une des plus pittoresques du pays. Les murailles de la ville abritent un château bien conservé et de charmantes ruelles pavées où s'alignent de jolies maisons blanches ou jaunes aux fenêtres fleuries. On y vient pour la fête du Chocolat ou pour les fêtes médiévales, et on ne manque pas de goûter la *ginjinha*.

p. 160

^ Óbidos

^ Palais da Pena, à Sintra

## Les monastères d'Alcobaça et Batalha

Classées au patrimoine de l'humanité par l'Unesco, ces deux abbayes portugaises sont de véritables joyaux. Le monastère d'Alcobaça est un important témoignage de l'architecture cistercienne en Europe, tandis que celui de Batalha, de style manuélin, reflète la montée en puissance du Portugal après la victoire contre les Espagnols.

p. 164 et 167

## ÉVORA

Sa magnifique cathédrale, les ruines de son temple romain, ses petites rues médiévales fleuries et sa cuisine traditionnelle font de la capitale de l'Alentejo une cité de charme incontournable. Non loin de la ville, on profite des vignobles et des superbes paysages mégalithiques.

p. 193

^ La plage de Fuseta, Ria Formosa

## Parque natural da Ria Formosa

La cité lagunaire de Faro est la porte d'entrée d'une Algarve authentique, préservée du tourisme de masse. Les îles à fleur d'eau du parc naturel de la Ria Formosa étendent leurs longues plages de sable blanc piquées de touffes herbeuses, qui figurent parmi les plus beaux paysages du Portugal.

p. 291

## COIMBRA

*«Coimbra est une leçon de rêve et de tradition»*, chantait Amália Rodrigues. La ville universitaire, animée par les étudiants en cape durant toute l'année, ne vous laissera pas indifférent. Au détour de ruelles compliquées et d'escaliers interminables, on y trouve des monuments impressionnants, des jardins florissants et des terrasses bondées.

p. 310

v Le pont Luís I et Vila Nova de Gaia, Porto

^ Les vignobles de la vallée du Douro

## La serra da Estrela

Les paysages montagneux sont idéals pour faire du ski ou de la randonnée. Au cœur du parc naturel, profitez du silence, de la végétation, des troupeaux de moutons et des nombreux cours d'eau qui prennent leur source ici. Un passage à Torre, le point culminant, est obligatoire, tout comme une dégustation de fromages !

p. 339

## PORTO

Son histoire et ses façades colorées dévoilent une ville ouvrière charmante. Entre tradition et modernité, elle présente des bâtiments remarquables, une gastronomie riche, une vie nocturne animée et un esprit très créatif. N'oubliez pas de visiter une cave et de siroter un verre de porto le long du Douro...

p. 354

## LA VALLÉE DU DOURO

Les vignobles s'étendent à perte de vue de part et d'autre du Douro, cascadant en terrasses jusqu'aux rives du fleuve. Cette célèbre région viticole, qui produit le porto, les vins du Douro (AOC) et le *vinho verde*, est piquée de villages médiévaux, de *quintas* cossues où séjourner et de *solares* – des demeures nobles aussi grandioses que des palais.

p. 382

## Guimarães

Le berceau du Portugal a été rénové en 2012. Ses jolies places et ses ruelles pavées reliées par des arcs, ses hautes maisons aux balcons en fer forgé, ses espaces verts abondants et ses nombreux restaurants attirent les foules plus que jamais. Côté culture, profitez des monuments anciens et des 600 animations annuelles.

p. 403

Largo do Toural à Guimarães >

# SI VOUS AIMEZ...

## Les balades nature

Des montagnes tapissées de forêts, des falaises déchiquetées, des mers de dunes et d'immenses lagunes... Le Portugal regorge de coins préservés, riches d'une faune et d'une flore exceptionnelles, où faire de superbes balades en pleine nature.

**Parque natural da Arrábida** p. 152
**Parque natural do Sudoeste Alentejano et Costa Vicentina** p. 256
**Parque natural da Ria Formosa** p. 291
**Parque natural da Serra da Estrela** p. 339
**Parque nacional da Peneda-Gerês** p. 414

## LES BOUTS DU MONDE

De sommets solitaires en perchoirs sur l'océan, des spots pour se sentir loin de tout, où tout invite à la contemplation et à de douces rêveries...

**Cabo da Roca** p. 137
**Cabo Sardão** p. 246
**Cabo de São Vicente** p. 260

‹ Le cabo de São Vicente

^ Parque natural da Arrábida

## FAIRE LA FÊTE

Au Portugal, le calendrier des festivités est bien chargé. Chaque localité possède un saint à fêter et on trinque plus que de raison à Coimbra pendant les fêtes étudiantes ! Cortège festif, bals, danses folkloriques, concerts... le spectacle est souvent dépaysant.

**Fête des saints populaires à Lisbonne** p. 112
**Carnaval de Loulé** p. 275
**Queima das Fitas à Coimbra** p. 324
**Saint-Jean à Porto** p. 367
**Romaria d'Agonia à Viana do Castelo** p. 437

⌄ Golf dans l'Algarve

## La gastronomie

365 plats à base de morue, du poulpe, des crustacés, les *cataplanas* ou les *caldeiradas* font d'excellents choix côté mer. Avec ses viandes AOP, le Portugal offre de succulents plats et les charcuteries goûteuses du Minho. On arrose le tout avec du bon vin de Porto ou de l'Alentejo, et on termine par l'étonnant fromage de la serra da Estrela. Les bouches sucrées trouveront leur bonheur, en commençant par l'incontournable *pastel de nata*.

**Charcuteries et viandes AOP** p. 475
**Fromage de la serra da Estrela** p. 476
**Vin de Porto** p. 479

⌄ Pastéis de nata

## Les activités sportives

Le climat et les paysages offrent de nombreuses activités : golf et sports extrêmes (parapente, deltaplane...) sur la côte sud, falaises de schiste au nord pour les grimpeurs, spots de surf sur la côte atlantique et, dans le sud de l'Algarve, plongée, canyoning...

**Peniche** p. 161
**Nazaré** p. 166
**Arrifana** p. 258
**Sagres** p. 261
**Algarve** p. 254

Le village de Monsanto, dans les Beiras ›

## L'ART RELIGIEUX

Constellé d'églises et hôte d'un pèlerinage mondialement connu, le Portugal possède un patrimoine religieux foisonnant, dont quatre monastères classés au patrimoine mondial par l'Unesco.


**Mosteiro dos Jerónimos** p. 105
**Mosteiro de Santa Maria de Alcobaça** p. 165
**Mosteiro da Batalha** p. 167
**Fátima** p. 169
**Convento de Cristo** p. 182
**Santuário do Bom Jesus do Monte** p. 413

## Les villages de caractère

Tout de schiste dans les Beiras, de granit dans le Minho, blancs de chaux dans l'Alentejo, noyés de fleurs, ou complètement perchés... ces amours de villages, encore préservés, incarnent l'âme du pays. Le Portugal, le vrai, mignon en diable et hors du temps.


**Monsaraz** p. 202
**Marvão** p. 219
**Castelo de Vide** p. 220
**Monsanto** p. 337
**Rio de Onor** p. 398


‹ Le cloître du monastère de Batalha

^ Façade d'azulejos à Lisbonne

## Les azulejos

Vous craquez pour les fameux petits carreaux de céramique portugais ? Suivez-nous pour en connaître toute l'histoire et débusquer les plus beaux !

**Couvent de São Vicente de Fora** p. 71
**Museu nacional do Azulejo** p. 84
**Capela de São Lourenço** p. 275
**Estação de São Bento** p. 362

## LES PETITS PORTS

La côte égrène d'adorables villages de pêcheurs avec leur cortège d'embarcations colorées, où l'on assiste au spectacle de la débarque et où l'on se régale de poissons et de crustacés ultra frais.

**Porto Covo** p. 245
**Azenha do Mar** p. 247
**Carvoeiro** p. 271
**Farol** p. 293
**Santa Luzia** p. 294
**Cacela Velha** p. 295
**Costa Nova** p. 332

## LES JARDINS BUCOLIQUES

Tour à tour exotiques, mystiques, follement romantiques ou carrément arty, les jardins portugais promettent de délicieuses promenades, aussi rafraîchissantes que dépaysantes.

**Palácio dos Marqueses de Fronteira** p. 80
**Quinta da Regaleira** p. 134
**Jardim botânico de Coimbra** p. 319
**Parque Nacional do Buçaco** p. 321
**Fundação de Serralves** p. 378

Les jardins de la Quinta da Regaleira >

# LE PORTUGAL C'EST AUSSI...

## UN TRAIN À VAPEUR

De juin à octobre, le train historique du Douro se faufile à vitesse d'escargot au pied des vignes en terrasse de la splendide vallée du Douro. Un voyage à rebrousse-temps, comme à la Belle Époque, entre Peso da Régua et Tua.

**Train historique du Douro** p. 384

^ Festival du masque ibérique à Lisbonne

## UN JARDIN SUR LES TOITS

Expérience délicieuse à Porto : siroter un verre à l'ombre des oliviers dans le bar à ciel ouvert du jardim das Oliveiras, planté sur les toits d'une galerie marchande. Une vraie bulle de verdure, qui semble léviter au cœur de la ville !

**Jardim das Oliveiras** p. 364

## Un château hanté sur l'eau

C'est en barque que l'on rejoint le château médiéval d'Almourol, perché sur un îlot au milieu des eaux du Tage. Un vrai château de conte de fée, hanté, dit-on, par le fantôme d'une princesse...

**Castelo de Almourol** p. 184

## UN FESTIVAL DE FESTIVALS

Traditions portugaises, foires médiévales, concerts pop ou gastronomie, il y en a pour tous les goûts !

**Festival du masque ibérique à Lisbonne** p. 112
**Rock in Rio Lisboa** p. 112
**Festival de Sintra** p. 143
**Mercado Medieval à Óbidos** p. 173
**MEO Sudoeste** p. 248

## Une église qui vaut son pesant d'or

Pas moins de 200 kg d'or recouvrent les boiseries sculptées de l'igreja de São Francisco à Porto. L'art de la *talha dourada* à son paroxysme !

**Igreja de São Francisco** p. 358

## DES CURIOSITÉS

Le Portugal en version miniature, une chapelle macabre, un musée de la photo logé dans une ancienne prison, une librairie tout droit sortie des pages de *Harry Potter*, un ancien village submergé... petite sélection de lieux uniques pour amateurs d'insolite !

**Capela dos Ossos** p. 198
**Portugal dos Pequenitos** p. 320
**Livraria Lello** p. 364
**Centro Português de Fotografia** p. 366
**Vilarinho da Furna** p. 415

## Un port sur pilotis

Unique en Europe, le petit port de Carrasqueira, entièrement en bois, déroule son ponton dans l'estuaire du Sado. Avec ses petites cabanes de pêcheurs colorées, c'est un lieu particulièrement photogénique.

**Carrasqueira** p. 243

## DES BARCOS RABELOS ET DES MOLICEIROS

À Lisbonne, on traverse le Tage en *cacilheiro* ; sur les canaux d'Aveiro, la petite Venise portugaise, on troque la gondole pour le *moliceiro* ; et à Porto, on vogue sur le Douro en *barco rabelo*, comme un fût de vin de porto ! Embarquez pour une balade sur les flots :

**Cacilheiros** p. 55
**Moliceiros** p. 331
**Barcos rabelos** p. 367

## La foire de la Voleuse...

... ou *feira da Ladra* en portugais : c'est le nom que porte le marché aux puces préféré des Lisboètes.

**Feira da Ladra** p. 72

## Du street art ébouriffant

Vhils, Bordalo II, Frederico Draw, Costah, Azul... les plus grands noms du street art portugais et international s'affichent sur les murs de :

**Lisbonne** p. 50
**Setúbal** p. 150
**Sesimbra** p. 153
**Lagos** p. 265
**Porto** p. 355

## LES RUINES D'UNE VILLE ROMAINE

Des thermes, un forum, un immense aqueduc, de sublimes mosaïques polychromes... Conímbriga est le site romain le plus riche et le mieux préservé du pays.

**Conímbriga** p. 323

Le petit port de Carrasqueira

# NOS PLAGES préférées

**Retrouvez ces plages sur la carte en rabat avant.**

## Les environs de Lisbonne

### *Portinho da Arrábida* p. 153

Au cœur du parc naturel de la serra da Arrábida, le sable blanc et le dégradé de bleus contrastent nettement avec la végétation verdoyante alentour. Sublime, et sans la moindre vague à l'horizon.

## L'Estremadura et le Ribatejo

### *Praia da Foz do Arelho* p. 165

Deux plages en une, grâce à la configuration d'un site exceptionnel… L'une pour les amateurs d'eau calme, l'autre pour les amateurs de glisse !

⌄ Portinho da Arrábida

## L'Alentejo

### *Praia de Tróia* p. 242

À la limite de la réserve naturelle de l'estuaire du Sado, la nature encore intacte s'étend sur des kilomètres. Dernier endroit chic et à la mode, c'est la plage préférée des célébrités.

^ Praia do Camilo

## L'Algarve, le grand Sud

### *Praia da Amoreira* p. 258

À Aljezur, derrière les dunes, la rivière s'élargit en estuaire avant de rejoindre l'Océan et forme de petites piscines chaudes parfaites pour les enfants et les frileux. Les autres rejoindront les surfeurs sur de belles déferlantes. On aime le restaurant avec vue !

### *Praia do Amado* p. 259

Les sombres falaises et les grosses vagues de l'Océan attirent les sportifs téméraires et les amoureux de la nature. La plage possède sa propre école de surf.

### *Praia do Camilo* p. 267

Cette plage de Lagos en forme de coquillage est accessible par un long escalier de 200 marches. Le sable est d'or, et les majestueuses falaises de dentelles creusent des petits tunnels à explorer.

˅ Praia da Amoreira

^ Praia da Marinha

## Praia da Rocha p. 269

Cette plage de Portimão est la plus célèbre et la plus courue de toute l'Algarve. Ses 3 km de sable fin bordés de rochers dorés font l'unanimité, mais il faut aimer la foule.

## Praia da Marinha p. 273

Hautes falaises dorées, rochers sculptés, eau couleur émeraude et sable blanc, la praia da Marinha semble tout droit tombée du paradis. Des conditions de rêve pour pratiquer le snorkeling !

## Praia da ilha do Farol p. 293

Une île, un petit village de pêcheurs, un paradis désert au cœur du parc naturel de la Ria Formosa. La plage est étroite, la mer calme et l'eau limpide. Collation ou bon restaurant en prime.

# Les Beiras, du Tage au Douro

## Figueira da Foz p. 321

Non loin de Coimbra, à l'embouchure du Mondego, la vaste plage de sable blanc de Figueira da Foz accueille les familles en quête de soleil. N'oubliez pas de visiter le port et la ville !

## Costa Nova p. 332

La Costa Nova, à Aveiro, déroule son sable fin et ses farandoles de maisons aux bandes verticales colorées *(palheiros)*. Anciennes cabanes de pêcheurs, ce sont aujourd'hui de charmantes maisons de vacances.

Palheiros à Costa Nova

# NOS ACTIVITÉS préférées

## Découvrir les criques de l'Algarve

À faire absolument, que ce soit en bateau, en kayak ou à paddle ! Les formations rocheuses couleur or sont intrigantes et les grottes turquoise d'une beauté déconcertante.

**Lagos** p. 265
**Carvoeiro** p. 271

## Chausser les skis

Les montagnes de la serra da Estrela plantent le décor idéal pour passer l'hiver au grand frais. La station du mont Torre est le seul endroit où l'on peut pratiquer les sports d'hiver. Entre ski, snowboard, luge et raquettes, on s'offre une balade en pleine nature !

**Serra da Estrela** p. 339

## Flirter avec les vagues le long du Trilho dos Pescadores

En plein cœur d'un parc naturel, le chemin côtier qui relie Odeceixe au cabo de São Vicente est dépaysant et offre de jolis panoramas. Quant aux plages, elles s'enchaînent les unes après les autres ; faites donc des pauses.

**Le Trilho dos Pescadores** p. 250
**Odeceixe** p. 257
**Cabo de São Vicente** p. 260

^ Vendanges dans la vallée du Douro

## Visiter une *quinta* de la vallée du Douro

Que l'on ait visité les caves de Vila Nova de Gaia ou pas, on met le cap sur les petites cités viticoles de la vallée du Douro afin de rencontrer un producteur et de découvrir son domaine. L'odeur particulière des fûts, les vignobles en terrasses, la dégustation… tout est fascinant !

**Vallée du Douro** p. 382

## Écouter du fado au cœur de l'Alfama

Ô *saudade*, ô mélancolie ! Pour s'imprégner de toute la beauté de la musique portugaise, on sillonne le quartier de l'Alfama à la recherche d'un petit troquet d'où sortirait une jolie voix.

**Alfama** p. 73

## Faire une pause détente dans une station thermale

Caldas de Monchique bénéficie d'une eau thermale aux vertus thérapeutiques. On s'offre un soin ou juste un verre d'eau sur la petite place de ce village paisible.

**Caldas de Monchique** p. 269

## Observer la faune

Des dauphins de l'estuaire du Sado aux hippocampes et flamants roses de la Ria Formosa, en passant par les chevaux sauvages du parc de Peneda-Gerês et les oiseaux marins de l'archipel des Berlengas, les occasions d'observer la faune locale ne manquent pas.

**Vertente Natural** p. 154
**Archipel des Berlengas** p. 163
**Ria Formosa** p. 291

## Se baigner dans une piscine naturelle

Les plages de l'Océan ne sont pas les seules à permettre la baignade. Le parc national de Peneda-Gerês renferme de nombreuses cascades et piscines naturelles au sein de ses 70 000 ha de nature.

**Parc national de Peneda-Gerês** p. 414

‹ Concert de fado

Sortie en kayak à la praia da Dona Ana à Lagos

# Activité OÙ SURFER ?

Des plages immenses, une houle constante, des tubes mythiques, des déferlantes XXL et des paysages à couper le souffle... le Portugal, hôte de compétitions internationales prestigieuses, compte parmi les meilleures destinations surf en Europe. Ses 800 km de côtes égrènent des breaks pour tous les niveaux. Spots pour les premières glisses ou pour parfaire son ride, les options ne manquent pas. Jetez-vous à l'eau !

Spot de surf de Sagres

# PRATIQUE

## Location de matériel

Vous trouverez des loueurs de planches et des écoles de surf à proximité de tous les spots notables. La combinaison est indispensable en hiver et fortement conseillée en été, notamment dans le Nord, où l'eau est fraîche toute l'année (15 °C).

## Quand surfer

Avec des *swells* fréquents de 2 m en été et de 5 m en hiver, on surfe toute l'année au Portugal ! Le Sud offre les meilleures vagues de novembre à février. Plus au nord, privilégiez le printemps et l'automne : les conditions y sont bonnes et les plages moins fréquentées.

## Dangers

Vagues puissantes, courants forts, il est fortement conseillé aux débutants de suivre un cours auprès d'une école de surf. Certains *shore break* étant particulièrement violents, ne tournez jamais le dos à la mer en sortant de l'eau. Et gare aux piqûres d'oursin dans les rochers.

## Météo

Météo et conditions de baignade et de surf en direct sur www.ipma.pt (Institut portugais de la mer et de l'atmosphère).

## S'informer

Liste des spots portugais sur www.portuguesewaves.com

^ Le spot de Praia do Amado sur la côte Vicentine

# Sur la Costa Vicentina

Les spots de rêve abondent sur la **côte Vicentine**, la zone la plus surfée du Portugal. La **côte ouest de l'Algarve** est l'un des littoraux les mieux préservés d'Europe, où les plages superbement sauvages ne sont pas encore très fréquentées. Un must pour un surf trip !

## Sagres

Point de chute stratégique pour naviguer entre les spots de la côte ouest et de la côte sud, Sagres compte parmi les meilleures destinations surf de l'Algarve, avec des spots particulièrement adaptés pour les débutants. Il y a trois vagues principales dans la ville et des écoles de surf. Sagres a en outre la réputation d'être la ville la plus animée pour l'après-surf.

**Sagres** p. 261

## Praia do Amado

Du petit village de surfeurs de Carrapateira, on accède facilement à ce spot réputé, l'un des meilleurs du Portugal, où se déroulent des compétitions internationales. En dépit des courants forts et des vagues puissantes, le site est accessible aux débutants, qui peuvent s'initier grâce aux nombreuses écoles de surf présentes.

**Praia do Amado** p. 259

## Praia da Arrifana

Arrifana, isolée dans un écrin spectaculaire de hautes falaises, est très populaire auprès des surfeurs et bodyboarders locaux. La vague qui casse au milieu de la baie s'offre aux débutants tandis que les surfeurs plus expérimentés rident une vague plus exigeante à droite de la baie quand la houle est conséquente.

**Praia da Arrifana** p. 259

# Sur la Costa de Lisboa

## Costa da Caparica

Avec pas moins de 30 km de plage et des *beach breaks* pour tous les niveaux, la Costa da Caparica est un grand classique de la région.

**Costa da Caparica** p. 149

## Praia de Carcavelos

Carcavelos est le berceau du surf au Portugal. Un *beach break* à portée de Lisbonne (25 min en train), qui convient aux amateurs comme aux pros. La plage est immense mais le spot est très fréquenté en été (beaucoup de monde au *line up* !).

**Praia de Carcavelos** p. 139

## Praia do Guincho

Martelée de grosses vagues, cette plage à la beauté brute et sauvage compte parmi les meilleurs spots de la région de Lisbonne. Ses vents forts en font l'une des Mecque mondiales des windsurfeurs et kitesurfeurs. Mais quand le vent se calme, c'est un vrai paradis pour les surfeurs. Attention aux courants, très puissants.

**Praia do Guincho** p. 137

## Ericeira

Déclarée réserve mondiale de surf, Ericeira est cernée d'excellents spots et attire la crème des surfeurs. Le plus connu est le *reef break* de **Ribeira d'Ilhas**, qui offre, à 3 km au nord de la ville, de bonnes gauches et droites, et accueille le championnat du monde de surf. Seuls les plus courageux s'aventurent dans la crique de **Coxos**, qui déroule une droite longue et rapide, considérée comme la meilleure vague du Portugal.

**N-O de Mafra, carte** p. 21

⌄ Spot de Ribeira d'Ilhas

# Sur la Costa de Prata

De Peniche à Aveiro, la Côte d'Argent brille par ses spots mythiques.

## Peniche et Baleal

Le spot le plus prestigieux du Portugal offre des conditions parfaites toute l'année et un vent *offshore* idéal pour tous les niveaux. On laissera aux pros les vagues tubulaires exceptionnelles de la mythique **Supertubos**, le «pipeline européen», qui réunit chaque année les meilleurs surfeurs du monde pour l'étape du Rip Curl Pro. Pour s'entraîner à rider les tubes, cap sur le spot voisin de **Molhe Leste**. Entre Peniche et Baleal, **praia Norte** se prête aux premières glisses, avec un *beach break* en gauche ou droite.

**Peniche** p. 161
**Supertubos** p. 163
**Baleal** p. 163

## Foz do Arelho

Un *beach break* avec des gauches et droites de qualité, voire épiques quand la houle est optimale, mais qui peut aussi convenir aux débutants.

**Foz do Arelho** p. 164

## Nazaré

Le petit port de pêche de Nazaré, mondialement connu pour ses murs d'eau, attire les surfeurs de l'extrême. Sur la **praia do Norte** déferlent des vagues parmi les plus grosses du monde. Il faut attendre les houles géantes de l'hiver pour voir ces monstres d'eau, créés par le canyon sous-marin le plus profond d'Europe, atteindre plus de 30 m de hauteur. Ce spot, l'un des plus dangereux au monde, est réservé aux *big wave* surfeurs, spécialisés dans les grandes vagues. En 2018, le surfeur brésilien Rodrigo Koxa y a battu le record de la plus grande vague jamais surfée, mesurée à 24,38 m. À défaut de se jeter à l'eau, on peut profiter de ce spectacle époustouflant depuis le phare. Sensations garanties !

**Nazaré** p. 166

## VOCABULAIRE DU SURFEUR

**Barre** : zone de vagues à franchir pour rejoindre le *line up*.

***Beach break*** : spot où les vagues déferlent sur un fond sableux.

**Droite** : vague déferlant à droite du surfeur, l'inverse vu de la plage.

**Gauche** : vague déferlant à gauche du surfeur.

***Line up*** : lieu où l'on attend la vague.

***Offshore*** : vent de terre soufflant vers la mer (le meilleur vent).

***Onshore*** : vent de mer soufflant vers la terre.

***Peak*** («pic» en français) : point où débute le déferlement de la vague.

***Point break*** : spot où les vagues déroulent de façon régulière le long d'une pointe rocheuse ou d'une digue. Ce sont les plus recherchées.

***Reef break*** : spot où les vagues déroulent sur un récif de roche ou de corail.

***Shore break*** : vague qui casse au bord du rivage sur le sable.

**Spot** : lieu où l'on peut surfer.

***Swell*** : houle.

***Take off*** : moment où le surfeur rame pour se mettre sur la vague, puis se lève sur sa planche pour surfer.

**Tube** (*barrel* en anglais) : rouleau formé par la vague.

## Figueira da Foz

À Figueira da Foz, **Cabedelo** et **Buarcos**, où l'on peut surfer la plus longue vague du Portugal, sont les spots à ne pas manquer.

**Figueira da Foz** p. 321

## Praia da Barra

Près d'Aveiro, **Costa Nova** et **praia da Barra** offrent aussi de bonnes conditions et toutes les infrastructures nécessaires à la pratique du surf.

**Costa Nova** p. 332
**Praia da Barra** p. 332

# Sur la Costa Verde

Léché par une forte houle et balayé par les vents, le Nord du Portugal n'est pas en reste avec de très bonnes options de surf, à commencer par la station balnéaire de **Matosinhos**, accessible en métro depuis Porto et idéale pour débuter, ou la **praia do Cabedelo**, au sud de Viana do Castelo.

**Viana do Castelo** p. 420

Le spot de surf de Matosinhos

# 12 JOURS pour un séjour découverte

De Lisbonne à Porto, le «grand classique» pour voir l'essentiel des trésors du Portugal.

Vue sur Lisbonne et le Ponte de 25 Abril depuis le Cristo Rei

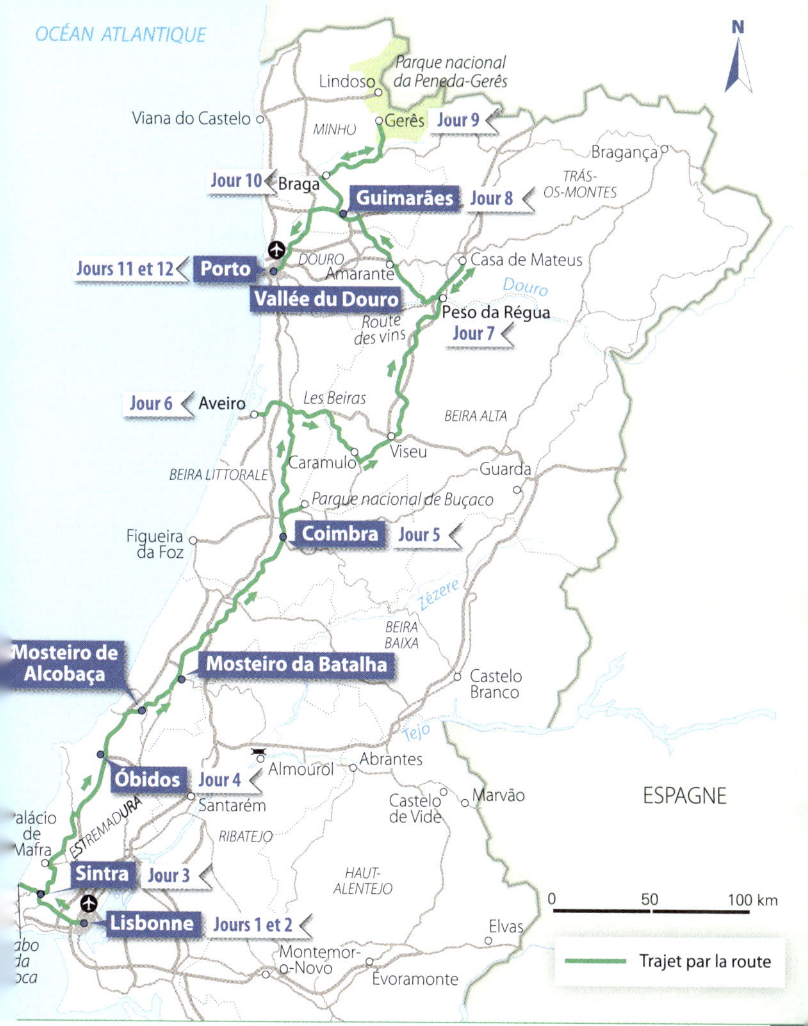


urs 1 et 2

## LISBONNE

Vol Paris-Lisbonne.

La ville aux sept collines se découvre au fil des ruelles pittoresques de l'Alfama, le long des rues ordonnées de la Baixa et depuis ses *miradouros* romantiques au-dessus du Tage. Le soir, passage obligé par le Bairro Alto pour goûter à l'effervescence des nuits lisboètes !

Visite 1 à 7

Jour 3

## SINTRA

30 km entre Lisbonne et Sintra.

La serra de Sintra abrite quelques merveilles de palais, à commencer par la folie du palácio da Pena. Besoin de grand air ? Poussez jusqu'au cabo da Roca, le point le plus à l'ouest du continent européen ; ça décoiffe !

Visite 8

Jour 4

## ÓBIDOS

90 km env. entre Sintra et Óbidos.

Sur la route d'Óbidos, il y a Mafra et son palais-monastère : près de 1200 salles à explorer ! Question allure, les murailles de la médiévale Óbidos ne sont pas mal non plus. Finissez en beauté au monastère de Batalha ou à celui d'Alcobaça.

Visite 10

Jour 5

## COIMBRA

135 km d'Óbidos à Coimbra.

Rejoignez Coimbra : ici, au bord du Montego, la vie s'écoule paisiblement, entre étudiants en cape de la prestigieuse Velha Universidade, boîtes de fado, jardins verdoyants et palais médiévaux.

Visite 19

Jour 6

## AVEIRO

60 km de Coimbra à Aveiro.

Avant de rejoindre la *ria* de Aveiro, la lagune, ses plages et la réserve naturelle, faites un détour par le parc national de Buçaco et son génial palace-hôtel.

Visites 19 et 20

Jour 7

## PESO DA RÉGUA

145 km d'Aveiro à Peso da Régua.

Avant d'arriver à Peso da Régua et de passer la nuit dans une *quinta*, faites une halte à Caramulo, une étonnante station thermale au cœur d'un massif verdoyant.

Visites 20 et 23

Jour 8

## AMARANTE ET GUIMARÃES

61 km de Peso da Régua à Amarante et 50 km d'Amarante à Guimarães.

En quittant Peso da Régua, prévoyez un arrêt à la sublime casa de Mateus avant de déjeuner à Amarante, l'une des petites cités les plus romantiques de la région. Dirigez-vous ensuite vers Guimarães, le « berceau du Portugal ».

Visites 23 et 25

Amarante ›

our 9

## LE PARC NATIONAL DE PENEDA-GERÊS

50 km de Guimarães à Gerês.

Journée baignade, kayak et randonnée… les activités ne manquent pas au cœur de la serra do Gerês, chaîne montagneuse la plus au sud du parc.

Visite 25

›ur 10

## BRAGA

45 km de Gerês à Braga.

Admirez la cathédrale, les places verdoyantes et les nombreuses églises, puis filez faire pénitence au sanctuaire de Bom Jesus do Monte dont l'escalier baroque déroule près de 600 marches !

Visite 25

›urs 11 et 12

## PORTO

58 km de Braga à Porto.

Quartiers pentus et colorés, édifices médiévaux et baroques, architecture contemporaine de renommée internationale, vie nocturne trépidante : la ville du Nord séduit tous ceux qui la découvrent.

Visites 21 et 22

# 3 SEMAINES pour tout voir (ou presque)

De Porto à Lisbonne, un florilège de palais, de monastères, de *quintas*, de petits villages typiques et de paysages à couper le souffle.

Conseil : prenez un aller vers Porto et un retour de Lisbonne.

Jours 1 et 2

## PORTO

Arrivée en avion à Porto.

Commencez par le superbe quartier ancien, avec la cathédrale et la Ribeira. En fin de journée, visitez un chai de porto à Vila Nova de Gaia. Le lendemain, découvrez la fondation Serralves et son musée d'art contemporain.

Visites 21 et 22

Jour 3

## LA VALLÉE DU DOURO

145 km de Porto à Pinhão.

Les paysages de vignobles dégringolant en terrasses jusqu'au fleuve sont sublimes. Poussez les portes des producteurs de porto et de vin du Douro (AOC), avant de passer la nuit dans une *quinta*.

Visite 23

Jour 4

## LA SERRA DA ESTRELA

169 km jusqu'à Torre, le sommet.

Direction la ville d'altitude de Guarda, blottie sur le flanc de la Serra da Estrela. Les forêts et les vallées encaissées plairont aux amoureux de montagne. Passez la nuit à la *pousada* de São Lourenço ou gagnez Coimbra.

Visite 20

Jours 5 et 6

## COIMBRA

120 km de Torre à Coimbra.

Grimpez jusqu'à la Velha Universidade, faites une pause au jardin botanique, puis, le soir venu, allez écouter du fado. Le jour suivant, perdez-vous dans la végétation luxuriante du parc national de Buçaco (30 km) ou goûtez l'air marin de Figueira da Foz (54 km).

Visite 19

N
OCÉAN ATLANTIQUE
Viana do Castelo
MINHO
Braga
Bragança
Guimarães
TRÁS-OS-MONTES
DOURO
Mateus
Jours 1 et 2
Porto
Vallée du Douro
Jour 3
Peso da Régua
Pinhão
Douro
Route des vins
Lamego
Vila Nova de Foz Côa
Les Beiras
Aveiro
BEIRA ALTA
Trancoso
Viseu
BEIRA LITTORALE
Parque nacional de Buçaco
Jours 5 et 6
Coimbra
Serra da Estrela
Guarda
Jour 4
Figueira da Foz
Zêzere
BEIRA BAIXA
Mosteiro de Alcobaça
Mosteiro da Batalha
Castelo Branco
Tomar
Jour 8
Jour 7
Abrantes
Óbidos
Tejo
Almourol
Marvão
Castelo de Vide
Santarém
ESTREMADURA
Palácio de Mafra
RIBATEJO
HAUT-ALENTEJO
Sintra
Jour 19
Lisbonne
Jours 20 et 21
Elvas
Montemor-o-Novo
Évoramonte
Setúbal
Évora
Jours 9 et 10
Carrasqueira
Jour 18
Alcácer do Sal
Monsaraz
Lac d'Alqueva
ESPAGNE
Beja
Porto Covo
BAS - ALENTEJO
Vila Nova de Milfontes
Jour 17
Guadiana
Mértola
Jour 11
Parque natural da Ria Formosa
ALGARVE
0
50
100 km
Loulé
Lagos
Albufeira
Jours 15 et 16
Faro
Tavira
Jours 13 et 14
Jour 12
Trajet par la route

Jour 7

## ÓBIDOS

85 km de Coimbra à Batalha.

Pour les amoureux d'histoire de l'art et d'architecture religieuse, les monastères de Batalha et d'Alcobaça sont incontournables ! Gagnez ensuite pour la nuit Óbidos, l'une des cités médiévales les plus pittoresques du pays.

Visite 10

Jour 8

## TOMAR ET MARVÃO

100 km d'Óbidos à Tomar.

À Tomar, arrêtez-vous au convento do Cristo, où on admire une fenêtre invraisemblable ! Si vous préférez les châteaux, celui d'Almourol, au milieu du Tage, devrait vous emballer. Gagnez enfin Marvão, village tout blanc, blotti derrière ses murailles au sommet d'une colline.

Visites 11 et 13

Jours 9 et 10

## ÉVORA

125 km de Marvão à Évora.

Entre Marvão et Évora, le Haut-Alentejo offre une succession de petits villages fortifiés. Prenez du temps à Évora : cette cité médiévale abrite le plus beau temple romain et la plus belle *pousada* du pays. Poussez jusqu'à Monsaraz, qui surplombe le lac d'Alqueva, les paysages y sont magiques. Nuit à Évora.

Visite 12

Jour 11

## MÉRTOLA

132 km d'Évora à Mértola.

Explorez l'ancienne citadelle blanche qui surplombe le Guadiana.

Visite 14

Jour 12

## TAVIRA

93 km de Mértola à Tavira.

Goûtez au romantisme de l'ancienne cité maure puis prenez le bac pour praia da Ilha de Tavira. Au coucher du soleil, dégustez un poulpe dans le port de Santa Luzia.

Visite 18

Jours 13 et 14

## FARO

32 km de Tavira à Faro (par la N125).

En chemin, faites une halte au marché aux poissons d'Olhão et découvrez les maisons cubiques de ce grand port de pêche. Arpentez les ruelles de la vieille ville de Faro et profitez d'une sortie nature en bateau, en kayak, à pied ou à vélo dans la Ria Formosa avec Formosamar. Dans les environs, ne manquez pas le marché et les artisans de Loulé !

Visites 17 et 18

^ Le palácio da Pena à Sintra

Jours 15 et 16

## LAGOS

90 km de Faro à Lagos.

Dans le port historique des Grandes Découvertes, à vous les plages et l'animation nocturne ! Posez votre serviette sur la praia do Camilo et partez à la découverte des grottes de Ponta da Piedade en bateau ou en kayak.

Visite 17

Jour 17

## VILA NOVA DE MILFONTES

90 km de Lagos à Vila Nova de Milfontes.

Une petite station balnéaire familiale et accueillante pour une séquence plage ou une randonnée côtière jusqu'au petit village de pêcheurs de Porto Covo.

Visite 15

Jour 18

## ALCÁCER DO SAL ET SES ENVIRONS

98 km de Vila Nova de Milfontes à Alcácer do Sal.

Place aux marais salants et aux rizière ! Poussez jusqu'au petit port en bois de Carrasqueira (photogénique !) avant de profiter de la plage sauvage de Comporta, ou partez observer les dauphins dans l'estuaire du Sado.

Visite 15

Jour 19

## SINTRA

118 km d'Alcácer do Sal à Sintra.

De bien mystérieux palais se cachent dans la verdoyante serra : palácio de Sintra, Quinta da Regaleira, palácio da Pena, castelo dos Mouros... il va falloir faire des choix !

Visite 8

Jours 20 et 21

## LISBONNE

Vol retour en soirée ou le lendemain matin.

Deux jours pour découvrir cette capitale à taille humaine, entre l'Alfama pittoresque et populaire, la Baixa animée du XVIII$^{e}$ s. et le Bairro Alto noctambule.

Visites 1 à 7

# 1 SEMAINE à Lisbonne et dans ses environs

Pour ne rien manquer de la capitale portugaise, lézarder sur les plages de la Costa do Sol et s'échapper dans la rafraîchissante serra de Sintra.

^ Le phare de Santa Marta et le musée de Cascais

ours 1 à 3

## LISBONNE

Vol Paris-Lisbonne.

Avec ses quartiers invitant à la flânerie et ses musées d'art, Lisbonne mérite bien trois jours. Perdez-vous dans l'Alfama, dédale de ruelles étroites à l'irrésistible parfum méditerranéen.

Cap ensuite sur le musée Calouste-Gulbenkian, où vous trouverez une époustouflante collection d'œuvres du monde entier. Autre incontournable, le museu do Azulejo, où vous apprendrez tout de cet art typique du Portugal.

Le soir, rejoignez le Bairro Alto pour une soirée fado.

Visites 1 à 7

our 4

## LA COSTA DO SOL

30 km de Lisbonne à Cascais.

Direction Estoril et Cascais, les stations balnéaires huppées de la Costa do Sol : belles plages, hôtels de luxe, villas du XIX^e s. et soirée au casino façon *Casino Royale* !

Visite 8

ours 5 et 6

## LA SERRA DE SINTRA

35 km de Cascais à Sintra.

Sur la route du cabo da Roca, pause à la Boca do Inferno, puis détente à la praia do Guincho. Sintra abrite des palais exquis, un château maure féerique et une *quinta* digne d'un décor de cinéma !

Visite 8

ur 7

## QUELUZ

17 km de Sintra à Queluz.

À Queluz, ne manquez pas le palácio nacional, le Versailles portugais commandé au XVIII^e s. par la reine Maria I^re. Retour à Lisbonne, puis vol pour Paris.

Visite 8

# 10 JOURS nature et farniente dans le Sud

Des plages sublimes de l'Algarve aux beautés isolées du Bas-Alentejo, une boucle ensoleillée au rythme des baignades et des randonnées.

Jour 1

## FARO

Vol Paris-Faro.

Passez cette première journée dans la vieille ville de Faro à l'abri derrière ses remparts. Après la marina, filez au Musée municipal pour admirer vestiges islamiques et peintures portugaises. L'après-midi, rejoignez l'ilha da Barreta dans le parc naturel de la Ria Formosa.

Visite 18

Jour 2

## TAVIRA

33 km E de Faro à Tavira.

Tavira, la cité aux 37 églises bercée par le *rio* Gilão, est pleine de charme. Farniente délicieux sur l'ilha de Tavira l'après-midi. Puis escapade dans le paisible village de Cacela Velha où vous dînerez de *petiscos* en terrasse.

Visite 18

Jour 3

## LA SERRA DE MONCHIQUE

125 km O de Tavira à Monchique.

Matinée de randonnée au pic de Fóia dans la serra de Monchique, puis relaxation à Caldas de Monchique, la station thermale chic de l'Algarve. Dans le village de Monchique, découvrez les artisans et goûtez les produits locaux.

Visite 17

Jour 4

## DE PORTIMÃO AU CABO SÃO VICENTE

35 km S de Monchique à Portimão.

Commencez au musée de Portimão, qui évoque l'époque des grandes conserveries, puis posez votre serviette sur la praia da Rocha ou partez découvrir en bateau les grottes de Ponta da Piedade à Lagos. Envie de solitude ? Allez méditer à la forteresse de Sagres ou au cap Saint-Vincent.

Visites 16 et 17

Jour 5

## ZAMBUJEIRA DO MAR

88 km N de Portimão à Zambujeira do Mar.

Avec son église en belvédère sur l'Océan, Zambujeira do Mar ne manque pas d'attraits. Profitez de la plage familiale, puis suivez le Trilho dos Pescadores, un sentier à flanc de falaise, jusqu'au cabo Sardão : le spectacle de la nature est à couper le souffle. Pour vous remettre de vos émotions, allez dévorer un plateau de fruits de mer à Azenha do Mar.

Visite 15

Jour 6

## COMPORTA

110 km N de Zambujeira do Mar à Comporta.

Après un petit détour par Sines, cap sur Comporta. Cette station balnéaire est le rendez-vous branché des Lisboètes. À pied ou à vélo, sillonnez les chemins qui longent les dunes et les marais salants. Au village, flânez dans les boutiques pointues et réservez une table au restaurant du museu do Arroz.

Visite 15

Jour 7

## ÉVORA

130 km de Comporta à Évora.

À Évora, commencez par la place ombragée où s'élèvent le temple romain, la cathédrale et le musée de la ville. Pour déjeuner ou boire un verre, poussez la porte du convento dos Lóios, la plus belle *pousada* du pays !

Visite 12

‹ Praia da Rocha

ur 8

## MONSARAZ

55 km E d'Évora à Monsaraz.

C'est sans doute le plus beau des villages blancs de l'Alentejo. Flânez dans les rues sinueuses, découvrez ses artisans, et admirez la vue sur le lac d'Alqueva et la campagne saupoudrée de chênes-lièges et d'oliviers.

Visite 12

ur 9

## MÉRTOLA

150 km S de Monsaraz à Mértola.

Cette ville indolente, en surplomb du Guadiana, se situe dans le parc naturel de la vallée du Guadiana, paradis des randonneurs et des kayakistes.

Visite 14

ur 10

## ALCOUTIM

40 km S de Mértola à Alcoutim.

Sur la route du retour vers Faro, Alcoutim est une autre cité délicieuse au bord du Guadiana. Profitez de sa plage fluviale !

Visite 18

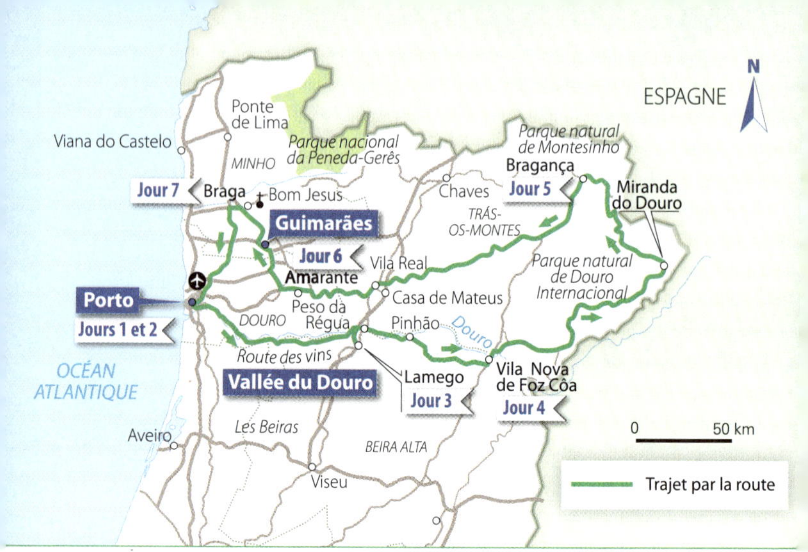


# 1 SEMAINE à Porto et dans le Nord

Cités historiques, art rupestre, folies baroques et parcs naturels : le meilleur de la vallée du Douro, du Trás-os-Montes et du Minho.

## Jours 1 et 2

### PORTO

Vol Paris-Porto.

Balade dans le centre historique pour redescendre vers la Ribeira, où vous déjeunerez le long du Douro. Passez le ponte Dom Luís I, qui vous mènera à Vila Nova de Gaia, où vous pourrez vous familiariser avec le fameux vin de Porto en visitant les caves. Le soir, profitez de l'ambiance animée autour de la torre dos Clérigos. La deuxième journée sera consacrée au visage moderne de Porto avec la Casa da Música, la fondation Serralves ou encore le quartier des arts avec la rua Miguel Bombarda.

Visites 21 et 22

## LAMEGO

Itinéraire de 140 km depuis Porto par la très belle route des vins (2h45).

En passant par Peso da Régua pour son museu du Douro, prenez la direction de Lamego et restez bouche bée devant le santuário de Nossa Senhora dos Remédios et son génial escalier baroque. Si vous aimez les vieilles pierres, filez au Museu municipal hébergé dans l'ancien palais épiscopal. Sur la route de Pinhão, faites une pause au belvédère de São Leonardo da Galafura, la vue est spectaculaire. À Pinhão, terminus de la ligne ferroviaire du Douro, admirez les azulejos de la jolie gare, puis visitez une *quinta* viticole où vous passerez la nuit.

Visite 23

Azulejos de la gare de São Bento à Porto

Jour 4

## VILA NOVA DE FOZ CÔA ET MIRANDA DO DOURO

70 km E de Pinhão (1h25).

Arrêtez-vous à Vila Nova de Foz Côa pour son museu do Côa, qui offre une vue incroyable sur le Douro, et pour les gravures rupestres du parque arqueológico do Vale do Côa. Dirigez-vous ensuite vers Miranda do Douro, où vous pourrez visiter la cathédrale et le château, et surtout profiter des paysages splendides, de la faune et de la flore variées du parc naturel du Douro. Nuit à Miranda do Douro.

Visites 23 et 24

Jour 5

## DE BRAGANÇA À AMARANTE

160 km via l'A4 (1h30 Miranda do Douro-Bragança, puis 1h45 Bragança-Amarante).

Rejoignez la cité médiévale de Bragança. La citadelle enclose dans ses murailles rappelle que la ville fut le fief de la puissante maison de Bragance, célèbres ducs. Si vous avez plutôt envie de nature, passez la journée à explorer le parc naturel de Montesinho, ses paysages de landes et de forêts sont magnifiques. Prenez ensuite la route de Vila Real – vous pourrez y trouver de belles poteries – ou gagnez les jardins luxuriants de la baroquissime casa de Mateus. Bluffant ! Nuit à Amarante.

Visites 23 et 24

Chapelle du palais des ducs de Bragance › à Guimarães

Jour 6

## GUIMARÃES

50 km N d'Amarante (40 min).

Consacrez la matinée à Amarante, histoire de découvrir ses maisons pittoresques sur le fleuve Tâmega ; faites le plein de pâtisseries locales et rejoignez Guimarães, le berceau du royaume portugais, classé au patrimoine mondial par l'Unesco. Le palais des ducs de Bragance est un incontournable, mais la ville basse rivalise de charme avec ses rues tortueuses héritées du Moyen Âge, où l'on déniche de jolies boutiques de créateurs.

Visites 23 et 25

Jour 7

## BRAGA

25 km jusqu'à Braga (30 min), puis 10 km jusqu'au sanctuaire de Bom Jesus (15 min).

Petit détour par Braga, où vous retrouverez une ambiance citadine agréable, idéale pour une parenthèse shopping ou un café près de l'Arco da Porta Nova.

Pour une séquence «sport et émerveillement», partez à l'assaut du gigantesque escalier à double rampe du santuário do Bom Jesus do Monte, à peine 600 marches à gravir !

Visite 25

# 15 JOURS sans voiture

Pédaler le long du Tage, prendre le large vers une île habitée par les oiseaux marins, s'offrir l'un des plus beaux trajets ferroviaires d'Europe... Troquez le *road trip* pour un périple en bus, train et bateau en mode *slow travel,* pour débusquer des pépites méconnues... et limiter votre bilan carbone !

Bon à savoir : le Portugal Rail Pass, réservé aux étrangers, permet de voyager en illimité pendant 3 ou 7 jours dans le mois suivant la date d'achat du pass. Tarif 7 j. en 2nde classe : 129 €. https://www.cp.pt/passageiros/en/how-to-travel/For-leisure/pt-railpass

Jours 1 et 2

## SESIMBRA ET LA SERRA DA ARRÁBIDA

Vol Paris-Lisbonne : 2h30 ;

Lisbonne-Sesimbra : 14 bus/j. (1h05) assurés par la compagnie Transporte Sul do Tejo (TST).

De l'aéroport de Lisbonne, rejoignez la gare de Sete Rios en métro (25 min, ligne rouge jusqu'à São Sebastião puis ligne bleue jusqu'à Jardim Zoológico). De là, grimpez dans un bus pour Sesimbra. « Paradis de la pêche », la cité vous régalera avec ses restaurants de poisson.

La serra da Arrábida étant mal desservie par les transports publics, réservez une sortie pour le lendemain auprès d'un prestataire. Au programme : rando, VTT, kayak, *coasteering* à flanc de falaise, découverte des dauphins, des grottes ou des plages secrètes en bateau.

Visite 9

Jours 3 et 4

## DE SESIMBRA À ÉVORA

Sesimbra-Setúbal : 4 à 9 bus/j. (1h) assurés par la compagnie Transporte Sul do Tejo (TST) ;

Setúbal-Évora : 5 trains/j. (1h17 avec correspondance à Pinhal Novo).

Le matin, prenez le bus 230 jusqu'à Setúbal. Entre sa vieille ville et son marché aux poissons, profitez de l'atmosphère haute en couleurs de cette cité portuaire. Prenez ensuite le train pour Évora, où vous goûterez la délicieuse cuisine alentejane et passerez la nuit.

Le lendemain, flânez dans ses ruelles pleines de charme, entre ruines romaines, musées et palais Renaissance. Ne manquez pas l'impressionnante capela dos Ossos !

Visites 9 et 12

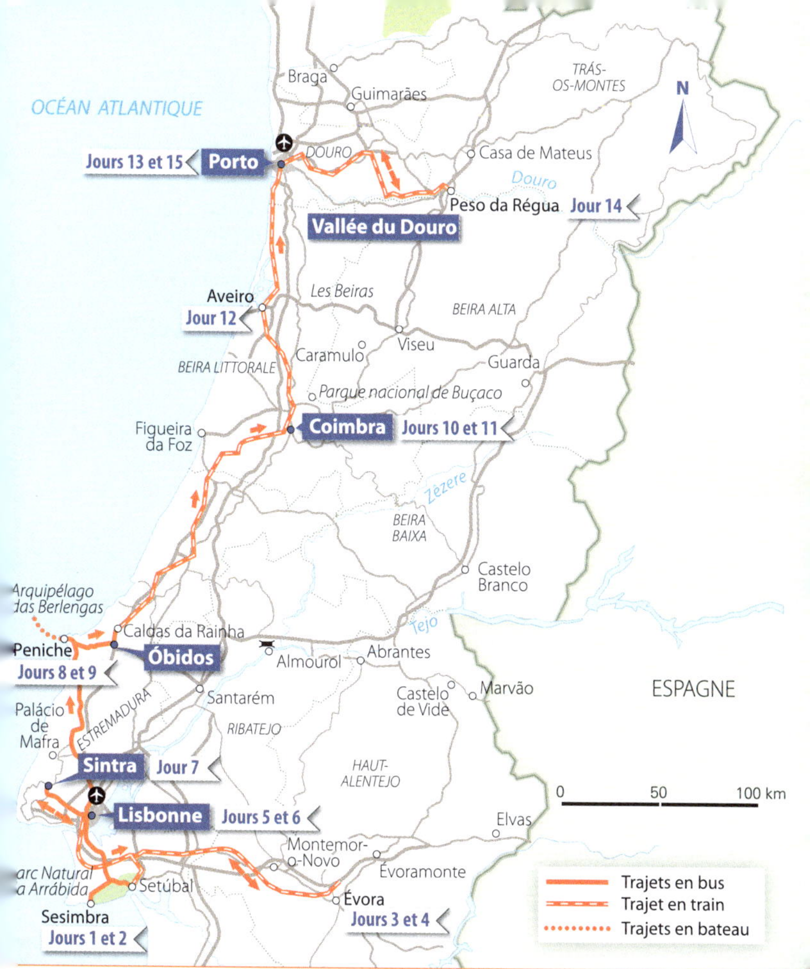


ours 5 et 6

## LISBONNE

Évora-Lisbonne : 3 à 5 trains/j. (1h20). Plusieurs liaisons quotidiennes en bus (1h30) avec Rede Expressos.

Sautez dans le premier train pour Lisbonne, qui vous déposera en gare de Sete Rios ou d'Oriente. Rejoignez la Baixa ou le Chiado en métro, deux quartiers parfaits pour poser ses valises et rayonner facilement. Visitez un musée comme le museu Gulbenkian ou le Museu Nacional de Arte Antiga, puis explorez l'Alfama l'après-midi et dînez dans une casa de fado.

Le lendemain matin, louez un vélo à Cais do Sodré (Bike Iberia) et pédalez le long du Tage en direction de Belém (ou prenez le tram 15 pour les moins sportifs). En chemin, clin d'œil arty au MAAT, puis visite du monastère dos Jerónimos. Déjeunez dans les friches de la LX Factory. Le soir, prenez le bac pour Cacilhas à la gare fluviale de Cais do Sodré et dînez sur les quais : la vue nocturne sur Lisbonne, en face, est inoubliable !

Visites 1, 2, 6, 7 et 9

Jour 7

## ALLER-RETOUR LISBONNE-SINTRA

Lisbonne-Sintra : 3 à 4 trains/h (45 min).

À la gare du Rossio, sautez dans un train pour Sintra (descendez au terminus Sintra et non pas Portela de Sintra) puis empruntez le bus Scotturb 434 pour rejoindre le pálacio da Pena (l'ascension à pied par la route est longue et n'a rien d'agréable !).

Déjeunez dans la vieille ville et prenez le bus 435 pour visiter ensuite la Quinta da Regaleira.

Retour à Lisbonne en soirée.

Visite 8

Jours 8 et 9

## PENICHE

Lisbonne-Peniche : 6 bus/j. avec Rede Expressos (1h35) ;

Peniche-Berlenga Grande (archipel des Berlengas) : liaison quotidienne en bateau opérée par plusieurs agences de mi-mai à mi-sept. Réservez à l'avance car l'accès à l'île est limité.

Prenez le métro jusqu'à la station Jardim Zoológico, rejoignez à pied la gare routière de Sete Rios et grimpez dans un bus pour Peniche. Après avoir posé votre sac à dos dans la cité portuaire, faites le tour de la presqu'île à pied ou à vélo : 8 km ponctués de superbes points de vue sur les falaises ! Allez observer les surfeurs sur le spot de Supertubos ou prenez une leçon de surf à Baleal.

Le lendemain matin, direction la marina. Prenez le bateau pour l'archipel des Berlengas, un petit paradis naturel préservé pour observer les oiseaux marins, classé Réserve de Biosphère par l'Unesco.
Au programme, randonnée, tour de l'île en barque ou snorkeling. De retour à Peniche, dînez dans un restaurant de poisson.

Visite 10

Jours 10 et 11

## DE PENICHE À COIMBRA

Peniche-Óbidos : 5 bus/j. (40 min) avec Rodoviária do Oeste ;

Óbidos-Caldas da Rainha : 1 à 4 bus/h. (15 min) avec Rodoviária do Oeste ;

Caldas da Rainha-Coimbra : 5 trains/j. (2h-2h30) avec changement à Coimbra-B pour rejoindre la gare centrale.

De bon matin, prenez le bus jusqu'à Óbidos : tour des remparts de la cité médiévale et dégustation de la *ginjinha* locale.

Grimpez ensuite dans un bus pour Caldas da Rainha, une ancienne station thermale paisible avec de charmants musées pour flâner loin des foules. C'est ici que sont fabriquées les céramiques de Pinheiro et que vous prendrez le train pour Coimbra en fin de journée.

Le lendemain, déambulez dans les ruelles en escaliers du vieux Coimbra, poussez la porte des églises et retournez sur les bancs de la fac dans l'une des plus vieilles universités du monde.

Visites 10 à 19

Jour 12

## AVEIRO

Coimbra-Aveiro : env. 40 trains/j. (30 min-1h).

Les trains régionaux (R) et interrégionaux (IR) sont les moins chers.

Bon plan : prêt de vélo gratuit à Aveiro.

Depuis la gare de Coimbra-B, le train vous dépose dans la petite Venise portugaise : Aveiro, ses canaux et sa lagune ! Admirez les façades Art Nouveau, débusquez le somptueux tombeau d'une princesse au museu de Aveiro, puis déjeunez au marché aux poissons.

L'après-midi, prenez le bus L13 pour Forte da Barra (www.aveirobus.pt), puis le ferry (13 bateaux/j.) pour rejoindre en 15 min la réserve naturelle des dunes de São Jacinto. Un bon bol d'air entre lagune, pinède et océan ! Nuit à Aveiro.

Visite 20

Jours 13, 14 et 15

## PORTO ET LA VALLÉE DU DOURO

Aveiro-Porto : env. 50 trains/j. (1h-1h30) ;

Porto-Peso da Régua : trains/j. (2h).

Prenez le train pour Porto et consacrez la journée à la découverte de la vieille ville. Offrez-vous une envolée au-dessus des chais de Vila Nova de Gaia en téléphérique (la vue sur Porto est magique !) et dégustez en soirée un porto sur le quai de Ribeira.

Le 14e jour, direction la gare de Campanha, où la *linha do Douro* vous met sur les rails de la vallée du Douro. L'un des plus beaux trajets ferroviaires d'Europe jusqu'à Peso da Régua ou Pinhão, d'où vous pourrez visiter une *quinta* et partir en croisière sur le Douro. Une autre perspective sur les splendides paysages de vignes en terrasse !

Pour le dernier jour, privilégiez un vol retour en fin de journée pour profiter encore un peu des charmes de Porto.

Visites 21 et 23

n goéland et ses petits dans l'archipel des Berlengas

La casa de Mateus

# SOMMAIRE



PORTUGAL

# LISBONNE

L'histoire et le caractère du Portugal se résument dans cette métropole fort attachante. Située aux portes de l'Atlantique, bâtie sur sept collines dominant l'estuaire du Tage (Tejo), la cité jouit d'une situation idéale à laquelle elle doit beaucoup de son charme. Ville-mosaïque, Lisbonne est formée de quartiers contrastés : l'Alfama, pittoresque et encore populaire ; la Baixa, touristique, et son architecture des Lumières ; le Bairro Alto, tendance, paradis des noctambules. Outre la beauté du cadre, la capitale séduit par ses couleurs, son effervescence, son visage cosmopolite et ses perpétuelles métamorphoses. Sans oublier la bienveillance et le sourire des Lisboètes.

La gare centrale du Rossio

Lisbonne
A
B
1
2
3
4
Sao Domingos de Benfica
Jardim Zoológico
Sete Rios
Entre Campos
Palácio dos Marqueses de Fronteira ★★
Rue Conde de Almoster
R. das Furnas
Estrada da Benfica
R. Francisco Gentil Martins
IP7
Av. J. Malhoa
Praça de Espanha
Parque florestal de Monsanto
Miradouro Monsanto
A5
Bairro Alto da Serafina
Calouste Gulbenkian
Avenida Aqueduto das Águas Livres
Jardim Amália Rodrigues
Campolide
R. Marquês da Fronteira
Rua da Estufa
R. Rodrigo da Fonseca
R. das Quintinhas
Amoreiras
Av. Eng. Duarte Pacheco
R. J. António de Aguiar
Centro Comercial Amoreiras
Fundação Arpad Szenes-Vieira da Silva
R. das Amoreiras
R. Dom João V
Mãe d'Água
Aqueduto das Águas Livres
Rua Dona Maria Pia
R. Correia Teles
Campo de Ourique
R. F. Borges
Cemitério dos Ingleses
R. de Carvalho
Av. Álvares Cabral
Avenida de Ceuta
Avenida da Ponte
Avenida
São Bento, Estrela et le Bairro Alto p. 88
5
R. Saraiva
28E
Cemitério dos Prazeres
R. Dom Sequeira
R. do Patrocínio
R. d. S. António
Casa-museu Amália Rodriguez
R. de São Bento
Jardim da Estrela ★★
Basílica da Estrela ★★
Estrela
R. Rossidónio da Silva
R. do Possolo
Rua do Borja
Alcântara
Santo
R. das Necessidades
Infante
R. do Pau de Bandeira
R. B. Carneiro
Palácio de São Bento Assembleia nacional da República
Palácio das Necessidades
Largo de Alcântara
R. da Lapa
Madragoa
R. Sacramento
R. de São Domingos
Avenida du 25 avril
Santo Amaro
Lapa
R. do Prior
R. do Conde
R. das Janelas Verdes
Calçada M. de Abrantes
R. de Santos-o-Velho
LX Factory ★★
R. da Cozinha Económica
R. Pres. Arriaga
Av. 24 de Julho
Museu da Marinha ★★
Torre de Belém ★★
Museu Coleção Berardo ★★
Museu da Carris
Museu do Oriente ★★
Doca de Alcântara
Museu nacional de Arte antiga ★★★
A. du India
Doca de Santo Amaro
Igreja Santa Maria ★★★
Mosteiro dos Jerónimos ★★★
Museu nacional dos Coches ★★
7
6
Museu nacional de Arte antiga et Alcântara p. 96
Belém p. 102
Ponte 25 de Abril ★★
Tejo

C
D
Avenue des Forças Armadas
Entre Campos
ALVALADE
Av. de Roma
Avenue du Marchal Antonio Spinola
Av. A. Gago Coutinho
Outubro
República
PRAÇA DE TOUROS
Campo Pequeno
REGO
Av. João XXI
AREEIRO
1
3 Des Avenidas au palais de Fronteira p. 76
PRAÇA FR. SÁ CARNEIRO
Museu Calouste Gulbenkian ★★★
CAMPO PEQUENO
Areeiro
Av. Afonso da Costa
Centro de Arte moderna
Av. Dr. A. José de Almeida
Av. João Crisostomo
ARCO CEGO
Alameda
Av. Duque d'Avila
Saldanha
R. Pais
Dom Afonso Henriques
PRAÇA DUQUE DE SALDANHA
Pavilhão dos Desportos
Av. Augusto de Aguiar
Picoas
Arroios
ALTO DO PINA
Parque
R. P. de Melo
Palácio Sottomayor
ESTEFÂNIA
Rua Morais Soares
PRAÇA P. COUCEIRO
SÃO SEBASTIÃO
Av. Duque de Loulé
R. J. Bonifacio
CEMITÉRIO DO ALTO DE SÃO JOÃO
2
PRAÇA MARQUÊS DE POMBAL
Marquês de Pombal
Rua Almirante Reis
Anjos
General Roçadas
Av. da Liberdade
Intendente
Largo do Intendente
4 Santa Apolónia et Oriente p. 82
Casa-museu Medeiros e Almeida
SOCORRO
Museu nacional do Azulejo ★★
Avenida
Jardim Botânico
ANJOS
1
Le Rossio, la Baixa et le Chiado p. 58
R. dos Sapadores
Miradouro da Senhora do Monte ★★
Museu da Água
PRAÇA DO PRINCIPE REAL
PRAÇA DOS RESTAURADORES
Restauradores
28E
Martim Moniz
Igreja N.S. da Graça
Igreja de São Roque ★★
MOURARIA
GRAÇA
AVENIDA INFANTE DOM HENRIQUE
Oceanário de Lisboa ★★★
ROSSIO
Rossio
15E
BAIRRO ALTO
Igreja S. Vicente de Fora
CAMPO DE S. Engrácia
SANTA CLARA
Igreja de ★★ Santa Catarina
Baixa Chiado
Castelo de São Jorge
BAIXA
Igreja S. Luzia
Miradouro de S. Catarina
R. Garrett
Santa Apolónia
3
Museu militar
R. Aurea
R. da Prata
CHIADO
Sé ★★
R. da Boa Vista
R. do Alecrim
ALFAMA ★★
Igreja São Miguel
Igreja S. Estêvão
Cais do Sodré
Câmara municipal
PRAÇA DO COMÉRCIO ★★
das Naus
Terreiro do Paço
2 La vieille ville, Graça et l'Alfama p. 66
0 500 m
4
C
D

# PRATIQUE

Carte p. 52-53
Nos adresses p. 111

## Arriver à Lisbonne

### En avion

**Aéroport Humberto Delgado**
L'aéroport se trouve à env. 6 km N-E du centre-ville de Lisbonne (hors plan par D1). ☎ 218 413 500, www.aeroportolisboa.pt

### Quitter l'aéroport

**En aérobus**
Devant le hall des arrivées, l'aérobus n° 1 relie le centre-ville en 30 min (praça dos Restauradores, Rossio). Aérobus n° 2 : praça do Comércio, Cais do Sodré. www.aerobus.pt. 8h-21h ; 4 € (3,60 € en ligne), 6 € AR.

**En métro**
Prendre la ligne rouge et changer à Alameda (ligne verte) ou à San Sebastião (ligne bleue). Moins cher (1,50 €), mais plus long et moins pratique que l'aérobus avec des bagages.

**En taxi**
Compter 15-20 € pour rejoindre le centre-ville (supplément bagage et tarif majoré nuit et week-end). Pour éviter la queue, prenez le taxi devant le hall des départs. Attention aux arnaques : ne suivez jamais un rabatteur, refusez tout forfait et vérifiez que le compteur affiche le montant de la prise en charge (3,25 € en journée).

### En train

Toutes les gares sont desservies par le métro et le bus.
**Gare d'Oriente et gare de Santa Apolónia** (hors plan par D2) : trains en provenance du Nord, du Centre, de l'Espagne et de la France.
**Gare du Rossio** (plan C3) : ligne de Sintra.
**Gare Cais do Sodré** (plan C3) : ligne de Cascais.
☎ 808 109 110 ou ☎ 218 050 653, www.cp.pt

### En bus

**Terminal Rodoviário de Sete Rios**
Relié au centre par le métro (M° Jardim Zoológico). Certains bus poursuivent leur route ou arrivent à la **gare routière d'Oriente** (hors plan par D2). Praça Marechal Humberto Delgado, rua das Laranjeiras (plan B1) ☎ 217 524 524.

## Se déplacer dans Lisbonne

### À pied

L'idéal dans le centre ancien, et le seul moyen de se déplacer dans l'Alfama. La topographie de la ville et la rudesse des pentes mettent les jambes à rude épreuve. De temps en temps, prenez un bus ou un tramway. Dans les quartiers modernes, très étendus, la marche n'a rien d'agréable.

### En métro

Quatre lignes desservent les quartiers Nord et Est (Oriente) de 6h30 à 1h : ***linha azul*** (bleue), ***linha amarela*** (jaune), ***linha verde*** (verte) et ***linha vermelha*** (rouge). Le moyen le plus rapide pour rejoindre le musée Gulbenkian ou l'Océanarium. Ticket à l'unité : 1,50 €. ☎ 213 500 115, www.metrolisboa.pt

### En tramway, bus et funiculaire

La société **Carris** exploite les tramways, les funiculaires, l'ascenseur de Santa Justa et les bus. Les arrêts *(paragem)* sont signalés par des panneaux jaunes. Pour faciliter vos déplacements, installez l'application Carris (trajets, horaires...) sur votre smartphone.
**Points de vente Carris :** Casa da Sorte, praça da Figueira, 1B (plan p. 60-61 / C2) ; kiosque Cais do Sodré, en face de la gare (plan p. 60-61 / A4). www.carris.pt

**Les tramways**
Les six lignes de tramway *(elétrico)* fonctionnent en continu de 6h/7h à 23h/minuit.

**12E** (Martim Moniz/ Martim Moniz) : petite boucle sur la colline du

Tramway dans la vieille ville

Castelo et dans l'Alfama.
**15E** (Praça Figueira/ Algès) : pratique pour rejoindre Belém.
**18E** (Cais do Sodré/ Cemitério Ajuda) : dessert le Palácio da Ajuda.
**24E** (Praça Luís Camões/ Campolide) : traverse les quartiers de Príncipe Real, Rato et Amoreiras.
**25E** (Praça Figueira/ Campo Ourique) : praça do Comércio, Santos, Lapa et Estrela.
**28E** (Martim Moniz/ Campo Ourique) : parcours mythique dans les quartiers du vieux Lisbonne (Graça, Alfama, Baixa, Chiado, Bairro Alto, São Bento, Estrela). Le tram 28 est pris d'assaut par les touristes ; pour éviter la foule et l'attente, faites le trajet en soirée.

### Les bus

Ils circulent de 5h30 à minuit. Les bus 200 à 210 assurent un service de nuit toutes les 30 min de minuit à 5h.

### Les funiculaires

Trois vieux *ascensores* en bois pour rejoindre les quartiers hauts sans se fatiguer : Glória (plan p. 60-61 B1/A2), Bica (voir p. 94) et Lavra (voir p. 77).

## Tarifs

Les transports sont assez chers : bus 2 € ; tramway 3 € ; funiculaire 3,80 € (2 voyages) ; elevador de Santa Justa 5,30 € (2 voyages). Si vous comptez utiliser régulièrement les transports en commun, optez pour un pass.

## Pass transports en commun

### Cartão Viva Viagem ou Sete Colinas

Carte magnétique donnant accès au métro, à tout le réseau Carris (bus, tramways, funiculaires, ascenseur de Santa Justa), aux ferrys Transtejo et aux trains de la compagnie CP (Comboios de Portugal). Vendue dans le métro et les points de vente Carris (0,50 €), elle est rechargeable:
• **Ticket unitaire (Carris/ Metro) :** 1,50 € (valable 1h).
• **Billet 24h illimité :** 6,40 € (Carris/Metro), 9,55 € (Carris/Metro/Transtejo), 10,60 € (Carris/Metro/CP).
• **Option Zapping (Carris/ Metro/Transtejo/CP) :** charger la somme de son choix de 3 à 40 € (le ticket revient à 1,35 € au lieu de 1,50 €).

### Lisboa Card

Ce pass touristique permet de voyager en illimité dans tous les transports en commun (voir p. 56).

## En bateau

Faites au moins une fois la **traversée du Tage**. Les *cacilheiros*, des bacs orange, vous emmènent à Cacilhas, sur l'autre rive, en 10 min (1,30 €). Plusieurs embarcadères :
**Cais do Sodré** (plan C3) : liaisons avec Cacilhas, Seixal et Montijo.
**Terreiro do Paço** (plan C3) : liaison avec Barreiro.
**Belém** (plan p. 105 / B2) : liaison avec Porto Brandão et Trafaria.
**Rens. Transtejo Soflusa :** https://ttsl.pt

## En voiture

Circuler dans le centre est une épreuve : rues étroites, stationnements, rares, parkings chers, interdiction de couper les voies, embouteillages, etc.

### Stationnement dans la rue

Payant (lun.-sam. 8h-20h et sam. 8h-18h) et limité dans le temps dans tout le centre-ville : 2h en zone rouge, 4h en zone jaune ou verte.

## PRATIQUE

Carte p. 52-53
Nos adresses p. 111

**Parkings souterrains**
Nombreux (Rossio, praça da Figueira), mais chers (20 à 30 € la journée).

Le site *parclick.fr* permet de comparer les prix et de réserver sa place de parking à l'avance (tarifs plus intéressants que sur place). Autre option : se garer hors zone payante près d'une station de métro, pour rallier facilement le centre.

**Location de voitures**
Toutes les grandes agences sont représentées à l'aéroport.
**Avis** ☎ 218 43 55 50.
**Europcar** ☎ 218 40 11 76.
**Hertz** ☎ 219 42 63 00.

**En taxi**
Nombreux et bon marché, les taxis officiels sont noir et vert ou beige.
**Cooptaxis.pt**
☎ 217 93 27 56.
**Rádio Táxis de Lisboa**
☎ 218 119 000 (24h/24).

## Informations pratiques

### Adresses utiles

**Offices de tourisme**
Plusieurs bureaux et kiosques Ask Me Lisboa, ainsi que des comptoirs à l'aéroport, dans les gares du Rossio, de Cais do Sodré et de Santa Apolónia.
**www.visitlisboa.com**

**Ask Me Lisboa Terreiro do Paço**
Praça do Comércio (plan p. 60-61 / BC4)
☎ 210 31 28 10.
T.l.j. 10h-19h.

**Ask Me Lisboa Palácio Foz**
Praça dos Restauradores (plan p. 60-61 / B1)
☎ 213 46 33 14. T.l.j. 9h-20h. Avec également un bureau de l'office de tourisme portugais.

**Kiosques Ask Me Lisboa**
Praça Dom Pedro IV (plan p. 60-61 / C2-3), t.l.j. 10h-13h et 14h-18h ; à Belém, face au monastère (plan p. 105 / A2), t.l.j. 10h-18h.

**Représentations diplomatiques**

**France**
Rua de Santos-o-Velho, 5 (plan B3) ☎ 213 93 92 94 ou ☎ 966 16 07 01 (port., numéro d'urgence), www.pt.ambafrance.org

**Belgique**
Rua Castilho, 75 (plan C2)
☎ 213 17 05 10.

**Luxembourg**
Rua das Janelas Verdes, 43 (plan B3) ☎ 213 93 19 40, http://lisbonne.mae.lu

**Suisse**
Travessa do Jardim, 17 (plan B3) ☎ 213 94 40 90.

**Canada**
Av. da Liberdade, 196-200, 3e ét. (plan C2)
☎ 213 16 46 00.

### Visites

**Pass touristique**

**Lisboa Card**
Ce pass offre l'accès illlimité aux transports en commun, l'entrée gratuite dans une trentaine de sites et musées (à Lisbonne, Sintra, Alcobaça, Batalha et Tomar), et des réductions.

24h, 20 € ; 48h, 34 € ; 72h, 42 €. En vente à l'office de tourisme et sur www.lisboacard.org

**Visites guidées**

**À pied**
Visites guidées intimistes et en français des vieux quartiers de Lisbonne.
**Lisbonne Âme & Secrets**
☎ 963 967 967, www.lisbonne-ame-secrets.com. Tarif : 25 €.

**En tuk-tuk**
Maguy, une Française installée à Lisbonne, vous récupère à l'hôtel pour vous faire découvrir la ville.
**Lovelisbonne**
☎ 914 00 95 95 (port.), www.lovelisbonne.com ou facebook.com/Lovelisbonne. Max 3 pers. 50 €/1h, 90 €/2h, 1/2 journée 160 €.

L'ascenseur de Santa Justa

**En bateau**
**Des croisières** sur le Tage sont organisées tous les jours d'avril à octobre. Départ de l'estação fluvial do Terreiro do Paço (plan C3).

**Cruzeiro no OTejo**
☎ 213 46 83 03, www.cruzeirostejo.com.

**En tramway**
Le **tramway touristique rouge** suit le même parcours que le tram 28. Beaucoup plus cher (20 €), il permet de voyager plus confortablement et avec des commentaires.
**Hills Tramcar Tour**
départ praça do Comércio. www.yellowbustours.com

**En bus panoramique**
Au départ de la praça da Figueira, deux circuits (17 €) en bus à ciel ouvert avec système de *hop-on/hop-off* et audioguide : Belém et les bords du Tage ou la ville moderne jusqu'au parc des Nations. www.yellowbustours.com

## Conseils

### Meilleure période
Si Lisbonne se visite toute l'année, les mois de mai, juin et septembre sont les plus agréables. Juin est le plus animé avec les fêtes de Lisbonne. Si vous le pouvez, évitez juillet-août en raison de la chaleur et de l'affluence touristique.

### Sécurité
Gare aux pickpockets aux abords des sites touristiques, dans les tramways, en particulier sur les lignes 15E et 28E, et dans le métro aux heures de pointe. Les abords de la praça Martim Moniz ne sont pas recommandés la nuit.

### Bon à savoir
La plupart des musées sont fermés le lundi, d'autres le mardi, le mercredi ou le dimanche. L'ouverture des églises est souvent aléatoire.

### Bon plan
Profitez de la gratuité des musées certains jours de la semaine : Museu do Oriente (ven. soir), Museu Coleção Berardo (sam.), Museu Calouste Gulbenkian et Centro de Arte Moderna (dim. ap.-m.). Le MAAT et le Museu da Marinha sont gratuits le 1er dim. du mois.

# 1 LE ROSSIO, la Baixa et le Chiado ✧✧

Anéantie par le tremblement de terre de 1755, la Baixa, ou «ville basse», bénéficia d'un des plus vastes plans urbanistiques de l'époque des Lumières. Simultanément, de nouvelles rues furent créées pour la relier au Chiado, district lui aussi touché. La Baixa est souvent le premier visage de Lisbonne que les touristes découvrent... La praça do Comércio et l'Arco do Triunfo, au bord du Tage, étant la carte postale de la ville par excellence. Le Chiado est un quartier populaire et commerçant. Aux grandes et belles artères de la Baixa s'opposent des rues pittoresques dans lesquelles alternent cafés, théâtres et musées.

## PRATIQUE


- Plan p. 60-61
- Nos adresses p. 111


### Accès

**En métro**

Par la ligne verte (Rossio, Baixa-Chiado et Cais do Sodré) ou la ligne bleue (Restauradores, Baixa-Chiado et Terreiro do Paço).

**En tramway**

De la praça da Figueira, les tram 15E et 25E desservent la praça do Comércio et Cais do Sodré. Le tram 28E passe par la Baixa (Rua Conceição) et le Chiado (praça Luís de Camões).

### Conseil

Ascenseur de Santa Justa : pour éviter une longue attente, venir dès l'ouverture et de préférence avant 9h.

### Bon à savoir

Il est possible d'accéder au mirador sans prendre

Le Rossio et son pavage grande mer

## L'ESSENTIEL

### À ne pas manquer

La praça do Comércio ; la dentelle de fer de l'ascenseur Santa Justa ; les ruines romantiques de l'igreja do Carmo.

### Expériences

Picorer aux stands du Time Out Market ; faire du lèche-vitrines dans le Chiado ; faire la fête dans Pink Street, la trépidante rua Nova do Carvalho.

l'ascenseur, en passant par la praça do Carmo (accès à droite de l'igreja do Carmo).

### Se déplacer

Les transports en commun seront peu utiles, ces quartiers se visitant facilement à pied.

## Le Rossio ✧

Plan B2.

En lisière de la Baixa, la praça Dom Pedro IV est appelée communément «Rossio». Au centre de son superbe pavage grande mer, se dresse la statue en bronze du roi Pedro IV, premier souverain du Brésil indépendant (Pedro I du Brésil, 1822-1831).

### TEATRO NACIONAL DONA MARIA II

Plan B1-2.

Sur son fronton : une statue de Gil Vicente, le père du théâtre portugais. Le bâtiment, de style néoclassique, a été érigé de 1841 à 1846, selon les directives du poète et dramaturge Almeida Garrett. En lieu et place s'élevait autrefois le palais de l'Inquisition, devant lequel avaient lieu les autodafés.

### ESTAÇÃO CENTRAL DO ROSSIO ✧

Gare centrale du Rossio

Plan B1-2.

La gare du Rossio est l'un des exemples d'architecture néomanuéline les plus emblématiques de Lisbonne, avec une superbe mise en lumière à la nuit tombée ! La façade, entièrement sculptée, date de 1887.

## Largo de São Domingos

Plan B1.

Cette place très vivante est le lieu de rendez-vous de la communauté africaine et des taxis. En toile de fond, s'élève l'église baroque de **São Domingos** (XVIIIe s.). Celle-ci cache un intérieur fantasmagorique saisissant. Les piliers noircis de la nef

## Le Rossio, la Baixa et le Chiado

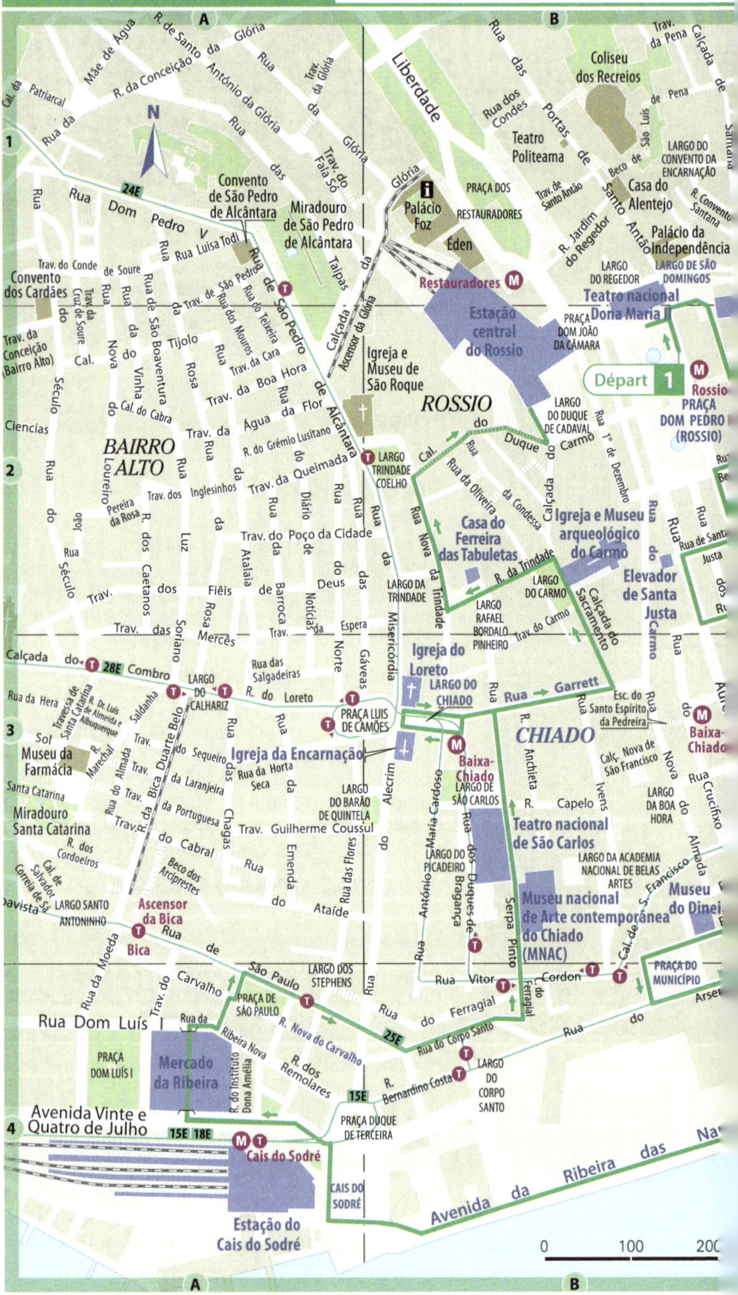

rappellent qu'un incendie ravagea l'édifice à la fin des années 1950.

## Praça da Figueira

Plan C2.

La place, dominée par l'imposante silhouette du castelo de São Jorge (p. 70), montre une **statue équestre de João I**, roi qui lança les premiers navigateurs portugais sur les mers. Jusqu'au tremblement de terre de 1755, s'élevait ici le plus important hôpital de la ville.

Au XVIII<sup>e</sup> s., le marquis de Pombal (p. 457) fit déblayer les ruines de l'édifice pour y installer un grand marché en plein air, qui fut remplacé en 1885 par un marché couvert de 4 000 m², lequel fut à son tour rasé à la fin des années 1940. La capitale perdait certes l'un de ses plus beaux ouvrages métalliques, mais au profit d'une mise en valeur des immeubles alentour. La statue fut ajoutée dans les années 1970.

## La Baixa ✧

Plan BC2-3.

Le réseau de rues perpendiculaires qui débute au sud de la praça da Figueira et du Rossio constitue la **Baixa** proprement dite, reconstruite par Pombal et ses ingénieurs au XVIIIe s. (p. 457). Il fallut plus d'un siècle pour achever ce gigantesque chantier. En prévision d'autres séismes, les urbanistes des Lumières limitèrent la hauteur des bâtiments et utilisèrent des cages de charpente dotées d'une certaine élasticité ainsi que des éléments préfabriqués.

Au temps de Pombal, ces rues abritaient des corporations de métiers, d'où leur nom : **rua dos Douradores** (des Orfèvres), **rua dos Sapateiros** (des Cordonniers). **Rua da Prata** (d'Argent) et **rua Áurea** (Or), banquiers et bijoutiers sont toujours là. La **rua da Conceição** a conservé ses merceries au parfum d'antan.

### RUA AUGUSTA ✧

Plan B2-C3.

L'ancienne voie royale commence au sud du Rossio. La rua Augusta, envahie par les terrasses des restaurants, relie la praça Dom Pedro IV à l'**Arco do Triunfo** (l'arc de triomphe) dans l'axe duquel se dessine la statue équestre de José I, monarque à l'origine du grand projet urbanistique de la Baixa.

### ELEVADOR DE SANTA JUSTA ✧

**Plan B2** – Rua do Ouro. Mai-oct. : t.l.j. 7h30-23h ; nov.-avr. : t.l.j. 7h30-21h. Mirador à partir de 9h. Billet : 5,30 € (2 voyages et accès au mirador). Mirador seul : 1,50 €. Gratuit avec la Lisboa Card (p. 56) et le forfait 24h de la carte Viva Viagem (p. 55).

Cette étrange machine métallique «à visiter la Lune», comme l'appelait Valery Larbaud, relie la Baixa au Bairro Alto. L'ascenseur de style néogothique, en fer forgé, aussi appelé *elevador do Carmo*, est la création de Raoul Mesnier du Ponsard, ingénieur né à Porto de parents français. On lui doit la plupart des funiculaires du pays (à Braga, Porto ou Nazaré) ainsi que la conception des *ascensores* de Glória (p. 77), de Bica (p. 94) et de Lavra (p. 77) ! Comparé aux funiculaires, il offrait un gain de temps appréciable tout en embarquant le même nombre de passagers (24) dans ses deux cabines en bois. Inauguré en 1902, il fonctionnait à la vapeur et, cinq ans plus tard, à l'électricité. Du sommet, une passerelle métallique enjambe la rua do Carmo et rejoint le largo du même nom.

Trop de visiteurs oublient d'admirer les motifs en fer forgé, qui diffèrent au cours de l'ascension, et d'emprunter l'escalier en colimaçon desservant la terrasse supérieure. Pourtant, il y a là l'une des plus belles vues sur la ville et un café-restaurant pour déjeuner entre ciel et terre.

### NÚCLEO ARQUEOLÓGICO

**Plan C3** – Rua Augusta, 96 ☎ 211 131 682. Vis. guidées gratuites t.l.j. sf dim. et j.f. 10h-18h (ttes les heures).

Sous la **banque Millenium**, se trouve le Núcleo Arqueológico. Des vestiges d'habitations de la Lisbonne romaine et médiévale ont été mis au jour ainsi que ceux d'un complexe de pisciculture qui fonctionna du Ier au IVe s.

### PRAÇA DO MUNICÍPIO ✧

Plan B3-4.

La praça do Município a conservé un pilori de la fin du XVIIIe s., symbole du droit qu'avaient les citoyens d'administrer la justice. Seuls les crochets en fer auxquels étaient suspendus les condamnés ont disparu. La place est dominée par la façade néoclassique de l'**hôtel de ville** (*Câmara municipal*, 1865-1875) et l'ancienne igreja de São Julião, qui abrite le **musée de l'Argent** et un pan de la **muraille de Dom Dinis I** datant du XIIIe s. (Museu do Dinheiro – Muralha D. Dinis : Largo de São Julião ☎ 213 213 240, www.museudodinheiro.pt. Mer.-sam. 10h-18h ; entrée gratuite.

### ARCO DO TRIUNFO ✧

**Plan C3** – Rua Augusta, 2-10 ☎ 211 941 027. T.l.j. 10h-19h ; dernière admission à 18h (mêmes horaires que le Lisboa Story Centre). Entrée : 3 € ; billet combiné avec le Lisboa Story Centre 8 € (p. 63).

Un ascenseur vous emmène au sommet du monument, qui abrite le mécanisme de l'horloge réalisée en 1941. Empruntez ensuite les quelques

**PAUSE**

*Martinho da Arcada*

Voici l'un des plus vieux restaurants de la ville ! Avec ses jolies boiseries anciennes, il nous replonge dans la Lisbonne d'autrefois, pour retrouver le fantôme de Pessoa fuyant sous les arcades...

> Praça do Comércio, 3 (Plan C3) ☎ 218 87 92 59, www.martinhodaarcada.pt. Lun.-sam. 7h-23h.

^ La statue équestre de José I sur la praça do Comércio

marches d'un escalier en colimaçon pour accéder à la terrasse, d'où vous embrasserez une vue à 360° !

## PRAÇA DO COMÉRCIO ✧ (TERREIRO DO PAÇO)

Plan BC4.

La monumentale place du Commerce est aussi appelée terreiro do Paço, «terrasse du Palais», en souvenir du palais de Manuel I, détruit en 1755. Point d'orgue de la ville de Pombal, elle séduit par ses proportions (180 x 200 m), sa rigueur géométrique et la noblesse de ses bâtiments aux façades jaune safran, occupés par différents ministères. Le long des galeries à arcades, cafés et restaurants alignent leurs terrasses.

Au centre trône la **statue équestre de José I**, réalisée en 1775 par le sculpteur Machado de Castro. Sur le côté ouest s'ouvre le **pátio da Galé**, cour à colonnades du XVIIIe s. qui prête son cadre à diverses manifestations culturelles.

Ouvert sur le Tage, le terreiro do Paço s'achève au **cais das Colunas**, l'escalier du quai, scandé de colonnes en marbre.

**CULTURE**

### *La calçada portuguesa*

Ces petits pavés noirs et blancs en basalte et calcaire forment des parterres à motifs divers.
Les plus étonnants se trouvent sur la place du Rossio : ils créent des ondulations évoquant la mer. D'autres, représentant dauphins, caravelles et corbeaux aux armes de la ville, recouvrent les rues de la Baixa et les trottoirs de l'avenida da Liberdade (p. 78).
La *calçada portuguesa* daterait du XVIe s. En l'imposant au moment de la reconstruction de la ville, le marquis de Pombal (p. 457) donna l'impulsion à cet art, qui connut son apogée au XIXe s. Aujourd'hui, des motifs dessinés par des artistes contemporains décorent les couloirs du métro et les allées du parque das Nações (p. 85).

### Lisboa Story Centre

Plan C4 – Terreiro do Paço, 78-81 📞 211 941 027. T.l.j. 10h-19h ; dernière admission à 18h.
Entrée : 6,50 € (audioguide en français inclus) ;
billet combiné avec l'arc de triomphe 8 € (p. 62).

En une heure et avec un audioguide, vous saurez tout de l'histoire de Lisbonne ! Un film raconte le séisme de 1755 comme si vous y étiez ! Maquette virtuelle interactive à l'étage. L'entrée est un peu chère, mais la visite plaira aux enfants (à partir de 6/8 ans).

## Ribeira das Naus

Plan BC4.

Entre la praça do Comércio et Cais do Sodré, le Ribeira das Naus déroule une longue plage de pierre aménagée le long du Tage et de l'**antigo arsenal da Marinha**, l'ancien arsenal royal (XVIIIe s.). Une promenade prisée des habitants, surtout au coucher du soleil.

## Cais do Sodré

Plan AB4.

L'**estação do Cais do Sodré** (gare) possède une splendide entrée de style Art déco ! Elle assure l'interconnexion entre le métro et le train qui longe le Tage jusqu'à Cascais (p. 138) *via* Belém (p. 102) et Estoril (p. 139). Tout près accostent les ferries qui relient la rive gauche de l'estuaire (Cacilhas et Montijo).

En face, se trouve le désormais incontournable **Time Out Market** (voir encadré p. 115), paradis du fooding lisboète logé sous les halles du vieux mercado da Ribeira.

### RUA NOVA DO CARVALHO ✧

Ce petit bout de rue, dont le sol peint en rose lui a valu le surnom de rua Cor-de-Rosa ou de Pink Street, est devenu le haut lieu de la fête. Les maisons closes et les bars miteux d'autrefois ont laissé place à une enfilade de bars et de clubs branchés qui attirent les foules à la nuit tombée. Le *New York Times* a classé la rue dans le top 12 de ses rues préférées en Europe !

## Le Chiado ✧✧

Ravagé par un incendie en 1988, le quartier chic et intellectuel de Lisbonne a retrouvé son élégance sous la houlette du grand architecte portugais Álvaro Siza Vieira. Au plaisir du lèche-vitrines s'ajoute le charme Belle Époque des vieux cafés, des devantures et des barbiers d'un autre temps.

### MNAC ✧

Museu nacional de Arte Contemporânea do Chiado

**Plan B3** – Rua Serpa Pinto, 4 ☎ 213 43 21 48. Mar.-dim. 10h-18h. Entrée : 4,50 € ; gratuite avec la Lisboa Card (p. 56).

Logé dans un ancien monastère, transformé au XIXe s. en biscuiterie, le **musée d'Art contemporain** a été réaménagé dans les années 1990 par l'architecte français Wilmotte. Il expose tous les courants de la peinture portugaise du milieu du XIXe s. au XXe s : romantisme, avant-garde, surréalisme, abstraction, nouvelle figuration... À voir : des œuvres de Bordalo Pinheiro, Amadeo de Souza-Cardoso, Eduardo Viana, Paula Rego et Lourdes Castro, mais aussi des sculptures de Bourdelle et de Rodin. Le musée s'enrichit aussi de jeunes talents prometteurs.

### TEATRO NACIONAL DE SÃO CARLOS

**Plan B3** – Rua Serpa Pinto, 9 ☎ 213 253 000. Visite guidée (8 €) sur réservation : visitas@saocarlos.pt.

Le **Théâtre national** arbore une majestueuse entrée à arcades. Construit en 1792, dans un style néo-classique encore teinté de rococo, il fut inauguré l'année suivante avec une œuvre de Cimarosa. Son décor intérieur s'inspire de celui de la Scala de Milan.

### RUA GARRETT ET LARGO DO CHIADO ✧

Plan B3.

La rua Garrett est bordée de boutiques dont certaines ont conservé une magnifique devanture comme Swarovski, au n° 28, Casa Pereira, au n° 38, et Ourivesaria Aliança, au n° 50. La **statue de l'écrivain Fernando Pessoa** se tient devant le mythique **café A Brasileira** (n° 120). Avec son décor des années 1920, ce repaire où se réunissaient les intellectuels portugais s'apparente à notre Café de Flore. Ses sièges cosy, ses boiseries sombres et ses miroirs ont vu défiler journalistes, politiciens, artistes et écrivains, au premier rang desquels Pessoa (p. 90).

^ Ruines de l'igreja do Carmo

LOISIRS

*Bike Iberia*

Tours guidés et location de vélos (standard 15 €/jour). Livraison possible à votre hôtel.

> Largo do Corpo Santo, 5 (plan B4) 📞 213 470 347. www.bikeiberia.com.

Au bout de la rua Garrett, les façades baroques de l'**igreja do Loreto** (à dr.) et de l'**igreja da Encarnação** (à g.) encadrent l'entrée de la praça Luís de Camões.

## IGREJA E MUSEU ARQUEOLÓGICO DO CARMO ✧

**Plan B2** – Largo do Carmo 📞 213 478 629, www.museuarqueologicodocarmo.pt. Lun.-sam. 10h-18h (19h mai-sept.). Entrée : 4 € ; réduction avec la Lisboa Card (p. 56).

Sa silhouette fantomatique dominant le Rossio est l'une des images emblématiques de Lisbonne. Plus grand édifice religieux de la ville au Moyen Âge après la cathédrale, il est dû à la détermination de Nuno Álvares Pereira, le saint connétable, qui souhaitait qu'une nouvelle église gothique du couvent des Carmes soit édifiée en face du castelo de São Jorge. Peu importaient les difficultés techniques liées à l'escarpement et à l'instabilité du terrain. Après plusieurs effondrements, la consolidation des fondations et des ajouts d'arcs-boutants, le bâtiment tint enfin debout vers 1420. Le tremblement de terre de 1755 détruisit la voûte. Jamais reconstruit, l'édifice fut dès lors abandonné aux oiseaux.

La **nef à ciel ouvert**, avec son jardin, ses azulejos, ses pierres tombales et sa fenêtre manuéline ouvrant sur le chœur, séduira les âmes romantiques. Dans l'abside, un **musée archéologique** présente des objets préhistoriques, romains, précolombiens, ainsi que des tombeaux gothiques.

## CASA DO FERREIRA DAS TABULETAS ✧

**Plan B2** – Largo Rafael Bordalo Pinheiro, 28-34.

Impossible de manquer la façade tapissée d'azulejos conçue par l'artiste Luís António Ferreira, aussi connu comme Ferreira das Tabuletas. La demeure a été érigée en 1864 pour un industriel franc-maçon, propriétaire de l'ancienne Fábrica de cerveja da Trindade, la première brasserie du pays, créée en 1834 dans l'ancien couvent des Trinitaires voisin. Le décor baroque en trompe-l'œil mêle symboles maçonniques et figures allégoriques personnifiant la Terre et l'Eau, le Commerce et l'Industrie, la Science et l'Agriculture. Le céramiste et caricaturiste Rafael Bordalo Pinheiro y a vécu et y est mort.

Les 300 marches de la **Calçada do Duque** descendent jusqu'au **largo do Duque de Cadaval**. Une belle façon d'appréhender le relief qui sépare le Chiado de la Baixa, avec, à l'arrivée sur le plancher des vaches, une multitude de terrasses au pied de bâtiments colorés.

# 2 LA VIEILLE VILLE, Graça et l'Alfama ✧✧

Au programme dans le berceau historique de la cité : la Sé, l'une des plus anciennes cathédrales portugaises ; le castelo de São Jorge, figure emblématique de la ville ; et l'Alfama, ancien village de marins ancré dans la cité, un labyrinthe de couleurs et d'enchantements. Plus que les monuments et les musées, ce sont l'authenticité et l'animation de ce quartier qui font toute la saveur de la promenade.

## PRATIQUE

• Plan p. 69
• Nos adresses p. 111

### Se déplacer

Rues pentues et pavées, escaliers dans tous les sens... l'Alfama se visite exclusivement à pied !

Prévoir des chaussures confortables et éviter la poussette. Des *tuk-tuk* vous attendent au pied du château.

**En tramway**

Tram 28E pour la Sé, le miradouro de Santa Luzia, le Museu de Artes decorativas, le Mosteiro de São Vicente de Fora et le miradouro da Graça.

Tram 12E pour la Sé, le miradouro de Santa Luzia et le Museu de Artes decorativas.

**En bus**

Bus 737 pour la Sé et le Castelo de São Jorge

L'Alfama et le dôme du Panthéon

## L'ESSENTIEL

### À ne pas manquer

Le chemin de ronde du Castelo de São Jorge ; les ruelles de l'Alfama.

### Expériences

Chiner à la feira da Ladra ; une soirée fado dans l'Alfama ; un coucher de soleil au *miradouro* da Graça.

### Balade urbaine

Dans la Mouraria bohème et cosmopolite.

## De la Baixa à la Sé ✧

Plan A2-4.

Dans le vacarme des tramways, la rua Santo António da Sé grimpe jusqu'à la cathédrale.

### IGREJA SANTO ANTÓNIO DA SÉ

Plan A4.

Édifiée au XVIII$^{e}$ s., l'église abrite une statue de saint Antoine de Padoue, que l'on sort en grande pompe le jour de sa fête (13 juin), pour une procession dans les rues de l'Alfama.

### MUSEU DE LISBOA SANTO ANTÓNIO

**Plan A4** – Largo de Santo António da Sé ☎ 218 86 04 47. Mar.-dim. 10h-18h. Entrée : 3 €.

Ce musée est consacré au saint le plus vénéré du Portugal, né à Lisbonne en 1195 : saint Antoine de Padoue. Il est invoqué pour faciliter les mariages, sauver les âmes du purgatoire ou retrouver des objets perdus. Vous y verrez quelques panneaux d'azulejos, mais surtout des statuettes de veine populaire. Saint Antoine est très souvent représenté portant un livre sur lequel est assis ou se tient l'Enfant.

(seul transport en commun qui vous dépose aux portes du château).

### Conseils

• Castelo de São Jorge : pour éviter une longue attente à l'entrée, visitez le château dès l'ouverture.

• Tram 28 : le mythique tram 28E est devenu une véritable attraction touristique.

Le trajet complet au départ de Martim Moniz, qui offre l'une des plus belles balades urbaines de Lisbonne, est à faire au moins une fois.

Évitez, en revanche, de l'utiliser pour des déplacements strictement pratiques, en raison de sa forte fréquentation.

### CATHÉDRALE (SÉ) ✧✧

**Plan A4** – 218 86 67 52. Cathédrale : lun.-sam. 10h-18h. Trésor : mêmes horaires que la cathédrale. Accès libre à la cathédrale, trésor 4 €. Cloître fermé pour travaux.

La **cathédrale**, construite en 1147 après la reprise de la ville aux Maures, est le plus ancien édifice religieux de Lisbonne. Sa silhouette, aux allures de forteresse, est typique des premières grandes cathédrales portugaises. Édifiée, semble-t-il, par des maîtres d'œuvre français, elle a subi de nombreuses modifications, en particulier après les tremblements de terre de 1344 et de 1755. Jadis, les tours de la façade étaient un peu plus hautes, et une tour-lanterne était installée à la croisée du transept.

#### L'intérieur

L'intérieur est très sobre. La nef romane se prolonge par un chœur baroque à déambulatoire avec chapelles rayonnantes. À gauche quand on entre, la **chapelle São Bartolomeu**, fermée par une grille, abrite le tombeau gothique de son fondateur, un riche marchand du XIVe s., ainsi qu'un retable (1537) de l'atelier de Cristóvão de Figueiredo et Garcia Fernandes.

L'accès au trésor, exposé dans la salle du chapitre située à l'étage, se trouve du côté opposé. Il renferme une pièce exceptionnelle, la **custode dite « de Dom José »** (XVIIIe s.), sertie de 4 000 pierres précieuses et pesant plus de 17 kg. De la galerie parallèle à la salle du chapitre, un passage donne accès à la tribune avec une splendide vue plongeante sur la nef.

#### Le cloître ✧

L'accès s'effectue par le déambulatoire du chœur, dont quelques chapelles abritent des gisants du XIVe s. (voir surtout ceux de la chapelle Saint-Cosme-et-Saint-Damien).

Le cloître a été édifié sous le règne de Dinis I (XIIIe s.) et embelli au siècle suivant. La partie centrale, transformée en champ de fouilles, mêle vestiges romains, islamiques et médiévaux (citerne).

## Miradouro de Santa Luzia ✧

**Plan B3.**

Avis aux photographes ! Le miradouro de Santa Luzia offre une vue fabuleuse ! Les maisons aux toits rouges s'imbriquent les unes dans les autres. Ici et là, émerge le clocher d'une église. La couleur des eaux du Tage, au loin, contraste avec les tonalités blanches et pastel de l'Alfama.

## Museu de Artes decorativas ✧✧

**Plan B3** – Largo das Portas do Sol, 2 218 81 46 00 ou 218 88 19 91, www.fress.pt. Mer.-lun. 10h-17h. Entrée : 4 €.

Installé dans l'ancien palais du vicomte d'Azurara (XVIIe s.), le musée des Arts décoratifs évoque la vie de l'aristocratie au XVIIIe s. Du hall abritant un carrosse, l'escalier noble couvert d'azulejos donne accès à une succession de salons et de chambres où le temps semble s'être arrêté (mobilier, céramiques, tapisseries, tableaux, et même une étrange collection de chaises ; 2e ét.).

**PAUSE**

### Kiosque Portas do Sol

Après la grimpette, ressourcez-vous à la **buvette du miradouro das Portas do Sol**, tout près de la statue de saint Vincent, le saint patron de Lisbonne. Panorama sublime sur les quartiers de São Vicente et de l'Alfama !

> Largo das Portas do Sol (plan B3). T.l.j. 9h-21h (parfois jusqu'à minuit en été).

## La vieille ville, Graça et l'Alfama

^ Le castelo de São Jorge

La cafétéria (f. le w.-e.), dans une courette paisible et pleine de charme, est idéale pour prendre un verre.

## Bairro do Castelo ✧

Plan A2-3.

Le quartier *(bairro)* près de l'entrée du château a conservé son tracé médiéval. Même si les boutiques de souvenirs ont réquisitionné tous les pas-de-porte, ses ruelles n'en sont pas moins charmantes.

La courte promenade **rua de Santa Cruz do Castelo**, bordée de ravissantes maisons et de commerces variés, vous mènera jusqu'à la place du même nom, dans une ambiance villageoise.

Par la rua Bartolomeu de Gusmão vers le sud, vous rejoindrez très vite la **costa do Castelo**, parcours obligé des *tuk-tuk*, qui ceinture le château et domine la **Mouraria**. Ce quartier cosmopolite et populaire, en pleine réhabilitation, est considéré comme le berceau du fado.

> Lire aussi la balade urbaine : Dans la Mouraria bohème et populaire (p. 74).

### CASTELO DE SÃO JORGE ✧

Plan A2-3 – ☎ 218 80 06 20, www.castelodesaojorge.pt. Mars-oct. : t.l.j. 9h-21h ; nov.-fév. : t.l.j. 9h-18h. Entrée : 10 €.

Sur le site qu'occupe la forteresse médiévale dominant la ville se sont succédé les Romains, les Wisigoths, les Maures et les premiers souverains portugais jusqu'à João II, qui en fit une résidence royale à la fin du XVe s. Manuel I rompit la tradition en s'établissant au bord du Tage.

D'un strict point de vue architectural, l'intérêt du castelo de São Jorge, avec ses deux cours intérieures entourées de hauts murs, est assez limité. La balade sur le **chemin de ronde** ou en bas des remparts est, en revanche, un moment inoubliable avec ses vues variées sur la ville ; dans **la tour dite « d'Ulysse »**, un périscope permet d'observer la ville à 360° (Câmara Escura t.l.j. 10h-17h).

Les passionnés d'archéologie suivront les indications pour voir le **site archéologique**, où ont été mis au jour des vestiges de l'âge du bronze, un quartier musulman des XIe-XIIe s. et les fondations d'un palais (XVe-XVIIIe s.).

Avant de quitter le site, ils visiteront le **Núcleo museológico**, qui présente des fragments de poteries et d'azulejos trouvés lors des fouilles toujours en cours dans le secteur nord.

## Graça ✧

Plan AB1-2.

L'ambiance change beaucoup quand on débouche sur le **largo Rodrigues de Freitas** et que l'on monte la **calçada da Graça**. Grands immeubles tapissés de faïences, arbres et espaces verts plus nombreux, rues plus larges et densité moindre : vous voici dans les hauteurs du très *middle class* et séduisant quartier de Graça.

### IGREJA DE NOSSA SENHORA DA GRAÇA

**Plan AB2** – ☎ 261 31 04 85. Mar.-ven. 10h-18h, sam.-dim. et j.f. 10h-13h et 14h-18h. Entrée : 2 € ; gratuite dim. et certains j. spéciaux (se renseigner).

L'église frappe par la remarquable unité esthétique des chapelles baroques tirant déjà sur le rococo, qui bordent la nef. Les azulejos en nombre datent des XVII^e^-XVIII^e^ s. Les trois orgues attestent de la richesse de l'édifice.

Dans le bras droit du transept se trouve le *Senhor dos Passos* représentant Jésus portant la croix : la statue est transportée en procession à travers tout le quartier le second dimanche de carême.

### MIRADOURO DA GRAÇA ✧✧

Depuis le parvis de l'église, profitez des bancs pour admirer la vue : la ville s'étend généreusement, malgré un relief capricieux et des bâtiments toutes époques confondues. Au loin, apparaît le ponte 25 de Abril. Un kiosque ombragé propose des rafraîchissements pour prolonger le plaisir de la contemplation.

### VILA SOUSA ET VILA BERTA

**Plan B2** – Largo da Graça, 82, et rua do Sol à Graça, 57-59 (allée privée).

Entre 1880 et 1900 apparut dans les quartiers populaires une nouvelle forme d'habitation : la *vila plurifamiliar de habitação económica*. La construction de ces bâtiments fut due majoritairement à l'initiative d'industries installées à proximité pour loger leurs ouvriers.

Recouverte d'azulejos turquoise, la **vila Sousa** en est un bel exemple et préfigure en quelque sorte nos HLM.

Autre exemple intéressant de la fin du XIX^e^ s., la **vila Berta** est une silencieuse allée bordée de maisonnettes fleuries et de jardins privatifs. Ces ensembles conceptuels étaient censés favoriser l'entraide et la solidarité.

### MIRADOURO DA SENHORA DO MONTE ✧✧

**Plan A1.**

Toujours plus haut ! Le site domine Lisbonne à environ 100 m d'altitude et permet de percevoir parfaitement l'emboîtement des quartiers.

### RUA DA VOZ DO OPERÁRIO

**Plan B1-2.**

La rue dégringolant la colline qu'emprunte le tramway 28E porte le nom d'un journal et de l'association ouvrière à vocation éducative et sociale dont le siège occupe un superbe édifice (aux n^os^ 11-15).

Construit à partir de 1912 et achevé en 1932, le bâtiment comprenait autrefois des écoles, des bains, une bibliothèque et un centre d'aide aux personnes âgées.

---

## Mosteiro de São Vicente de Fora ✧

### IGREJA DE SÃO VICENTE DE FORA ✧

**Plan B2** – Largo de São Vicente ☎ 218 824 400. Mar.-ven. 8h30-13h et 14h30-17h, sam.-dim. 9h-12h. Accès libre. Concerts d'orgue gratuits à 17h le 2^e^ sam. du mois (se renseigner).

Fondée en 1147 « hors les murs » *(fora)* en action de grâce après la prise de la ville sur les Maures, l'église du monastère a été entièrement rebâtie à la fin du XVI^e^ s. par l'architecte italien Filippo Terzi sur le modèle de l'église du Gesù, à Rome.

L'intérieur possède un superbe plafond à caissons. Le maître-autel, coiffé d'un baldaquin rappelant celui du Bernin à Saint-Pierre-de-Rome, est l'œuvre de Machado de Castro. La partie la plus intéressante concerne néanmoins l'ensemble conventuel.

### LE CLOÎTRE DES AUGUSTINS ✧

Accès à dr. de l'église ☎ 218 810 559. Mar.-dim. 10h-17h ; dernière admission 1h avant. Entrée : 5 €.

On y découvre une citerne appartenant au monastère primitif du XIIe s., puis la sala portaria (hall d'entrée) couverte d'azulejos (v. 1710), avec un superbe plafond à caissons et une balustrade en marbre polychrome. Cette salle d'apparat donne accès au **musée d'Art sacré** (objets liturgiques et *Présentation au temple* de Gregório Lopes).

Le cloître, séparé en deux parties par une magnifique sacristie ornée de marbre polychrome, frappe par son dépouillement et ses importantes dimensions. Dans le fond du cloître oriental se trouvent le **panthéon des évêques de Lisbonne** (de 1937 à 1998) et, à l'emplacement de l'ancien réfectoire, celui des **ducs de la maison de Bragance** : ici reposent les rois ayant régné sur le pays, de João IV (1640-1656, somptueux tombeau en marbre), à Manuel II (1908-1910).

Un **escalier monumental**, tapissé d'azulejos aux motifs savoureux et pleins de vie (première moitié du XVIIIe s.), conduit au premier niveau du cloître. Dans la galerie supérieure, certains évoquent, sur 38 panneaux, des fables de La Fontaine. D'autres relatent des épisodes historiques.

## Campo de Santa Clara

Plan B2 – Passez sous l'Arco Grande de Cima, à g. de l'église.

Sur cette place se tient, chaque mardi et chaque samedi, la **feira da Ladra**, le marché aux puces de Lisbonne (p. 120). La «foire de la Voleuse» est un vrai bric-à-brac de vieilleries en tout genre : livres, cartes postales...

**PAUSE**

*Tolan*

Envie d'un resto typique, pas chère et sympa ? Arrêtez-vous chez Tolan, un tout petit restaurant à deux pas du mosteiro de São Vicente de Fora. Il propose une cuisine traditionnelle appréciée des habitués.

> Rua dos Remédios, 134 (plan p. 69 / B3) ☎ 218 87 22 34. Lun.-sam. 12h-17h et 19h-minuit, dim. 19h-minuit.

⌄ Feira da Ladra sur le campo de Santa Clara

## L'Alfama ✧✧

Plan B3-4.

La meilleure façon de découvrir l'Alfama est de déambuler à travers son dédale de rues et de passages, appelés ici *becos* ou *travessos*.

Commencez par la partie haute (largo do Salvador ou largo das Portas do Sol) et laissez-vous porter par la pente en direction du Tage. Les **rua de São Pedro** et **rua dos Remédios** fourmillent de petites boutiques et de tavernes traditionnelles. Dans la première, chaque matin, se tient un marché aux poissons. Dans le **largo São Rafael**, les vestiges d'une tour de défense témoignent encore du temps de la domination arabe.

Au centre de l'Alfama, l'**igreja de São Miguel** a conservé son joli toit en bois de jacaranda du Brésil.

Vous emprunterez les **escadinhas de Santo Estêvão**, de petits escaliers créant un décor unique et pittoresque. Dans le **beco do Carneiro**, les maisons obturent quasiment le haut de la rue. Enfin, le **beco da Cardosa** est l'essence même de cet enchevêtrement architectural et humain qui fait la singularité de l'Alfama.

### MUSEU DO FADO ✧

**Plan B3** – Largo do Chafariz de Dentro, 1 📞 218 82 34 70, www.museudofado.pt. Mar.-dim. 10h-18h. Entrée : 5 € (avec audioguide) ; réduction avec la Lisboa Card (p. 56). Concerts jeu. dans l'auditorium.

L'ancienne station de pompage, qui recueillait l'eau de la proche fontaine, accueille un musée consacré au genre musical spécifiquement portugais, apparu vraiment au début du XX^e s. (p. 470). Vous découvrirez son histoire, un bel ensemble de guitares, des tableaux (*Le Fado* de José Malhoa), des affiches et de nombreuses pochettes de disques. Dans une salle, confortablement installé, vous ferez connaissance avec ses principaux représentants en écoutant au casque quelques-uns de leurs meilleurs morceaux.

### CHAFARIZ DE EL-REI

Plan B4.

Reconstruite au XVIII^e-XIX^e s., cette fontaine (*chafariz*) remplace celle qui approvisionnait en eau les navires partant vers les Indes. Elle est dominée par l'étrange silhouette colorée et fantaisiste du palais (XIX^e s.) du même nom, converti en hôtel de luxe.

### CASA DOS BICOS

**Plan A4** – Rua dos Bacalhoeiros, 10 📞 218 80 20 40, www.josesaramago.org. Lun.-sam. 10h-18h ; dernière admission à 17h30. Entrée : 3 €.

Le bâtiment du XVI^e s., ancienne propriété de Brás de Albuquerque, fils d'Afonso, vice-roi des Indes, doit son nom aux «pointes de diamant» (*bicos*) recouvrant sa façade. Doté d'un nouvel étage en 1989, l'édifice abrite la **fondation José-Saramago**, dédiée au romancier prix Nobel de littérature en 1998. Le premier étage, aux murs tapissés de pages de romans traduites en diverses langues, honore la mémoire de l'écrivain : photos, textes manuscrits et reconstitution de son bureau (machine à écrire Hermes qu'il utilisa jusqu'en 1989, collection de statues ethniques, gravure de Júlio Pomar et dictionnaire ouvert). Devant la maison a été planté un olivier provenant d'Azinhaga, village natal de Saramago. Les cendres de l'écrivain ont été dispersées au pied de l'arbre.

### IGREJA NOSSA SENHORA DA CONCEIÇÃO VELHA

**Plan A4** – Rua da Alfândega.

Dans cette rue très passante se dresse l'un des plus beaux portails manuélins de Lisbonne, avec celui du convento da Madre de Deus (p. 84) et celui du mosteiro dos Jerónimos (p. 105). C'est le seul élément de l'église primitive ayant survécu au séisme de 1755.

*Balade urbaine*

# DANS LA MOURARIA BOHÈME ET POPULAIRE

Au pied du Castelo serpentent les ruelles colorées de la populaire et cosmopolite Mouraria, ancien quartier maure du Moyen Âge et berceau du fado, où la bohème a fait son nid. En pleine métamorphose, l'ancien coupe-gorge a désormais le vent en poupe ! Sur fond d'azulejos, de murs décrépits et de linge aux fenêtres, un mix savoureux d'adresses branchées, de tavernes typiques, de bouis-bouis indiens et de bazars chinois nous emmène dans une autre Lisbonne.

Hommage de Camilla Watson à la Mouraria >

## PRATIQUE

- **Plan p. 61 et p. 69.**
- **Nos adresses p. 111**

### Départ

Rua de São Cristovão.

### Adresses

**O Corvo** : Largo dos Trigueiros, 15
☎ 218 860 545.
Jeu.-lun. 9h-23h30.

**Maria da Mouraria – Casa da Severa** : Largo da Severa, 2/2B
☎ 218 860 165.
Mer.-dim. 20h-2h.

**A Vida Portuguesa** : largo do Intendente Pina Manique, 23, M° Intendente.
T.l.j. 10h30-19h30.

^ Les escadinhas de São Cristovão

## Enclave bohème

C'est dans la **rua de São Cristovão** que la métamorphose du quartier est la plus palpable. Cette ruelle pleine de charme s'anime de petites boutiques indépendantes et de cafés dans l'air du temps. S'y croisent jeunes bobos et mamies du quartier. Si elle est ouverte, jetez un œil dans l'église Saint-Christophe, où les marins venaient prier avant d'embarquer pour le Nouveau Monde. En face, les *escadinhas* (escaliers) **de São Cristovão** déroulent une grande fresque, hommage coloré à la tradition locale du fado. Derrière l'église, sur le **largo do Achada**, on découvre l'une des plus anciennes maisons de la ville (XVIe s.), percée de fenêtres gothiques.

### PAUSE AU VILLAGE

Faufilez-vous ensuite dans le **beco das Farinhas** : la photographe britannique Camilla Watson a épinglé les portraits des habitants du quartier sur les façades de leurs maisons ! C'est ensuite un vrai bonheur de s'installer en terrasse sur le **largo dos Trigueiros.** Ce petit coin de Lisbonne, qui semble loin de tout, nous transporte sur la place d'un village avec sa fontaine, son arbre et ses maisons carrelées d'azulejos. Le café O Corvo est idéal pour boire un verre et s'imprégner de l'atmosphère du quartier.

### LE BERCEAU DU FADO

Changement d'ambiance autour du **largo da Severa**. C'est dans ces ruelles tortueuses, au cœur de la Mouraria populaire, qu'est né le fado. On y trouve la seule maison de fado du quartier, la **Casa da Severa**, où est née au XIXe s. la première grande fadista de l'histoire, Maria Severa Onofriana. Des portraits de chanteurs de fado s'affichent aussi sur les murs le long de la rua do Capelão.

## Détour branché par Intendente

Cap sur le **largo do Intendente do Pina Manique** (plan p. 52-53 C2/D2), son magnifique hôtel Art nouveau et ses cafés cool. On y découvre le Jardin en kit de l'artiste contemporaine Joana Vasconselos et l'une des plus belles façades d'azulejos de la ville, réalisée au XIXe s. par le maître du genre, Ferreira das Tabuletas, pour la célèbre fabrique Viúva Lamego. L'ancien atelier abrite désormais la superbe boutique **A Vida Portuguesa**, où l'on ne déniche que des articles authentiquement portugais. Incontournable !

# 3 DES AVENIDAS au palais de Fronteira ✧

L'avenida da Liberdade conduit au quartier d'affaires de la ville, situé dans le nord. Au-delà de cette grande artère, Lisbonne vous réserve des vestiges antiques d'envergure ainsi qu'un grand rendez-vous culturel à ne pas manquer : le musée Gulbenkian. Enfin, ce joyau baroque qu'est le palais de Fronteira signera l'apothéose de ce circuit.

## PRATIQUE


- Plan p. 78
- Nos adresses p. 111


### ↓ Se déplacer

**En métro**

Ligne bleue pour le parque Eduardo VII, le museu Calouste Gulbenkian et le Jardim zoológico.

**En taxi**

Conseillé pour le palais de Fronteira.

### ↓ Conseil

Acheter un billet coupe-file en ligne pour le musée Gulbenkian.

### ↓ Bon à savoir

Musée Gulbenkian gratuit le dim. à partir de 14h. Les visites du palais de Fronteira n'ont lieu que le matin.

Street art avenida Fontes Pereira de Melo

## L'ESSENTIEL

### À ne pas manquer

La fabuleuse collection du musée Calouste Gulbenkian ; le palais des marquis de Fronteira et son jardin à l'italienne.

### Expériences

Remonter le temps dans l'*ascensor* do Lavra, le plus vieux funiculaire de la ville ; un clin d'œil street art près du métro Picoas.

## Rua das Portas de Santo Antão ✧

Plan p. 60-61 / B1.

Avec ses **restaurants** et ses terrasses, cette rue piétonne est toujours très animée. Au n° 96 se trouve le **coliseu dos Recreios**, une salle de spectacle de 5 000 places construite à la fin du XIXe s., où se produisent des stars du jazz et du rock. Au n° 109, la façade Belle Époque du **teatro Politeama**.

### ASCENSOR DO LAVRA

Plan p. 60-61 / B1 – Largo da Anunciada. Lun.-ven. 7h-20h30, sam.-dim. et j.f. 9h-19h55. Tarif : 3,80 € (2 voyages).

En poussant jusqu'à la calçada do Lavra, vous trouverez le premier **funiculaire** de Lisbonne, construit en 1884. Il grimpe jusqu'au jardin public du **campo dos Mártires da Pátria**.

## Praça dos Restauradores ✧

Plan p. 60-61 / B1 et p. 78 hors plan par B2 – M° Restauradores.

Cette vaste esplanade rectangulaire est ornée d'un **obélisque** de 30 m de haut, élevé en 1855, pour célébrer le soulèvement contre la domination espagnole et le retour à l'indépendance du Portugal en 1640.

Au coin de la praça João da Câmara, se dresse l'**hôtel Avenida**, construit en 1892, par le même architecte que celui de la gare du Rossio (p. 59). Plus loin se détache la façade Art déco de l'**Éden**, un ancien cinéma-théâtre des années 1930. Le **palácio Foz** (XVIIIe s.), reconnaissable à sa façade rose et blanc, abrite aujourd'hui l'**office de tourisme** (p. 56) et la **loja dos museus**, boutique proposant des reproductions d'œuvres d'art, porcelaines, faïences, verrerie et azulejos.

À proximité, dans une venelle, l'**ascensor da Glória** vous emmène directement au Bairro Alto (p. 77).

**Des Avenidas au palais de Fronteira**

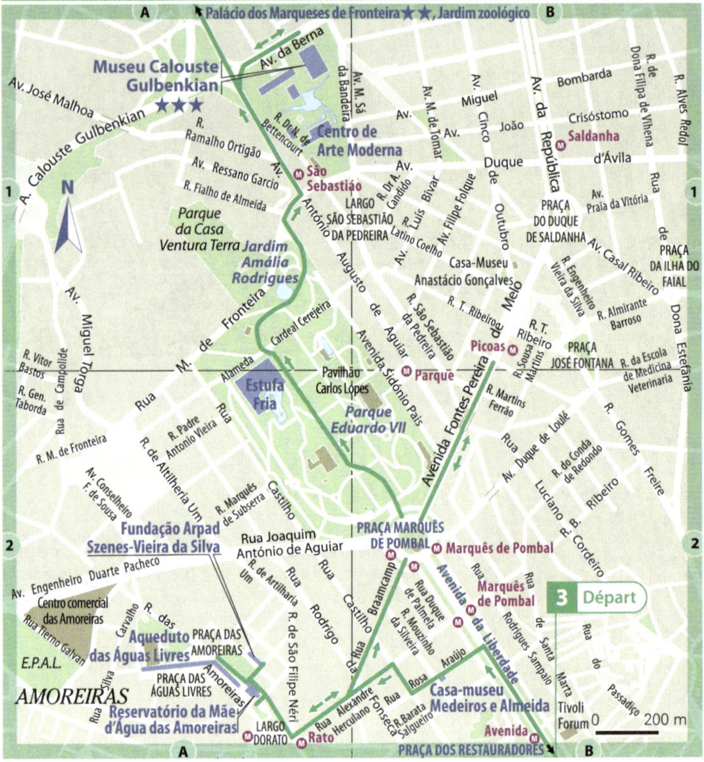


## Avenida da Liberdade ✧

**Plan B2** – M° Restauradores, Avenida et Marquês de Pombal ; bus 709, 711, 732 et 736.

L'**avenue de la Liberté** – la plus large de Lisbonne (90 m) – court sur presque 2 km et est bordée de grands hôtels, de banques et de boutiques de luxe internationales. Sur ses trottoirs ombragés et ornés de *calçada portuguesa* (p. 63), quelques kiosques pour boire ou grignoter.

## Casa-museu Medeiros e Almeida ✧

**Plan B2** – Rua Rosa Araújo, 41. M° Marquês de Pombal ☎ 213 54 78 92, www.casa-museumedeirosealmeida.pt. Lun.-sam. 10h-17h. Entrée : 5 € ; gratuite sam. 10h-13h.

La somptueuse résidence, à l'écart de l'avenida da Liberdade, abrite les collections amassées par l'homme d'affaires António de Medeiros e Almeida (1895-1986). Sur trois niveaux et à travers 27 salles, vous irez de surprise en surprise : chapelle, salons décorés de grotesques, chambre peinte par

Audran, tableaux de Panini ou du paysagiste rococo Pillement, meubles anglais et de styles divers, galerie décorée d'azulejos débouchant dans la **sala do Lago**, sans doute le lieu le plus surréaliste du palais avec sa fontaine monumentale en marbre et bronze sous un plafond peint (voyez ici la collection de tabatières et le pianoforte du célèbre facteur de pianos anglais du XVIII^e s. Broadwood). La visite s'achève dans le renversant département des horloges et montres avec une vitrine entièrement consacrée à la marque Breguet et à ses imitateurs !

## Fundação Arpad Szenes-Vieira da Silva ✧

**Plan A2** – Praça das Amoreiras, 58. M° Rato ; bus 713 et 774 (arrêt Jardim Amoreiras) ☎ 213 88 00 44, www.fasvs.pt. Mar.-dim. 10h-18h. Entrée : 5 € ; réduction avec la Lisboa Card (p. 56).

Sur la **praça das Amoreiras**, tranquille et plantée de mûriers *(amoreiras)*, s'élève une ancienne fabrique royale de soieries. Cet édifice abrite le musée consacré à la plus célèbre peintre portugaise du XX^e s., Maria Helena Vieira da Silva (1908-1992), et à son époux, Arpad Szenes, également peintre. La grande artiste vécut peu dans son pays natal, lui préférant Paris ou encore le Brésil. Son monde est un univers magique construit à partir d'unités colorées et de lignes affirmées qui s'entrecroisent, créant des architectures hallucinatoires et des espaces labyrinthiques.

La fondation présente des œuvres du couple depuis les années 1930 jusqu'aux années 1970. Vous aurez ainsi un bel aperçu de l'évolution de l'art de Maria Helena Vieira da Silva jusqu'aux chefs-d'œuvre comme *Londres* (1959), *Villa Forte* (1960), *Au fur et à mesure* (1965) ou les deux versions de *New Amsterdam* (1970).

ART

### Street art XXL

De la place Marquês de Pombal, faites un léger détour le long de l'**avenida Fontes Pereira de Melo** (plan ci-contre / B2). Sur le chemin de la très parisienne **station Picoas** (une reproduction de bouche de métro Guimard offerte par la RATP à la Ville en 1995), les fanas de **street art** admireront, à l'angle de la rua Martens Ferrão, deux immeubles désaffectés recouverts de fresques géantes signées Os Gêmeos (à l'angle), Ericailcane (le crocodile) et Lucy McLauchlan (les oiseaux).

## Aqueduto das Águas Livres ✧

**Plan A2** – Praça das Águas Livres.

L'essentiel des 18,6 km de l'« aqueduc des Eaux libres », édifié entre 1729 et 1748, a résisté au tremblement de terre de 1755. Le tour de force des ingénieurs en charge de sa construction fut de franchir, sur près de 1 km, le vallon d'Alcântara, entre le parc de Monsanto et la ville.

### RESERVATÓRIO DA MÃE D'ÁGUA DAS AMOREIRAS

**Plan B2** – ☎ 218 10 02 15, www.epal.pt. Mar.-dim. 10h-12h30 et 13h30-17h30. Entrée : 4 €.

Les eaux aboutissent à la **Mãe d'Água**, la « Mère des eaux », grosse tour en pierre bordant l'angle de la praça das Amoreiras. À voir, la citerne de 5 500 m³ avec une spectaculaire cascade ornée d'une figure de Neptune, réalisée en 1834

## Parque Eduardo VII ✧

**Plan AB1-2** – M° Marquês de Pombal et Parque ; bus 711depuis la praça do Comércio.

Au-delà de la **praça Marquês de Pombal**, le parc Édouard VII s'habille de vastes pelouses et de parterres à la française. Orné d'azulejos, le **pavilhão Carlos Lopes**, construit en 1922 pour l'Exposition de Rio de Janeiro, fut démonté et reconstruit ici dans les années 1930. L'ascension en pente douce jusqu'au **jardim Amália Rodrigues** vaut surtout pour la belle perspective offerte sur la ville basse.

### ESTUFA FRIA

Serre froide

Entrée par la rua Castilho ☎ 218 17 09 96, http://estufafria.cm-lisboa.pt. Nov.-mars : t.l.j. 9h-17h ; avr.-oct. : t.l.j. 10h-19h. Entrée : 3,10 € ; gratuite dim. et j. f. jusqu'à 14h et avec la Lisboa Card (p. 56).

Aménagée dans les années 1930, la «serre froide» offre une promenade délicieusement exotique au milieu des fougères arborescentes et des essences venant d'Australie, de Chine, de Corée, du Mexique et du Brésil. Agrémentée d'étangs, de cascades, de ponts, de statues et de rochers, elle doit son nom au fait qu'elle n'utilise pas de système de chauffage.

---

## Museu Calouste Gulbenkian ✧✧✧

**Plan A1** – Av. de Berna, 45A. M° São Sebastião ; bus 713, 742 et 746 ☎ 217 82 30 00, www.gulbenkian.pt. Mer.-lun. 10h-18h. Entrée : 10 € (centro de Arte Moderna inclus) ; gratuite dim. à p. de 14h et réduction avec la Lisboa Card (p. 56).

L'extraordinaire collection d'art réunie par l'homme d'affaires arménien Calouste Gulbenkian (encadré ci-dessous) jouit d'une aura internationale. Dans un sobre écrin de béton (1969), 6 000 œuvres de l'Antiquité au début du XX$^{e}$ s reflètent les goûts éclectiques de ce mécène éclairé.

### Art oriental et classique

Après les figurines égyptiennes et les pièces gréco-romaines, l'Orient islamique s'illustre avec de superbes faïences d'Iznik, des enluminures et des tapis persans. La section s'achève avec de délicates porcelaines chinoises et des estampes japonaises.

### Art européen

Cette galerie présente des manuscrits enluminés et des ivoires médiévaux, des meubles et pièces d'orfèvrerie français des XVII$^{e}$ et XVIII$^{e}$ s. ainsi que des peintures flamandes et hollandaises (Rubens, Rembrandt), françaises (Fragonard, Boucher, Corot, Manet, Renoir, Monet) et anglaises (Turner, Gainsborough). Un déluge de chefs-d'œuvre, et, en guise de point final, 150 merveilles Art nouveau du maître verrier et bijoutier René Lalique : diadèmes, peignes, vases et miroir aux serpents !

Traversez ensuite le jardin zen, semé de sculptures de Rodin et de Moore, pour rejoindre la collection d'art moderne de la fondation Gulbenkian.

### CENTRO DE ARTE MODERNA ✧

**Plan A1** – Rua Dr Nicolau de Bettencourt ☎ 217 82 34 74, www.gulbenkian.pt. Fermé pour rénovation. Tél. pour vérifier les horaires.

Le centre d'Art moderne livre une belle rétrospective de l'art portugais du XX$^{e}$ s. On y découvre aussi des œuvres de Sonia Delaunay et des grands noms du pop art britannique (comme David Hockney et Peter Blake). Les œuvres exposées peuvent varier.

### PERSONNALITÉ

*Calouste Gulbenkian*

Mécène d'origine arménienne, Calouste Sarkis Gulbenkian (1869-1955) fit fortune dans le commerce du pétrole. Il était surnommé «Monsieur 5 %», car il s'était réservé ce taux sur ses bénéfices en échange de la cession de ses droits au consortium irakien (1920). En 1940, il fut nommé ministre plénipotentiaire d'Iran dans la France de Vichy et se réfugia à la Libération au Portugal, où il mourut. Il offrit à ce pays la totalité de ses acquisitions, rassemblées dans ce musée.

## Jardim zoológico

**Hors plan par A1** – Estrada de Benfica, 158/160. M° Jardim Zoológico ☎ 217 232 900, www.zoo.pt. T.l.j. 10h-20h (21 sept.-20 mars 10h-18h). Entrée : adulte 22,50 €, enfant 3-12 ans 14,50 € ; réduction avec la Lisboa Card (p. 56).

Le zoo de Lisbonne est aménagé dans le parc d'une *quinta* du XIXe s. Vous y verrez des oiseaux exotiques, des singes, des fauves, des girafes, et assisterez à des vols de rapaces, à des spectacles de reptiles, d'otaries et de dauphins. S'y ajoute un téléphérique pour survoler le site.

## Palácio dos Marqueses de Fronteira ✧✧

Palais des marquis de Fronteira

**Hors plan par A1** – Largo São Domingos de Benfica, 1. M° Jardim Zoológico, puis bus 770 ou taxi ☎ 217 78 20 23, www.fronteira-alorna.pt. Vis. guidée du palais juin-sept. : lun.-sam. à 10h30, 11h, 11h30 et 12h ; oct.-mai : lun.-sam. à 11h et 12h. Jardins juin-sept. : lun.-ven. 10h30-17h, sam. 10h30-13h ; oct.-mai : ouv. à 11h. Entrée palais et jardins : 13 € ; jardins : 5 €.

Ce palais, résidence de Dom João de Mascarenhas, premier marquis de Fronteira (1633-1681) et héros de la guerre d'indépendance contre l'Espagne, est la plus belle demeure aristocratique baroque de Lisbonne ! Le pavillon, construit après 1640, fut remanié après le séisme de 1755 et embelli par l'ajout d'éléments de style rocaille.

La **salle des Batailles** est couverte de stucs et d'azulejos de la fin du XVIIe s. retraçant les batailles de la Restauração (1640-1648). Vous visiterez aussi la **salle à manger**, des **salons** et une très belle **bibliothèque**. Saint François-Xavier aurait célébré la messe dans la **chapelle** (XVIe s.) avant d'embarquer pour les Indes.

Les **jardim de Vénus** et **Formal** sont colorés d'azulejos illustrant des scènes mythologiques, historiques et humoristiques, tirées de la vie quotidienne. Dominant le bassin, la **galerie des Rois** porte les bustes des monarques du Portugal, et 12 panneaux d'azulejos montrent des cavaliers au galop, ancêtres du marquis.

**Le jardin du palais des marquis de Fronteira**

# 4 SANTA APOLÓNIA et Oriente ✧

Le long du Tage, des restaurants branchés ont investi d'anciens docks. Dans le faubourg de Xabregas se cache l'un des plus beaux musées de Lisbonne, installé dans le convento Madre de Deus. Plus à l'est encore, la «ville nouvelle», née autour du site de l'Exposition universelle de 1998, crée la surprise. Le parque das Nações (parc des Nations) abrite d'ambitieuses réalisations architecturales telles que la gare d'Oriente, le pont Vasco-de-Gama et un centre commercial dédié au découvreur de la route des Indes. L'Oceanário, attraction la plus courue de la capitale, est l'un des plus grands aquariums d'Europe.

## PRATIQUE


• Plan p. 84
• Nos adresses p. 111


### Se déplacer

**En bus**

Depuis praça do Comércio, bus 728, 735, 759, 782 et 794 pour Santa Apolónia. Bus 759 pour le musée de l'Azulejo (arrêt Igreja Madre de Deus).

**En métro**

Prenez la ligne bleue pour Santa Apolónia et la ligne rouge (arrêt Oriente) pour le parque das Nações.

**En train**

De Santa Apolónia à la gare d'Oriente (9 min) pour le parque das Nações.

**Dans le parc des Nations**

Location de **vélos** près de la tour Vasco de Gama (env. 3 €/30 min). De là, une **télécabine** survole les rives du Tage jusqu'à l'Oceanário.

Le centro Vasco da Gama et la torre São Rafael

# L'ESSENTIEL

## À ne pas manquer

Le musée national de l'Azulejo pour un panorama complet des fameux petits carreaux portugais ; l'Oceanário de Lisboa, l'un des plus grands aquariums d'Europe.

## Expériences

Survoler le parc des Nations en télécabine ; boire un verre au sommet de la tour Vasco da Gama, au coucher du soleil.

## Santa Apolónia

**Plan p. 84 / B2** – Av. Infante Dom Henrique, 1. M° Santa Apolónia.

Les foules de salariés résidant dans la banlieue nord-est de la ville affluent à la **gare de Santa Apolónia**, doublée d'une station de métro et d'un important arrêt de bus. En bordure du Tage, les anciens entrepôts du **Doca do Jardim do Tabaco** accueillent autant de lieux branchés.

### MUSEU MILITAR

**Plan p. 84 / B2** – Largo do Museu da Artilharia 📞 218 842 453. Mar.-dim. 10h-17h. Entrée : 3 €.

En face de la gare et injustement délaissé, le **Musée militaire** séduira les amateurs d'armes, d'armures et d'engins de guerre. Mais les autres ne s'y ennuieront pas non plus ! Les plafonds stuqués, les sculptures allégoriques et les fresques de style pompier, sans parler de l'enfilade de salles au décor pompeux et suranné, offrent un spectacle plutôt réjouissant.

L'immense musée se poursuit de l'autre côté de la cour, avec une grande salle à travées voûtées où sont exposées des pièces d'artillerie. On y voit l'extraordinaire chariot utilisé au XVIII^e^ s. pour transporter les colonnes de l'arc de triomphe qui ornent l'extrémité de la rua Augusta (p. 62).

### IGREJA DE SANTA ENGRÁCIA – PANTEÃO NACIONAL ✧

**Plan p. 84 / AB2** – Campo de Santa Clara 📞 218 85 48 20. Avr.-sept. : mar.-dim. 10h-18h ; oct.-mars : mar.-dim. 10h-17h. Entrée : 4 €.

Il fallut trois siècles pour achever cette église massive. D'où l'expression populaire «obra de Santa Engrácia» pour désigner les travaux qui traînent trop en longueur. L'intérieur abrite les cénotaphes de grands hommes du pays, dont Henri dit «le Navigateur» ou Afonso de Albuquerque, et le tombeau de la chanteuse de fado Amália Rodrigues, première femme à y avoir été inhumée.

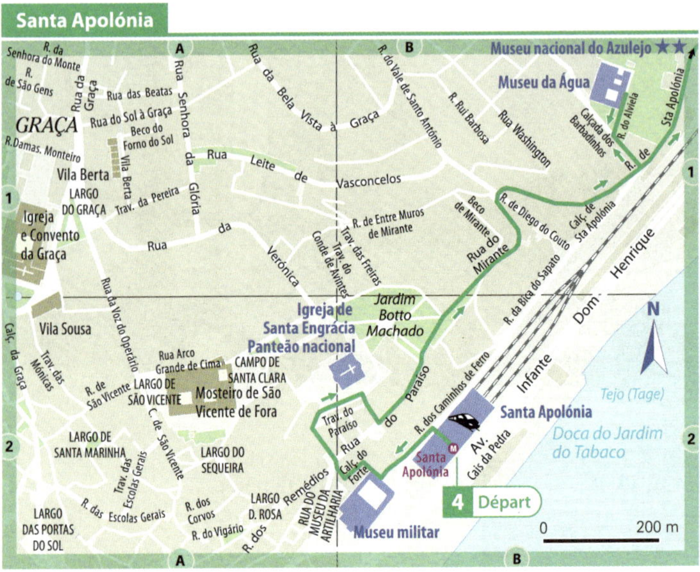


## MUSEU DA ÁGUA ✧

Musée de l'Eau

**Plan ci-dessus / B1** – Rua do Alviela, 12. Bus 735 (arrêt Rua do Mato Grosso) ☎ 218 10 02 15, www.epal.pt. Mar.-dim. 10h-17h30. Entrée : 4 € ; réduction avec la Lisboa Card (p. 56).

Dans les hauteurs dominant la calçada de Santa Apolónia, le **musée de l'Eau** retrace l'histoire de la distribution de l'eau à Lisbonne. L'endroit ravira les amateurs d'architectures industrielles (fin XIX$^{e}$ s.). Dans l'enceinte, un bâtiment abrite la salle des machines à vapeur de la station de pompage utilisée jusqu'en 1928.

## Museu nacional do Azulejo ✧✧

**Hors plan ci-dessus par B1** – Rua Madre de Deus, 4. Bus 759 (arrêt Igreja Madre de Deus) ☎ 218 10 03 40, www.museudoazulejo.gov.pt. Mar.-dim. 10h-18h. Entrée : 5 € ; gratuite avec la Lisboa Card (p. 56).

Les fameux petits carreaux de faïence qui embellissent la cité lisboète ont leur musée, un peu excentré mais vraiment charmant. Un panorama complet de cet art portugais est présenté dans l'ancien **couvent da Madre de Deus**, fondé en 1509 par Leonor, veuve du roi João II, et presque entièrement reconstruit après le séisme de 1755. Autour des deux niveaux du cloître Renaissance est retracée l'évolution de l'azulejo, de la Renaissance à la création contemporaine.

### Le rez-de-chaussée (XV$^{e}$-XVII$^{e}$ s.)

On y découvre les premiers azulejos, modèles géométriques ou floraux hispano-mauresques et mudéjars (XV$^{e}$ s.), un panneau flamand montrant

**PAUSE**

*Un café au musée*

Impossible de trouver un café où se poser un moment aux alentours du museu nacional do Azulejo ! Raison de plus pour aller à la **cafétéria du musée**, un endroit vraiment délicieux, avec une salle ornée d'azulejos et une cour intérieure fleurie d'hibiscus.

une *Vue de Jérusalem* animée par une foule de personnages et le retable de *Nossa Senhora da Vida* (1580), l'un des premiers chefs-d'œuvre de cet art. Le petit **cloître manuélin**, doté de chapiteaux à nœuds, mérite le coup d'œil.

### L'église

Un bijou d'exubérance baroque ! Au milieu des boiseries dorées se déploie une multitude de tableaux dédiés à saint François, à sainte Claire et à la Vierge. Des panneaux d'azulejos hollandais (XVIIIe s.), évoquant l'ordre franciscain, complètent le tout. Vous reverrez cette nef depuis le ***coro alto***, somptueuse tribune avec plafond à caissons, stalles et plancher en bois précieux, au premier étage.

### Le premier étage (XVIIe- XXe s.)

Il y a ici des œuvres colorées et pleines de vie : scènes de chasse, vases fleuris encadrés d'oiseaux, décor de l'escalier de São Bento (1650) fourmillant de personnages, portraits portatifs de Catherine de Bragance et de Charles II d'Angleterre (1662)... À voir aussi, d'inénarrables «singeries» et une merveilleuse *Chasse au léopard*. Aucun doute : les grandes découvertes auront inspiré les artistes ! Des œuvres du XIXe s. et d'étonnantes réalisations contemporaines sont présentées par roulement.

### Le deuxième étage

Trésor du musée, le gigantesque panneau *Vista panorâmica de Lisboa* – 25 m de long, le plus grand du Portugal ! – offre un panorama de la capitale, courant de Belém au château de São Jorge. Achevés en 1738, ses 1300 carreaux constituent un document inestimable sur le visage de la ville avant le séisme. On reconnaît facilement, au centre, le Terreiro do Paço – actuelle praça do Comércio – et le castelo sur la colline. À vous de retrouver les 23 couvents et les 15 églises de la frise.

**ART**

### *Talhas douradas*

Omniprésentes dans la péninsule Ibérique, ces boiseries recouvertes de feuilles d'or envahissent l'intérieur des églises et les retables des chapelles, allant jusqu'à faire oublier l'architecture et la matérialité des murs. Elles forment avec le bleu des azulejos un accord chromatique parfait. On verra les plus beaux exemples de *talhas douradas* au museu do Azulejo, dans l'igreja de São Roque (p. 95) ou au convento dos Cardães (p. 93).

^ Le museu nacional do Azulejo

## Parque das Nações ✧✧

Parc des Nations

**Plan p. 86 / AB1-2** – Accès par la gare d'Oriente (voir p. 86).

Il s'étire sur plusieurs kilomètres au bord du Tage, là où s'étendaient autrefois des docks et des industries polluantes. Des jets d'eau sortant de la gueule de «volcans», des jardins qui s'embellissent d'année en année et des bâtiments ambitieux signés par quelques-uns des meilleurs architectes du moment : voilà le parc des Nations. L'endroit, avec sa promenade aménagée le long du fleuve, ses terrasses de cafés et ses restaurants, est aux antipodes de la Lisbonne trépidante du centre : une ville du XXIe s. !

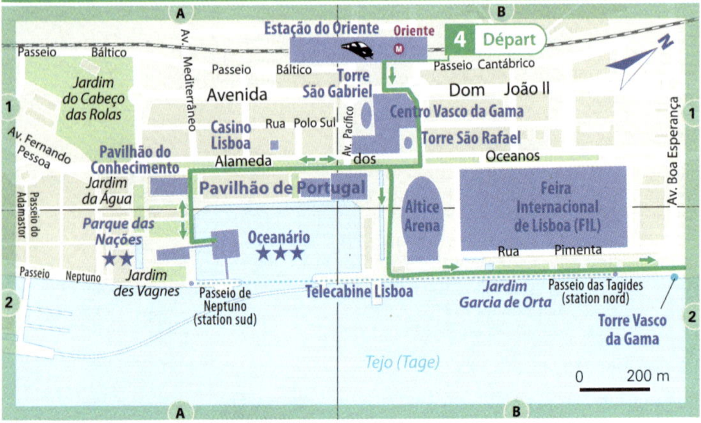


## ESTAÇÃO DO ORIENTE ✧

**Plan ci-dessus / AB1** – M° Oriente.

Cette gare intermodale (train, bus et métro), très étonnante et pleine de poésie, est la porte d'entrée du quartier. Œuvre de l'Espagnol Santiago Calatrava (p. 464), elle évoque, avec ses arborescences métalliques couvertes de verre, une palmeraie ou une forêt de parapluies.

## CENTRO VASCO DA GAMA

**Plan ci-dessus / B1** – Av. Dom João II ☎ 218 93 06 00, www.centrovascodagama.pt. T.l.j. 8h-minuit.

En sortant par l'impressionnante entrée principale de la gare et en traversant l'avenue Dom João II, vous pénétrerez dans l'immense centre commercial conçu par l'architecte portugais José Quintela da Fonseca. Sous la grande verrière, plus de 160 boutiques, près de 40 restaurants, un centre de remise en forme, un cinéma et un hypermarché.

## TORRES SÃO GABRIEL ET SÃO RAFAEL

**Plan ci-dessus / B1-2.**

S'élevant à 110 m de hauteur, les tours jumelles dominent l'ensemble du site et font face au Tage. Leur sommet, illuminé la nuit, est coiffé d'une sorte de houppette rappelant celle de Gil, la mascotte d'Expo'98.

## ALTICE ARENA

**Plan ci-dessus / B1-2** – Rossio dos Olivais, Lote 12 ☎ 218 91 84 09. Ne se visite pas.

Anciennement appelée Pavilhão atlântico, la grande salle de spectacle (20 000 places) de l'architecte portugais Regino Cruz ressemble à un vaisseau spatial posé entre le centre commercial et le Tage.

## PAVILHÃO DE PORTUGAL ✧

Pavillon du Portugal

**Plan ci-dessus / AB1** – Ne se visite pas.

Le bâtiment, avec son auvent en béton incurvé reliant sa double colonnade, est signé Álvaro Siza Vieira, architecte de renommée internationale. D'une rare élégance, le monument est une sorte de «sculpture architecturale» paraissant comme en apesanteur.

## CASINO LISBOA

**Plan ci-dessus / A1** – Alameda dos Oceanos, 45 ☎ 218 92 90 00, www.casino-lisboa.pt. Dim.-jeu. 15h-3h, ven.-sam. et veilles de fêtes 16h-4h.

La sombre silhouette de ce grand casino contraste avec son étonnante luminosité intérieure. Outre des salles de jeu et des restaurants, le bâtiment abrite un auditorium et un bar panoramique. Il présente parfois des expositions d'art contemporain.

### PAVILHÃO DO CONHECIMENTO
Pavillon de la Connaissance

Plan ci-contre / A1 – Alameda dos Oceanos ☎ 218 94 71 00, www.pavconhecimento.pt. Mar.-ven. 10h-18h, sam.-dim. et j.f. 10h-19h. Entrée : 10 € ; réduction avec la Lisboa Card (p. 56).

Le pavillon de la Connaissance présente les sciences et les technologies à l'aide d'expériences interactives et ludiques. Des expositions à thème sont souvent organisées. Succès garanti auprès des enfants !

### OCEANÁRIO DE LISBOA ✧✧✧

Plan ci-contre / A2 – Esplanada Dom Carlos I ☎ 218 917 000, www.oceanario.pt. Avr.-oct. : t.l.j. 10h-20h ; nov.-mars : t.l.j. 10h-19h ; dernière admission 1h avant. Entrée : 19 € (4-12 ans 10 €) ; réduction avec la Lisboa Card (p. 56).

L'un des plus grands **aquariums** d'Europe était déjà l'une des attractions phares de l'Exposition universelle de 1998. Aujourd'hui encore, il demeure la curiosité la plus visitée du parque das Nações. À juste titre ! La construction de Peter Chermayeff, plantée au bord de l'eau sur le dock des Olivais, abrite un vaste **bassin central** restituant les conditions de la haute mer, avec bancs de poissons, raies et requins évoluant devant des spectateurs émerveillés. En périphérie, quatre **grands aquariums** recréent le milieu naturel des différentes régions océaniques du globe. En tout, l'Océanarium abrite plus de 300 espèces dans une trentaine d'aquariums. Depuis son inauguration en 1998, les loutres qui dégustent leur repas en faisant la planche en restent les vedettes incontestées.

### TELECABINE LISBOA ✧

Plan ci-contre / AB2 – Passeio de Neptuno (station sud) ou passeio das Tágides (station nord) ☎ 218 95 61 43, www.telecabinelisboa.pt. T.l.j. fin oct.-mi-mars : 11h-18h ; mi-mars-mai et mi-sept.-fin oct. : 11h-19h ; juin-mi-sept. : 10h30-20h. Tarif : 6,50 € l'aller, 8 € A/R ou 23,50 € A/R (billet combiné avec l'Oceanário de Lisboa). Horaires pour les fêtes de fin d'année : 31 déc. 11h-18h ; 1-3 jan. 10h-13h.

^ Aquarium de Lisbonne

Pour une vue épatante sur le Tage, le pont Vasco-de-Gama et le parc des Nations, offrez-vous une balade dans les airs à bord de cette télécabine suspendue à 30 m au-dessus de l'eau. Elle longe les quais sur plus de 1 km (8-12 min), de l'aquarium à la tour Vasco de Gama.

### VERS LE PONT VASCO-DE-GAMA

Plan ci-contre / B2.

Après être revenu sur vos pas jusqu'à l'**Altice Arena** et avoir dépassé le bâtiment de la **Feira international de Lisboa** (FIL), une agréable promenade s'offre parmi les restaurants et les cafés établis près des rives du Tage. Entre les terrasses de ces établissements et le fleuve, le **jardim Garcia de Orta** évoque la flore des anciennes possessions portugaises d'outre-mer. Au loin, se dessinent le **pont Vasco-de-Gama**, long de près de 20 km dont 10 au-dessus du fleuve, conçu par Michel Bernard pour l'Expo'98, et la **torre Vasco da Gama** (ne se visite pas), culminant à près de 150 m. Avec son armature évoquant la voile d'une caravelle, cette dernière s'est vue flanquée d'un hôtel de luxe d'une vingtaine d'étages. Un restaurant panoramique y a ouvert ses portes ; il est possible d'y prendre un verre, en contemplant le coucher du soleil.

# 5 SÃO BENTO, Estrela et le Bairro Alto ✧

Nombreux sont les artisans et les antiquaires qui se sont installés dans les quartiers d'Estrela et de São Bento. En plus du lèche-vitrines, d'autres promenades s'offrent à vous, comme celle du très romantique jardin d'Estrela. La basilique et son dôme blanc, ainsi que le Parlement, ancien monastère bénédictin, parlent des fastes d'un district où les ambassades ont élu domicile. Côté Bairro Alto, le «quartier haut», ruelles pavées et escarpées longent palais et habitations vétustes... Un cadre authentique, aujourd'hui prisé des boutiques de mode et de déco. Les anciennes tavernes des marins pêcheurs sont dorénavant des bars branchés.

## PRATIQUE


- Plan p. 90-91
- Nos adresses p. 111


### ↓ Se déplacer

**En tramway**

Prenez le tram 25E ou 28E pour la basílica da Estrela.

Le tram 24E dessert la praça Luís de Camões, l'ascensor da Glória et Príncipe Real.

Les ruelles étroites du Bairro Alto se découvrent exclusivement à pied.

### ↓ Bon à savoir

Les abords du miradouro de Santa Catarina ne sont pas toujours bien fréquentés la nuit.

Évitez de séjourner dans le Bairro Alto, un quartier festif très bruyant la nuit.

Le Bairro Alto

## L'ESSENTIEL

### À ne pas manquer

La Basílica da Estrela ; l'igreja de São Roque ; le *miradouro* de São Pedro de Alcântara et sa vue sur le Castelo.

### Expériences

Trinquer avec les Lisboètes dans les ruelles du Bairro Alto ; débusquer les antiquaires rua de São Bento et les créateurs portugais dans le superbe concept-store Embaixada.

## Estrela ✧

### BASÍLICA DA ESTRELA ✧✧

**Plan A2** – Praça da Estrela. Trams 25E et 28E ☎ 213 96 09 15. T.l.j. 9h-11h et 15h-18h (sf lors des messes lun., mer. et ven. 13h-15h). Entrée libre. Crèche : 2 € ; coupole : 4 €.

C'est en 1779 que la reine Maria Ire, reconnaissante d'avoir eu un fils, décida de bâtir une basilique dédiée à la Vierge. Les architectes qui dirigèrent les travaux s'inspirèrent de l'exceptionnel monastère de Mafra, fusionnant les styles baroque tardif et néoclassique. Deux clochers jumeaux flanquent la façade. À l'intérieur, une juxtaposition de marbres gris, rose et ocre, le tombeau de marbre noir de la reine et une crèche géante du XVIIIe s. peuplée de 500 personnages.

### JARDIM DA ESTRELA ✧✧

**Plan A1-2** – Praça da Estrela. Trams 25E et 28E ☎ 213 97 48 18. T.l.j. 7h-minuit. Entrée libre.

Inauguré en 1842, ce jardin public où aiment flâner les Lisboètes étale ses charmes romantiques face à la basilique. Essences exotiques, fontaines et grottes artificielles s'épanouissent autour d'un bassin central où barbotent oies et canards d'Égypte. Marchez jusqu'au *coreto*, petit kiosque métallique dédié autrefois aux bals populaires et aux rendez-vous galants. Terrasse de café, aire de jeux pour enfants et marché artisanal le premier dimanche du mois.

## São Bento, Estrela et le Bairro Alto

### CEMITÉRIO DOS INGLESES ✧

**Plan A1** – Rua de São Jorge, 6.
Lun.-ven. 10h30-13h, dim. 11h-13h.

Lisbonne comptait une importante communauté britannique aux XVIIe et XVIIIe s., en particulier des marchands attirés par les richesses des colonies portugaises. Secret bien gardé, le **cimetière des Anglais**, créé en 1717, compte parmi ses tombes celle du romancier Henry Fielding. Le père de Tom Pouce mourut à Lisbonne en 1754.

### CASA FERNANDO PESSOA ✧

**Plan A1** – Rua Coelho da Rocha, 16.
Tram 28E ☎ 213 91 32 70, http://casafernandopessoa.cm-lisboa.pt. Mar.-dim 10h-18h. Entrée : 5 €.

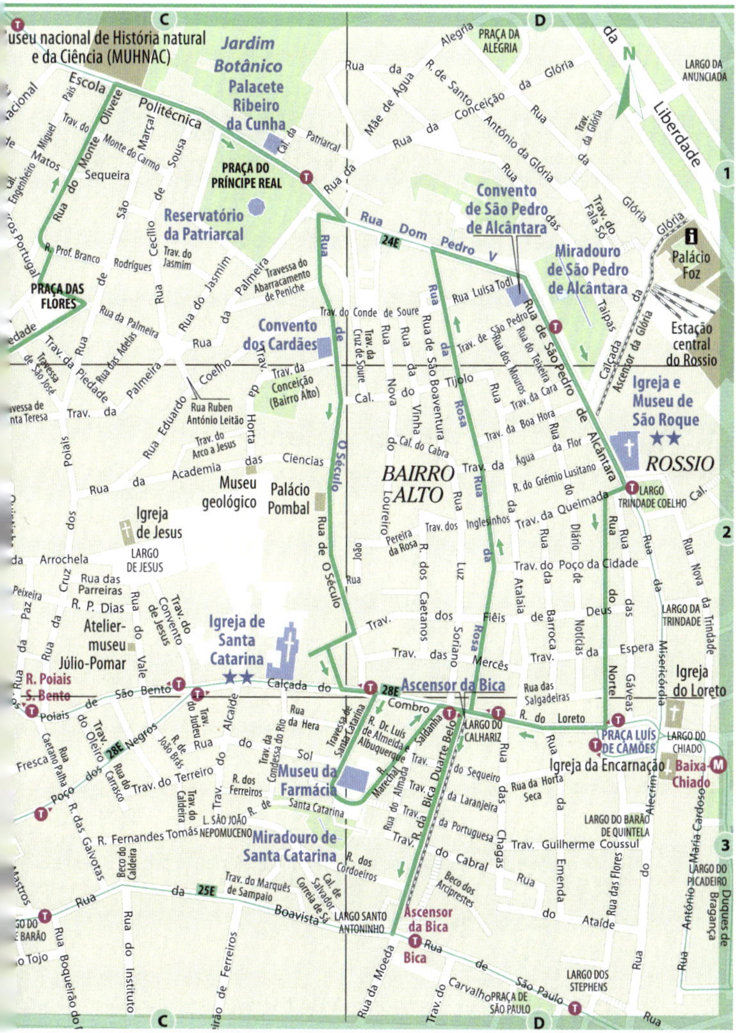


Ce lieu fut la dernière demeure de Fernando Pessoa. Il y loua une petite chambre pendant les quinze dernières années de sa vie. Rénové, l'immeuble abrite aujourd'hui quelques objets personnels, une bibliothèque et une petite salle multimédia. Pour les fans du poète.

## Rua de São Bento ✧

**Plan B1-2** – M° Rato.

De l'Assemblée au largo do Rato, cette longue rue pentue regorge de brocanteurs, d'antiquaires et d'ateliers d'artisans. Profitez-en si vous aimez chiner !

### CASA-MUSEU AMÁLIA RODRIGUES ✧

**Plan B1** – Rua de São Bento, 191-193. Bus 727 ☎ 213 97 18 96, www.amaliarodrigues.pt. Mar.-dim. 10h-18h. Vis. guidée obligatoire (25 min) : 7 €.

Amália Rodrigues (1920-1999), surnommée « la reine du fado », a commencé sa carrière à l'âge de 15 ans, avant de faire le tour de monde. Cette maison a été la sienne pendant plus de 40 ans, d'où une visite teintée d'émotion. Mobilier, bijoux, robes de scène, objets personnels, piano... rien ne semble avoir changé de place.

### PALÁCIO DE SÃO BENTO – ASSEMBLEIA NACIONAL DA REPÚBLICA ✧

**Plan B2** – Rua de São Bento. Tram 28E.

Cette ancienne abbaye bénédictine du XVIe s. fut transformée en Assemblée au XIXe s. à la faveur de la dissolution de l'ordre. Hélas, un bâtiment néoclassique sans charme abritant la Chambre des députés *(Assembleia nacional)* a remplacé l'ancien couvent.

**PAUSE**

**Pão de Canela**

La *pastelaria restaurante* Pão de Canela étend une terrasse sur la poétique praça das Flores. Difficile de résister. Vous pourrez y déjeuner ou commander simplement une pâtisserie.

> Praça das Flores, 25-29 (plan C1) ☎ 213 97 22 20, www.paodecanela.pt. T.l.j. 8-23h.

## Príncipe Real ✧

À l'est de São Bento se déploie le quartier chic et branché de Príncipe Real, où concept-stores et restaurants à la mode n'en finissent pas de bourgeonner. Il est très agréable d'y déambuler, loin des foules.

### PRAÇA DAS FLORES

**Plan C1.**

L'adorable praça das Flores a des airs de place de village. Son kiosque, ses bancs, ses grands arbres et sa fontaine en font une halte délicieuse. Plusieurs terrasses de cafés pour s'attarder.

### JARDIM BOTÂNICO ✧

**Plan C1** – Rua da Escola Politécnica, 56-58 ☎ 213 92 18 00. Avr.-sept. : t.l.j. 10h-20h (17h oct.-mars). Entrée : 3 €.

Poétique avec ses généreuses frondaisons, le jardin, créé en 1873, est une véritable oasis de fraîcheur. Ses arbres impressionnent par leur taille et par leur âge.

### PRAÇA DO PRÍNCIPE REAL

**Plan C1.**

Bordé d'élégantes façades du XIXe s., ce square romantique, planté de palmiers, de superbes *Ficus macrophylla* et d'un cyprès tentaculaire (25 m d'envergure !), invite à la pause avec ses terrasses et petits kiosques. Le samedi matin s'y tient un petit **marché bio**.

#### Reservatório da Patriarcal

**Plan C1** – Praça do Príncipe Real ☎ 218 100 215, www.epal.pt. Visite slmt sur réservation. Entrée : 2 €.

Près du bassin central du jardin, un escalier conduit à un **réservoir** aussi curieux que méconnu, conçu par le Français Mary et construit dans les années 1860 pour alimenter en eau la ville basse. Désaffecté à la fin des années 1940, il est constitué de trois galeries séparées par des colonnes de plus de 60 m de haut.

^ Le concept-store Embaixada

### Embaixada - Palacete Ribeiro da Cunha ✧

**Plan C1** – Praça do Príncipe Real, 26 ☎ 965 30 91 54 (port.). Dim.-jeu. 11h-20h, ven.-sam. 11h-19h.

Le palais néomauresque, édifié en 1879 pour l'homme d'affaires José Ribeiro da Cunha, se signale par ses coupoles à bulbe. Il abrite aujourd'hui le concept-store Embaixada, ses restaurants et ses boutiques dédiées à la création portugaise (mode, déco, art...). Escalier monumental, fresques Art nouveau, moulures, patio mauresque, l'intérieur est grandiose !

## Vers Santa Catarina

En descendant la **rua de O Século**, on rejoint le petit quartier de Santa Catarina en balcon sur le Tage. Cette longue rue possède encore des bâtiments ayant survécu au séisme de 1755. D'autres sont postérieurs, réalisés à l'époque des Lumières et au XIXe s. Du couvent des Cardães au palácio Pombal du XVIIe s. (n° 79), où le marquis de Pombal est né, cette rue est un condensé d'histoire. Au n° 51, la jolie façade du feu journal *O'Século*, créé en 1881, véritable institution jusqu'à sa fermeture en 1977, est classée.

### CONVENTO DOS CARDÃES

**Plan C1-2** – Rua de O Século, 123 ☎ 213 42 75 25, www.conventodoscardaes.com. Fermé temporairement. Tél. pour vérifier les horaires.

Cet ancien **couvent** carmélite fondé en 1681, aujourd'hui centre pour personnes déficientes mentales, est l'une des rares constructions ayant survécu au tremblement de terre. Oublié des circuits touristiques, il révèle de beaux azulejos, des *talhas douradas* (p. 85) ornant le maître-autel de l'église, une collection d'œuvres d'art sacré, un réfectoire et de jolis patios.

### IGREJA DE SANTA CATARINA ✧✧

**Plan C2** – Calçada do Combro, 82 ☎ 213 46 44 43. Lun.-sam. 9h-12h et 14h-17h30.

Également connue sous le nom d'église des Paulistas, du nom de l'ordre de Saint-Paul, ce splendide édifice faisait partie d'un couvent bâti en 1647.

Il possède un intérieur baroque somptueux, sans doute l'un des plus impressionnants de la ville. Les éléments en bronze doré ont été ajoutés en 1727. Le retable de l'autel est comme flamboyant, tant la dorure est omniprésente ! Les sculptures de sainte Catherine, saint Paul et saint Antoine sont d'origine flamande. Son plafond décoré de stucs polychromes marque l'apothéose du rococo. Et l'orgue est un véritable chef-d'œuvre de sculpture monumentale.

### MUSEU DA FARMÁCIA ✧

**Plan CD3** – Rua Marechal Saldanha, 1 📞 213 40 06 88, www.museudafarmacia.pt. Lun.-sam. 10h-18h. Entrée : 6 €.

Ce palais abrite des reconstitutions de pharmacies anciennes (pharmacies conventuelles, pharmacie du XVIIIe s. ou pharmacie de Macao), un atelier de fabrication de médicaments et une belle collection d'objets de l'Antiquité au XIXe s.

### MIRADOURO DE SANTA CATARINA ✧

**Plan C3** – Fermé la nuit.

Depuis la terrasse s'offre une vue sur le Tage, le ponte 25 de Abril (p. 101) et le monument du Cristo Rei (p. 149) au loin.

Le *miradouro* est veillé par une étrange statue représentant le redoutable Adamastor, personnage mythique des *Lusiades* de Luís de Camões. Selon le poète, le géant se serait manifesté à Vasco de Gama sous la forme d'un nuage gigantesque, alors qu'il passait le cap de Bonne-Espérance. Pour se venger du fait que l'on eût percé ses secrets, Adamastor prédit au navigateur que tous ses successeurs connaîtraient de terribles malheurs lors de leur passage en ce lieu.

### ASCENSOR DA BICA

**Plan D3** – Largo de Calhariz. Lun.-sam. 7h-21h, dim. et j.f. 9h-21h. Tarif : 3,80 € (2 voyages).

L'ascensor de Bica est le troisième funiculaire en activité à Lisbonne après ceux de Lavra (p. 77) et de Glória (p. 77). Il remonte la rua da Bica de Duarte Belo sur 250 m pour relier le Bairro Alto depuis Cais do Sodré. Il fut inauguré le 28 juin 1892 et reconstruit par Theodor Bell & Cie en 1927. La station inférieure se cache derrière une façade d'immeuble donnant sur la rue São Paulo avec l'inscription «Ascensor da Bica». Il a été classé monument historique du Portugal en 2002.

## Le Bairro Alto ✧

**Plan CD1-2.**

### RUA DA ROSA ET RUA DOM PEDRO V

**Plan D1-2.**

La **rua da Rosa** est l'une de ces rues typiques du Bairro Alto, avec son mélange de bars, de restaurants, de commerces traditionnels et de boutiques de créateurs. Autrefois, la **rua Dom Pedro V** était le fief des antiquaires. Ces derniers sont peu à peu remplacés par des boutiques de vêtements chics et de design.

‹ L'ascensor da Bica

## CONVENTO DE SÃO PEDRO DE ALCÂNTARA ✧

**Plan D1** – Rua de São Pedro de Alcântara, 85 ☎ 213 243 930. Avr.-sept. : lun. 14h-19h, mar.-dim. 10h-19h (20h jeu.). Entrée libre (église et chapelle). Visite guidée en français du chœur et de la sacristie ven. 11h30 (2,50 €).

Le couvent du XVII^e s. mérite la visite pour sa somptueuse chapelle des Lencastres (du nom d'un cardinal du XVII^e s.), avec sa marqueterie de marbre. L'église dévoile un décor baroque tout en dorures et azulejos évoquant la vie de saint Pierre d'Alcântara, le réformateur franciscain.

## MIRADOURO DE SÃO PEDRO DE ALCÂNTARA ✧

**Plan D1.**

Tel un jardin, ce belvédère arbore une belle **fontaine** baroque. Une carte en azulejos fait office de table d'orientation. Sur la colline en face, les églises de Graça, de São Vicente de Fora, de la Sé et les murailles du castelo de São Jorge émergent du paysage. Un must au soleil couchant !

## IGREJA DE SÃO ROQUE ✧✧

**Plan D2** – Largo Trindade Coelho ☎ 213 23 53 83. Mar.-dim. 10h-18h (messes mar.-dim. à 12h30). Vis. guidées en français : jeu. 16h30, ven. 10h et 15h et dim. 16h30.

L'église a été bâtie à la fin du XVI^e s. pour les jésuites. Elle fut en partie détruite par le tremblement de terre, mais l'intérieur réserve de belles surprises.

La **capela São João Batista** (dernière à g.), achevée à Rome en 1749, a nécessité la collaboration de plus d'une centaine d'artistes. Elle a été acheminée pièce par pièce en 1755. Le mélange des marbres, porphyre, albâtre, améthyste, bronze, argent et or en fait un joyau du baroque italien.

Le **plafond en trompe-l'œil** crée d'éblouissants effets de perspective. De style maniériste, il est un chef-d'œuvre incontesté du genre.

### Museu de São Roque ✧

**Plan D2** – ☎ 213 23 54 44, www.museudesaoroque.com. Mar.-dim. 10h-18h. Entrée : 2,50 € ; gratuite dim. avant 14h ; réduction avec la Lisboa Card (p. 56).

Grâce à une brillante muséographie, il évoque le rôle des jésuites à travers des tableaux des XVI^e-XVIII^e s., des objets sacerdotaux, des statues polychromes et d'orfèvrerie et un petit département d'art sacré oriental. Le *Mariage de saint Alexis* de Garcia Fernandes (1541) a longtemps été interprété comme une représentation du mariage de Manuel I avec Leonor. Un agréable restaurant-cafétéria est installé dans le patio.

## LES RUELLES FESTIVES

La **Rua do Norte** ferme à l'est cette partie du Bairro Alto, dédiée aux réjouissances, bordée à l'ouest par la rua da Rosa, et traversée par les rua da Atalaia, do Diário de Noticias et da Barroca. Les bars, pour la plupart exigus, forcent les noceurs à envahir la chaussée, créant une atmosphère de fête générale. La caïpirinha est reine, rassemblant toutes les tribus : amateurs de boîtes à fado, de bars jazz ou électro. En journée, le dédale de petites rues pavées et pentues, où les boutiques branchées disparaissent aussi vite qu'elles éclosent, retrouve l'ambiance paisible d'un village.

## PRAÇA LUÍS DE CAMÕES

Connue sous le nom de «largo do Camões», la praça Luís de Camões marque la frontière entre les quartiers du Bairro Alto et du Chiado. Au centre, se trouve une statue en bronze du poète Luís de Camões, inaugurée en 1867 et entourée de statues représentant d'autres grandes figures de la littérature portugaise. Sirènes et navires autour du piédestal évoquent le poème *Les Lusiades*.

Cette place est aussi l'un des lieux de rendez-vous des noctambules. Le tram 28 s'y arrête !

# 6 MUSEU NACIONAL DE ARTE ANTIGA et Alcântara ✧✧

Au museu de Arte antiga, ancré au sud du quartier des ambassades de Lapa, Lisbonne s'embourgeoise. Pour autant, le charme opère... De belles maisons, des allées arborées et toujours des scènes savoureuses de la vie quotidienne, avec notamment ces grands-mères sans âge qui conversent au balcon tout en surveillant leurs petits-enfants jouant dans la rue ! À proximité, le museu do Oriente vous réserve des trésors. La promenade s'achève près des docks d'Alcântara, au pied de l'incroyable ponte 25 de Abril, dans l'effervescence d'un lieu inédit : LX Factory !

## PRATIQUE


- Plan p. 99
- Nos adresses p. 111


### Se déplacer

**En tramway**

Tram 15E ou 18E pour le museu nacional de Arte antiga (arrêt Cais da Rocha), le museu do Oriente (arrêt Av. Infante Santo) et la LX Factory (arrêt Calvário).

**En train**

De Cais do Sodré, train jusqu'à la station Alcântara-Mar.

### Bon à savoir

Pour accéder au fleuve et au quai de Santo Amaro, emprunter le passage souterrain de la station Alcântara-Mar.

Le ponte 25 de Abril

## L'ESSENTIEL

### À ne pas manquer

Les chefs-d'œuvre de l'art européen au musée d'Art ancien ; les trésors des ex-colonies portugaises au musée de l'Orient.

### Expériences

Explorer le village branché LX Factory ; voir de près le pont 25 de Abril... dans un cube de verre suspendu dans le vide !

## Museu nacional de Arte antiga ✧✧✧

Musée national des Arts anciens

**Plan B1** – Rua das Janelas Verdes. Bus 713, 714 et 727 (arrêt Rua das Janelas Verdes) ; 728, 732, 760 et tram 15E et 18E (arrêt Cais da Rocha) ☎ 213 91 28 00, www.museudearteantiga.pt. Mar.-dim 10h-18h. Entrée : 6 € ; gratuite avec la Lisboa Card (p. 56).

Le plus grand musée du pays occupe l'ancien palais crépi de jaune des comtes d'Alvor (XVII^e s.), dont le marquis de Pombal fit sa résidence. Les Lisboètes le surnomment la *casa das Janelas Verdes*, la « maison aux fenêtres vertes ». Ses collections sont d'une richesse invraisemblable : impossible de tout voir en une fois ! Et curieusement, il n'y a jamais foule...

### PREMIER NIVEAU (PISO 1)

Les collections de peinture européenne s'arrêtent au XIX^e s.

#### Peinture européenne

La Renaissance italienne est représentée par le remarquable *Saint Augustin* de **Piero della Francesca**, dont le vêtement d'apparat ajoute autant de tableaux dans le tableau.

Parmi la peinture flamande, la Renaissance se taille la part du lion, puisque le Portugal entretenait d'étroites relations commerciales avec l'Europe du Nord. Ainsi, une salle est presque entièrement consacrée à **Quentin Metsys** et à son atelier, qui exercèrent une grande influence dans la péninsule Ibérique. Dans la salle 61 sont concentrés les tableaux les plus célèbres du musée : La *Vierge avec l'Enfant et les saints* de **Holbein** et *Saint Jérôme en prière* de **Dürer**. Par sa richesse symbolique, *La Tentation de saint Antoine* est l'une des réalisations les plus fascinantes de **Bosch**. On pense que le personnage soutenant le saint serait le peintre lui-même.

Autre moment fort avec le « siècle d'or espagnol », représenté par le robuste *Saint François d'Assise en prière* de **Ribera** et la série des neuf apôtres de **Zurbarán**, d'une impressionnante monumentalité. Par la suite, ne manquez surtout pas *Les Philistins frappés de la peste*, l'une des toiles majeures de **Poussin**, et, dans un registre certes moins épique, les tableaux de l'Italien **Magnasco** : *Le Poète et l'Oiseau* et *Moines en prière*, où l'artiste, fasciné par la nature, adopte une touche très libre.

### Arts décoratifs et mobilier

La section présente des pièces d'orfèvrerie, de la vaisselle, des tapisseries et des meubles de provenance essentiellement européenne (XVI^e^-XVIII^e^ s.). Près de l'escalier monumental, dans une pièce sombre, a été reconstitué un salon **Louis XV** avec ses boiseries et ses meubles : un vrai décor de cinéma ! De l'autre côté de la librairie, une galerie expose des meubles portugais du XIV^e^ au XIX^e^ s., parmi lesquels de vénérables coffres du temps des grandes découvertes et du XVII^e^ s.

## DEUXIÈME NIVEAU (PISO 2)

Il rassemble objets liturgiques et bijoux, porcelaines portugaises ou chinoises, meubles indo-portugais et collection d'arts décoratifs orientaux.

### Céramiques et arts orientaux

On pourrait passer des heures à détailler les grandes jarres d'époque Qing (début XVIII^e^ s.) et à s'émerveiller devant la virtuosité des ébénistes indo-portugais.

Mais l'œuvre la plus fascinante reste la **paire de paravents japonais** (déb. XVII^e^ s.), document inestimable sur le choc culturel que fut la rencontre entre Japonais et Portugais, en 1543. Les bateaux et leurs chargements sont décrits avec la plus grande précision, de même que l'omniprésence des jésuites. Les marins portugais, avec leurs moustaches, leurs pantalons bouffants et leurs esclaves noirs, étaient perçus comme des extraterrestres ! Les Japonais les appelaient les *Nambarajins*, « les barbares du Sud », d'où dérive le terme *namban*, utilisé en art pour qualifier le style de ces paravents.

Le museu nacional de Arte antiga

## Museu nacional de Arte antiga et Alcântara

### Orfèvrerie

Une visite s'impose ici pour admirer l'**ostensoir de Belém** (1506), sans doute la plus belle pièce d'orfèvrerie jamais réalisée au Portugal. Cette architecture gothique en minuscule, commandée par Manuel I pour Santa Maria de Belém, est attribuée à l'orfèvre Gil Vicente.

## TROISIÈME NIVEAU (PISO 3)

L'histoire de la peinture portugaise du XV^e^ au XIX^e^ s.

### Le Polyptyque de saint Vincent

Tableau fondateur de la peinture portugaise, le *Polyptyque de saint Vincent* (années 1460) provient de São Vicente de Fora (p. 71). Les panneaux sont de **Nuno Gonçalves**, peintre d'Afonso V.

L'identité des personnages représentés a déclenché des débats passionnés. Tout le monde s'accorde sur saint Vincent, peint sur les deux panneaux centraux. À droite apparaissent le prince Fernão, agenouillé, et l'archevêque de Lisbonne ; à gauche, Afonso V, son épouse Isabel, leur jeune fils, ainsi qu'Henri le Navigateur. Les panneaux latéraux de gauche figureraient des moines cisterciens, des pêcheurs et des marins ; ceux de droite, des membres de la famille de Bragance et divers personnages, dont un chevalier maure, un prêtre, un érudit juif et un mendiant. Chacun semble perdu dans ses pensées, figé dans son statut social. Nuno Gonçalves montre l'image d'une société soudée, prête à entrer dans l'ère des découvertes. Il superpose les personnages et représente un espace abstrait, parvenant ainsi à une concentration psychologique sans précédent.

### Les primitifs portugais

**Frei Carlos**, actif dans les années 1520, est un amateur de raccourcis doublé d'un grand coloriste *(Annonciation et Résurrection)*. Si le peintre de cour **Francisco Henriques** s'inscrit lui aussi dans la tradition flamande *(La Pentecôte)*, la génération suivante s'ouvre à l'influence du maniérisme italien : **Cristóvão de Figueiredo** *(La Mort de la Vierge* et *Descente de croix*, dans un cadre magnifique), **Garcia Fernandes** *(Résurrection)* et **Gregório Lopes** *(Martyre de saint Sébastien)*. D'autres artistes danonymes se révèlent aussi de grands peintres, comme l'auteur du *Retable de São Bento* et celui de *L'Enfer*, dont la cruauté n'a d'égale que celle d'un Bosch !

## Museu do Oriente ✧✧

**Plan B1** – Av. de Brasília / Doca de Alcântara (Norte) ; entrée côté av. 24 de Julho. Tram 15E et 18E (arrêt Av. Infante Santo) ou bus 728 (arrêt Alcântara Mar). ☎ 213 58 52 00, www.museudooriente.pt. Mar.-dim. 10h-18h, ven. 10h-20h. Entrée : 6 € ; gratuite ven. 18h-20h ; réduction avec la Lisboa Card (p. 56).

La fundação Oriente, institution vouée à mieux faire connaître les cultures orientales et leurs relations historiques avec le Portugal, a investi un ancien bâtiment industriel des années 1930-1940 au style rationaliste assez typique des goûts architecturaux sous la dictature de Salazar. Richesse et variété des collections, qualité de la muséographie, éclairage soigné mettant en valeur la mystique orientale : voilà une visite à ne pas manquer ! Par leur étrangeté, les objets devraient aussi fasciner vos enfants. Le **rez-de-chaussée** est dédié aux expositions temporaires. Ce centre pluridisciplinaire accueille aussi conférences et concerts.

### PREMIER ÉTAGE

Il retrace l'histoire de la présence portugaise en Asie. Le visiteur est accueilli dans l'important secteur consacré à Macao, où naquit la fondation Oriente en 1988. **L'aile est** vous entraîne sur les pas des missionnaires jésuites établis en Inde ou au Japon, avant de vous amener à différentes interpénétrations culturelles : paravent d'art *namban* ; *colchas* indienne et portugaise du XVII$^{e}$ s. ; mobilier ; maquettes de la cathédrale de Goa. **L'aile ouest**, au-delà du secteur dédié à Macao, présente l'art plus primitif du Timor-Oriental (statue équestre monumentale en bois de rose) ainsi qu'un important département abritant des objets d'art de Chine. Notez ici les statuettes funéraires en porcelaine datant de l'époque Ming (XVII$^{e}$ s.) et la collection de tabatières.

### DEUXIÈME ÉTAGE

L'exposition intitulée « Shadows of Asia » présente une riche collection de silhouettes et de figurines utilisées dans le théâtre d'ombres.

PAUSE

*Surprises orientales*

Dans la boutique du **museu do Oriente**, authentiques objets d'artisanat oriental. Au restaurant du dernier étage, vue sur le Tage et saveurs asiatiques.

> **Restaurant :** mar.-dim. 12h-15h (rés. : ☎ 213 58 52 28) ; **cafétéria et boutique** : t.l.j. 10h-18h (20h ven.).

LX Factory, sous le pont 25 de Abril

## LX Factory ✧✧

**Plan A1** – Rua Rodrigues de Faria, 103. www.lxfactory.com

Une enclave insolite dans le Lisbonne traditionnel ! Ce village créatif et branché a investi les friches industrielles d'une ancienne fabrique de textile. Le long de deux grandes rues pavées, des **restaurants**, des **bars** et des **boutiques de créateurs**, une **librairie** monumentale, une **salle de concert**, le tout sur fond de street art, drainent une foule d'aficionados dans une atmosphère bon enfant.

Tout est surprenant, décalé et captivant. Les touristes se mélangent aux locaux qui viennent travailler dans les cybercafés et profiter par la même occasion d'un petit déjeuner, d'un déjeuner, d'une pâtisserie ou d'un dîner festif. L'ambiance des terrasses, parfois à l'ombre de jolies pergolas, donne envie d'essayer chacune d'elles ! De grandes tables favorisent les échanges et créent une convivialité sans pareille.

École d'acteurs, magazine de mode, ateliers d'artistes et cabinets d'architectes ont favorisé la formation d'une communauté artistique et l'organisation d'événements en conséquence : expositions, marchés branchés, performances de DJ et salons comme la convention du tatouage. Les **nuits portes ouvertes** commencent sérieusement à concurrencer celles du Bairro Alto ! Soirées et nuits y sont vraiment magiques.

N'oubliez surtout pas d'aller boire un cocktail sur le rooftop du Rio Maravilha ; la vue sur le fleuve et le ponte 25 de Abril est vraiment spectaculaire…

## Museu da Carris ✧

**Plan A1** – Rua 1o de Maio, 101/103. Tram 15E ; bus 714, 727, 732 et 751 (arrêt Est. Santo Amaro) 📞 213 61 30 87. http://museu.carris.pt. Lun.-sam. 10h-18h. Entrée : 4,60 € ; réduction avec la Lisboa Card (p. 56).

Juste après avoir dépassé le ponte 25 de Abril, descendez du tramway ou du bus pour visiter ce musée vraiment pas comme les autres, qui devrait aussi plaire à vos enfants. Si la première partie de la visite – l'histoire des transports en commun à Lisbonne – n'a rien de bien ébouriffant, les choses changent dès que l'on est monté dans le **tramway Belle Époque** qui serpente dans le dépôt de la Carris, la société qui gère les bus et les tramways. Il vous dépose devant un vaste hangar, où sont exposés tous les **modèles** ayant circulé à Lisbonne depuis la mise en place du réseau, en 1901.

S'y ajoutent quelques bus et l'ancien atelier d'impression des tickets ainsi que des tableaux électriques d'un autre temps !

## Ponte 25 de Abril ✧✧

**Plan A2.**

Le pont suspendu, fierté de la dictature, fut baptisé « ponte Salazar », puis « ponte 25 de Abril » après la révolution des Œillets. Inauguré en 1966, il mesure plus de 3 km avec une poutre continue longue de 2 km. Ses pylônes sont parmi les plus hauts d'Europe (200 m). La circulation automobile s'effectue à plus de 100 m au-dessus du fleuve.

Au-dessous s'étendent les anciens docks de Santo Amaro, dont les entrepôts transformés en restaurants bordent un bassin où sont amarrés des bateaux de plaisance.

### EXPERIÊNCIA PILAR 7

**Plan A2.** Av. da Índia 📞 211 117 880. Tlj 10h-20h (17h oct.-avr.). Entrée : 5 €.

Au pilier n° 7, une exposition raconte l'histoire de ce géant de fer. Un ascenseur vous propulse dans un cube de verre suspendu à 80 m au-dessus du vide, livrant un panorama inédit sur le pont et le Tage.

# 7 BELÉM ✧✧✧

Le quartier de Belém (Bethléem) vous entraînera au temps des grandes découvertes. Cette partie de la ville abrite en effet deux des plus beaux édifices de style manuélin du Portugal : le mosteiro dos Jerónimos et la torre de Belém. Outre ces monuments aussi extraordinaires qu'emblématiques, vous visiterez les musées de la Marine et des Carrosses, dont les collections sont étonnantes ! Et si vous avez la chance de disposer d'une journée entière, accordez-vous une balade dans le Jardim botânico tropical ou encore dans celui d'Ajuda.

## PRATIQUE


- Plan p. 105
- Nos adresses p. 111


### Accès

Pour aller du centre-ville à Belém, prenez le train depuis Cais do Sodré (ligne de Cascais) ou le tram 15E.

### Se déplacer

Le quartier est étendu et les sites éloignés les uns des autres. Organisez bien votre parcours de visite pour éviter des allers-retours inutiles.

### À pied

Pour traverser la voie ferrée et rejoindre la rive du Tage, il existe un passage souterrain face au Monument des Découvertes et trois passerelles au niveau de la Tour de Belém, du Museu nacional dos Coches et du MAAT.

La tour de Belém

# L'ESSENTIEL

## À ne pas manquer

Le monastère dos Jerónimos et la tour de Belém, joyaux de l'art manuélin; une bouffée d'art moderne au musée Berardo; le clinquant musée des Carrosses; l'architecture avant-gardiste du MAAT.

## Expérience

Goûter aux pastéis de Belém.

## Museu nacional dos Coches ✧✧

Musée national des Carrosses

**Plan B2** – Av. da Índia, 136. Bus 728 ou tram 15E (arrêt Belém) ☎ 210 73 23 19, www.museudoscoches.pt. Mer.-lun. 10h-18h. Picadeiro real : praça Afonso de Albuquerque ☎ 213 61 08 50. Mêmes horaires. Entrée : musée 8 €, Picadeiro real 4 €, billet combiné 10 € ; gratuit avec la Lisboa Card (p. 56).

La collection est répartie entre le complexe ultra-contemporain dessiné par l'architecte brésilien Paulo Mendes da Rocha, le palais de Vila Viçosa, en Alentejo, et le manège du palais royal (**Picadeiro real**). Sa réouverture a coïncidé avec le 110e anniversaire de la création de l'ancien musée des Carrosses, inauguré le 23 mai 1905 par la reine Dona Amalia, épouse de Carlos I.

Le musée abrite une incroyable collection de carrosses des XVIIe-XVIIIe s. Certains sont des œuvres d'art, avec leur profusion décorative, leurs statues

**En tram ou en bus**

Le tram 15E dessert tous les grands sites de Belém. Sur place, bus 729 pour rallier le Palácio nacional da Ajuda.

**À vélo**

Location de vélos pour se balader à Belém (à partir de 2,50 €/30 min).

**Biclas Belém** : av. de Brasilia, 1300-598 (hors plan par B2) ☎ 937 40 63 16 (port.), www.biclas.com. T.l.j. 10h-20h ; w.-e. et j.f. 9h30.

### Conseil

Évitez de visiter Belém le matin (cars de touristes) et le week-end en raison de l'affluence touristique.

Longues files d'attente à prévoir au Mosteiro dos Jerónimos et à la Torre de Belém.

### Bon à savoir

Le museu Berardo est gratuit le sam., et le MAAT, le 1er dim. du mois.

allégoriques et leurs peintures : remarquez ceux du pape Clément XI ou du roi João V, ainsi que les trois carrosses de l'ambassade du pape pour le cortège du couronnement de 1716, tous ornés de figures mythologiques très joliment ouvragées. Des chaises à porteurs et un cabriolet destiné à la promenade des petits princes sont également exposés.

## Palácio de Belém

**Plan B2** – Praça Afonso de Albuquerque. Bus 728 ou tram 15E ☎ 213 61 46 60. Vis. guidée sam. 10h30, 11h30, 14h30, 15h30 et 16h30. Entrée : 5 €. Relève de la garde républicaine le 3e dim. du mois à 11h.

Le **palais présidentiel** est une imposante bâtisse rose hésitant entre baroque et néoclassique. On y découvre le **museu da Presidência de Republica**, qui expose les nombreux cadeaux offerts aux présidents de la République portugaise (www.museu.presidencia.pt ; mar.-dim. 10h-18h, sam.-dim. 10h-13h et 14h-18h ; entrée : 2,50 €, gratuite dim. 10h-13h).

## Jardim botânico tropical (jardim do Ultramar) ✧

Jardin botanique tropical (jardin de l'outre-mer)

**Plan B1-2** – Calçada do Galvão ☎ 213 921 808. T.l.j. 10h-17h (20h en été). Entrée : 4 €, gratuite dim. avt 13h.

Entrez ! Vous voilà transporté ailleurs, au milieu d'une foison d'agapanthes, d'impressionnants *Ficus macrophylla*, de dragonniers, d'araucarias ou de ginkgos !

Passez aussi un agréable moment de détente en compagnie des oies, des canards, des paons, des hérons cendrés et d'oiseaux plus rares (comme la conure à tête bleue d'Amérique du Sud) : de quoi ravir vos enfants !

Le Jardim botânico tropical (5 ha), parfois encore appelé *jardim do Ultramar*, date de 1906. Conçu comme un outil scientifique, il abrite 500 espèces pérennes provenant de Madère, des Canaries et des anciennes possessions portugaises d'Afrique et d'Asie, avec un espace consacré à Macao.

## Palácio nacional da Ajuda ✧

**Plan B1** – Largo da Ajuda. Bus 729 (arrêt Ajuda) ☎ 213 63 70 95, www.palacioajuda.pt. Ven.-mer. 10h-18h. Entrée : 5 € ; gratuite avec la Lisboa Card (p. 56).

Inachevé depuis le XVIIIe s., le fastueux palais a connu une histoire chaotique : destiné à servir de résidence à la famille royale, il fut déserté à la proclamation de la république, puis transformé en musée.

Certaines cérémonies importantes de l'État y sont encore célébrées. Les décorateurs n'ont pas lésiné sur les frais pour embellir l'intérieur du palais : plafonds ornés, magnifiques parquets et objets d'art variés du XIXe s.

Les collections comprennent aussi des sculptures de **Machado de Castro** (1732-1822), influencé par le baroque italien, et des peintures de Sequeira (1768-1837), remarquable portraitiste.

### PAUSE PASTÉIS — *Antiga Confeitaria de Belém*

Cette honorable pâtisserie-salon de thé décorée de beaux azulejos, entre le palácio de Belém et le mosteiro dos Jerónimos, est, elle aussi, un monument à ne pas manquer ! Vous y dégusterez ses fameux pastéis de Belém, petits flans saupoudrés de cannelle et de sucre, servis chauds et croustillants à souhait. Attention, l'endroit est littéralement pris d'assaut, et la patience est de rigueur !

> Rua de Belém, 84 (plan B2) ☎ 213 63 74 23. www.pasteisdebelem.pt. T.l.j. 8h-21h.

## Jardim botânico da Ajuda

**Plan B1** – Calçada da Ajuda. Tram 15E (arrêt Mosteiro Jerónimos) 📞 213 62 25 03, www.isa.ulisboa.pt. T.l.j. 10h-17h (18h mai-sept., 10h-20h le w.-e.). Entrée : 2 €.

Créé en 1768, le vétéran d'un genre appelé au succès est une petite merveille avec sa fontaine de style baroque, ses bassins, ses bosquets et ses parterres de buis. On y découvre des essences venues du monde entier, mais aussi un jardin d'arômes (plantes aromatiques et médicinales) et plusieurs serres dont une d'orchidées.

## Mosteiro dos Jerónimos ✧✧✧

Monastère des Hiéronymites

**Plan AB2** – Praça do Império. Bus 714, 727, 728, 729 et 751 ; tram 15E (arrêt Mosteiro Jerónimos) 📞 213 62 00 34, www.mosteirojeronimos.pt. Mar.-dim. mai-

**Belém**

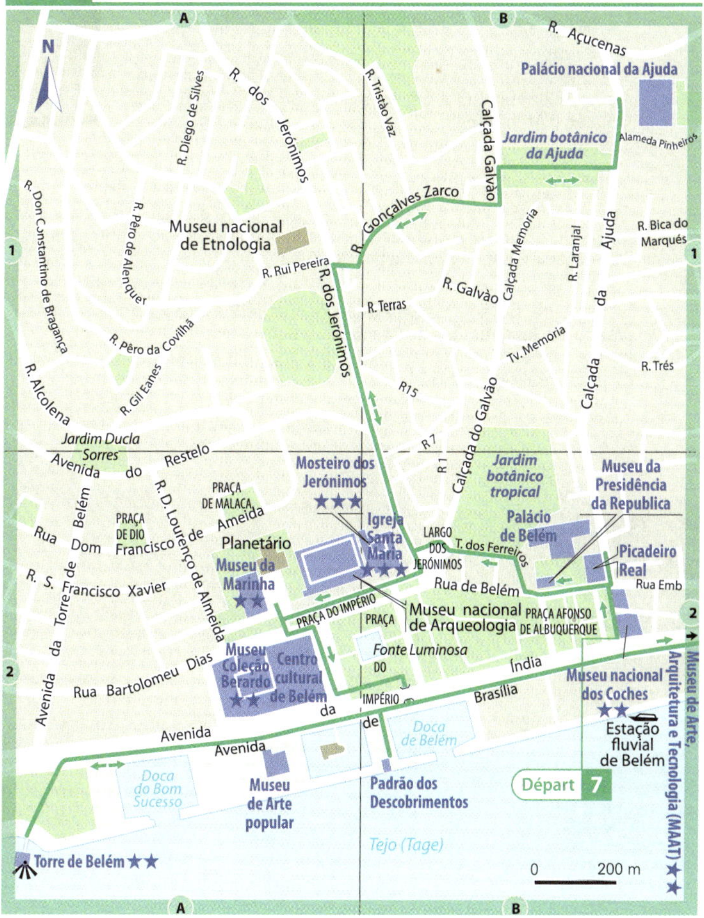

sept. : 10h-18h ; oct.-avr. : 10h-17h. Vis. guidée sur rés. Entrée libre dans l'église. Entrée cloître : 10 € ; gratuite avec la Lisboa Card (p. 56). Tickets en vente aux machines du Museu nacional de Arqueologia voisin.

En grande partie épargné par le séisme de 1755, le monastère des Hiéronymites est l'édifice emblématique non seulement de l'art manuélin, mais aussi du Portugal dans son ensemble. Les amoureux de la sculpture ne pourront se lasser du spectacle des portails de l'église ou du cloître, décorés avec une profusion et une inventivité spectaculaires.

La nef et la croisée du transept, quant à elles, témoignent d'une science de la répartition des poussées et d'un savoir-faire architectural prodigieux. De la **praça do Império**, que les eaux du Tage recouvraient en partie jadis, on a une vue magnifique sur le monument. Les travaux de construction du monastère furent mené par l'architecte français Boytac, à l'origine du **cloître de Batalha** (p. 167). Entamés en 1502, ils s'étendirent sur un siècle, avec la collaboration des meilleurs artistes du temps : João de Castilho et Nicolas Chantereine, le sculpteur qui introduisit l'esprit de la Renaissance au Portugal. L'harmonie de l'ensemble a été transformée par les pastiches ajoutés dans les années 1860-1870, l'aile ouest (**musée d'Archéologie**) et la coupole remplaçant maladroitement le clocher pyramidal d'origine.

### IGREJA SANTA MARIA ✧✧✧

Encadré de deux belles fenêtres manuélines, le **portail sud**, dessiné par Boytac, présente une profusion de gables et de statues surmontées de dais. Les ornements gothiques du **portail ouest**, daté de 1517, servent d'écrin aux sculptures de Chantereine représentant Manuel I et son épouse.

Vous passez devant les **tombeaux néomanuélins** de deux héros nationaux, **Vasco de Gama et Luís de Camões**. La **nef** est dotée de somptueux piliers ornés de motifs Renaissance et d'une **voûte nervurée**, œuvre de João de Castilho réalisée vers 1520. Elle résista au fameux séisme, y compris la croisée du transept, qui semble pourtant en apesanteur. Le chœur, construit après 1571 par João III, contraste par son caractère géométrique et sa symétrie rigoureuse typiquement Renaissance. Il abrite les sarcophages de membres de la dynastie des Aviz.

### LE CLOÎTRE ✧✧✧

Entrée près du portail O de l'église.

Le premier niveau est l'œuvre de Boytac (1515), le second de Castilho (1517). La profusion décorative évoque le monde végétal et fait oublier la matérialité des piliers ou des arcs. En vous promenant autour du cloître, vous découvrez d'abord le **réfectoire** (près de la fontaine). Sa **voûte nervurée** recouvre un espace d'une dimension impressionnante, éclairé par quelques fenêtres manuélines ; un tableau montrant saint Jérôme traduisant la Bible rappelle l'obédience de la communauté. Vous verrez ensuite le **tumulus de Fernando Pessoa** (p. 90), dont les restes ont été transférés ici en 1985, lors du 50e anniversaire de sa mort. Dans la salle capitulaire, achevée au XIXe s., repose le poète Alexandre Herculano (1810-1877). Vous

**HISTOIRE**

*Tremplin vers le large*

Quand Vasco de Gama vint prier au mosteiro dos Jerónimos, à la veille de son expédition en 1496, il n'y avait qu'une petite chapelle fondée par Henri le Navigateur, maître de l'ordre du Christ. Au retour du grand explorateur, le roi Manuel I décida de construire à cet endroit, avec l'argent des découvertes, un symbole de la puissance du royaume.

^ Le cloître du monastère des Hiéronymites

trouverez ensuite l'accès au **coro alto** (vue plongeante sur l'église) et à l'étage supérieur du cloître.

En sortant du monastère, longez la longue aile bâtie dans ce goût néo-manuélin très prisé au XIX$^{e}$ s.

## MUSEU DA MARINHA ✧✧

Musée de la Marine

**Plan A2** – Praça do Império. Tram 15E (arrêt Centro Cultural de Belém) ☎ 210 977 388, http://ccm.marinha.pt. T.l.j. 10h-18h mai-sept. ; 10h-17h oct.-avr. Entrée : 6,50 € ; réduction avec la Lisboa Card (p. 56).

Passé l'entrée, où trône la statue de l'infant Henri le Navigateur entouré des grands navigateurs portugais, vous découvrirez une quantité incroyable de maquettes de bateaux, de costumes, d'instruments de navigation et de documents variés liés à l'univers de la marine.

### Première galerie

La première galerie du rez-de-chaussée s'intéresse à l'épopée des découvertes, à l'évolution de la marine de guerre et de commerce jusqu'au XX$^{e}$ s. ainsi qu'à la marine de pêche. Remarquez, dans la grande galerie, les maquettes de la frêle embarcation sans pont avec laquelle Gil Eanes atteignit le cap Bojador en 1434, des vaisseaux de l'expédition de Vasco de Gama ou encore les reproductions de grands bâtiments de commerce des XVIII$^{e}$-XIX$^{e}$ s.

### Seconde galerie

À l'extrémité de la seconde galerie du rez-de-chaussée (marine de guerre, marine de plaisance et marine de pêche dans l'estuaire du Tage) se trouve la reconstitution des cabines du **yacht royal *Amália*** ; celle de la reine est d'un style Art nouveau plus marqué. Rien n'avait été oublié dans les cabines royales, pas même les cheminées pour un bon feu de bois !

### Grande salle des Galiotes

Revenez sur vos pas jusqu'à l'angle des deux galeries, sortez dans la cour et dépassez l'entrée du planétarium Calouste-Gulbenkian.

La plus belle **galère** est celle de la **reine Maria I$^{re}$** (1785), resplendissante de dorures, et qui fut peinte par Pillement. Remarquez l'**hydravion Santa Cruz**, avec lequel Coutinho et Cabral réalisèrent la première traversée de l'Atlantique sud en 1922.

De la passerelle au-dessus de vous, vous embrasserez du regard l'ensemble de la salle.

## Centro cultural de Belém

Plan A2 – Praça do Império. Bus 729 et tram 15E (arrêt Centro Cultural de Belém) ☎ 213 61 24 00, www.ccb.pt. Lun.-ven. 8h-20h, sam.-dim. et j.f. 10h-18h. Entrée libre.

Le plus grand centre culturel du pays occupe un bâtiment massif (architecte Vittorio Gregotti), érigé au début des années 1990, dont le calcaire brut s'accorde à la pierre du monastère de Belém. Il comprend des salles de spectacle, des boutiques, un restaurant-cafétéria avec terrasse en balcon sur le Tage et un vaste espace d'exposition occupé par le museu Coleção Berardo.

### MUSEU COLEÇÃO BERARDO ✧✧

Plan A2 – Praça do Império ☎ 213 61 28 78, www.museuberardo.pt. T.l.j. 10h-19h. Entrée : 5 € ; gratuite sam.

La création de ce musée est le résultat d'un accord entre l'État et l'industriel José Manuel Rodrigues Berardo, l'un des hommes les plus riches du pays et grand amateur d'art, né à Madère en 1944. Ayant menacé de présenter sa collection en France (862 œuvres), il obtint que le Portugal la présente dans le centre culturel de Belém, avant de l'acquérir et d'enrichir l'ensemble au cours des années à venir.

L'ensemble d'art contemporain présenté dans le cadre de la **collection permanente**, au 2e étage, compte un grand nombre de toiles d'artistes **surréalistes** (d'Ernst à Magritte en passant par Miró, Arp, Matta...) et privilégie la figuration (Warhol, Morandi, Bacon, Hockney...), sans cependant écarter l'abstraction (Mondrian et van Doesburg, Gorky, Soulages, Klein, Rothko, Morris Louis...).

⌄ Le museu Coleção Berardo

^ Le Padrão dos Descobrimentos

Pour l'anecdote, sachez que la *Femme dans un fauteuil* de Picasso est estimée à plus de 10 millions d'euros... Les œuvres postérieures aux années 1960 (minimalisme, art conceptuel, *land art*, arte povera, etc.) sont en principe exposées par roulement au niveau -1. Le museu Berardo organise d'importantes **expositions temporaires**.

## Padrão dos Descobrimentos

### Monument des Découvertes

**Plan B2** – Av. de Brasília ☎ 213 03 19 50, https://padraodosdescobrimentos.pt. Pour rallier les rives du Tage depuis le centre culturel, traversez la praça do Império, puis empruntez le passage souterrain sous la voie rapide. Mar.-dim. 10h-18h ; en été t.l.j. 10h-19h, dernière admission 30 min avant. Entrée : 6 € ; réduction avec la Lisboa Card (p. 56).

Haut de 52 m, le monument des Découvertes a été érigé en 1960 par l'architecte Cottinelli Telmo et le sculpteur Leopoldo de Almeida pour le 500e anniversaire de la mort d'Henri le Navigateur. L'infant s'avance à la proue de ce navire stylisé, suivi d'hommes illustres comme le roi Manuel I, le poète Camões ou encore le peintre Nuno Gonçalves. Superbe **panorama** sur Belém et sur le fleuve depuis le sommet du monument.

## Les rives de Belém

**Plan AB2.**

En suivant le cours du Tage vers l'ouest, vous longez d'abord le bâtiment du **museu de Arte popular** (☎ 213 01 12 82. Mer.-ven. 10h-18h, sam.-dim. 10h-13h et 14h-18h. Entrée : 2,50 €), vestige de l'exposition «Mundo Português», événement organisé en 1940 en forme d'autocélébration du régime de Salazar. Il renferme une **collection d'objets traditionnels** provenant des différentes provinces portugaises. D'ouverture aléatoire, il est appelé à accueillir des expositions temporaires.

Vous dépassez ensuite le **port de plaisance de Doca de Bom Sucesso** pour aboutir dans un parc ombragé, en lisière duquel se trouve le monument commémoratif (1972) de la première traversée de l'Atlantique sud.

## Torre de Belém ✧✧

**Plan A2** – Tram 15E (arrêt Largo Princesa) ☎ 213 62 00 34, www.torrebelem.pt. Mai-sept. mar.-dim. 10h-18h30 ; oct.-avr. 10h-17h30. Entrée : 6 € ; gratuite avec la Lisboa Card (p. 56).

L'ancienne résidence du capitaine du port, petit joyau de l'art manuélin (début du XVI^e s.), se trouvait à l'origine au milieu de l'estuaire afin d'en défendre l'entrée. Le tremblement de terre de 1755 ayant modifié le cours du Tage, on y accède maintenant par une simple passerelle en bois.

La tour est constituée de cinq étages que couronne une terrasse. L'édifice séduit par son élégance générale et par le détail des fenêtres géminées. Des dômes coiffent les poudrières, et l'on retrouve tout le répertoire décoratif habituel de l'art manuélin : croix évidée de l'ordre du Christ et sphères armillaires.

À l'intérieur, notez les ouvertures pratiquées dans le sol du rez-de-chaussée : par ces orifices, on précipitait les condamnés enchaînés dans le fleuve. L'ascension fait découvrir un empilement de salles avant d'atteindre la chapelle (voûte manuéline), puis la terrasse supérieure (**vue** remarquable sur le Tage).

Attention : la tour de Belém n'a pas vraiment été conçue pour accueillir des foules de touristes... Attendez-vous à pas mal de bousculades dans l'escalier montant à la terrasse !

## MAAT ✧✧

Museu de Arte, Arquitetura e Tecnologia

**Hors plan par B2** – Av. Brasília, Central Tejo. Tram 15E (arrêt Altinho) ☎ 210 02 81 30, www.maat.pt. T.l.j. sf. mar. 11h-19h. Entrée : 9 € (avec la centrale) ; gratuite 1^er dim. du mois.

La nouvelle icône des bords du Tage est l'œuvre de l'architecte britannique Amanda Levete. Cette grosse vague blanche prête à se jeter à l'eau forme l'écrin stupéfiant du musée de l'Art, de l'Architecture et de la Technologie, inauguré en 2016. Confiées à des artistes, architectes et penseurs contemporains, ses expositions pointues interrogent notre société et son futur, de la question du climat à l'aménagement des villes en passant par l'impact des technologies sur nos vies. Grimpez sur le toit pour la vue sur le Tage et faites un tour dans la spectaculaire **centrale thermoélectrique** voisine, joyau du patrimoine industriel du XIX^e s. reconverti en musée de l'électricité.

⌄ Le MAAT et son toit-terrasse face au Tage

# • NOS ADRESSES •

## OÙ DORMIR À LISBONNE

### LE ROSSIO ET LA BAIXA

#### Lisbon Lounge Hostel

**Plan p. 60-61 / C3** – Rua de São Nicolau, 41
213 46 20 61, www.lisbonloungehostel.com.
Moins de 40 €.

Au cœur de la Baixa, une auberge de jeunesse hyperpropre, cosy et zen, proposant des dortoirs de 4 à 8 lits, ainsi que des chambres. Très bon accueil.

#### Rossio Hostel

**Plan p. 60-61 / B2** – Calçada do Carmo, 6 (2e ét.)
213 42 60 04, www.rossiohostel.com.
Moins de 40 €.

Une ambiance conviviale et une déco très réussie. Dortoirs *(18-22 €/pers.)* et chambres chics, grandes et confortables.

#### Travellers House

**Plan p. 60-61 / C3** – Rua Augusta, 89 (1er ét.)
210 11 59 22. Moins de 40 €.

Des dortoirs d'une propreté impeccable, du parquet ciré, bref beaucoup de charme, mais l'endroit est très demandé. Également de superbes chambres doubles avec décor d'azulejos et salle de bains privative («en-suite»), sans oublier les beaux studios de la calçada do Lavra, la ruelle où passe le funiculaire.

#### Yes ! Lisbon Hostel

**Plan p. 60-61 / C3** – Rua de São Julião, 148 213 42 71 71, www.yeshostels.com. Moins de 40 €.

Dortoirs ou chambres cosy, le tout d'une propreté irréprochable. De l'ambiance au bar, autour de la pompe à bière et dans le salon coloré le soir. Staff chaleureux.

#### Lisbon Story Guest House

**Plan p. 60-61 / BC1** – Largo de São Domingos, 18-S/L 218 87 93 92, www.lisbonstoryguesthouse.com. De 50 à 100 €.

Une adresse centrale, bon marché et vraiment cosy. Au côté de chambres lumineuses, dotées d'une salle de bains privative ou à partager, un salon agréable, une cuisine où préparer vos repas et une petite terrasse.

#### My Story Hotel Rossio

**Plan p. 60-61 / B2** – Praça Dom Pedro IV, 59
213 40 03 80, www.mystoryhotels.com.
Autour de 200 €.

Avec une vue imprenable sur la place du Rossio, cet hôtel conjugue charme, confort et modernité.

### LE CHIADO

#### 5 Sins Chiado Hostel

**Plan p. 60-61 / B2** – Rua do Carmo, 76 (1er ét)
964 13 99 55 (port.), www.the5sins.com.
Moins de 60 €.

Située à l'angle de l'ascenseur de Santa Justa, cette auberge de jeunesse est coquette et colorée. Accueil souriant et bonne ambiance !

#### 9 Hotel Mercy

**Plan p. 60-61 / B2** – Rua da Misericórdia, 76
212 48 14 80, www.9-hotel-mercy-lisbon.pt.
Autour de 200 €.

Hôtel design jouissant d'une vue panoramique sur le Tage depuis son toit-terrasse où vous vous délecterez de quelques cocktails au soleil couchant.

### GRAÇA ET L'ALFAMA

#### Pensão São João da Praça

**Plan p. 69 / A4** – Rua São João da Praça, 97 (2e ét.)
218 86 25 91. Moins de 60 €.

Dans une vieille demeure derrière la cathédrale. Sans grand confort mais sympa, et idéal pour aller flâner la nuit dans l'Alfama.

#### Casa Costa do Castelo

**Plan p. 69 / A2-3** – Costa do Castelo, 54
218 82 26 78, www.c-c-castelo.com.
De 100 à 150 €.

Comme un refuge, avec un petit air de campagne à la ville. Des chambres parquetées sous les toits avec vue imprenable, au sein d'un univers de bois et de tonalités claires. Petit déj. inclus.

## • NOS ADRESSES •

### Fêtes et manifestations

Consultez aussi l'agenda culturel de la municipalité : *www.agendalx.pt*

> Fév. ou mars. **Carnaval** dans la Baixa (attention, tout est fermé Mardi gras).

> Avril. **Peixe em Lisboa** : festival gastronomique ; **IndieLisboa** *(www.indielisboa.com)* : festival du cinéma indépendant ; **Dias da Música em Belém** *(www.ccb.pt)* : festival de musique classique au centre culturel de Belém.

> Mai. **Festival Internacional da Mascára Ibérica** *(www.fimi.pt)* : festival du masque ibérique à Belém ; **ARCOlisboa** (www.ifema.es/arcolisboa_01) : foire internationale d'art contemporain à la Cordoaria Nacional ; **Feira do Livro** (www.feiradolivrodelisboa.pt) : foire au livre dans le parque Eduardo VII.

> Mai-sept. **Somersby Out Jazz** *(www.ncs.pt/outjazz)* : concerts gratuits de jazz, funk et hip-hop dans les parcs de la ville le dimanche.

> Juin. **Fête des Saints populaires** : processions, bals et fêtes de rue pour la Saint-Antoine (12-13 juin), patron de la cité, la Saint-Jean (23-24 juin) et la Saint-Pierre (28-29 juin) ; **Festas de Lisboa** *(www.festasdelisboa.com)* : un mois d'expos, concerts et spectacles de rue ; **Rock in Rio Lisboa** *(www.rockinriolisboa.sapo.pt* ; années paires) : festival rock au parc Bela Vista.

> Juillet. **Nos Alive** *(www.nosalive.com)* : festival pop au Passeio Marítimo de Algès ; **Festival ao Largo** *(www.festivalaolargo.pt)* : opéras et concerts classiques gratuits et en plein air devant le théâtre de São Carlos.

> Août. **Jazz em Agosto** *(www.gulbenkian.pt/musica)* : festival jazz dans le parc de la fondation Gulbenkian.

> Oct. **Festa do Cinema francês** *(www.festadocinemafrances.com)* : festival du cinéma français.

### Hotel Convento do Salvador

**Plan p. 69 / B3** – Rua do Salvador, 2B ☎ 218 87 25 65, www.conventosalvador.pt. De 100 à 150 €.

L'un des plus anciens couvents de Lisbonne a été transformé ici en un superbe hôtel contemporain. La cour intérieure est splendide, les chambres lumineuses et le personnel aux petits soins !

### Albergaria Senhora do Monte

**Plan p. 69 / A1** – Calçada do Monte, 39 ☎ 218 86 60 02. De 100 à 150 €.

Établissement moderne en belvédère près du miradouro da Senhora do Monte. Les chambres n^os^ 1 à 4 disposent d'une terrasse avec une vue d'anthologie sur le Tage. Pas aussi inabordable qu'on pourrait le craindre, car la fourchette basse est volontiers appliquée.

### Solar do Castelo

**Plan p. 69 / A3** – Rua das Cozinhas, 2 ☎ 218 80 60 50, www.solardocastelo.com Plus de 150 €.

♥ Dans une demeure du XVIIIe s. établie dans l'enceinte du castelo de São Jorge, l'établissement appartient à la chaîne d'hôtels de charme Héritage (5 hôtels à Lisbonne). Élégance, romantisme et calme assurés.

## DES AVENIDAS AU PALACIO DA FRONTEIRA

### Lisbon Style

**Hors plan p. 78 par B2** – Av. Almirante Reis, 55 ☎ 213 17 10 35, www.lisbonstyle.pt. De 50 à 100 €.

Chambres très confortables, modernes, avec salles de bains impeccables. Les unes donnent sur la rue, les autres sur l'arrière, une dernière possède une terrasse. Excellent rapport qualité/prix.

### Whatever Art Bed & Breakfast

**Hors plan p. 78 par B1** – Av. dos Defensores de Chaves, 58 ☎ 914 80 84 81 (port.), www.whateverabb.com. De 50 à 100 €.

Du côté de Campo Pequeno, un sympathique B&B aux chambres colorées et exquises, décorées avec beaucoup d'originalité et dotées d'une excellente literie. Accueil adorable par le propriétaire.

## SÃO BENTO, ESTRELA

### The House

**Plan p. 90-91 / A2** – Travessa do Pinheiro, 11 (4e ét.) 215 94 79 49, www.thehouse.pt. De 100 à 150 €.

Établissement très calme de type «boutique-hôtel» du quartier résidentiel d'Estrela proposant des chambres très confortables et décorées avec une modernité de bon aloi. Son atout maître, sans parler de l'accueil, c'est le toit-terrasse avec une vue sublime sur la ville et le Tage.

## LE BAIRRO ALTO

### Pensão Londres

**Plan p. 90-91 / D1** – Rua Dom Pedro V, 53 213 46 22 03, www.pensaolondres.com.pt. De 50 à 100 €.

Une grande pension à l'ancienne offrant des chambres vastes mais un peu vieillottes, dont certaines avec une belle vue sur la ville.

### Casa de São Mamede

**Hors plan p. 90-91 par BC1** – Rua da Escola Politécnica, 159 213 96 31 66, www.casadesaomamede.pt. De 50 à 100 €.

Elle a un charme fou, cette vénérable maison construite en 1758 pour un magistrat : azulejos dans les couloirs, chambres aux tons pastel et meubles anciens... La Casa de São Mamede a bien des atouts, qui en font un vrai refuge pour amoureux !

### Casa do Bairro

**Plan p. 90-91 / C3** – Beco do Caldeira, 1 913 136 320, www.shiadu.com. De 100 à 150 €.

Au bas du Bairro Alto, un appartement abritant des chambres doubles et des petites suites triples ou familiales décorées avec infiniment de goût, dont certaines avec vue sur le Tage. Délicieux petit déjeuner servi dans un patio, sous un figuier. Une adresse de charme au même titre que les autres «boutiques guesthouses» de Shiadu : les proches **Casa do Pátio** *(travessa do Caldeira, 19)* et **Monte Belvedere** *(rua de Santa Catarina, 17)* et sa terrasse de 170 m², ou encore le **Ribeira Tejo** *(travessa São Paulo, 5)*, du côté de Cais do Sodré.

### Bairro Alto Hotel

**Plan p. 90-91 / D3** – Praça Luís de Camões, 2 13 40 82 88, www.bairroaltohotel.com. À partir de 265 €.

Un «boutique-hôtel» membre des Leading Small Hotels of the World, gage de qualité. Les chambres, meublées dans le style contemporain avec une rare élégance, sont pour certaines mansardées.

Fête de la Saint-Antoine

## • NOS ADRESSES •

### ALCÂNTARA

#### The Dorm

**Plan p. 99 / A1** – Rua Rodrigues de Faria, 103
☎ 211 34 67 46, thedorm.pt. Moins de 80 €.

Déco cool et industrielle pour cet hostel situé à l'entrée de la LX Factory. Il offre de grands espaces mêlant design et confort, trois dortoirs et deux chambres. Idéal pour s'imprégner de l'ambiance et faire durer le plaisir de la découverte dans les meilleures conditions !

#### As Janelas Verdes

**Plan p. 99 / B1** – Rua das Janelas Verdes, 47
☎ 213 96 81 43, www.asjanelasverdes.com. De 150 à 200 €.

Un «boutique-hôtel» au charme fou dans une bâtisse de la fin du XVIIIe s. imprégnée du souvenir de l'écrivain Eça de Queirós. Le hall et la bibliothèque-terrasse sont splendides, les chambres coquettes et romantiques. Le matin, petit déjeuner servi dans une cour verdoyante.

## OÙ MANGER À LISBONNE

### LE ROSSIO ET LA BAIXA

Les restaurants sont nombreux dans le quartier de la Baixa, mais ils sont aussi très touristiques. En général, évitez les restaurants où les serveurs font de la retape, ce n'est jamais très bon signe.

#### Tentações de Goa

**Plan p. 60-61 / C2** – Rua São Pedro Mártir, 23
☎ 218 87 58 24. Lun.-sam. 12h-15h et 19h-22h (23h ven.-sam). F. lun. midi. Moins de 15 €.

Dans une ruelle de la Mouraria, petit restaurant coloré de tons vifs pour faire connaissance avec la cuisine de Goa. Le *carril de peixe a goense* (curry de poisson façon Goa) plaira aux amateurs de plats épicés. Nombreux plats végétariens.

#### Bonjardim

**Plan p. 60-61 / B1** – Travessa de Santo Antão, 12
☎ 213 424 389. T.l.j. 12h-23h30. Moins de 15 €.

Poulet frit à gogo accompagné de chips et de sauce piquante. Sympathique et imbattable pour son rapport qualité/prix !

### LE CHIADO

#### O Chiado

**Plan p. 60-61 / B3** – Rua do Crucifixo, 104 ☎ 213 42 20 86. Lun.-sam. 18h30-22h30. Moins de 15 €.

Tout petit restaurant où l'on vous met la serviette autour du cou pour déguster une généreuse et très tendre pièce de bœuf sur «pierrade», le plat phare.

#### Mezzogiorno

**Plan p. 60-61 / B3** – Rua Garrett, 19
☎ 213 42 15 00. T.l.j. 12h-23h30. Moins de 20 €.

Pizzeria située dans une vaste cour, pour grignoter et prendre un verre.

#### Aqui Há Peixe

**Plan p. 60-61 / B2** – Rua da Trindade, 18A ☎ 213 43 21 54, www.aquihapeixe.pt. Mar.-sam. 12h-15h et 19h-22h. F. dim.-lun. De 20 à 30 €.

Comme son nom l'indique, on mange des fruits de mer et toutes sortes de poissons dans sa grande salle à arcades de pierre. Le chef les achète lui-même au marché 31 de Janeiro, dans le quartier de Saldanha.

#### Tágide

**Plan p. 60-61 / B3** – Largo da Academia Nacional de Belas Artes, 18-20
☎ 213 40 40 10, www.restaurantetagide.com. Mar.-sam. 12h30-14h et 19h-23h30. De 20 à 30 €.

Très bon rapport qualité/prix pour une cuisine raffinée. Belle vue aussi pour simplement prendre le thé. Les budgets plus serrés iront au Tágide Wine & Tapas Bar, à l'étage au-dessous.

#### Ibo

**Plan p. 60-61 / A4** – Cais do Sodré ☎ 213 42 36 11, www.ibo-restaurante.pt. Mar.-sam. 12h-15h30 et 19h-23h, dim. 12h-15h30. De 20 à 30 €.

Près de la gare Cais do Sodré, une adresse pour les amateurs de poissons, qui pourront, en prime, profiter d'une belle vue sur le Tage. La cuisine intègre des notes venues du Mozambique.

## Vestigius

**Plan p. 60-61 / A4** – Rua da Cintura do Porto de Lisboa, Armazém A17, Cais do Sodré 📞 218 20 33 20, www.vestigius.pt. Dim-mar. et jeu. 11h30-22h30, ven.-sam. 11h30-minuit. De 30 à 40 €.

Le Tout-Lisbonne vient bruncher dans ce plaisant restaurant et bar à cocktails face au Tage. Déco branchée, avec un superbe coin salon tout droit sorti d'un loft new-yorkais. Les calamars à l'aïoli, les gambas sauce gingembre, citron et piment, et le poulpe grillé et épicé, servi avec ses navets et patates douces : tout est un régal !

## Latitude 38

**Plan p. 60-61 / A4** – Travessa do Carvalho, 33 📞 218 23 08 09, Facebook : Latitude38restaurante. Jeu.-lun. 12h-15h et 19h-22h. De 30 à 40 €.

Une très jolie salle, à la hauteur d'une cuisine créative et raffinée. Le filet de morue avec son écrasé d'olive et les calamars farcis aux crevettes sont savoureux !

## Tavares

**Plan p. 60-61 / B2-3** – Rua da Misericórdia, 37 📞 213 42 11 12, www.restaurante tavares.pt. F. pour rénovation. De 30 à 40 €.

Ce restaurant prestigieux a été fondé en 1884. La «cathédrale gastronomique» de Lisbonne a pour cadre une salle décorée avec faste. La cuisine, créative, est de haute volée et le service est impeccable.

# GRAÇA ET L'ALFAMA

Pour choisir un restaurant dans l'Alfama, suivez votre intuition. Vous trouverez de nombreuses tavernes rua de São Pedro et sur le largo do Chafariz de Dentro.

## O Pitéu da Graça

**Plan p. 69 / B1-2** – Largo da Graça, 95-96 📞 218 87 10 67. Lun.-sam. 12h-15h et 19h-22h. F. sam. soir. Moins de 15 €.

Cuisine traditionnelle de très bonne tenue dans ce restaurant de quartier situé juste à côté de la pâtisserie Estrela da Graça. Commandez du poisson, il est excellent et livré directement par un pêcheur !

## Barracão de Alfama

**Plan p. 69 / B3** – Rua de São Pedro, 16 📞 218 86 63 59. Mar.-dim. 12h30-15h et 19h-22h30. De 15 à 25 €.

Pour déguster un bon petit plat sans se ruiner et dans une ambiance animée. Attention, c'est tout petit !

## Time Out Market

Aménagé dans l'une des anciennes halles du Mercado da Ribeira, le Time Out Market est assurément le repaire lisboète des gastronomes ! Il réunit tout un ensemble de restaurants tenus par les chefs de la nouvelle cuisine portugaise, plus des épiceries fines, alignés à la façon de stands où vous commanderez votre ou vos plats. Vous pourrez commencer par des *croquetas* traditionnelles à la **Croqueteria**, poursuivre avec une daurade grillée chez **Monte Mar**, pour terminer par une glace *brigadero* chez **Santini** ou un gâteau au chocolat et à l'orange chez **Nós é Mais Bolos**. Le bar à vins s'impose pour agrémenter tout cela ! Des concerts se jouent parfois en soirée. Excellente adresse, et tellement conviviale !

> Mercado da Ribeira, av. 24 de Julho, 49 (plan p. 60-61 / A4) 📞 213 95 12 74. Dim.-mer. 10h-minuit, jeu.-sam. 10h-1h.

## Graça do Vinho

**Plan p. 69 / AB2** – Calçada da Graça, 10A/B 📞 210 11 80 41. Lun.-jeu. 18h-23h, ven. minuit, sam. 13h-15h et 16h-minuit. De 15 à 25 €.

Charcuterie, fromages et vins font ici bon ménage. Le lieu est cosy et l'ambiance assurée à l'heure de l'apéritif !

## A Travessa do Fado

**Plan p. 69 / B3** – Largo do Chafariz de Dentro, 1 📞 218 87 01 44. Mer.-dim. 12h-22h, ven.-sam. 23h. De 25 à 35 €.

Le restaurant A Travessa a investi la cafétéria du museu do Fado. Il propose ici ses plats joliment présentés et sa cuisine inventive, à déguster aux beaux jours sur la grande terrasse. Accueil souriant et prévenant.

## O Zé da Mouraria

**Plan p. 69 / A2** – Rua João do Outeiro, 24 📞 218 86 54 36. Lun.-sam. 12h-16h. De 25 à 35 €.

Si vous recherchez une authentique cantine populaire et une cuisine régionale typique, poussez la porte de ce restaurant. Figure du quartier et maître des lieux, Virgílio vous accueille dans une petite salle à la déco rustique avec cuisine ouverte. Steak à l'ail, côtelettes de porc… les plats servis généreusement changent souvent. Avec un peu de chance, vous aurez droit à une parenthèse de fado spontanée. Le quartier est le berceau du fado !

## • NOS ADRESSES •

### Zambeze

**Plan p. 69 / A3** – Calçada Marquês de Tancos
📞 218 87 70 56, www.zambeze restaurante.pt.
T.l.j. 12h30-23h. De 25 à 35 €.

Au dernier étage de l'ancien marché Chão do Loureiro, restaurant fusion (Mozambique et Portugal) offrant une vue superbe sur la ville depuis sa grande terrasse. Service parfois un peu lent...

### Santo António de Alfama

**Plan p. 69 / B3** – Beco de Saõ Miguel, 7
📞 218 88 13 28. F. temporairement. De 25 à 35 €.

Beau choix d'entrées et de desserts, et excellents steaks. Plus chic que la norme de l'Alfama et doté d'une agréable terrasse.

### Via Graça

**Plan p. 69 / A1** – Rua Damasceno Monteiro, 9B
📞 218 87 08 30, www.restauranteviagraca.com.
T.l.j. 12h30-minuit. Plus de 50 €.

Y aller pour la vue, très romantique, mais également pour la qualité de la cuisine, traditionnelle et savoureuse. Service prévenant.

## AUTOUR DES AVENIDAS

### Solar dos Presuntos

**Plan p.78 / B1** – Rua das Portas de Santo Antão, 150 📞 213 42 42 53, www.solardospresuntos.com. Lun.-sam. 12h-14h30 et 19h-22h45. Plus de 40 €.

♥ Restaurant couru, proposant une excellente cuisine portugaise. Quand elle figure sur la carte (janv.-avr.), ne passez pas à côté de la lampreia (lamproie).

### Gambrinus

**Plan p. 78 / B1** – Rua das Portas de Santo Antão, 23 📞 213 42 14 66. T.l.j. 12h-minuit (ven.-sam. 1h). Plus de 40 €.

Une institution lisboète depuis son ouverture en 1936, proposant de délicieux plats traditionnels et un choix étonnant de fruits de mer. L'addition sera beaucoup moins salée si l'on se contente de se sustenter au bar. Service à l'ancienne dans un délicieux décor années 1960 de bois exotiques, de fresques et de vitraux.

˅ Terrasses de restaurants dans le Bairro Alto

### Eleven

**Plan p. 78 / A1-2** – Rua Marquês de Fronteira (jardim Amália Rodrigues), 1070 ☎ 213 86 22 11, www.restauranteleven.com. Lun.-sam. 12h30-16h30 et 19h-23h30. Plus de 40 €.

La cuisine gastronomique du chef Joachim Koerper, servie dans un cadre design avec une belle vue sur la ville basse et le Tage.

## SANTA APOLÓNIA

### Casanova

**Plan p. 84 / B2** – Av. Infante Dom Henrique, cais da Pedra ☎ 218 87 75 32. T.l.j. 12h30-1h30. Moins de 15 €.

Cet établissement sert, dit-on, les meilleures pizzas de Lisbonne. Une faune plutôt jeune vient ici, au-delà de la gare de Santa Apolónia, pour l'ambiance, la déco et la vue sur le Tage. Prix plus élevés, si vous succombez aux plats plus sophistiqués.

## ORIENTE

Entre les fast-foods du centro Vasco da Gama (dernier étage) et les grandes terrasses des restaurants au bord du Tage, proposant poisson ou *rodízios*, vous aurez l'embarras du choix... parmi les restaurants franchisés. Les soirs de match, il y a beaucoup de monde aux terrasses.

### Bota Feijão

**Hors plan p. 84 par B1** – Rua Conselheiro Lopo Vaz, 5 ☎ 218 53 24 89. Lun.-ven. 12h15-15h. De 20 à 30 €.

Il faut le trouver, ce restaurant situé à l'est de l'estação do Oriente, mais vous serez récompensé en savourant ici une cuisine traditionnelle portugaise de très bonne tenue.

### Peixaria

**Plan p. 84 / B2** – Rua Pimenta, 31 ☎ 218 96 10 40. T.l.j. 12h-16h et 19h-22h30. De 20 à 30 €.

Le plus recommandable des restaurants donnant sur le jardin Garcia d'Orta, au bord du Tage. Terrasse très agréable.

### Chimarrão

**Plan p. 84 / A1** – Alameda dos Oceanos, juste en face de l'Oceanário ☎ 210 02 66 00. T.l.j. 12h-minuit. De 20 à 30 €.

L'une des adresses préférées des Portugais :immense buffet traditionnel brésilien, où les gros mangeurs feront une orgie de viandes et de saucisses.

## SÃO BENTO, ESTRELA

### O Tachadas

**Plan p. 90-91 / B3** – Rua da Esperança, 176 ☎ 213 97 66 89. Mar.-dim. 12h-15h et 19h-23h. Moins de 20 €.

Petit restaurant où l'on mange au coude à coude sous une grande voûte. Ne pas manquer la pièce de bœuf *mirandês* (race originaire du nord-est du pays), fondante à souhait. Accueil très sympathique.

### A Travessa

**Plan p. 90-91 / B3** – Travessa do Convento das Bernardas, 12 ☎ 213 90 20 34, www.atravessa.com. Lun.-sam. et j.f. 19h30-minuit. Plus de 30 €.

La rencontre de la Belgique et du Portugal : les moules-frites voisinent avec la côtelette de cochon de lait grillé, la raie au beurre noir avec la morue gratinée au fromage de montagne. Cadre raffiné d'un ancien couvent du XVIIIe s., où s'est aussi installé un musée de la Marionnette.

## LE BAIRRO ALTO

### A Camponesa

**Plan p. 90-91 / D3** – Rua Marechal Saldanha, 23/25 ☎ 213 46 47 91. Lun.-ven. 12h30-15h et 19h30-23h30, sam. 19h30-23h30. Moins de 20 €.

♥ Petit restaurant de quartier qui propose de bons petits plats pas chers. Accueil très sympa et ambiance jeune un peu intello. Une bonne adresse.

### Artis Wine Bar

**Plan p. 90-91 / D2** – Rua Diário de Notícias, 95 ☎ 213 42 47 95. Mar.-dim. 17h30-2h (3h ven.-sam.). Moins de 20 €

Bar à vins et à tapas branché, et toujours plein à craquer, un signe qui ne trompe pas. Beaucoup de choix, un service efficace, une bonne ambiance et une addition qui ne grimpe pas trop vite.

### Antigo 1° de Maio

**Plan p. 90-91 / B3** – Rua da Atalaia, 8, B3 ☎ 213 42 68 40. Lun.-ven. 12h-15h et 19h-23h. Moins de 20 €.

Simple, familial, particulièrement exigu et pas cher : l'archétype du restaurant traditionnel du Bairro Alto.

### Príncipe do Calhariz

**Plan p. 90-91 / D2-3** – Calçada do Combro, 28 ☎ 213 42 09 71. Dim.-ven. 12h-15h et 19h-22h30. Moins de 20 €.

## • NOS ADRESSES •

Difficile de faire moins cher et plus copieux que ce restaurant tout en longueur, fréquenté par des habitués et des touristes. Excellentes viandes. Service pro et rapide.

### The Decadente

**Plan p. 90-91 / D1** – Rua de São Pedro de Alcântara, 81 📞 213 46 13 81, www.thedecadente.pt. T.l.j. 19h-23h (le bar ferme plus tard). Rés. indispensable le soir. Moins de 20 €.

Le resto de l'hostel new-look The Independente. Cuisine aussi délicieuse qu'inventive (excellentes salades notamment), à déguster dans le cadre plus formel de la salle ou sur la terrasse, comme improvisée sous un auvent.

### Casa da Índia

**Plan p. 90-91 / D3** – Rua do Loreto, 49-51 📞 213 42 36 61. Lun.-sam. 12h-1h. Moins de 20 €.

♥ Il faut oser pénétrer dans la salle tout en longueur, pleine de bruits et d'odeurs, puis jouer des coudes jusqu'au comptoir, où l'on sera sans doute amené à dîner, faute de places dans la salle. Une expérience très couleur locale. Spécialité de poulet grillé à la braise.

### Terra

**Plan p. 90-91 / C1** – Rua da Palmeira, 15 📞 213 42 14 07, www.restauranteterra.pt. Mar.-dim. 12h30-15h30 et 19h30-23h30. Moins de 20 €.

Restaurant végétarien avec terrasse proposant une formule buffet à volonté : pas cher, original, savoureux, «solidaire et écologiquement responsable».

### Sea Me

**Plan p. 90-91 / D3** – Rua do Loreto, 21 📞 213 46 15 64/65, http://peixaria moderna.com. Lun.-ven. 12h30-15h30 et 19h-minuit (1h ven.), sam. 12h30-1h, dim. 12h30-minuit. De 20 à 30 €.

♥ Un restaurant de poisson branché, qui revisite la tradition en la modernisant, d'où sa dénomination de «poissonnerie moderne». Délicieux plats de poissons et fruits de mer à déguster en salle. Au bar, excellents sushis à choisir en suivant les conseils avisés du garçon. Réservez, l'endroit ne désemplit pas !

### Sinal Vermelho

**Plan p. 90-91 / D2** – Rua das Gáveas, 89 📞 213 46 12 52. T.l.j. 12h-23h30. F. dim. De 20 à 30 €.

Bonne cuisine portugaise dans ce restaurant considéré comme l'une des meilleures adresses à prix doux du Bairro Alto. Accueil sympa et petite terrasse.

### La Paparrucha

**Plan p. 90-91 / D1** – Rua Dom Pedro V, 18/20 📞 213 42 53 33, www.lapaparrucha.com. Lun.-jeu. 12h-16h et 19h-23h (ven. minuit), sam. 13h-17h et 19h-minuit (dim. 23h). De 20 à 30 €.

Pour déguster de l'excellent bœuf argentin cuisiné dans une atmosphère élégante. Les tables proches de la baie vitrée avec vue sur la ville *(rés. impérative)* sont idéales pour un dîner en amoureux.

### 100 Maneiras

**Plan p. 90-91 / D1-2** – Rua do Teixeira, 39 📞 210 918 181, https://100maneiras.com. Jeu.-lun. 19h-1h. De 80 à 110 €.

♥ Ljubomir Stanisic était déjà réputé à Cascais. Le jeune chef d'origine serbe s'est installé dans le Bairro Alto, où sa cuisine inventive «cérébrale» fait l'unanimité.

## ALCÂNTARA

**À LX Factory**

### 1300 Taberna

**Plan p. 99 / A1** – Rua Rodrigues de Faria, 103 📞 213 64 91 70, www.1300taberna.com. Mar.-sam. 12h30-15h30 et 19h-21h30, dim. 12h30-16h30. Moins de 30 €.

Cette grande taverne a des airs de loft industriel. De la grande cuisine ouverte sortent des plats portugais actuels à base de produits bio de saison.

### Cantina LX

**Plan p. 99 / A1** – Rua Rodrigues de Faria, 103 📞 213 62 82 39. Mar.-sam. 12h-15h et 19h-22h, dim. 12h-15h. Moins de 30 €.

Pour ceux qui raffolent des ambiances industrielles et informelles. Cuisine simple (grillades au feu de bois), dans un lieu ni prétentieux ni cher, quoique branché.

**Hors LX Factory**

### Picanha

**Plan p. 99 / B1** – Rua das Janelas Verdes, 96 📞 213 902 200. T.l.j. 12h-15h et 19h-23h. De 20 à 30 €.

Un restaurant de cuisine brésilienne au milieu de vieux azulejos. Spécialité de *picanha* (viande rôtie avec du riz et des haricots noirs).

### Clube de Jornalistas

**Hors plan p. 99 par B1** – Rua das Trinas, 129 ☎ 213 97 71 38. Lun.-dim. 12h30-14h30 et 19h-22h30. De 20 à 30 €.

On y déguste une cuisine fusion à l'accent méditerranéen, dans l'une des deux salles meublées à l'ancienne ou sur la terrasse : un véritable havre de paix en plein cœur de Lapa ! Beaucoup de charme, même si l'assiette n'est malheureusement pas toujours très copieuse.

## BÉLEM

### Restaurante da Associação Naval de Lisboa

**Plan p. 105 / B2** – Av. Brasília, doca de Belém, pavilhão ANL ☎ 925 007 108. Lun.-sam. 10h-23h, dim. 10h-20h. De 20 à 30 €.

Vaste choix de poissons, bien sûr, dans ce restaurant avec vue imprenable sur le monument des Découvertes.

# SHOPPING À LISBONNE

## LE ROSSIO ET LA BAIXA

### Manuel Tavares

**Plan p. 60-61 / B2** – Rua da Betesga, 1A/B ☎ 213 42 42 09, www.manueltavares.com. Lun.-ven. 9h30-19h30, sam. 9h30-13h30.

Cette épicerie fine se révèle être le meilleur endroit pour rapporter des souvenirs culinaires : confiserie, fromages ou bien encore charcuterie.

### Manteigaria Silva

**Plan p. 60-61 / B2** – Rua Dom Antão de Almada, 1 C/D ☎ 213 42 49 05, www.manteigariasilva.pt. Lun.-sam. 9h-19h.

Le temple de la morue séchée, où vous trouverez aussi des fromages (plus faciles à transporter !).

### Garrafeira Nacional

**Plan p. 60-61 / C2** – Rua de Santa Justa, 18 ☎ 218 87 90 80. Lun.-sam. 9h30-19h30.

La plus recommandable des nombreuses boutiques de la Baixa pour les portos et les vins portugais.

### Vini Portugal

**Plan p. 60-61 / C4** – Praça do Comércio ☎ 213 56 98 90. T.l.j. 11h-19h (f. dim. oct.-avr.).

Pas une boutique, mais un espace qui s'attache à mieux faire connaître les vins portugais. Dégustation libre aux fontaines à partir de 3 € (carte rechargeable).

### Lisbon Shop

**Plan p. 60-61 / B4** – Rua do Arsenal, 15 ☎ 210 312 802. T.l.j. 10h-19h. Réduction de 10 % avec la Lisboa Card.

La boutique de l'office de tourisme : mugs, azulejos, tee-shirts, bijoux, porcelaines...

### Loja das Conservas

**Plan p. 60-61 / B4** – Rua do Arsenal, 130 ☎ 911 18 12 10 (port.). Lun.-sam. 10h-21h (20h en hiver), dim. 11h15-20h30.

La boutique de l'Association nationale des industriels de conserveries de poissons. Impossible de la quitter sans avoir acheté plusieurs boîtes de sardines. On y parle le français.

### Discoteca Amália

**Plan p. 60-61 / B2** – Rua Áurea, 272 ☎ 213 42 09 39. Lun.-ven. 9h-13h et 15h-19h, sam. 9h-16h.

L'antre des collectionneurs de fado ! L'enseigne possède aussi le camion vert que vous n'avez pas manqué d'apercevoir rua do Carmo. Le choix est incomparable.

## LE CHIADO

### A Vida Portuguesa

**Plan p. 60-61 / B3** – Rua Anchieta, 11 ☎ 213 46 50 73. T.l.j. 10h-19h30.

Belle boutique proposant des rééditions de toutes sortes de produits portugais d'autrefois, avec design rétro à l'avenant : boîtes de sardines ou de thon, savons et cosmétiques, produits pour la maison, articles de papeterie, et bien d'autres choses encore.

### Fábrica Sant'Anna

**Plan p. 60-61 / AB3** – Rua do Alecrim, 95 ☎ 213 63 82 92, www.santanna.com.pt. Lun.-sam. 9h30-19h. Réduction de 5 % avec la Lisboa Card.

## • NOS ADRESSES •

Grand choix de petits objets et d'azulejos dans cette fabrique du XVIIIe s. Copies d'anciens, peintes à la main et fabriquées selon des procédés traditionnels.

### Livraria Bertrand

**Plan p. 60-61 / B3** – Rua Garrett, 73-75
213 47 61 22, www.bertrand.pt. T.l.j. 9h-22h.

Grand choix de beaux livres dans cette vénérable librairie créée en 1732, et à ce titre la plus ancienne au monde.

## GRAÇA ET L'ALFAMA

### Conserveira de Lisboa

**Plan p. 69 / A4** – Rua dos Bacalhoeiros, 34
218 86 40 09, www.conserveiradelisboa.pt. Lun.-sam. 9h-19h.

Des conserves et rien que des conserves, dont, bien sûr, de très belles boîtes de sardines au design rétro !

### Viúva Lamego

**Hors plan p. 69 par B1** – Largo do Intendente Pina Manique, 25 212 31 42 74, www.viuvalamego.com. Lun.-ven. 10h-13h et 14h-18h30.

Fondée en 1849, la célèbre fabrique d'azulejos est une institution. Derrière l'une des plus jolies façades de la ville, de magnifiques reproductions d'azulejos anciens peints à la main. Voir aussi la façade sur l'avenida Almirante Reis.

### Feira da Ladra

**Plan p. 69 / B2** – Campo de Santa Clara, près du panthéon. Mar. et sam. 9h-18h.

Au «marché de la Voleuse», puces et antiquaires.

## AUTOUR DES AVENIDAS

### NLF

**Plan p. 78 / B1** – Rua Pinheiro Chagas, 50 B 213 14 37 55. Lun.-ven. 10h30-19h30, sam. 10h-13h.

La «nouvelle librairie française», la librairie francophone de Lisbonne.

## LE BAIRRO ALTO

### Solar

**Plan p. 90-91 / D1** – Rua Dom Pedro V, 70
213 46 55 22. Lun.-ven. 10h-13h et 14h-19h, sam. 10h-13h (f. sam. juil.-août).

L'adresse à ne pas manquer pour acheter des azulejos anciens. Du simple carreau au panneau, il y en a pour toutes les bourses.

# PÂTISSERIES À LISBONNE

## LE ROSSIO, LA BAIXA ET LE CHIADO

### Confeitaria Nacional

**Plan p. 60-61 / C2** – Praça da Figueira, 18C
213 42 44 70, www.confeitarianacional.com. T.l.j. 8h30-19h30.

Son grand choix de douceurs traditionnelles en fait une institution à Lisbonne. On peut considérer que c'est LE monument pâtissier de la ville !

### Santini

**Plan p. 60-61 / B3** – Rua do Carmo, 9
213 46 84 31, www.santini.pt. T.l.j. 13h-23h.

Le glacier de Cascais (p. 143) a ouvert une antenne à Lisbonne, pour le plus grand bonheur des gourmands. Dans un décor de laboratoire, on peut goûter des glaces et sorbets aux parfums étonnants, et d'autres plus classiques mais avec un vrai goût de fruit frais.

## AUTOUR DES AVENIDAS

### Pastelaria Versailles

**Plan p. 90-91 / B1** – Av. da República, 15A
213 54 63 40. T.l.j. 7h15-20h.

Non loin du centre d'Art moderne, cette pâtisserie dont la réputation n'est plus à faire vaut autant pour ses spécialités que pour son décor exubérant, le plus crémeux de la capitale (miroirs, stucs et boiseries).

## LE BAIRRO ALTO

### Pastelaria São Roque

Plan p. 90-91 / D1 – Rua Dom Pedro V, 57
213 224 350. http://panifsroque.pt.
T.l.j. 6h-18h.

Cette pâtisserie affiche la couleur ! Goûtez, dans ce bel intérieur de marbre, de stucs dorés, de miroirs et d'azulejos, la spécialité dite « la cathédrale du pain », un *pão de Deus*. Ce gâteau à la noix de coco est exceptionnel !

### Doce Real

Plan p. 90-91 / D1 – Rua Dom Pedro V, 119
213 46 59 23. Lun.-sam. 8h-19h.

C'est dans cette pittoresque pâtisserie au décor des années 1920 qu'on trouve, dit-on, les meilleurs *pastéis de nata* de Lisbonne.

## ALCÂNTARA

### Landeau Chocolate

Plan p. 99 / A1 – LX Factory, rua Rodrigues de Faria, 103 917 278 939, www.landeau.pt.
T.l.j. 11h-20h.

Sofia Landeau est une pâtissière hors pair. Son gâteau au chocolat recouvert d'un fondant et saupoudré de cacao amer est célèbre dans tout Lisbonne !

## BÉLEM

### Pastéis de Cerveja de Belém

Plan p. 105 / B2 – Rua de Belém, 15
213 63 43 38. T.l.j. 7h-20h.

Pour les *pastéis de cerveja*, gâteaux à base d'amandes et de bière.

# BARS ET CAFÉS À LISBONNE

## LE ROSSIO ET LA BAIXA

### A Ginjinha

Plan p. 60-61 / B1-2 – Largo de São Domingos, 8.
T.l.j. 9h-22h.

Minuscule buvette pour siroter un petit verre de *ginjinha*, liqueur de cerise dont raffolent les Lisboètes. On n'y vend rien d'autre ! Ouvert en 1840, c'est le plus vieux bar à *ginjinha* de la ville, avec ses vieilles publicités en devanture.

### Nicola

Plan p. 60-61 / B2 – Praça Dom Pedro IV, 24
213 46 05 79. T.l.j. 8h-minuit.

On y profite d'une ombre appréciable l'après-midi ou d'un splendide intérieur Art déco sur lequel le temps n'a pas de prise. Le café y est excellent.

## LE CHIADO

Le Chiado est calme en soirée. Pour trouver de l'animation, direction le Bairro Alto voisin et son nombre incalculable de bars ou la très branchée rua Nova do Carvalho (Pink Street) qui concentre bars et clubs à Cais do Sodré.
Bain de foule garanti !

‹ Pink Street

## • NOS ADRESSES •

### Pensão Amor

Plan p. 60-61 / A4 – Rua do Alecrim, 19
📞 213 14 33 99, www.pensaoamor.pt.
F. pour travaux. Tél. pour vérifier les horaires.

Bar très mode dans un ancien bordel décoré de façon originale et étonnante. Librairie érotique, petites pièces où siroter un cocktail au nom osé, et parfois des spectacles burlesques.

## GRAÇA ET L'ALFAMA

### Memmo Alfama Hotel

Plan p. 69 / B4 – Travessa das Merceeiras, 27
📞 210 49 56 60, www.memmohotels.com.
T.l.j. 12h30-23h30.

Il faut grimper tout en haut de l'hôtel Memmo Alfama pour débusquer ces divines petites terrasses perchées au-dessus du Tage et des toits.
Un vrai bonheur en journée pour lézarder au bord de la micropiscine ; encore mieux en soirée pour siroter un cocktail : la vue est incroyablement romantique ! Ambiance lounge et petite carte de restauration.

## LE BAIRRO ALTO

### Park

Plan p. 90-91 / C2-3 – Calçada do Combro, 58 (6e ét.) 📞 215 91 40 11. Lun.-jeu. 16h-2h, ven.-sam. 14h-2h.

Bar en rooftop très couru, sur le toit d'un parking de Santa Catarina. Un must pour assister au coucher du soleil ou admirer la ville la nuit à ses pieds. Au menu, cocktails variés, DJ sets et sons funk ou hip-hop au milieu des plantes vertes.

### The Old Pharmacy

Plan p. 90-91 / D2 – Rua Diário de Notícias, 73-81
📞 920 23 09 89 (port.). T.l.j. 17h30-minuit.

Dans un décor d'ancienne pharmacie, les bouteilles de vin ont remplacé les médicaments. Possibilité de déguster des dizaines de crus portugais.

### Pavilhão Chinês

Plan p. 90-91 / D1 – Rua Dom Pedro V, 89
📞 213 42 47 29. T.l.j. 18h-2h.

Un monument de la nuit lisboète ! Bar idéal pour qui raffole des décors d'une totale excentricité.

## BÉLEM

### À Margem

Plan p. 105 / A2 – Doca do Bom Sucesso
📞 918 62 00 32 (port.), www.amargem.com.
Lun. 10h-17h, mar.-sam. 10h-23h (dim. 21h).

Café sélect établi dans un cube de verre au bord du Tage. Terrasse idéale pour bronzer tout en sirotant un jus de fruit frais.

# MUSIQUE LIVE ET CLUBS À LISBONNE

La plupart des clubs de la ville sont disséminés le long de l'avenida 24 de Julho, autour de Santos et des docks, où ils occupent de vieux entrepôts.

## LE CHIADO

### B. Leza

Plan p. 60-61 / A4 - Rua da Cintura do Porto de Lisboa, cais da Ribeira Nova, armázem B
📞 210 106 837. Mer.-sam. 22h-4h, dim. 19h-2h. Entrée : 5-10 €.

Dans un entrepôt proche de la gare de Cais do Sodré, de la musique live pour se déhancher sur des rythmes cap-verdiens (fuaná, coladera) ou de kizomba (DJ le dim.). Ambiance garantie !

## SANTA APOLÓNIA

### Lux-Frágil

Plan p. 84 / B2 – Av. Infante D. Henrique, Armazém A, cais da Pedra 📞 218 82 08 90, www.luxfragil.com. Jeu.-sam. 23h-6h.

Installé dans un ancien entrepôt face au Tage, ce club ultra branché, le plus célèbre du Portugal, reçoit les meilleurs DJ électro nationaux et internationaux. Sélection sévère à l'entrée.

# FADO À LISBONNE

## GRAÇA ET L'ALFAMA

### Chapitô

**Plan p. 69 / A2** – Costa do Castelo, 7 ☎ 218 85 55 50, www.chapito.org. Restaurant : t.l.j. 12h-18h et 19h-23h. Bar : t.l.j. 21h-1h. Concert : t.l.j. à 22h30 (fado mar.) gratuit ou entrée 5 €.

Une ancienne prison pour femmes reconvertie en école de cirque par Tété, la première femme clown célèbre du Portugal. Une place colorée avec une belle vue sur le Tage accueille le restaurant Chapitô à Mesa. Au sous-sol, le bar Bartô distille fado et musiques du monde en semaine et DJ sets le week-end.

### Clube de Fado

**Plan p. 69 / A4** – Rua de São João da Praça, 92/94 ☎ 218 85 27 04, www.clube-de-fado.com. T.l.j. 20h-2h (fado à partir de 21h15). Env. 60 € le dîner-spectacle.

Une adresse chic, à la bonne réputation, à deux pas de la cathédrale. On peut au choix y dîner à la carte ou simplement y boire un verre à partir de 23h, après le départ des groupes de touristes. Sessions de trois ou quatre morceaux tout au long de la soirée.

### Mesa de Frades

**Plan p. 69 / B3** – Rua dos Remédios, 139A ☎ 917 02 94 36 (port.). Lun.-sam. 20h30-2h, fado à partir de 22h lun.-jeu. et à partir de 22h30 ven.-sam. Rés. impérative.

Dans l'ancienne chapelle d'un palais du XVIIIe s., un restaurant de fado tenu par Pedro de Castro *(env. 45 € le dîner-spectacle)*.

## LE BAIRRO ALTO

### Adega Machado

**Plan p. 90-91 / D2** – Rua do Norte, 91 ☎ 213 42 22 82, www.adegamachado.pt. T.l.j. 19h-1h. Fado à partir de 21h. Comptez env. 50 € le dîner-spectacle.

Une adresse sûre, fière de ses 60 ans au service du dieu Fado.

### A Tasca do Chico

**Plan p.90-91 / D2** – Rua Diário de Notícias, 39 ☎ 965 05 96 70 (port.). Tlj 20h-2h. Plusieurs sessions de fado par soir.

L'antre du *fado vadio* («fado vagabond»). Tout petit, mais bonne ambiance, et les soirées sont gratuites. Cuisine basique.

˅ **Concert au Clube de Fado**

# LES ENVIRONS de Lisbonne

Prisée des Lisboètes, la Costa do Sol offre de belles stations balnéaires… Cascais, avec un charme flagrant et une douceur de vivre sans pareille, et Estoril, avec le plus grand casino de la péninsule Ibérique. Dans les terres, deux résidences royales sont aussi à découvrir : le palácio da Pena dans la serra de Sintra, tout droit sorti d'un conte de fées, et le palácio de Queluz, le Versailles portugais. Près de la capitale, de l'autre côté de l'estuaire du Tage, il y a également la cité historique de Palmela, la ville portuaire de Setúbal, Sesimbra et ses superbes plages ! Les paysages deviennent de plus en plus sauvages au fur et à mesure que l'on approche du littoral atlantique, des dunes de Costa da Caparica et de la serra da Arrábida, protégée par son statut de parc naturel.

Le palácio nacional da Pena

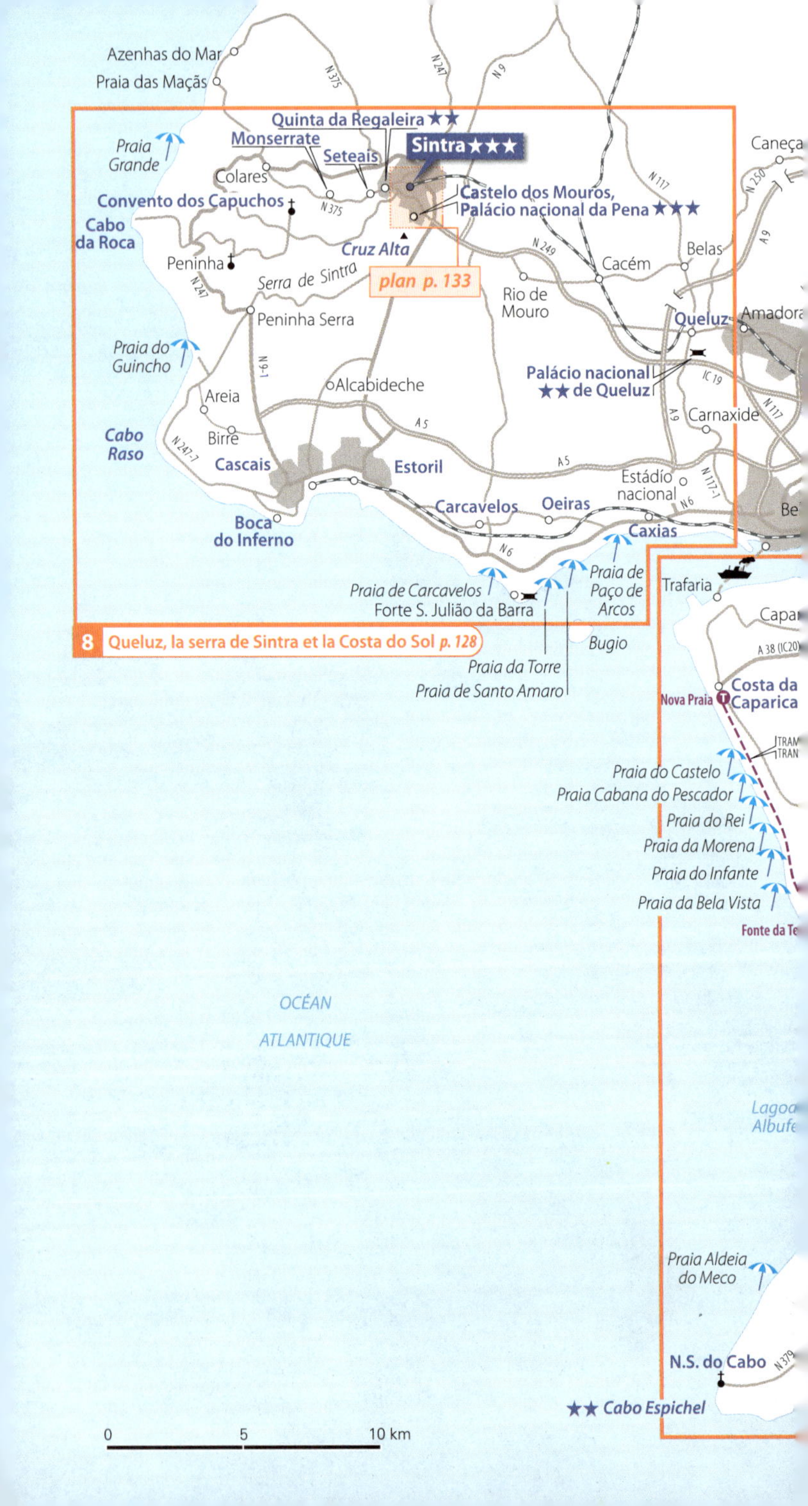
Azenhas do Mar
Praia das Maçãs
N375
N247
N9
Quinta da Regaleira ★★
Monserrate
Seteais
Sintra★★★
Praia Grande
Colares
Convento dos Capuchos
N375
Castelo dos Mouros, Palácio nacional da Pena ★★★
N117
Caneça
N250
Cabo da Roca
Cruz Alta
N249
A9
Belas
Peninha
Serra de Sintra
plan p. 133
Cacém
N247
Rio de Mouro
Peninha Serra
Queluz
Amadora
Praia do Guincho
Palácio nacional ★★ de Queluz
IC19
N9-1
Alcabideche
Areia
A5
A9
Carnaxide
N117
Cabo Raso
Birre
N247-7
Cascais
Estoril
A5
Estádio nacional
N117-1
N6
Carcavelos
Oeiras
Boca do Inferno
Caxias
N6
Praia de Paço de Arcos
Trafaria
Praia de Carcavelos
Forte S. Julião da Barra
Capar
8 Queluz, la serra de Sintra et la Costa do Sol p. 128
Bugio
A 38 (IC20)
Praia da Torre
Praia de Santo Amaro
Costa da Caparica
Nova Praia
Praia do Castelo
Praia Cabana do Pescador
Praia do Rei
Praia da Morena
Praia do Infante
Praia da Bela Vista
OCÉAN
ATLANTIQUE
Praia Aldeia do Meco
N.S. do Cabo
N379
★★ Cabo Espichel
0
5
10 km

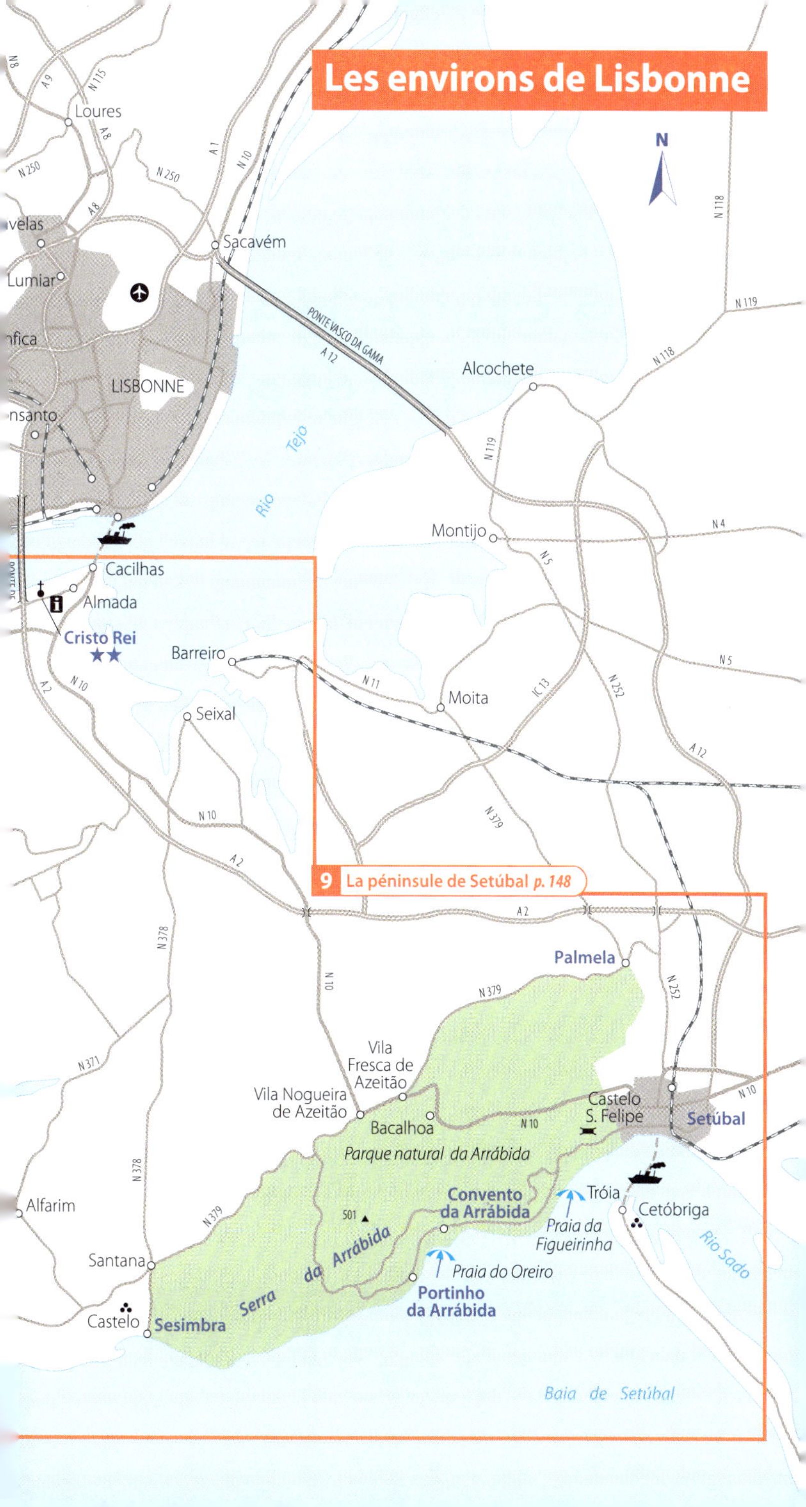
Les environs de Lisbonne
N
Loures
Sacavém
Lumiar
LISBONNE
PONTE VASCO DA GAMA
Rio Tejo
Alcochete
Montijo
Cacilhas
Almada
Cristo Rei
Barreiro
Seixal
Moita
9 La péninsule de Setúbal p. 148
Palmela
Vila Fresca de Azeitão
Vila Nogueira de Azeitão
Bacalhoa
Castelo S. Felipe
Setúbal
Parque natural da Arrábida
Convento da Arrábida
Tróia
Cetóbriga
Praia da Figueirinha
Praia do Oreiro
Portinho da Arrábida
Serra da Arrábida
Rio Sado
Alfarim
Santana
Castelo
Sesimbra
Baia de Setúbal
N 8
A 9
N 115
A 8
N 250
A 1
N 10
A 12
N 118
N 119
N 4
N 5
N 11
IC 13
N 252
A 2
N 379
N 378
N 371
501

# 8 QUELUZ, la serra de Sintra et la Costa do Sol ✧✧✧

Aux grâces presque versaillaises du palais baroque de Queluz succède Sintra la romantique, appréciée des rois depuis Manuel I. Parcourir la proche serra verdoyante, c'est partir à la chasse au trésor, entre *quintas* fantasques, parcs immenses et palais aux airs de châteaux de Bavière. Sintra est un endroit vraiment merveilleux où passer la journée ! Plus à l'ouest, après le cabo da Roca, Cascais et Estoril, les stations balnéaires courues de la Costa do Sol, s'étendent entre plages et citadelles.

## PRATIQUE


- **Plan p. 126-127 et 133**
- **Nos adresses p. 142**


### Accès depuis Lisbonne

**En train**

**Queluz :** En 20 min par la *linha de Sintra* (gare du Rossio). Le palais national de Queluz est ensuite à 10 min à pied de la gare de Queluz-Belas : *Av. António Enes, 41.*

**Cascais et Estoril :** En 35-40 min par la *linha de Cascais* (gare de Cais do Sodré).

**Sintra :** En 45 min par la *linha de Sintra* (gare du Rossio). Ne pas descendre à Portela de Sintra mais au terminus Sintra. Gare de Sintra : Av. Dr Miguel Bombarda. Comboios de Portugal : www.cp.pt

Palácio nacional de Queluz

## L'ESSENTIEL

### À ne pas manquer

Le palais de Queluz, le palais da Pena et la quinta da Regaleira.

### Expériences

Surfer à praia do Guincho ; un bol d'air vivifiant au Cabo da Roca ; goûter aux *queijadas*, spécialité de Sintra.

### Coup de cœur

Dans le palácio nacional de Sintra

## Palácio nacional de Queluz ✧✧

15 km O de Lisbonne par la route de Sintra. Prenez la direction d'Estoril (A5), puis l'A9 📞 219 237 300, www.parquesdesintra.pt. Avr.-oct. : t.l.j. 9h-19h ; nov.-mars : t.l.j. 9h-18h ; dernière admission 1h avant en été, 30 min avant en hiver. Entrée : 10 € (billet combiné voir p. 131).

Le palais de Queluz reflète l'éclectisme de son commanditaire, la reine Maria Ire, dont la statue trône à l'entrée de la résidence. La souveraine édifia ici une sorte de Versailles portugais mâtiné de style rocaille, entouré de jardins à la française et d'un rafraîchissant parc à l'italienne.

Le château est l'œuvre des architectes Mateus Vicente de Oliveira et Jean-Baptiste Robillon. Le premier, formé à l'école de Mafra, a élevé le corps central en 1758. Le second, qui a achevé le bâtiment de 1760 à 1795, s'est montré sensible à l'influence de Versailles, sans doute pour plaire à la souveraine, qui avait passé une partie de sa jeunesse à la cour de France. Robillon a également réalisé la décoration intérieure et aménagé les jardins.

Queluz était synonyme de fêtes au XVIIIe s. : on y circulait en barque sur le grand canal, au son des musiques italiennes à la mode. On y conspirait, aussi,

**En voiture**

**Sintra :** Évitez absolument d'aller en voiture à Sintra le week-end et en haute saison, la circulation est infernale et stationner est un vrai casse-tête. Prenez plutôt le train.

**Queluz :** Queluz est à 20 min (15 km N-O) de Lisbonne par l'A37.

### Se déplacer à Sintra

**En bus**

• De la gare de Sintra (plan A1), bus 434 (circulaire) pour la vieille ville (Sintra-Vila), le castelo dos Mouros (A2) et le palácio da Pena (A3).

• Bus 435 pour la Quinta da Regaleira et les palais de Seteais et de Monserrate (hors plan par A2). Prévoir de l'attente aux arrêts de bus, même hors saison. https://scotturb.com.

**En voiture**

• C'est un cauchemar ! Se garer dès que possible dans les quartiers d'Estefânia ou de Portela de Sintra (plusieurs parkings), →

contre le gouvernement honni de Pombal. L'ambiance au palais s'assombrit avec la folie de Maria Ire – liée à la mort de son fils – et l'invasion napoléonienne de 1807, qui chassa ses occupants. Après le passage des troupes de Junot, la famille royale s'y installa épisodiquement. Aujourd'hui, la résidence est utilisée pour les cérémonies et les réceptions officielles. Elle prête son cadre prestigieux à des concerts.

### L'INTÉRIEUR ✧✧

La décoration des appartements est éblouissante : plafonds ornés de peintures et décorés de lustres baroques, mobilier rocaille et Empire, tapisseries. La **salle du Trône**, avec ses miroirs, ses bois dorés et son plafond soutenu par des cariatides, la **salle des Ambassadeurs**, toute de marbre et de glaces, et enfin la **salle des Azulejos,** ornée de panneaux figurant les saisons et les continents, constituent les pièces les plus admirables du palais. En fin de visite, ne manquez pas l'étonnante **chambre Don Quichotte** (la pièce semble ronde), ornée de scènes du fameux roman de Cervantes ; Maria Ire avait l'habitude d'y prendre le dessert.

Salle des Ambassadeurs du palais de Queluz

### LES JARDINS ✧✧

Massifs de buis, bassins et sculptures mangées par les lichens : les jardins de Queluz ont un charme fou.

Devant le château s'étendent les **jardins dits « supérieurs »**, dessinés dans le goût français par Robillon. Ils ont été enrichis de sculptures dans la seconde moitié du XVIIIe s. ; la plupart étaient à l'origine peintes et en partie dorées. Le **jardin suspendu**, devant la façade principale du château, s'élève au-dessus d'un réservoir ; à la **fontaine de Neptune** répond le **bassin de Vénus** (ou de la Néréide).

Le second parc, en contrebas de la terrasse, est d'esprit italien. On y accède par l'**escalier des Lions** débouchant sur le canal et le pont baroque décoré d'azulejos. Après avoir

## PRATIQUE (SUITE)

puis rejoindre la vieille ville à pied, en *tuk-tuk* ou en bus. Stationnement possible Volta do Duque, le long du parc. Voiture déconseillée pour le castelo dos Mouros et le palais da Pena.

• Pour explorer plus avant la serra de Sintra et la côte ouest jusqu'au cabo da Roca, une voiture est indispensable.

**En tramway**

Un vieux tramway relie Sintra à la mer (Praia das Maçãs) *via* Colares (45 min). Trois allers-retours par jour. Cadences très variables. Rens. : ☎ *219 238 500*, www.cm-sintra.pt. Départ av. Nunes Carvalho (près du musée d'art de Sintra). Billet : 3 €.

^ Palácio nacional de Sintra

dépassé la statue de Samson tuant un Philistin, vous atteindrez la **fontaine de Neptune**, œuvre attribuée à l'école du Bernin.

## Sintra ✧✧✧

14 km N-O de Queluz par l'IC19, 30 km N-O de Lisbonne.

Un coin de paradis ! Les rois portugais et, à leur suite, l'aristocratie et la haute bourgeoisie ne s'y sont pas trompés : très tôt, ils ont été attirés par ce site, protégé par une serra culminant à plus de 500 m d'altitude, où pousse une végétation luxuriante. C'est à eux que le quartier de São Pedro et les ruelles proches du palácio nacional doivent leur extraordinaire densité de villas de charme à l'architecture tarabiscotée.

### MUSEU DAS ARTES DE SINTRA (MU.SA)

**Plan B1** – Av. Heliodoro Salgado, quartier d'Estefânia ☎ 219 236 101, https://cm-sintra.pt. Avr.-sept. : mar.-ven. 10h-20h, sam.-dim. 14h-20h ; oct.-mars : mar.-ven. 10h-18h, sam.-dim. 12h-18h. Entrée gratuite.

L'ancien casino, qui présente une belle architecture éclectique, devient, au lendemain de son inauguration en 1924, synonyme d'élégance et même l'emblème du « quartier neuf » d'Estefânia. Il accueille des expositions, des soirées dansantes et des réceptions mondaines jusqu'à la Seconde Guerre mondiale.

L'édifice abrite aujourd'hui les expositions d'art contemporain du musée des Arts de Sintra. Derrière, le **Centro Cultural Olga Cadaval** programme concerts et

### Offices de tourisme

**Cascais**
Praça 5 de Outubro
☎ 215 870 256 et 914 03 42 14 (port.), www.visitcascais.com. T.l.j. 10h-14h et 15h-19h.

**Sintra**
Praça da República, 23 (plan A1-2) ☎ 219 23 11 57, https://visitsintra.travel. T.l.j. 10-18h (19h en août).
À la gare (plan A1)
☎ 211 93 25 45. T.l.j. 9h-13h et 14h-16h30 (9h30 en été).

### Conseils

**Billets combinés**

Palais de Queluz, Sintra, Pena et Monserrate, Castelo dos Mouros et mosteiro dos Capuchos : réduction de 5 à 10 % selon le nombre de sites visités (2 à 6). Disponibles dans les billetteries physiques uniquement.

**Réservation**

• Pour éviter une première queue aux billetteries des palais et parcs de Queluz et de Sintra, achetez vos →

spectacles dans l'ancien ciné-théâtre Carlos Manuel (Praça Dr. Francisco Sá Carneiro ☎ 219 10 71 10, www.ccolgacadaval.pt).

### RUA DR ALFREDO DA COSTA ET VOLTA DO DUQUE

**Plan AB1 et A1-2.**

L'étroite rua Dr Alfredo da Costa aboutit devant la **mairie de Sintra** (1906), bel édifice de style néomanuélin. Vous pourrez y louer un *tuk-tuk* (p. 146) ou poursuivre à pied. Des jardins en terrasses et une curieuse fontaine néomauresque agrémentent la promenade le long de la Volta do Duque, qui serpente en balcon sur la vallée.

### NEWS MUSEUM

**Plan A2** – Rua Visconde de Monserrate, 26 ☎ 210 126 600, www.newsmuseum.pt. T.l.j. 10h-18h30. Entrée : 6,50 €.

Le dernier-né des musées de Sintra est dédié à l'actualité et au journalisme. Créé par Luís Paixão Martins, ancien journaliste et expert en communication, ce musée interactif permet au visiteur de présenter le journal face à une caméra avec un prompteur, d'enfiler un casque de réalité virtuelle pour plonger dans un monde parallèle, de remonter le temps en admirant les couvertures des news magazines les plus emblématiques, ou encore de prendre place dans un studio radio.

## PAUSE

### Casa Piriquita

Impossible de quitter Sintra sans avoir goûté aux ***queijadas* de Sintra**, des gâteaux au fromage blanc et à la cannelle, et la belle pâtisserie Casa Piriquita est l'un des meilleurs endroits pour y goûter.

> Rua das Padarias, 1/7 (plan A1-2) ☎ 219 23 06 26. T.l.j. 9h-19h30 (sam.-dim. et j.f. 20h).

### PALÁCIO NACIONAL DE SINTRA ✧✧

**Plan A1** – Largo Rainha Dona Amélia (Sintra-Vila). Bus 434 ☎ 219 23 73 00, www.parquesdesintra.pt. Avr.-oct. : t.l.j. 9h30-19h ; nov.-mars : t.l.j. 9h30-18h30 ; dernière admission 30 min avant. Entrée : 10 € (billet combiné voir p. 131).

À cet ancien palais royal (Paço real), aussi appelé paço da Vila (palais de la Ville), chaque souverain a apporté sa touche personnelle, de la fin du XIII$^{e}$ s. jusqu'à la fin du XIX$^{e}$ s.

Si l'on doit le corps central à João I, c'est surtout Manuel I qui laissa l'empreinte de son style décoratif : la **salle des Blasons**, notamment, est couverte d'azulejos représentant des scènes de chasse et des blasons de la noblesse de l'époque. Imaginez, tout au long de votre visite, Luís de Camões récitant, dans l'une des salles, *Les Lusiades* pour la première fois... ou bien le pauvre roi Afonso VI emprisonné dans l'une des chambres du palais de 1674 à 1683. La **salle arabe** est une plongée dans l'univers mauresque de Manuel I. Au centre de la salle, des tritons et des chevaux convoitent un bassin très oriental.

> Lire aussi le coup de cœur de l'auteur : Dans le palácio nacional de Sintra (p. 140).

## PRATIQUE (SUITE)

billets en ligne (5 % de réduction) sur www.parquesdesintra.pt.

Attention, les billets combinés (voir ci-avant) ne sont pas disponibles en ligne.

• Quinta da Regaleira : billet coupe-file en ligne conseillé pour éviter une longue attente.

### Bon à savoir

Les palais de Sintra sont très fréquentés. Visitez le palais da Pena dès l'ouverture ou le plus tard possible (évitez les heures de pointe entre 11h et 15h30, cars de touristes).

## Serra de Sintra ✧✧✧

Itinéraire d'env. 40 km au départ de Sintra.

L'excursion dans le «Glorieux Éden», comme l'appelait Byron, conduit d'abord dans les hauteurs de la serra, au castelo dos Mouros, puis au palácio da Pena, délire architectural du XIX^e s. au milieu d'un indescriptible écrin végétal. De remarquables *quintas* se cachent aussi à l'ouest de Sintra, à Regaleira et Monserrate. La serra constitue un excellent spot pour des randos à pied, à VTT et même à vélo électrique (p. 146) !

## CASTELO DOS MOUROS ✧

Château des Maures

**Plan A2** – 3 km S de Sintra par la route de Pena. Bus 434 ☎ 219 23 73 00, www.parquesdesintra.pt. T.l.j. 9h-18h30 ; dernière admission 30 min avant. Entrée : 8 € (billet combiné voir p. 131).

Une route en lacet traverse la forêt, qui peu à peu s'ouvre sur de luxueuses *quintas*. Un chemin sur la gauche mène aux ruines mystérieuses de ce château médiéval édifié par les Maures au VIIIe s. Les murailles dominent Sintra à plus de 450 m d'altitude. Le chemin de ronde et la tour royale offrent un **panorama** sur la cité de Sintra et le palácio nacional.

## PALÁCIO NACIONAL DA PENA ✧✧✧

**Plan A3** – Estrada da Pena. Continuez la route au-delà du castelo dos Mouros et stationnez au 3e parking, le plus proche du palais. Bus 434 (meilleure option en cas de forte affluence). ☎ 219 23 73 00, www.parquesdesintra.pt. T.l.j. 9h30-18h30 (parc 9h-19h). Entrée : 14 € (billet combiné voir p. 131) ; parc seul : 7,50 €.

### Le palais

Le palais de la Pena, construit en 1840-1850 par l'époux de Maria II, Ferdinand de Saxe-Cobourg et Gotha, est le nec plus ultra de l'architecture romantique, qui multiplie les allusions aux esthétiques du passé. La **chapelle** couverte d'azulejos du XVIIe s. appartient, quant à elle, au couvent primitif. En dehors d'un **cloître** du XVIe s. couvert d'azulejos mauresques, vous verrez une succession de **salons** décorés de façon extravagante : chambre arabe avec peintures en trompe-l'œil, salon indien, salon avec meubles en papier mâché...

### Le parc

La balade dans le **parc** parmi les senteurs variées et les fougères immenses pourra mener jusqu'au sommet de **Cruz Alta**, point culminant de la serra (529 m) surmonté d'une croix, qui offre par temps clair un fabuleux **panorama**. On ira voir aussi le chalet (mêmes horaires ; entrée 2 €), restitué en 2011, qui porte le nom de la comtesse d'Edla, grande cantatrice anoblie par Ernest II de Saxe, et seconde épouse de Ferdinand de Saxe-Cobourg et Gotha. C'est à cette femme raffinée et cultivée que le **parque da Pena** doit une bonne partie de ses essences d'Amérique du Nord.

## QUINTA DA REGALEIRA ✧✧

**Carte p. 126** – Rua Barbosa du Bocage, 1 km O de Sintra. Bus 435. ☎ 219 10 66 50, www.regaleira.pt. Avr.-sept. : t.l.j. 9h30-20h ; oct.-mars : t.l.j. 10h-18h30 ; dernière admission 1h avant la fermeture. Entrée : 10 € (15 € vis. guidée t.l.j. à 10h).

La *quinta* néomanuéline se cache derrière de hauts murs sur le côté gauche de la route longeant le flanc de la serra. L'édifice et sa chapelle, truffée d'allusions maçonniques (l'œil dans un triangle), appartenaient à l'érudit António Augusto Carvalho Monteiro (1848-1920), fils d'une richissime famille brésilienne, surnommé Monteiro dos Milhões («Monteiro des Millions»).

˅ Quinta da Regaleira

< Le parc da Pena

La visite, en forme de parcours initiatique, fait découvrir la ***quinta***, élevée en 1905 par Luigi Manini, architecte à l'origine du palácio do Buçaco (p. 321), le **puits initiatique**, dont la visite s'apparente à une descente aux Enfers, la **chapelle** et le magnifique **parc** à l'anglaise. Les **lacs du Paradis**, ou de la Saudade, sans oublier les **grottes** et les représentations d'animaux fantastiques, agrémentent une nature exubérante à souhait. Un lieu enchanteur, nimbé de mystères et d'une aura follement romantique.

## DE REGALEIRA À MONSERRATE ✧

**Carte p. 126** – Rua Barbosa du Bocage (N375).

La route toujours aussi étroite continue de traverser un environnement dont le caractère verdoyant est lié au microclimat régnant sur le flanc nord de la serra.

### Palácio de Seteais

Rua Barbosa do Bocage. Env. 1 km de la Quinta da Regaleira.

Ce palais abritant un palace doublé d'un centre équestre fut construit au XVIIIe s. et agrandi au siècle suivant. Le 30 août 1808 y fut signée la convention de Sintra, qui mettait fin à la présence napoléonienne. Les conditions étaient si avantageuses pour les Français que les Portugais donnèrent au palais le nom de «Sept-Soupirs».

### Quinta da Penha Verde

Estrada Nova da Rainha. Ne se visite pas.

En poursuivant la route, vous passerez sous l'arche de la Quinta da Penha Verde (XVIe s.). Le manoir fut élevé par João de Castro (1500-1547), un proche du roi Manuel I promu au titre suprême de vice-roi des Indes par João III. Son petit-fils, Francisco de Castro (1574-1653), inquisiteur et docteur en théologie, agrandit la résidence familiale et lui ajouta des chapelles.

> **PAUSE**
>
> ***Refúgio do Ciclista***
>
> Cette cantine immanquable propose une cuisine simple, bonne et servie dans une ambiance où le terme «convivialité» n'a rien de galvaudé. Une vraie expérience !
>
> > Largo do Chafariz, 10, Penedo, Colares (3,5 km S-O de Colares) ☎ 219 28 00 88. Lun.-sam. 12h-15h.

## MONSERRATE ✧

**Carte p. 126** – Env. 3 km O de la Quinta da Regaleira (parking à g. de la route) ☎ 219 23 73 00, www.parquesdesintra.pt. Palais : avr.-sept., t.l.j. 9h30-19h ; oct.-mars, t.l.j. 9h30-18h30 ; dernière admission 1h avant. Parc : avr.-sept. t.l.j. 9h30-20h ; oct.-mars t.l.j. 9h-19h. Entrée (parc et palais) : 8 € (billet combiné voir p. 131) ; vis. guidée 5 €.

Monserrate doit son nom à une chapelle dédiée à la Vierge par un religieux au XVIe s. après son pèlerinage à l'abbaye bénédictine de Monserrat, en Catalogne. Le site est à ne pas manquer pour son parc exotique et plein de fantaisie qui dégringole du versant nord de la serra.

### Le palais

L'étonnante construction mélange les influences gothiques, mauresques et indiennes. Elle a été érigée par sir Francis Cook, richissime lord anglais, qui racheta le domaine en 1856. Le palais remplace l'édifice néogothique élevé vers 1790 sur les ruines de la chapelle, qui avait accueilli les écrivains William Beckford et Lord Byron.

Après l'extérieur de style «romantico-oriental», l'intérieur du palais a fait l'objet d'une minutieuse restauration. L'escalier a retrouvé ses stucs exotiques, tout comme le féerique couloir central flanqué d'une coupole. On peut même voir les cuisines sous la salle de musique en forme de rotonde.

### Le parc ✧✧

Une jungle rafraîchissante de fougères arborescentes, de philodendrons accrochés aux troncs des arbres, de lierre et d'eau bruissante ! Vous y découvrirez une quantité incroyable d'espèces végétales et des arbres subtropicaux provenant de divers pays. Des ruines mangées par la végétation et des petits gués rendent la promenade très agréable.

### CONVENTO DOS CAPUCHOS ✧

**Carte p. 126** – 3 km O de Monserrate 📞 219 23 73 00, www.parquesdesintra.pt. Avr.-oct. : t.l.j. 9h30-20h ; nov.-mars : t.l.j. 9h-18h ; dernière admission 1h avant. Entrée : 7 € (billet combiné voir p. 131).

Situé au pied du **pico do Monge**, l'un des points culminants de la serra (490 m), il a été fondé en 1560 par Álvaro de Castro, fils du vice-roi des Indes. Les moines capucins ont creusé leurs cellules dans le roc et tapissé les murs de liège. Philippe II d'Espagne, après l'avoir visité, aurait affirmé que son royaume possédait le monastère le plus riche (El Escorial, en Espagne) et le couvent le plus pauvre du monde. Il faut savoir que le paysage alentour était très différent autrefois, quand les moines cultivaient les terres environnantes ; il a pris son visage actuel au XIX$^{e}$ s., lors du reboisement de la serra.

PAUSE

**Da Adraga**

Ce petit resto de plage propose des poissons grillés abordables à déguster sans façon, parmi les gens du coin, face à la mer.

> Praia da Adraga, Almoçageme (5 km N du cabo da Roca) 📞 219 28 00 28, www.restaurantedaadraga.com. T.l.j. sf mar. 12h30-22h.

## La côte, du Cabo da Roca à Cascais ✧

À l'ouest de Sintra, le littoral battu par les flots et les vents alterne falaises déchiquetées et baies en croissant de lune.

Le cabo da Roca

^ La praia do Guincho

### AZENHAS DO MAR ✧

Un petit village de pêcheurs de carte postale, aux maisons blanches empilées à flanc de falaise, qui semblent dégringoler vers la mer et, à ses pieds, une piscine naturelle qui se remplit et se vide au gré des marées.

### CABO DA ROCA ✧

13 km O du parque de Monserrate et env. 15 km O de Sintra par la N375 et la N247.

«Là où la terre finit et où la mer commence» (Camões, *Les Lusiades*), le «cap du Rocher» domine la mer déchaînée au point le plus occidental du continent. L'isthme, avec son phare et ses récifs battus par les flots, est assez impressionnant. Au sud se dessinent l'estuaire du Tage et le grand cordon sablonneux de la costa da Caparica. À découvrir idéalement au coucher du soleil.

### PRAIA DA URSA ✧✧

Au N du Cabo da Roca.

Du Cabo da Roca, une courte randonnée, un peu sportive, permet de rejoindre la praia da Ursa. L'un des deux gros rochers émergeants des flots, à la silhouette d'ours, a donné son nom à cette plage sauvage cernée de falaises. Un petit bijou caché qui se mérite, mais quel spectacle à l'arrivée : la nature à l'état brut ! Comptez 30 min à 1h en longeant le sentier côtier vers le N (à 200 m à g. le long de la route suivre le balisage blanc, rouge, jaune), puis en empruntant un sentier escarpé et caillouteux (prévoyez de bonnes chaussures et soyez prudent). À faire au printemps ou à l'automne.

### DU CABO RASO À CASCAIS

14,5 km S du cabo da Roca par la N247.

Dans un paysage de terre plate couverte de landes, la première découverte sur la route est la **praia do Guincho**, plage de sable fin et spot de surf réputé pour ses gros rouleaux. Par la même route, vous atteindrez le **cabo Raso**, avec une belle vue au nord sur le cabo da Roca. Environ 2 km avant Cascais, vous arriverez à la **Boca do Inferno**, trou béant au fond duquel s'engouffrent les flots. Extraordinaire quand l'océan est déchaîné !

## La Costa do Sol ✧

La route d'Estoril longe la rive droite du Tage et atteint **Caxias**, dont la forteresse servit de prison aux opposants au régime de Salazar. Autour de leur baie, **Cascais** et d'**Estoril** se distinguent à peine. Les deux localités alignent leurs grands hôtels en bordure de mer, tandis que les élégantes villas du XIX$^{e}$ s. se blottissent dans les collines. Elles bénéficient du climat particulièrement doux de la Costa do Sol, également appelée «côte des Deux-Printemps» parce que les plantes y fleurissent deux fois dans l'année.

La casa das Histórias Paula Rego >

Palácio dos Condes de Castro Guimarães

## CASCAIS ✧

1 km O d'Estoril, 17 km S de Sintra.

L'ancien village de pêcheurs de Cascais dévoile un charme plus pittoresque qu'Estoril (p. 139) : rues piétonnes, parterres fleuris, petits jardins, forteresse du XVIIe s. abritant, après réhabilitation, une *pousada* et des restaurants du dernier chic. La cité a connu son heure de gloire au XIXe s., quand de riches Anglais s'y installèrent. Elle est demeurée un lieu très élégant, moins connoté «nouveau riche» que sa voisine Estoril. Trois plages de sable doré aux eaux calmes y attendent les familles.

### Fortaleza da Cidadela ✧

Entrée libre dans la cour et les galeries.

Rénovée avec le plus extrême raffinement, la fière citadelle Nossa Senhora da Luz dominant le port de plaisance abrite une *pousada*, plusieurs restaurants à la déco recherchée et son propre **Art District** (mer.-dim. 14h-18h en été, 13h-19h en hiver ; entrée libre). Situé à droite dans la cour, celui-ci est constitué de six galeries d'art contemporain surmontées chacune d'un *open studio*, où vous pourrez observer des artistes dans leur processus créateur.

### Palácio da Cidadela

Entrée par l'av. Dom Carlos I ☎ 213 61 46 60. Mar.-dim. 10h-13h et 14h-18h. Vis. guidée sur rés. Entrée : 4 €.

Le palais fut la résidence d'été des rois à partir de 1870, puis celle des présidents de la République jusqu'au temps de la dictature. Abandonné pendant des années, il a été restauré par l'État. Il est de nouveau possible de voir ses salles d'apparat, la chapelle, la chambre du roi Luís I et le salon arabe.

### Igreja da Assunção

En face du fort, de l'autre côté de l'av. Dom Carlos I.

De style manuélin, l'église est décorée d'azulejos et de peintures de la Sévillane Josefa de Óbidos (1634-1684).

### Casa das Histórias Paula Rego

Av. da República, 300 ☎ 214 82 69 70, www.casadashistoriaspaularego.com. Mar.-dim. 10h-18h. Entrée : 5 €.

En face de l'hippodrome, l'étrange construction à structures pyramidales due à l'architecte Eduardo Souto de Moura abrite la casa das Histórias

Paula Rego. Le site accueille des expositions. Outre un café et une boutique, il présente également une collection permanente constituée d'œuvres de la grande artiste portugaise **Paula Rego** (née en 1935) et de peintures de l'Anglais **Victor Willing** (1928-1988).

### Palácio dos Condes de Castro Guimarães ✧

📞 214 81 53 04. Mar.-dim. 10h-18h. Entrée : 3 €.

Entre le rivage et le parc du Maréchal-Carmona se cache ce curieux palais construit au début du XXe s. À l'éclectisme de son architecture, où l'influence romantique se mélange au néomanuélin, font écho une décoration intérieure hétéroclite et un fouillis d'objets précieux (tableaux, meubles, porcelaines d'Orient) ; le salon de musique (orgue et cheminée couverte d'azulejos) est remarquable. La **capela de São Sebastião**, à côté du palais, date du XVIIe s.

## ESTORIL

4 km E de Cascais, 25 km O de Lisbonne par la N6.

Avec son casino, son golf et ses grandes villas, Estoril attire la grande bourgeoisie lisboète. La ville est réputée pour son ancien circuit de formule 1 (Grand Prix moto du Portugal, date variable), pour son hippodrome, son tournoi de tennis, ses compétitions nautiques et ses nombreuses manifestations culturelles, parmi lesquelles le Festival de musique classique (en juillet) et le Festival de cinéma (en novembre). Estoril ne présente pas un intérêt ébouriffant. Les plus belles ***quintas*** se cachent dans les hauteurs, en direction du golf, ainsi que dans le faubourg de Monte Estoril. En vous promenant le long des rues plantées de palmiers, vous remarquerez aussi toutes sortes d'essences exotiques, jacarandas et araucarias notamment, qui se sont parfaitement acclimatées.

## PRAIA DE CARCAVELOS

7,5 km E d'Estoril, 20 km O de Lisbonne par la N6.

À l'ouest du **fort de São Julião da Barra** s'étend la plus grande **plage** de sable fin de la Costa do Sol : praia de Carcavelos. En hiver, la mer est souvent très agitée, et de gros rouleaux sont à prévoir, pour le plus grand bonheur des surfeurs. En été, l'Océan est beaucoup plus calme, mais la plage nettement moins, surtout en fin de semaine ! Attention tout de même si le drapeau jaune est hissé, et jamais de baignade en cas de drapeau rouge ! Dans un autre genre, Carcavelos est célèbre pour sa **feira do Levante** (jeu. matin), où l'on trouve de tout pas cher, à commencer par des fripes.

## OEIRAS

10 km E d'Estoril, 15 km O de Lisbonne par la N6.

Située dans l'orbite de Lisbonne, Oeiras possède de nombreuses *quintas* et autres palais, mais l'attrait principal d'Oeiras et de ses alentours tient dans les **plages**, fréquentées par un public familial.

### Palácio do Marquês de Pombal

Largo Marquês de Pombal
📞 214 40 48 51/91. Palais et jardins : t.l.j. 10h-18h (19h en été). Entrée libre.

Résidence d'agrément du marquis de Pombal (p. 457). Ses jardins, ornés de parterres de buis, de statues et de bustes en marbre, sont traversés par la rivière Laje, qui forme une cascade.

## LES PLAGES

De la plus proche à la plus éloignée d'Oeiras : **praia de Paço de Arcos** (400 m de long), la très appréciée des surfeurs **praia de Santo Amaro**, et enfin **praia da Torre**. Cette dernière, à l'est de la grande **forteresse São Julião da Barra** (XVIe-XVIIe s.), est la plus agréable pour la baignade, car éloignée de la route. Elle est dotée d'un parking, de restaurants, d'installations pour les sports nautiques et d'une piscine d'eau salée.

*Coup de cœur de l'auteur*

# DANS LE PALÁCIO NACIONAL DE SINTRA

Le palais d'été préféré des souverains portugais surprend avec ses immenses cheminées coniques et son allure mauresque. Son architecture hétérogène, presque intacte depuis le XVIe s., nous propulse au temps de la dynastie des Avis sur fond d'azulejos et de colonnes torsadées.

## UN PALAIS PATCHWORK

Sur la structure médiévale, construite sous Dinis I au XIIIe s., João I fait édifier au début du XVe s. un palais plus vaste et les emblématiques cheminées des cuisines, hautes de 33 m, conçues pour les grands banquets de chasse. Manuel I, désireux de transformer le palais en résidence d'été, fait ériger une aile à l'est, percée de fenêtres manuélines. Fervent admirateur du style mudéjar, qu'il a découvert à Séville, le monarque l'embellit encore de patios à bassins et de loggias. Le palais devint ainsi une sorte d'Alcazar portugais.

^ La salle des Cygnes

## Sur les pas du poète Camões

L'entrée s'effectue par la **salle des Archers** *(sala dos Marcheiros)*. La **salle des Cygnes** *(sala dos Cisnes)*, l'ancienne salle des Banquets utilisée lors des fêtes de la Cour, est la plus vaste du palais. Le plafond, divisé en panneaux octogonaux ornés de cygnes, est peint dans le style mudéjar et rend hommage à la famille de Lancastre, à laquelle appartenait Filipa, l'épouse de João I. Le **patio central**, que l'on découvre ensuite, évoque ceux de Grenade et de Séville. La **salle des**

^ La chapelle Palatine

**Pies** *(sala das Pegas)* ouvre sur le **patio de l'Audience** (belle vue). Elle doit son nom aux oiseaux peints au plafond, qui portent dans leur bec une rose avec la devise de João I : *Por Bem* («Pour le bien»). Camões y aurait lu ses fameuses *Lusiades* au roi Sebastião I, dont la chambre se trouve à côté.
La **salle Jules César** doit son nom à sa tapisserie, et celle des **Galères** à sa décoration de paysages marins et de bateaux.

## LA SALLE DES BLASONS

À l'étage, après une enfilade de pièces décorées de meubles indo-portugais, on débouche dans la **salle du Grand Conseil** ou **salle des Blasons** (XVIe s.). C'est la pièce la plus fastueuse du palais, avec ses parois tapissées d'azulejos du XVIIIe s. et son plafond constellé des blasons de 72 grandes familles de la noblesse portugaise. Selon la légende, les monarques pouvaient y voir les bateaux partant et arrivant des terres lointaines. Le **salon chinois** précède la descente d'un demi-niveau, où l'on surplombe à gauche la **chapelle Palatine**, avec son plafond mudéjar réalisé à l'époque de Manuel I.

### Du salon arabe aux cuisines

De retour dans la partie inférieure du palais, on traverse le **salon arabe** (début XVe s.), à l'irrésistible parfum oriental avec sa vasque et ses azulejos, puis la **chambre des Hôtes** (tableaux du XVIe s.). Après une descente de quelques degrés, la visite s'achève dans les cuisines, rejetées dans un angle du palais pour limiter les risques d'incendie.

## PRATIQUE

### Accès et contacts

Largo Rainha Dona Amélia
☎ 219 23 73 00,
www.parquesdesintra.pt.

### Horaires et tarifs

Avr.-oct. : t.l.j. 9h30-19h ; nov.-mars : t.l.j. 9h30-18h ; dernière admission 30 min avant la fermeture.
Entrée : 10 € (billet combiné voir p. 131).

### Conseils

Pour éviter les longues files d'attente aux billetteries, achetez vos billets en ligne (5 % de réduction) sur www.parquesdesintra.pt.

## • NOS ADRESSES •

# CASCAIS

## OÙ DORMIR

### Casa Vela Guest House

Rua dos Bem Lembrados, 17 ☎ 218 09 39 96, www.casavelahotel.com. Moins de 120 €

Cette *guesthouse* 4 étoiles possède un superbe jardin avec piscine, sur lequel donne la suite supérieure. Petit déjeuner en terrasse très agréable !

### La Villa Vasco Da Gama

Av. Vasco da Gama, 21 ☎ 933 67 10 20 (port.), www.villavascodagama.com. Moins de 160 €

Située à 5 min à pied de la citadelle, cette belle demeure bourgeoise en impose. La déco conjugue l'ancien et le moderne avec brio. Petit déjeuner gourmand.

## OÙ MANGER

### House of Wonders

Largo da Misericórdia, 53 ☎ 911 70 24 28 (port.). T.l.j. 10h-22h. Moins de 20 €

♥ Dominique, moitié guadeloupéen, moitié normand, tient avec son épouse anglaise ce café-galerie à la décoration pimpante. Au menu, de savoureux jus de fruits frais, des smoothies, des plats végétariens et végétaliens. Pour le déjeuner, les cristophines farcies côtoient des mezze, alors que des pains dorés à souhait sortent du four à *chapatis* ! La terrasse colorée sur le toit est le refuge idéal pour une pause gourmande, avec coucher de soleil sur tout Cascais !

### Dom Pedro I

Beco dos Inválidos, 32 ☎ 214 83 37 34, www.dompedrocascais.com. Lun.-ven. 12h-14h et 19h-22h. Rés. conseillée. Moins de 20 €

Une cuisine portugaise roborative ! Pas facile à trouver (derrière la mairie), mais imbattable question prix. Adorable patron parlant le français.

### O Pereira

Travessa da Bela Vista, 42 ☎ 214 83 12 15. T.l.J. 12h-15h30 et 19h-23h. Moins de 20 €

Restaurant décontracté proposant une bonne cuisine traditionnelle.

### Porta Romana

Rua Afonso Sanches, 41 ☎ 214 86 70 54. Mar.-sam. 12h-15h et 19h30-23h. Moins de 20 €

Un restaurant italien pas mal du tout, qui propose des classiques transalpins et des pizzas.

### Páteo do Petisco

Travessa das Amoreiras, 5 ☎ 214 82 00 36. T.l.j. 12h-23h. Moins de 20 €

Avec ses airs de taverne, ses chopes de bière et ses grandes ardoises au mur, cette *cantina* propose des plats succulents dans une ambiance très conviviale !

### Mar do Inferno

Av. Rei Humberto II, 21 ☎ 214 83 22 18, www.mardoinferno.pt. Jeu.-mar. 12h30-22h30. De 20 à 30 €

Près de la Boca do Inferno, restaurant familial où déguster des fruits de mer, dont les *bruxas* (écrevisses) de Cascais.

### Fortaleza do Guincho

Estrada do Guincho ☎ 214 87 04 91, www.fortalezadoguincho.pt. Mer.-sam. 19h-21h. Plus de 40 €

Dans une ancienne forteresse du XVII^e s., le plus recommandable des restaurants de luxe jalonnant la praia do Guincho. Vue superbe depuis la grande salle et cuisine gastronomique de haute volée.

## SPORTS ET LOISIRS

### Centro Hípico da Costa do Estoril

Av. da Charneca, 186 ☎ 214 87 20 64, www.centrohipicocostaestoril.com

Promenades guidées à cheval dans la vallée de Charneca et dans la *serra* de Sintra.

### Quinta da Marinha Golf

☎ 214 86 01 00, www.quintadamarinha.com

Près de la côte, entre Cascais et le cabo da Roca, ce parcours de golf a été conçu par Robert Trent Jones.

### Clube Naval de Cascais

214 83 01 25, www.cncascais.com

Sur le port de plaisance, le club nautique de Cascais.

## GLACIER

### Santini

Av. Valbom, 28F 214 83 37 09, www.santini.pt. T.l.j. 14h-23h.

Le glacier quasi institutionnel de Cascais ! Un choix de parfums à tomber à la renverse, dont certains inédits (fruits rouges caramélisés, gorgonzola aux noix, etc.). Autres adresses à São João de Estoril *(rua Nova da Estação, 5), à Carcavelos (estrada da Torre)* et à Lisbonne (p. 120).

# ESTORIL

## SPORTS ET LOISIRS

La costa d'Estoril est célèbre dans le monde entier pour ses terrains de golf, où l'on peut jouer toute l'année.

### Clube de Golf do Estoril

Av. da República, 2765 214 68 13 76.

Le parcours le plus spectaculaire, né en 1929 et redessiné en 1945 par le fameux Mackenzie Ross. Plus de 5 km de parcours à travers les pins.

### Casino Estoril

Av. Dr Stanley Ho 214 66 77 00, www.casino-estoril.pt. T.l.j. 15h-3h.

L'un des plus grands du Portugal, et même d'Europe. Son activité durant la Seconde Guerre mondiale inspira Ian Fleming pour *Casino Royale*, le premier volume des aventures de James Bond...

# PRAIA DE CARCAVELOS

## SHOPPING

### Feira do Levante de Carcavelos

Gare de Carcavelos. Jeu. matin.

On y déniche des vêtements à des prix défiant toute concurrence.

## Fêtes et manifestations

**À Estoril**

> Avril. **Open de tennis d'Estoril.**

> Juil. **Festival Estoril** (www.festorilisbon.com), musique classique avec artistes de renom international.

> Juil.-août. **FIARTIL – Feira do Artesanato d'Estoril :** artisanat,gastronomie, concerts et spectacles folkloriques.

**À Praia de Carcavelos**

> Début juillet. **Musa Cascais** (www.festivalmusa.org) : grand festival de reggae, organisé par un groupe de jeunes soucieux d'équité, de citoyenneté et d'écologie.

**À Sintra**

> Juin. **Festival de Sintra** (www.festivaldesintra.pt) : prestigieux concerts et compagnies de ballet au centro cultural Olga Cadaval (plan B1), au Paço real (A1), au palácio da Pena (A3) et à Queluz.

> 28-29 juin. **Fête de la Saint-Jean :** c'est l'occasion d'acheter des antiquités et des produits d'artisanat local dans le quartier de São Pedro (B2).

## SPORTS ET LOISIRS

### Carcavelos Surf School

Av. Marginal 962 85 04 97 (port.), www.carcavelossurfschool.com.

École de surf.

# PRAIA DO GUINCHO

## OÙ DORMIR

**Camping**

### Orbitur do Guincho

Près de la praia do Guincho, à env. 9 km par la route de Sintra 214 87 04 50, www.orbitur.pt.

Camping tout confort très bien situé, mais malheureusement souvent bondé.

**Hôtel**

### Fortaleza do Guincho

Praia do Guincho 214 87 04 91, www.guinchotel.pt. Plus de 200 €

## • NOS ADRESSES •

Une ancienne forteresse pour dormir bercé par le bruit des flots. Table de très haute volée, où officie le chef français Antoine Westermann.

### OÙ MANGER

#### Adraga

Praia da Adraga, Almoçageme (5 km N, au-delà du cabo da Roca) 219 28 00 28, www.restaurantedaadraga.com. Mer.-lun. 12h30-22h. Moins de 20 €

Restaurant de plage qui propose des poissons grillés abordables. À déguster sans façon, parmi les gens du coin, avec la mer en face.

#### Mar do Guincho

Estrada do Guincho 214 85 82 80, www.mardoguincho.com. T.l.j. 12h-16h et 19h-23h. De 25 à 35 €

Pour déguster des poissons et des fruits de mer à moindre coût tout en profitant quand même de la vue sur la mer.

#### Porto Santa Maria

Estrada do Guincho 214 87 94 50, www.portosantamaria.com. T.l.j. 12h-15h30 et 19h-22h30. Rés. conseillée en fin de semaine. Plus de 40 €

Une *marisqueira* (poissons et fruits de mer) très appréciée des gastronomes où l'on déguste du poisson au sel.

### SPORTS ET LOISIRS

**Golf**

#### Oitavos Dunes

9 km O de Cascais 214 86 06 00, www.oitavosdunes.com.

Un parcours de 5 845 m avec des vues imprenables sur l'Atlantique. C'est le plus «écossais» des greens portugais.

**Surf et kitesurf**

Vents forts, vagues et courants puissants, la praia do Guincho peut être dangereuse pour les sportifs inexpérimentés et les familles avec enfants en bas âge. Pour les débutants, mieux vaut réserver un cours auprès d'une école installée sur la plage. Location de matériel sur place.

#### Moana Surf School

Estrada do Abano, Praia do Guincho 964 449 436, https://moanasurfschool.com.

#### Guincho Surf School

914 02 44 00 (port.), www.guinchosurfschool.com.

## QUELUZ

### OÙ DORMIR

#### Pousada Palácio de Queluz

Largo do Palácio Nacional 214 35 61 58. Plus de 150 €

L'une des grandes *pousadas* portugaises, installée dans la demeure du personnel de service de la Cour. C'est aussi l'occasion de déguster une cuisine traditionnelle de qualité dans son restaurant **Cozinha Velha** (voir ci-dessous) et de découvrir le service stylé en vigueur dans ce type d'établissement !

### OÙ MANGER

#### Mesa Portuguesa

Bairro Almeida Araújo, 44 214 35 08 40. Mar.-dim. 12h30-15h30 et 19h30-22h30. F. dim. soir. Moins de 20 €

Petit restaurant peint en rouge. Cuisine portugaise classique à déguster dans une salle boisée, sous la charpente du toit, ou sur la petite terrasse.

#### Cozinha Velha

Largo do Palacio, 11 214 35 61 58. Mar.-dim. 12h30-15h et 19h30-22h. Moins de 40 €

Situé dans une aile du palais de Queluz, ce restaurant offre, en plus d'un cadre magnifique, une cuisine raffinée, à un prix raisonnable compte tenu du lieu. Pour la petite histoire, vous vous trouvez dans les anciennes cuisines du palais de Queluz.

Ruines d'une chappelle dans le parc du palais de Monserrate ›

# SINTRA

## OÙ DORMIR

La plupart des pensions et des hôtels modestes se trouvent près de la gare, dans le quartier d'Estefânia (plan B1). Le site **www.sintrainn.net** peut vous seconder dans votre recherche (tarifs et photos).

### Casa de Hóspedes Dona Maria da Parreirinha

**Plan B1** – Rua João de Deus, 12-14
📞 219 23 24 90. Moins de 60 €

Un établissement familial, avec des petites chambres propres pour passer la nuit. Difficile de trouver moins cher à Sintra.

### Sintra Jardim

**Plan B2** – Travessa dos Avelares, 12
📞 219 23 07 38, www.hotelsintrajardim.pt.
Rés. indispensable. De 90 à 110 €

Dans une belle demeure du quartier de São Pedro. Correct et abordable, avec un charme suranné. Jardin, piscine.

### Sintra Bliss House

**Plan A1** – Rua Dr Alfredo da Costa, 15-17
📞 219 24 45 41, www.sintrablisshouse.com.
De 90 à 110 €

Pas de quête de pittoresque ici, mais des chambres aux tonalités apaisantes, accueillantes et d'un confort de bon aloi. L'idéal, en somme, après une promenade éreintante dans la serra ! La même direction possède le **Sintra Boutique Hotel**, également recommandable.

## OÙ MANGER

Les restaurants sont nombreux et pratiquent des prix assez élevés. La plupart sont situés près du Paço real (plan A1). Ceux du quartier de São Pedro (B2) sont moins touristiques.

### Harko's

**Plan p. 133 / B2** – Rua Serpa Pinto, 4
📞 219 24 43 52, www.harkos.pt.
Lun.-sam. 12h30-15h et 19h-22h30. Moins de 15 €

Dans le quartier de São Pedro, un restaurant design italo-japonais, pour ceux que la cuisine portugaise commencerait à lasser : au choix, des pizzas, des spaghettis, des makis ou des sushis.

### Adega do Saraiva

**Hors plan par A1** – Largo do Paquete, 4 (São Martinho-Nafarros) 📞 219 29 01 06.
Mer.-sam. 12h30-15h et 19h30-22h, dim. 12h30-15h30. De 15 à 25 €

Petit restaurant traditionnel sans prétention, où il faudra absolument

## • NOS ADRESSES •

commander un *cabrito no forno* (chevreau au four).

### Azenhas do Mar

**Hors plan par A1** – Azenhas do Mar, à 10 km de Sintra 219 28 07 39, www.azenhasdomar.com. T.l.j. 12h30-22h. De 15 à 25 €

Le restaurant de la localité éponyme est l'une des adresses préférées des Portugais quand il s'agit de manger du poisson ou des fruits de mer sur le littoral. En dégustant un curry de crevettes dans la salle panoramique, avec l'Océan à ses pieds, on se dit que le paradis existe.

### Taverna dos Trovadores

**Plan B2-3** – Largo Dom Fernando II, 18, porta 6, São Pedro 219 23 35 48. Lun.-sam. 12h-16h et 19h-22h (23h ven.-sam.). De 15 à 25 €

Beaucoup d'instruments de musique ici, mais nul ne s'en étonne lorsqu'on sait que la taverne fut achetée par Fernando Pereira, fondateur des Romanças, un groupe folk célèbre. Un bel endroit pour déguster des grillades, boire du bon vin et achever le repas avec une douceur conventuelle.

### Cantinho de São Pedro

**Plan B2-3** – Praça Dom Fernando II, 18 219 23 02 67, www.cantinhosaopedro.com. Jeu.-mar. 12h-15h et 19h30-22h. De 20 à 30 €

Établissement tapissé d'azulejos. Cette bonne adresse propose une cuisine franco-portugaise.

### Tulhas

**Plan A2** – Rua Gil Vicente, 4-6 219 23 23 78. T.l.j. 12h-22h. De 20 à 30 €

Du monde, mais de bonnes spécialités locales.

### Lawrence's

**Plan A2** – Rua Consiglieri Pedroso, 38-40 219 10 55 00, www.lawrenceshotel.com. T.l.j. 12h-15h30 et 19h30-22h. Plus de 35 €

Le restaurant de l'hôtel du XVIIIe s. où séjourna Lord Byron passe pour être le meilleur de la ville. Cuisine raffinée qui n'a pas grand-chose de portugais, à vrai dire.

## SHOPPING

Si vous aimez chiner, antiquaires et artisans ont investi le quartier de São Pedro (plan B2-3), où se tient la **Feira de São Pedro** les 2e et 4e dim. du mois (praça D. Fernando II). Gastronomie, vêtements, quincaillerie, vieux bibelots... on trouve de tout dans ce marché traditionnel.

## SPORTS ET LOISIRS

**Randonnée**

Le site **www.activesintra.com** recense les différents sentiers de randonnée pour explorer la serra de Sintra à pied, à VTT ou à vélo électrique. Au départ du palácio nacional de Sintra, cinq parcours pédestres balisés invitent à la découverte du centre historique, des parcs, des palais et des villas. Rens. et dépliants disponibles à l'office de tourisme (p. 131).

### Walk Hike Portugal

919 24 10 94 (port.), www.portugalwalkhike.com.

Randonnées à thème dans le parc naturel de Sintra-Cascais : sentier des trois forêts, route du pêcheur, route du romantisme...

**Tuk-tuk**

Des *tuk-tuk* vous attendent devant la mairie et le palácio nacional de Sintra. Ces triporteurs Vespa des années 1950 vous embarquent pour différents circuits dans la serra de Sintra. Ils ont aussi essaimé à la praia do Guincho et à Cascais.

### Tuk Dreams

915 469 585, https://tukdreams.pt. Balade d'1h30 : 80 € (max. 6 pers.).

Randonnée en VTT dans la serra de Sintra

# 9 LA PÉNINSULE de Setúbal ✧✧✧

Après de fabuleux points de vue sur Lisbonne depuis le Cristo Rei, direction la plage de Costa da Caparica, au sud-ouest de la ville. En poursuivant vers le sud, on découvre Palmela, qui fleure déjà bon le Sud, puis la ville de Setúbal. On peut ensuite piquer une tête dans l'Océan, dans les criques de la serra da Arrábida, avant de rejoindre le cabo Espichel, un éperon au-dessus de la mer, à l'extrémité ouest de la péninsule, fouetté par les vents.

## PRATIQUE


- **Plan p. 126-127**
- **Nos adresses p. 154**


### Accès

**En voiture**

Pour la **Costa da Caparica**, empruntez le ponte 25 de Abril, puis l'A38 (15 km, 20 min env.).

**Setúbal** est à 40 min (50 km) de Lisbonne par l'A2.

**En train**

Comptez 1h depuis Lisbonne (gare de Sete Rios, M° Jardim Zoológico). **Rens. :** www.fertagus.pt

Autre option depuis Lisbonne, prendre le ferry (embarcadère Terreiro do Paço) pour Barreiro, puis un train Comboios de Portugal. **Gare ferroviaire de Setúbal :** Praça do Brasil (700 m N de la ville, en direction de Palmela). Liaisons régulières avec Lisbonne (Barreiro, sur la rive gauche de l'estuaire).

Le port de Setúbal

## L'ESSENTIEL

### À ne pas manquer

La vue sur Lisbonne depuis le Cristo Rei ; se baigner dans l'eau turquoise de Portinho da Arrábida ; le cap Espichel pour une sensation de bout du monde.

### Expériences

Surf sur la Costa da Caparica ; déguster du *choco frito* à Setúbal ; observer les dauphins dans l'estuaire du Sado ; faire de la plongée à Sesimbra.

## Cristo Rei ✧✧

2 km S du ponte 25 de Abril. Après le pont, prenez la sortie en direction d'Almada-Cacilhas et suivez les indications. Ascenseur : ☎ 212 75 10 00, www.cristorei.pt. T.l.j. 10h-18h. Entrée : 6 €.

L'idée d'élever une statue du Christ Roi à Lisbonne remonte à 1934, après la visite d'un cardinal à Rio de Janeiro. Érigée en 1938, la statue est une imitation de son homologue brésilienne, les bras en croix. Elle s'élève sur un socle en béton de 80 m de haut. Un **ascenseur** permet d'atteindre la terrasse, d'où une vue panoramique englobe Lisbonne, l'estuaire du Tage et la serra da Arrábida, au sud.

## Costa da Caparica ✧

15 km S-O de Lisbonne *via* le ponte 25 de Abril.

Avant l'actuelle **station balnéaire** se trouvait ici un petit port de pêche. La plage s'étend à perte de vue au sud. Elle est scandée de pontons où s'installent les pêcheurs et de bars-restaurants où prendre un verre ou déjeuner. Par le pittoresque petit train Transpraia ou en suivant la petite route côtière en voiture, vous trouverez des plages de plus en plus

### En bus

**Depuis Lisbonne** (praça Espanha) : bus 207 pour Sesimbra, bus 153 pour Costa da Caparica, bus 754 pour Setúbal.

**Depuis Cacilhas** (accès en ferry depuis Cais do Sodré à Lisbonne) : bus 124 (40 min) ou 135 (Express 20 min) pour Costa da Caparica (terminus), bus 203 pour Sesimbra.

**Transportes Sul do Tejo (TST) :** www.tsuldotejo.pt

**Gare routière de Setúbal** : Av. 5 de Outubro, 52. Liaison t.l.j. avec Lisbonne, Sesimbra (bus 230).

### Se déplacer

**Costa da Caparica**

Transpraia dessert les plages entre Costa da Caparica (Nova Praia) au N et Fonte da Telha au S. **Rens. :** www.transpraia.pt. Juin-sept., ttes les 30 min 9h-20h, 5 € aller, 8,50 € A/R.

→

sauvages, bordées de dunes, attirant de nombreux surfeurs. Accessibles après un court trajet de piste, elles sont quasiment toujours précédées d'un bar-restaurant avec terrasse ouverte sur la mer et proposent du matériel à louer (surf ou bodyboard).

Les plus attirantes se nomment **praia do Castelo** et **praia Cabana do Pescador** (env. 2,5 km S de Costa da Caparica), sans oublier le groupe de plages un peu plus au sud, formé notamment par **praia do Rei**, **praia da Morena** et **praia do Infante**. Les dernières, praia da Bela Vista, praia Dezanove et praia Fonte da Telha, sont fréquentées par les naturistes et la communauté gay.

## Palmela ✧

40 km S-E de Costa da Caparica par l'IC20 et l'A2, 45 km S-E de Lisbonne.

La petite localité possède un centre ancien situé au bas du château, autrefois place forte des Maures, devenue le siège de l'ordre des chevaliers de Saint-Jacques au XVe s. Une partie des bâtiments accueille désormais une *pousada*, près de laquelle vous pouvez laisser votre voiture.

L'enceinte abrite deux édifices religieux : la petite **igreja Santa Maria**, en ruine (à l'entrée), et l'ancien **convento de São Tiago** (vers 1480), orné d'azulejos des XVIIe et XVIIIe s. (près de la *pousada*). De la terrasse à côté du donjon (fin XIVe s.), la vue embrasse la campagne de la rive gauche de l'estuaire et la serra da Arrábida.

## Setúbal ✧

10 km S de Palmela par la N252, 44 km S-E de Lisbonne.

Ville de plus de 100 000 habitants, Setúbal tire l'essentiel de ses ressources de l'industrie de la pêche. Si sa périphérie n'a rien d'engageant, le petit centre-ville est charmant. Ses ruelles et placettes pittoresques, la grande place animée et l'avenida Luísa Todi, avec leurs restaurants et leurs cafés, invitent à la balade. Et l'**igreja de Jesus** est un bijou d'architecture. En juin, à l'occasion de la fête de la sardine, la ville se pare de milliers de guirlandes et de lampions artisanaux d'une grande créativité ! Les amateurs de street art verront de très belles fresques à Setúbal, particulièrement du côté des entrepôts, à la sortie sud-ouest de l'agglomération.

### IGREJA DE JESUS ✧

Praça Miguel Bombarda ☎ 265 537 890.
Mar.-sam. 9h-12h et 13h30-18h.

Avec ses piliers torsadés et ses voûtes nervurées, l'intérieur de cette église construite en 1491 passe pour l'exemple le plus précoce d'architecture manuéline. L'architecte n'est autre que Boytac, le maître d'œuvre du monastère de Belém (p. 105).

### MUSEU DE SETÚBAL ✧

Largo de Jesus, derrière l'abside de l'igreja de Jesus ☎ 265 53 78 90.
Mar.-sam. 10h-18h, dim. 14h-18h.
Entrée : 1,15 € (audioguide inclus).

Le cloître de l'ancien couvent des clarisses jouxtant l'église de Jésus héberge des collections d'art sacré.

## PRATIQUE (SUITE)

Le bus 130 longe la côte entre Costa da Caparica et Fonte da Telha.

**Serra da Arrábida**

L'intérieur du parc naturel n'est pas desservi par les transports en commun. Voiture ou moto indispensable pour explorer le versant sud et rejoindre les plages de Portinho da Arrábida et de Figueirinha. Il est très difficile de se garer à proximité des plages, même hors saison.

**Sesimbra**

Bus 201 pour le Cabo Espichel.

**Setúbal**

La plupart des sites sont accessibles à pied depuis le centre. Possibilité de stationner à proximité de l'igreja de Jesus et le long de l'avenida Luísa Todi.

Parmi elles, le retable attribué à Jorge Afonso ainsi que les œuvres de Gregório Lopes. Vous y verrez également le **retable** (1520-1530), constitué de 14 panneaux, qui ornait autrefois le maître-autel de l'église.

### IGREJA SÃO JULIÃO
Église Saint-Julien

Praça de Bocage, à g. en descendant l'av. 22 de Dezembro.

L'édifice bordant la praça de Bocage, nom d'un poète préromantique (1765-1805) né à Setúbal, a été reconstruit après 1755, mais il conserve un beau portail manuélin sur son flanc nord. L'intérieur de l'église est décoré d'azulejos du XVIIIe s. (scènes de la vie de saint Julien).

Depuis la praça de Bocage, rejoignez l'avenue dédiée à la mezzo-soprano Luísa Todi (1753-1833) vers le port : elle offre une promenade très agréable depuis sa réhabilitation.

### MUSEU DE ARQUEOLOGIA E ETNOGRAFIA
Musée d'Archéologie et d'Ethnographie

Av. Luísa Todi, 162 📞 265 23 93 65, http://maeds.amrs.pt. Mar.-sam. 9h-12h30 et 14h-17h30. Entrée gratuite.

Le musée présente les activités traditionnelles de la région – pêche, dentelle et liège – ainsi que les résultats de fouilles archéologiques. On y découvre notamment de très nombreuses maquettes de bateaux qui voguaient jadis sur le rio Sado, quand Setúbal était un important port sardinier.

^ La baie de Portinho da Arrábida

### MUSEU DO TRABALHO MICHEL GIACOMETTI
Musée du Travail Michel-Giacometti

Largo Defensores da República. Continuez l'av. Luísa Todi vers l'E jusqu'à la marina 📞 265 53 78 80. Juin-15 sept. : mar.-ven. 9h30-18h, sam. 15h-19h ; 16 sept.-mai : mar.-ven. 9h30-18h, sam.-dim. 14h-18h. Entrée : 1,50 €.

### Offices de tourisme

**Setúbal**

**Casa da Baía**
Av. Luísa Todi, 468 📞 265 54 50 10, www.mun-setubal.pt. T.l.j. 9h-20h. Cet ancien orphelinat restauré abrite non seulement le principal office de tourisme de Setúbal, mais aussi un restaurant, une boutique et surtout le centre d'interprétation de l'estuaire du Sado, espace naturel fréquenté par des milliers d'oiseaux et les grands dauphins.

**Sesimbra**
http://visitsesimbra.pt

**Palmela**
http://turismo.cm-palmela.pt

### Bon à savoir

Les abords du cap Espichel sont instables, ne vous approchez pas trop près des falaises.

^ Chapelle au Cabo Espichel

PAUSE

*Les pieds dans l'eau*

Au bord d'une mer bleu turquoise, les restaurants de Portinho da Arrábida, **D'u Portinho** ou **O Farol**, permettent une agréable pause déjeuner. Comptez 20-25 € à condition de vous contenter de poissons pas trop chers : *dourada* (daurade) ou simples *sardinhas* (sardines).

> **D'u Portinho :** ☎ 218 084 963.

> **O Farol :** ☎ 212 181 177.

Installé dans une ancienne conserverie de poissons, le musée retrace l'**histoire des activités économiques** de Setúbal – salines, conserveries, pêche et construction navale. Les métiers du passé y sont également évoqués à travers un ensemble d'outils collectés par l'ethnologue corse Michel Giacometti.

## Serra da Arrábida ✧

Itinéraire d'env. 40 km O de Setúbal par la N379 ou la N10-4, 41 km S de Lisbonne. Rens. : parque natural da Arrábida, praça da República, Setúbal.

L'incendie de juillet 2004 a porté un coup dur aux pinèdes et à la végétation méditerranéenne de la serra da Arrábida, particulièrement dans les hauteurs. Toutefois, la nature reprend ses droits et les paysages de falaises plongeant dans la mer justifient toujours l'excursion. Le relief du versant nord est moins tourmenté. C'est le paradis des oliviers et des vignes qui produisent le moscatel de Setúbal (p. 478).

Peu après la sortie ouest de Setúbal, prenez la N10-4, à gauche, elle longe le bas de la serra et mène à la **praia da Figueirinha**, assez vaste, en face de la péninsule de Tróia.

Un peu plus loin au fond d'un cul-de-sac, **Portinho da Arrábida** est attachant avec sa poignée de maisons et ses restaurants comme posés sur l'eau. Pins, sable blanc, eau turquoise, sa plage est un bijou ! Pour un peu, on se croirait quelque part au bord de la Méditerranée.

La N379, à droite, grimpe dans les hauteurs, offrant des vues vertigineuses sur le bleu de la mer en contrebas, notamment au niveau du petit **convento da Arrábida**, un ancien couvent franciscain du XVIe s. (☎ 212 197 620, www.foriente.pt ; visites mer. et sam.-dim. sur rés. ; entrée : 5 €).

La route traverse ensuite le versant nord et rejoint Santana, d'où vous prendrez la direction de Sesimbra.

## Sesimbra ✧

Env. 26 km S-O de Setúbal par la N379, 35 km S de Lisbonne. Bus 230 depuis Setúbal (50 min).

L'ancien village de pêcheurs a bien changé depuis l'essor du tourisme qu'a entraîné la présence d'une belle plage de sable fin (praia da Califórnia) et de superbes fonds marins propices à la plongée sous-marine. Le centre ancien, truffé d'œuvres de street art, conserve un certain charme avec ses maisons basses et ses rues pavées qui dégringolent vers un fortin au bord de la mer. Les choses se gâtent côté est *(levante)*, tandis que l'ouest *(ponente)* conserve sa vocation portuaire avec de nombreux restaurants de poisson. Perché à 230 m de hauteur, l'ancien **château** maure (entrée libre), un peu trop hardiment restauré, offre une vue plongeante sur la baie.

## Cabo Espichel ✧✧

Cap Espichel

12 km O de Sesimbra. Bus 201 depuis Sesimbra. Accès à pied par le GR 4, rota do Cabo, depuis le castelo de Sesimbra.

Au terme d'un parcours un peu monotone sur la N379 apparaît le cabo Espichel, un éperon balayé par les vents qui surplombe l'Océan à plus de 100 m en à-pic, à l'extrémité occidentale de la serra da Arrábida. La surprise est de taille : une **église** baroque (1701) domine les flots au bout d'une grande esplanade bordée d'arcades. Le **couvent**, à l'exception du sanctuaire (plafond en trompe-l'œil), est à l'abandon depuis des années. L'hostellerie fut construite au XVIIIe s. pour accueillir les pèlerins venant en masse vénérer une image de la Vierge trouvée dans la mer.

Le château de Sesimbra

## • NOS ADRESSES •

## PALMELA

### OÙ DORMIR

#### Pousada de Palmela

Castelo de Palmela 📞 212 35 12 26. 2
8 chambres. Autour de 150 €

Un établissement pour passer une nuit inoubliable dans l'ancien quartier général de l'ordre de Saint-Jacques. Sans oublier son restaurant, dans le cloître de l'ancien couvent. On goûtera ici au *bacalhau* pour s'accorder à la déco évoquant la pêche.

### OÙ MANGER

#### Alcanena

Rua Venâncio Costa Lima, 99, à Quinta do Anjo (3 km O par la route d'Azeitão, N379)
📞 212 87 01 50, www.restaurantealcanena.com.
Lun.-mar. et jeu.-sam. 12h-16h et 19h-minuit, dim. et mer. 12h-16h. Moins de 20 €

Restaurant de style rustique avec une salle pour les *petiscos* et une salle pour un dîner classique. Avec *adega* juste à côté.

#### Terceira Geração

Rua Serpa Pinto, 147 📞 212 35 01 52. T.l.j. 12h-14h30 et 19h-21h30 (f. dim. soir). Moins de 20 €

Dans la vieille ville, pas très loin du château. Une adresse familiale, typique et pas chère. Seul bémol : le service est un peu lent quand il y a du monde.

## SESIMBRA

### OÙ MANGER

**De 30 à 40 €**

Vous trouverez des restaurants un peu moins touristiques du côté de Sesimbra-Ponente comme, par exemple, **Ribamar** (📞 212 23 48 53, t.l.j. 12h15-16h et 19h15-22h30), en bord de mer, ou **Tic-Tic**, du côté du port (rua Porto de Abrigo 📞 212 23 04 66, t.l.j. 12h-22h). Pensez aussi aux restaurants de **Portinho da Arrábida.**

### Fêtes et manifestations

**À Sesimbra**

> 4 mai. **Festa das Chagas** Sesimbra commémore l'échouage miraculeux, dans sa baie, de la statue du *Senhor das Chagas* (le Christ aux plaies), transporté dans les rues décorées de fleurs en papier jusqu'au sommet de la ville.

**À Setúbal**

> Début juin. **Festroia** : festival de cinéma de Setúbal.

> Fin juil.-déb. août. **Feira de Sant'Iago** : l'une des plus anciennes fêtes du pays, avec fête foraine, expos et spectacles.

### SPORTS ET LOISIRS

**Plongée et observation marine**

Les nombreux spots de plongée autour de Sesimbra attirent les amateurs. Centre de plongée : www.anthiadiving.com

#### Aquarama

📞 965 26 31 57 (port.), www.aquarama.com.pt.
25 €/pers.

Observation de la faune sous-marine à bord d'un bateau à fond transparent.

#### Bolhas tours

Avenida dos Náufragos - Porto de Abrigo
📞 910 658 555, www.bolhastours.com.
Transfert en bateau pour Praia Ribeira do Cavalo, départs à 9h et 14h30 ; retour vers 18h. Prix : 15 €/pers., réduction de 50 % pour les -6 ans.

Tour ou location de bateau, observation des dauphins, pêche ou plongée.

#### Vertente Natural

Porto de Abrigo, 6 📞 210 848 919, https://vertentenatural.com.
Rando. à p. de 20 €

Cet organisme propose toutes sortes d'expériences nature au cœur du parc naturel de la serra da Arrábida : rando à pied ou à vélo, balades en bateau, kayak, coasteering, spéléo, escalade, canyoning, snorkeling, plongée, observation des dauphins de l'estuaire du Sado....

## OÙ MANGER

Vous trouverez des restaurants agréables du côté du jardim Luís da Fonseca et du port de plaisance, avec vue sur le Sado

### Rei Do Choco Frito

Av. Luisa Todi, 92 ☎ 265 22 16 88. Lun.-ven. 12h-15h et 18h-22h, sam. 12h-22h. Moins de 20 €

De loin les meilleurs *choco fritos* de Setúbal ! Ces beignets de seiche sont une spécialité locale. À goûter absolument !

### A Loja das Machadas

Largo do Dr Francisco Soveral, 5 ☎ 265 57 32 78. Lun.-sam. 15h-22h30. De 20 à 30 €

Charmant restaurant sur une jolie place. Le *presunto* (jambon) est fondant à souhait, et les calamars grillés savoureux !

### Ribeirinha do Sado

Av. Luisa Todi, 586 ☎ 265 23 84 65. Mar.-dim. 12h-15h. F. dim. De 20 à 30 €

Les meilleurs poissons grillés de Setúbal, dit-on, même si la concurrence est rude avec l'Adega do Zé juste à côté (au n° 588).

## SPORTS ET LOISIRS

Observation des dauphins dans l'estuaire du Sado : www.troiacruze.com

Grands dauphins dans l'estuaire du Sado

# L'ESTREMADURA
## et le Ribatejo

Du littoral atlantique à l'Espagne, les provinces de l'Estremadura et du Ribatejo résument la diversité des paysages portugais. L'Estremadura charme par ses campagnes vallonnées et son littoral rythmé de plages ou de pinèdes. Aux multiples séductions des paysages s'ajoute le souvenir des moines et des aristocrates qui ont laissé un nombre incroyable de monastères et de palais. De part et d'autre du Tage, le Ribatejo offre le visage d'une vaste campagne fertile, ponctuée de cités attachantes. Un peu endormies, elles s'animent à l'occasion des *touradas*, annoncées par des myriades d'affiches qui colorent les rues.

N
OCÉAN ATLANTIQUE
Águeda
Caramulo
Mira
Luso
Penacova
Tentúgal
Figueira da Foz
Góis
Condeixa
Lousã
Pedrógão Grande
Pombal
Alvaiázere
10 L'Estremadura p. 158
São Pedro de Moel
Marinha Grande
Leiria
Mosteiro da Batalha ★★★
Serta
Vila del Rei
Balade souterraine p. 176
Batalha
Porto de Mós
Fátima
Nazaré
Aljubarrota
Tomar ★★
Barragem do Castelo de Bode
Mosteiro de Alcobaça ★★★
Alvados
Mira de Aire
Alcobaça
Santo António
Minde
Arquipélago das Berlengas ★★
Foz do Arelho
Parque natural das Serras de Aire e Candeeiros
Tancos
Abrantes
Senhor Jesus da Pedra
Caldas da Rainha
Peniche ★★
Baleal
Rio Maior
Constância
Golegã
Almourol ★★
Cabo Carvoeiro
Chamusca
Rio Tejo
Rio Zêzere
Óbidos ★★★
Santarém
Alpiarça
Almeirim
Cartaxo
Torre Vedras
Salvaterra de Magos
Montargil
Rio Sorraia
Ericeira
11 Le Ribatejo p. 178
Mafra
Vila Franca de Xira
Coruche
Mora
Cabo da Roca
Sintra
LISBONNE
Almada
Estoril
Costa da Caparica
Cruzamento de Pegões
Montemor-o-Novo
Setúbal
Tróia
Carrasqueira
Comporta
Alcáder do Sal
Torrão
Rio Sado
Carvalha
OCÉAN ATLANTIQUE
Grândola
20 km

10

# L'ESTREMADURA ✧✧✧

Son nom rappelle qu'elle fut longtemps l'extrémité du royaume tel qu'il était au début de la Reconquista. Les amateurs d'architecture y trouveront un éventail complet de l'art portugais : les monastères d'Alcobaça et de Batalha, deux des principaux édifices religieux du pays, s'élèvent tout près l'un de l'autre ; sans compter la cité médiévale d'Óbidos, parfaitement conservée, et les résidences royales, notamment celle de Mafra. Pour autant, l'Estremadura n'est pas un musée en plein air. Sur le littoral alternent falaises, grandes plages et anciens ports de pêche devenus des stations balnéaires à taille humaine, comme Nazaré ou Peniche.

## PRATIQUE


- **Plan p. 157**
- **Nos adresses p. 171**


### Accès

**En voiture**

**Mafra** est à 30 min au N de Lisbonne par l'A21.

**Alcobaça** et **Batalha** sont à env. 1h30 au N de Lisbonne par l'A1 ou l'A8 (pas de desserte ferroviaire).

**En train**

**De Lisbonne** (Santa Apolónia), liaison avec Caldas da Rainha (2h30) *via* Óbidos (2h20). De Caldas da Rainha, on peut rejoindre Foz do Arelho, Peniche et Leiria en bus.

**De Porto** (Campanha), train pour Leiria (3h15 avec correspondance à Coimbra).

**Comboios de Portugal :** www.cp.pt

**Gare ferroviaire de Caldas da Rainha :** av. 1° de Maio (NE de la ville).

**Gare ferroviaire de Leiria :** largo da Estação (4 km N-O de Leiria).

## L'ESSENTIEL

### À ne pas manquer

La jolie cité médiévale d'Óbidos et les superbes monastères d'Alcobaça et de Batalha.

### Expériences

Surfer à Baleal et voir les pros en action à Peniche ou à Nazaré ; observer la faune marine des îles Berlengas ; se baigner côté lagune à Foz do Arelho.

### Balade souterraine

Grutas de Mira de Aire.

# Mafra ✧

## PALÁCIO NACIONAL DE MAFRA ✧

22 km N de Sintra par l'IC16, 45 km N-O de Lisbonne
📞 261 81 75 50, www.palaciomafra.pt. **Palais** : mer.-lun. 9h30-17h30 ; dernière admission 16h45. **Basilique** : t.l.j. 9h30-13h et 14h-17h30 (sf pendant les messes) ; concert d'orgues 1er dim. du mois (5 €). Entrée : 6 € circuit intégral (palais, basilique, bibliothèque) ; entrée basilique seule gratuite.

Le palais-monastère de Mafra, immense et austère, est très différent de celui de Queluz (p. 129). Ici, les marbres et les lignes rigides dominent sans la moindre fantaisie. La basilique, au milieu de la façade de 220 m de long, s'ouvre par un vestibule orné de statues colossales du plus pur style baroque romain.

### Le palais-monastère ✧

On n'en voit qu'une petite partie, étendue sur 4 ha (on dénombrerait 1 200 salles !). Cette succession de pièces immenses et de couloirs peut s'avérer ennuyeuse à la longue, mais elle est ponctuée de moments forts : l'**hospice** avec sa salle des malades au niveau conventuel ; dans la partie résidence royale, la **salle des Destins**, avec son décor pompeux, la **chapelle** privée de João VI et la **salle de Chasse**, avec son mobilier en bois de cerf du

**Gare ferroviaire d'Óbidos :** à 1 km O d'Óbidos (moins pratique que le bus).

**En bus**

- **Rodioviária do Oeste** : Liaisons Lisbonne (Campo Grande) avec Alcobaça (1h50), Caldas da Rainha (1h15), Óbidos (1h), Peniche (1h25) ; liaisons Caldas da Rainha-Foz do Arelho (20 min), Caldas da Rainha-Leiria (1h55) *via* Nazaré, Alcobaça et Batalha, Caldas da Rainha-Óbidos (15 min), Fátima-Batalha (27 min), Peniche-Baleal-Ferrel (10 min). http://rodoviariadooeste.pt
- **Rede Expressos** : Liaisons Lisbonne (Sete Rios) avec Alcobaça (1h50), Batalha (2h), Caldas da Rainha (1h10), Fátima (1h30), Leiria (2h), Nazaré (1h50) et Peniche (1h35) ; liaisons Fátima-Leiria (25 min), Caldas da Rainha-Nazaré (40 min), Caldas da Rainha-Peniche (30 min), Nazaré-Alcobaça (15 min). De Porto et Coimbra, liaisons avec Leiria, Peniche et Fátima. www.rede-expressos.pt →

plus parfait mauvais goût. Après avoir traversé une zone autrefois occupée par l'armée, on atteint l'extrémité est, où se trouve la **bibliothèque**, plus grande salle du palais (85 m de long !). Elle est remarquable tant par les 36 000 volumes qu'elle contient que par son unité tonale très particulière.

### La basilique ✧

D'une certaine froideur au premier abord, son intérieur frappe ensuite par son ampleur, par sa noblesse (revêtements de marbre gris ou rose) et par sa luminosité. Notez la présence de pas moins de **six orgues**, joués ensemble en 2010, pour célébrer la fin de leur restauration. La coupole culminant à 70 m, d'une élégance indéniable, achève de faire de cette église l'une des grandes réussites du baroque en terre portugaise.

### TAPADA NACIONAL DE MAFRA ✧

Portão do Codeçal (5 km N-E de Mafra par la N9-2) ☎ 261 814 240, http://tapadademafra.pt. T.l.j. 9h30-18h30. Entrée : de 6,50 à 25 € selon les activités choisies.

L'ancienne réserve royale de chasse, créée en 1747 par João V, est un vaste parc forestier clos de murailles dans lequel on peut observer les animaux évoluant en semi-liberté : cerfs, daims, sangliers, rapaces, etc. De nombreuses activités payantes sont proposées : parcours pédestres de 4 à 8 km, parcours VTT (location sur place), geocaching, course en forêt, tir à l'arc, atelier d'apiculture et balade en voiture électrique ou en petit train touristique incluant la visite du musée des attelages. Des découvertes nocturnes et matinales sont organisées en été.

## Óbidos ✧✧✧

70 km N de Mafra, 84 km N de Lisbonne.

La petite ville, enclose dans d'épaisses murailles, laisse un souvenir émerveillé. Ses remparts et ses ruelles tortueuses bordées de maisons blanc et bleu croulant sous les bougainvilliers offrent une promenade infiniment poétique en fin de soirée, quand Óbidos retrouve sa sérénité.

Au XIIe s., lorsqu'elle est prise aux Maures, Óbidos est encore proche de la mer. Elle perd tout intérêt stratégique au siècle suivant, quand se forme une lagune. Le roi Dinis I (1279-1325) la cède à son épouse Isabel, et jusqu'en 1833, Óbidos reste l'apanage des reines portugaises, un lieu de retraite où elles viennent oublier les rigueurs de l'étiquette. Leonor, l'épouse de João II, s'y réfugie après la noyade de son fils dans le Tage en 1491.

### LA VIEILLE VILLE ✧

Laissez la voiture à l'entrée S de la cité (parking payant près du grand aqueduc) ; accès par la porte en chicane ouvrant sur la rua Direita.

La rua Direita passe près de la **praça de Santa Maria**, ornée d'une église Renaissance (azulejos du XVIIIe s.) et d'une fontaine à pilori

## PRATIQUE (SUITE)

• Les bus **Mafrense** (www.mafrense.pt) font la liaison entre Lisbonne Campo Grande et Mafra Convento (40 min).

**Gare routière de Caldas da Rainha :** rua Coronel Soeiro de Brito, 35.

**Gare routière de Fátima (Cova da Iria) :** av. Dom José Alves Correia da Silva.

**Gare routière de Leiria :** av. Heróis de Angola.

**Gare routière de Nazaré :** av. do Município.

**Óbidos :** arrêt à l'entrée basse de la ville close (Porta da Vila).

**Gare routière de Peniche :** rua Dr Ernesto Moreira.

^ La bibliothèque du Palácio nacional de Mafra

du XVe s. Situé sur la même place, le **Museu municipal** (☎ 262 95 55 00 ; t.l.j. sf lun. hors saison 9h30-13h et 14h-17h30 ; entrée libre) abrite une petite collection d'art sacré, des souvenirs de l'époque napoléonienne et une toile de Joséfa de Óbidos, peintre d'origine espagnole qui passa l'essentiel de sa vie dans la cité. Au terme de l'ascension, la rue principale atteint l'église baroque de **São Tiago** et le palais aménagé en *pousada*, où l'on peut déjeuner à l'ombre du donjon du XIVe s.

Pour revenir au point de départ, l'idéal est de grimper sur les remparts (à éviter avec des enfants, des personnes âgées et après la pluie). En suivant le **chemin de ronde**, on profite de différents angles de vue sur l'inextricable lacis de ruelles. Près du château et de la porta da Cerca, un sentier permet de suivre aussi les remparts côté extérieur.

À la sortie d'Óbidos, sur la route qui mène à Caldas da Rainha, **Senhor Jesus da Pedra** (t.l.j. sf lun. 9h30-12h30 et 14h30-19h (17h en hiver) ; entrée libre) est une curieuse église baroque à plan hexagonal qui fut construite durant la première moitié du XVIIIe s. L'intérieur abrite un ensemble décoratif de style baroque et des peintures de bonne facture.

## Peniche ✧✧

25,5 km O d'Óbidos par l'IP6, 102,2 km N de Lisbonne.

Située sur une presqu'île, la ville de Peniche, en partie fortifiée au XVIe s., défendait la côte des envahisseurs sur plus de 3 km. Ce port

### ↓ Offices de tourisme

**www.turismodocentro.pt :** le site de la région de Batalha, Leiria et Fátima.

**Mafra**
www.cm-mafra.pt.

**Óbidos**
www.obidos.pt.

**Nazaré**
www.cm-nazare.pt.

**Fátima**
☎ 249 53 11 39.

**Peniche et Baleal**
www.cm-peniche.pt.

### ↓ Bon à savoir

**Archipel des Berlengas :** l'accès à l'île principale (Berlenga Grande) est limité à 350 visiteurs par jour.

de pêche est ainsi dominé par une imposante citadelle qui servit de prison jusqu'en 1974.

## LA FORTALEZA ✧

Campo da República 609 📞 262 78 01 00, www.cm-peniche.pt. Mer.-dim. 14h-18h. Extérieurs et musée gratuits. Parking situé en face de l'entrée.

Au XIIe s., Peniche n'était encore qu'une île. Les vents et courants marins ont progressivement entraîné l'ensablement du cours d'eau et le rattachement au continent. Lors de cet isolement, la citadelle était le lieu de détention des dissidents politiques du pays. La marée haute inondait en partie les geôles, ajoutant au supplice des détenus. Seuls le leader communiste Álvaro Cunhal et ses acolytes réussirent à s'en échapper, en 1960. Cette place forte n'a pas toujours été invincible. Elle céda en 1807 face aux armées napoléoniennes qui s'y installèrent durant un an. Elle servit enfin de base aux insurgés de la révolution des Œillets. Aujourd'hui dotée d'un musée municipal, elle vaut surtout le détour pour la balade, son chemin de ronde et son badigeon jaune caractéristique, face au Grand Bleu.

## IGREJA DE SÃO PEDRO ✧

Largo Castilho e Rua José Estevão. T.l.j. 10h-13h et 14h30-18h. Accès libre.

Cette église du XVIe s. a fière allure. Érigée sur une haute volée de marches, elle arbore une façade toute blanche, flanquée d'une tour clocher. À l'intérieur, le chœur abrite un retable remarquable de style baroque, avec des colonnes torses enroulées de pampres de vigne, encadrant São Pedro perché sur un trône. Le saint est surmonté d'une couronne monumentale soutenue par des angelots. Dorures, stucs et peintures en trompe-l'œil créent un ensemble foisonnant.

## LE TOUR DE LA PRESQU'ÎLE ✧

Marcheurs, coureurs et cyclistes jouissent de 8 km de routes et chemins côtiers qui encerclent la ville. Au sud de cette boucle, des points de vue spectaculaires méritent une halte : **Alto da Vela**, **Visconde** et **Carreiro de Joanes**.

### Cabo Carvoeiro ✧

À l'ouest de la ville, le cap Carvoeiro offre un panorama à couper le souffle sur des falaises et des rochers monumentaux qui semblent jaillir du fond de l'Océan. À proximité immédiate, le grand phare rouge et blanc veille, dans un environnement sauvage, préservé et vivifiant.

### Santuário de Nossa Senhora dos Remédios ✧

Largo dos Remédios. T.l.j. 8h30-12h30 et 13h30-16h30 (dim. 18h). Accès libre.

À quelques mètres des falaises et à peine visible derrière son enclos enduit à la chaux, ce sanctuaire est sans doute le lieu le plus émouvant de Peniche. Une légende prétend que la Vierge Marie est apparue au XIIe s. dans une grotte, là où se trouve aujourd'hui la petite chapelle du Saint-Sépulcre. L'image qui y fut installée pour commémorer l'événement s'est révélée miraculeuse. De fait, les processions et pèlerinages se sont multipliés, motivant la construction des bâtiments alentour : l'église, les maisons adjacentes où séjournaient les ecclésiastiques et les pèlerins, et les écuries. Une couleur bleue souligne les frontons et le clocher. Superbe ! En entrant, une première salle généreusement illuminée fait office d'antichambre. Elle ouvre sur quelques marches qui descendent jusqu'au chœur de l'église, plus sombre, caché tel un trésor. Les murs et plafonds sont intégralement recouverts d'azulejos. Datant du XVIIe s., ils retracent les épisodes de la passion du Christ. Une statue de ce dernier, en bois polychrome et couchée dans la chapelle, saisit par son réalisme. Les habitants de Peniche vouent à ce sanctuaire un culte fervent.

### Papôa

Promenez-vous également au nord de Peniche, le long de la petite **presqu'île de Papôa**, de préférence au coucher du soleil. Un sentier balisé – et accidenté, mais sans danger – longe la mer jusqu'à un pic rocheux balayé par une vague impressionnante. Vertigineux !

## LES PLAGES

Côté **plages**, Peniche n'est pas en reste ! Au nord-est de la ville, s'étendent des kilomètres de sable blond et fin. Praia da Gamboa, Praia de Peniche de Cima et Praia da Cova de Alfarroba sont précédées de petites dunes. Si les vagues y sont raisonnables, ces plages restent néanmoins l'apanage des amateurs de sports de glisse. Au sud-est, Praia do Medão Grande, surnommée **«Supertubos»** en raison de la forme de ses vagues, rassemble les surfeurs de l'extrême !

## L'ARCHIPEL DES BERLENGAS ✧✧

Traversée en bateau (30 min) au départ de la marina de Peniche (liaison quotidienne de mi-mai à mi-sept.; plusieurs compagnies). Accès à l'île limité à 350 personnes/jour. Restaurant et épicerie sur place. Pas de distributeur.

Au large de Peniche, à 12 km du littoral, se trouvent les îles Berlengas, classées réserve de biosphère par l'Unesco. Eaux transparentes, récifs, épaves et grottes marines y font le bonheur des plongeurs et des adeptes du snorkeling en été.

Seul l'île de **Berlenga Grande** est accessible aux visiteurs. On peut l'explorer à pied par le phare et l'ancien **fort São João Batista**, transformé en auberge de jeunesse. Tapissée de landes sauvages, l'île aux contours déchiquetés est un havre pour les oiseaux marins qui s'y posent par milliers (n'oubliez pas les jumelles !). En période de nidification (juin), gare aux mouettes qui protègent leurs œufs !

Pour partir à la découverte des falaises, des récifs et des grottes, promenades en canot à moteur et location de canoës sont posées en période estivale.

## BALEAL ✧

5,1 km N de Peniche.

Baleal vient de *baleia*, autrement dit «baleine». En effet, autrefois, c'est ici que les pêcheurs capturaient ces mammifères durant leur migration des mers du nord et les dépeçaient sur cette longue langue de sable.

Baleal est la grande station balnéaire de Peniche. Avec ses plages de sable fin et des vagues idéales pour la pratique de sports de glisse tous niveaux confondus, elle attire

^ Le fort São João Batista sur l'île de Berlenga Grande

des milliers d'estivants. Les écoles de surf y pullulent. Sur l'extrémité de la presqu'île, bars, restaurants, chambres d'hôtes et maisons de vacances bordent un lacis de ruelles charmantes avec vue à 360°.

## Caldas da Rainha ✧

31 km N de Peniche, 93 km N de Lisbonne.

Littéralement les « bains de la Reine », cette petite ville thermale est très appréciée des Portugais mais injustement négligée des touristes. Il fait pourtant bon flâner au marché de la praça das Frutas et lever les yeux sur les belles façades Art Nouveau. Grenouilles, abeille géante, hirondelles, feuilles de chou... des œuvres culte de Rafael Bordalo Pinheiro, dont les céramiques sont fabriquées ici depuis 1884, parsèment la ville : découvrez-les en suivant la Rota Bordaliana. Près de l'ancien hôpital thermal, le grand parc Dom Carlos I, avec sa vieille fabrique de céramique se reflétant dans les eaux d'un petit lac (embarcations en été), dégage un charme tout romantique.

## Foz do Arelho ✧✧

37,8 km N de Peniche, 127,2 km N de Lisbonne.

L'arrivée au-dessus du village est spectaculaire ! En contrebas, la lagune d'Óbidos rencontre l'Océan, formant l'embouchure d'Arelho, à l'image de notre bassin d'Arcachon. En toile de fond, des falaises majestueuses s'étendent à perte de vue. Cette heureuse configuration a créé deux plages distinctes : la première, côté lagune, offre un plan d'eau calme, et la seconde donne sur une mer particulièrement agitée et animée de forts courants. Une mini station balnéaire qui a tout pour plaire !

## Mosteiro de Santa Maria de Alcobaça ✧✧✧

Monastère Santa Maria

37,6 km N-E de Foz do Arelho par l'A8 et la N8, 109 km N-E de Lisbonne. Parking à l'arrière du monastère. Praça 25 de Abril, Alcobaça ☎ 262 50 51 20, www.mosteiro-

alcobaca.gov.pt. Avr.-sept. : t.l.j. 9h-19h ; oct.-mars : t.l.j 9h-18h ; dernière admission 30 min avant. Entrée : 6 € ; billet combiné avec les monastères de Batalha et de Tomar : 15 €.

Localité à la confluence de l'Alcoa et de la Baça, Alcobaça est tout entière dominée par son grand monastère. Joyau de l'art cistercien, c'est un monument phare dans l'histoire du Portugal : il reste à jamais attaché au souvenir de son premier souverain, Afonso Henriques, et à la Reconquista.

En 1152, Afonso Henriques cède ce territoire aux confins de son jeune royaume à Bernard de Clairvaux, en échange de l'aide apportée lors de la reconquête sur les Maures. Les moines utilisent les eaux de deux rivières, l'Alcoa et la Baça, pour irriguer les sols. Un premier monastère est élevé vers 1180, mais il est détruit par un raid musulman environ dix ans plus tard. Au début du XIIIe s., la région est définitivement pacifiée : les moines reviennent et entreprennent la construction du bâtiment actuel.

### L'église

Voilà la plus grande église gothique du Portugal, dont les fantaisies de la façade, revue dans le goût baroque au XVIIe s., ne laissent en rien présager de l'extrême sobriété intérieure. Longue de 106 m, la nef monumentale subjugue autant par la beauté de son dépouillement que par l'impression de verticalité produite par ses gigantesques piliers.

Dans le transept plane le souvenir de l'amour tragique de Pedro I et de sa maîtresse, Inês de Castro, assassinée *(voir encadré ci-dessous)*. Véritables chefs-d'œuvre de sculpture gothique, leurs merveilleux tombeaux à gisants ont été disposés en vis-à-vis afin que *« les deux amants se retrouvent les yeux dans les yeux le jour de la Résurrection »*. Le déambulatoire donne accès à la sacristie (2 € sur rés.), ornée d'une porte manuéline.

### Le Claustro do Silêncio

L'entrée du cloître dit « du Silence » se trouve sur le côté gauche de la nef. Ce nom, dédié à Dinis I, rappelle l'une des grandes exigences de l'ordre de Cîteaux. Ici, se mélangent simplicité cistercienne et grâce manuéline. Parmi les salles donnant sur la galerie, la cuisine (XVIIIe s.), construite au-dessus de la rivière Alcoa, étonne avec ses vertigineuses cheminées. Les roucoulements et battements d'ailes de dizaines de pigeons y forment une bien curieuse musique !

Le grand réfectoire, en face de la fontaine, révèle l'importance de la communauté. À l'étage, depuis le dortoir, on aperçoit le cloître du Cardinal.

**HISTOIRE** *Amour secret et raison d'État*

Pedro, fils d'Afonso IV, s'éprend d'Inês, l'une des dames d'honneur de son épouse, Constance de Castille. Le roi éloigne la belle de la Cour, mais, dès la mort de Constance, Pedro retrouve son amante au couvent de Santa Clara de Coimbra. Profitant de l'absence de son fils, Afonso IV fait assassiner la jeune femme après une parodie de jugement, en 1355. L'heure de la vengeance sonne en 1357, quand Afonso IV s'éteint après vingt-deux ans de règne. Devenu roi, Pedro I révèle son mariage secret avec Inês et fait arracher le cœur de ses meurtriers. En 1361, il fait exhumer le cadavre de son épouse et oblige toute la Cour à baiser la main de la reine morte, revêtue d'un manteau pourpre et ceinte de la couronne. Le cortège funèbre se rend à Alcobaça, où Inês reçoit une sépulture royale...

^ Praia da Nazaré

## Nazaré ✧

14 km N-O d'Alcobaça par la N8-4 ou l'IC9, 120 km N de Lisbonne.

Avec ses nombreux hôtels et sa longue plage de sable fin, Nazaré est la **station balnéaire** la plus fréquentée du littoral d'Estremadura. La localité est formée de trois quartiers très différents, désormais reliés par l'effet de l'urbanisation.

### PEDERNEIRA

Quartier S-E.

Ancien berceau de la ville dominant la baie, c'est le quartier par lequel on arrive en venant d'Alcobaça. Le petit village labyrinthique est formé de maisons groupées près de l'église, en belvédère sur la mer.

### PRAIA DA NAZARÉ ✧

Quartier O (littoral).

En descendant vers la mer, vous atteindrez ce village où les pêcheurs s'établirent au XVIe s., lorsque la mer se retira. Le **bairro dos Pescadores** («quartier des pêcheurs») a du charme avec ses ruelles piétonnes et ses maisons blanchies à la chaux. Un marché, tous les vendredis sur le front de mer, ajoute encore une petite note pittoresque à ce quartier où se trouvent d'innombrables restaurants de poisson.

### SÍTIO ✧

Quartier N-O. Accès à la ville haute par le funiculaire : ttes les 15 min 7h15-21h30, ttes les 30 min 21h30-minuit (2h en été). 1,50 € l'aller ; 2,90 € A/R.

La **ville haute** est accessible par la route ou par le funiculaire qui grimpe le flanc de la falaise à l'extrémité nord de Praia. Au sommet, un **belvédère** dispense une belle vue sur le site. La place est peuplée de marchandes de souvenirs vêtues des sept jupons superposés de couleurs différentes et du foulard traditionnels.

L'**igreja de Nossa Senhora**, d'une physionomie originale avec sa galerie extérieure, honore la Vierge provenant de Nazareth, qui a donné son nom à la ville. L'édifice baroque mérite une visite, avec sa voûte en bois et ses autels redorés.

Derrière l'église, le **Museu etnográfico e arqueológico Dr Joaquim Manso** (rua Dom Fuas Roupinho ☎ 262 56 28 01 ; lun.-ven. 9h-12h30 et 14h-17h30 ; entrée gratuite) est installé dans la résidence d'été du journaliste Joaquim Manso, fondateur du journal *Diário de Lisboa* (1921-1990). Il évoque l'histoire et l'identité culturelle de cette cité de pêcheurs.

Du **phare**, à 500 m de la place de Sítio, s'offre une très belle vue sur les plages situées de part et d'autre de l'isthme. Le perchoir idéal pour contempler les surfeurs de l'extrême affrontant les fameuses vagues géantes de Nazaré. Celles-ci peuvent atteindre plus de 30 m de hauteur en hiver.

**HISTOIRE**

*Avis au Portugal !*

C'est à **Aljubarrota** (6 km N-E d'Alcobaça par la N8 ; route de Batalha), un village dont les maisons anciennes sont regroupées autour d'une vieille église, que se joua, le 14 août 1385, la bataille qui permit au maître d'Avis d'affirmer l'indépendance du Portugal face aux prétentions de la Castille.

## Mosteiro da Batalha ✧✧✧

Monastère de Batalha

30 km N-E de Nazaré par les N242 et N356, 120 km N-E de Lisbonne ☎ 244 76 54 97, www.mosteirobatalha.gov.pt. Avr.-mi-oct. : t.l.j. 9h-19h ; mi-oct.-mars : t.l.j. 9h-18h ; dernière admission 30 min avant. Entrée : 6 € (cloître et chapelles inachevées inclus) ; billet combiné avec les monastères d'Alcobaça et de Tomar : 15 €.

La veille du 15 août 1385, João I fait le vœu de bâtir, en cas de victoire contre les Castillans, une église pour remercier la Vierge. Malgré un fort avantage en hommes et en matériel, les Castillans subissent une sévère défaite à Aljubarrota *(voir encadré ci-contre)*. Trois ans plus tard, le roi fait construire le monastère. Batalha («bataille» en portugais) n'est pas seulement un gigantesque ex-voto célébrant un succès militaire, c'est aussi un monument à la gloire de la dynastie d'Avis. Dès l'origine, João I souhaita faire de Batalha son panthéon et celui de ses enfants, la *«sublime génération des glorieux infants»* évoquée par Camões dans *Les Lusiades*. En y plaçant la **tombe du Soldat inconnu**, l'âge moderne acheva de faire de ce monastère un «monument historique» au sens premier du terme, qui fait l'objet, à ce titre, d'une véritable vénération au Portugal.

Le roi confia les travaux à l'architecte Afonso Domingues, qui réalisa l'église et le cloître royal (1388-1402). Maître Ouguete lui succéda (1402-1438) et acheva l'église en 1416. Il éleva la chapelle dite «du Fondateur». À partir de 1434, le roi Duarte I fit édifier la rotonde octogonale située derrière le chœur. Manuel I fit reprendre les travaux à la fin du XVe s. : Boytac est alors chargé d'embellir le cloître royal. Il collabore avec Mateus Fernandes le Vieux à la réalisation du décor du portail communiquant avec la rotonde. Cette dernière ne fut jamais terminée et porte le nom de *capelas imperfeitas* («chapelles inachevées»).

### LA FAÇADE ✧✧

Le portail est orné de statues d'anges, de prophètes, de rois et de saints. Les apôtres sur les ébrasements, juchés sur des consoles, sont des copies modernes. La fenêtre de l'étage est de style gothique flamboyant.

### LE VAISSEAU ✧✧✧

Hormis la présence de nervures, le plan cistercien évoque le monastère d'Alcobaça. L'intérieur dégage la même impression de verticalité (32 m de haut), due à la présence de hauts collatéraux. Le chœur conserve de rares exemples de vitraux manuélins.

### LA CHAPELLE DU FONDATEUR ✧✧✧

Elle s'ouvre à droite de la nef. Édifiée entre 1426 et 1434, elle adopte un plan annulaire, à l'instar de la rotonde de Tomar construite au XIIe s. par les Templiers, principaux artisans de la Reconquista. Les ogives de la coupole forment une somptueuse dentelle de pierre en se rejoignant. Tout autour du tombeau de João I et de la reine Filipa de Lancastre se trouvent les sépultures de monarques et d'infants, conformément au souhait du maître d'Avis.

^ Les chapelles inachevées du monastère de Batalha

## LE CLOÎTRE ROYAL ✧✧✧

Sous Manuel I, l'architecte Boytac ajouta le remplage des arcades, dont les motifs entremêlés ornés d'emblèmes royaux évoquent les moucharabiehs. Il réalisa ainsi un ensemble original – «baroque» avant la lettre – qui semble vibrer sous l'effet de la lumière.

Ouvrant sur le cloître, la **salle du Chapitre** abrite le **tombeau du Soldat inconnu**, gardé en permanence. Elle présente une voûte hardie qui s'élève sans aucun appui intermédiaire.

Entre la salle abritant le musée du Soldat inconnu et le lavabo, une galerie donne accès au dortoir (à dr.), où sont entreposés des fragments lapidaires, dont quelques statues originales du portail ouest. Le **cloître Dom Afonso V**, dans lequel on débouche ensuite, est d'un gothique très sobre.

## LES «CHAPELLES INACHEVÉES» ✧✧✧

Longez la galerie, empruntez la sortie et suivez l'édifice à dr. pour atteindre les «chapelles inachevées».

L'adjonction octogonale est entourée de sept chapelles rayonnantes privées de voûtes sommitales, d'où leur nom d'*imperfeitas*. La construction débuta vers 1434 sous Duarte I, seul monarque à être enterré ici (avec son épouse, Leonore d'Aragon). Le décor a été réalisé au début du XVIe s., sous le règne de Manuel I.

Le monumental portail, avec sa décoration fouillée et ses alvéoles, évoque l'art islamique et l'univers de la mer, celui des grandes découvertes. Il date de l'époque manuéline, tout comme l'ornementation proliférante des piliers.

## MUSEU DA COMUNIDADE CONCELHIA DA BATALHA

Musée municipal de Batalha

Largo Goa, Damão e Diu, 4 ☎ 244 76 98 78, www.museubatalha.com. Mer.-dim. 10h-13h et 14h-18h. Entrée : 2,50 €.

Ce musée retrace l'histoire du site de Batalha depuis la préhistoire. Vous y découvrirez quelques éléments de l'abbaye, des maquettes et une ancienne salle de classe. Malgré ses installations interactives, le billet est un peu cher pour un intérêt relatif.

# Porto de Mós

10 km S de Batalha par la N243 ☎ 244 49 96 51. Mai-sept. : mar.-dim. 10h-12h30 et 14h-18h30 ; oct.-avr. : mar.-dim. 10h-12h30 et 14h-17h30. Entrée : 1,60 €.

Encore un château ! Très remanié à la Renaissance et endommagé par le séisme de 1755, le **château de Porto de Mós** évoque celui de

Leiria avec sa galerie ajourée. Mais la comparaison s'arrête là, tant ses toits vernissés vert émeraude que l'on voit de loin le distinguent des autres constructions.

## Leiria et sa pinède ✧

11 km N de Batalha par l'IC2, 129 km N-E de Lisbonne.

Le principal centre de la région touristique de Leiria-Fátima, victime de son développement, ne déclenche pas, un grand enthousiasme. La seule curiosité importante est son château Renaissance coiffant la butte d'où dégringole la ville.

### CASTELO DE LEIRIA

Largo São Pedro. Contournez le centre-ville par l'O et suivez les indications ☎ 244 83 96 70. Avr.-sept. : t.l.j. 9h30-18h30 ; oct.-mars : t.l.j. 9h30-17h30 (jour de spectacle, ouverture 1h avt et fermeture 1h plus tard). Entrée : 2,10 €.

L'ancienne place maure devenue la résidence du roi Dinis a été très remaniée au XVI^e s., d'où son étrange allure mi-fortifiée, mi-Renaissance.

Le chemin d'accès passe près des ruines de la **capela Nossa Senhora da Pena**, dont l'architecte serait maître Ouguete, qui participa à l'édification du monastère de Batalha (p. 167).

Vous arrivez au palais royal. Après avoir traversé une vaste salle coupée en deux par une porte ogivale, vous accédez à la **loggia Renaissance**, en balcon sur la ville. Une petite collection d'armes est installée dans la tour de l'Hommage.

### PINHAL DE LEIRIA ✧

Pinède de Leiria

12 km O de Leiria.

La plus grande superficie de pins sylvestres du Portugal (11 000 ha), qui s'étend sur plusieurs dizaines de kilomètres le long de la mer, a été ravagée par les incendies de juin et d'octobre 2017 à plus de 80 %. Voulue par Dom Dinis, la célèbre pinède royale fut plantée au Moyen Âge (XIII^e-XIV^e s.) afin d'endiguer la progression des dunes et de servir de réserve de bois. Elle a notamment fourni le bois des caravelles des grandes découvertes et le combustible pour les verreries de Marinha Grande.

En venant de Leiria, on pourra s'arrêter au centre verrier de **Marinha Grande**. Son **museu do Vidro** (praça Guilherme Stephens ☎ 244 57 33 77 ; mar.-dim. 10h-13h et 14h-18h ; entrée : 1,50 €), installé dans le palácio Irmãos Stephens (XVIII^e s.), présente une vaste collection de pièces et d'objets liés à l'industrie verrière.

La **station balnéaire** de **São Pedro de Moel** (22 km O de Leiria), avec sa jolie **praia Velha** encadrée de falaises, est le principal centre urbain du littoral. Ses maisons aux boiseries colorées rappellent un peu les chalets basques.

## Fátima

28 km S-E de Leiria par l'A1, 21 km S-E de Batalha par la N356, 130 km N-E de Lisbonne.

Même quand on est réfractaire aux villes de pèlerinage, une visite à Fátima s'impose. Certains aspects de la piété portugaise s'y résument, notamment cette foi ardente et cette humanisation du divin. Tout cela, comme le regard extatique des foules, ne laisse pas indifférent.

### SANTUÁRIO DE FÁTIMA ✧

Sanctuaire de Fátima

Sur la gigantesque esplanade, à l'endroit où la Vierge apparut aux bergers en 1917 (p. 448), les habitants de la région édifièrent la modeste **capela das Aparições** (chapelle des Apparitions). Elle est le cœur du sanctuaire, objet de la plus grande dévotion. Un arbre entouré d'une grille remplace le chêne sous lequel prièrent les enfants ; une statue orne la fontaine qui se mit à jaillir peu après.

Avec sa colonnade en arc de cercle, la **Basílica de Nossa Senhora do Rosário** manque d'originalité et d'ambition. L'intérieur abrite les tom-

^ Pèlerinage à Fátima

beaux de Francisco et de Jacinta, transférés ici en 1952. Autour se trouvent des hôpitaux et des centres d'accueil. De l'autre côté de l'esplanade, encadrée par les statues de Paul VI et de Jean-Paul II, se dresse la **Basílica da Santíssima Trindade** (t.l.j. 11h-18h), impressionnante rotonde de 125 m de diamètre inaugurée en 2007 pour le 90e anniversaire des apparitions. L'édifice de béton blanc peut accueillir 9 000 personnes.

### MUSEU DE CERA

Musée de Cire

Rua Jacinta Marto, à côté du sanctuaire ☎ 249 53 93 00, www.mucefa.pt. Lun.-ven. 10h-13h et 14h-17h ; w.-e. 10h-18h sans interruption. Entrée : 7,75 €.

Il renferme 31 scènes de figures en cire qui racontent les apparitions de la Vierge aux petits bergers.

## Parque natural das Serras de Aire e Candeeiros ✧

Itinéraire d'env. 60 km A/R au S-O de Fátima.

Les **serras de Aire e Candeeiros**, montagnes formées de hauteurs calcaires, renferment un grand nombre de **grottes**. La zone protégée surprend par ses paysages d'une extrême aridité, souvent dévastés par des incendies.

### GRUTAS DE MIRA DE AIRE ✧✧

Suivez la N360 au S de Fátima jusqu'à Minde, puis la N243 ☎ 244 44 03 22, www.grutasmiradaire.com. Avr.-mai : t.l.j. 9h30-18h ; juin et sept. : t.l.j. 9h30-19h ; juil.-août : t.l.j. 9h30-19h30 ; oct.-mars : t.l.j. 9h30-17h30. Entrée : 7 €.

Les plus grandes grottes du Portugal abritent une salle spacieuse et d'innombrables reliefs aux formes étranges et aux noms éloquents : le «Martien», le «Chapeau chinois».

> Lire aussi la balade souterraine : Grutas de Mira de Aire (p. 176).

### GRUTAS D'ÁLVADOS

Au S d'Álvados, 6 km O des grottes de Mira de Aire par la N243 ☎ 249 84 18 76, www.grutasalvados.com. Juil.-août : t.l.j. 10h-18h30 ; sept.-juin : mar.-dim. 10h-17h30, sam.-dim. 10h-18h30.
Entrée : 6 € ; 9,40 € avec les grottes de Santo António.

Une dizaine de salles souterraines offrent un parcours de près de 500 m dans un univers de roches et de concrétions dorées. Les stalactites prennent des formes spectaculaires.

### GRUTAS DE SANTO ANTÓNIO

À prox. des grottes d'Álvados, mêmes horaires ☎ 249 84 18 76, www.grutassantoantonio.com. Entrée : 6 € ; 9,40 € avec les grottes d'Álvados.

La plus grande des trois salles présente une hauteur de plus de 40 m sous plafond. Outre un petit lac, on y découvre une fabuleuse forêt de stalactites.

# • NOS ADRESSES •

## ALCOBAÇA

### OÙ DORMIR

#### Corações Unidos

Rua Frei António Brandão, 39
262 58 21 42. 40 ch. Moins de 50 €.

Cette pension est certes modeste, mais elle offre des chambres assez spacieuses à défaut d'être franchement accueillantes ; certaines avec une jolie vue sur le célèbre monastère. Restaurant bon marché.

#### Santa Maria

Rua Dr Francisco Zagalo, 20 262 59 01 60, www.hotelsantamaria.com.pt. 73 ch. De 50 à 60 €.

Un hôtel moderne et fonctionnel, qui a l'avantage d'être proche du monastère.

#### Challet Fonte Nova

Rua da Fonte Nova, 8 262 59 83 00, www.challetfontenova.pt. 10 ch. De 90 à 120 €.

Des chambres agréables aménagées dans une belle maison de la fin du XIXe s., qui mélange contemporain et traditionnel. Beaucoup de charme.

### OÙ MANGER

#### António Padeiro

Rua Dom Maur Cocheril, 27 262 58 22 95. jeu.-mar. 12h-15h et 19h-22h. Moins de 25 €.

Spécialité de *frango na púcara à moda de Alcobaça* (poulet avec du fromage et de l'ail, relevé au vin blanc). Bière pression pour accompagner les petiscos et les pâtisseries conventuelles.

## FÁTIMA

### OÙ DORMIR

Fátima compte de nombreuses pensions. Pendant les pèlerinages, tous les hôtels de la région affichent complet.

### OÙ MANGER

#### Tia Alice

Rua do Adro, 152 249 53 17 37. Mar.-sam. 12h-15h et 19h30-21h, dim. 12h-15h. De 20 à 30 €.

Le meilleur des restaurants de Fátima, presque une institution, qui jouit d'une excellente réputation. La note est tout de même un peu élevée.

## FOZ DO ARELHO

### OÙ DORMIR

#### O Facho Guest House

Rua Francisco Almeida Grandela, 3 262 97 91 10, https://fachoguesthouse.wordpress.com. Moins de 100 €.

Son emplacement en bord de plage est un atout formidable. Quel bonheur de s'endormir au son des vagues, l'air frémissant dans les voiles qui séparent le balcon de votre chambre ! Les suites sont à la hauteur du paysage qui s'étend à 180° : spacieuses, un charme fou et quelques antiquités qui rappellent le faste de cette bâtisse des années 1920.

### OÙ MANGER

#### Cais da Praia

Av. do Mar 966 52 85 33 (port.). Mar.-dim. 10h-22h30. F. dim. soir. Moins de 30 €.

Une adresse les pieds dans l'eau avec une terrasse couverte à l'abri des vents dominants ! Snacks ou plats, tout est délicieux !

## LEIRIA

### OÙ DORMIR

#### D. Dinis

Rua de Tomar, 3 244 81 53 42, www.hotelddinis.pt. Moins de 50 €.

24 chambres correctes à prix modique.

## • NOS ADRESSES •

### Eurosol Leiria

Rua Dom José Alves Correia da Silva
📞 244 84 98 49, www.eurosol.pt. De 60 à 80 €.

Chambres confortables et assez grandes, mais impersonnelles. Accueil charmant.

### OÙ MANGER

Plusieurs restaurants dans le centre piéton de Leiria, rua Dr Correia Mateus. Les habitants vont plutôt dîner à Marrazes (1 km N de Leiria).

### Casinha Velha

Rua Professores Portélas, 23, à Marrazes 📞 244 85 53 55, www.casinhavelha.com. Mer.-lun. 12h30-15h et 19h30-22h. F. dim. soir et mar. Moins de 20 €.

Savoureuse cuisine familiale traditionnelle de la région dans un cadre rustique. Les plats du jour sont à privilégier. Belle carte de vins.

## MAFRA

### OÙ MANGER

### Café O Parafita

Rua Major João Gomes, 42 📞 261 81 42 90. Dim.-ven. 8h30-22h. Moins de 20 €.

Bon et copieux, sans prétention et très fréquenté à l'heure du déjeuner.

### PÂTISSERIES

Le paradis ! En face de l'église du palais-monastère, les gourmands se donnent rendez-vous praça da República, chez **Polo Norte** (nº 15) ou **Fradinho** (nº 28-30), pour déguster *pastéis de nata* et autres douceurs de couvent.

Festival do Chocolate à Óbidos

# NAZARÉ

## OÙ DORMIR

Hôtels et chambres chez l'habitant dans le quartier d'A Praia. Visitez et fixez le prix avant de conclure. Beaucoup d'établissements ferment hors saison.

**Camping**

### Vale Paraíso

3 km de Nazaré, sur la route de Marinha Grande
📞 262 56 18 00, www.valeparaiso-naturpark.com

Un immense camping sous les pins. Propre et bien équipé en sanitaires. Piscine.

**Hôtels, pensions, pousadas**

### Nazaré Hostel

Rua Nova da Areia, 24 📞 915 53 83 85 (port.), www.nazarehostel.com. Moins de 50 €.

Une auberge de jeunesse située dans les hauteurs, à 100 m seulement de la mer. Vue superbe ! Chambres doubles, familiales et dortoirs à prix imbattables.

### Maré

Rua Mouzinho de Albuquerque, 10 📞 262 55 01 80, www.hotelmare.pt. De 60 à 100 €.

Une déco passe-partout et aseptisée, mais les chambres sont claires et agréables, toutes dotées d'un balcon. Belle vue depuis la salle du petit déjeuner.

### Ribamar

Rua Gomes Freire, 9 📞 262 55 11 58, www.ribamarnazare.com. De 60 à 100 €.

Près de la mer, en plein centre. Chambres agréables, prix variables selon le confort et la saison. Restaurant correct.

### Hotel Magic

Rua Mouzinho de Albuquerque, 58
📞 262 56 90 40, www.hotelmagic.pt.
De 100 à 120 €.

Un nouveau venu qui bouscule l'offre hôtelière de Nazaré. Les chambres des deux ailes sont différentes, les unes ciblant un public jeune, les autres jouant la carte du raffinement ou déclinant un thème. Pour amateurs de déco.

## Fêtes et manifestations

**À Nazaré**

> Déb. sept. Sur la place principale de Sítio se tient la **romaria da Senhora de Nazaré**, protectrice de la ville. Processions, kermesses, danses folkloriques, lancers de pétards et courses de taureaux.

**À Óbidos**

> Mars-avr. **Festival do Chocolate** (https://festivalchocolate.cm-obidos.pt) : stands de chocolats, démonstrations, ateliers, concours, sculptures en chocolat.

> Juil. **Mercado Medieval** (http://mercadomedievalobidos.pt) : grande foire médiévale dans l'enceinte du château.

> Oct. **Folio** (http://foliofestival.com) : festival littéraire international.

## OÙ MANGER

Les restaurants de poisson et de fruits de mer sont pléthoriques dans le bairro dos Pescadores, le long du front de mer, et sur les hauteurs de Sítio. La plupart se valent.

### A Celeste

Av. da República, 54 📞 262 55 16 95.
Mer.-lun. 12h-22h30. De 20 à 30 €.

Un resto du front de mer qui se taille un franc succès. Pas seulement à cause de sa terrasse !

### A Tasquinha

Rua Adrião Batalha, 54 📞 262 55 19 45.
Mar.-dim. 12h-15h et 19h-22h. De 20 à 30 €.

En retrait du bairro dos Pescadores, il faut souvent se montrer patient avant de se mettre à table, même en ayant réservé. Heureusement, l'attente est récompensée par la qualité de la cuisine.

### Mar Bravo

Praça Sousa Oliveira, 71 📞 262 56 91 60.
T.l.j. 12h-23h. Plus de 40 €.

Les meilleurs poissons et crustacés de Nazaré, dit-on, à un emplacement stratégique. Assurément le restaurant le plus chic de la station.

### O Casalinho

Praça Sousa Oliveira, 7 📞 262 55 13 28, www.restaurantemarisqueiraocasalinho.pt. Jeu.-mar. 12h-15h et 19h-22h. Plus de 40 €.

Moins chic mais tout aussi prisé pour ses spécialités de la mer. La bouillabaisse de fruits de mer est top, et la *cataplana* de noix de lotte avec ses crevettes, excellente !

# • NOS ADRESSES •

## GLACIER

### Gelatomania

Av. Manuel Remígio, 3 📞 910 28 04 00 (port.). Mer.-lun. 11h-minuit.

La concurrence est rude sur le front de mer, mais c'est ici que vous trouverez les meilleures glaces de Nazaré – et italiennes, en plus !

## SPORTS ET LOISIRS

### Atlantic Safaris

Marina do Clube Naval da Nazaré 📞 965 02 59 66 (port.), www.atlanticsafaris.com

Axé sur le tourisme de nature et les activités nautiques : observation des dauphins, plongée, pêche, jet-ski, wakeboard, kayak et paddle.

### Nazaré Surf School

Av. da República 📞 916 386 907, www.nazaresurfschool.pt

Cette école de surf propose des cours de surf et de bodyboard pour tous niveaux, des surf trips et la location de matériel.

### Thalasso Nazaré

Av. Manuel Remígio, edifício Barra 📞 262 56 04 50, www.thalassoportugal.com

Situé directement sur la plage, ce centre de thalasso offre des soins classiques dans le cadre d'une cure, mais aussi des massages. Personnel très aimable.

## SHOPPING

Boutiques regorgeant de tentations (poupées, foulards, tabliers, bonnets, pulls, céramiques, etc.) le long de l'**avenida da República** et sur la grande place du quartier de Sítio.

# ÓBIDOS

## OÙ DORMIR

Il est fortement conseillé de réserver en saison. Les tarifs sont élevés. Vous trouverez des chambres d'hôtes à la sortie de la ville en direction de Pinhel (S).

### Hotel Rainha Santa Isabel

Rua Direita 📞 262 95 93 23, www.obidoshotel.com. 20 ch. De 70 à 80 €.

Un hôtel très confortable installé dans une superbe maison de la rue principale.

### Casa das Senhoras Rainhas

Rua do Padre Nunes Tavares, 6 📞 262 955 360, www.senhorasrainhas.com. De 90 à 130 €.

♥ À l'ombre des remparts, magnifique bâtisse métamorphosée en hôtel de charme. La réhabilitation a été agréée par l'Ippar, l'Institut portugais de protection du patrimoine. Les chambres sont superbes. Le restaurant propose des plats sophistiqués et inventifs pour un dîner romantique (comptez plus de 40 €).

### Casa d'Óbidos

Quinta de São José (1 km N) 📞 262 95 09 24, www.casadobidos.com. Rés. indispensable. De 90 à 130 €.

Un manoir du XIX$^{e}$ s. agrémenté de jolis jardins et d'une piscine. Pour des séjours plus longs, une annexe abrite d'autres chambres, équipées d'une cuisine, et un appartement. Le tout est abordable compte tenu des prestations.

### Pousada do Castelo

Paço real 📞 210 407 630. 9 ch. Rés. longtemps à l'avance. Plus de 150 €.

Magnifique *pousada* dans un palais manuélin, avec un petit jardin-patio et une table de très haute tenue.

## OÙ MANGER

### O Caldeirão

Largo de Santuário do Senhor da Pedra, 21 (à la sortie N, route de Caldas) 📞 262 95 98 39. Lun.-sam. 12h-15h et 19h-22h. Moins de 20 €.

Au bas de l'église du Senhor da Pedra, à la sortie d'Óbidos. Sympa, familial, idéal pour un dîner sans façon dans une ambiance rustique de bon goût. Cheminée en hiver.

## SHOPPING

Aucun problème pour acheter de la ***ginja de Óbidos*** (ou *ginjinha de Óbidos*), la liqueur de griotte locale, que vous trouverez en vente partout.

Ville littéraire, Óbidos compte plusieurs **librairies**, dont l'une abrite aussi un marché bio (Mercado Biológico de Óbidos, rua Direita, 28). Toutes les adresses sur **http://obidosvilaliteraria.com.**

# PENICHE ET BALEAL

## OÙ DORMIR

### Residencial Maciel

Rua José Estevão, 38 📞 262 78 46 85, www.residencialmaciel.com. Moins de 50 €.

L'hôtel compte en réalité 3 résidences, «Maciel 2» étant la plus récente et la plus qualitative. Située sur une place au charme désuet, à quelques pas du port et de l'animation.

### Sea Garden

Rua Alexandre Herculano, 76 📞 262 40 41 21, www.seagarden.pt. Plus de 70 €.

Une déco moderne dans un bâtiment du XIXe s., différentes catégories de chambres et un accueil délicieux !

### White Guest House

Av. das Escolas, 10 📞 925 96 57 35 (port.). 4 chambres. Plus de 70 €

Un heureux compromis entre la maison d'hôtes et l'hôtel, avec tout le cachet d'une petite structure à la fois design et chaleureuse.

### Surfers Lodge Peniche

Av. do Mar, 132, Casais do Baleal - Ferrel 📞 262 70 00 30, www.surferslodgepeniche.com. Plus de 100 €

♥ L'hôtel de la plage par excellence ! Terrasse panoramique où se lover dans les coussins au coucher du soleil, piscine extérieure et chambres splendides. Le lieu reprend les codes des surfeurs, tout en introduisant des prestations haut de gamme. Charme et design riment avec la cool attitude. Surf, paddle, plongée, golf, tennis et yoga sont au programme. Consultez les offres séjour + cours.

## OÙ MANGER

### A Sardinha

Rua Vasco da Gama 📞 262 78 18 20, www.restauranteasardinha.com. T.l.j. 12h-16h et 18h-22h30. F. mar. en été. Moins de 30 €

Une institution à Peniche ! Depuis 30 ans, ce restaurant sert des spécialités de poissons qui font l'unanimité. Rés. conseillée, de préférence en terrasse.

### Profresco M de Marisco

Marginal Norte, sítio do Abalo Peniche 📞 262 78 51 86. Mer.-lun. 12h-21h. Moins de 30 €

Dans ce restaurant-poissonnerie, si vous ne trouvez rien au menu qui vous convienne, vous pourrez choisir un poisson pour le faire frire ou griller. Un poil plus raffiné que l'adresse précédente.

### Moo Bar & Grill

Largo de Nossa Senhora da Guia, 1 - Ferrel 📞 262 149 726, moobarandgrill.com. Lun.-jeu. 19h-21h30 et ven.-sam. 22h. Moins de 30 €

Une fois n'est pas coutume, la viande est ici à l'honneur ! Top qualité, maîtrise des cuissons, accueil parfait et cadre léché.

## PÂTISSERIE

### Pastelaria A Ferreleja

Largo do Dr Manuel Pedrosa, 5 - Ferrel 📞 262 08 32 53. Lun. 6h30-13h30, mar.-dim. 6h30-20h.

Les viennoiseries et pâtisseries françaises vous manquent ? Le pain, les croissants et les gâteaux sont ici excellents !

## BAR

### The Base Café & Bar

Rua do Infante Dom Henrique, Lote 2 - Ferrel 📞 967 56 13 32 (port.). Mer.-dim. 18h-1h.

Le passage obligé à Baleal ! Vue spectaculaire, bel espace, cocktails aussi délicieux qu'originaux.

## SPORTS ET LOISIRS

### Peniche Surf Camp

Av. do Mar, 162, Casais do Baleal 📞 962 336 295 www.penichesurfcamp.com

École de surf pour tous niveaux.

*Balade souterraine*

# GRUTAS DE MIRA DE AIRE, VOYAGE AU CENTRE DE LA TERRE

Découvertes en 1947, ces grottes nées il y a 150 millions d'années forment une véritable cathédrale de calcaire souterraine.

^ La salle des «spaghettis»

## QUELQUES CHIFFRES

Ouvertes au public en 1974, ces grottes s'étendent sur 11,5 km de longueur et 230 m de profondeur. La visite ne concerne qu'une partie et ne descend que jusqu'à 110 m, soit 683 marches à travers des paysages sculptés de toute beauté, considérés comme l'une des sept merveilles du Portugal.
La température y est de 17 °C. Prévoyez une petite laine ! Pas moins de 3000 lampes et effets concourent à faire de ce parcours un spectacle inoubliable.

## Formation

L'eau, en s'évaporant, absorbe de grandes quantités de dioxyde de carbone lors de son passage dans l'atmosphère et se condense pour pénétrer à nouveau la terre sous forme de pluie. Dans cette région calcaire, elle s'infiltre facilement dans les fissures créées par l'érosion. Il existe sur ce site trois niveaux de grottes : la grotte fossile, la grotte dite semi-active, située au niveau du lac, et la grotte dite active, dans laquelle se créent de nouvelles galeries. Stalactites et stalagmites sont une des conséquences de l'érosion chimique, créant des colonnes aussi capricieuses que féeriques.

## PRATIQUE

Voir p. 170.

Pensez à vous couvrir, la température est très fraîche, même en plein été.

## VISITE GUIDÉE

La visite est précédée d'un petit film introductif (en anglais) sur la naissance des grottes. Puis l'exploration commence… Les premiers escaliers que l'on emprunte ont été construits en 1949 grâce à l'installation d'un treuil par les spéléologues. Avec ce dernier, il fut aussi possible d'accéder à la «grande galerie», située un peu plus bas.

Au fur et à mesure de la descente, les gros blocs de calcaire polis par l'érosion, mesurant de 10 à 30 m, se creusent et prennent des formes improbables évoquant des visages ou des animaux. Laissez filer votre imagination ! S'ajoutent des concrétions singulières, parfois monumentales, qui figurent aussi bien des phallus que des dents monstrueuses ou encore des «spaghettis». Les reliefs les plus éloquents sont baptisés «la fontaine de perles», du fait d'une cascade de gouttelettes pétrifiées, «le poulpe» et «la méduse», ou encore «l'orgue», identifiable par ses tuyaux.

La visite ne manque pas d'anecdotes… Une des salles sert de cave pour conserver de grands vins ! Dans les années 1950 et 1960, des explorations plus longues ont nécessité l'installation de camps à l'intérieur de la grotte. C'est dans cette partie que l'on peut voir «le coquillage» et ce «visage de femme âgée», profil emblématique du site.

En 2007, une expédition de la société de spéléologie portugaise a profité du faible niveau du Rio Negro – la rivière souterraine – pour découvrir de nouvelles galeries. La trace du niveau d'eau durant les hivers particulièrement pluvieux est bien visible sur la pierre, et ce phénomène implique parfois la fermeture de la grotte. La balade s'achève par une jolie mise en scène de jets d'eau colorés, le tout en musique. Puis la remontée se fait en ascenseur jusqu'à la surface, où vous profiterez du confort de la cafétéria avant de reprendre la route.

La grande galerie

11

# LE RIBATEJO, au fil du Tage ✧

Le Ribatejo, littéralement la «rive du Tage», est à la charnière des «deux Portugal» : celui de l'ouest riche, fertile et agricole, arrosé par le Tage et tourné vers le littoral et celui de l'intérieur, dépeuplé, où prédominent les champs d'oliviers. Si les monuments sont peu nombreux ici, la seule présence du convento de Cristo de Tomar suffit amplement à justifier cette promenade dans une région qui fut l'un des enjeux de la Reconquista. Et puis il y a Santarém, riche d'une multitude d'églises, ainsi que les rives du Tage, où s'égrènent des petites localités pittoresques.

## PRATIQUE


- **Plan p. 157**
- **Nos adresses p. 185**


### Accès

**En voiture**

**Santarém** est à 1h (82 km) au N de Lisbonne par l'A1, et **Tomar** à 1h30 (140 km).

**En train**

Depuis Lisbonne (Santa Apolónia), liaisons avec Santarém (1h), Abrantes (1h30/2h30) et Tomar (2h).

**Comboios de Portugal :** www.cp.pt

**Gare ferroviaire de Santarém :** Liaison en bus avec la gare routière.

**Gares ferroviaire et routière de Tomar :** Av. dos Combatentes da Grande Guerra.

Le castelo de Almourol

# L'ESSENTIEL

## À ne pas manquer

Marcher sur les pas des Templiers au convento de Cristo à Tomar ; rejoindre en barque le castelo de Almourol, cerné par les eaux du Tage.

## Expériences

Admirer les plus beaux pur-sang lusitaniens à Golegã ; goûter aux meilleurs vins du Ribatejo à Cartaxo.

## Santarém ✧

60 km S de Fátima par l'A1, 82 km N-E de Lisbonne.

La capitale du Ribatejo, en balcon sur la rive droite du Tage, est surtout réputée pour être un centre tauromachique majeur. Les jours de ***touradas***, une foule considérable venue de toute la région, et même de Lisbonne, converge vers les arènes. Une fois les embouteillages dissipés, le public assiste au spectacle, le souffle coupé, tandis que la vie s'arrête en ville.

### JARDIM DA REPÚBLICA

Largo Infante Santo. Stationnement près de l'école de cavalerie.

L'agréable jardin, sorte d'esplanade plantée de parterres, est bordé par le **Mercado municipal**, tapissé d'azulejos naturalistes (XIX$^{e}$ s.).

De l'autre côté s'élèvent le **convento de São Francisco**, érigé entre le XIII$^{e}$ et le XIV$^{e}$ s. (f. au public), et, un peu plus loin en longeant la rua 31 de Janeiro, l'impressionnante **Santa Clara** (XIII$^{e}$ s.) : l'église abrite le tombeau de Leonor, fille d'Afonso III.

**En bus**

• Avec **Rodoviária do Tejo** (www.rodotejo.pt) : liaisons Lisbonne (av. do Brasil)-Santarém (1h), Nazaré-Tomar (2h19) *via* Alcobaça, Batalha et Fátima.

• Avec **Rede Expressos** (www.rede-expressos.pt) : liaisons Lisbonne (Sete Rios) avec Abrantes (1h45), Chamusca (1h55) et Tomar (1h45), liaison Leiria-Tomar (1h10).

**Gare routière de Santarém :** Av. do Brasil, 41-53. Liaisons avec les principales villes du pays.

## Offices de tourisme

**Abrantes**
www.cm-abrantes.pt

**Santarém**
www.cm-santarem.pt

**Tomar**
www.cm-tomar.pt

## GASTRONOMIE

### *Route des vins*

Les meilleurs vins du Ribatejo sont produits, dit-on, à **Cartaxo** (12 km S-O de Santarém), qui se proclame « capitale du vin » – la ville organise une fête du Vin autour du 1er mai et dispose d'un petit musée qui lui est consacré. Vous pourrez acheter les crus locaux chez les négociants du centre ou directement à l'**Adega Cooperativa**.

> **Adega Cooperativa :** Estrada nacional 365, Cartaxo ☎ 243 77 09 87, http://adegacartaxo.pt. Lun.-ven. 10h-13h et 14h30-18h30, sam. 9h-14h.

Au-delà du rond-point, le **miradouro de São Bento** permet de bien saisir, vue d'en haut, la topographie de la ville.

### PRAÇA SÁ DA BANDEIRA

Au S du jardim da República.

La place s'annonce par une chapelle baroque, puis par la façade de l'**igreja do Seminário**. L'édifice de style jésuite (XVIIe s.) fut bâti sur le lieu d'exécution des assassins d'Inês de Castro en 1357. À l'intérieur, l'impressionnant plafond illustre le triomphe de la Vierge.

### IGREJA DE SANTA MARIA DE MARVILA ✧

Rua 1° de Dezembro. Depuis la praça Sá da Bandeira, suivez la rua Serpa Pinto jusqu'au largo de Marvila. ☎ 243 325 552 Mer.-dim. 10h-12h et 14h-17h30. Entrée libre.

Reconstruite à l'époque manuéline, comme l'indique son portail, l'«église de la Merveille» est couverte d'**azulejos** en «tapis» du XVIIe s.

### IGREJA DA GRAÇA ✧

Rua Vila de Belmonte. De l'igreja de Marvila, longez le flanc dr. de l'église, puis prenez à dr. Mer.-dim. 10h-12h30 et 14h-17h15. Entrée libre.

La façade de l'«**église de la Grâce**» est ornée d'un portail de style gothique fleuri et percée d'une rose qui éclaire une nef gothique (XIVe s.).

L'édifice renferme un grand nombre de **sépultures** (pierres tombales et enfeu – niche abritant un tombeau – gothiques dans le chœur), dont celle de Pedro Álvares Cabral, qui découvrit le Brésil en 1500. À côté, repose le gisant de Pedro de Meneses (mort en 1437), premier gouverneur de Ceuta.

### MUSEU MUNICIPAL

Rejoignez la rua São Martinho, qui prolonge la rua Serpa Pinto, et prenez à dr. la rua Eng. Zeferino Sarmento.

La basílica São João de Alporão abrite le **museu de Arte e Arqueologia** (☎ 243 37 72 90 ; fermeture jusqu'à une date indéterminée), dont la pièce majeure est l'**enfeu** de style gothique flamboyant (XVIe s.) de Duarte de Meneses : il ne contient qu'une dent, seule relique de ce chevalier mutilé par les Maures en 1464.

La basilique était à l'origine flanquée d'un campanile, qui fut détruit en 1785 pour permettre le passage du carrosse de la reine Maria Ire.

En face du musée se dresse la torre das Cabaças, appartenant au remaniement des fortifications effectué à l'époque manuéline. Elle abrite le petit **museu do Tempo** (mêmes coordonnées, mais celui-ci est ouvert : mer.-dim. 9h15-12h30 et 14h-17h15 ; entrée libre), consacré à la mesure du temps. Vue intéressante sur la ville depuis le dernier niveau.

---

## Les rives du Tage

Itinéraire de 60 km N-E jusqu'à Tomar.

Délaissant l'autoroute qui rejoint Tomar, cet itinéraire buissonnier suit la rive gauche du Tage. Il traverse la campagne du Ribatejo et quelques bourgs viticoles attachants, où l'on élève des taureaux et des chevaux. Parfait pour prendre un bon bol d'air !

^ La fête des Tabuleiros à Tomar

### ALPIARÇA

11 km N-E de Santarém par la N368, env. 50 km N de Lisbonne par l'A1, la N3, puis la N368.

Au sud d'Alpiarça se trouve la **casa-museu dos Patudos** (☎ 243 55 83 21, www.casadospatudos.blogspot.pt ; vis. guidée en français sur rés. mar.-dim. 10h-12h30 et 14h-17h30, 18h30 de mars à oct. ; entrée : 2,50 €). L'ancienne propriété de l'homme politique et philanthrope José Relvas (1858-1929) abrite des **peintures** étrangères (Delacroix, Zurbarán, entre autres) et portugaises (notamment Silva Porto et José Malhoa, ami de Relvas). Vous verrez aussi un ensemble d'**arts décoratifs** : meubles, céramiques, azulejos et tapis d'Arraiolos.

### CHAMUSCA

14 km N d'Alpiarça par la N118.

C'est la localité la plus séduisante. Tout en longueur, elle est caractéristique du Ribatejo, avec ses maisons basses ornées de frises et colorées de géraniums. Dans le centre, remarquez le **Clube Agrícola**, bel édifice Art nouveau (1912). Les arènes (1919), au nord, ont des dimensions conséquentes par rapport au bourg, plutôt modeste. Elles peuvent accueillir jusqu'à 3300 spectateurs.

### GOLEGÃ

8,5 km N de Chamusca par la N118 et la N243.

La petite cité est célèbre pour sa **feira nacional do Cavalo** (fnc.cm-golega.pt), qui se tient autour du 11 novembre : c'est l'occasion de voir les plus beaux pur-sang lusitaniens élevés dans la région et de goûter aux différents crus du Ribatejo. L'**église** au portail manuélin richement sculpté, sur la place principale, est l'œuvre de Boytac, l'architecte des Jerónimos de Belém (p. 105).

## Tomar ✧✧

24 km N de Golegã par les N365 et IC3, 60 km N-E de Santarém par l'A1, l'A23, puis la N110, 140 km N-E de Lisbonne.

Voilà une ville apaisante comme on en trouve plutôt dans le nord du pays, avec un vieux centre coquet et un grand jardin se reflétant dans les eaux paresseuses d'une rivière. La silhouette du **convento de Cristo**, en promontoire sur la ville, vient néanmoins rappeler son passé guerrier, au début de la Reconquista, lorsque Tomar était la

**CULTURE**

*Les tabuleiros*

À Tomar, tous les quatre ans début juillet (prochaine édition en 2023), la fête des Tabuleiros («des plateaux») donne lieu à un cortège de 700 jeunes filles – des vierges à l'origine – dans les rues décorées de fleurs en papier. Les demoiselles portent sur leur tête une spectaculaire «pièce montée» faite d'un empilement de pains, de fleurs et de feuillages que surmonte une colombe. L'ensemble, dit-on, peut peser la bagatelle de 15 kg... La fête, liée à sainte Isabelle, tire ses origines d'un ancien rite païen de fertilité.

capitale des Templiers et un avant-poste chrétien (encadré ci-dessous).

### CONVENTO DE CRISTO ✧✧✧

📞 249 31 50 89, www.conventocristo.pt. Oct-mai : t.l.j. 9h-17h30 ; juin-sept. : t.l.j. 9h-18h30. Entrée : 6 € ; billet combiné avec les monastères de Batalha et d'Alcobaça : 15 €.

Bâti à l'intérieur de l'enceinte du château des Templiers, le couvent du Christ résume cinq siècles d'architecture, depuis la rotonde du XIIe s., qui évoque les modèles byzantins, jusqu'au cloître palladien du XVIe s., en passant par la célébrissime fenêtre manuéline dite «de Tomar».

La visite de ce labyrinthe est passionnante, avec ses innombrables pièces ou cloîtres découverts au hasard d'un escalier ou d'un corridor... mais exigeante en temps (comptez 1h minimum).

#### Les cloîtres gothiques

La visite commence par les cloîtres : le cloître du Cimetière, d'où part un étroit corridor qui conduit à l'église, et le cloître des Ablutions, tous deux d'une grande simplicité.

#### L'église ✧✧

La **rotonde des Templiers** (XIIe s.), avec son plan centré, fait explicitement allusion au Saint-Sépulcre de Jérusalem. La décoration date du début du XVIe s. On est frappé par son exubérance, son inventivité et sa manière fastueuse – presque orientale – d'exprimer une foi religieuse. Aux stucs de goût mudéjar s'ajoutent des sculptures, des figures bibliques et les emblèmes royaux de Manuel I, commanditaire du programme.

En face de la rotonde, s'ouvre une **nef** manuéline ajoutée par Diogo de Arruda vers 1510. Elle est constituée d'un *coro alto* (jubé) couvert d'une jolie voûte et, au niveau inférieur, d'une salle utilisée lors des assemblées du chapitre, percée de trois magnifiques fenêtres manuélines. Celle du fond est l'envers de la fameuse «fenêtre de Tomar».

#### Le grand cloître ✧✧

Commencé par l'Espagnol Diogo de Torralva vers 1560, le cloître principal a été achevé par Terzi vingt ans plus tard dans le style de Palladio. Selon la tradition, Philippe II choisit ce lieu pour ceindre la couronne du Portugal, d'où son nom de *claustro dos Felipes*. Dans un renfoncement, on distingue l'une des fenêtres manuélines de l'église.

Monter au niveau supérieur du grand cloître permet de comprendre la complexité du plan de l'église et le mélange des styles. La vue sur le **portail** d'entrée est remarquable : réalisé par João de Castilho, il oscille entre le style plateresque et le style manuélin, évoquant l'Espagne et Salamanque. Une **cafétéria** est installée dans une fraîche et belle salle voûtée ouvrant sur le **cloître des Corbeaux**, mais peut-être préférerez-vous profiter de la terrasse dominant la campagne.

^ La rotonde des Templiers du convento de Cristo

### Corredore das Celas et la fenêtre de Tomar ✧✧✧

Du grand cloître, vous passez ensuite dans un long corridor voûté en berceau desservant les cellules des moines, où trône un Christ de pitié assis.

La galerie, elle-même reliée à la galerie supérieure du **claustro de Santa Bárbara**, conduit au **claustro das Hospedarias** (le «cloître de l'Hostellerie»). En face, se trouve la **fenêtre de Tomar**, joyau d'extravagance manuéline conçu par Diogo de Arruda (encadré p. 461). Son décor presque baroque foisonne de nœuds, chaînes, cordages, mâts, algues, coraux et coquillages évoquant le monde maritime et l'épopée des grandes découvertes. Deux sphères armillaires encadrent le blason de Manuel I et la croix évidée de l'ordre du Christ.

En redescendant vers la ville, on découvre la petite **igreja Nossa Senhora da Conceição** (ouv. aléatoire), un véritable joyau de la Renaissance, d'une extrême pureté de lignes et de proportions.

### LA VILLE ✧

Face au vieux pont qui enjambe la rivière Nabão, la **rua Serpa Pinto**, bordée de beaux immeubles tapissés d'azulejos (nos 21-23 et 81-85), traverse le quartier ancien et débouche **praça da República**.

STOIRE

### *La maison mère des Templiers*

Alliés des premiers rois portugais, les Templiers s'établissent au XII$^{e}$ s. dans la zone-frontière avec le Sud musulman. Des châteaux forts s'élèvent un peu partout. En 1190, quand la région est suffisamment sécurisée, **Gualdim Pais**, grand maître des Templiers, décide d'installer la maison mère de l'ordre dans la forteresse de Tomar. Après sa dissolution en 1314, l'ordre templier ne subit pas au Portugal les persécutions dont il fait l'objet dans le reste de l'Europe. En 1319, le roi Dinis I obtient du pape la création de l'ordre du Christ. Les anciens moines-soldats intègrent la nouvelle communauté. Leur fortune finance l'exploration de la côte africaine au début du XV$^{e}$ s., puis les grandes expéditions du XVI$^{e}$ s. Dès 1556, Tomar devient le siège de l'importante congrégation. Le déclin interviendra après la décision de João III (1521-1557) de rétrograder l'ordre du Christ au rang de simple communauté religieuse.

PAUSE

**Estrelas de Tomar**

Derrière la délicieuse façade vernissée de la **pastelaria Estrelas de Tomar** se cachent les meilleures pâtisseries de la ville : *queijadas de Tomar, Beija-me Depressa, bolos* «Rainha Santa»... Vente de miel également.

> Rua Serpa Pinto, 12 ☎ 249 31 32 75, http://estrelasdetomar.pai.pt. T.l.j. 8h-20h.

### Praça da República ✧

Sur cette esplanade, se déroule la fête des Tabuleiros (encadré p. 182). Autour de la place s'élèvent l'hôtel de ville du XVII$^{e}$ s. et l'église **São João Baptista** (☎ 249 312 611. T.l.j. 9h-13h et 14h-18h sf lun. 10h-17h ; entrée gratuite), avec son élégant portail et son clocher octogonal coiffé d'un toit pointu très caractéristique. Les parois de la nef (à dr.) portent un **cycle de peintures** de Gregório Lopes (scènes de la vie de saint Jean-Baptiste et de la Passion).

### Sinagoga de Tomar ✧

Rua Joaquim Jacinto, 73 ☎ 249 32 98 23, www.cm-tomar.pt. Avr.-sept. : mar.-dim. 10h-13h et 14h-18h ; oct.-mars 10h-12h et 14h-17h. Entrée libre.

La plus ancienne synagogue portugaise (XVI$^{e}$ s.) a été transformée en petit **musée**. Des poteries serties dans les murs permettaient d'améliorer l'acoustique et la puissance sonore des chants liturgiques.

## De Tomar à Abrantes

Itinéraire d'env. 50 km (avec détour par Almourol) par la N358-2 et l'A23.

Sur la route de Torres Novas, une bifurcation à gauche (N358-2) gagne la vallée du Zêzere et l'imposant **barrage do Castelo de Bode**. Au terme d'un très bel itinéraire, la route retrouve ensuite l'A23 à Constância (centre nautique), où le Zêzere se jette dans le Tage.

### CASTELO DE ALMOUROL ✧✧

Env. 3 km O de Constância.

Au lieu de poursuivre en amont du fleuve, faites un petit détour en aval (prenez la direction de Torres Novas, puis la sortie pour Tancos) pour découvrir ce petit château de conte de fées du XII$^{e}$ s., isolé sur une île du fleuve. Il est accessible soit en barque, soit en empruntant une passerelle. Le château serait hanté par une princesse amoureuse de son esclave maure... Une halte absolument romantique !

### ABRANTES ✧

45 km S-E de Tomar par l'IC3 et l'A23 (prenez la première sortie, Abrantes Oeste), 139 km N-E de Lisbonne.

Au bord du Tage, la dernière localité du Ribatejo s'est entourée d'une ceinture de banlieues en un temps record. Le centre reste tout de même attachant avec son château dominant des maisons soulignées de jaune : l'ambiance du Sud portugais est déjà là. Le **château** (mar.-dim. 9h30-12h30 et 14h-18h) a été bâti sous le règne de Dinis I, au début du XIV$^{e}$ s. Censé protéger la route de Lisbonne, il s'est avéré parfaitement inefficace pour contrer l'avancée des troupes de Junot en 1807. Sa visite vaut surtout pour le panorama sur la vallée du Tage et sur la ville, en contrebas. Un petit musée, installé dans la capela Santa Maria, abrite le tombeau (XVI$^{e}$ s.) d'un comte d'Abrantes, de style gothique flamboyant.

# • NOS ADRESSES •

## ABRANTES

### OÙ MANGER

#### A Cascata

Rua Manuel Lopes Valente Júnior, Alferrarede
☎ 241 36 10 11. Mar.-dim. 12h-15h et 19h-22h30.
F. dim. soir. Moins de 20 €.

Cuisine régionale de qualité avec des spécialités comme les *maranhos* et les *buchos*. Ambiance décontractée.

## ALPIARÇA

### OÙ MANGER

#### Casa da Emília

Rua Manuel Nunes Ferreira, 101 ☎ 243 55 63 16.
Mar.-dim. 12h30-15h et 19h30-22h.
F. lun. et mar. midi. De 20 à 30 €.

♥ Cette table gastronomique jouit d'une solide réputation dans le Ribatejo. Pourtant, la concurrence est rude dans cette ville où fourmillent les bons restaurants ! On s'y régale de ce que le Ribateijo offre de meilleur... et cuisiné de la meilleure des manières !

## SANTARÉM

### OÙ DORMIR

#### Santarém Hotel

Av. Madre Andaluz ☎ 243 33 08 00,
www.santaremhotel.net. 105 chambres.
Moins de 80 €.

Impossible de manquer l'hôtel, tant il s'impose dans le paysage. L'établissement et sa déco vieillotte ne laissent ni un souvenir impérissable ni un sentiment négatif. En dehors de la piscine, la vue depuis les chambres reste son atout.

#### Casa de Alcáçova

Largo da Alcáçova, Portas do Sol ☎ 243 304 030,
www.alcacova.com. 8 ch. Autour de 150 €.

Une vieille demeure du XVII$^{e}$ s. de grande classe, labellisée «Tourisme d'habitation». Les chambres, en balcon sur la vallée, sont meublées d'antiquités.

⌄ Constância

# • NOS ADRESSES •

## OÙ MANGER

### Taberna do Quinzena (I)

Rua Pedro de Santarém, 93-95 ☎ 243 32 28 04, www.quinzena.com. Lun.-sam. 11h-minuit et dim. 11h-15h30. Moins de 20 €.

Une taverne traditionnelle sur le chemin des arènes, où la tauromachie est à l'honneur. Très bonne cuisine régionale. Autre adresse : **Taberna do Quinzena II** (R. Dr. Jaime Figueiredo, 19-21 ☎ 243 33 31 10), un peu plus proche du centre historique.

### Adiafa

Campo Emílio Infante da Câmara ☎ 912 37 88 69 (port.). Mer.-lun. 11h-19h. De 20 à 30 €.

Restaurant à côté des arènes et du champ de foire, reconnaissable à son architecture à l'andalouse. Bonne ambiance les jours de *touradas*. Terrasse.

## PÂTISSERIE

### Pastelaria Bijou

Rua Capelo e Ivens, 135 ☎ 243 32 29 05. T.l.j. 8h-19h.

Le rendez-vous gourmand des habitants de Santarém. Un merveilleux choix de pâtisseries, dont les *pampilhos*, la spécialité de Santarém parfumée à la cannelle.

### Fêtes à Santarem

> Autour du 1er mai. **Fête du Vin à Cartaxo** (12 km S-O), où sont produits, paraît-il, les meilleurs vins du Ribatejo. Sa **feira dos Santos**, qui se tient le 1er novembre et dont la tradition remonte au XVIIe s., attire aussi beaucoup de monde.

> Juin. **La Foire nationale de l'agriculture** (feiranacionalagricultura.pt) se déroule pendant dix jours à partir du 1er vendredi de juin. C'est l'occasion de goûter aux spécialités de la région, entre spectacles folkloriques et *touradas* (corridas portugaises).

# TOMAR

## OÙ DORMIR

### Cavaleiros de Cristo

Rua Alexandre Herculano, 7 ☎ 249 32 12 03. Moins de 50 €

Petit hôtel de 17 chambres, confortables et modernes, mais sans charme particulier.

### União

Rua Serpa Pinto, 94 ☎ 249 32 31 61. 25 chambres. Moins de 50 €

Simple et confortable, du charme, un bon accueil et un emplacement parfait. Toutefois mal insonorisé.

### Dos Templários

Largo Cândido dos Reis, 1 ☎ 249 31 01 00, www.hoteldostemplarios.com. 170 ch. De 80 à 110 €

Établissement à l'architecture moderne caché dans la végétation. Restaurant luxueux et hall pharaonique. Bon accueil et parking vraiment pratique.

## OÙ MANGER

La plupart des restos se trouvent dans le quartier ancien, notamment le long de la rua Dr Joaquim Jacinto.

### O Tabuleiro

Rua Serpa Pinto, 140 ☎ 249 31 27 71. Lun.-sam. 12h-15h et 19h-22h. Moins de 20 €.

O Tabuleiro est un restaurant sans prétention de la rue principale de la vieille ville, pour un déjeuner ou un dîner copieux en toute décontraction.

### Chico Elias

Rua Principal, 70, à Algarvias (2 km O) ☎ 249 31 10 67. Rés. obligatoire et horaires flexibles. De 30 à 40 €

Une cuisine qui associe tradition et créativité. Excellente adresse fréquentée par les locaux.

Foire nationale du Cheval à Golegã

# L'ALENTEJO

Couvrant la plus grande partie du sud du Portugal, de la frontière espagnole à la côte atlantique, l'Alentejo est une région variée, qui mêle idéalement patrimoine et tourisme de plein air. Avec ses sites mégalithiques et ses vestiges de l'Empire romain et de la présence arabe, la région passionnera les amateurs d'histoire, qui trouveront à Évora un résumé du passé du pays inscrit dans la pierre. Mais l'Alentejo, c'est aussi une côte atlantique sauvage, avec des paysages à couper le souffle, et deux grands parcs naturels propices aux balades sportives. Au nord, la serra de São Mamede permet de belles randonnées dans une ambiance de montagne. Au sud, le parc naturel de la vallée du Guadiana est un paradis pour les amateurs de kayak et de sports nautiques. La région est parsemée de paisibles villages blancs, où les tables sont accueillantes et les repas copieux, et où la vie tourne au ralenti. L'Alentejo invite à la détente.

Mértola et le fleuve Guadiana

# L'Alentejo

N
Cabo Carvoeiro
Caldas da Rainha
Obidos
Rio Maior
Golegã
Santarém
Alpiarça
Almeirim
Rio Tejo
Torres Vedras
Alenquer
Salvaterra de Magos
Ericeira
Mafra
Coruche
Sintra
Cabo da Roca
LISBONNE
Cascais
Almada
Cruzamento de Pegões
OCÉAN ATLANTIQUE
15 Le littoral alentejan p. 240
Tróia
Praia de Tróia
Praia de Soltróia
Carrasqueira
Comporta
Alcácer do Sal
Carvalhal
Melides
Grândola
Santo André
Santiago do Cacém
Sines
Praia de São Torpes
Rota Vicentina ★★
Porto Covo
Praia dos Aivados
Cercal
Trilho dos Pescadores
Vila Nova de Milfontes
Praia das Furnas
Parque natural do Sudoeste Alentejano e Costa Vicentina
Praia do Almograve
Almograve
Odemira
★★ Cabo Sardão
Zambujeira do Mar
São Teotónio
Randonnée p. 25
Azenha do Mar
Praia de Odeceixe
Odeceixe
0 20 km
A 8
N 8-6
IC 2
N 243
A 23
N 362
N 3
A 1 E 80
N 114
A 15
IP 6
N 366
N 8-2
N 247
N 1
N 9
N 8
A 21
A 10
N 118
A 13 IC 3
N 114-3
N 119
A 9
N 10
N 249
A 12 IP 1
A 5
IC 32
A 12
A 2 E 90
A 2 E 1
A 13
A 6
IC 1
N 253
IP 1
N 261
IP 8
IC 4
N 390
N 393
N 120

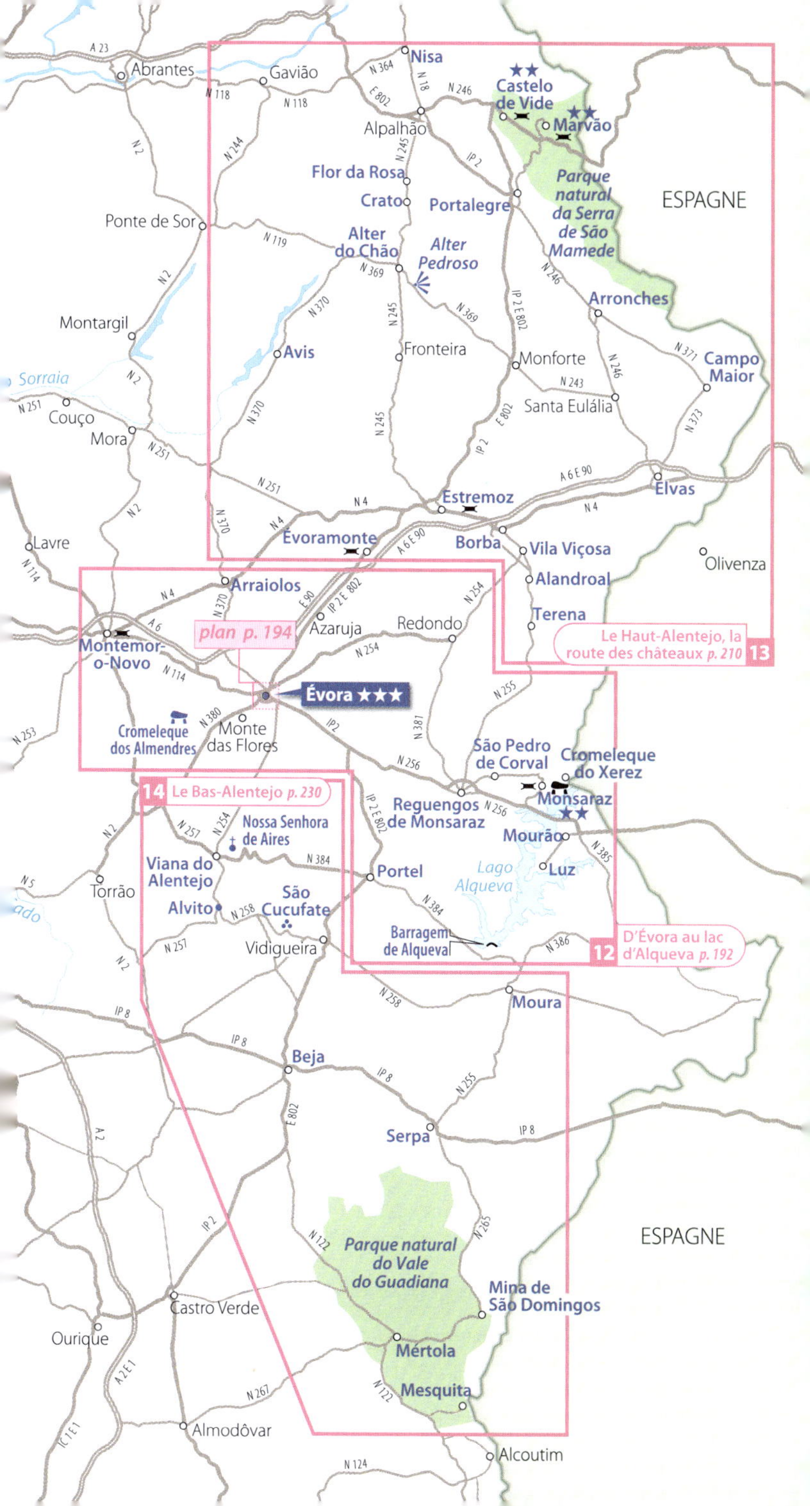

Abrantes
Gavião
Nisa
Castelo de Vide
Marvão
Alpalhão
Flor da Rosa
Crato
Portalegre
Parque natural da Serra de São Mamede
ESPAGNE
Ponte de Sor
Alter do Chão
Alter Pedroso
Arronches
Montargil
Avis
Fronteira
Monforte
Campo Maior
Sorraia
Couço
Mora
Santa Eulália
Elvas
Estremoz
Lavre
Évoramonte
Borba
Vila Viçosa
Olivenza
Arraiolos
Alandroal
Terena
Montemor-o-Novo
plan p. 194
Azaruja
Redondo
Le Haut-Alentejo, la route des châteaux p. 210
13
Évora ★★★
Cromeleque dos Almendres
Monte das Flores
São Pedro de Corval
Cromeleque do Xerez
Monsaraz
14
Le Bas-Alentejo p. 230
Reguengos de Monsaraz
Nossa Senhora de Aires
Mourão
Viana do Alentejo
Portel
Lago Alqueva
Luz
Torrão
Alvito
São Cucufate
Barragem de Alqueva
Vidigueira
12
D'Évora au lac d'Alqueva p. 192
Moura
Beja
Serpa
ESPAGNE
Parque natural do Vale do Guadiana
Mina de São Domingos
Castro Verde
Ourique
Mértola
Mesquita
Almodôvar
Alcoutim
A 23
N 118
N 2
N 244
N 364
N 18
E 802
N 246
N 245
IP 2
N 119
N 369
N 370
IP 2 E 802
N 371
N 243
N 373
N 251
A 6 E 90
N 4
N 114
A 6
E 90
N 254
N 380
N 381
N 255
N 256
N 253
N 257
N 384
N 385
N 5
N 258
N 386
IP 8
E 802
A 2
N 265
N 122
A 2 E 1
N 267
IC 1 E 1
N 124

# 12 D'ÉVORA au lac d'Alqueva ✧✧✧

Inscrit sur la liste du patrimoine mondial de l'Unesco, le centre d'Évora est une succession de belles bâtisses jaunes et blanches, de places ombragées agréables et de monuments historiques. Véritable musée à ciel ouvert, la vieille ville raconte toutes les époques du pays depuis l'Empire romain. Mais l'histoire s'écrit aussi au présent : Évora est une ville universitaire vivante, qui fait figure d'exception dans cette région dépeuplée. La campagne alentour est une région vallonée plantée de vignobles et d'oliveraies, où se détache le magnifique village blanc de Monsaraz, qui surplombe les eaux du lac d'Alqueva.

## PRATIQUE


- **Plan p. 194-195**
- **Nos adresses p. 204**


### ↓ Accès

La région d'Évora est facile d'accès depuis Lisbonne.

**En voiture**

**Évora** est à 1h30 de Lisbonne par l'A2 et l'A6 vers Espanha Santarém, puis N14 vers Évora.

**Monsaraz** est à 50 min (40 km E) d'Évora par l'IP2 et la N256 (pas de desserte en bus, taxi possible depuis Reguengos de Monsaraz).

**En train**

**Gare ferroviaire d'Évora :** 1,5 km S de la ville par l'av. Dr Francisco Barahona. Liaisons quotidiennes avec Lisbonne Sete Rios (1h20), Lisbonne Entrecampos (1h30), Beja (2h20) et l'Algarve (3h35 de Faro).

Évora

# L'ESSENTIEL

## À ne pas manquer

La cathédrale, le temple romain et le musée d'Évora ; le cromlech dos Almendres, une forêt de mégalithes magique au coucher du soleil ! ; le mignon village de Monsaraz, chéri des peintres.

## Expériences

Une dégustation de vin à l'Herdade do Esporão ; une balade en voilier sur le lac d'Alqueva.

# Évora ✧✧✧

150 km E de Lisbonne par l'A12, l'A2 et l'A6 vers Espanha Santarém, puis la N14.

L'air de rien, en déambulant dans les rues étroites du centre, vous remonterez l'histoire du Portugal. Le patrimoine architectural d'Évora raconte cette histoire. Petit temple romain, muraille médiévale intacte, magnifique cathédrale, palais et florilège d'églises de toutes les époques : chaque période de l'histoire du pays est représentée. Le souvenir de la présence musulmane est perceptible partout, tant dans la profusion des jardins suspendus que dans les maisons blanches à moucharabiehs.

## AUTOUR DU LARGO DO CONDE DE VILA FLOR

Plan C2.

Commencez par la grande place ombragée de la ville haute, qui regroupe à elle seule les principaux monuments de la ville : le **temple romain**, le **musée d'Évora** et la **cathédrale**.

**Comboios de Portugal** : www.cp.pt

**En bus**

**Évora : Rede Expressos** (www.rede-expressos.pt) propose de nombreuses liaisons avec Lisbonne (1h30), Porto (5h15 à 8h), Beja (1h15) et l'Algarve (4h15 de Faro).

**Gare routière d'Évora :** Route de Lisbonne (derrière le cimetière) ☎ 266 73 81 20

**Les villages de l'Alentejo :** Depuis Évora, liaisons avec Arraiolos, Montemor-o-Novo, Portel, Reguengos de Monzaraz et Mourão avec les compagnies **Rodoviária do Alentejo** (www.rodalentejo.pt) et **Rede Expressos**.

## Se déplacer

À **Évora**, mieux vaut oublier votre voiture, car beaucoup de rues sont piétonnes. Stationnez à l'extérieur des murailles, aux alentours de la praça de Touros (plan B3). Vous pourrez ensuite découvrir la ville à pied. Les principaux monuments sont proches les uns des autres. →

## Évora

ARRAIOLOS, LISBONNE
A
ÉVORAMONTE, ESTREMOZ
B
Aqueduto
Estrada
Portas de Avis
LARGO DE AVIS
Rua
Portas de Casoa
Rua do Aqueduto
Igreja do Calvário
R. Cândido dos Reis
R. do Calvário
LARGO DE CHÃO DAS COVAS
Avis
Rua das Fontes
R. de Manuel d'Olival
Rua de Avis
Cano
Estrada dos Penedos
Alentejo Wine Route Office
R. da Moura
R. José Elias Garcia
PRAÇA J. ANTÓNIO DE AGUIAR
R. do Menino Je
Teatro
LARGO LUÍS DE CAMÕES
R. de D. Isabel
Tem rom
Câmara municipal
R. G. V. do Monte Pereira
R. J. de Deus
PRAÇA DO SERTÓRIO
LARG COND VILA
Rua da
Igreja S. Tiago
Igreja Santo Antão
Igreja Santa Clara
Museu do Relógio
R. 5
Rua
Rua Serpa Pinto
PRAÇA DO GIRALDO
Rua da Moeda
Portas de Alcouchel
Rua dos Mercadores
Rua Raimundo
Matos
Rua da R
Circunvalação
Rua do Bernardo
Museu do Artesanato e do Design
LISBONNE
Capela dos Ossos
Cemitério
PRAÇA 1° DE MAIO
Rua Romão
Igreja das Mercês (Museu de Artes decorativas)
Mercado
Igreja de São Francis
Rua 24 de Julho
Rua
Rua
MONTEMOR-O-NOVO
Palácio de Dom Manu
Ruinas Fingidas
Portas de Raimundo
Jardim Público
Avenida General Humberto Delga
PRAÇA DE TOUROS
ALCAÇOVAS
1
2
3
P

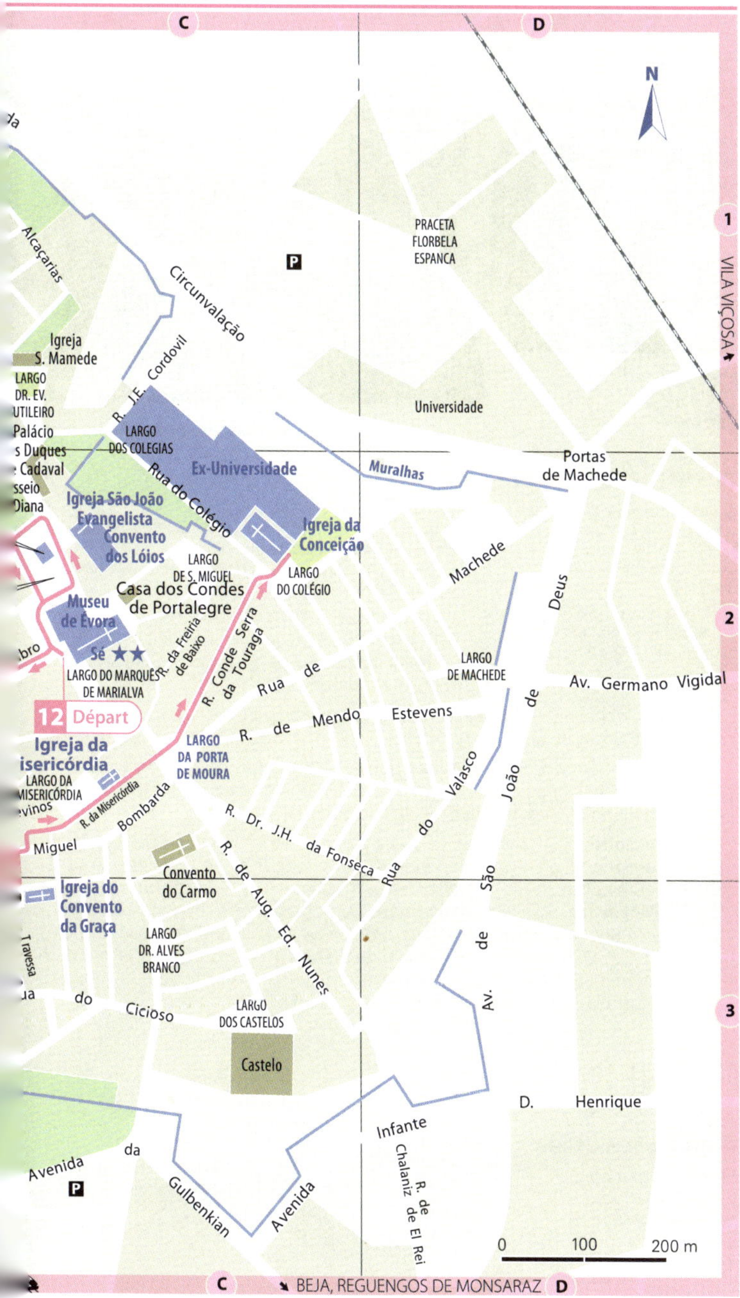

C
D
N
1
2
3
VILA VIÇOSA
PRACETA FLORBELA ESPANCA
Alcaçarias
Circunvalação
Igreja S. Mamede
LARGO DR. EV. UTILEIRO
Palácio s Duques : Cadaval
sseio Diana
R. J.E. Cordovil
LARGO DOS COLEGIAS
Ex-Universidade
Universidade
Muralhas
Portas de Machede
Rua do Colégio
Igreja São João Evangelista
Convento dos Lóios
Igreja da Conceição
LARGO DE S. MIGUEL
Casa dos Condes de Portalegre
LARGO DO COLÉGIO
Machede
Deus
Museu de Évora
Sé ★★
R. da Freiria de Baixo
R. Conde Serra da Touraga
Rua de
LARGO DE MACHEDE
Av. Germano Vigidal
LARGO DO MARQUÊS DE MARIALVA
12 Départ
Igreja da isericórdia
LARGO DA MISERICÓRDIA
R. da Misericórdia
Bombarda
LARGO DA PORTA DE MOURA
R. de Mendo Estevens
Valasco
João
de
R. Dr. J.H. da Fonseca
Rua do
Miguel
Convento do Carmo
R. de Aug. Ed. Nunes
São
Igreja do Convento da Graça
LARGO DR. ALVES BRANCO
Travessa
do Cicioso
LARGO DOS CASTELOS
Castelo
Av. de
D. Henrique
Infante
R. de Chalaniz de El Rei
Avenida da Gulbenkian
Avenida
P
0 100 200 m
BEJA, REGUENGOS DE MONSARAZ

^ La cathédrale d'Évora et son cloître

## PAUSE

### *Pâtisserie Violeta*

La **pastelaria Violeta** est une institution incontournable d'Évora. On s'y presse pour savourer les spécialités de l'Alentejo.

> Rua José Elias Garcia, 47 (plan B1-2) 📞 266 70 20 48. Lun.-ven. 7h30-19h, sam. 7h30-14h.

### Sé Catedral ✧✧

**Plan C2** – Largo do Conde de Vila Flor 📞 266 75 93 30, www.evoracathedral.com. Cathédrale et musée : t.l.j. 9h-17h. Entrée : 2,50 € (cathédrale et cloître), 4,50 € (cathédrale, cloître, tour et musée).

La cathédrale a été construite en un siècle (1186-1286), dans un style gothique rude accentué par l'emploi du granit. Les deux tours de façade, asymétriques, datent du XVI$^{e}$ s. Le clocher est roman et son dôme conique en pomme de pin rappelle ceux de Saintes ou de Poitiers.

Le portail est orné de statues d'apôtres (XIV$^{e}$ s.). La nef, très sobre et voûtée en berceau brisé, est prolongée par une coupole octogonale. Dans le chœur, ne manquez pas les marbres de couleur du XVIII$^{e}$ s.

Le **cloître** de style gothique, d'une grande sobriété, est agrémenté d'orangers et orné d'une statue d'évangéliste à chaque angle. De la galerie supérieure s'offre une belle vue sur les parties hautes de l'édifice. Enfin, le **musée d'Art sacré** expose les collections du richissime trésor de la cathédrale, dont une étonnante vierge ouvrante en ivoire, œuvre d'un atelier français du XIV$^{e}$ s., et un reliquaire enrichi de pierres précieuses et renfermant un fragment de la Croix. Terminez votre visite par l'ascension de la tour jusqu'à la terrasse panoramique : la vue sur la ville est magnifique.

## PRATIQUE (SUITE)

### ↓ Adresses utiles

**Offices de tourisme**

**Évora**
Praça do Giraldo 70-73 (plan B2) 📞 266 77 70 71, www.cm-evora.pt. Avr.-oct. t.l.j. 9h-19h ; nov.-mars lun.-ven. 9h-18h, sam.-dim. 10h-14h et 15h-18h.

**Arraiolos**
www.cm-arraiolos.pt

**Monsaraz**
www.cm-reguengos-monsaraz.pt

**Montemor-o-Novo**
www.cm-montemornovo.pt

**Mourão**
www.cm-mourao.pt

**Reguengos de Monsaraz**
www.cm-reguengos-monsaraz.pt

## Museu de Évora ✧

Plan C2 – Largo do Conde de Vila Flor ☎ 266 73 04 80. Mar.-dim. 10h-18h (9h30-17h30 oct.-mars). Entrée : 3 € ; gratuite 1er dim. du mois jusqu'à 14h.

Le **musée d'Évora** est installé dans l'ancien palais épiscopal, dont l'ampleur suffit à dire le rayonnement de la ville à la Renaissance. Au rez-de-chaussée sont présentés des **blasons** et des **sculptures**, dont de magnifiques œuvres du Français Nicolas Chantereine (1470-1551), célèbre pour sa contribution au rayonnement de l'architecture portugaise. L'étage abrite une **collection de primitifs** portugais : le polyptyque qui ornait le maître-autel de la cathédrale est l'œuvre la plus impressionnante.

## Templo romano ✧

Temple romain

Plan C2 – Largo do Conde de Vila Flor. Accès libre t.l.j. 24h/24.

Le **temple de Diane** (IIe s. apr. J.-C.), le temple romain le mieux conservé du pays, conserve une partie de sa colonnade en marbre d'Estremoz.

## Convento dos Lóios ✧

Plan C2 – Largo do Conde de Vila Flor ☎ 266 73 00 70. Accès aux horaires d'ouverture de l'hôtel dos Lóios.

Juste en face, le couvent fondé au XVe s. abrite la **Pousada Convento de Évora**. Passer la nuit dans l'une des anciennes cellules constitue un plaisir rare ! À défaut, on se consolera en visitant le hall de style manuélin, les cours intérieures et le petit cloître où priaient les moines, transformé depuis, en restaurant de charme.

## Igreja São João Evangelista ✧

Église Saint-Jean-l'Évangéliste

Plan C2 – Rua Augusto Simoes Francisco ☎ 266 73 00 30. Mar.-dim. 10h-18h. Entrée : 4 € ; 7 € avec la visite du palácio dos Duques de Cadaval.

L'église du convento dos Lóios a été construite à la fin du XVe s. Sa nef, qui s'ouvre par un portail flamboyant, est décorée d'**azulejos** signés en 1711 par Oliveira Bernardes, comme la ***Vie de saint Laurent***. L'église abrite également les tombeaux de la famille des comtes d'Olivença et de Melo, dont le palais, le **palácio dos Duques de Cadaval** (rua Augusto Filipe Simões ☎ 967 97 97 63 (port.). Fermé jusqu'en mai 2022 pour travaux. Tél. pour vérifier les horaires.), est situé à quelques pas. La sépulture de Francisco de Melo est attribuée à Chantereine. Dans la nef, notez les trappes laissant entrevoir la citerne souterraine et les ossements des moines.

### ↓ Œnotourisme

**Rota dos Vinhos do Alentejo (organisme de promotion de la route des vins de l'Alentejo)**
Praça Joaquim António de Aguiar, 20-21, Évora (plan B1) ☎ 266 74 64 98, www.vinhosdoalentejo.pt. Lun.-ven. 10h-18h et sam. 11h-17h ; dernière dégustation 1h avt fermeture. Entrée libre.

Informations sur la route des vins de l'Alentejo, et notamment sur les possibilités de visite de caves (*adegas*) et les dégustations.

### ↓ Conseils

En été, évitez les heures les plus chaudes pour visiter Évora. Visitez Monsaraz tôt le matin pour le calme ou au coucher du soleil pour profiter des lumières.

## SHOPPING

### Artisanat et tradition

Pour découvrir l'artisanat portugais, ne ratez pas la rua 5 de Outubro (plan BC2), bordée de magasins de souvenirs et d'échoppes traditionnelles. Au n° 88, chez Lar Móveis, vous découvrirez des meubles peints par l'un des ébénistes les plus réputés du pays. Au n° 66, au **Mont'Sobro**, le liège se décline de toutes les manières.

> **Lar Móveis :** 266 74 30 44.

> **Mont'Sobro :** 266 70 46 09.

## AUTOUR DE LA PRAÇA DO GIRALDO ✧

**Plan B2.**

La rua 5 de Outubro conduit à la praça do Giraldo. Elle est bordée de boutiques d'artisanat et de vieilles demeures à balcons ouvragés. La place, épicentre de l'animation d'Évora, aligne ses arcades où logent des commerces et des cafés qui étendent leurs terrasses devant l'**igreja Santo Antão** (XVIe s.) et la fontaine Renaissance en marbre.

## MUSEU DO ARTESANATO E DO DESIGN

Musée de l'Artisanat et du Design

**Plan B3** – Praça 1° de Maio 266 77 12 12. Mar.-dim. 9h30-13h et 14h30-18h30 (18h nov.-mars). Entrée : 2 €.

Venez découvrir des **objets d'artisanat** étonnants (meubles en bois peint, poteries, sculptures sur liège, etc.) et une curieuse petite collection d'**objets évoquant le design** des années 1950-1960.

## IGREJA DE SÃO FRANCISCO ✧

Église Saint-François

**Plan B3** – Praça 1° de Maio 266 70 45 21. T.l.j. 9h-17h (18h30 juin-sept.). Entrée libre.

Construite à l'époque manuéline, l'igreja de São Francisco s'ouvre par un porche en granit sombre blanchi à la chaux, caractéristique de l'architecture gothico-mauresque de l'Alentejo. Le portail est surmonté du pélican et de la sphère armillaire, emblèmes respectifs de João II et de Manuel I.

À la **capela dos Ossos** (accès à dr. du porche, en passant par les vestiges du cloître ; entrée, avec le núcleo museológico et la coleção de Presépios : 5 €), un spectacle terrible vous attend : l'intérieur de la chapelle du XVIe s. est couvert de tibias et de crânes humains artistiquement disposés. Devant cette vision macabre, les franciscains méditaient sur la vanité de l'attachement aux biens terrestres.

## PALÁCIO DE DOM MANUEL ✧

Palais de Dom Manuel

**Plan B3** – Jardim público 266 77 71 85. Fermé pour travaux. Jardin : t.l.j. 8h-20h (19h oct.-mars).

## HISTOIRE

### Un foyer d'humanisme

L'ancienne cité Ebbora prit le nom de Liberalitas Julia en l'honneur de Jules César. Importante et prospère, elle se dota de temples et d'une muraille qui ne résista pas à la poussée des Wisigoths. En 715, les Maures l'investirent et lui redonnèrent une certaine prospérité. Prise par Geraldo Sem Pavor («Sans Peur»), Évora redevint chrétienne en 1165. La construction de la cathédrale débuta peu après.

La Cour, après quelques apparitions timides, s'établit dans la cité vers la fin du XIVe s. Alors commença un âge d'or long de près de deux siècles. Outre son rôle de centre politique, la ville devint le principal foyer intellectuel du pays. Les jésuites allaient progressivement étouffer ce vent de liberté et d'effervescence intellectuelle. L'université, qu'ils dirigèrent à partir de 1559, servit de relais aux principes édictés par le concile de Trente, tandis que les grands esprits de la première moitié du siècle demeurèrent sans successeurs. À partir de 1580, la domination espagnole accéléra la décadence de la ville. Évora reçut le coup de grâce en 1759, lorsque Pombal décida de fermer l'université.

^ Capela dos Ossos de l'igreja de São Francisco

Le palais de Dom Manuel est situé dans le jardin public, au milieu de ruines manuélines. Sa construction remonte au règne de João II (XVe s.). Vasco de Gama y aurait été reçu par Manuel I. C'est un beau monument percé d'arcades et d'une loggia, comme pour mieux capter la fraîcheur. Avec ses fenêtres géminées, la **galerie des Dames**, au 1er étage, est remarquable.

## IGREJA DO CONVENTO DA GRAÇA ✧

Église du couvent de la Grâce

**Plan C3** – Parfois ouv. l'après-midi.

La remarquable façade Renaissance mérite le coup d'œil pour son portique à colonnes et ses quatre géants assis de part et d'autre de la corniche, symbolisant les quatre parties du monde. Selon la légende, ceux que l'on surnomme les *Meninos da Graça* (les «enfants de Graça») incarneraient les premiers martyrs brûlés à Évora par l'Inquisition. L'intérieur peut décevoir, à l'exception des intéressantes fenêtres du chœur, en marbre sculpté, dont certaines sont attribuées à Nicolas Chantereine.

## IGREJA DA MISERICÓRDIA ✧

**Plan C2** – Rua da Misericórdia
266 748 830. Lun.-sam. 9h-12h30 et 14h-19h, dim. et j.f. fermés.

L'intérieur de l'église est décoré d'un remarquable ensemble de panneaux d'**azulejos** du XVIIIe s., qui illustrent différentes scènes de la Passion du Christ avec un sens précis de la composition, d'esprit presque néoclassique.

Courant sur le flanc droit de l'église, la **rua da Misericórdia** traverse l'un des coins les plus attachants d'Évora, un vieux quartier pittoresque aux allures de village.

## LARGO DA PORTA DE MOURA ✧

**Plan C2.**

La place en pente douce, de forme irrégulière, est ornée d'une fontaine Renaissance (1556) en marbre d'Estremoz. De belles demeures bordent cet espace, comme la maison Cordovil (XVIe s.) avec sa loggia à baies géminées de style luso-mauresque.

^ Cromeleque dos Almendres

CULTURE

## Au pays des dolmens

Depuis quelques années, l'Alentejo met en valeur son très riche passé préhistorique. Entre Évora et Montemor-o-Novo et autour de Monsaraz, des panneaux annoncent partout des ***antas***, des ***menires*** ou des ***cromeleques***. Les mégalithes ont été élevés entre le V^e^ et le III^e^ millénaire av. J.-C. Les dolmens ***(antas)*** servaient de sépultures collectives, tandis que les alignements, ou cromlechs, avaient probablement une signification magique et religieuse. Les menhirs ont souvent été considérés comme des symboles de fécondité. On pense désormais qu'ils sont l'expression de la volonté de légitimer la possession d'un territoire par l'établissement d'un culte aux ancêtres.

### L'ANCIENNE UNIVERSITÉ ✧

**Plan C1-2** – Largo dos Colegiais ☎ 266 74 08 00, www.uevora.pt. Lun.-sam. 9h-20h. Entrée : 3 €.

C'est la deuxième université du Portugal, fondée en 1559 sous l'impulsion du futur Henrique I, alors cardinal. En 1759, lorsque Pombal décide d'expulser les jésuites qui en ont fait leur fief, il faudra faire sonner la cavalerie pour les déloger... Par l'entrée située en contrebas de l'**igreja da Conceição**, vous découvrirez le cloître central avec ses azulejos et sa porte monumentale blasonnée.

## Les environs d'Évora

### CROMELEQUE DOS ALMENDRES ✧

10 km O d'Évora, suivez les indications sur la N114, rejoignez Guadalupe et prévoyez 4 km de piste carrossable.

Perdu au milieu des chênes-lièges, se cache le plus important **cromlech** de la péninsule Ibérique, et même d'Europe. Datant du V^e^ ou du IV^e^ millénaire av. J.-C., le monument comprenait à l'origine plus d'une centaine de menhirs de formes diverses. On pense qu'il avait un rôle à la fois religieux et astronomique. Un site magique au coucher du soleil.

### ARRAIOLOS ✧

23 km N d'Évora par la N114-4 et la N370.

Un joli bourg traditionnel de maisons blanchies à la chaux, un peu défraîchies, avec un liseré bleu ou jaune au ras du sol. Vous y croiserez des grands-mères devisant sur le pas de la porte et des anciens sur les bancs de la place de l'église. Cette ville prospère, au rythme lent, abrite aussi le **Centre d'interprétation du tapis d'Arraiolos** (Centro interpretativo do tapete de Arraiolos, praça do Município, 19 ☎ 266 49 02 54, www.tapetedearraiolos.pt ; mar.-dim. 10h-13h et 14h-18h ; entrée : 1 €), spécialité de la région (p. 468). Grimpez en haut du village, dominé par une **enceinte médiévale**. Elle entoure une étincelante église bleu et blanc.

### MONTEMOR-O-NOVO

20 km S-O d'Arraiolos par la N4, 30 km N-O d'Évora, 115 km E de Lisbonne.

Cette cité compte quelques beaux monuments. En grimpant au château par la rua Teófilo Braga, remarquez l'élégant portail manuélin de la **Santa Casa da Misericórdia**, puis l'**igreja Santiago**, qui possède d'intéressantes fresques. Un chemin carrossable permet de faire le tour des remparts (env. 35 min à pied), face à la campagne immense. Une promenade très agréable en fin d'après-midi.

## Vers le lac d'Alqueva ✧

Itinéraire d'env. 170 km au S-E d'Évora par l'IP2, la N256, la N386 et la N384.

Cette incursion au sud-est d'Évora conduit jusqu'à l'incontournable place forte de **Monsaraz** dominant les eaux du **barrage d'Alqueva**. Elle peut se poursuivre vers le sud jusqu'à **Moura** et **Mourão**, deux petites villes typiquement alentejanes où il fait bon vivre et où le touriste se fait rare.

### PORTEL

42 km S d'Évora par IP2.

Portel groupe ses maisons blanches au bas de l'inévitable château (XIIIe-XVIe s.) qui coiffe la colline. On y produit du vin, de l'huile d'olive et du miel dans la proche serra. Culminant à plus de 400 m d'altitude, la petite ville marque la frontière avec le Bas-Alentejo, au sud (p. 230).

### REGUENGOS DE MONSARAZ

39 km S-E d'Évora par la N18 et la N256.

Cette ville moderne, plus peuplée que la zone alentour mais sans charme particulier, vit surtout de son vin, l'un des meilleurs crus de l'Alentejo. Vous y trouverez aussi des objets en terre cuite colorés, typiques de la région.

**SHOPPING**

*La capitale de la poterie*

En sortant de Reguengos de Monsaraz, faites étape à **São Pedro de Corval** (3 km E par la M514 en dir. de Monsaraz), petit village considéré comme la «capitale ibérique de la poterie». La rua da Olaria est bordée d'échoppes de potiers où vous pourrez voir les artisans tourner et peindre sous vos yeux les traditionnelles poteries ornées de fleurs colorées, vendues à des prix très raisonnables (plats autour de 10 €). Les motifs et les styles variant un peu d'un potier à l'autre, faites plusieurs boutiques pour comparer.

> **Olaria Carrilho Lopes :** rua da Olaria, 11 ☎ 266 54 91 61.

⌄ Le lac d'Alqueva

### Herdade do Esporão ✧

Apartado 31, Reguengos de Monsaraz. Suivez les indications «parc industriel» ou «Mourão», puis, au 3e rond-point, suivez l'indication «Esporão» 266 50 92 80, www.esporao.com. T.l.j. 10h-18h30. Vis. guidées en anglais et en portugais : 15 €/pers.

Sur la route de Monsaraz, ce **domaine viticole**, dont les vignes et les oliveraies s'étendent à perte de vue autour du lac d'Alqueva, produit l'un des vins les plus en vogue actuellement. Vous en trouverez sur les bonnes tables dans tout le Portugal.

Au cœur du site, un bel espace **bar-boutique** à la déco très design vous permet de vous fournir en riz, huile d'olive et miel de romarin délicieux, et le **restaurant Esporão** de goûter à une cuisine traditionnelle savoureuse.

Le matin et l'après-midi, une **visite guidée** (en anglais et en français) de 1h30 permet de voir le processus de fabrication, depuis le pressage jusqu'à la mise en bouteilles, en passant par la maturation dans des caves à 30 m sous terre. Elle se termine par une **dégustation** de vins de la propriété en compagnie de votre guide. Un endroit élégant et convivial qui mérite le détour.

## MONSARAZ ✧✧

15 km E de Reguengos de Monsaraz par la N514. Parking à l'entrée des remparts.

Arriver à Monsaraz, c'est pénétrer dans un décor de carte postale. Cette superbe cité blanche, construite à l'intérieur des remparts d'un **château médiéval**, domine une campagne plantée de vignes et les eaux du lac **artificiel d'Alqueva**. Regarder le soleil se coucher sur la vallée depuis le château est un spectacle mémorable.

Le village est petit mais plutôt animé. De nouvelles échoppes ouvrent leurs portes, et la ville regorge de bonnes tables, de terrasses et de jolies boutiques. Prenez aussi le temps de découvrir la campagne au pied du village fortifié : elle s'explore en bateau, à vélo, à pied ou à cheval.

### Rua Direita ✧

Bordée de maisons des XVIe et XVIIe s., la rua Direita traverse le bourg et conduit **praça Velha**, avec son pilori et ses deux églises.

Tout près de l'igreja Matriz s'élève l'ancienne salle d'audience. Elle abrite un petit **musée** (rens. à l'office de tourisme) ; une fresque du XIVe s. appartenant au bâtiment original montre une ***Allégorie de la Justice terrestre*** mettant en scène le bon et le mauvais aspect du jugement.

### Le château médiéval ✧

À l'extrémité S du village, rua José Fernandes Caeiro. Entrée libre.

Bâti aux XIIIe et XIVe s., le château domine la campagne non loin de l'Espagne. L'ancienne place d'armes est devenue une **praça de touros**, c'est-à-dire un amphithéâtre pour les corridas, exemple unique au Portugal !

PAUSE

### Casa Tial

À l'entrée du village, ne ratez pas cette épicerie-salon de thé, où vous dégusterez l'incontournable ***pastel de nata*** ainsi que des variantes tout aussi succulentes à l'amande ou à la fleur d'oranger. Dans la coquette épicerie attenante, vous trouverez des produits culinaires cultes du Portugal, dans de jolies boîtes au design vintage. Bonus : Alexandre et Thierry sauront vous conseiller sur Monsaraz et sa région.

> Rua dos Celeiros, 10, Monsaraz 266 55 71 38. T.l.j. 10h-19h.

^ Le village de Monsaraz

## CROMELEQUE DO XEREZ ✧

Ferragudo. 1,5 km N de Monsaraz par la N514 dir. Telheiro.

Les quelque cinquante mégalithes et le majestueux menhir de 7 m de haut composant le cromlech de Xerez dateraient du IIIe ou IVe millénaire av. J.-C. et seraient associés à un culte ancestral voué à la fertilité. Déplacées au moment de la construction du lac artificiel d'Alqueva, ces pierres ont été, par erreur, disposées en carré et non en cercle, comme à l'origine. Le cromlech de Xerez est ainsi l'unique cromlech carré au monde !

## LAGO ALQUEVA ✧

Lac d'Alqueva

En bas du village de Monsaraz miroitent les eaux du lac artificiel d'Alqueva. Ce lac, inauguré en 2002, avait pour but de dynamiser la région et de protéger l'Alentejo de la désertification. Ce projet pharaonique, réalisé avec l'aide de l'Union européenne, nécessita d'exproprier des habitants et de déplacer un village entier, ce qui suscita une vive polémique. Aujourd'hui, le lac donne à la région une fraîcheur agréable au cœur de l'été, et quelques infrastructures touristiques en font une destination idéale pour aller piquer une tête. Vous pouvez aussi y faire du monoski, du paddle ou une balade en bateau (p. 208).

## MOURÃO

17,5 km S de Monsaraz par la N256.

Mourão est un bourg agricole typique de l'Alentejo, qui vit de sa production d'huile d'olive. Il est dominé par un château ocre (XIVe s.) et s'organise autour de la praça da República, ornée d'un joli jardin et bordée d'églises baroques et de demeures seigneuriales.

## LUZ

À 6,5 km S-O de Mourão.

Près de Mourão se trouve le « nouveau » Luz, réplique du village qui fut englouti lors de la mise en eau du barrage d'Alqueva ; une histoire racontée dans le **museu da Luz**, près de l'église (largo da Igreja de Nossa Senhora da Luz ☎ 266 56 92 57, www.museu-daluz.org.pt ; juil-août. : mar.-dim. 10h-13h et 14h30-18h30, sept.-juin : mar.-dim. 9h30-13h et 14h30-17h30 ; entrée : 2 € ; gratuite dim. et j.f. jusqu'à 13h).

## • NOS ADRESSES •

# ARRAIOLOS

### OÙ DORMIR

#### Pousada Convento de Arraiolos

Vale das Flores, au N d'Arraiolos ☎ 266 41 93 40. Plus de 150 €.

Dans un ancien couvent du XVIe s. meublé dans un style sobre et minimaliste, situé à l'écart du village. Piscines intérieure et extérieure avec vue sur la plaine alentejane, courts de tennis et service de massage. Spécialités locales au restaurant, comme le *lombo de porco assado com orégão* (porc à l'origan).

### OÙ MANGER

#### A Moagem

Rua da Fábrica, 2 ☎ 934 149 724. Mer.-lun. 12h-15h30 et 19h-22h. F. dim. soir. Moins de 20 €.

Près de la gare routière, une cuisine alentejane authentique et l'un des meilleurs rapports qualité/prix de la ville. L'environnement n'est pas engageant, mais l'accueil est excellent.

#### Teresa Alves

Rua 5 de Outubro, 4 ☎ 968 02 38 59 (port.). Jeu.-mar. 8h-14h. Moins de 20 €.

Un petit resto-épicerie où l'on mange avec les gens du village. À la carte : croquettes de porc, beignets de poisson, œufs brouillés à la morue, servis généreusement. Terrasse devant l'église en été.

#### O Pelourinho

Rua Cunha Rivara, 9 ☎ 266 41 90 70. T.l.j. 12h-22h. De 20 à 30 €.

Ce joli bâtiment blanc et jaune abrite un restaurant de poisson et de fruits de mer un peu cher mais délicieux. Les entrées, des plats de morue ou de poulpe relevés d'ail et d'herbes, sont très copieuses (env. 5 €). On peut en prendre plusieurs et les partager comme des tapas. Accueil sympathique.

### CAFÉ

#### Café Alentejano

Praça do Município, 6 ☎ 266 706 296. T.l.j. 7h30-minuit.

Voilà un bar ultra-convivial où l'on sert un excellent café. La petite salle voûtée à l'arrière, fraîche en été, est idéale pour déjeuner.

# ÉVORA

### OÙ DORMIR

L'offre hôtelière étant insuffisante, il est impératif de réserver à l'avance, surtout en saison.

#### Évora-Orbitur

**Hors plan par C3** – 2 km S d'Évora ☎ 266 70 51 90.

Le camping, peu ombragé, comporte 200 emplacements.

#### Pousada de Juventude

**Plan C2** – Rua Miguel Bombarda, 40 ☎ 266 70 60 50. Autour de 50 €.

Dans une bâtisse jaune et blanc tout près du centre historique, cette auberge de jeunesse propose des chambres doubles et des lits en dortoir.

#### Casa Palma

**Plan B2-3** – Rua Bernardo Matos, 29A ☎ 266 70 35 60. Autour de 50 €.

Une pension modeste installée dans un appartement de 5 chambres toutes décorées de bibelots.

#### Solar de Monfalim

**Plan C2** – Largo da Misericórdia, 1 ☎ 266 70 35 29, www.solarmonfalim.com. Rés. impérative. Autour de 50 €.

Chambres élégantes dans une vieille demeure du XVIe s., située en plein centre. Un rapport qualité/prix difficile à battre à Évora.

#### Stay Hotel Évora

**Plan B2** – Travessa da Milheira, 19 ☎ 266 70 41 41. Autour de 50 €.

À 500 m du centre-ville, un petit hôtel confortable, avec des chambres doubles proprettes.

### Casa de São Tiago

Plan B2 – Largo Alexandre Herculano, 2 ☎ 266 70 26 86, www.casa-stiago.com. De 50 à 80 €.

Cette demeure aristocratique comprend 5 chambres meublées à l'ancienne et pleines de charme. Agréable patio pour prendre le petit déjeuner.

### Riviera

Plan BC2 – Rua 5 de Outubro, 49 ☎ 266 73 72 10, www.riviera-evora.pt. Se rens. sur les horaires. De 50 à 80 €.

Une vingtaine de chambres agréables, dont certaines sont voûtées et meublées à l'ancienne ; le tout au cœur de la ville.

### Adc hotel / Albergaria do Calvário

Plan A1 – Travessa dos Lagares, 3 ☎ 266 74 59 30, www.adcevora.com. De 100 à 150 €.

Cette ancienne fabrique d'huile devenue hôtel offre des chambres un peu sombres, mais fraîches et agréables. Parking.

### M'AR de AR Aqueduto

Plan A1 – Rua Cândido dos Reis, 72 ☎ 266 74 07 00, www.mardearhotels.com. Promotions sur le site Internet. De 100 à 150 €.

Palais du XVI^e s. ayant conservé sa chapelle et des fenêtres manuélines. Décoration au design chic, sushi bar, spa et restaurant gastronomique.

### Pousada Convento de Évora (Pousada dos Lóios)

Plan C2 – Largo do Conde de Vila Flor ☎ 266 73 00 70. Rés. très à l'avance. Plus de 150 €.

L'une des plus belles *pousadas* du pays ! On dîne (env. 30-35 €) dans la salle du chapitre du XVI^e s., ouvrant sur le cloître, avant de passer la nuit dans l'une des anciennes cellules superbement meublées…

## OÙ MANGER

### Quiosque Jardim Diana

Plan C2 – Largo do Conde de Vila Flor ☎ 266 70 76 42. T.l.j. 8h-20h. Moins de 20 €.

Juste à côté du temple, ce kiosque ne paie pas de mine, avec ses parasols blancs et ses chaises en fer vert foncé. Mais on peut y déguster, dans un cadre grandiose, des snacks typiques de l'Alentejo : beignets de morue, croquettes de veau et *pastéis de nata*.

### A Gruta

Plan B3 – Av. General Humberto Delgado, 2 ☎ 266 70 81 86. Lun.-sam. 12h-15h et 18h30-22h. F. mar.soir. Moins de 20 €.

Des grils à l'extérieur et une grande salle où déguster, pour quelques euros, un bon poulet-frites. Le service est impeccable et parfois francophone.

### Quarta-Feira

Plan B1 – Rua do Inverno, 18 ☎ 266 70 75 30. Moins de 20 €.

Taverne typique et bon marché où l'on déjeune selon les arrivages.

### Páteo

Plan BC2 – Rua 5 de Outubro, Beco da Espinhosa ☎ 266 703 375. Mer.-lun. 12h-23h. De 20 à 30 €.

Au bout d'une impasse partant de la rue 5 de Outubro, un beau patio ombragé vous attend où boire un verre ou dîner sous les citronniers. À la carte, les vins de la région, de belles salades composées et quelques spécialités alentejanes.

### Botequim da Mouraria

Plan B1 – Rua da Mouraria, 16A ☎ 266 74 67 75. Lun.-ven. 12h30-15h. Rés. impérative. De 20 à 30 €

Bar à vins où l'on dîne au comptoir. Cuisine de marché fraîche et délicieuse.

### Dom Joaquim

Plan A1-2 – Rua dos Penedos, 6 ☎ 266 73 11 05. Mar.-sam. 12h-15h et 19h-22h45, dim. 12h-15h. F. début janv., 1^re quinzaine d'août. De 20 à 30 €.

Le cadre est assez chic, presque intimidant de l'extérieur. Une fois que l'on est assis, la dégustation d'une fine cuisine alentejane vaut bien d'avoir traversé toute la ville.

### Fête à Évora

> Chaque année en juin, la grande **foire de la Saint-Jean** donne lieu à de nombreuses manifestations : concerts, pièces de théâtre, spectacles folkloriques en plein air… Mais ce qui attire le plus de monde, c'est surtout la grande kermesse populaire au Jardim Público (plan B3).

# • NOS ADRESSES •

## Tasquinha do Oliveira

**Plan A1** – Rua Cândido dos Reis, 45A
266 74 48 41. Lun.-ven. 12h30-15h et 19h-21h30. F. 15 j. en août. Rés. impérative. De 30 à 40 €.

Un restaurant d'une quinzaine de couverts pour découvrir les mille et une saveurs des *petiscos* du jour.

## CAFÉ

### Arcada

**Plan B2** – Praça do Giraldo, 7 266 74 17 77. T.l.j. 8h-20h.

L'immense salle est un peu désuète, mais le café y est excellent. On y mange plutôt pas mal et pour pas cher. Bon accueil.

## PÂTISSERIE

### Pão de Rala

**Plan C3** – Rua do Cicioso, 47 266 70 77 78. Lun.-sam. 8h-19h, dim. 8h-18h.

Minuscule salon de thé pour des douceurs conventuelles.

## GLACIER

### Gelataria Zoka

**Plan C2** – Rua Miguel Bombarda, 14. T.l.j. 8h30-minuit.

Le plus ancien glacier d'Évora est une institution où l'on se presse autant pour le large choix de glaces artisanales (à partir de 1,80 € la boule) que pour la ravissante terrasse. Un havre de paix et de fraîcheur idéal après le marathon des visites.

## BARS

### Piparoza

**Plan B2** – Rua Alcárcova de Baixo, 23
266 70 95 17. Ven.-mer. 12h-minuit.

Dans une ruelle à côté de la cathédrale, un petit bar à vins convivial pour grignoter et boire un verre. On choisit ses tapas au comptoir, et on s'installe à l'une des deux tables en salle, sur la terrasse en été ou debout dans la rue comme les habitués !

Rue commerçante de la vieille ville d'Évora

### Bar do Tunnel

Plan BC2 – Rua Alcárcova de Baixo, 59 ☎ 266 70 17 38. Lun.-sam. 12h-2h.

Un peu après le Piparoza et un petit tunnel, un bar à tapas animé, avec de nombreuses tables dans la rue. Des concerts ont lieu plusieurs fois par semaine.

## SHOPPING

Le quartier commerçant d'Évora s'étend tout autour de la praça do Giraldo (B2) et du largo Luís de Camões (B2), en particulier rua 5 de Outubro et rua João de Deus. Vous y dénicherez meubles, poteries, objets en cuir… Le 2e dimanche matin de chaque mois se tient un marché à la brocante et aux antiquités sur le largo de Chão das Covas (B1).

### Mont'Sobro

Plan BC2 – Rua 5 de Outubro, 66 ☎ 266 70 46 09. T.l.j. 10h-19h.

Au-delà des traditionnels chapeaux et sacs à main, vous trouverez dans cette boutique consacrée au liège de jolies pièces de maroquinerie et de bijouterie travaillées de manière moderne.

## SPORTS ET LOISIRS

### TurAventur, Aventura e Turismo

Hors plan par B1 – Caminho Municipal 1081-2, Senhor dos Aflitos ☎ 266 74 31 34 ou 966 75 89 40 (port.).

Des parcours à VTT ou en canoë dans les environs d'Évora pour découvrir les mégalithes ou les vignobles de la région.

# MONSARAZ

## OÙ DORMIR

### Casa Rural Santo Condestável

Rua Direita, 4 ☎ 919 97 08 31 (port.). De 50 à 85 €.

Poutres apparentes, plafonds en brique ou peints, lits traditionnels en bois sombre, vue superbe depuis certaines chambres : voilà une demeure qui en impose ! La loggia de la suite, à peine plus chère, donne sur le lac d'Alqueva.

### Monte Alerta Turismo Rural

Monte Alerta ☎ 968 75 67 85 (port.), www.montealerta.pt. De 50 à 85 €.

♥ Au pied du village de Monsaraz, vous êtes accueilli comme à la maison dans une immense et magnifique demeure familiale. Large choix d'activités sur place : observation des étoiles au télescope (5 €), séances de méditation dans le beau jardin, balnéothérapie. En saison, projection de dessins animés pour les enfants dans une petite salle de cinéma. Location de karts et de vélos. L'hôtel accueille également les chiens dans une niche au fond du jardin.

### Monte de Santa Catarina

Monte Santa Catarina ☎ 966 15 53 53 (port.), www.montesantacatarina.com. De 50 à 85 €.

Tenu par l'un des fils du Monte Alerta, cet hôtel offre une poignée de chambres au décor exotique, toutes dotées d'un petit balcon donnant sur Monsaraz. Dans le jardin, des hamacs invitent à la détente et à la contemplation des étoiles. Un kangourou, des lamas et des chèvres vivent à côté de la piscine !

### Casa Pinto

Praça Dom Nuno Álvares Perreira, 10 ☎ 266 55 70 76 ou ☎ 932 73 98 98 (port.), www.casapinto.net. De 80 à 150 €.

En face de l'église, de très jolies chambres, toutes différentes, décorées dans un esprit oriental avec originalité et un goût certain. Beaucoup de charme.

## OÙ MANGER

### Lumumba

Rua Direita, 12 ☎ 927 979 666. Mar.-dim. 12h-15h et 18h-21h. Moins de 20 €.

Quelques tables entre le bar et la terrasse donnant sur la campagne pour déguster une cuisine pas sophistiquée pour deux sous, mais servie en abondance. Le vin du coin, le monsaraz, est servi au pichet.

### Xarez

Rua de Santiago, 33 ☎ 266 55 70 52. Ven.-mer. 12h-17h et sam. soir. Moins de 20 €.

Café-snack à l'ambiance détendue situé juste à l'entrée de la ville. La seule terrasse du village où l'on voit le soleil se coucher sur les montagnes. La vue est fantastique.

## • NOS ADRESSES •

### Taverne os Templários

Rua Direita, 22 📞 266 55 71 66. Mer.-lun. 12h30-15h30 et 19h-21h30 (22h en été). F. en nov. Moins de 20 €

On trouve ici une cuisine un peu plus créative et sophistiquée que dans le reste du village. Jolie terrasse avec vue sur le lac.

### Casa Modesta

Largo de Santiago, 1 📞 965 80 01 18 (port.). T.l.j. 11h-22h30. Moins de 20 €.

La cuisine est un peu lourde, mais la jolie terrasse fleurie, juste devant l'église de Santiago, donne sur les toits de tuiles du village. Cadre très agréable.

### Sem-Fim

Rua das Flores, 6A, Teilheiro, Monsaraz 📞 962 65 37 11 (port.), www.sem-fim.com. Jeu.-mar. 12h30-16h et 19h-22h30. F. 16-26 déc. et 9-24 jan. De 20 à 30 €

Une très belle salle colorée, décorée avec goût et originalité. Cuisine créative, bon rapport qualité/prix.

### SHOPPING

### Fábrica Alentejana de Lanifícios

Rua dos Celeiros 📞 266 55 71 59. T.l.j. 10h-18h (19h en été).

Dans cette très jolie boutique, on vend des tapis, couvertures et lainages typiques de l'Alentejo tissés non loin de là, dans une fabrique à Reguengos de Monsaraz, selon des techniques artisanales ancestrales. Un must.

### XarazArte

Rua dos Celeiros, 8 📞 962 65 17 21 (port.). T.l.j. 10h-18h.

Cette boutique d'artisanat présente une belle sélection de céramiques d'artistes.

### SPORTS ET LOISIRS

### Centro náutico

Teilhero, Monsaraz 📞 962 653 711 (port.).

Sur la plage fluviale de Monsaraz, balades en bateau sur le lac et location de paddle, kayak et catamaran. En prime, une terrasse sympa pour boire un verre.

### Sem-Fim

Rua das Flores, 6A, Teilheiro, Monsaraz 📞 962 65 37 11 (port.), www.sem-fim.com. 20 €/pers.

Le capitaine Tiago vous emmène sur son voilier à la découverte du lac d'Alqueva. Étapes sur les îles, chasse au trésor pour les enfants, apéritif servi à bord.

## MOURÃO

### OÙ MANGER

### O Pátio de Oliveira

Praça da República, 17 📞 925 624 391. Ven.-mer. 12h-15h et 19h30-23h30. Moins de 20 €.

Bonne cuisine régionale. Les locaux viennent s'y attabler, un bon signe...

## REGUENGOS DE MONSARAZ

### OÙ DORMIR

### Monte Branco

Motrinos 📞 219 29 13 04 ou 917 88 68 33 (port.), https://montebrancomonsaraz.com. De 60 à 150 €.

Près du lac d'Alqueva, jolies maisons au milieu des oliviers. Belle piscine partagée.

### SHOPPING

### Adega José de Sousa

Rua de Mourão, 1 📞 918 269 569, www.jmf.pt. Avr.-oct. : t.l.j. 11h-17h ; nov.-mars : t.l.j. 11h-15h. Sur rés.

Du vin, l'un des meilleurs de l'Alentejo, produit à l'ancienne. La salle voûtée avec ses jarres est un spectacle à voir.

Monsaraz

13

# LE HAUT-ALENTEJO, la route des châteaux ✧✧

Une succession de villages blancs fortifiés construits à flanc de montagne dominent un paysage de chênes-lièges et d'oliviers. Des forteresses imprenables, dont l'architecture se fond à la montagne, semblent veiller sur cette campagne déserte et silencieuse. Vous voici au cœur de l'Alentejo, «au-delà du Tage». Avec leurs ruelles pavées et leur parfum arabe, les cités alentejanes sont toutes plus attirantes les unes que les autres. Dans cette région de montagne rurale et traditionnelle, le temps semble suspendu. Partez sur les traces de l'histoire médiévale du Portugal.

## PRATIQUE


- **Plan p. 190-191**
- **Nos adresses p. 224**


### ↓ Accès

La région est difficile d'accès, la voiture s'impose.

**En voiture**

**Évoramonte** est à 1h45 de Lisbonne en passant par l'A2 et l'A6; à 40 min d'Évora par la N18.

**Marvão** est à 2h40 de Lisbonne par l'A1 et l'A23.

**Portalegre** est à 2h30 de Lisbonne par l'A6; à 1h30 d'Évora par l'IP2.

**En train**

Depuis Lisbonne Santa Apolónia ou Oriente, liaisons avec Elvas (4h30/5h) et Portalegre (env. 4h) *via* Entroncamento.

**Comboios de Portugal:** www.cp.pt

**Gare ferroviaire d'Elvas:** à Fontainhas (3 km N-O

Le château de Marvão

## L'ESSENTIEL

### À ne pas manquer

Le palais ducal de Vila Viçosa ; le village perché de Marvão ; les ruelles fleuries de Castelo de Vide ; la ville fortifiée d'Elvas, classée par l'Unesco.

### Expériences

Cueillir des poteries sur le marché d'Estremoz ; crapahuter dans le parc naturel de la serra de São Mamede.

# Évoramonte ✧

32 km N-E d'Évora par la N18, 180 km E de Lisbonne.

Ce village est désarmant de simplicité, avec son unique rue pavée bordée de maisons blanches. Les passionnés d'histoire médiévale s'y rendront pour admirer le **château** de style manuélien, qui offre une jolie vue sur la ville et la campagne environnante.

## CASTELO DE ÉVORAMONTE ✧

Rua Santa Maria ☎ 268 95 00 25. T.l.j. 10h-13h et 14h30-17h (18h en été). Entrée : 2 €.

Profondément remaniée au XVIe s. par les frères Diogo et Francisco de Arruda, la forteresse d'Évoramonte passe pour le plus bel exemple d'architecture militaire manuéline du Portugal. À l'intérieur, une **exposition** retrace l'évolution des châteaux portugais au Moyen Âge. On s'intéressera à l'empilement de pièces voûtées soutenues par de gros piliers fasciculés. La terrasse offre un panorama exceptionnel sur la campagne mouchetée d'oliviers.

d'Elvas par la route de Campo Maior).

**Gare ferroviaire de Portalegre :** 12 km S de Portalegre par la route d'Estremoz.

**En bus**

Avec les compagnies **Rodoviária do Alentejo** (www.rodalentejo.pt) et **Rede Expressos** (www.rede-expressos.pt).

**Gare routière d'Elvas :** rua do Património, 1. Liaisons avec Lisbonne, Évora, Estremoz, Borba, Vila Viçosa et Portalegre.

**Gare routière d'Estremoz :** av. Rainha Santa Isabel (500 m E du Rossio). Liaisons avec Lisbonne, Évora, Borba, Vila Viçosa, et Elvas.

**Gare routière de Portalegre :** rua Dom Nuno Álvares Pereira. Liaisons avec Lisbonne Sete Rios, Évora, Estremoz, Castelo de Vide et Marvão.

→

^ Le castelo de Évoramonte

### RUA SANTA MARIA

Elle frappe par sa très grande homogénéité. Sur l'une des maisons, au n° 41, une plaque atteste que la paix entre légitimistes et libéraux fut signée ici, en 1836. Au bout de la rue, le sommet des remparts domine la plaine d'Évora. L'**igreja Santa Maria**, toute blanche, seulement ornée de croix d'azulejos, et le petit cimetière en contrebas ajoutent une note romantique.

## Estremoz ✧

18 km N-E d'Évoramonte par la N18 et la N4, 180 km E de Lisbonne.

Cette ville paisible à vocation agricole est très séduisante. Elle occupe une colline couronnée d'un château doré. La ville basse, établie au XVIe s., s'organise autour de l'immense **Rossio** dédié à Pombal. Les maisons y sont plus éclatantes qu'ailleurs, sans doute à cause de la présence obsédante du marbre.

### AUTOUR DU ROSSIO

Au sud de la place, installé dans l'igreja dos Congregados, le **musée d'Art sacré** (museu de Arte sacra ☎ 967 52 82 98 (port.). F. temporairement pour travaux.), permet de découvrir la nef de l'édifice, transformée en salle de concert. L'étage supérieur donne accès au clocher dominant l'esplanade du Rossio et la ville.

Au nord de la place, l'église de l'ancien **convento de São Francisco** présente une façade baroque tara-

## PRATIQUE (SUITE)

### ↓ Offices de tourisme

**Avis**
www.cm-avis.pt

**Borba**
www.cm-borba.pt

**Campo Maior**
www.cm-campo-maior.pt

**Castelo de Vide**
www.cm-castelo-vide.pt

**Elvas**
www.cm-elvas.pt

**Estremoz et Casa de Estremoz**
www.cm-estremoz.pt

**Évoramonte**
www.cm-estremoz.pt

**Marvão**
☎ 245 90 91 31.

**Portalegre**
www.cm-portalegre.pt

biscotée. En face, s'étend le **lago do Gadanha**, du nom de la faucille que porte la figure de Saturne. De cette place d'esprit éminemment baroque, ornée d'une fontaine en marbre en contrebas, s'offre une belle vue sur le château.

Au sud, à l'extrémité de la rua 5 de Outubro, s'ouvre une autre place, plus belle encore, la **praça Luís de Camões**, en légère déclivité, ornée d'un pilori manuélin et entourée de maisons anciennes. De là, la rua da Fandina grimpe vers la ville haute (suivez l'indication «Castelo»).

### Museu Berardo Estremoz ✧✧

Palácio Tocha, largo Dragões de Olivença, 100 ☎ 268 080 281, https://museuberardoestremoz.pt. Mar.-dim. 9h-19h. Entrée : 3 €.

Ce tout nouveau musée, inauguré en 2020 dans un palais du XVIIIe s., abrite la plus grande collection privée d'azulejos, appartenant à l'homme d'affaire José Berardo : 800 ans d'histoire illustrent l'évolution des fameux petits carreaux de faïences, avec quelque 4500 pièces du XIIIe au XXIe s.

## LA VILLE HAUTE ✧✧

### Castelo de Estremoz ✧

La forteresse a conservé son **donjon** du XIIIe s. que l'on appelle la tour des Trois-Couronnes (Três Coroas) parce que sa construction s'est étendue sur trois règnes. Vous pouvez y accéder (demandez l'autorisation) via le **palais** du roi Dinis I, reconstruit au XVIIIe s., occupé par la Pousada Castelo de Estremoz (p. 226). Du sommet, la vue embrasse la cité, avec ses fortifications du XVIIe s., et plusieurs villes au loin : Elvas à l'est, Évora au sud, Marvão au nord.

### Museu municipal Prof. Joaquim Vermelho ✧

Largo Dom Dinis, face au palais ☎ 268 33 92 19. Mar.-dim. 9h-12h30 et 14h-17h30, f. j.f. Entrée : 1,55 € ; gratuite mar.

Il présente des pièces archéologiques et des objets d'artisanat traditionnel, notamment des céramiques ou d'étonnantes créations en bois, en liège et en corne.

La collection de **santons** d'Estremoz justifie à elle seule la visite. Il est également possible, en saison, d'assister au travail d'artisans.

**SHOPPING**

*Marché potier*

Chaque matin, autour du Rossio d'Astremoz, des marchands viennent planter leur étal sur la gigantesque esplanade, côté igreja dos Congregados. Vous pourrez leur acheter des figurines en terre cuite ou des poteries traditionnelles d'Estremoz, incrustées de morceaux de marbre.

### Igreja de Santa Maria

Largo Dom Dinis, près du belvédère et du musée. Mar.-sam. 10h30 et 15h30 (15h-17h avr.-oct.) ; demander la clé à la galerie du Design, située dans le Museu municipal (voir ci-dessus).

Cette jolie église du XIVe s. possède, à l'image de sa façade, un espace intérieur d'une rigoureuse symétrie, soutenu par des colonnes à chapiteaux ioniques.

Remarquez le tableau figurant sainte Catherine d'Alexandrie entourée de caravelles, ainsi que l'ensemble de fresques, également d'époque manuéline. À côté, la salle d'audience royale à loggia présente un bel intérieur gothique (exposition de céramiques et de santons ; entrée libre).

**Vila Viçosa**
www.cm-vilavicosa.pt

**Parque natural da Serra de São Mamede**
Informations sur les randonnées dans le parc aux offices de tourisme de Portalegre, Marvão et Castelo de Vide.

^ Artisanat à Estremoz

### Rua Direita

Bordée de maisons anciennes, la rua Direita, une ruelle en pente, conduit à l'extrémité de la vieille ville jusqu'à l'**igreja de Santiago**, une église en balcon sur la plaine alentejane.

## Borba

13 km E d'Estremoz par la N4, 205 km E de Lisbonne.

Le marbre, extrait dans les carrières de la région, est omniprésent : même les trottoirs en sont faits ! Admirez la façade en damier de la **capela do Senhor Jesus dos Aflitos** ou encore les grands portails baroques disséminés dans la ville. Le monument le plus extraordinaire demeure la **fontaine das Bicas**, à la sortie de la ville en direction de Vila Viçosa, sculptée en l'honneur de la venue de la reine Maria Ire en 1781.

## Vila Viçosa ✧

5 km S-E de Borba par la N255, 211 km E de Lisbonne.

La «ville verdoyante» apparaît sans crier gare, après avoir traversé les carrières de marbre. Ancien domaine des ducs de Bragance, Vila Viçosa séduit par son étonnante unité tonale à base de jaune et de blanc, ses longues rues débouchant sur des esplanades, et son **paço ducal** aux accents italiens.

La cité possède un riche patrimoine : pléthore d'églises et de maisons nobles agrémentées de portails en marbre et de balcons en fer forgé (ne manquez pas la rua Dr Couto Jardim), plusieurs **musées** et un **château médiéval** enfoui dans la verdure. Avant d'arriver à l'esplanade, vous verrez la **porte des Nœuds** (sur la dr.), qui ouvrait sur les remparts au XVIe s.

### PAÇO DUCAL ✧✧

Palais ducal

Terreiro do Paço, à l'entrée de la ville en venant de Borba ☎ 268 98 06 59, www.fcbraganca.pt. Mar. 14h-17h (18h juin-sept.), mer.-dim. 10h-13h et 14h-17h (18h juin-sept.). Entrée : 8 €. Plusieurs collections sont soumises à des visites guidées payantes (en portugais) : salle d'armes (1h, 3 €), musée des Porcelaines chinoises (30 min, 2,50 €), trésor (30 min, 2,50 €), musée des Carrosses (30 min, 3 €).

Bordant le terreiro do Paço, orné d'une statue équestre de João IV, l'immense façade du palais ducal achève de former un ensemble d'esprit très italien.

Le palais ducal reflète les fastes du lignage de Bragance, puissante famille de la haute noblesse qui, délaissant sa résidence médiévale de Bragança (p. 396), s'établit à Vila Viçosa, où elle pouvait s'adonner aux joies de la chasse sur un immense territoire. Construite entre 1502 et 1770, avec des éléments manuélins, baroques et néoclassiques, la résidence était célèbre pour ses fêtes magnifiques, ses banquets et ses spectacles, en particulier les courses de taureaux organisées sur l'esplanade. Après 1640, date à laquelle le duc de Bragance accéda au trône sous le nom de João IV, le paço ducal devint le palais officiel de la dynastie régnante. Fréquenté épisodiquement jusqu'à la proclamation de la république, en 1910, il subit de nombreux remaniements, notamment au XVIIIe s.

### Le palais

La visite, d'un intérêt inégal, fait découvrir la richesse de la **décoration intérieure** : plafonds peints du XVIIe s., lustres vénitiens, remarquables tapisseries d'Aubusson, de Bruxelles, de Beauvais et d'Arraiolos. Les appartements royaux valent surtout pour leur remarquable décor d'**azulejos** dont les motifs et les sujets s'inspirent des Flandres. L'aile transversale abrite un **salon de musique** et une **cuisine** dont on admirera les centaines de casseroles et d'ustensiles en cuivre. La visite se termine par les **jardins** et par un charmant **cloître** manuélin appartenant à l'édifice primitif.

À côté du palais, s'élève la belle Pousada de Dom João IV, établie dans l'ancien **convento das Chagas**, où sont enterrées les duchesses de Bragance. Les ducs, eux, sont inhumés dans l'**église du couvent des Augustins** (XVIIe-XVIIIe s.), qui se trouve en face.

#### IGREJA DE NOSSA SENHORA DA CONCEIÇÃO

Rua de Nossa Senhora, 2. Dans l'enceinte en ruine du castelo, accès par l'av. Duques de Bragança.

Dans le chœur, les dimensions imposantes des panneaux d'**azulejos** (XVIIIe s.) signalent la libéralité des ducs de Bragance. Ils ont longtemps été attribués à Oliveira Bernardes, l'un des maîtres du genre.

#### MUSEU DE ARQUEOLOGIA ET MUSEU DE CAÇA

Au-delà de l'igreja da Conceição, dans l'enceinte du château médiéval (fléchage). Mêmes horaires que ceux du paço ducal. Entrée : 3 €.

Le **Musée archéologique** est surtout intéressant pour ses antiquités grecques et romaines (belle collection de verres) rassemblées par le roi Luís I (1861-1889).

L'interminable enfilade de salles du **musée de la Chasse** renferme des armes ainsi qu'une incroyable quantité de trophées et de bêtes empaillées provenant du monde entier, tout particulièrement des anciennes colonies portugaises.

## Alandroal

8,5 km S de Vila Viçosa par la N255.

La ville blanche se signale par son surprenant **château** ocre (entrée libre), construit à la fin du XIIIe s. par un architecte musulman. Comme planté au cœur du centre historique, il est curieusement dominé par un donjon coiffé d'une horloge.

Incluant, comme il se doit, l'église paroissiale, l'enceinte délimite d'abord une belle cour pavée, avant d'enserrer une petite oliveraie que l'on surplombe en empruntant le chemin de ronde : une sensation inédite !

En face de l'office de tourisme, l'opulence de la **fonte das Seis Bicas** (XVIIIe s.) dit assez l'importance de l'eau en Alentejo !

## Terena ✧

11 km S d'Alandroal par la N255.

Une saveur prononcée de bout du monde ! En surplomb d'une campagne plantée d'oliviers, le village assoupi étire ses maisons fleuries jusque devant l'enceinte du **château**. Certaines prennent même appui sur la muraille.

La forteresse ocre fut construite au XVe s. sous João I et appartenait à l'ordre d'Avis.

L'enceinte est coiffée d'un chemin de ronde (attention, pas de garde-fou !) d'où s'offre une vue spectaculaire, avec le petit lac de barrage du Lucefecit au loin.

### CAPELA DA BOA NOVA ✧

1 km E de Terena

Hérissée de créneaux et percée de rares meurtrières, cette chapelle ressemble à un petit château. C'est un rarissime exemple d'**église-forteresse** (XIVe s.), qui plus est, parfaitement conservé.

## Elvas ✧

56 km N-E de Terena par la N255 et la N373, 230 km E de Lisbonne, 12 km O de l'Espagne par l'IP7.

Classée par l'Unesco, cette ville frontalière est entourée d'immenses fortifications en étoile à la Vauban. On y entend presque plus l'espagnol que le portugais... Rien d'étonnant : elle se trouve à moins de 25 km au sud d'Olivenza (Olivença), «occupée illégalement» par l'Espagne depuis 1801 !

Avec ses monuments manuélins, la ville a pourtant un parfum bien portugais. En dehors de son impressionnant **aqueduc**, Elvas possède un centre ancien bien conservé et une curieuse **cathédrale**. Ses vieux quartiers, sur les hauteurs, offrent de belles balades.

⌄ Le village de Terena

### AQUEDUTO DA AMOREIRA ✧

À l'entrée de la ville en dir. de Portalegre par la N372.

Construit par plusieurs architectes, cet aqueduc en parfait état de fonctionnement fut financé par la population grâce à la levée d'un impôt spécial, le ***real de água***. Commencé à la fin du XVe s. et achevé en 1622, il fait la gloire d'Elvas avec ses quatre étages, ses 30 m de hauteur et ses 843 arcs.

### LA VIEILLE VILLE

Parkings de part et d'autre de la porte fortifiée et sous la praça da República.

La **praça da República**, au centre géographique de la ville, est dominée par l'ancienne **cathédrale**. D'allure manuéline avec son clocher pointu, elle a été transformée au XVIIe s. En longeant son flanc droit, vous arrivez rapidement dans la vieille ville.

Sur le largo de Santa Clara s'élève un **pilori** manuélin, bel exemple de transformation d'un monument d'infamie en œuvre d'art...

En suivant le fléchage «Castelo», on atteint un belvédère et le **château**. Le donjon du XVe s. surplombe la ville et dispense une jolie vue sur les fortifications élevées sous Philippe II et sur une deuxième forteresse au sud-est, le **forte de Santa Luzia**.

De retour praça da República, allez vous balader dans la très animée **rua da Cadeia**. Un ancien hôpital du XVIIIe s. abrite le **museu de Arte contemporânea de Elvas** (📞 268 626 218, www.col-antoniocachola.com ; avr.-sept. : mar. 14h-18h, mer.-dim. 11h-18h ; oct.-mars : mar. 13h-17h, mer.-dim. 10h-17h ; entrée : 2 €), qui présente par roulement des œuvres étonnantes de la scène artistique portugaise actuelle, dont le fameux lustre *A Noiva* (*La Fiancée*) de Joana Vasconcelos, piochées au sein de la collection António Cachola.

^ L'aqueduc d'Amoreira

## Campo Maior

20 km N-E d'Elvas par la N373, 224 km E de Lisbonne.

Une localité à l'ambiance de «Sud profond», où l'on se sent loin de tout. Sur les hauteurs, les maisons s'adossent aux remparts, près desquels pend du linge. D'autres, invariablement précédées de leur lavoir, s'alignent le long de rues pentues. De par sa situation à quelques kilomètres de l'Espagne, Campo Maior a longtemps joué un rôle de place forte.

Le **château** (☎ 928 079 591 ; mar.-dim. 10h-13h et 14h-17h ; entrée gratuite), bien qu'ayant conservé sa physionomie du XIVe s., a subi de nombreuses modifications. Dans la ville basse, entre l'**igreja Matriz** et l'**igreja São João Batista**, reconnaissable à sa façade en marbre, se joue un véritable festival de balcons en fer forgé. Attenante à l'igreja Matriz, la lugubre **capela dos Ossos** (ouv. aléatoire) renferme les ossements des 800 personnes qui périrent en 1732 dans l'explosion d'une poudrière.

## Arronches

23,5 km N-O de Campo Maior par la N371, 26 km S-E de Portalegre par la N246.

La localité, avec ses maisons blanches et ses clochers hérissés sur la colline, est photogénique à souhait. La ville est émaillée de belles pièces de marbre : admirez les très belles **fontaines** d'Elvas et de Neptune, et l'entrée des églises **Nossa Senhora da Luz** et **Nossa Senhora da Assunção**.

### MUSEU DE (A) BRINCAR

Largo Serpa Pinto ☎ 245 58 00 80, http://museu.cm-arronches.pt. Mar.-dim. 10h-13h et 14h-18h. Entrée : 1,10 €.

Installé dans une partie de la forteresse utilisée comme caserne, ce **musée** présente une petite collection de jouets anciens, poupées, voitures, soldats de plomb, figurines et maquettes du milieu du XIXe s. au XXe s.

## Portalegre ✧

6,5 km N-O d'Arronches par la N246, 20 km S de Marvão par la N359, 240 km N-E de Lisbonne.

Centre régional actif, Portalegre étonne par la jeunesse de sa population, liée à la présence de nombreux collèges et écoles. Pour autant, malgré son sympathique **Rossio** réhabilité et son cœur ancien animé, la cité ne laisse pas un souvenir impérissable.

### MOSTEIRO DE SÃO BERNARDO

Av. George Robinson. Accès depuis le Rossio par la rua Guilherme Gomes Fernandes, puis en traversant le jardim da Corredoura vers la g.

Sur une butte dominant le Rossio, le **monastère** du XVI$^{e}$ s. est devenu une caserne de gendarmerie. En principe, il est permis de pénétrer dans la cour, ornée d'une gracieuse fontaine Renaissance, pour admirer le portail de l'église, en marbre d'Estremoz.

### DU ROSSIO À LA SÉ

À l'extrémité du Rossio, la rua 5 de Outubro, bordée de commerces variés, grimpe dans le cœur ancien de Portalegre pour atteindre la **praça do Município**, place en forme de parvis où se dresse la **cathédrale** (F. pour travaux). L'édifice de style Renaissance mâtiné de baroque abrite un grand nombre de **retables** peints pour l'essentiel. Du côté du flanc droit se trouve le Musée municipal.

### MUSEU MUNICIPAL

Rua José Maria de Rosa ☎ 245 30 75 25. Mar.-dim. 9h30-13h et 14h30-18h (9h-12h30 et 14h-17h en hiver). Entrée : 2,10 €.

Dans une demeure noble du XVI$^{e}$ s. entièrement réhabilitée, le fonds du musée est essentiellement constitué d'œuvres provenant d'anciens couvents de la ville (art sacré) et de donations privées (céramiques et mobilier). La collection de 700 **statuettes** de saint Antoine force le respect. Des expositions temporaires sont régulièrement organisées.

En poursuivant par la rua de São Vicente, on atteint vite un coude au-delà duquel se découvre, à gauche, la façade baroque du **palácio dos Abrançalhas**, surnommé le ***palácio Amarelo***, le «palais jaune» (Largo Cristovão Falcão, ne se visite pas), en raison de la couleur de son crépi. Son ensemble de ferronneries du XVII$^{e}$ s. est sans véritable équivalent dans le pays.

### MUSEU DA TAPEÇARIA DE PORTALEGRE GUY FINO ✧

Musée de la Tapisserie de Portalegre

Rua da Figueira, 9 ☎ 245 30 75 30, www.mtportalegre.pt. Mar.-dim. 9h30-13h et 14h30-18h ; en hiver 9h-12h30 et 13h30 et 17h. Entrée : 2,10 €.

La surprise est grande de trouver, derrière le portail gothique du palais **Castelo Branco** (XIII$^{e}$ s.), un espace résolument contemporain consacré à la **tapisserie**, activité traditionnelle par excellence de la cité.

La Manufacture de tapisserie de Portalegre a réalisé les œuvres d'après les cartons des plus grands artistes : Jean Lurçat, Maria Helena Vieira da Silva, Júlio Pomar ou José de Guimarães.

Un étage est dédié aux créations les plus contemporaines d'un art trop méconnu hors des frontières portugaises.

### VERS LA PRAÇA DA REPÚBLICA

Les amateurs d'insolite reviendront sur leurs pas jusqu'à la **praça do Município**, où ils prendront, en face, la rua 19 de Junho. Au-delà de la rua do Comércio se cache la **casa dos Condes de Melo** (1538). Admirez tout particulièrement ses fenêtres manuélines.

La rua 19 de Junho atteint ensuite la **praça da República**. Dominée par les cheminées de l'usine, à l'abandon, de traitement de liège, autre activité traditionnelle de Portalegre, elle forme un bel ensemble urbanistique du XVIII$^{e}$ s. et incite à la pause avec ses terrasses.

Dans la rue descendant vers la droite, du côté de l'usine, se trouve la **maison du poète José Régio** (av. José Régio ☎ 245 30 75 35 ; vis. guidée mar.-dim. 9h30-13h et 14h30-18h, hiver : 9h-12h30 et 13h30-17h ; entrée : 2,10 €, gratuite dim. jusqu'à 13h). L'homme de lettres (1901-1969) avait une étrange passion : il collectionnait... les crucifix. L'une des nombreuses curiosités à découvrir parmi sa foisonnante collection d'art populaire.

# Marvão ✧✧

21 km N de Portalegre par la N359, 12 km S-E de Castelo de Vide par la N246-1, 225 km N-E de Lisbonne.

Après une belle route qui serpente entre les collines plantées d'oliviers, on arrive dans un village tout blanc à l'ambiance montagnarde, surplombé par un **château médiéval**. L'architecture est plus brute qu'à Castelo de Vide (p. 220), et les rues encore moins fréquentées. Mais ce village blanc étincelant, avec ses rues tortueuses qui grimpent jusqu'au château, est sans doute le plus beau de la région. Depuis les remparts, la vue sur les montagnes en contrebas est à couper le souffle. Une allée principale, pavée de larges dalles de pierre, rend le site accessible aux fauteuils roulants.

## LA VIEILLE VILLE ✧✧

Entrée motorisée dans la vieille ville interdite aux non-résidents. Parking situé avant la porte d'accès fortifiée.

En arpentant les ruelles bordées de maisons blanches, presque monochromes, Marvão paraît beaucoup plus rude que sa voisine, Castelo de Vide, avec ses airs montagnards.

De la **porte fortifiée** de Ródão, la rua de Cima atteint l'ancienne mairie, transformée en Maison de la culture, qui s'élève près de la place du Pilori (XIVe s.). De là, un coude à droite grimpe vers l'entrée du château, occupant le promontoire ouest.

Au pied du château, l'**igreja Santa Maria** (XIIIe-XIVe s.) abrite le **Museu municipal** (travessa de Santa Maria ☎ 245 90 91 32 ; t.l.j. 10h-12h30 et 13h30-17h ; entrée : 1,90 €), qui présente un séduisant et étonnant bric-à-brac (vêtements régionaux, pièces archéologiques, bois dorés, etc.), ainsi qu'une fresque du XIVe s.

**PAUSE**

*Pique-nique*

Avant d'arriver à Marvão, juste après les pancartes indiquant le village de Jardim, un joli spot de pique-nique sous les arbres, avec des tables et des bancs en pierre, vous permet de déjeuner tout en profitant d'une belle vue sur la vallée.

⌄ Marvão et la serra de São Mamede

Très bien conservée, celle-ci montre les visages souriants de saint Bartholomé, de sainte Madeleine et de sainte Marguerite.

### LE CHÂTEAU ✧

À l'extrémité O de la rua do Castelo. T.l.j. du lever au coucher du soleil. Entrée libre dans l'enceinte.

Construit au XIIIe s., il a été agrandi sous le règne de Dinis I et transformé au XVIIe s. À droite après l'entrée, un petit escalier donne accès à une **citerne** voûtée du XVIIe s. Au-delà de l'esplanade allongée, la citadelle surplombe d'impressionnants pitons rocheux et donne la sensation de se trouver à la proue d'un bateau. Du chemin de ronde s'offre un vaste panorama : l'Espagne est toute proche ; au nord, s'étend la **serra da Estrela**.

## Parque natural da Serra de São Mamede ✧

Accès depuis Marvão, Arronches, Castelo de Vide et Portalegre. Plusieurs sentiers pédestres sont proposés.

Le parc naturel de la serra de São Mamede couvre près de 30 000 ha, sur lesquels se trouvent les villes de Marvão, Castelo de Vide et Alegrete. Vous y découvrirez un Alentejo escarpé et verdoyant, abritant des vestiges de la présence humaine à plusieurs époques historiques. Les montagnes créent un microclimat propice au développement d'une végétation riche et variée. Ainsi, au nord prédominent les chênes et les châtaigniers, au sud un authentique paysage de chênes-lièges et de chênes verts.

Culminant à 1 025 m d'altitude au **pic de São Mamede**, la serra offre aussi de beaux points de vue sur le Tage au nord.

En randonnant dans le parc, vous apercevrez peut-être des rapaces rares, comme le griffon, le milan ou l'aigle de Bonelli, symbole de la zone. Avec un peu de chance, vous pourrez même apercevoir des sangliers et des cerfs, de retour dans la serra de São Mamede grâce à la préservation de leur habitat naturel.

PAUSE

*Pastelaria Sol Nascente*

Offrez-vous une pause à la terrasse de cette pâtisserie pour déguster les créations maison, délicieuses mais un peu pousse-au-crime côté calories. Prévoyez de prendre votre temps, les portions sont pantagruéliques !

> Rua de Olivença, 31, Castelo de Vide ☎ 938 701 967. Mar.-dim. 8h-22h.

## Castelo de Vide ✧✧

10 km N-O de Marvão par la N246-1, 73 km E d'Abrantes par l'A23, l'IP2 et la N246, 215 km N-E de Lisbonne.

Une très jolie bourgade aux façades blanc et jaune, parsemée de roses trémières et de palmiers qui lui donnent de faux airs de ville méditerranéenne. Dans les ruelles qui montent au château, le linge sèche aux fenêtres et l'on entend le chant des oiseaux. L'ambiance est très calme, presque trop : hors saison, on peut avoir l'impression de se promener dans une ville fantôme. La cité s'est construite sur un versant de la serra de São Mamede, au cœur d'une région au riche patrimoine préhistorique.

### PRAÇA DOM PEDRO V

L'esplanade est barrée par le bâtiment de l'**hôtel de ville** (XVIIIe s.), précédé d'un **pilori** de la même époque. En face de la mairie se dressent la masse de l'église baroque **Santa Maria da Devesa**, puis, dans l'angle, celle de l'église

^ La fonte da Vila à Castelo de Vide

**São João Batista** (XIVe s., remaniée jusqu'au XVIIIe s.). Une concentration d'églises qui n'a rien d'étonnant puisque Castelo de Vide en possède 30 pour 3500 habitants !

## JUDIARIA ✧

Débutant au bas de l'abside de Santa Maria da Devesa, la rua dos Serralheiros conduit à une placette où s'élève la **fonte da Vila**, fontaine Renaissance toujours utilisée par les habitants. Dirigez-vous ensuite vers la **citadelle** par la rua da Fonte, où vous verrez la **synagogue** (XIVe-XVe s. ; juin-sept. : t.l.j. 9h-13h et 15h-18h ; oct.-mai : t.l.j. 9h-13h et 14h-17h ; entrée libre), au cœur de l'ancien quartier juif. Établi à flanc de colline, c'est un labyrinthe de ruelles bordées de maisons fleuries. En levant les yeux pour observer les détails, vous découvrirez ici une porte gothique, là des éléments architecturaux de l'époque manuéline.

## LE CHÂTEAU ET LA VILLE HAUTE ✧

Le château (XIIIe s.) vaut surtout pour les vues variées qu'il prodigue, notamment depuis la belle salle voûtée du donjon et du niveau supérieur, ouvert sur la campagne. La promenade dans les ruelles de la ville haute, au-delà de la porta da Vila, est un enchantement, surtout en fin de journée quand les vieilles dames devisent en cousant sur le pas de leur porte. Un concours récompense les ruelles les mieux fleuries : la **rua do Forno**, véritable jardinerie en plein air, a bien mérité son trophée !

En haut, lorsqu'on arrive à la **porta de São Pedro**, un escalier à droite grimpe sur les **remparts**, d'où s'offre une vue fabuleuse sur la campagne.

Le retour vers la praça Dom Pedro V peut se faire par la rua do Mercado ou par la rua de Santa Maria, toutes deux avec un pavage grossier et des maisons mangées par la végétation.

### GASTRONOMIE

*Rota dos Sabores*

Comme la plupart des localités alentejanes, **Nisa** figure sur la **rota dos Sabores**, destinée à promouvoir les nombreux produits DOP (appellation d'origine protégée), IGP (indication géographique protégée) ou ETG (spécialité traditionnelle protégée). Des producteurs et des restaurateurs participent à cette démarche de valorisation des produits de l'agriculture locale.

## Nisa

28 km N-O de Castelo de Vide par la N246 et la N18.

La petite localité se situe au cœur d'une région très appréciée pour ses fromages (dont le ***queijo de Nisa*** et le ***queijo Mestiço de Tolosa***). Après avoir passé la porte d'entrée fortifiée, vous découvrirez l'**igreja Matriz**, qui possède un retable maniériste d'excellente facture. Au bout de la rua Dr Francisco Miguens, s'ouvre la **praça do Município**, très couleur locale, sentant bon la fleur d'oranger.

## Flor da Rosa

25 km S de Nisa par la N245, 220 km N-E de Lisbonne.

Le village aligne des maisons traditionnelles colorées à grandes cheminées disposées en façade. Le **couvent** de l'ordre des Hospitaliers (XIVe s.) a été restauré et abrite la **Pousada Mosteiro do Crato** (p. 227). Ceux qui n'auront pas la chance de dormir dans la belle bâtisse fortifiée pourront tout de même découvrir le **cloître** et voir la nef de l'église, d'une hauteur impressionnante. Les **jardins** qui entourent la piscine ajoutent encore un peu plus de charme à cet hôtel vraiment hors du commun.

## Crato ✧

2 km S de Flor da Rosa par la N245, 222 km N-E de Lisbonne.

Le modeste bourg, producteur d'huile d'olive, présente des maisons fleuries soulignées de jaune, caractéristiques du Sud alentejan. Crato accueillit le siège de l'ordre de Malte au Portugal, qui luttait contre les Maures installés dans le sud du pays et en Andalousie. Le **palais du prieur**, sur la place principale, s'ouvre par un porche monumental, surmonté d'un balcon de style Renaissance.

## Alter do Chão

12 km S de Crato par l'IC13.

La petite cité, peu touristique, est réellement attachante. Ses rues larges, la présence de belles **arènes** flanquées d'une **fontaine** baroque et, enfin, l'importance qu'a le cheval, porté par le **haras royal** que João V a créé près du bourg : beaucoup de choses évoquent ici le Ribatejo (p. 178).

Sur la place principale, bordée d'une somptueuse fontaine Renaissance en marbre, se dresse le **château** (✆ 245 61 00 04 ; mar.-dim. 9h-12h30 et 15h30-17h, f. à 18h30 en été ; entrée : 2 €), édifié au milieu du XIVe s. par Pedro I. Il est l'un des rares au Portugal à ne pas avoir été construits en hauteur. Sa visite vaut surtout pour la vue sur la ville depuis le chemin de ronde et certaines tours. Celle du côté sud s'ouvre par une curieuse porte au découpage anthropomorphe.

## Alter Pedroso

3 km E par une route secondaire.

À Alter Pedroso, du haut des ruines d'un probable ermitage, s'offre une vue réellement splendide sur la plaine de l'Alentejo.

## Avis ✧✧

30 km S-O d'Alter do Chão par la N369 et la N370.

Avis porte le nom du plus ancien ordre de chevalerie du Portugal, celui de la maison qui régna de 1385, date de l'avènement de João I, à 1580. Après avoir franchi la porte ocre percée dans les remparts, on ne regrettera pas d'avoir poussé si loin vers le nord de l'Alentejo. Le **largo Cândido dos Reis** ressemble à une véritable scène de théâtre avec ses différents niveaux, ses couleurs et ses monuments disparates, parmi lesquels le **couvent** de l'ordre d'Avis (XVIIe s.), très remanié. Par la rue parallèle au rempart et bordée de maisons basses, on atteint la place principale, ornée d'un superbe pilori Renaissance en marbre surmonté d'un oiseau.

⌄ Le palais du prieur à Crato

## • NOS ADRESSES •

# AVIS

## OÙ DORMIR

### Herdade da Cortesia

📞 242 41 01 30, www.herdadedaortesia.com. De 100 à 150 €.

Un hôtel luxueux et design, perdu près du barrage de Maranhão. Du bois, du calme, une approche zen et écolo entre deux balades à vélo ou en bateau : tout pour se ressourcer.

# BORBA

## OÙ MANGER

### Arca d'Ouro

Rua Marquês de Marialva, 9 📞 268 894 873. T.l.j. 12h-15h30 et 19h-23h. Rés. obligatoire. Moins de 20 €.

Très couleur locale avec sa salle voûtée, ses arcs et ses azulejos. L'endroit est parfait pour déguster une bonne cuisine alentejane, le tout dans une ambiance agréable et sans se ruiner.

## SHOPPING

Nombreux antiquaires le long de la rua de São Bartolomeu *(suivre les indications «Antiguidades»)* : meubles traditionnels alentejans en chêne massif. Dans la même rue, vous pourrez acheter du vin à l'Adega Cooperativa de Borba (📞 268 891 660, www.adegaborba.pt).

# CASTELO DE VIDE

## OÙ DORMIR

### Hotel Sol e Serra

Av. da Europa, 1 📞 245 90 00 00. Moins de 50 €.

Tout près du centre-ville, une imposante bâtisse à la déco traditionnelle et rétro, avec faïence aux murs et têtes de lits en bois peint. Un luxe un peu carton-pâte, mais les chambres sont spacieuses, le cadre agréable et le rapport qualité/prix (35 € la double hors saison) très intéressant. Piscine sur la terrasse.

### Hotel Castelo de Vide

Av. da Europa 📞 245 90 82 10, www.hotelcastelodevide.com. Moins de 50 €.

Tout près du centre, hôtel un peu vieillot mais bien tenu, avec une jolie piscine et des chambres avec vue sur la montagne.

### Casa do Parque

Av. da Aramenha, 37 📞 245 90 12 50, www.casadoparque.net. De 50 à 70 €.

### Fête à Castelo de Vide

> Envie d'une immersion dans le Portugal authentique ? Chaque année au printemps, pendant les **fêtes pascales de Castelo de Vide**, les bergers envahissent les rues avec leurs troupeaux avant de laisser place à des processions et à des danses folkloriques.

˅ L'ancien quartier juif de Castelo de Vide

Jolie maison au calme proposant des chambres simples à des prix compétitifs. Restaurant de cuisine régionale.

### Casa Amarela

Praça Dom Pedro V, 11 ☎ 245 90 58 78, www.casaamarelath.pt. Plus de 80 €.

Une très belle propriété au cœur de la ville, rénovée avec beaucoup de goût. Petit déjeuner géant et délicieux.

## OÙ MANGER

### D. Pedro V

Praça Dom Pedro V ☎ 245 90 12 36. Mer.-lun. 12h-15h et 19h-21h30. De 15 à 20 €.

Grande salle où se mélangent autochtones et touristes. La cuisine est bonne et copieuse, le cadre plutôt chic, mais la télé allumée…

### Djony

Rua Alexandre Herculano, 1 ☎ 245 90 51 25. Lun.-sam. 12h-22h. De 15 à 20 €.

C'est la cantine des habitants de Castelo de Vide, toujours bondée ! On y vient pour des assiettes généreuses et traditionnelles, à déguster sur de grandes tables devant la télé.

## SHOPPING

Le marché a lieu le vendredi matin. Il attire encore plus d'artisans le dernier vendredi du mois.

### Sabores da Terra

Rua da Olivença, 29 ☎ 245 90 50 84. T.l.j. 6h30-19h.

Tous les produits de la serra. Beau choix de vins et de fromages. La petite épicerie propose aussi des pâtisseries traditionnelles.

# ELVAS

## OÙ DORMIR

Du fait de la proximité d'Elvas avec l'Espagne, les tarifs des hôteliers et des restaurateurs y sont plus élevés qu'ailleurs. Il y a peu d'hôtels et de restaurants dans le centre-ville, et la plupart s'alignent au bord de la route de Badajoz (N4).

^ La vieille ville d'Elvas

### Residencial António Mocisso

Rua João de Olivença, 23 ☎ 268 62 21 26 et 967 847 929. Moins de 50 €.

Difficile de faire moins cher en plein centre-ville. Chambres avec salle de bains réparties dans différents bâtiments alentour.

### Quinta de Santo António

Estrada de Barbacena, route de Portalegre, 4,5 km N (N246) ☎ 268 63 64 60, www.qsahotel.com. De 120 à 130 €.

Ancienne ferme cossue du XVIII$^{e}$ s. transformée en auberge, avec un beau jardin et même une chapelle. Prix corrects compte tenu du standing.

## OÙ MANGER

### Da Adélia

Rua de Alcamim, 18 (rue piétonne qui descend vers les murailles) ☎ 963 98 69 37 (port.). T.l.j. 9h-2h. F. temporairement (travaux). Moins de 20 €.

• NOS ADRESSES •

Une taverne avec une salle fraîche aux murs couverts de photos en noir et blanc de l'Alentejo d'autrefois. Très photogénique et attachant.

### Do Adro

Largo João Dias de Deus 1, Vila Fernando (15 km O) 📞 268 66 11 94. Jeu.-mar. 12h30-15h et 19h30-21h30 (f. dim. soir). Moins de 20 €.

Près de l'église, une *tasca* encore plus petite et plus pittoresque que la précédente, avec un intérieur rustique à souhait, où l'on mange divinement bien (ingrédients du cru). Une adresse connue dans la région.

## PÂTISSERIE

### A Cantarinha

Rua da Cadeia, 41 📞 268 62 42 41. Lun.-sam. 8h30-19h.

Il ne faut pas quitter Elvas sans avoir goûté aux fameux pruneaux et aux succulentes pâtisseries de cet établissement.

# ESTREMOZ

## OÙ DORMIR

### O Gadanha

Largo General Graça, 56 📞 268 33 91 10. Moins de 40 €.

Petite pension familiale offrant des chambres propres et fonctionnelles à des prix imbattables.

### Monte dos Pensamentos

Estrada da Estação do Ameixial (2 km O d'Estremoz par la route de Lisbonne) 📞 917 06 96 99 (port.), www.montedospensamentos.com. De 60 à 90 €.

La «ferme des pensées», une maison de campagne de style mauresque, propose des chambres décorées dans le style traditionnel de la région. Piscine au fond du jardin (en saison).

### Pousada Castelo de Estremoz

Largo Dom Dinis 📞 268 33 20 75. Plus de 150 €.

♥ Aménagée dans le palais du roi Dinis I, cette *pousada* passe pour l'une des plus belles du pays.

⌄ Pousada Mosteiro do Crato à Flora da Rosa

Son intérieur est somptueux : portails en marbre, azulejos, meubles et tapis anciens... Quant à la vue depuis les petites chambres presque monacales, elle est inoubliable. Ceux qui n'auront pas le bonheur d'y dormir pourront dîner dans le restaurant installé dans le cloître. Ses heureux hôtes connaîtront le plaisir d'une promenade nocturne au sommet du donjon, la tête dans les étoiles.

### OÙ MANGER

#### Adega do Isaías

Rua do Almeida, 21 📞 268 32 23 18. T.l.j. 12h-15h et 19h30-22h, dim. 12h-15h. Moins de 20 €.

Taverne en forme d'antre à viandes grillées avec bancs et grandes jarres de vin. Goûtez au *porc pata* negra.

#### A Cadeia Quinhentista

Rua Rainha Santa Isabel 📞 268 32 34 00. T.l.j. 12h30-15h et 19h30-22h. Bar ouvert jusqu'à minuit. De 20 à 35 €.

Dans la ville haute, une ancienne prison devenue un resto gastronomique et design. Tous les standards de la cuisine alentejane et un bar très agréable.

### CAFÉ

#### Águias d'Ouro

Rossio Marquês de Pombal, 27-29 📞 268 32 42 01. Mer.-lun. 9h-23h (f. lun. soir).

Derrière son étonnante façade du début du XXe s., remaniée à plusieurs reprises, le temps semble s'être figé. Un lieu étrange, bourré de nostalgie et néanmoins accueillant. Restaurant à l'étage.

## FLOR DA ROSA

### OÙ DORMIR

#### Pousada Mosteiro do Crato

Mosteiro da Flor da Rosa 📞 245 99 72 10. Plus de 150 €.

♥ Cette magnifique *pousada* de grand luxe est située dans l'ancien monastère des Hospitaliers. Le design contemporain s'harmonise avec l'architecture médiévale de façon très soignée.

## MARVÃO

### OÙ DORMIR

#### Casa da Árvore

Rua Dr Matos Magalhães, 3 📞 245 99 38 54, www.casadaarvoremarvao.com. Moins de 60 €.

Du tourisme rural où l'on se sent d'autant plus chez soi que les propriétaires sont adorables. Tout est parfait : du décor des chambres à la qualité du petit déjeuner. Vue éblouissante sur la campagne.

#### El-Rei D. Manuel

Largo de Olivença 📞 245 90 91 50, www.turismarvao.pt. De 70 à 90 €.

Un hôtel de charme, qui plus est abordable et très bien situé, près des remparts. Les chambres donnent sur la campagne.

#### Pousada de Marvão

Rua 24 de Janeiro, 7 📞 245 99 32 01. Plus de 150 €.

Cet établissement est idéal pour visiter la vieille ville de Marvão le soir, au moment où les maisons blanches se colorent de tons chauds. Belles chambres rénovées avec élégance.

### OÙ MANGER

Les établissements sont étonnamment peu nombreux. La solution la plus simple est d'aller à Portagem, en bas de Marvão, en évitant les restaurants destinés aux groupes. **Mil-Homens** (rua Nova, 14 📞 245 993 122) ou encore **Sever Churrasqueira** (rua Nova, 24 📞 245 993 458) sont recommandables.

#### O Castelo

Rua Dr Matos Magalhães 📞 245 993 060. T.l.j. 9h-23h. Moins de 20 €.

Il s'agit en fait du café lounge de l'hôtel Dom Dinis, derrière la mairie, suffisant pour déjeuner sur le pouce. Agréable terrasse.

#### Casa do Povo

Travessa do Chabouco 📞 245 99 31 60. Ven.-mer. 12h-14h30 et 19h-21h30. Moins de 20 €.

Certes, les frites sont surgelées et ce n'est sans doute pas la cuisine la plus typique de l'Alentejo. Mais les prix sont raisonnables et la terrasse sur la vallée vaut le détour.

# • NOS ADRESSES •

## SHOPPING

### Marvão com Gosto

Rua de Cima, 1 📞 918 59 49 70 (port.). Jeu.-mar. 10h-19h.

Une petite boutique de produits régionaux qui sent bon la pâtisserie, tenue par un couple très gentil. Leur spécialité : des gâteaux à la châtaigne ou à la pomme et à la cannelle, préparés sous vos yeux par madame. Quelques confitures, liqueurs et alcools traditionnels.

### Luiza Assis

Rua de Cima, 4A 📞 245 99 32 53. T.l.j. 10h-13h30 et 14h30-19h.

Une petite boutique où l'on trouve des produits en liège, quelques vêtements blancs tissés dans la région et une petite sélection de céramiques.

## SPORTS ET LOISIRS

**Golf**

### Marvão Golf Club

Quinta do Prado, São Salvador d'Aranmenha 📞 245 99 37 55.

Au bas de Marvão, très beau parcours 18 trous sur 6 km.

**Randonnée**

Depuis le parking situé près du pont médiéval à Portagem, au bas de Marvão, il est possible de monter à pied au village. Longez la route, puis le balisage est indiqué en vert (env. 1h).

# PORTALEGRE

## OÙ DORMIR

### Mansão Alto Alentejo

Rua 19 de Junho, 59 📞 245 094 413, www.mansaoaltoalentejo.pt. Moins de 50 €

Des chambres peu chères et décorées de meubles peints. Pension simple située à proximité de la cathédrale.

### Rossio Hotel

Rua 31 de Janeiro, 6 📞 245 08 22 18, www.rossiohotel.com. De 60 à 80 €

Un hôtel design équipé de chambres parfaitement fonctionnelles et dotées de salles de bains impeccables. L'adresse est plutôt inattendue, dans une ville comme Portalegre, et d'un bon rapport qualité/prix.

### Convento da Provença

Monte Paleiros-Ribeira de Nisa 📞 245 33 71 04 ou 📞 913 21 91 00 (port.), www.provenca.pt. De 60 à 80 €.

♥ Juste avant Portalegre en venant de Marvão, ce couvent du Moyen Âge est un lieu des plus enchanteurs. Au bout d'un sentier champêtre où viennent brouter les chèvres, il dispose de 5 chambres et de 2 petites suites familiales pouvant accueillir un couple et 2 enfants *(env. 100 €/j.)*, et de petites terrasses privées. La salle de séjour commune est décorée de tenues de chevaliers. Piscine avec vue sur les montagnes.

## OÙ MANGER

### Solar do Forcado

Rua Cândido dos Reis, 14 📞 245 33 08 66. Mar.-dim. 12h30-15h et 19h30-22h, sam. 19h30-22h. F. lun. De 20 à 25 €.

♥ Sur les hauteurs, non loin de l'ancienne usine Robinson, une adresse à ne pas manquer. Le patron, d'une rare gentillesse, propose des spécialités parfumées difficiles à trouver ailleurs. C'est délicieux, et servi dans un cadre agréable et intime.

### Restaurante O Martinho

Rua Sofia Corte Real Machado, 20, Monte Paleiros 📞 245 34 13 23. Mar.-dim. 12h-15h et 19h-22h. De 20 à 25 €.

Un restaurant à l'ambiance populaire, où l'on sert une très bonne cuisine alentejane. Portions très copieuses, vous pouvez ne prendre qu'un plat pour deux ! Les pâtisseries sont délicieuses. Dommage : la salle, à l'intérieur, n'a pas de fenêtre.

# VILA VIÇOSA

## OÙ DORMIR

### Solar dos Mascarenhas

Rua Florbela Espanca, 125 268 88 60 00, www.solardosmascarenhas.com. De 70 à 80 €.

Très bel hôtel en partie installé dans une superbe demeure du XVIe s. et à deux pas du Paço real. Les chambres, sobres et modernes, se trouvent dans l'annexe.

### Pousada Convento de Vila Viçosa

Terreiro do Paço 268 98 07 42. Plus de 150 €.

Près du palais, cette somptueuse *pousada* a été aménagée dans l'ancien convento das Chagas de Cristo. Son labyrinthe de chambres thématiques vous plongera dans l'ambiance des contes et légendes. Découvrez les anciens oratoires des nonnes et leurs cellules, avant de dîner dans la grande salle du monastère.

## OÙ MANGER

### O Paço Ducal

Largo Mariano Prezado, 2A 268 88 10 10. T.l.j. 12h-15h et 19h30-22h. Moins de 20 €.

Une pizzeria sans prétention où vous trouverez aussi des plats traditionnels comme les *migas* (pain perdu frit, frotté à l'ail).

Le palais ducal à Vila Viçosa

14

# LE BAS-ALENTEJO

Au sud d'Évora, les paysages parsemés de paisibles villages fortifiés deviennent plus arides. Vous êtes dans le Sud profond, au cœur de l'Alentejo. En approchant de l'Espagne, la région reverdit et dévoile le beau parc naturel de la vallée du Guadiana, qui s'explore à pied, à vélo, à cheval ou en bateau. Ces balades vous feront découvrir une région au patrimoine riche, allant des vestiges de l'Empire romain et de la présence maure aux ruines de l'époque industrielle.

## PRATIQUE

• Plan p. 190-191
• Nos adresses p. 238

### ↓ Accès

**En voiture**

La voiture est le meilleur moyen de transport.

**Beja** est à env. 1h15 d'Évora par l'IP2.

**Mértola** est à env. 1h50 d'Évora par l'IP2.

**Moura** est à env. 1h10 d'Évora par l'IP2.

**Serpa** est à env. 1h30 d'Évora par l'IP8.

**En train**

Seule Beja est facile d'accès en train.

**Gare ferroviaire de Beja :** largo da Estação. Liaisons quotidiennes avec les villes de l'Algarve, Lisbonne Sete Rios (2h) et Évora (2h) avec correspondance à Casa Branca.

Le village de Mértola sur les rives du Guadiana

## L'ESSENTIEL

### À ne pas manquer

Le musée régional de Beja ; la ville-musée de Mértola.

### Expériences

Une descente en canoë sur le *rio* Guadiana ; se baigner dans le lac de Tapada Grande.

### Insolite

Le paysage apocalyptique des mines de São Domingos.

## Moura

35 km S-O de Mourão par la N386, 210 km S-E de Lisbonne.

Selon la légende, Moura doit son nom à la fille d'un seigneur maure qui se serait précipitée du haut du donjon en apprenant la mort de son fiancé.

À Moura, la vie sociale s'organise le long de la **praça Sacadura Cabral**, qui longe les remparts, et à son extrémité, dans le très agréable **jardin du Dr-Santiago** en belvédère sur la campagne. La localité est réputée pour sa très prestigieuse huile d'olive, vendue sous le label DOP.

Sur les hauteurs de la ville, le **castelo** (praça Sacadura Cabral 📞 285 251 375 ; t.l.j. 9h-17h30), datant du XIIIe s., a fière allure avec sa tour de donjon carrée et offre un beau point de vue sur la campagne alentour.

### IGREJA SÃO JOÃO BATISTA ✧

À l'angle de la rua de Arouche et de la praça Sacadura Cabral.

L'église située à l'entrée de la ville s'ouvre par un portail manuélin considéré comme l'un des plus réussis du genre. L'intérieur ne dépare pas : **azulejos** en tapis ou historiés illustrant les Vertus, chœur agrémenté de voûtes d'une rare élégance, nefs à chapiteaux manuélins, chaire gothique en marbre.

**Comboios de Portugal :** www.cp.pt

**En bus**

• **Rede Expressos** (www.rede-expressos.pt) assure des liaisons quotidiennes entre Beja et Lisbonne Sete Rios (2h15 à 3h15), Faro (3h), Albufeira (2h), Évora (1h15), Serpa (35 min) et Mértola (50 min). Également, une liaison quotidienne Évora-Moura (1h20), avec un bus supplémentaire le dimanche.

• **Rodoviária do Alentejo** (www.rodalentejo.pt) propose en semaine des liaisons Beja-Serpa-Moura (1h30 ; en période scolaire), Beja-Alvito (1h20), Beja-Mértola (1h15), Évora-Viana do Alentejo (40 min) et Mértola-Mina de São Domingos (50 min).

**Gare routière de Beja :** rua da Cidade de São Paulo. Env. 10 bus/j. depuis Évora.

**Gare routière de Mértola :** av. Aureliano Mira Fernandes (E de la ville). 1 bus/j. depuis Beja ou Vila Real de Santo António.

→

### LES QUARTIERS ANCIENS

À la hauteur de la mairie, prenez la rua Conselheiro Augusto de Castro.

Perdez-vous dans les ruelles étroites et fleuries qui courent jusqu'à la commerçante **rua da República**, c'est un enchantement ! La **rua 1º de Dezembro** ou la **rua das Mollejas** sont irrésistibles. Plus à l'ouest, de l'autre côté du largo General Humberto Delgado, se trouve la **Mouraria**, l'ancien quartier maure, qui s'organise autour du largo da Mouraria. Différent du reste de la ville par le tracé capricieux de ses ruelles, il compte de nombreuses maisons basses coiffées de cheminées typiques de la région.

### MUSEU DO AZEITE

Musée de l'Huile d'olive

Rua São João de Deus, 20 ☎ 285 253 978. Mar.-dim. 9h-12h30 et 14h-17h30. Entrée libre.

Dans une huilerie communautaire du XIXe s., au sud de la ville, ce musée détient un vieux pressoir à pression à froid intact.

## Serpa ✧

31 km S de Moura par la N255, 225 km S-E de Lisbonne. Stationnez à l'extérieur des remparts, près de la porta de Beja.

La ville est située à mi-chemin entre Beja et l'Espagne. Le **centre ancien**, enfermé dans ses remparts percés d'une magnifique porte de ville (porte de Beja) et dominé par un **aqueduc**, est dépourvu de construction parasite : un vrai décor de cinéma ! S'y balader est un plaisir de tous les instants. La ville est réputée pour son fromage de brebis, le fameux *queijo de Serpa*.

^ Nossa Senhora de Guadalupe

### AUTOUR DE LA PRAÇA DA REPÚBLICA ✧

La **place de la République**, avec ses deux cafés, est le cœur de la vie sociale. Par la rua dos Cavalos, vous atteindrez le **museu do Relógio** (Convento do Mosteirinho, rua do Assento ☎ 284 54 31 94, www.museudorelogio.com ; mar.-ven. 14h-17h, sam.-dim. 10h-12h et 14h-17h ; entrée : 2 €), qui conserve la bagatelle de 1600 horloges.

De l'autre côté de la place, en grimpant jusqu'au largo de Santa Maria, que domine l'église, vous accéderez au **castelo** et au **Museu arqueológico**, d'un intérêt limité.

## PRATIQUE (SUITE)

**Gare routière de Serpa :** à 700 m S-O de la vieille ville. 4 bus/j. depuis Beja.

### ↓ Offices de tourisme

**Alvito**
www.cm-alvito.pt

**Beja**
www.cm-beja.pt

**Mértola**
www.cm-mertola.pt

**Moura**
www.cm-moura.pt. T.l.j. 9h-12h30 et 14h-17h30.

**Parque natural do Vale do Guadiana**
www.icnf.pt
Le bureau principal du parc fournit des infos sur les randonnées dans le parc.

**Serpa**
www.cm-serpa.pt

Si vous souhaitez continuer la visite, faites un tour entre l'église Santa Maria et les murailles, **rua da Parreira** ou **rua do Jardim**, deux rues paisibles et délicieuses avec leurs maisons aux pas de porte fleuris. De la praça da República, par la rua dos Fildagos (à g. de la mairie), puis en prenant le largo do Corro à gauche au niveau des murailles vers le **Musée ethnographique**, vous attend un bel ensemble de maisons à balcons en fer forgé.

### MUSEU ETNOGRÁFICO

Musée ethnographique

Largo do Corro 📞 284 54 01 20. Fermé pour travaux.

La halle rénovée de l'ancien marché municipal (fin XIXe s.) abrite une intéressante collection d'outils et d'attelages anciens.

### ERMIDA DE NOSSA SENHORA DE GUADALUPE

À 2 km S de Serpa, suivez le circular interna de Serpa, puis tournez à dr. dir. «Estalagem de São Gens».

Juste en face de l'ancienne *pousada* Estalagem de São Gens se dresse, au milieu des cyprès, le petit ermitage de la Guadalupe, adorable édifice gothico-mauresque à coupole.

## Parque natural do Vale do Guadiana ✧

Parc naturel de la vallée du Guadiana

12 km S de Serpa. Rens. au bureau du parc et à l'office de tourisme de Mértola (p. 233).

Le parc naturel de la vallée du Guadiana s'étend sur 70 000 ha autour de Serpa – Serpa ne fait pas partie du parc – et de Mértola jusqu'à la rivière du Vascao, au sud de Mértola. Il offre des paysages d'une grande variété : vallées encaissées autour du fleuve et de ses affluents, cascades cristallines, plaines céréalières, collines plantées de chênes verts ou d'épais buissons méditerranéens... Les paysages jaunis, où la beauté du grand Sud s'exprime avec force, reverdissent au fur et à mesure que l'on se rapproche du fleuve. Paradis pour les amateurs de tourisme en plein air, le parc en offre pour tous les goûts.

Au nord du parc, la **cascade de Pulo do Lobo**, ou «du Saut du Loup», est la plus haute chute d'eau du Portugal. On ne peut pas s'y baigner, mais le site vaut le coup d'œil. Les amateurs de kayak trouveront leur bonheur au **barrage de Chança**, au sud de Mértola, où le rio Chança se jette dans le Guadiana. À l'est, les passionnés d'histoire contemporaine ne manqueront pas les mines de cuivre désaffectées de **São Domingos** *(ci-après)*. Enfin, le parc est parcouru de nombreux sentiers balisés et propose de belles randonnées de 2 à 6 heures de marche, au départ de Mértola.

### MINA DE SÃO DOMINGOS ✧

37 km S de Serpa par la N 265. Centre de documentation et casa do mineiro : rua de Santa Isabel, 30-31 📞 286 64 75 34. Lun.-sam. 9h-12h30 et 14h-17h.

Les amateurs de paysages industriels ne manqueront pas de s'arrêter aux **corons** de la Mina de São Domingos pour voir les

‹ La cascade de Pulo do Lobo

^ Le village de Mértola, en surplomb du Guadiana

anciennes mines de cuivre, avec leur lagune aux eaux rougeâtres, leurs constructions dynamitées et mangées par la végétation... Les mines ont été exploitées des années 1850 aux années 1960. Unique au Portugal et vraiment impressionnant ! On peut y visiter la **casa do Mineiro**, reconstitution d'une maison typique de mineur, avec meubles et objets d'époque, qui permet de se figurer la vie d'une famille dans un espace de 16 m². À côté des ruines s'étend un modeste village blanc. Il se termine au bord du **lac de Tapada Grande**, sur lequel ont été aménagées une **plage** et une aire de pique-nique et de camping. L'eau y est propre et la baignade agréable (suivre les indications «Praia Fluvial»).

## MÉRTOLA ✧

55 km S de Serpa par la N 265, 235 km S-E de Lisbonne.

Jolie petite ville assoupie et indolente, Mértola est construite à flanc de colline au cœur du parc naturel de la vallée du Guadiana, dans un îlot de nature, en surplomb du fleuve Guadiana. Des ruelles colorées avec du linge aux fenêtres montent vers une **citadelle** maure. La vie s'organise autour du **marché**, au centre du village, et du **café Guadiana**, dont la terrasse, à l'heure de l'apéro, ne désemplit pas. La ville, à l'influence maure marquée, est un véritable musée à ciel ouvert, où l'on peut observer des vestiges des époques romaine, wisigothe et islamique. Mértola est également une base idéale pour découvrir le parc naturel et ses multiples activités en plein air. Les amoureux de la nature n'auront ici que l'embarras du choix.

### Museu de Mértola ✧

📞 286 61 01 00, https://visitmertola.pt. Mar.-dim. 9h15-12h30 et 14h-17h15. Musées gratuits sauf Torre de Menagem (tour du château) et Núcleo Islâmico : 2 € chacun. Billet, rens. et plan à l'office de tourisme, rua da Igreja (p. 232).

Sous cette dénomination sont regroupés une douzaine de ***núcleos***, les **musées** et **sites archéologiques** de la vieille ville. Le **núcleo romain**, au sous-sol de la mairie (praça Luís de Camões), renferme les vestiges d'une maison romaine. Les **celliers** de l'ancienne Casa da Bragança (largo da Misericórdia) conservent des céramiques musulmanes, tandis que l'**igreja da Misericórdia** (largo da Misericórdia) s'intéresse à l'art sacré. Vous pourrez aussi visiter la **basílica paleocristã** (basilique paléochrétienne ; largo do Rossio do Carmo) et un **atelier de tissage** ***(oficina de tecelagem)***. D'autres, comme l'**antiga mesquita**, le champ de fouilles d'**Alcáçova** et le **castelo** méritent plus de temps.

### Antiga mesquita – Igreja Matriz ✧

Mar.-dim. 9h-12h30 et 14h-17h15. Entrée libre.

Le petit édifice tout blanc en balcon sur le Guadiana est couronné de pinacles et de créneaux comme bon nombre d'églises et de chapelles de la région. Ancienne mosquée christianisée, elle a conservé le plan de l'édifice musulman ainsi que le mihrab situé derrière l'autel. Un arc outrepassé, également très oriental, ouvre sur la sacristie.

### Alcáçova do Castelo ✧

En sortant de l'ancienne mosquée, prenez à dr. Mar.-dim. 9h15-12h30 et 14h-17h45. Accès libre.

En contrebas du château ont été mis au jour des vestiges d'habitations de l'ancien quartier arabe, l'*alcáçova* (citadelle), bâtie sur d'anciennes constructions romaines et paléochrétiennes, puis transformée en cimetière après la Reconquête. Vous découvrirez la reconstitution d'une maison musulmane à patio ainsi que le portique du palais épiscopal et une galerie (fin du Ve s.) de 30 m de long, utilisée comme entrepôt, puis comme citerne. Le complexe baptismal attenant au palais, lui aussi antérieur à la conquête musulmane (VIe s.), conserve de maigres fragments de mosaïques.

### Castelo ✧

Rua da Igreja. Mar.-dim. 9h15-12h30 et 14h-17h45. Entrée libre ; donjon : 2 €.

Construit au XIIe s. par les Maures, il frappe par sa modestie. Le donjon de 30 m de haut *(Torre de Menagem)* a été ajouté à la fin du XIIIe s. par les chevaliers de l'ordre de Santiago qui ont reconquis la ville. Il abrite des éléments architecturaux d'influence wisigothique et ménage un beau panorama sur la ville et la vallée.

### Convento de São Francisco

800 m O de praça Luís de Camões par la N122 📞 286 61 21 19, www.conventomertola.com. Dim. 10h-18h. Entrée : 5 €.

Pour voir la ville sous un autre jour, traversez la ribeira de Oeiras, affluent du Guadiana qui coule en bas de la ville, par un vieux viaduc en pierre. Vous arriverez au couvent São Francisco, un beau bâtiment vieux de 400 ans surplombant les eaux du Guadiana et de la rivière de Oeiras. Il est occupé par une artiste néerlandaise qui en a fait un lieu de résidence bobo en diable, dans lequel des artistes du monde entier s'adonnent à leur art, et s'initient au tai-chi, au yoga et à l'agriculture biologique.

L'édifice est ouvert au public le dimanche. Les autres jours, une petite partie du parc reste accessible à tous.

## MESQUITA ✧

25 km S de Mértola par la N122, puis route secondaire.

À la frontière espagnole, ce minuscule village blanc aux jardins fleuris, qui ne voit jamais passer de touristes, est en soi largement dépaysant.

Ses environs offrent aussi une balade agréable jusqu'au rio Ribeira do Vascão, un affluent du rio Guadiana. À l'entrée du village, à droite, une balise rouge et blanc indique le début de la **randonnée**, un sentier de 4,5 km à travers une garrigue odorante émaillée de vestiges de vieilles fermes et de ruches. C'est là que les bergers vont faire boire leurs troupeaux de chèvres et de moutons : vous les croiserez peut-être sur votre route.

En bas du sentier, un barrage sur la rivière forme un petit **lac**. Vous pouvez vous y baigner ou préférer le ruisseau qui coule en aval. Une balade rafraîchissante, loin de tout, et la sensation d'être seul au monde.

Prévoyez un pique-nique, car il n'y a aucun restaurant à Mesquita.

^ Façades typiques à Beja

## Beja ✧

53 km N de Mértola par la N265, 178 km S-E de Lisbonne.

La capitale du Bas-Alentejo domine la vaste plaine céréalière où se dressent çà et là quelques moulins. À sa vocation de centre agricole pour l'huile et le blé, Beja associe des activités tertiaires. La cité se signale davantage par la richesse de son patrimoine et l'amabilité de ses habitants que par son animation.

### MUSEU REGIONAL ✧

Largo da Conceição ☎ 284 32 33 51, www.museuregionaldebeja.pt. Mar.-dim. 10h-12h30 et 14h-17h. Entrée : 3 € (Núcleo Visigótico inclus, p. 237) ; gratuite dim matin.

Il occupe le convento de **Nossa Senhora da Conceição**, fondé vers 1459 par Fernando de Portugal, père du roi Manuel I. Si sa structure gothique et sa balustrade ajourée reflètent l'influence de Batalha (p. 167), sa décoration illustre le style mudéjar de l'époque. L'intérieur abrite une **chapelle** baroque resplendissante de dorures et un **cloître** tapissé d'azulejos (XVI$^{e}$-XVII$^{e}$ s.) sur lequel s'ouvrent différents espaces, dont la **salle du chapitre** (peintures portugaises, espagnoles et flamandes), accessible en passant un très beau portail gothique.

Au 1$^{er}$ étage, on découvre la reconstitution de la fenêtre d'où Mariana Alcoforado, religieuse au couvent, s'entretenait avec le jeune comte de Chamilly, commandant d'un détachement royal sous le règne de Louis XIV. Une histoire d'amour se noua, mais le Français rentra chez lui en 1668. L'abandonnée lui adressa alors de magnifiques lettres, les ***Lettres portugaises***, qui parurent en 1669 à Paris, sous forme de recueil. L'existence de Mariana fut mise en doute, et ses lettres attribuées au comte de Guilleragues, «traducteur» du texte et secrétaire du roi connu pour ses talents de psychologue.

### LE VIEUX BEJA ✧

La rua dos Infantes, ouvrant du côté de la statue de la reine Leonor, conduit à la jolie **praça da República**. À son extrémité, au-delà du pilori torsadé et de la mairie, l'**igreja da Misericórdia** servait jadis d'abattoir. À deux pas, en contrebas de la rua Abel Viana, les amateurs de fastes baroques ne manqueront pas de visiter **Nossa Senhora dos Prazeres**, s'ils la trouvent ouverte, bien sûr (horaires variables) ! La petite chapelle déborde de plafonds peints, de bois dorés et d'angelots joufflus.

Remontez ensuite la rua Dom Manuel I jusqu'au **castelo** (mêmes horaires que le Museu regional; accès libre), dont on aperçoit le donjon (XIIIe s.), qui domine la campagne. En contrebas, l'**igreja Santo Amaro** abrite le **Núcleo Visigótico** (largo de Santo Amaro, mêmes horaires et même billet que pour le Museu regional), un musée consacré à l'**art wisigoth**. L'intérieur, sombre et trapu, semble remonter à la nuit des temps, mais les chapiteaux de la nef ne sont pas antérieurs au IXe s.

## Sur la route d'Alvito ✧

26 km N de Beja jusqu'à Vidigueira par l'IP2.

Vous traverserez la plaine alentejane avant de filer vers l'ouest en direction d'Alvito, où évoluent des paysages vallonnés, terres d'élevage de bétail et de chênes-lièges. Les ruines de la **villa romana de São Cucufate** (5 km O de Vidigueira ☎ 284 44 16 12 ; de mai à mi-sept. : mar. 15h-18h, mer.-dim. 9h30-13h et 15h-18h ; de mi-sept. à avr. : mar. 14h-17h, mer.-dim. 9h-12h30 et 14h-17h ; entrée : 3 €) sont celles d'une exploitation agricole en activité du Ier au IVe s. Ces vestiges disent l'importance du complexe, avec une villa à péristyle dotée de thermes. L'ensemble fut christianisé et devint au Moyen Âge un couvent de l'ordre militaire de Santiago.

Plus loin, vous passerez tout près de Vila Alva, qui conserve un splendide lavoir du XIXe s., et atteindrez Vila Ruiva, avec son église tout en rondeurs et d'un blanc immaculé.

## Alvito ✧

47 km N de Beja par l'IP2 et la N258.

Gros bourg peu touristique, Alvito était une ville importante au XVIe s., d'où le grand nombre de monuments de l'époque manuéline.

Bordant la praça da República, le **château**, précédé d'un pilori ayant conservé ses sinistres crochets, hésite entre les styles gothique, mudéjar et manuélin. Très restauré, il abrite une ***pousada***. Jouxtant l'**igreja da Misericórdia** (XVIe s.), la **chapelle Nossa Senhora das Candeias** (rua da Misericórdia) est tapissée d'azulejos maniéristes jaune et bleu. Non loin de là, se dresse l'imposante silhouette ocre scandée de contreforts de pierre de l'**igreja matriz de Nossa Senhora da Assunção** (XVIe s., horaires aléatoires). L'intérieur est tapissé d'azulejos du XVIIe s. Enfin, la ville compte plusieurs **ermitages**, dont celui dédié à São Sebastião (largo General Humberto Delgado, dir. Évora), réputé pour ses fresques du XVIe s. représentant des anges musiciens.

## Viana do Alentejo ✧

11 km N d'Alvito par la N257.

Encore une ville blanche aux maisons basses que domine un inévitable **château** de la fin du XVe s. (☎ 266 930 012 ; avr.-sept. : t.l.j. 10h-13h et 14h-18h, oct.-mars : t.l.j. 9h30-13h et 14h-17h30 ; entrée : 2 €) ! Cependant, celui-ci ne ressemble pas à ses homologues alentejans et reflète même une recherche d'agrément (certes encore timide !) avec ses tours cylindriques recouvertes de crépi. L'**église** n'a rien à voir non plus avec les édifices frustes que l'on trouve habituellement dans les enceintes des châteaux. Avec son portail magnifiquement ouvragé, c'est tout simplement l'une des plus belles églises manuélines de l'Alentejo.

### NOSSA SENHORA DE AIRES

3 km N-E de Viana do Alentejo, suivez les indications depuis le centre.

Perdue au milieu d'une campagne agricole, la grande église baroque de Nossa Senhora de Aires fait l'objet d'un important pèlerinage (4e w.-e. de sept.). À l'intérieur, une profusion de témoignages de piété.

## • NOS ADRESSES •

## ALVITO

### OÙ MANGER

#### O Buraco da Zorra

Largo do Relógio, 10 284 48 52 18. Lun.-sam. 12h-14h30 et 19h-21h30 (t.l.j. en été). Moins de 20 €.

Un petit restaurant proposant une cuisine alentejane réussie à un prix correct.

## BEJA

### OÙ DORMIR

#### Pousada de Juventude

Rua Professor Janeiro Acabado, 5 (700 m S-E de la gare routière) 284 32 52 39 ou 217 23 21 01.

Une auberge de jeunesse très excentrée, mais avec quelques chambres doubles.

#### Bejense

Rua Capitão João F. de Sousa, 57 284 31 15 70. Moins de 50 €.

Une merveilleuse pension tenue par une dame adorable, qui sera aux petits soins pour vous. Les chambres, pleines de gaieté et décorées de façon amusante, pourraient être proposées à deux fois leur prix !

#### Santa Bárbara

Rua de Mértola, 56 284 31 22 80, www.hotelsantabarbara.pt. Moins de 50 €.

Un petit hôtel simple et confortable dans le centre historique de Beja et un bon rapport qualité/prix. Certaines chambres disposent d'un petit balcon.

#### Pousada Convento de Beja

Largo Dom Nuno Álvares Pereira 284 31 35 80. Plus de 150 €.

*Pousada* installée dans un couvent franciscain du XIIIe s. Les chambres, aménagées dans les anciennes cellules, offrent une vue sur le jardin ou la piscine. L'atmosphère de sérénité se prolonge dans le Spa avec hammam et sauna. L'excellent restaurant propose des pâtisseries à la manière des nonnes de Beja.

### OÙ MANGER

#### A Pipa

Rua da Moeda, 8 284 32 70 43. Lun.-sam 12h-14h30 et 19h-22h. Moins de 20 €.

Ce restaurant, qui s'adapte aux variations saisonnières (toujours gage de qualité), propose une cuisine régionale, le tout dans un cadre bon enfant. Goûtez en particulier à l'excellent gaspacho et aux *migas* de porc.

#### O Alemão

Largo dos Duques de Beja, 11 284 31 14 90. T.l.j. 11h30-15h et 18h30-22h. F. sam. soir, mais service *take-away*. Moins de 20 €.

Ici, on se sustente surtout de viandes grillées, installé dans une salle avec la télé allumée ou, mieux, sur des tables en bois à l'extérieur. Pas franchement inoubliable, mais c'est l'un des rares restaurants ouverts le lundi à Beja.

#### Adega Típica 25 de Abril

Rua da Moeda, 23 284 32 59 60. Mar.-sam. 12h30-15h et 19h30-22h, dim. 12h30-15h. Moins de 20 €

L'archétype du restaurant de Beja, où l'on sert une cuisine qui tient au corps pour trois fois rien. Bon accueil.

### PÂTISSERIE

#### Pastelaria Luiz da Rocha

Rua Capitão João F. Sousa, 63 284 32 31 79, www.luizdarocha.com. Lun.-sam. 8h-23h, dim. 8h-20h.

Ne manquez pas cette pâtisserie pour son décor *fifties* et ses pâtisseries d'anthologie. Fondée en 1893, c'est une véritable institution où se presse la ville entière.

## MÉRTOLA

### OÙ DORMIR

La région de Mértola offre d'assez grandes possibilités en tourisme rural. Demandez l'assistance de l'office de tourisme.

### Beira Rio

Rua Dr Afonso Costa, 108 ☎ 913 40 20 33 (port.), www.beirario.pt. Moins de 50 €.

Pas cher et très correct, avec un petit supplément pour avoir une chambre donnant sur le Guadiana.

### Hotel Museu

Rua Dr Afonso Costa, 112 ☎ 913 40 20 33 (port.), www.hotelmuseu.com. Service de location de vélos. De 50 à 60 €.

Chambres impeccables, modernes et bien équipées, dont certaines possèdent un balcon donnant sur le *rio*. Diverses activités sont proposées, comme la descente du fleuve en bateau ou en canoë.

## OÙ MANGER

### Tamuje

Rua Dr Serrão Martins, 34-36 (dans la rue qui monte au château) ☎ 286 61 11 15. Lun.-sam. 12h-15h et 19h30-22h. Fermé 1re quinzaine de sept. Moins de 20 €.

Une adresse sympa, qui propose une bonne cuisine familiale de tradition.

### Café Guadiana

Largo Vasco da Gama ☎ 286 61 26 89. Mar.-dim. 7h30-23h. Moins de 20 €.

On y sert des petits plats dans la salle fraîche ou bien sur la terrasse en balcon sur le virage. L'endroit n'est pas trop touristique (malgré sa situation privilégiée) et l'accueil est très aimable.

## SHOPPING

### Loja da Terra

Largo Vasco da Gama. T.l.j. 8h30-19h.

En face du café Guadiana, ce petit magasin vend charcuterie et fromages régionaux ainsi que quelques pâtisseries. Idéal pour s'acheter un pique-nique avant de partir en randonnée.

## SPORTS ET LOISIRS

### Beira Rio Náutica

Rua Dr Afonso Costa, 108 ☎ 913 40 20 33 (port.). S'adresser à la réception de l'Hotel Museu.

Ce centre nautique organise des balades en bateau sur la rivière Guadiana et loue des canoës et des kayaks (6 €/h, 18 €/j.).

# MOURA

## OÙ DORMIR

### Santa Comba

Praça Sacadura Cabral, 34 ☎ 285 25 12 55. Moins de 40 €.

Sur la place principale, petit hôtel propret pour ceux qui voudraient profiter de l'ambiance attachante de Moura. Chambres à prix imbattables sans pour autant être tristes.

## OÙ MANGER

### O Trilho

Rua 5 de Outubro, 5 ☎ 285 25 42 61, www.otrilho.com. Mar.-dim. 12h-15h et 19h-22h. F. dim. soir. Moins de 20 €.

Un ancien entrepôt prête son cadre à un restaurant proposant une cuisine plutôt axée sur les produits de la mer, mais qui ne dédaigne pas les classiques de la cuisine alentejane.

# SERPA

## OÙ DORMIR

### Beatriz

Largo do Salvador, 10 ☎ 284 54 44 23. De 45 à 75 €

Des chambres propres et bien équipées (air conditionné) à prix très raisonnables. Petit déjeuner inclus.

### Casa da Muralha

Rua das Portas de Beja, 43 ☎ 284 54 31 50. De 45 à 75 €.

Cinq chambres meublées dans le style traditionnel, dans une jolie maison proche de l'aqueduc et de la porte de Beja.

## OÙ MANGER

### Adega Molhó Bico

Rua Quente, 1 ☎ 284 54 92 64. Jeu.-lun. 12h-15h et 19h-22h, mar. 12h-15h. Moins de 20 €.

Restaurant proche de la muraille, côté sud : laissez-vous guider par les délicieuses odeurs de cuisine. Salle agréable lors des grosses chaleurs.

15

# LE LITTORAL alentejan ✧

Sur sa façade atlantique, entre Tróia, sur l'estuaire du Sado, et Odeceixe, le Portugal offre des plages parmi les plus sauvages d'Europe. L'estuaire du Sado déroule de paisibles paysages de marais et des plages ourlées de dunes. Après Sines, la côte devient plus découpée. Des falaises de schiste foncées se succèdent et découvren@t une série de plages de sable blanc toutes plus paradisiaques les unes que les autres, léchées par les rouleaux de l'Atlantique. Somptueux et préservé du tourisme de masse, le littoral alentejan est sans doute l'un des secrets les mieux gardés du Portugal.

## PRATIQUE


- **Plan p. 190-191**
- **Nos adresses p. 247**


### ↓ Accès

Le littoral alentejan n'est pas desservi par le train, et les liaisons par bus sont peu fréquentes et longues. Préférez la voiture et, sur place, le vélo !

**En voiture**

**Alcácer do Sal :** à env. 1h15 de Lisbonne par l'A2.

**Comporta :** à env. 1h30 de Lisbonne par l'A2 et la N253.

**Santiago do Cacém :** à env. 1h40 de Lisbonne par l'A12.

**Sines :** à env. 1h50 de Lisbonne par l'A2.

**Zambujeira do Mar :** à env. 1h15 de Sines par l'IC4 ; 2h30 de Lisbonne par l'A2.

**En bus**

• **Rede Expressos** (www.rede-expressos.pt) : de Lisbonne Sete Rios, nombreuses liaisons

Le cap de Sines

# L'ESSENTIEL

## À ne pas manquer

Le paysage à couper le souffle du Cabo Sardão ; le port sur pilotis de Carrasqueira.

## Expériences

Surfer à Carvalhal ; bronzer sur la plage de rêve de Comporta ; déguster des fruits de mer à Porto Covo.

## Randonnée

Le Trilho dos Pescadores.

## Alcácer do Sal

94 km S-E de Lisbonne par l'A2.

La ville, où l'on arrive après avoir traversé d'immenses forêts de chênes-lièges et de vastes oliveraies, puis des rizières autour du rio de São Martinho, doit son nom aux **marais salants** alentour. Elle ne manque pas d'allure avec son pont, son église et ses maisons blanches au bord de l'eau, que dominent les ruines d'un ***castelo*** du XII$^{e}$ s.

Du **château** et de la terrasse proche de la ***pousada*** s'offre une belle vue sur l'estuaire du Sado et les horizons plats et plutôt mélancoliques de marais et de rizières.

La curiosité la plus originale reste la **capela das Onze Mil Virgens** de l'église du couvent de Santo António, sur les hauteurs de la ville. Cette chapelle en marbre d'Estremoz, couverte d'une coupole en jaspe, est l'œuvre de l'architecte de Sebastião I. Trahissant l'influence de Michel-Ange, c'est tout simplement l'un des plus beaux témoignages Renaissance du pays.

quotidiennes avec Santiago do Cacém (2h10), Sines (2h35), Porto Covo (2h10), Vila Nova de Milfontes (2h35), Almograve (2h50) et Zambujeira do Mar (3h10).

• **Rodoviária do Alentejo** (www.rodalentejo.pt) : liaison Lisbonne Oriente-Alcácer do Sal avec changement à Setúbal (1h30, 2 bus/j.) ; depuis Alcácer do Sal, liaisons en semaine avec Carrasqueira, Comporta, Tróia, et tous les jours avec Santiago do Cacém et Sines ; de Sines, liaisons en semaine avec Porto Covo et Vila Nova de Milfontes.

**En ferry**

**Tróia**

De Setúbal à Tróia (25 min de traversée). Un ferry toutes les heures. 4,50 €/pers. et 15,90 €/voiture.
**Renseignements :** www.atlanticferries.pt

→

## Tróia ✧

57 km S de Lisbonne par l'A2 et la N253 ou en ferry depuis Setúbal (p. 241).

De l'estuaire du Sado jusqu'à Sines, le littoral du nord de l'Alentejo est un immense banc de sable blanc au bord de la pinède, sur lequel se succèdent de petites stations balnéaires prises d'assaut par les Lisboètes dès les premiers beaux jours.

La plus proche de la capitale, Tróia, a un charme chic avec ses immenses **plages** bordées de dunes, sa marina, ses beaux hôtels, ses terrains de **golf** prisés et ses paillotes sur la plage.

Les grands ensembles touristiques ont hélas défiguré ce site autrefois sauvage. Vous apercevrez certainement des cigognes venues nicher en haut des poteaux électriques ou sur les toits des maisons.

### SHOPPING

#### A Loja do Museu do Arroz

Vous trouverez, dans cette boutique hippie chic, une sélection pointue de vêtements de plage et d'objets de déco *made in Portugal*. C'est globalement un peu cher, mais l'élégance décontractée reflète bien l'esprit du village.

> Largo de São João, 8, Comporta ☎ 927 15 36 77 (port.). Avr.-sept. : t.l.j. 10h-14h et 16h-20h ; oct.-mars. : jeu.-lun. 10h-14h et 15h-18h.

### RUÍNAS ROMANAS DE CETÓBRIGA ✧

Ruines romaines de Cetóbriga

4 km S du bourg de Tróia, tournez à g. sur le chemin de sable et suivez les indications «Ruínas romanas» ☎ 939 031 936. Mars-oct., mer.-dim. 10h-13h et 14h30-18h. Entrée : 6 € (3,50 € piétons et cyclistes).

Au bord de la lagune ont été découverts les vestiges d'une **ville romaine** datant du Ier s. et occupée jusqu'au Ve s. Structurée par la pêche, cette ville comportait des bâtiments dédiés à la salaison et à la conservation des poissons. Ont également été mis au jour un caveau familial, les restes d'un **temple** orné de fresques et des **thermes**.

## Comporta ✧

15 km S de Tróia par la N253.

C'est assurément la **station balnéaire** la plus chic du nord de l'Alentejo. Depuis quelques années, Comporta est le rendez-vous incontournable de la **jet-set** lisboète, qui vient y fuir la foule et le stress de la capitale. Il faut dire qu'avec ses **plages** dans les dunes et ses petits chemins serpentant au milieu des rizières, l'endroit, aux faux airs d'île de Ré, a de quoi séduire. Le village compte aujourd'hui de très belles **boutiques** de mode et des **restaurants** branchés.

Hors saison, il redevient un tranquille village de pêcheurs, convivial et sans prétention.

## PRATIQUE (SUITE)

### ↓ Offices de tourisme

**Alcácer do Sal**
www.cm-alcacerdosal.pt

**Santiago do Cacém**
www.cm-santiagocacem.pt

**Sines**
☎ 269 860 095.

**Zambujeira do Mar**
☎ 283 96 11 44.

### ↓ Conseil

Prévoyez un pull en toute saison ! Même par beau temps, cette portion de la côte est balayée par les vents.

^ Le port de Carrasqueira

**MUSEU DO ARROZ** ✧
Musée du Riz

Largo de São João 📞 265 49 99 00, www.herdadedacomporta.pt. Visite sur r.-v. uniquement.

Installé dans une ancienne usine de décorticage du riz, le musée revient sur les étapes de la production de riz, qui est l'activité principale de la région depuis 1925. L'établissement est au moins aussi connu pour son **restaurant** (📞 265 49 75 55), réputé être la meilleure table du village, que pour sa partie musée. La terrasse offre une vue imprenable sur les rizières.

## Port de Carrasqueira ✧

6 km E de Comporta par la N 253.

Un port entièrement en bois, où l'on accède aux bateaux par des pontons sur pilotis enfoncés dans la vase. D'apparence fragile et bancale, ce type de construction, unique en Europe, sert encore aujourd'hui d'embarcadère aux bateaux de pêche et fait le bonheur des photographes.

## Au sud de Comporta

Suivez la N261 vers le S sur 47 km.

La côte ourlée de dunes se poursuit en descendant vers le sud.

Près de **Carvalhal** ou de **Melides**, cités touristiques un peu défraîchies au cœur des marais salants, vous trouverez de longues **plages** bordées de dunes et de pinèdes qui ne sont pas sans rappeler celles de la côte landaise, prisées par les amateurs de surf et de kitesurf. Elles disposent toutes deux de campings et d'infrastructures touristiques.

Hors saison, les restaurants et les plages désertés ont quelque chose de mélancolique.

## Santiago do Cacém

50 km S-O d'Alcácer do Sal par l'IC1, l'IC33 et l'IP8, 140 km S de Lisbonne.

La petite ville présente un plus grand intérêt architectural qu'Alcácer do Sal.

De l'entrée ouest du bourg, empruntez la rua Conde de Avilez. Bordée de maisons anciennes, elle grimpe jusqu'au **château** des Templiers (📞 269 82 66 96 ; lun.-sam. 9h-13h et 14h-17h, dim. 8h30-12h ; entrée libre), qui renferme un cimetière.

L'**igreja Matriz**, point de départ de la **rota Vicentina** *(voir p. 244)*, élève sa silhouette baroque jaune et blanc devant un vaste panorama ; l'intérieur à colonnes octogonales est gothique, de même que l'intéressant portail latéral gauche.

### RUÍNAS ROMANAS DE MIRÓBRIGA

Vestiges romains de Miróbriga

2 km S-E de Santiago do Cacém, suivez les indications ☎ 269 81 84 60. Mar.-dim. 9h-12h30 et 14h-17h30, sf j.f. Entrée : 3 €.

De l'antique Miróbriga, occupée jusqu'au IVe s. par les Romains, subsistent les vestiges d'un forum, de boutiques, de thermes et d'un hippodrome.

## Rota Vicentina ✧✧

Route Vicentine

Rens. : travessa do Botequim, 6, Odemira ☎ 969 27 59 75 (port.), www.rotavicentina.com

Inaugurée en 2012, la rota Vicentina est un **sentier de grande randonnée** (GR) longeant toute la côte atlantique du Portugal entre Santiago do Cacém et le cabo de São Vicente, la pointe sud-ouest du Portugal. Elle se divise en deux tracés. Le premier, le **Trilho dos Pescadores** (p. 250), est un sentier côtier au bord des falaises, qui permet d'admirer de très près les beautés de la côte sauvage. Le second, à l'intérieur des terres, est le **Caminho histórico**, le sentier historique, permettant de découvrir les traditions rurales, encore vives et authentiques. L'un et l'autre sont divisés en étapes de 6 à 25 km, correspondant au plus à une bonne journée de marche. Elles se terminent toutes dans une localité proposant hébergement et restauration.

> Lire aussi la randonnée : Le Trilho dos Pescadores (p. 250).

## Sines ✧

24 km par l'IP8, 166 km S de Lisbonne.

Ancien village de pêcheurs, berceau du grand navigateur Vasco de Gama (v. 1469-1524), Sines est aujourd'hui l'une des plus grandes plateformes pétrolières d'Europe. La ville, construite en haut d'une falaise, offre de magnifiques points de vue sur la baie et la vie du port industriel. Les maisons aux devantures abîmées par le temps donnent au centre un cachet nostalgique qui rappelle celui de La Havane. Si ce n'est pas la plus léchée des villes portugaises, Sines a pour elle une ambiance portuaire populaire et chaleureuse, et regorge de petites tavernes où l'on mange sur le pouce de copieuses et délicieuses assiettes de viande ou de poisson grillé. La cité jouit également d'une vie culturelle jeune et dynamique.

**PAUSE**

**Pastelaria Vela d'Ouro**

À côté du château, prenez le temps d'une gourmandise à la pastelaria Vela d'Ouro. La pâtisserie, qui existe depuis les années 1970 et qui exhibe en vitrine ses médailles de concours, est l'un des QG de la ville. Laissez-vous tenter par le ***pastel de amêndoa e gila***. Ce délicieux petit gâteau à l'amande est l'une des spécialités.

> Rua Teófilo Braga, 4, Sines ☎ 269 63 25 16. En été : t.l.j. 10h-23h ; en hiver : mar.-dim. 10h-22h.

### CASTELO ET CASA DE VASCO DA GAMA ✧

Château et maison de Vasco de Gama

Rua João de Deus ☎ 269 860 095. Fermés pour travaux.

Construit dans la première moitié du XVe s. sur les hauteurs de la ville, le château de Sines offre une magnifique vue sur la baie. Depuis 2008, sa tour principale accueille un **musée Vasco-de-Gama**. La légende veut que le fils du gouverneur de Sines soit né dans le donjon du château, où il a ensuite passé son enfance. Le musée permet de découvrir les lieux où il a grandi et revient sur les grandes découvertes réalisées par l'aventurier.

^ Plage à Vila Nova de Milfontes

### CENTRO CULTURAL EMMERICO NUNES ✧

Largo do Muro da Praia, 1 📞 969 070 413. Fermé pour travaux.

Tout près de l'igreja da Misericórdia, cet ancien hôpital blanc aux fenêtres soulignées de bleu est aujourd'hui un **centre d'art contemporain** qui accueille expos photographiques, performances plastiques et œuvres contemporaines.

Le lieu vaut le détour, tant pour les expositions témoignant du dynamisme culturel de la ville que pour sa situation en hauteur, qui offre une vue imprenable sur la baie, la plage et les activités portuaires.

## Porto Covo ✧

20 km S de Sines par l'IC4 et l'EM554 (route côtière).

Ce modeste village de pêcheurs construit sur une falaise s'organise autour de la **praça Marquês de Pombal**, place carrée aux maisons bleu et blanc regroupées autour de l'église par le baron de Porto Covo au XVIIIe s. La place débouche sur la rua Vasco da Gama, grande rue commerçante bordée de **restaurants de fruits de mer**.

En bas du village, le petit port de pêche est encaissé entre deux falaises à la beauté sauvage. Au bout se trouve une petite **crique** accessible par des escaliers, et dont il ne reste plus grand-chose à marée haute.

Dans les environs, la côte découvre, à marée basse, de belles plages de sable fin, dont la grande **praia dos Aivados**, au sud de Porto Covo.

## Vila Nova de Milfontes ✧

15 km S de Porto Covo, 30 km S de Sines par la route côtière.

Vila Nova de Milfontes est bordée par les eaux de l'Atlantique et par celles du rio Mira, qui vient s'y jeter.

La ville offre de jolies **plages fluviales**, comme la **praia das Furnas**, la **praia de Franquia** ou la **praia do Farol**, au niveau de l'embouchure du *rio* Mira. Leurs eaux plus calmes que celles de l'Atlantique attirent les amateurs de windsurf, de voile et de canoë, et les familles avec de jeunes enfants.

Avec ses dédales de maisons blanchies à la chaux et ses restaurants au bord de l'eau, cette station balnéaire ne manque pas d'atouts côté ville non plus. Seulement, elle est prise d'assaut par les touristes, même en basse saison.

Ceux qui recherchent le calme et l'authenticité lui préféreront sans doute Zambujeira do Mar, ou encore Almograve, un peu plus au sud.

## Almograve

16 km S de Vila Nova de Milfontes par la N393, 46 km S de Sines par la CM1072.

Ce petit village sans prétention, qui s'étend entre deux falaises, est surtout fréquenté par les gens du coin. Une option intéressante pour profiter du littoral dans une ambiance hyperlocale et bon marché. À 5 min à pied du village, la **praia do Almograve**, aussi connue sous le nom de praia Grande, est une longue bande de sable fin au pied de rochers plantés de lande et de fleurs sauvages.

## Cabo Sardão ✧✧

59 km S de Sines via l'IC4.

C'est le joyau de la côte atlantique : des falaises de schiste sombre tombant à pic dans une écume agitée et un paysage à couper le souffle. Encaissée dans ces roches vertigineuses où nichent les cigognes, une crique de sable fin est accessible par un escalier le long de la falaise. En haut, un petit phare logé dans une bâtisse crème aux toits de briques se dresse au bout d'une prairie odorante plantée de fleurs sauvages. Le site compte des sentiers côtiers de la **rota Vicentina**, qui offrent de vivifiantes balades au bord des falaises et mènent les marcheurs aux plus belles plages de la côte.

## Zambujeira do Mar ✧

12 km S de Cabo Sardão par la N393.

Cette jolie **station balnéaire** à l'ambiance décontractée attire aussi bien les familles de vacanciers que les surfeurs. La rua Miramar, l'artère principale qui descend vers la plage, est jalonnée de **restaurants de fruits de mer** et de terrasses alléchantes qui débordent sur la rue. En bas du village, une adorable église bleu et blanc en belvédère sur l'océan offre une vue imprenable. En été, le village se retrouve sur une **belle plage de sable** à l'ambiance

⌄ Le Cabo Sardão

très familiale, encadrée par des falaises et dominée par les façades de maisons couleur pastel. Une localité attachante et dynamique en saison.

Tous les ans depuis 1997, Zambujeira accueille le grand **festival de musique MEO Sudoeste** pendant cinq jours au mois d'août. Attention, l'affluence y est très importante durant cette période.

## Azenha do Mar

2 km S de Zambujeira par la N120, 75 km S de Sines.

Ce petit port de pêche situé au sud de Zambujeira est très couleur locale, avec ses filets séchant au soleil devant les maisons et ses chiens partout dans les rues. Le bar-restaurant Azenha do Mar, qui surplombe la mer et ne désemplit jamais, est le QG du village. On descendra sur la petite plage de galets, inscrite dans un vivifiant paysage de rochers tourmentés, pour observer le mode de vie des pêcheurs locaux.

> Lire aussi la randonnée : Le Trilho dos Pescadores (p. 250).

### SHOPPING

#### Zambujeira Kiosk

En bas de la rua Miramar à Zambujeira, juste avant le front de mer, un jeune artisan vend de jolies pièces en cuir et en métal vieilli dans ce petit kiosque en bois. Des bijoux qui sentent bon l'été.

> Quiosque Rosamar, rua Miramar ☎ 93 482 35 04 (port.). Avr.-sept. : t.l.j. 12h-17h.

# • NOS ADRESSES •

## ALCÁCER DO SAL

### OÙ MANGER

#### Retiro Sadino

Av. João Soares Branco, 5-6 ☎ 265 61 30 86. T.l.j. 12h-15h et 19h-22h. Moins de 20 €.

La toute première possibilité, en venant de Lisbonne, de découvrir la cuisine alentejane dans un cadre un peu plus sophistiqué qu'à l'accoutumée. De plus, on pourra profiter de la vue apaisante sur le Sado. Le service est très professionnel.

## ALMOGRAVE

### OÙ DORMIR

#### Pousada de Juventude

Rua do Chafariz ☎ 283 01 05 32 ou ☎ 924 10 19 71 (port.). Moins de 50 €.

Correctement tenue mais sans charme particulier, cette auberge de jeunesse est une solution bon marché pour se loger à côté des plages. En haute saison, vous pouvez louer une chambre double pour 45 € ou un appartement pour 6 pers. à 85 € la nuit. Prix imbattable en dortoir.

### OÙ MANGER

#### O Lavrador

Largo do Comércio, 2 ☎ 283 64 71 82. Jeu.-mar. 12h-15h et 19h-minuit. Moins de 15 €.

Impossible de passer à côté de sa façade recouverte de vigne vierge. On y sert des poissons grillés et des frites maison.

## COMPORTA

### OÙ DORMIR

#### Sublime Comporta

Muda, CCI 3954, Grandola ☎ 269 44 93 76, www.sublimecomporta.pt. Plus de 200 €.

♥ L'hôtel porte bien son nom ! C'est à l'ombre des pins et des chênes-lièges que cet hôtel de charme a disséminé ses villas. Des villas de 2, 3, 5 chambres, avec piscine privée. Rien d'ostentatoire malgré le standing, et beaucoup de goût dans l'aménagement de ce qui était à l'origine une simple maison d'hôtes. Victime de son succès, cette dernière a fait l'objet d'une rénovation et d'agrandissements. L'architecture résultante fait la part belle aux matériaux naturels et privilégie les ouvertures pour profiter du cadre. L'hôtel possède également son restaurant : Sem Porta. Produits de saison et produits bio servent une cuisine régionale fabuleuse ! Un sans-faute...

## OÙ MANGER

### O Folha

Rua 24 de Junho ☎ 265 49 73 72.
Jeu.-mar. 7h30-22h30. Moins de 15 €.

Une jolie cantine pour manger des brochettes de bœuf ou de poisson dans une ambiance locale, à un prix très correct. Pâtisseries délicieuses.

### São João

Rua 24 de Junho, Lote 2 ☎ 265 49 75 51.
Ven.-mer. 12h-16h et 19h-22h. De 20 à 30 €.

Vous passerez peut-être devant sans le remarquer, et ce serait bien dommage, car l'on sert dans ce restaurant de très bons plats de poisson.

### Restaurante Museu do Arroz

Sitio da Carrasqueira ☎ 265 49 75 55.
Mar.-dim. 12h30-15h30 et 19h30-23h.
De 20 à 30 €.

Juste à côté du musée, des classiques portugais revisités de manière créative. Le restaurant le plus couru de la ville.

## SHOPPING

### Loja Lavanda

Largo de São João, 3 ☎ 265 09 83 64.
T.l.j. 10h-20h (10h-18h en hiver).

Cette ancienne boulangerie est l'adresse chic par excellence de Comporta. On y trouve des vêtements de créateurs et des objets de déco branchés. C'est cher, mais ça vaut le coup d'œil.

## Fêtes et manifestations

**À Sines**

> Fin juillet. **FMM Sines** *(www.fmmsines.pt)* : grand festival de musiques du monde, avec des artistes du monde entier. Une semaine de concerts dans toute la ville, y compris au château de Sines.

**À Zambujeira o Mar**

> Août. **MEO Sudoeste** *(https://sudoeste.meo.pt)* : Zambujeira do Mar accueille le plus grand festival d'été portugais, avec des stars nationales ou internationales en têtes d'affiche. 5 jours de concerts pop, rock, techno et fado.

## SPORTS ET LOISIRS

### Carvalhal Surf School

Praia do Carvalhal ☎ 967 566 192,
www.surfincomporta.com

Leçons de surf et location de planches et de bicyclettes. Sur la plage de Carvalhal, un peu au sud de Comporta.

# PORTO COVO

## OÙ DORMIR

### Apartamentos Abelha

Monte do Arneiro ☎ 968 85 53 57 (port.)
ou ☎ 269 95 91 57. De 50 à 80 €.

Des petits appartements sans prétention, avec barbecue et petit jardin, à 5 min à pied du centre de Porto Covo. En haute saison, studio à 50 €, appartement T2 de 5-6 couchages à 140 €/nuit.

## SHOPPING

### Hipiie Chic

Loja 1, rua Vasco da Gama, 17B ☎ 939 76 47 37
(port.), www.hipiiechicportocovo.com.
Jeu.-lun. 10h-13h30 et 14h30-19h.

Une jolie sélection de sandales, de tuniques bohèmes et de sacs de plage, par la marque portugaise Hipiie Chic (boutiques à Lisbonne et à Vila Nova de Milfontes).

### SPORTS ET LOISIRS

#### Costazul

Rua Vasco da Gama, Lote 48 ☎ 932 66 52 69 (port.), www.costazulsurf.com

Surf sur la praia de Vieirinha et la praia de São Torpes.

## SINES

### OÙ DORMIR

#### Hotel Veleiro

Rua Sacadura Cabral, 19A ☎ 269 63 47 51, www.hotelveleiro.pt. À partir de 75 €

Dans une jolie maison, cet hôtel propose des doubles petites et basiques, mais dotées d'une vue fantastique sur l'Océan et le port. Accueil sympathique.

### OÙ MANGER

#### O Castelo

Rua João de Deus, 22 ☎ 269 63 27 58. Lun.-sam. 12h30-14h30 et 19h30-22h30. Moins de 15 €.

♥ Juste devant les remparts, un petit resto sans prétention sert d'excellentes grillades dans une ambiance de cantine populaire. Les pièces de poisson et de bœuf sont exposées dans la salle principale. Une adresse exquise, tant pour l'ambiance que pour les plats.

## VILA NOVA DE MILFONTES

### OÙ DORMIR

**Camping**

#### Camping Orbitur Sitava Milfontes

Brejo da Zimbreira ☎ 283 89 01 00.

Un terrain ombragé un peu à l'extérieur de la ville, où l'on peut planter sa tente pour env. 6 €/nuit. Bungalows de 2 à 7 pers. (84-164 € en haute saison). Piscine.

**Hôtel**

#### Hotel Rural Moita Mar

☎ 283 99 82 07, www.moitamar.pt. De 80 à 120 €.

Des petits bungalows sans prétention sur un agréable domaine avec piscine, lac, terrain de sport et billard. Le petit déjeuner est excellent.

### OÙ MANGER

#### A Choupana

Praia do Farol ☎ 283 99 66 43. T.l.j. 10h-minuit. De 15 à 25 €.

Sur la plage, juste à côté du phare, un restaurant de grillades sous une paillote, dans un cadre somptueux. Essayez de réserver une table près de la vitre, avec vue imprenable sur la mer.

### GLACIER

#### Gelateria Pasteleria Mabi

Largo de Santa Maria 25A ☎ 283 99 86 77. Mar.-dim. 8h-minuit (2h en été.).

Toujours bondé, ce glacier-pâtissier propose une large sélection de glaces maison et de délicieux *pasteis de nata*.

## ZAMBUJEIRA DO MAR

### OÙ MANGER

#### Marisqueira « I »

Rua Miramar, 14 ☎ 283 961 113, www.restauranteoi.pt. T.l.j. 12h-16h et 18h-22h (sept.-juin : fermé mar.). De 15 à 30 €

Restaurant et brasserie servant de beaux plateaux de fruits de mer, accompagnés de bière ou de *vinho verde*. Vous pouvez y goûter la *feijoada* de bulots et de crevettes, une spécialité locale.

#### A Barca

Entrada da Barca ☎ 283 96 11 86. Mar.-dim. 12h-22h, t.l.j. en été. Fermé nov.-janv. De 15 à 30 €.

Sur la route menant à Zambujeira, un restaurant familial de bonne tenue. Jolie salle rouge et blanc, et terrasse donnant sur la mer. Bonne cuisine sans prétention.

*Randonnée*

# LE TRILHO DOS PESCADORES

Le sentier des Pêcheurs court au bord des falaises sur 120 km, en suivant les chemins empruntés par les locaux pour accéder aux plages et aux zones de pêche. Les 9,5 km entre Zambujeira do Mar et Azenha do Mar vous feront voir de longues plages de sable blanc parmi les plus belles du Portugal. Un must pour les amoureux du bord de mer.

‹ Nombreux points de vue sur le sentier des Pêcheurs

## PRATIQUE

### Départ et arrivée

Départ et arrivée : Zambujeira do Mar-Azenha do Mar. Comptez 25 € pour rentrer en taxi jusqu'à Zambujeira do Mar.

### Durée

Durée : 2h30. Faites attention à arriver à Azenha do Mar avant la tombée de la nuit.

### Balisage

Bleu et vert.

### Distance

9,5 km.

### Dénivelé

300 m.

### Difficulté

Difficulté : niveau moyen. Le Trilho dos Pescadores est déconseillé aux gens souffrant de vertiges. Meilleure période : sept.-juin.

### Pause

Azenha do Mar ne compte qu'un seul bar-restaurant, le **restaurante Azenha do Mar** : largo do Mar ☎ 282 94 72 97. Jeu.-mar. 12h-22h. Autour de 15 €/pers.

^ Zambujeira do Mar

1 Partez de la plage du village de Zambujeira do Mar. Éloignez-vous de la foule joyeuse des vacanciers en remontant la falaise par un petit sentier qui part à gauche de la plage. Vous êtes sur le Trilho dos Pescadores. Il serpente tout près de la côte, au milieu de genêts, chardons et bruyères qui embaument l'air, faisant de cette balade un plaisir de tous les sens. Regardez les falaises et leurs impressionnantes couches de schiste pliées comme de la pâte feuilletée. Imaginez les forces capables de construire un tel paysage…

2 La praia dos Alteirinhos, dans son écrin de schiste foncé, vous tirera de votre méditation. À marée haute, cette longue bande de sable forme des petites criques paradisiaques qui semblent n'attendre plus que vous. Descendez-y ! Hors saison, vous pourrez y prendre un bain de vagues, avec la sensation grisante d'être seul au monde.

Ensuite, le tracé s'éloigne de la côte et vous fait traverser une forêt de pins et d'acacias, avant de vous mener à la plage du Carvalhal, bien plus accessible que la précédente grâce à son chemin pavé qui permet de descendre facilement jusqu'au sable. C'est l'une des rares plages de la région accessibles aux personnes à mobilité réduite.

Praia do Carvalhal

< Praia dos Arleirinhos et ses falaises de shiste

3 En la quittant, vous passerez devant un enclos dans lequel broutent des lamas, des oryx et des chevreuils. Le sentier, passant à côté de serres agricoles, se fait ensuite plus champêtre. Vous reviendrez au bord de la côte pour admirer deux magnifiques plages de sable blanc, la praia dos Machados et la praia da Amália, avant d'arriver à Azenha do Mar, joli village de pêcheurs où les filets sèchent au soleil.

^ Azenha do Mar

4 Vous avez bien mérité une pause ! Attablez-vous avec les gens du coin côté bar, pour l'ambiance baby-foot et les salades de poulpe à déguster sur le pouce, ou côté restaurant, pour manger un délicieux plateau de fruits de mer face à l'Océan. Vous pouvez ensuite poursuivre le Trilho jusqu'à Odeceixe, située 9 km plus au sud, ou demander au bar de vous appeler un taxi pour rentrer à Zambujeira.

# L'ALGARVE, le Grand Sud

À l'extrémité sud-ouest de la péninsule, l'Algarve offre les plages les plus belles et les plus sûres du Portugal. Pas étonnant que la région soit la première destination touristique du pays ! Revers de la médaille : le littoral entre Portimão et Faro est très construit et aligne des stations balnéaires pas toujours très heureuses… Cependant,

la plus célèbre de toutes, Praia da Rocha, reste idyllique, avec ses gros rochers dorés et ses eaux turquoise, malgré les barres d'immeubles ! Pour une Algarve plus secrète, partez explorer les criques de sable blond vers Sagres, ou les lagunes et les îles du parc naturel de la Ria Formosa, à l'est de Faro. Sur la côte ouest, l'Océan se fait plus tumultueux, mais les décors de falaises de schiste battues par les vagues ne lassent pas de séduire, notamment les surfeurs. Enfin, entre Alcoutim et Monchique, il y a l'Algarve rurale, encore trop méconnue, un arrière-pays montagneux couvert de forêts de chênes-lièges et d'eucalyptus, parsemé de lacs et de villages blancs, à découvrir le long de la Via Algarviana, 300 km de sentiers balisés d'Alcoutim à Sagres.

16

# D'ODECEIXE à Sagres ✧✧

Défilé de plages magnifiques et de falaises immenses, la côte ouest de l'Algarve séduit par sa beauté sauvage et préservée. Le parc naturel du Sud-Ouest alentéjan et de la Côte Vicentine déroule ici de vertigineux sentiers à flanc de falaise aux amoureux de la nature, et l'océan tumultueux, de superbes vagues aux surfeurs. L'eau est plutôt froide par ici, et les baigneurs sont rares, mais l'air est vivifiant, et les panoramas, renversants. Le point final de ce périple loin des foules ? Une succession de promontoires rocheux, de baies profondes et de plages sauvages battues par les vents : la région de Sagres a des airs de Bretagne... et de bout du monde !

## PRATIQUE


- **Plan p. 254-255**
- **Nos adresses p. 262**


### ↓ Accès

Sur la côte ouest de l'Algarve, un peu isolée (aucune ligne ferroviaire), la voiture est indispensable pour accéder aux plages, mais les bus sont utiles et plutôt rapides.

**En voiture**

Odeceixe est à 2h45 de Lisbonne par l'A2 (230 km) et à 1h30 de Faro par l'A22 et la N120 (124 km).

**En bus**

- **De Lisbonne :** liaisons avec Odeceixe (3h30), Aljezur (3h50), Carrapateira (4h10), Vila do Bispo (3h50) et Sagres (4h).
- **De Lagos :** liaisons avec Odeceixe (1h20) *via* Aljezur, et Sagres (35 min) *via* Vila do Bispo.

Praia da Amoreira

## L'ESSENTIEL

### À ne pas manquer

Les ruelles d'Odeceixe ; un coucher de soleil au cap de São Vincente ; la vue depuis la Torre de Aspa ou la Fortaleza de Sagres.

### Expériences

Surfer sur la praia da Bordeira ou do Amado ; goûter aux pouces-pieds.

### Les plus belles plages

Praia da Amoreira et praia da Arrifana.

## Odeceixe ✧✧

230 km S de Lisbonne par l'A2.

Avec ses maisons blanches aux touches colorées alignées en escalier le long de ruelles pavées, le premier village côtier de l'Algarve plante bien le décor. Une petite place et une rue principale regroupent l'essentiel des commodités. Si vous grimpez jusqu'en haut du village, vous pourrez avoir un aperçu du paysage alentour, encore verdoyant, et une vue sur la Seixe, qui se jette dans l'Océan non loin de là. Elle marque d'ailleurs la frontière entre l'Alentejo et l'Algarve.

### PRAIA DE ODECEIXE ✧

3,5 km O d'Odeceixe. Parking dans le hameau au-dessus de la plage.

La mer d'un côté, la rivière de l'autre, et au milieu le banc de sable. La **plage d'Odeceixe** affiche un panorama magnifique. Sable fin, immenses falaises sombres peuplées d'arbres et de végétation, petites grottes... C'est un endroit sauvage et quasi désert en basse saison. Le spot attire les surfeurs, et l'école de surf installée ici propose des cours pour les débutants et la location de matériel.

www.rede-expressos.pt
www.eva-bus.com

**Arrêt de bus de Sagres :** av. Comandante Matoso. De Sagres, les bus Eva permettent de rejoindre la praia do Beliche et le cap Saint-Vincent.

### ↓ Office de tourisme

**Odeceixe, Aljezur et Carrapateira**
www.cm-aljezur.pt

**Vila do Bispo**
www.cm-viladobispo.pt

**Sagres**
www.cm-viladobispo.pt

PAUSE

### Boulangerie Pão do Rogil

Sur la route d'Odeceixe à Aljezur, cette *padaria* régale depuis 50 ans les habitués et les vacanciers. Bouches sucrées, vous allez être ravies : les biscuits, notamment aux amandes, sont délicieux ! Goûtez les *bolinhos de alfarroba e amêndoa* (caroube et amande) ou les *tirinhas de Limão*. Et pour les becs salés, il y a des produits régionaux et des snacks à déguster sur place ou à emporter. Faites le plein de *pão com chouriço* (pain au chorizo) pour la route !

> Av. 16 Junho, 92, Rogil
☎ 282 99 82 03. T.l.j. 7h-21h ; 8h-19h en hiver.

## Aljezur ✧

16 km S d'Odeceixe par la N120.

Aljezur est un bel exemple de la double influence que détiennent les villes de la côte Vicentine. D'un côté l'Atlantique, le claquement des vagues, les planches de surf, les falaises vertigineuses, les dunes de sable... De l'autre, des terres calmes, couvertes d'une végétation dense, le sifflement des oiseaux, l'artisanat et une tradition préservée. Un double visage qui fait de cette bourgade un endroit atypique où il fait bon s'arrêter.

### CASTELO DE ALJEZUR

Rua Dom Paio Peres Correia (parking au château)
☎ 282 99 00 10. Entrée libre.

Bien que la montée soit assez raide, l'accès aux hauteurs de la ville se fait aussi bien en voiture qu'à pied. De ce château construit au X^e s. sous la domination arabe – il fut reconquis par les chrétiens en 1294 –, il ne reste pas grand-chose, mais des panneaux explicatifs permettent de reconstituer des pans de son histoire. Vue imprenable sur la ville, la rivière et la campagne alentour.

### PRAIA DE MONTE CLÉRIGO ✧

À 8,5 km N-O d'Aljezur.

Avec son petit bourg perché, cette plage familiale séduit tout visiteur, qu'il vienne ici pour lézarder au soleil ou pour surfer. À marée basse, des petites piscines naturelles font le bonheur des pêcheurs en herbe de crabes, d'étoiles de mer et d'oursins. Restaurant sur la plage.

### PRAIA DA AMOREIRA ✧✧

8,5 km O d'Aljezur (parking au bout de la route).

Côté sud, l'embouchure de la **rivière Aljezur** forme une jolie piscine naturelle ; au nord, la mer forme parfois de grandes flaques d'eau salée, comme des petits marais. Face à la plage, on peut admirer une énorme barrière de roche grise et, dans le dos, des dunes de sable auxquelles les plantes sauvages s'accrochent. Attention tout de même : à la limite de l'embouchure, les courants peuvent être très forts. La **praia da Amoreira** a aussi un restaurant avec vue, le **Paraíso Do Mar** (☎ 282 010 342 ; t.l.j. 9h30-21h ; 12h-18h en hiver).

## Arrifana

10 km S-O d'Aljezur.

La nature encore verdoyante de la Côte Vicentine contraste avec le schiste gris et noir des immenses falaises où viennent s'accrocher quelques maisons de pêcheurs. C'est le cas d'Arrifana, un minuscule village où tous les ans, fin juillet, la **fête des Pêcheurs** bat son plein, offrant aux participants la chance de manger des kilos de sardines pour trois fois rien !

### PRAIA DA ARRIFANA ✧✧

La praia da Arrifana dispose de toutes les infrastructures nécessaires et d'une bonne accessibilité. Attention, l'étendue de sable n'est pas très large, et lorsque la marée monte, les serviettes s'agglutinent au pied de la falaise.

Depuis les ruines de l'ancienne **forteresse**, la perspective est superbe et vous pourrez garer votre véhicule facilement.

## Carrapateira

À 27,5 km S d'Arrifana par la N268.

**Carrapateira** est un tout petit village aux maisons blanches suspendues à la colline. Mis à part les boutiques de surf qui y fleurissent, le temps semble s'y être arrêté. On y vient pour faire une pause-café entre deux plages.

### PRAIA DA BORDEIRA ✧✧

À 1 km N de Carrapateira. Parking côté S.

**Bordeira** est l'une des plus belles plages de la région et, à marée basse, l'une des plus grandes de l'Algarve. Avec ses 3 km de sable fin et ses vagues impressionnantes, elle attire surtout les surfeurs en toute saison. Les familles, elles, seront séduites par le côté sauvage du paysage et les jolies balades à faire. Sans compter que les enfants pourront patauger dans la lagune que forme parfois la rivière qui se jette dans la mer. Écoles de surf, cafés et restaurants dans le hameau au sud de la plage.

### PRAIA DO AMADO ✧✧

3,5 km S de praia da Bordeira (parking côté N).

Entre les **écoles de surf** et les compétitions internationales qui s'y déroulent, la praia do Amado est le paradis des surfeurs ! Tout autour, le terrain et le parking géant sont propices au camping sauvage et servent de point de chute aux caravanes et camping-cars, ce qui ne manque pas d'attirer de nombreuses familles, qui rendent cette plage animée en été.

## Vila do Bispo ✧

À 14 km S de Carrapateira par la N268.

Vila do Bispo est une charmante localité aux habitations typiquement algarviennes, blanchies à la chaux, avec un encadrement coloré, et surmontées d'une cheminée en dentelle.

**PAUSE**

*O Mexilhão*

Situation géographique oblige, ce petit restaurant d'une douzaine de tables sert de bonnes spécialités de la mer (à partir de 12 €) : couteaux, crevettes, seiches farcies et les célèbres *percebes*, les pouces-pieds (encadré p. 260). Tout ici est fait maison, et le service fort agréable !

> Rua 1° de Maio, 32, Vila do Bispo ☎ 282 63 91 08. T.l.j. 12h-15h et 19h-23h.

⌄ Une plage vers Carrapateira

Explorez les ruelles désertes où sèche le linge, tendez l'oreille pour écouter vivre les habitants, admirez les moulins sur le chemin et, une fois en haut, profitez d'un joli paysage.

Vila do Bispo est l'une des portes d'entrée de la **Costa Vicentina**, où s'égrènent des plages toutes plus belles les unes que les autres.

### PRAIA DO CASTELEJO ✧

3 km O de Vila do Bispo.

La praia do Castelejo est une plage minuscule et réellement paradisiaque, sans autre construction qu'une paillote.

### TORRE DE ASPA ✧✧

À 6,5 km O de Vila do Bispo par la M1265. Suivez la dir. de la praia do Castelejo, tournez à g. dans le chemin en direction d'Aspa, puis continuez à pied sur 3,3 km.

Voilà un belvédère qui se mérite ! Au bout du chemin, vous avez rendez-vous avec le point le plus élevé de toute la côte de l'Algarve (156 m). Et une vue à couper le souffle sur la côte et le cap Saint-Vincent. Le lieu tient son nom de l'ancienne tour, édifiée ici par João III à la fin du XVIe s. afin de protéger la côte des attaques de corsaires.

## Vers le cabo de São Vicente

Le paysage change rapidement par ici. Tout, d'ailleurs. La végétation se fait plus rare, plus rabougrie, laissant tout autour de nous comme une sensation de vide. Le thermomètre baisse peu à peu, le vent souffle, et on aurait presque envie de faire demi-tour. Non, non, le bout du monde n'est pas loin, et il serait dommage de passer à côté...

### CABO DE SÃO VICENTE ✧✧

Cap Saint-Vincent

15 km S de Vila do Bispo par la N268 et route locale, 6 km O de Sagres.

Si le cap Saint-Vincent porte le surnom de «bout du monde», c'est parce qu'il est situé à l'extrémité de la pointe sud de l'Europe, mais aussi pour son côté mystique et légendaire. Dans l'Antiquité, les Grecs en

Cabo de São Vicente ›

### GASTRONOMIE *Les percebes, des crustacés très prisés*

La spécialité locale est plus qu'intrigante ! Les *percebes*, «pouces-pieds» en français, sont de drôles de crustacés à l'allure peu ragoûtante : une courte patte recouverte d'une peau façon cotte de mailles, accrochée à une multitude de griffes calcaires. Ils sont rares et s'agrippent aux rochers des mers agitées. Les pêcheurs à pied qui s'adonnent à cette chasse périlleuse sont de véritables alpinistes de la mer. On raconte que, dans chaque famille des alentours, quelqu'un a péri en mer pour en ramasser. C'est pour cela qu'ils sont vendus à prix d'or. Si vous êtes tenté par ces drôles de bêtes au goût super iodé, direction **O Mexilhão** à Vila do Bispo (p. 259), qui les cuisine avec simplicité.

faisaient le lieu de repos des dieux, d'où son nom de cabo Sagres, «cap Sacré», avant que les chrétiens, selon la légende, ne le rebaptisent cap Saint-Vincent en l'honneur du vaisseau transportant la dépouille du saint martyr qui s'échoua ici au IVe s.

En plus de la vue époustouflante depuis sa falaise de 80 m de haut, le cap est dominé par un **phare** rouge visible à 90 km (ouv. mer.) qui tranche franchement avec l'ancien **monastère** blanc et le bleu du ciel. Le petit **museu dos Faróis** (☎ 282 62 46 06; avr.-oct.: mar.-dim. 10h-18h, nov.-mars: mar.-dim. 10h-17h; entrée: 1,50 €) retrace l'histoire maritime de Sagres et du phare.

En attendant de pouvoir admirer le coucher du soleil, vous pourrez boire un verre en terrasse et acheter des souvenirs dans les deux boutiques du site. N'oubliez pas votre coupe-vent, ça décoiffe !

### PRAIA DO BELICHE ✧

3 km E du cabo de São Vicente.

En haut de la falaise, le vent souffle. Il faut emprunter de nombreuses marches abruptes pour atteindre la crique. La plage de sable blanc est agréable, l'eau limpide, et grâce aux falaises rocheuses, on est à l'abri du vent. Quelques surfeurs, quelques baigneurs et des serviettes de plage le long des falaises : c'est plutôt calme. Le paysage est d'une rare beauté, mais attention à ne pas vous faire piéger par la marée montante, au risque de rester coincé.

## Sagres

9,5 km S-O de Vila do Bispo, 6 km E du cabo de São Vicente.

### FORTALEZA ✧

Forteresse

Rua da Fortaleza (pointe S de Sagres)
☎ 282 62 01 42. Mai-sept. : t.l.j. 9h30-20h ; oct.-avr. : t.l.j. 9h30-17h30. Entrée : 3 €.

C'est derrière ces **remparts** blanchis qu'Henri le Navigateur (1394-1460) installe son quartier général en 1415, au lendemain de la prise de Ceuta. Astrologues, mathématiciens et cartographes du monde entier semblent attirés par ce bout du monde. Alors, l'infant Henrique crée l'école navale, d'où sortiront les grands explorateurs de la première moitié du XVe s. Les résultats ne se font pas attendre : dès 1418, Porto Santo est découverte ; un an plus tard, c'est au tour de l'île voisine, Madère, puis des Açores en 1427. On ne se rend pas compte de l'immensité des lieux avant d'avoir franchi l'entrée. Il y a une superbe **rose des vents** de près de 50 m de diamètre à même le sol, en plein centre de l'esplanade. Défiez le vent, grimpez sur les remparts et profitez de la vue sur Sagres et le cap Saint-Vincent. Le paysage est spectaculaire, parfois même lunaire ! Vous découvrirez une installation artistique réalisée par l'architecte Pancho Guedes appelée ***Voz do Mar***, constituée d'un labyrinthe permettant d'entendre la «voix de la mer» (impressionnant !), le **phare** de Sagres, l'ancienne baraque à munitions reconvertie en **auditorium** et la sublime **igreja Nossa Senhora da Graça**, un bijou d'architecture !

### LES PLAGES DE SAGRES

Connue sous le nom de «fenêtre sur l'Atlantique», la **praia da Mareta** est une jolie plage de Sagres. Ses falaises la protègent du vent et ses eaux tranquilles permettent des baignades sans encombre et de bonnes conditions pour la plongée.

La **praia do Martinhal** (2 km E de Sagres) est une plage familiale. Le vent souffle bien un peu, mais les rochers et les petites grottes font d'excellents abris. Là encore, l'eau calme permet de nombreuses activités aquatiques.

Quelques dizaines de mètres plus à l'est, la **praia dos Rebolinhos** offre ses cailloux arrondis aux jolies couleurs. C'est quasi désert et parfait pour les amoureux de la nature.

# • NOS ADRESSES •

## ALJEZUR

### SHOPPING

#### Sw Surf Shop

Rua 25 de Abril, 101 ☎ 282 99 11 27, www.swsurfshop.com. Lun.-sam. 10h-19h.

Location et vente d'équipement de surf de toutes marques. Cours de surf sur rés.

## ROGIL

### OÙ DORMIR

#### Hotel Alcatruz

Rua do Camarate, 1 ☎ 282 99 82 03, www.hotelalcatruz.com. De 60 à 100 €.

Petit hôtel (chambres avec terrasse) à la décoration moderne sur le thème des plages alentour. Salon commun équipé. Accueil chaleureux.

### OÙ MANGER

#### Museu da Batata Doce

Estrada da Esteveira (N avant la sortie) ☎ 282 99 41 32. T.l.j. 8h-2h. Moins de 10 €.

La patate douce étant la spécialité de la région, on y trouve de délicieuses douceurs. À savourer avec un café, dans le jardin équipé d'une aire de jeux pour les bambins. Snack léger pour le midi. Quelques produits locaux sont en vente.

## SAGRES

### OÙ DORMIR

En vous promenant dans les rues de Sagres, vous trouverez de nombreuses maisons affichant des pancartes «chambres à louer» ; n'hésitez pas à négocier les prix.

**Camping**

#### Camping Orbitur

2 km N de Sagres par la N268 ☎ 282 62 43 71, www.orbitur.pt. Tte l'année.

Un camping appréciable, bien ombragé et de bon confort.

**Hôtel, pension, pousada**

#### Good Feeling

Raposeira ☎ 914 65 88 07 (port.), www.thegoodfeeling.com. Tte l'année. Moins de 20 €.

Cette auberge de jeunesse porte bien son nom. Dortoirs, chambres doubles, suites... Prix raisonnables et ambiance jeune et relax. Nombreuses activités proposées (surf, paddle, yoga, plongée).

#### Aparthotel Navigator

Rua do Infante Dom Henrique ☎ 282 62 43 54, www.aparthotelnavigator.com. De 60 à 100 €.

Des grands appartements avec cuisine et terrasse à deux pas de la praia Mareta. L'ensemble est un peu désuet et mériterait vraiment d'être rénové.

#### Pousada de Sagres

Ponta da Atalaia ☎ 282 62 02 40. Plus de 150 €.

Chambres confortables – certaines avec terrasse et vue sur la mer –, belle piscine et bon restaurant.

### OÙ MANGER

#### Babugem

Praça da República ☎ 964 30 13 75 (port.). Lun.-sam. 10h30-minuit (mer. 17h-minuit). Moins de 10 €.

Chez Babugem, vous choisissez votre poisson fraîchement pêché et vous attendez patiemment qu'il grille dans le four, à l'ancienne. Simple et délicieux ; l'assiette est copieuse et bon marché.

#### Carlos

Rua Comandante Matoso ☎ 282 62 42 28. Mer.-lun. 12h-15h30 et 18h30-23h. Moins de 20 €.

Dans ce restaurant ouvert depuis des années, famille et amis travaillent main dans la main pour satisfaire le client, et toujours avec le sourire. Une entente parfaite qui se ressent jusque dans l'assiette, où l'on trouve principalement du poisson. La terrasse est agréable, mais il serait dommage de se priver de la décoration intérieure.

^ Port de Sagres

### Vila Velha

Rua Patrão António Faustino ☎ 282 62 47 88.
Dim.-ven. 18h30-22h. F. mer. et sam.
Rés. conseillée. De 25 à 30 €.

Cadre charmant au cœur d'une grande maison avec terrasse. Poisson frais au menu, plats végétariens et bons vins.

## BARS

### Água Salgada

Rua Comandante Matoso ☎ 282 62 42 97.
Mar.-dim. 10h-2h (3h en été).

♥ Les cocktails sont à base de jus de fruits frais (sous réserve de stock). Le mojito pomme est gigantesque, interminable et tellement délicieux !

### Dromedário

Rua Comandante Matoso ☎ 282 62 42 19.
Mer.-lun. 12h-1h (t.l.j. en été).

Près de 30 ans de service et des cocktails qui font toujours l'unanimité.

## SPORTS ET LOISIRS

De nombreuses activités sont proposées au port de Baleeira : observation de la faune marine, des dauphins ou d'oiseaux, croisières le long de la côte.
www.marilimitado.com
et http://capecruiser.org

### Maretta Surf Shop

Av. Comandante Matoso ☎ 282 62 45 35,
www.marettashop.com. T.l.j. 10h-18h
(21h juil.-août, f. dim. en hiver). F. janv.-fév.

École de surf et équipements complets à louer. Location de vélos et de scooters.

# VILA DO BISPO

## OÙ DORMIR

On trouve très peu d'hôtels classiques ici, mais quelques maisons d'hôtes.

## OÙ MANGER

### Zavial

Praia do Zavial ☎ 282 63 92 82. Mar-dim 12h-22h.
Moins de 20 €.

Face à la très belle plage de Zavial, un restaurant en pierre de taille qui sert des plats de poisson et des fruits de mer parfaits. La cuisine est savoureuse, le cadre cosy... Que demander de plus ?

## SPORTS ET LOISIRS

**Équitation**

### Equivicentinos

Sítio da Penina ☎ 965 56 13 77(port.).
Sur réservation. À partir de 40 €/h.

Pour les fans d'équitation ou les curieux qui souhaiteraient explorer la Côte Vicentine en bonne compagnie.

# 17 PORTIMÃO et le Barlavento ✧✧

La partie très touristique de l'Algarve est une succession de stations balnéaires très prisées en période estivale. Le schiste laisse la place aux falaises rocailleuses, qui arborent une jolie couleur dorée sous le soleil, tandis que les eaux cristallines aux mille reflets offrent un large choix d'activités. Sur toute la côte, la mer a creusé des criques et des grottes qui invitent à l'exploration. Pour trouver des paysages plus typiques ou l'ombre d'une forêt, il faut s'enfoncer un peu plus dans les terres.

## PRATIQUE

• Plan p. 254-255
• Nos adresses p. 276

### ↓ Accès

**En voiture**

Lagos est à 2h50 de Lisbonne via l'A2. Pour explorer la côte sud de l'Algarve, mieux vaut disposer d'un véhicule et circuler sur l'A22 pour des déplacements rapides, ou sur la N125 pour profiter de la route touristique (embouteillages en haute saison).Dans l'arrière-pays, vers Monchique, la voiture est indispensable.

**En train**

De Lisbonne, on peut rallier Faro (2h50), Albufeira et Loulé (changer à Tunes pour Portimão et Lagos). Entre Faro et Lagos (1h50), la **Linha do Algarve** dessert t.l.j. Almancil, Loulé, Albufeira, Alcantarilha, Silves, Ferragudo, Portimão et Meia Praia. www.cp.pt

Ponta da Piedade, au sud de Lagos

# L'ESSENTIEL

## À ne pas manquer

La vie animée de Lagos ; les roches splendides de Ponta da Piedad ; la praia da Marinha.

## Expériences

Sa balade côtière des Sept Vallées suspendues ; atteindre la grotte de Benagil en kayak ; le marché de Loulé.

## Randonnée

La rota dos Moinhos de Monchique.

## Lagos ✧✧

300 km S de Lisbonne par l'A2 et l'A22, 32 km E de Sagres *via* la N125.

Lagos est une station balnéaire réputée pour le charme de sa vieille ville cerclée de remparts, sa longue plage de Meia Praia, ses criques dorées et les fabuleux rochers de Ponta da Piedade. Très animée toute l'année avec ses nombreux bars et restaurants, la cité est plébiscitée par les touristes nord-européens, mais aussi par les surfeurs du fait de sa proximité avec les spots de la côte ouest.

Colonie carthaginoise, romaine (sous le nom de Lacobriga), puis maure, Lagos a connu son heure de gloire aux XV$^{e}$ et XVI$^{e}$ s., à l'époque des grandes découvertes. Après la conquête de Ceuta en 1415, la plupart des expéditions du XV$^{e}$ s. le long de la côte africaine partirent du port de Lagos. Le site, choisi comme base par Henri le Navigateur, conjointement avec Sagres, fut un temps la capitale de l'Algarve (1576-1756). L'histoire de Lagos est également marquée par le séisme de 1755, qui détruisit le port.

### LA VIEILLE VILLE ✧

Parking souterrain sur l'av. dos Descobrimentos, qui longe le port.

Enclose dans des remparts reconstruits au XVIII$^{e}$ s., la vieille ville débute au sud de la **praça Gil Eanes**.

### Gares ferroviaires

**Albufeira :** à Ferreira, 5 km N d'Albufeira.
**Lagos :** sur la rive dr. du rio Bensafrim, à la hauteur du pont.
**Loulé :** 5 km S de Loulé.
**Portimão :** largo Eng. Sárrea Prado (N de la ville en direction de Lagos).
**Silves :** 2 km S de la ville.

### En bus

**Rede Expressos** (www.rede-expressos.pt) et **Eva Transportes** (www.eva-bus-com) assurent des liaisons fréquentes entre l'Algarve et le reste du Portugal.

• **Depuis Lisbonne :** liaisons avec Loulé, Albufeira, Lagoa, Silves, Portimão, Praia da Rocha et Lagos.

• **Sur place :** les bus Eva relient la plupart des villes de l'Algarve.

De Portimão, **Frota Azul** (www.frotazul-algarve.pt) assure des liaisons avec Lagos, Silves et Monchique, et les bus de la ville permettent de relier Alvor (bus 13 et 14) et Praia da Rocha (bus 11 et 33).

→

^ La rua Silva Lopes et l'igreja Santo António

**ART**

*Fresques urbaines*

Depuis 2011, le street art s'est emparé des ruelles de la vieille ville de Lagos. Chaque année, sous l'égide du projet Arturb, des artistes de renommée nationale (voire internationale) sont invités à s'emparer des murs et objets urbains pour faire vivre leurs fresques. On en compte une quarantaine ! Carte de leur localisation disponible à l'office de tourisme.

Vers le sud-ouest, du côté de la **rua de Cândido dos Reis**, une belle balade au hasard des ruelles étroites dévoile une ville attachante et pittoresque. Par les rues **Afonso de Almeida** et **25 de Abril**, animées par les **bars et restaurants**, vous atteindrez la **praça Infante Dom Henrique**, à l'emplacement probable du port à l'époque des découvertes. La vaste place ouverte sur la mer accueille une statue d'Henri le Navigateur, l'église baroque de **Santa Maria** et le **Mercado de Escravos**, où s'est tenu le premier marché aux esclaves d'Europe dans les années 1440. La maison à arcades abrite une exposition très sommaire sur l'esclavagisme (☎ 282 76 23 01 ; mar.-dim. 10h-12h30 et 14h-17h30 ; entrée : 3 €).

### Igreja de Santo António ✧

Rua General Alberto da Silveira (entrée rua Henrique Correia da Silva). Mar-dim 10h-12h30 et 14h-17h30. Même billet que le Museu municipal.

Celle qu'on surnomme «l'église d'or» (XVIII$^{e}$ s.) affiche un riche intérieur baroque de bois sculpté et recouvert à la feuille d'or. Les **panneaux d'azulejos** inférieurs racontent les miracles de saint Antoine.

## PRATIQUE (SUITE)

**Gares routières**

**Albufeira :** rua Paul Harris, Alto dos Caliços, à 2 km N du centre-ville.
**Lagos :** largo do Rossio de São João Batista, en face de la marina.
**Loulé :** rua Nossa Senhora de Fátima (N de la ville).
**Portimão :** rua da Abicada et arrêt sur l'av. Guanaré.
**Silves :** au bord du rio Arade, près du pont moderne.

### ↓ Offices de tourisme

**Albufeira**
Rua 5 de Outubro
☎ 289 58 52 79, www.cm-albufeira.pt. T.l.j. 9h30-13h et 14h-17h30 (fermé le w-e. en hiver).

**Alvor**
☎ 282 45 75 40.

### Museu municipal Dr José Formosinho ✧

Rua General Alberto da Silveira ☎ 282 76 23 01. Mar-dim 10h-12h30 et 14h-17h30. Entrée : 3 €

Installé dans l'annexe de l'**igreja Santo António**, ce musée renferme des **collections éclectiques** : vestiges archéologiques, bijoux, minéraux, pièces de monnaie, poteries et œuvres d'art sacré, mais aussi scènes de la vie en miniature de la région de Lagos, et **xylographies** (gravures) de Manuel Cabanas (1902-1995), l'un des fondateurs du parti socialiste portugais.

### Centro cultural de Lagos

Rua Lançarote de Freitas, 7 ☎ 282 77 04 50. Mar.-sam. 10h-18h (plus tard selon événement). Entrée libre sf événements.

Expositions, événements, concerts : dans ce centre culturel, il y a toujours quelque chose à faire. Café dans la cour intérieure (Wifi gratuit).

## AU NORD DE LA VIEILLE VILLE

### Centro Ciência Viva ✧

Rua Doutor Faria e Silva, 34 ☎ 282 77 00 00, www.lagos.cienciaviva.pt. Mar.-dim. 10h-18h. Entrée : 5 €.

Comprendre l'époque des grands navigateurs de manière éducative et ludique, c'est possible. Les appareils de navigation, les moyens d'orientation, la vie à bord d'un navire ou encore la communication à distance n'auront plus de secret pour vos chérubins. En prime, un **jardin** agréable et une superbe vue sur la marina.

### Mercado municipal

Av. dos Descobrimentos. Lun.-sam. 8h-14h (pas de poisson lun.).

À l'étage du marché municipal, il y a quelques **fruits et légumes**, et un **restaurant** avec vue, mais ici, on vient surtout pour le poisson frais. Au rez-de-chaussée, on en trouve des tonnes de variétés à prix raisonnables qui n'attendent que d'être cuisinées. Pour les recettes, les maraîchers sont de bon conseil.

### Mercado do Levante ✧✧

Rua Professor Crisanto Correia. Sam. 7h-14h.

Depuis 1974, les petits **producteurs locaux** y vendent leurs produits dans un joyeux brouhaha à la portugaise. Les dames en tablier et les messieurs en casquette proposent fruits et légumes, herbes aromatiques, miel, savons, fleurs, confitures, poules et lapins... Si vous ne venez pas pour vous ravitailler, venez pour le charme.

## LES PLAGES DE LAGOS

### Praia Dona Ana et praia do Camilo ✧✧

Prenez l'av. dos Descobrimentos vers le S, puis tournez à dr. sur l'estrada da Ponta da Piedade. De la marina, bus 2 (Onda Azul) jusqu'à Praia Dona Ana.

Bien qu'elles soient souvent bondées, faites une pause sur l'une de ces jolies plages blotties entre des falaises dorées. L'eau de Dona Ana est réputée pour sa clarté, et la crique de Camilo est un vrai bijou de sable doré, d'eau turquoise et de roche dentelée.

**Lagos**
Antigos Paços do Concelho, praça Gil Eanes ☎ 282 76 30 31, www.cm-lagos.pt. T.l.j. 9h-17h.

**Loulé**
☎ 289 46 39 00.

**Monchique**
www.cm-monchique.pt

**Portimão**
Edifício do Tempo (Teatro municipal), largo 1° de Dezembro ☎ 282 40 24 87, www.cm-portimao.pt. Lun.-ven. 9h30-13h et 14h30-17h30.

**Praia da Rocha**
☎ 282 41 91 32.

**Silves**
www.cm-silves.pt

### Conseils

- Attention aux chutes de pierres et aux glissements de terrain le long des parois rocheuses, notamment sur la côte à l'ouest de Lagos.
- Associez la visite de Silves à celle de Monchique dans l'arrière-pays.

### Ponta da Piedade ✧✧

Poursuivez le long de l'estrada da Ponta da Piedade jusqu'à la mer.

Sublime ! On commence doucement, avec des falaises dorées caressées par le soleil et une jolie vue sur la mer ; puis, lorsqu'on emprunte l'escalier, on aperçoit peu à peu les formations rocheuses baignées d'une eau turquoise ; viennent ensuite les grottes, les arches, les tunnels, les caves… On aurait presque envie de sauter ! Ne loupez pas une superbe virée en bateau (p. 279). Lorsque vous aurez rebroussé chemin, jetez un œil sur le phare. On ne peut pas le visiter, mais c'est une jolie carte postale.

### Meia Praia ✧

E de la vieille ville. De la marina (av. dos Descobrimentos), accès en bus 2 (Onda Azul) ou, en été, en bateau-taxi. Parking.

De l'autre côté de la marina, l'immense plage de sable, assez sauvage mais surveillée, est bordée de bars et de restaurants sur pilotis. Possibilité de sports nautiques. À pied, on peut rejoindre la praia de Alvor.

PAUSE

*Taberna do Zé Morgadinho*

Les chaises colorées et la bonne odeur de poisson grillé invitent à prendre place sur la terrasse de cette ancienne cabane de pêcheur. Ancienne… et même déjà centenaire ! Elle offre un cadre ravissant et propose des plats simples et frais qu'on accompagne volontiers d'un jus d'orange pressée.

> Rua do Mourão, Alvor
📞 282 04 39 57. Mar.-dim. 12h30-23h (minuit en été).

## Alvor ✧✧

À 20 km E de Lagos par la N125 et à 8,5 km S-O de Portimão.

Le charme des ruelles de ce **village de pêcheurs** se voit malheureusement peu à peu dévoré par l'arrivée du tourisme de masse, et, plus particulièrement, par les pubs et restaurants irlandais. Une halte y est néanmoins justifiée pour la particularité de son **église Matriz**, qui cache un *morábito* (temple musulman) derrière son portail manuélin, ses longues plages et son estuaire sauvage cousu de dunes, de prés salés et de marais.

### PRAIA DE ALVOR ✧

Si vous cherchez un coin paisible, rendez-vous sur les promenades aménagées sur le front de mer. Le paysage sauvage vaut le détour, et plusieurs chemins s'offrent à vous le temps d'une balade, d'un footing ou d'un tour à vélo. À faire de préférence en fin de journée. Ornithologues et curieux pourront admirer de nombreuses espèces d'oiseaux migrateurs dans cette zone mondialement réputée. À l'est de praia de Alvor, une autre plage très agréable : la praia dos Três Irmãos.

## Portimão et ses environs ✧

23 km E de Lagos par la N125.

Port sardinier autrefois important, cette grosse ville cherche à séduire, et y parvient presque, avec son port et ses rues piétonnes.

### MUSEU DE PORTIMÃO

Rua Dom Carlos I 📞 282 40 52 30, www.museudeportimao.pt. Sept.-juil. : mar. 14h30-18h, mer.-dim.10h-18h ; août : mar. 19h30-23h, mer.-dim. 15h-23h. Entrée : 3 € ; gratuite dim. 10h-14h (15h-19h en août).

Le musée de Portimão s'est installé dans une ancienne conserverie proche du club nautique. Sous forme de promenade dans différents espaces, il

retrace l'**histoire de la ville** depuis la préhistoire. Le temps fort, c'est bien sûr l'époque des **conserveries** de poisson (maquereaux et sardines). Ne manquez pas les machines à imprimer les boîtes de conserve et la salle où les ouvrières éviscéraient et tranchaient les têtes des poissons. Au sous-sol, une exposition est consacrée au projet **Ocean Revival**, vaste récif artificiel créé au large de la plage d'Alvor pour promouvoir la plongée sous-marine en Algarve, et pour lequel plusieurs navires de la Marine portugaise ont été coulés par 30 m de fond !

PAUSE

### *A Merendeira*

Juste en retrait de Praia da Rocha, voilà un snack simple, rapide et vraiment très typique : pour 5,90 €, on a droit à un vrai fast-food à la portugaise ! Son menu *pão com chouriço* comprend un pain au chorizo, du *caldo verde* (soupe au chou), un riz au lait, un café et une boisson. Imbattable !

> Av. Tomás Cabreira ☎ 965 22 81 78 (port.). T.l.j. 9h-23h. F. pour travaux (réouverture prévue en mars 2022, tél. pour vérifier les horaires).

### PRAIA DA ROCHA ✧✧

À 4 km S du centre de Portimão.

C'est l'une des stations balnéaires les plus connues de l'Algarve et, par conséquent, l'une des plus fréquentées. Sa plage de 3 km, sa mer tranquille et ses formations rocheuses forment un paysage idyllique, si tant est qu'on fasse abstraction des touristes et des barres d'immeubles hôteliers au revers de la carte postale.

Une bonne partie de la plage est privatisée et compartimentée, mais les activités ne manquent pas ! En journée, plage, farniente, shopping, sports nautiques ou de plein air ; en soirée et jusqu'au bout de la nuit, restaurants, bars, clubs et même un casino ! L'avenida Tomás Cabreira, qui longe la plage, ne dort jamais, soyez-en sûr...

### FERRAGUDO ✧

3 km SE de Portimão.

Le village étage ses petites maisons sur un promontoire, de l'autre côté de l'estuaire du ***rio Arade***, face aux tours de Praia da Rocha. La place principale, bordée de cafés, a beaucoup de charme et invite à la paresse. Les pêcheurs font sécher leurs filets au bord du quai, à deux pas de là.

## L'arrière-pays de Portimão

### SERRA DE MONCHIQUE ✧✧✧

25 km N de Portimão par la N124 et la N266 jusqu'à Monchique.

La petite ville de Monchique est le cœur de cette région montagneuse. Les **pics de Fóia** (902 m) et de **Picota** (773 m) dominent des paysages sauvages. L'endroit est idéal pour faire de la randonnée (p. 282) à l'ombre d'une forêt dense et humide.

### Caldas de Monchique ✧

Sortez de Portimão dir. Lagos et dépassez l'autoroute en prenant vers Monchique et Silves ; la route croise l'embranchement menant à Silves et grimpe dans la serra.

En progressant vers l'arrière-pays, les petites collines dénudées laissent place à une végétation dense, signe de l'arrivée à Caldas de Monchique.

Le paisible **complexe thermal**, réputé pour sa source d'eau chaude, se niche au creux d'un vallon verdoyant. Un lieu de détente luxueux, où l'on soigne encore rhumatismes et maladies respiratoires.

**HISTOIRE**

*Incendie*

27 000 ha de la **serra de Monchique** sont partis en fumée lors du gigantesque incendie survenu en août 2018. Petit à petit, la nature reprend ses droits et les sentiers de randonnée ont tous été réouverts, mais ne soyez pas surpris si, par endroits, le paysage demeure appauvri.

### Monchique ✧✧

6 km N par la N266 (parking souterrain à l'entrée de la ville).

La ville accrochée à flanc de colline invite à la promenade dans ses ruelles étroites et pentues grimpant autour de la place principale. Monchique est célèbre pour son **artisanat** (vannerie, fabrication de cuillères, objets en bois, céramiques, tissages) mais surtout pour son **miel** et son eau-de-vie d'arbouse, le **Medronho**. Pour les découvrir, rendez-vous dans la boutique **Loja do Mel e do Medronho** (largo 5 de Outubro).

L'**église** paroissiale possède un joli portail manuélin à colonnes torsadées. En contrebas du centre-ville, un jardin mène à une piscine municipale, gratuite et découverte en été. Dans les hauteurs se découpe la silhouette d'un ancien **couvent franciscain**, ruiné par le séisme de 1755. La **route de Fóia** (10 km A/R par la N266-3) réserve de magnifiques échappées sur le littoral avant d'arriver au sommet du pic.

> Lire aussi la randonnée : La rota dos Moinhos de Monchique (p. 282).

## SILVES ✧

30 km S-E de Monchique par la N266 et la N124, 15 km N-E de Portimão par la N125 et la N124. Grand parking à l'entrée O de la ville, en bordure du fleuve.

La ville, juchée sur une colline entourée de vergers au bord du ***rio Arade***, fait forte impression avec sa **forteresse** maure en grès rouge. Avant la Reconquista, Silves était la capitale de l'Al-Gharb musulman et un foyer culturel d'une importance comparable à celui de Lisbonne. Conquise par Sancho I en 1189, la ville fut reprise par les Almohades deux ans plus tard, et Silves ne redevint chrétienne qu'en 1242. Le port, par lequel transitait le bois de la serra, s'envasa peu à peu, précipitant le déclin de la ville. Le séisme de 1755 a détruit une bonne partie de l'architecture maure de la ville, qui comptait jadis une vingtaine de mosquées.

### Castelo de Silves ✧

Accès rua do Castelo ☎ 282 44 08 37. T.l.j. 9h-20h en juil.-août (17h30 mi-oct.-mai, 19h juin, 20h sept.-mi-oct.) ; dernière admission 30 min avant. Entrée : 2,80 € (3,90 € avec le Museu arqueológico).

Les murs de la forteresse qui domine la ville sont impressionnants et bien préservés. Lorsqu'on s'y balade, on savoure des panoramas variés sur la campagne plantée d'orangers. La citerne souterraine de la Maure, qui pouvait autrefois contenir de quoi abreuver 1200 personnes pendant un an, est aujourd'hui un lieu d'exposition. Au centre de l'enceinte, on profite des jolis petits jardins et des animations organisées en été (expositions, lectures, concerts, soirées...). Pour une petite pause, on profite de la terrasse du café.

### Sé

Cathédrale

Rua da Sé. 📞 926 294 515. Lun.-sam. 10h-13h et 14h-18h. F. sam. ap.-midi. Entrée : 1,50 €.

Si l'entrée se fait côté sud, par la porte du Soleil, au style baroque (XVIIIe s.), la cathédrale, elle, est du XIIIe s. Elle abrite les **pierres tombales** des croisés ayant participé à la prise de la ville. La nef a conservé son allure médiévale avec sa couverture en bois. Le chœur, de style gothique, est en grès rouge, le grès de Silves, qui donne à la ville sa couleur flamboyante au soleil couchant. La dépouille de João II, mort à Alvor en 1495, fut ensevelie près du retable principal, avant d'être transportée à Batalha (p. 167).

**PAUSE**

*Valdemar*

Parmi les rôtisseries qui étendent leur terrasse dans le marché ou tout à côté, au bord du rio Arade, essayez la *churrasqueira* Valdemar : depuis 40 ans, elle sert le meilleur poulet grillé de l'Algarve pour quelques euros.

> Mercado municipal, loja 21-22, Silves 📞 282 44 31 38. T.l.j. 12h-15h et 18h30-22h.

### La vieille ville ✧

Au S de la cathédrale.

Avec ses petites rues en pente bordées de maisons basses, cette partie de la ville est restée pittoresque. Vous y verrez d'importants fragments de la **muraille**, près de laquelle s'est établi le **Museu arqueológico** (rua da Porta de Loulé, 14 📞 282 44 08 00 ; t.l.j. 10h-18h (dernière admission 30 min. avant) ; entrée : 2,10 €, billet combiné avec le castelo Al-Hamra, 3,90 €). La visite du musée vaut surtout pour sa citerne du XIIe-XIIIe s., située à 18 m de profondeur. Vous pourrez monter sur une tour pour admirer le paysage. La balade peut se poursuivre jusqu'au bord du ***rio* Arade**, qu'enjambe un pont chaulé du XVe s. À la sortie est de la ville, au milieu d'un rond-point, se dresse la **Cruz de Portugal** (début XVIe s.). Elle aurait été offerte à la Ville par le roi Manuel I après le transfert de la dépouille de João II.

---

## Carvoeiro ✧✧

À 13 km S de Silves.

L'ancien petit village de pêcheurs s'est aujourd'hui mué en une station balnéaire très agréable. Cafés, restaurants et boutiques animent les ruelles du centre sans pour autant avoir éliminé leur charme. Depuis la placette qui s'ouvre sur la plage principale, empruntez la rua do Paraíso (qui grimpe

˅ Praia do Carvoeiro

le long de la falaise pour mener à la plage du même nom) afin d'y découvrir de délicieuses curiosités architecturales.

### PRAIA DO CARVOEIRO ✧

Pittoresque et familiale, la plage est fréquentée en majorité par des vacanciers étrangers. Sur la plage, les embarcations traditionnelles aux couleurs chatoyantes attendent le touriste, à destination des grottes et des criques aux eaux turquoise, inaccessibles par la terre. Plusieurs bars et restaurants à l'arrière de la plage.

### ALGAR SECO ✧✧

Estrada do Algar Seco. Parking au bout de la rue face au site.

À 700 m à l'est de la plage de Carvoeiro, se trouve un bijou de l'Algarve : le site marin d'Algar Seco ! La promenade à travers escaliers et passerelles en bois permet de profiter au mieux de ce site naturel d'une grande beauté. Libre à vous de parcourir les formations rocheuses et les grottes. Ne manquez surtout pas le **Miradouro A Boneca**, qui, situé juste après un micro tunnel, cache d'incroyables fenêtres naturelles ouvertes sur l'Océan !

PAUSE

*Boneca Bar*

Niché dans les rochers, ce bar-restaurant offre l'une des plus belles vues sur la mer de l'Algarve. On ne vient pas ici seulement pour la cuisine, mais aussi pour admirer le coucher du soleil, un verre à la main.

> Site d'Algar Seco, à l'extrémité S-E de l'estrada do Algar Seco ☎ 282 35 83 91. Avr.-oct. t.l.j. 10h-minuit. F. temporairement. Tél. pour vérifier les horaires.

## Les plages à l'est de Carvoeiro ✧✧

Accès aux plages en voiture depuis Carvoeiro par l'estrada do Farol (M530) dir. Vale de Centianes.

Les plages qui défilent à l'est de Carvoeiro sont toutes plus belles les unes que les autres. Pour les découvrir à pied, empruntez le percurso dos Sete Vales Suspensos.

⌄ La grotte de Benagil

### PERCURSO DOS SETE VALES SUSPENSOS ✧✧✧

Chemin des Sept Vallées suspendues

Départ : praia do Vale de Centianes (à 5 kmSE de Carvoeiro). Arrivée : praia da Marinha. Prévoyez 3h pour l'aller simple en comprenant une ou plusieurs plages.

Ce parcours relie la praia do Vale de Centianes à la praia da Marinha *via* un sentier de 6 km à flanc de falaise. Falaises ocre, arches, grottes, lande, eaux émeraude, belvédères secrets, petites criques... Vous auriez vraiment tort de passer à côté de tant de beauté ! La majorité du parcours est plutôt sauvage, avec peu ou pas d'ombre, mais ne présente pas de difficultés particulières.

#### Praia do Vale de Centianes ✧

Parking, restauration, plage surveillée.

Bien abritée du vent et appréciée des familles, cette grande plage surveillée en saison est idéale pour une baignade avec masque et tuba.

#### Praia do Carvalho ✧

Parking, plage non surveillée.

Presque secrète, la petite plage de Carvalho est cerclée de hautes falaises dorées. On y accède par un escalier qui mène à un tunnel creusé dans la roche. Très prisée des locaux le week-end !

#### Praia de Benagil ✧

Parking le long de la route, restauration, plage surveillée.

Plus à l'est, on atteint cette petite plage de pêcheurs très agréable. Comme à Carvoeiro, les pêcheurs proposent des balades en barque vers des criques et des grottes.

#### Grotte de Benagil ✧✧

La grotte de Benagil, avec sa magnifique plage cachée au-dessous de la roche, est incontestablement la star du parcours. Un vaste trou permet de l'apercevoir depuis le chemin des Sept Vallées suspendues, mais il faut s'y rendre en bateau, paddle ou kayak pour en mesurer toute la beauté.

#### Praia da Marinha ✧✧

Parking, restauration, plage surveillée.

Bienvenue sur l'une des plages emblématiques de l'Algarve ! Vue des hauteurs, la plage de Marinha ressemble à un mirage : hautes falaises dorées sculptées, voire par endroits percées par l'érosion (attention, elles sont très instables, ne vous approchez pas trop près du bord), eaux translucides et calmes, sable fin... Vue d'en bas, elle est idéale pour le snorkeling. Cette plage est de petite taille, donc à privilégier hors saison.

---

## Alcantarilha

À 15 km E de Carvoeiro par la N125.

À l'écart des grands axes entre Portimão et Albufeira, Alcantarilha n'est pas dépourvue de charme. Son église possède un joli chœur manuélin. Un ossuaire (capela dos Ossos), s'élève sur son flanc droit.

---

## Albufeira ✧

33 km E de Carvoeiro par l'A22, 325 km S de Lisbonne. Stationnement à l'entrée de la ville (payant).

Le « Saint-Tropez de l'Algarve », immense station balnéaire de 15 km de long, concentre la moitié des hôtels de l'Algarve ! Ancien port de commerce avec l'Afrique, Albufeira fut endommagée par plusieurs séismes au XVIIIe s. avant de retrouver la prospérité à la fin du XIXe s., grâce à l'expansion de la pêche et des conserveries en Algarve.

Aujourd'hui, bars bruyants, clubs et restaurants médiocres inondent l'ancien village de pêcheurs. Si vous aimez les bains de foule, perdez-vous dans les ruelles du village, plantez votre parasol sur l'une des 25 plages et terminez la journée par une *sunset party* sur le sable !

### LA VILLE HAUTE

Les ronds-points de l'avenida dos Descobrimentos, ornés de sculptures artistiques, sont l'une

PAUSE

*Tasca do Viegas*

Dans un cadre typique à la déco chargée ou en terrasse face à la mer, c'est le moment de découvrir la *cataplana*, l'une des spécialités de la région.

> Rua Cais Herculano, 2
289 51 40 87.
Lun.-sam. 12h-22h30.

des curiosités d'Albufeira. La « Rotunda dos Descobrimentos » est considérée comme l'un des plus beaux ronds-points d'Algarve ! Les autres, plutôt kitsch, arrachent quelques sourires : grosses montres en plastique, dauphins, vers de terre… Heureusement, les ruelles voûtées de la ville haute, entrecoupées d'escaliers et parsemées de petites maisons blanches, ont gardé un certain charme, bien qu'il soit parfois difficile de faire abstraction de la foule estivale.

### LA VILLE BASSE

C'est le visage ancien de la cité, notamment le long des **travessa da Igreja Velha** et **rua da Bateria**. Mais boutiques, hôtels, restaurants, bars et clubs sont légion ! On accède au rivage par la **praça dos Pescadores**, une grande esplanade ouverte sur l'Océan. Si la plage est bondée, tentez votre chance sur la praia do Inatel et la praia dos Alemães. Pour regagner la ville haute, empruntez les escaliers mécaniques en haut de la place ou l'ascenseur de la praia do Peneco à l'ouest, qui vous propulsera sur l'**esplanade Dr Frutuoso da Silva** et sa vue imprenable sur l'Océan !

### PRAIA DA FALÉSIA ✧✧

13 km E d'Albufeira. Accès par la rua da Falésia en traversant le village touristique d'Aldeia das Açoteias. Parking.

La plus belle plage d'Albufeira ! Cette immense étendue de sable blond avec, pour toile de fond, une impressionnante falaise dégradée d'ocres, dont l'érosion a laissé place à un véritable chef-d'œuvre sculptural, pourrait presque nous projeter dans l'univers de certains parcs de l'Ouest américain ! À son sommet, une pinède qui file sur toute sa longueur… Se baigner ou marcher le long de cette plage offre un panorama côtier sensationnel.

## D'Albufeira à Faro

Itinéraire de 73 km E par la N125, N270, N125-4, A22 (sortie 14 pour Estoi) et N2.

Pour retrouver sur cet itinéraire une authenticité désespérément absente le long de la nationale, le mieux est de s'enfoncer un peu dans l'arrière-pays. Pour éviter les encombrements, vous pourrez emprunter l'autoroute entre Albufeira et Loulé.

‹ Praia da Marinha, sur le parcours des Sept Vallées suspendues

## LOULÉ ✧✧

46 km E d'Albufeira par l'A22-IP1.

Tranquille et pleine de charme, la petite ville aux ruelles pavées est saupoudrée de **boutiques** artisanales, d'échoppes d'antiquaires et de galeries d'art. Pendant la période du **carnaval** (3 j. en fév.), toute l'Algarve se donne rendez-vous dans les rues pour faire la fête. Un spectacle haut en couleur sur fond de samba !

### Mercado central ✧

Praça da República 📞 289 40 10 80. Lun.-sam. 7h-14h30.

L'attraction phare de Loulé, c'est son marché couvert. Vous ne pouvez pas louper le bâtiment néomauresque avec ses dômes rouges (près de la mairie). Inauguré en 1908, le marché grouille de passants venus se ravitailler en fruits et légumes, viandes, poissons, vins, pains, fromages, gâteaux, huile d'olive, pili-pili et autres produits régionaux... Ambiance très sympathique, à faire le samedi matin ! Attention à ne pas le confondre avec l'autre marché, qui, lui, propose des babioles *made in China*.

### Castelo et Museu municipal

Rua Dom Paio Perês Correia, 17
📞 289 40 06 42. Oct.-mai : mar.-ven. 9h30-17h30, sam. 10h-16h ; juin-sept. : mar.-ven. 10h-18h, sam. 10h-16h30. Entrée : 1,62 €.

En descendant la praça da República depuis le marché, on trouve les vestiges d'un château du XVIIIe s., avec ses trois tours. Le site abrite de vieilles armes dans sa cour et le tout petit **Musée municipal**, où sont exposés des objets archéologiques, des céramiques musulmanes et la reconstitution d'une cuisine typique de l'Algarve. Les **remparts** offrent un beau **panorama** sur la ville.

## CAPELA DE SÃO LOURENÇO ✧

6 km S de Loulé, sur la route de Faro
📞 289 39 54 51. Mar.-sam. 10h-13h et 15h-18h (17h en hiver), dim. pdt les messes. F. lun. Entrée : 2 €.

L'intérieur est tapissé d'**azulejos** réalisés par Oliveira Bernardes, le spécialiste du genre au XVIIIe s. Ils illustrent avec une justesse un peu crue des scènes de la vie de saint Laurent, mort en martyr à Rome en 258 lors de la persécution de Valérien. Le saint homme préférait distribuer les biens de l'Église aux pauvres plutôt que de les livrer à l'empereur romain ! La légende raconte qu'on le fit brûler sur un gril chauffé par un brasier.

## RUÍNAS ROMANAS DE MILREU

Ruines romaines de Milreu

15 km S-E de Loulé par la N125-4 et l'A22. R. de Faro 📞 289 99 78 23. T.l.j. 10h-13h et 14h-18h (oct.-avr. : 9h-13h et 14h-17h). Entrée : 2 €.

Les ruines d'une exploitation agricole romaine du IIIe s., comprenant une villa, des bains et diverses annexes, ont été mises au jour. La maison patricienne conserve une mosaïque ornée d'animaux marins.

## ESTOI

Le joli village d'Estoi recèle un imposant **palais** néobaroque (XIXe s.). Après des années d'abandon, il a été réhabilité et s'est vu adjoindre une aile moderne pour accueillir la **Pousada Palácio de Estoi** (p. 277). Vous pouvez entrer librement et découvrir ses fastueux salons, avant de vous balader dans le jardin agrémenté de statues et d'azulejos.

# • NOS ADRESSES •

## ALBUFEIRA

### OÙ DORMIR

Les gros hôtels avec piscine sont partout, mais vite complets en saison. Réservation recommandée avant votre départ !

#### Ale-Hop Hostel

Rua 5 de Outubro, 27 ☎ 910 783 699 (port.). De 20 à 30 €.

Auberge de jeunesse reliée à son magasin, qui propose des accessoires de plage. Chambres privées ou dortoirs modernes, terrasse, cuisine équipée. Localisation idéale, mais personnel peu présent.

#### Hotel Baltum

Av. 25 de Abril, 26 ☎ 289 58 91 02, www.baltumhotel.com. De 40 à 80 €.

Situation parfaite au cœur de la ville, à 2 min de la plage, au pied des restaurants, bars, clubs. Les chambres sont petites, mais bien équipées et propres. Attention, bruyant la nuit côté rue et vue peu agréable (toit, ventilation) de l'autre.

#### Monte das Cortelhas

Caminho do Monte, à Guia, 5 km N (au-delà de Guia, prenez la N125 en dir. de Portimão) ☎ 289 56 14 87. 3 ch. De 40 à 80 €.

Une exploitation agricole qui propose du tourisme rural. Chambres immaculées avec terrasse ouvrant sur la campagne.

#### Vila Recife

Rua Miguel Bombarda, 12 ☎ 289 58 37 40, www.grupofbarata.com/vilarecife. De 40 à 80 €.

Hôtel de charme pas loin de la plage avec des chambres tout confort. Les prix sont très variables selon les saisons.@

### OÙ MANGER

À quelques exceptions près, inutile de s'attendre à des miracles culinaires dans cette station balnéaire. Choisissez en fonction du cadre et du charme de la terrasse. À ce titre, dînez de préférence à la praia dos Pescadores, par exemple sur le largo Cais Herculano, qui domine la plage.

#### A Casa do Avô

Sítio de Vale de Parra (8 km N-E) ☎ 289 51 32 82. Mar.-dim. 12h30-14h30 et 18h30-22h30 (f. mar. soir) ; t.l.j. en été. Moins de 20 €.

Une formule buffet à petit prix, avec un beau choix d'entrées, qui vaut à lui seul le déplacement. Une cuisine de tradition, une terrasse à la belle saison et un service efficace. Que demander de plus ?

#### Casa da Fonte

Rua João de Deus, 7. À dr. avant le tunnel conduisant à la plage ☎ 289 51 45 78. T.l.j. 12h-23h (f. dim. soir en hiver). De 20 à 30 €.

Une adresse des plus recommandables, mais citée dans tous les guides. On dîne dans un très agréable patio. Au menu, grillades de viande et de poisson.

#### Veneza

Mem Moniz, Paderne (8 km N), ☎ 289 36 71 29. Jeu.-lun. 12h-15h et 19h-minuit. Fermé les 15 dern. j. de mai. De 20 à 30 €

Ce restaurant et bar à vins propose un large choix de bouteilles. En passant par la boutique, vous pourrez repartir avec les crus que vous aurez appréciés à table.

#### Vila Joya

Estrada da Galé ☎ 289 59 17 95, www.vilajoya.com. T.l.j. 13h-15h et 19h30-21h. Plus de 80 €.

♥ La cuisine de haute volée du chef autrichien, deux étoiles, Dieter Koschina. Une expérience gastronomique d'exception et une inventivité étonnante.

### BAR

#### Bellavista Sports Cafe

Quinta da Bellavista ☎ 289 50 26 78. T.l.j. 9h-2h (minuit en hiver).

Bar pour les sportifs dans la partie haute de la ville. Terrasses avec jolie vue, billard, fléchettes et terrains à louer pour jouer au foot, au beach-volley ou au tennis. Sympa pour manger un bout, boire une bière et admirer le spectacle, en vrai ou à la télé.

### CLUBS

Albufeira est sans doute la ville la plus animée de l'Algarve. Vous n'aurez aucun mal à occuper vos soirées, si vous appréciez la musique et les clubs.

### SPORTS ET LOISIRS

#### Zoomarine

N 125, km 65, Guia ☎ 289 56 03 00, www.zoomarine.pt. Fin mars-fin nov., jours et horaires sur le site. Entrée plein tarif : 35 € (25 € moins de 10 ans).

Spectacle de dauphins, d'otaries, aquarium, piscines, manèges, attractions, cinéma 4D, etc.

## ESTOI

### OÙ DORMIR

#### Pousada Palácio de Estoi

Rua São José ☎ 210 40 76 20. Plus de 150 €.

♥ Un charme fou, et pas la moindre fausse note dans ce mélange d'ancien et de moderne ! Calme absolu, confort optimal, avec à la clé une belle balade dans les jardins, les orangeraies ou les champs d'amandiers. Spécialités algarvaises et vins régionaux au restaurant, plus commun.

## FERRAGUDO

### OÙ MANGER

#### O Velho Novo

Rua Dr Manuel Teixeira Gomes, 2 ☎ 282 46 11 52. Lun.-sam. 17h30-23h. Rés. indispensable. Moins de 20 €

Certes, il y a les restaurants au bord de l'eau, mais ici, on joue la carte de la tradition, du cachet, de l'ambiance familiale, de l'accueil et de la cuisine à prix correct.

## LAGOS

### OÙ DORMIR

**Camping**

#### Orbitur Valverde

Praia da Luz ☎ 282 78 92 11.

L'un des plus grands campings du pays (600 emplacements), mais avec beaucoup d'ombre et plusieurs piscines.

**Auberges de jeunesse**

#### Pousada de Juventude

Rua Lançarote de Freitas, 50 ☎ 282 76 19 70.

#### Stumble Inn Hostel

Rua Soeiro da Costa, 10 ☎ 282 08 16 07, www.stumbleinnlagos.com

Situation idéale en plein centre, à deux pas des restaurants et des bars. Chambres basiques, mais jardin agréable pour les barbecues et les soirées.

**Hôtels**

#### Mar Azul

Rua 25 de Abril, 13 ☎ 282 18 38 43, https://hotelmarazul.pt-portugal.com. De 60 à 70 €.

Hôtel simple et bien tenu avec chambres donnant sur le port. Prix raisonnables, surtout pour les chambres sans salle de bains.

#### Hotel Lagosmar

Rua Dr Faria e Silva, 13 ☎ 282 76 35 23, www.lagosmar.com. De 60 à 70 €.

Des chambres simples à deux pas de la marina et des plages, dans un dédale de rues à sens unique (demandez votre chemin). Attention, le staff est briefé pour vous conseiller ses propres restaurants.

#### Quinta da Alfarrobeira

Estrada de Palmares-Odiáxere, 5 km S-E de Lagos et 2 km de Meia Praia ☎ 282 79 84 24 et 913 654 115. Minimum 3 nuits (minimum 1 sem. en haute saison). De 100 à 140 €.

Belle maison à loggia de 1730 avec piscine et petites terrasses ouvrant sur la campagne. Gîte labellisé « Tourisme d'habitation ». Accueil charmant.

#### Solar de Mós

Rua Santa Casa da Misericórdia ☎ 282 78 25 79, www.solar-de-mos.com. De 100 à 140 €.

Paisible, d'une capacité limitée, avec piscine et jardin, le tout parfaitement entretenu. Pas de risque d'être réveillé en pleine nuit par des fêtards éméchés, l'hôtel étant excentré par rapport à la vieille ville et proche des plages de Piedade.

### OÙ MANGER

De nombreux restaurants ont pris place rua 25 de Abril et dans les rues adjacentes. Prix un peu plus élevés qu'ailleurs.

# • NOS ADRESSES •

## La Focaccia

Travessa do Mar, 16 📞 920 25 40 95 (port.). Facebook : La focaccia. T.l.j. 7h-21h.

Une fenêtre sur la rue qui diffuse une délicieuse odeur de pizza. On cueille une focaccia pour la balade.

## Casinha do Petisco

Rua da Oliveira, 51 📞 282 08 42 85. Lun.-sam. 17h30-23h. Moins de 20 €

♥ Ce tout petit restaurant un peu désuet est une institution. Goûtez les crevettes maison.

## The Garden

Rua Lançarote de Freitas 📞 913 18 71 42 (port.). F. pour travaux. Réouverture 3e sem. de mars. Tél. pour vérifier les horaires. Moins de 20 €.

Un jardin plein de charme dissimulé derrière un grand mur recouvert de peintures murales, pour siroter des cocktails ou déguster des grillades. Un endroit original, une superbe atmosphère et une bonne odeur de barbecue.

## O Galeão

Rua da Laranjeira, 1 📞 282 76 39 09. De 20 à 30 €.

Viande ou poisson, vous aurez le choix dans ce restaurant, presque une institution à Lagos.

## Dos Artistas

Rua Cândido dos Reis, 68 📞 282 76 06 59, www.artistasrestaurant.com. Lun.-sam. 12h-14h et 18h30-22h. De 20 à 30 €.

Dans une belle demeure avec jardin, un restaurant élégant proposant des plats inventifs. Service attentif.

## Reis

Rua António Barbosa Viana, 21 📞 282 76 29 00. Lun.-sam. 12h15-14h45 et 18h15-22h. De 20 à 30 €.

Cuisine portugaise classique, copieuse, avec poissons et viandes à la carte. Service impeccable et sympathique, même si le décor est un peu trop sérieux. Le mieux est de dîner sur la terrasse, dans la ruelle.

# CAFÉ

## Café Odeon

Rua do Castelo dos Governadores, 10 📞 282 144 872. Mer.-dim. 9h-15h.

Petit déjeuner à l'anglaise à partir de 4,50 €. Idéal pour les gros appétits.

# GLACIER

## Crema Di Gelato

Sur la marina et rua Marreiros Netto, 17 📞 282 79 86 35. Mars-oct. 10h-22h.

Glaces et sorbets réalisés sur place par un Italien, un vrai. Les fruits sont de saison, c'est forcément bon !

# BARS

Beaucoup de pubs, du fait de la fréquentation des Britanniques, souvent bondés pendant les happy hours et lors des retransmissions de matchs.

## Esquina do Fado

Rua Marquês de Pombal, 30. Lun.-sam. 12h-22h (23h en été).

Au cœur du centre-ville, profitez de ce bar à tapas pour faire une pause musicale grâce aux nombreux concerts organisés.

## Fusion

Travessa Senhora da Graça, 2 📞 969 92 36 39 (port.). Mar.-sam. 20h-2h.

Au Fusion, on vous accueille dans la joie et la bonne humeur pour vous servir de délicieux cocktails que l'on peut accompagner de tapas ou de planchas.

## Bon Vivant

Rua 25 de Abril,105 📞 935 718 305 (port.). T.l.j. 16h-4h.

Trois étages, trois ambiances musicales et un *roof top* sympa qui domine la vieille ville. On s'y rend pour le coucher du soleil ou plus tard dans la nuit.

# SHOPPING

## Casa da Bli

Rua Soeiro da Costa, 6, Lagos 📞 289 389 547. Lun.-sam. 10h-21h.

Une très jolie boutique à l'esprit un peu vintage qui propose un grand choix de produits artisanaux : accessoires, décorations, textiles, produits gourmets...

## SPORTS ET LOISIRS

Entre le kayak, le paddle, le plongée sous-marine, le bateau et la nage avec les dauphins, les excursions en mer font partie des activités immanquables. Vous trouverez votre bonheur le long du quai de l'**avenida dos Descrobrimentos** ou au **port de plaisance**.

### Happy Time

Av. dos Descobrimentos, loja 43-B ☎ 913 745 289, www.happytimeturismo.com. Mars-oct. : t.l.j. 8h30-20h (22h juil.-août). À partir de 10 €.

♥ Excursions en mer pour visiter les grottes ou voir les dauphins, bateaux, kayaks… Les nombreuses compagnies présentes sur les quais proposent plus ou moins les mêmes services et tarifs. On choisira Happy Time, l'une des rares entreprises locales. Langues étrangères maîtrisées, capital sympathie approuvé !

### Lagos Zoo

Quinta das Figueiras, Sítio do Medronhal, Barão de São João ☎ 282 68 01 00, www.zoolagos.com. Avr.-sept. t.l.j. 10h-19h ; oct.-mars t.l.j. 10h-17h. Entrée : 18 € (14 € moins de 12 ans).

«Protéger, éduquer, sauvegarder», c'est le credo de la maison. Vous verrez surtout des oiseaux, mais aussi des mammifères et des reptiles.

### Booze Cruise

☎ 968 75 87 85 (port.), www.boozecruiselagos.com. Mars.-oct. mer. et sam. Rés. impérative. De 40 à 50 € env.

Envie de faire la fête sur un bateau en pleine journée ? Snacks, bières, sangria et DJ, ambiance *caliente* assurée. Attention, l'abus d'alcool et de soleil est dangereux pour la santé.

# LOULÉ

## OÙ MANGER

### Cantina dos Sabores

Rua de Nossa Sra. de Fátima, 22 ☎ 289 46 33 04. Lun.-sam. 12h-15h et 19h-22h30. F. sam. soir et dim. Moins de 20 €

Que diriez-vous de changer un peu en optant pour un repas végétarien ? Des assiettes colorées et des saveurs au rendez-vous en plein cœur de Loulé. Les jus et les desserts sont absolument délicieux.

### Henrique Leis

Vale Formoso, Almancil (4 km S) ☎ 289 39 34 38, www.henriqueleis.com. Juil.-août : lun.-sam. 19h-22h ; sept.-juin : mar.-sam. 12h30-14h et 19h-21h30. Plus de 60 €

Le marché central de Loulé

## • NOS ADRESSES •

Cuisine créative du chef brésilien étoilé Henrique Leis, à déguster dans une jolie demeure en bois à l'atmosphère feutrée. Une fête pour les papilles !

### SHOPPING

#### Wild at Art

Rua 5 de Outubro, 68 ☎ 964 22 26 12 (port.). Lun.-ven. 10h-13h et 15h-18h, sam. 10h-14h.

♥ Cet atelier-boutique est tenu par deux âmes créatives passionnées d'art qui proposent des objets de décoration, des meubles ou encore des bijoux originaux.

#### Teresa's Pottery

Largo Dom Pedro I, 15 ☎ 289 11 04 85. Lun.-ven. 10h-13h et 14h-18h, sam. 10h-13h.

Fleurs, fruits, animaux et autres motifs, Teresa peint dans sa boutique-atelier des pièces uniques en céramique et personnalise vos azulejos !

## MONCHIQUE

### OÙ DORMIR

#### Abrigo da Montanha

Corte Pereiro, estrada da Fóia (2 km de la ville) ☎ 282 91 21 31, www.abrigodamontanha.com. De 75 à 100 €.

Si cet hôtel de n'a rien d'exceptionnel, le restaurant régional est excellent.

#### Vilafoia

Corte Pereiro, 24 ☎ 282 91 01 10. De 75 à 100 €.

Maison d'hôtes nichée sur les collines de la ville. Calme et tranquille. Chambres luxueuses avec piscine et jardin paradisiaque.

#### Villa Termal das Caldas de Monchique

Caldas de Monchique ☎ 282 91 09 10, www.monchiquetermalresort.com. Plus de 100 €.

Hôtel-spa avec soins à l'eau thermale. Chambres luxueuses, piscines, salle de sport, restaurant...

### OÙ MANGER

#### Tasca do Petrol

Estrada de Marmelete, Corgo do Vale (5 km S-O) ☎ 282 95 51 17. Jeu.-lun. 12h-15h et 19h-21h, mar. 19h-21h. Moins de 20 €.

♥ Pour goûter à la cuisine de montagne en Algarve, c'est là, près de Marmelete, dans ce qui fut un café, une mercerie et même un poste d'essence, qu'il faut aller ! Les plats sont tous plus délicieux les uns que les autres. Excellent *vinho da casa*.

### PÂTISSERIE

#### Pastelaria Ana Maria

Rua Eng. Duarte Pacheco, 13-15 ☎ 282 91 24 26. T.l.j. 8h-19h (21h mars-oct.).

Monchique est réputée pour ses douceurs à base de figues ou de pâte d'amandes.

## PRAIA DA ROCHA

### OÙ DORMIR

Station balnéaire ultra-fréquentée en été ; réservez votre chambre à l'avance ! Les prix sont élevés en haute saison, très bas pour le rapport qualité/prix en basse saison. La plate-forme de réservation d'hôtels reste donc la meilleure solution pour bénéficier de promotions.

#### Hotel da Rocha

Av. Tomás Cabreira ☎ 282 42 40 81, www.hoteldarocha.com. De 100 à 150 €

Suites grand confort, lit king-size, terrasse face à la mer... et piscine en prime ! Le café-bar de l'hôtel propose un buffet très copieux pour le petit déjeuner et une carte abordable pour le service en chambre.

#### Hotel Oriental

Av. Tomás Cabreira ☎ 282 48 08 00, www.ap-hotelsresorts.com. De 100 à 150 €.

Ce grand hôtel situé en première ligne du front de mer compte parmi les meilleurs choix à Praia da Rocha.

## OÙ MANGER

Vous trouverez à Praia da Rocha de nombreux restaurants qui, même s'ils proposent différentes cuisines, laissent comme un goût de déjà-vu.

### Restaurante F

Av. Tomás Cabreira, Edifício Falésia
📞 919 11 55 12 (port.). Lun.-ven. 18h-22h et w.-e. 12h-17h (t.l.j. en été). Fermé janv.

Le luxe de dîner face à la mer, dans un cadre de qualité. Pour cela, il vous faudra attendre votre tour et débourser quelques euros de plus qu'ailleurs.

## SORTIES

À Praia da Rocha, entre le casino, les bars et les discothèques, l'ambiance est festive et un brin bruyante, notamment dans la rue principale. Pour sortir des sentiers battus, empruntez les ruelles perpendiculaires.

### Bacchus Bar

Av. Tomás Cabreira, Edifício Belo Horizonte
📞 282 41 86 20. Juil.-août : t.l.j. 17h-5h ; sept.-juin : t.l.j. 17h-1h.

♥ Un chien, un perroquet bavard, le patron et une poignée d'habitués : le tableau est sans prétention mais donne tout de suite le sentiment d'être ici chez soi.

## SPORTS ET LOISIRS

Nombreuses compagnies spécialisées dans les activités nautiques : plongée, jet-ski, embarcations à pédales, grosses bouées... La plage est magnifique, le climat parfait. Mais c'est bondé en été !

### Graspawasp

Rua Jerónimo Buísel, Edifício Rocha Mar, loja 1
📞 282 48 46 34, www.graspawasp.com

♥ Se déplacer à vélo, à scooter, en side-car ou en décapotable pour découvrir les alentours. Ralph et Ilena se plient en quatre pour vous satisfaire.

### Sub Nauta

Rua Eng. José Bívar, Edifício Scorpius, loja B
📞 935 57 70 01 (port.), www.subnauta.pt

Une équipe pro vous accompagne pour vous faire découvrir les fonds marins du Barlavento et des épaves de bateaux.

# SILVES

## OÙ DORMIR

Pas de grandes possibilités d'hébergement à Silves.

### Colina dos Mouros

Pocinho Santo 📞 282 44 04 20. De 50 à 80 €.

Le bâtiment n'est pas très élégant et les chambres manquent de personnalité, mais la piscine est bien agréable. Demandez à dormir côté château et évitez l'étage au-dessus du restaurant.

### Quinta da Luz

6 km E 📞 969 255 183, www.duasquintas.com. Ch. et studio. De 90 à 115 €.

Des chambres d'hôtes bien agréables dans une ferme rénovée, isolée au milieu des orangers et des citronniers.

## OÙ MANGER

### Café da Sé

Largo Jerónimo Osório, 10 📞 926 350 924 (port.). T.l.j. 9h-21h. Moins de 20 €.

Une terrasse en contrebas de la cathédrale pour prendre un sandwich.

### Café Inglês

Rua do Castelo, 11 📞 282 44 25 85. Mar.-dim. 10h-minuit. Moins de 20 €.

À deux pas de la cathédrale et du château, un joli petit café avec terrasse sous les arbres. Idéal pour un petit déjeuner ou une bonne pizza le midi.

### Casa Velha

Rua 25 de Abril, 13 📞 282 44 54 91. T.l.j. 12h-22h30. Moins de 20 €.

Vieille maison de charme ouvrant sur une terrasse ombragée à deux pas de la porte des Remparts. Touristique, mais les poissons et crustacés sont délicieux.

## PÂTISSERIE

### Café & Companhia

Rua Elias Garcia, 47 📞 962 86 20 43 (port.). Lun.-sam. 9h-20h (16h sam.).

Impossible de manquer l'agréable terrasse de cette pâtisserie plutôt luxe de la ville basse. Bonnes glaces également.

Randonnée

# LA ROTA DOS MOINHOS DE MONCHIQUE

Végétation luxuriante, parfums délicats, points d'eau, fontaines naturelles et vieux moulins... La bien nommée route des Moulins offre tous les ravissements de la serra de Monchique, «jardin de l'Algarve». Le sentier ombragé à travers les forêts d'eucalyptus et de chênes-lièges fera le bonheur des randonneurs.

Paysage de la serra de Monchique

## PRATIQUE

### Départ

La randonnée forme une boucle : départ et retour de Monchique.

### Distance / durée

10 km / 4h (5h avec pause).

### Balisage

Jaune et rouge.

### Dénivelé

Modéré.

### Difficulté

Modérée.

### Pique-nique

Achetez de quoi vous ravitailler avant votre départ dans l'une des boulangeries de Monchique.

### Restaurant

Vous êtes plutôt «après l'effort, le réconfort» ? Il y aura toujours une table pour vous accueillir avec de bons petits plats chez **A Charrette**, le restaurant le plus populaire de Monchique (Rua Dr Samora Gil, 30-34 📞 282 91 21 42 ; jeu.-mar. 12h-15h et 19h-22h).

**1** Depuis Monchique, vous devez rejoindre le **convento de Nossa Senhora do Desterro**, à l'ouest de la ville, par le **caminho do Convento** (le chemin du Couvent, depuis la N266, *via* la calçada de Santo António, la rua São de Deus et la rua do Castelo). Il vous faudra une bonne trentaine de minutes pour arriver au pied de l'édifice de style manuélin. Bien qu'en ruine, il n'en reste pas moins charmant, avec ses vestiges de fresques et d'azulejos et une végétation verdoyante. Il y a d'ailleurs une famille qui vit à l'intérieur. D'ici, vous avez le choix entre deux chemins balisés, comme le signalent les panneaux. Vous tournerez à droite pour suivre la route des Moulins.

2 C'est le moment de prendre de grandes bouffées d'air frais et de profiter du paysage qui s'étire de part et d'autre de la route. Les grands arbres vous protègent de la chaleur, et le soleil qui perce la végétation provoque de jolis jeux de lumière. La route est irrégulière, mais après 45 min de marche, le chemin commence à descendre doucement. Vous voici sur la Costaneira da Fóia, entouré d'une vaste forêt d'eucalyptus.

˅ Barranco de Pisões

‹ Convento de Nossa Senhora do Desterro

**3** Le parcours mène ensuite jusqu'à **Barranco de Pisões**, un bel endroit niché au cœur de la forêt, où coule un petit cours d'eau. C'est ici que vous rencontrerez le **moinho de água do Poucochinho**, un ancien moulin à eau restauré en 2015 pour les visites touristiques. C'est très rafraîchissant.
De l'autre côté de la passerelle, il y a des tables de pique-nique en pierre où vous pourrez faire une pause gourmande à l'ombre d'arbres si vieux qu'ils ont été classés... Remarquerez-vous cet érable centenaire ?

^ La vallée de Monchique

**4** C'est l'heure de redescendre vers Monchique, à travers le village de **Peso** d'abord, où l'on découvre le **moinho de Vento** ; puis c'est le hameau de **Mata Porcas**, à flanc de colline, qui annonce les premières maisons de Monchique.

19

# FARO et le Sotavento ✧✧

La partie est de l'Algarve, qui court de Faro à la frontière espagnole, porte le nom de Sotavento («sous le vent»). Contrairement à une idée reçue, la région se trouve plutôt à l'abri du vent. Ici, on retrouve un Portugal plus traditionnel, tant sur le plan architectural que sur le plan gastronomique.
Les stations balnéaires bétonnées ont laissé place au parc naturel de la Ria Formosa et à ses lagunes côtières qui offrent de jolies plages familiales, des eaux calmes et une nature spectaculaire. Difficile de passer à côté.

## PRATIQUE

• Plan p. 289
• Nos adresses p. 300

### ↓ Accès

**En avion**

**Aéroport de Faro** – 7 km O, près de Praia de Faro (hors plan p. 289 par A1)
📞 289 80 08 00, www.ana.pt

Pour rejoindre Faro, empruntez le bus 16 jusqu'à la gare routière (20 min).

**En voiture**

Faro est à 2h30 de Lisbonne par l'A2. La N125 relie toutes les villes de la côte.

**En train**

De Lisbonne, le train est une bonne option pour rallier Faro (env. 2h50).La Linha do Algarve relie la région d'ouest en est, de Lagos à Vila Real de Santo António. via Olhão, Fuseta, Tavira et Cacela Velha.

**Comboios de Portugal :** www.cp.pt

# L'ESSENTIEL

## À ne pas manquer

La vieille ville de Faro ; le village blanc et bleu de Cacela Velha.

## Expériences

Une sortie en bateau pour observer la faune de la Ria Formosa ; déguster un poulpe à Santa Luzia ; une balade iodée de Tavira à l'ilha de Tavira.

## Les plus belles plages

La praia do Barril et son cimetière d'ancres.

# Faro ✧✧

10 km S-O de Milreu par la N2, 310 km S-E de Lisbonne. Laissez votre voiture à l'E des remparts, dans le grand parking gratuit du largo de São Francisco.

Ville importante, active et industrielle, Faro s'est vue propulsée au rang de capitale de l'Algarve par la présence d'un aéroport et d'une université. Les visiteurs se contentent souvent de la traverser pour se rendre sur les plages des environs. À tort : au point le plus méridional du pays, la dernière des cités maures reconquises par Afonso III (1249) a beaucoup de charme. Malgré le séisme de 1755, elle a conservé sa vieille ville, la **Vila Adentro**, encore partiellement enclose de murailles. Ruelles et placettes donnent envie de flâner en toute saison. Depuis Faro, vous pourrez rejoindre facilement les îles de Barreta et de Culatra au cœur du **parc naturel de la Ria Formosa**, où vous attendent des paysages naturels d'une beauté surprenante.

## AUTOUR DE LA MARINA

### Museu maritimo Ramalho Ortigão

**Plan A2** - Rua da Comunidade Lusiada ☎ 289 894 990. Lun.-ven.9h-12h et 14h30-17h. Entrée : 1 €.

Logé dans la capitainerie du port, le plus ancien musée de l'Algarve, créé en 1889, raconte l'histoire

**Gares ferroviaires :**

**Faro :** largo da Estação, à l'O du port A1.
**Olhão :** av. dos Combatentes da Grande Guerra.
**Tavira :** 1 km S de la ville par l'av. Dr Teixeira de Azevedo.
**Vila Real de Santo António :** av. da República, près du terminal des ferries.

**En bus**

**Depuis Lisbonne :** liaisons nombreuses avec les principales villes de l'Algarve.

**Depuis l'Espagne (Séville et Huelva) :** liaisons quotidiennes avec les principales villes côtières.

**Liaisons interurbaines :** nombreuses entre les villes et villages du littoral de Faro à Vila Real de Santo António.
www.rede-expressos.pt
www.eva-bus.com

**Gares routières :**

**Faro :** av. da República, près du port (plan p. 289 / A2).
**Olhão :** rua General Humberto Delgado.
**Tavira :** 300 m à g. de la praça da República.

→

et les techniques de pêche de la région. Trois salles exposent maquettes de bateaux, matériel de bord, filets...

### Praça Dom Francisco Gomes ✧

**Plan AB2.**

La grande place ouverte sur la mer constitue le cœur battant de la ville. Au centre, le petit **jardin Manuel-Bívar** et son joli kiosque à musique donnant sur le port constituent un endroit très agréable où les habitants aiment se retrouver pour jouer aux cartes, prendre un verre et discuter à l'ombre des palmiers.

À l'angle de la place et de la rue João-Dias, remarquez le bâtiment du **Banco de Portugal** (1926), de style néomanuélin et mauresque.

## LA VIEILLE VILLE

À l'angle de la rua da Misericórdia et de la praça Dom Francisco Gomes se dresse l'**Arco da Vila**, porte monumentale inaugurée en 1812, donnant accès à la vieille ville.

Passé la belle arche néoclassique et son clocher, où nichent les cigognes, on découvre un quartier paisible aux ruelles pavées pleines de charme, au printemps, embaumées du parfum des fleurs d'oranger. Le soir, dans les rues désertes, il règne un calme absolu...

### Sé ✧✧

Cathédrale

**Plan B3** – Largo da Sé 📞 289 82 30 18. Lun.-ven. 10h-18h30, sam. 9h30-13h. Entrée : 3,50 € ; 5 € billet combiné avec Paço episcopal.

La **cathédrale de Faro** s'élève sur le largo da Sé, une grande place plantée d'orangers. Une fois franchi son porche massif de style gothique, on y entre par le cloître, surmonté d'une galerie Renaissance. À droite du chœur, on trouve une élégante chapelle ornée d'azulejos bleu et jaune et un orgue en bois peint d'un rouge exotique. La décoration intérieure de la cathédrale a été refaite après 1596, quand Faro fut pillée et incendiée par les troupes du comte d'Essex.

Un escalier permet de grimper à la terrasse dominant la place, puis au clocher, qui offre, en plus d'une vue rapprochée sur les cloches, un panorama sur la vieille ville, le port, la mer et les salines.

**CULTURE**

### *Recital de Guitarra Portuguesa*

Assistez à un court récital (30 min) de guitare portugaise, au cours duquel vous sera contée l'histoire du fado. Découvrez les différents styles de ce courant musical et laissez-vous emporter par la *saudade* !

> Rua da Misericórdia, 8, à l'office de tourisme (plan B2) 📞 916 434 730 (port.). Dim-jeu : spectacles à 12h, 15h et 16h30. Entrée : 5 € (gratuit moins de 12 ans).

## PRATIQUE (SUITE)

**Vila Real de Santo António :** av. da República, près du terminal des ferries. Liaisons également avec Mértola et Beja.

### ↓ Transports dans la Ria Formosa

**À vélo**

La piste cyclable du littoral Ecovia relie Faro à Cacela Velha (40 km env.).

**En bateau**

Navettes ou excursions en bateau vers les îles au départ de Faro, Olhão, Fuseta et Tavira.
**Prestataires :** www.animaris.pt. (Faro-ilha Deserta), www.silnido.com (Faro-Farol et Tavira-ilha de Tavira), www.harmoniafusetatours.pt (Fuseta-Armona), www.

**Faro**

formosamar.com, www.islands4you.pt. Achat des billets en ligne ou sur place.

## Offices de tourisme

**Associação de Turismo do Algarve**
www.visitalgarve.pt
www.algarvepromotion.pt

**Faro** : Rua da Misericórdia, 8-12 (plan B2) ☎ 289 80 36 04. www.cm-faro.pt. T.l.j. 9h30-17h30.

**Olhão**
www.cm-olhao.pt

**Tavira**
Praça da República, 5
☎ 281 32 25 11, www.cm-tavira.pt. Lun.-sam. 9h-17h (10h-17h30 en été).

**Vila Real de Santo António**
☎ 281 510 045.

## Conseils

Attention aux courants côté mer lors des baignades sur les plages des îles de la Ria Formosa.

### Paço episcopal ✧

**Plan B3** – Largo da Sé ☎ 289 894 040. Ouverture variable en fonction des expositions temporaires. Mêmes horaires que la cathédrale et billet combiné à 5 €.

Construit à la fin du XVIe s., l'élégant palais se distingue par ses toits à quatre pans en forme de pyramide, typiques de l'Algarve. Il demeure aujourd'hui la résidence officielle de l'évêque. Profitez des expositions d'art pour le visiter. Son intérieur renferme des sculptures des XVIIe et XVIIIe s. ainsi que de magnifiques ensembles d'azulejos de style baroque et rococo.

PAUSE

*Hamburgueria Baixa*

Si vous avez un petit creux, pourquoi ne pas faire une pause hamburger maison ? Hamburgueria Baixa propose un choix de hamburgers alléchants, à déguster dans un décor simple et servis par un personnel sympathique.

> Rua Conselheiro Bivar, 14, Faro (plan A2) ☎ 916 302 633 (port.). T.l.j. 12h-minuit.

### Museu municipal ✧

**Plan B3** – Praça Dom Afonso III, 14 ☎ 289 87 08 27. Lun.-ven. 10h-18h, sam.-dim. 10h30-17h. Entrée : 2 € ; gratuite dim. jusqu'à 14h30.

L'un des plus vieux musées de l'Algarve a investi l'ancien **couvent Nossa Senhora da Assunção**. Son beau cloître Renaissance expose les trouvailles archéologiques faites dans la ville, dont une grande mosaïque romaine représentant l'Océan (IIe-IIIe s.).On voyage entre les vestiges islamiques, les peintures portugaises et étrangères (XVIe-XIXe s.), les travaux du peintre algarvien Carlos Porfírio et les expositions temporaires.

À l'extérieur des remparts, au niveau de la rua do Castelo, on accède à une grande allée pavée et aménagée de bancs, qui longe la mer vers la marina.

### IGREJA DO CARMO ✧

**Plan B1** – Largo do Carmo ☎ 289 82 44 90. Lun.-ven. 9h-13h et 15h-18h (17h en hiver), sam. 9h-13h. Entrée : 2 €.

L'imposante église baroque abrite deux chapelles. La première ruisselle de dorures, comme souvent au Portugal ; la seconde, la **capela dos Ossos**, plus originale, affiche des murs recouverts de crânes et d'ossements humains ! Il a fallu pas moins de 1200 squelettes de moines pour réaliser, au cours du XIXe s., cette macabre décoration. Le résultat est... troublant.

## Olhão ✧

8 km E de Faro par la N125.

C'est vrai, le plus grand port de pêche de la région n'est pas très enchanteur à première vue... Mais poussez un peu dans les ruelles du vieux centre, autour de la **praça da Restauração**, et son charme agit !

On y redécouvre la beauté de ses maisons blanches cubiques à toit-terrasse et ses demeures colorées. Prenez le pouls de la ville sur l'**avenida da República** et un bon bol d'air sur l'avenida 5 de Outubro, le long du port, d'où vous pourrez rejoindre en 20 min les **îles d'Armona et de Culatra**.

### NOSSA SENHORA DO ROSÁRIO

Praça da Restauração ☎ 289 70 51 17. Lun.-ven. 10h-12h30 et 15h-18h ; sam. 10h-12h30, dim. pdt les messes. Entrée libre ; clocher : 1 €.

La construction de cette église baroque, édifiée entre 1681 et 1698, a été financée par les pêcheurs d'Olhão ! Grimpez jusqu'au clocher pour jouir de la vue sur la ville.

^ Le port d'Olhão

### LE MARCHÉ MUNICIPAL ✧✧

Av. 5 de Outubro 📞 289 09 06 64.
Lun.-sam. 7h-14h.

Le marché couvert d'Olhão est composé de deux édifices imposants en brique rouge, surmontés de dômes aux inspirations orientales (1915).

C'est le samedi matin que le marché est le plus vivant. Un bâtiment est consacré aux fruits et légumes, aux viandes, aux fromages et aux produits régionaux ; l'autre aux poissons et aux crustacés en provenance directe du port.

D'autres stands sont présents à l'extérieur, des marchands ambulants proposent des crustacés grillés, mais ce sont surtout les **terrasses** accueillantes qui nous font de l'œil pour profiter de la **vue sur la Ria Formosa**.

### JARDIM PESCADOR OLHANENSE

Si vous préférez vous dégourdir les jambes plutôt que de faire des emplettes, les jardins situés côté ouest du marché offrent une jolie promenade pavée, le long du front de mer, qui mène jusqu'au port de pêche.

## Parque natural da Ria Formosa ✧✧✧

Accès aux îles en bateau. **Depuis Faro** vers Barreta et Farol : départ du Cais da Porta Nova, le long de la rua Comandante Francisco Manuel. **Depuis Olhão** vers Armona, Culatra et Farol : départ de la marina (av. 5 de Outubro). Départs et horaires variables selon la saison, A/R 3-10 € selon la destination.

Aussi réputée pour son écosystème que pour la beauté de ses paysages, cette zone protégée attire de plus en plus de visiteurs.

Avec ses 18 000 ha de lagunes, de labyrinthes de canaux, d'îles et de bancs de sable fin, la Ria Formosa s'étend sur 60 km et se compose d'une barrière de cinq îles, quasiment parallèles à la côte : **Barreta, Farol, Culatra, Armona et Tavira**.

L'accès aux richesses de la réserve naturelle se fait uniquement en bateau, que ce soit pour découvrir les nombreuses espèces d'oiseaux migrateurs ou les chiens d'eau portugais – fidèles amis des pêcheurs qui n'hésitent pas à plonger pour attraper le poisson –, ou juste pour profiter de ses jolies plages.

## Parc naturel de la Ria Formosa

### CENTRO DE EDUCAÇÃO AMBIENTAL DE MARIM (QUINTA DE MARIM) ✧

Centre d'éducation à l'environnement maritime

Quinta de Marim, Quelfes ☎ 289 70 02 10. Lun.-ven. 8h-20h (19h en hiver), sam.-dim. et j.f. 10h-20h. Vis. guidée sur rés. Entrée : 2,80 €. Fermé temporairement pour travaux, tél. pour vérifier la réouverture.

Si vous souhaitez y voir plus clair à propos de la Ria Formosa, ce grand parc accueille de nombreuses infrastructures pour mieux comprendre la faune et la flore des environs. Entre les excursions pédestres au cœur des salines, la visite d'un élevage de chiens d'eau portugais, l'observation des oiseaux migrateurs, les ruines romaines, l'ancien bateau de pêche au thon restauré… on s'imprègne peu à peu de la culture locale.

### ILHA DA BARRETA (ILHA DESERTA) ✧

Accès en bateau depuis Faro.

Son surnom d'«île déserte» n'est pas anodin puisque personne ne vit ici. Le ponton de bois guidera votre balade, tandis que le sable à perte de vue est idéal pour un moment de détente. Dépaysement total garanti. Pensez à prendre tout ce dont vous avez besoin pour votre visite (pique-nique, crème solaire, parasol, etc.). Le seul restaurant de l'île pratique des prix assez élevés !

## ILHA DO FAROL ✧✧

Accès en bateau depuis Faro ou Olhão (de la plage de Culatra, remonter à pied vers l'O).

Perdez-vous dans le village de **Farol** avec son phare et ses maisons d'une blancheur éblouissante. Profitez du silence, arpentez les petits chemins à travers la végétation dense, saluez un habitant qui cultive son jardin ou qui part à la pêche... Vous avez l'impression d'être au paradis ? Attendez un peu de rejoindre la mer, calme et limpide... Flânez autour du phare avant de rejoindre l'immense plage de sable fin. Un petit bar-restaurant vous y attend pour parfaire l'expérience. Poursuivez la visite à pied jusqu'à l'ilha da Culatra, à l'est.

## ILHA DA ARMONA (ILHA DA FUSETA) ✧

Accès en bateau depuis Olhão ou Fuseta à 10 km vers l'E (aller 1,80 €).

Les eaux limpides permettent d'observer les poissons et les petits crabes. Le sable est clair et parsemé de nombreux coquillages à ramasser avec les enfants. Les plus grands pourront s'adonner à la pratique du canoë ou de la voile, ou bien observer, au loin, les pêcheurs en plein travail.

## SANTA LUZIA ✧✧

28 km E de Faro par la N125.

Ce petit village de pêcheurs au bord de la lagune ne s'anime véritablement que tôt le matin, lorsque les

PAUSE

### Casa do Polvo Tasquinha

Voici certainement le meilleur restaurant de Santa Luzia pour goûter au poulpe. Des recettes, chaudes ou froides, toutes plus savoureuses les unes que les autres ! Plats : 10-20 €.

> Av. Eng. Duarte Pacheco, 8, Santa Luzia ☎ 281 32 85 27, www.casadopolvo.pt. Mer.-lun. 12h-15h et 18h30-22h.

hommes déchargent leur pêche au port. Dans les restaurants du front de mer, on se régale de la spécialité locale : un excellent poulpe cuisiné (*polvo cozido* en portugais). Ici, il est encore capturé selon une technique traditionnelle faisant intervenir des pots en argile dispersés au fond de l'eau : les poulpes y entrent et se retrouvent piégés. Ne manquez pas le coucher de soleil à Santa Luzia !

## TAVIRA ✧✧✧

22 km E d'Olhão par la N125, 315 km S-E de Lisbonne.

Il y a à Tavira quelque chose de doux, d'élégant et de terriblement romantique. En se promenant au cœur de la ville, on est vite envahi par un sentiment agréable et paisible. Est-ce le ***rio* Gilão** et son petit pont qui nous évoquent la belle Venise ? Les 37 clochers d'église qui nous rassurent ? Les façades d'un blanc immaculé qui jouent avec le soleil ? Ou bien les petites rues animées par les restaurants et les boutiques de souvenirs chics ? Sa plage paradisiaque peut-être ? Si votre cœur ne bat pas déjà la chamade pour Tavira, c'est le moment de craquer et d'y aller.

### La rive droite ✧✧

En allant vers le centre-ville (suivez les indications), on atteint d'abord la praça da República. En longeant le fleuve vers l'est, la promenade jusqu'à l'embarcadère des **Quatro Águas** (vers l'île de Tavira) est plus qu'agréable si l'on passe par le **jardim do Coreto**, puis par l'ancien marché municipal, qui abrite désormais **cafés et boutiques**, et enfin par les **salines**. En revanche, en s'enfonçant dans la ville, autour de la **rue 31 de Janeiro**, c'est une tout autre

˅ Igreja de Santa Maria do Castelo à Tavira

architecture qui nous surprend, celle des **maisons de Tavira**, avec leur toiture à quatre pans dotée d'une cheminée typique et leur porte de bois ajourée agrémentée d'un heurtoir en forme de main.

À la hauteur du pont romain, en face des arcades de la mairie, un escalier monte vers la vieille ville.

> Lire aussi la balade iodée :
De Tavira à l'ilha de Tavira (p. 298).

### Igreja de Santa Maria do Castelo

Largo Abu-Otmane. Lun.-ven. 10h-12h30 et 14h30-17h.

La grande horloge présente sur le clocher attire l'œil. En pénétrant dans l'église de Santa Maria do Castelo, vous pourrez admirer les panneaux d'**azulejos** et découvrir les **tombeaux** des chevaliers qui autrefois prirent la ville des mains des musulmans.

### Castelo de Tavira

Avr.-sept. : lun.-ven. 9h-19h, sam.-dim. 10h-19h ; oct.-mars : t.l.j. 9h-17h.

Ne cherchez pas de mastodonte : du château, il ne reste que quelques morceaux de remparts, enserrant un sublime petit **jardin**. On peut y grimper pour profiter d'un superbe panorama. Attention tout de même : rien n'est sécurisé, ça glisse un peu.

### La rive gauche ✧✧

Le joli pont qui traverse le rio Gilão n'a de romain que l'apparence. Le **ponte romana de Tavira** a été construit à l'époque des Maures, et il est cocasse de noter que la partie la plus récemment rénovée est bien moins réussie que les parties originales. Il est exclusivement piéton, et l'on y croise souvent des musiciens et des artistes de rue. Les boutiques de souvenirs chics vous plongent dans une ambiance bohème. Enfoncez-vous dans les rues commerçantes ou bien prenez l'apéritif au bord du fleuve. Les dîners en terrasse sont souvent accompagnés par des musiciens venus divertir les touristes. Chouette ambiance !

### ILHA DE TAVIRA ✧✧

Accès en bateau depuis l'embarcadère du centre-ville ou des Quatro Águas (2 km S de Tavira). Billet : 2,20 € A/R, départs ttes les heures 9h-20h (8h jusque tard en été).

L'ilha de Tavira fait partie intégrante de la réserve naturelle de la Ria Formosa et l'accès y est uniquement piéton.

### Praia da ilha de Tavira ✧✧

Ce large banc de sable blanc bordé d'une eau claire est probablement le plus vaste de l'île. Son ambiance décontractée séduit beaucoup les familles. Entre l'embarcadère et la plage, vous trouverez des restaurants nichés dans la pinède, une petite épicerie et un camping (p. 303). Une gigantesque sculpture grillagée en forme de poisson fait office de poubelle pour le recyclage des plastiques. De quoi réveiller les consciences !

### Praia do Barril ✧✧

À 40 min de marche vers l'ouest, vous trouverez la plage la plus originale de l'île de Tavira mais aussi la plus fréquentée. Les anciennes cabanes de pêcheurs reconverties en restaurants et le fameux **cimetière des Ancres** y font le bonheur des photographes ! Une plage naturiste, praia do Homem Nu, se trouve plus loin sur la droite.

## Cacela Velha ✧✧

12 km E de Tavira par la N125.

Sur le chemin de Vila Real de Santo António, le minuscule village côtier de Cacela Velha mérite une halte. Ses **maisons traditionnelles** et son **église** ceinturée d'une terrasse face à la mer sont d'une simplicité devenue rare dans la région. Le site offre une vue imprenable sur la Ria Formosa. Une pure merveille.

### PRAIA DE CACELA VELHA ✧✧

Suivez les indications « Praia da Fábrica », parking au bord de la lagune. Descendez sur le sable et prenez l'un des bateaux disponibles, au pied du restaurant. Mai-sept. t.l.j. 9h-20h env. Traversée : 3 € A/R.

^ Cacela Velha et sa plage

De l'autre côté de la lagune, la praia de Cacela Velha (non surveillée), à laquelle on accède en bateau ou à pied à marée basse, est sans doute l'une des plus belles plages de l'Algarve ! Depuis la longue étendue de sable fin, le panorama sur la baie de Monte Gordo, sur le fort de Cacela Velha et l'arrière-pays est superbe.

## Vila Real de Santo António

23 km E de Tavira par la N125.

Au revoir, montées et descentes incessantes, au revoir, dédales de ruelles sans fin... Loin du charme des vieilles villes imparfaites, voici un tout autre genre. Bâtie en 1774 par le marquis de Pombal sur le modèle esthétique des Lumières, cette cité frontalière a reçu une classe et une beauté à faire pâlir de jalousie les voisins espagnols ! Plan en damier, rues tracées au cordeau, immense place bordée de bâtiments homogènes : son architecture un peu trop parfaite est unique en Algarve. Jusqu'au début des années 1970, les conserveries de sardines et de thon Vila Real de Santo António étaient l'autre gloire de la cité.

### PRAÇA MARQUÊS DE POMBAL ✧

La place principale est un espace bien vivant, animé par les terrasses à la belle saison, les spectacles éphémères, les petites boutiques ambulantes de produits locaux et les autochtones venus prier à **Nossa Senhora da Encarnação**. Au centre se dresse un modeste **obélisque** dédié à João I, à partir duquel un pavement noir et blanc rayonne en étoile. Autour, les maisons alignent leurs toits de tuiles, leurs balcons et leurs mansardes. Toutes ont été construites à partir de matériaux préfabriqués à Lisbonne et répondent aux mêmes critères antisismiques que celles de la capitale.

### CENTRO CULTURAL ANTÓNIO ALEIXO

Rua Dr Teófilo Braga ☎ 281 51 00 45.
En été : lun.-ven. 9h-15h et 16h-22h ; en hiver : lun.-ven. 10h-13h et 14h-18h.
Entrée libre sf spectacles.

Concerts, spectacles, expositions, cet espace d'animation polyvalent diffuse une culture contemporaine variée dans l'ancien marché.

## Les environs de Vila Real de Santo Enio

### AYAMONTE

En Espagne, 9 km E de Castro Marim par l'A22. Liaisons en ferry au départ de Vila Real de Santo António : 10h-20h (19h en hiver), dim. 11h-18h ; juil.-mi-sept. : lun.-sam. ttes les 30 min 9h30-21h, dim. 10h-20h. Ticket : 1,90 € par trajet.

Un bac permet de passer sur la rive espagnole du Guadiana (10 min) et de visiter à pied Ayamonte. Un pont moderne relie également le côté espagnol à Vila Real, à quelques kilomètres en amont du fleuve.

### MONTE GORDO

3 km O de Vila Real de Santo António.

Non loin également, la grande **station balnéaire** de Monte Gordo, dotée d'une immense plage de sable, propose des résidences de vacances et des hôtels à satiété, ainsi qu'une kyrielle de **restaurants** et un **casino**.

## En remontant le Guadiana ✧✧

N de Vila Real de Santo António par la N122, puis ttes les petites routes à l'O.

Le fleuve frontalier entre le Portugal et l'Espagne est souvent délaissé... À tort, car il offre de part et d'autre de beaux paysages à découvrir au fil d'une promenade en bateau. Au nord de Vila Real Santo António, la **réserve naturelle de Sapal de Castro Marim e Vila Real Santo António** est une grande zone protégée de **marais salants** et de terres agricoles où poussent figuiers, amandiers et caroubiers, qui font de délicieuses pâtisseries. Elle constitue également un important vivier de poissons, crustacés et mollusques, ainsi qu'un point de chute pour les cigognes blanches, les échassiers et les flamants. Au nord du fleuve, au cœur de l'Alentejo, s'étend le **parc naturel de la vallée du Guadiana** (p. 233).

### CASTRO MARIM ✧

6 km N de Vila Real de Santo António par la N122, 350 km S-E de Lisbonne.

Le bourg possède de nombreuses maisons ornées de décorations sommitales typiques de l'Algarve. Il est dominé par deux **forteresses** coiffant chaque colline. L'une est «à la Vauban», le **forte de São Sebastião** (XVIIe s.) ; l'autre est médiévale, le castelo (XIIIe s.; ☎ 281 51 07 46 ; t.l.j. 9h-17h (en été 9h30-18h30) ; entrée : 1,10 €). L'enceinte du château enserre un espace au relief chaotique, encombré d'enclos pour animaux. Depuis les remparts, la vue s'étend sur Ayamonte et sur un horizon indécis de marais et d'herbes folles (reserva natural do Sapal), où une multitude d'oiseaux trouvent refuge. Parfois on peut même y voir des flamants roses.

**SHOPPING**

*Fleur de sel*

Si vous ne deviez rapporter qu'un seul souvenir de Castro Marim, c'est sa **fleur de sel** *(flor do sal)*, dont la production est restée artisanale. Vous en trouverez dans n'importe quelle épicerie ou au marché *(sam. matin)*.

### ALCOUTIM ✧

38 km N de Castro Marim par l'IC27.

Alcoutim, c'est une poignée de rues étroites et escarpées fichées sur la colline, mais surtout une vue imprenable sur le fleuve Guadiana. Il est agréable de longer la rivière et également surprenant d'apercevoir l'Espagne de l'autre côté de la rive. Profitez de votre passage ici pour vous balader dans le village, sur les esplanades et dans les petits jardins.

#### La plage fluviale

D'accord, il n'y a pas la mer, mais pour compenser, on file avec les enfants à la plage fluviale. Parfaitement aménagée, elle bénéficie de toutes les commodités : jeux pour enfants, parcours santé, café-restaurant, parasols, tables de pique-nique...

*Balade iodée*

# DE TAVIRA À L'ILHA DE TAVIRA

De ses 37 clochers à son île éclatante de beauté, le charme de Tavira opère. Celle qui signifie en arabe «la cachée» peut être fière de son patrimoine. Depuis l'ancien port de pêche, aujourd'hui très animé, on rejoint les eaux calmes et chaudes de son île protégée, le temps d'un bain de soleil ou d'une activité.

‹ La plage de l'ilha de Tavira

## L'ANCIEN PORT DE PÊCHE

Collé à la praça da República, le **jardin du kiosque à musique** (jardim do Coreto) est un lieu agréable qui attire les locaux et les touristes en quête d'un peu de fraîcheur. Il doit son nom à son kiosque central aux lignes octogonales, qui fut acheminé depuis Porto par la mer en 1890, et témoigne de l'architecture de fer du XIX$^{e}$ s. De part et d'autre, les anciens discutent sur les bancs, un couple s'embrasse tendrement, tandis que des familles se promènent, avant de déguster une délicieuse glace artisanale chez **Muxagata**, le plus vieux glacier de Tavira (p. 303). On aperçoit maintenant l'**ancien marché municipal**. Fondé en 1887 pour fournir la ville en poissons et produits frais, il a cessé son activité en 1999. Il accueille aujourd'hui des événements culturels et touristiques (expositions, foires à l'artisanat, concerts) et mêle **boutiques** de souvenirs et **restaurants**.

^ Paysage de la réserve naturelle de la Ria Formosa sur l'ilha de Tavira

## Le sel, l'or de Tavira

La route de l'embarcadère déroule des paysages magnifiques. Un labyrinthe de canaux formé par la mer a permis la création de réservoirs naturels peu profonds. Sous l'effet de la chaleur, l'eau s'évapore et laisse place à des montagnes de cristaux translucides qui scintillent au soleil. Bienvenue au cœur des marais salants de la Ria Formosa ! Voilà déjà plus de 1000 ans que Tavira produit un sel de mer pur dont la qualité est mondialement reconnue. Sur le fond bleu de la mer, le quadrillage régulier des salines, les oiseaux migrateurs et les grands échassiers qui viennent s'y nourrir forment une belle carte postale.

## PRATIQUE

Voir p. 294-295.

### Adresses utiles

**Location de vélo :** à partir de 7 €/j.

**Embarcadère das Quatro Águas :** bateau ttes les 30 min 9h-17h. Ticket : 2,20 € A/R.

## PAUSE SUR LE QUAI

La route vers l'est vous emmène tout droit à l'**embarcadère des Quatro Águas**, où vous pourrez rejoindre l'**ilha de Tavira** en 15 min de bateau. Le restaurant du même nom, sur le quai, est une adresse réputée ; les prix sont un peu élevés, mais il propose d'excellents poissons frais (p. 303). La vue est agréable, le personnel sympathique, et la carte des vins comporte des crus de la région.

## Détente sur l'ilha de Tavira

Prêt pour une bonne dose de farniente ? L'ilha de Tavira fait partie de la **réserve naturelle de la Ria Formosa**. Ses 12 km de sable fin, ses eaux transparentes, son ambiance bobo et sa beauté renversante font d'elle la plage la plus populaire de la région. Au débarcadère, on découvre un petit village bâti sur le sable, un camping blotti sous quelques arbres, puis les restaurants, de simples baraques en bois, et enfin la plage. Pour l'option 3 étoiles, visez les parasols et transats ; pour l'option sauvage, éloignez-vous d'un bon kilomètre.

# • NOS ADRESSES •

## FARO

### OÙ DORMIR

Peu d'hôtels de charme, il faudra donc vous diriger vers les gros établissements face à la marina, aux prix assez élevés, ou vers les hébergements plus modestes.

#### Pensão Central

**Plan B2** – Largo Terreiro do Bispo, 12
☎ 289 80 72 91. Pas de CB. De 40 à 60 €.

Des chambres assez grandes et pas désagréables, propres et avec balcon. Très bon accueil des propriétaires.

#### Adelaide

**Plan B1** – Rua Cruz das Mestras, 9 ☎ 289 80 23 83, www.adelaidehotel.eu. De 40 à 60 €.

C'est propre, blanc, mais ne vous attendez pas au grand luxe à ce prix. La situation est appréciable, proche du centre.

#### Hotel Faro

**Plan A2** – Praça Dom Francisco Gomes, 2
☎ 289 83 08 30, www.hotelfaro.pt. De 80 à 180 €.

Superbe vue sur la ville depuis le restaurant de l'hôtel. Chambres spacieuses, bon accueil, localisation parfaite, piscine sur le toit.

#### Eva Senses Hotel

**Plan A2** – Av. da República, 1 ☎ 289 00 10 00, www.ap-hotelsresorts.com. De 80 à 180 €.

♥ Merveilleux hôtel de grand standing avec piscine sur le toit et Spa. Chambres spacieuses avec petite terrasse. Rien à redire.

### OÙ MANGER

Hors saison, il est difficile de trouver une table après 22h30. Il y a de nombreux restaurants dans la partie historique de la ville, mais le cadre y étant pour beaucoup, surtout la nuit, l'addition sera plus salée.

#### Atelier de Comida Santo António

**Plan A1** – Largo de Camões, 23 ☎ 289 80 21 48.
T.l.j. 12h-15h et 19h-23h. F. lun. et dim. soir.
Moins de 20 €.

#### Fête à Faro

> Juillet. **Rassemblement de motos.** Un événement original... et bruyant ! Plus de 15 000 motards venus des quatre coins du monde se retrouvent chaque année à Faro, le temps d'un week-end vraiment très festif ponctué de spectacles, de concerts et d'expositions.
*www.motoclubefaro.pt*

On y mange de tout, sur place, parmi les locaux, ou à emporter. Un bon rapport qualité/prix, des serveurs sympathiques, une bonne ambiance en prime.

#### Tertúlia Algarvia

**Plan B3** – Praça Afonso III, 15 ☎ 289 82 10 44, www.tertulia-algarvia.pt. Lun.-sam. 19h-22h. Moins de 20 €.

Un restaurant très fréquenté offrant un superbe cadre, une belle terrasse et une cuisine typique. On y propose des activités et une petite boutique.

#### Tasca do Ricky

**Plan A1** – Rua do Forno, 21 ☎ 919 11 10 57 (port.). Lun.-sam. 19h-22h. Moins de 20 €.

♥ Il faut sortir de l'enceinte historique de la ville pour tomber sur cette adresse sans prétention. Plats simples, portions généreuses, cuisine portugaise sans chichis. L'huile d'olive à l'ail et à la coriandre parfume délicieusement le saumon.

#### Faz Gostos

**Plan B3** – Rua do Castelo, 13 ☎ 289 87 84 22, www.fazgostos.com. T.l.j. 12h-15h et 18h30-22h30. De 20 à 40 €.

Dans le centre historique, un restaurant chic proposant une cuisine traditionnelle goûteuse dans un cadre très cosy.

### BAR

#### Colombus

**Plan A2** – Praça Dom Francisco Gomes, 13
☎ 917 77 62 22 (port.), www.barcolumbus.pt.
T.l.j. 16h-4h.

Cadre trendy et grande carte de cocktails. Depuis la terrasse et les arcades, on admire le port et le jardin. Calme et agréable jusque tard dans la nuit.

## SORTIES

### Teatro Lethes

**Plan B1** – Rua Lethes ☎ 289 878 908, www.actateatro.org.pt

Cet ancien collège jésuite, transformé en théâtre depuis 1874, accueille concerts, pièces de théâtre et spectacles de danse tout au long de l'année.

## SHOPPING

### Retalhos de Portugal

**Plan A2** – Praça Dom Francisco Gomes, 16 ☎ 289 821 721. Lun.-sam. 11h-18h.

C'est l'endroit parfait pour rapporter des souvenirs et des cadeaux : des produits *made in Portugal* comme on les aime.

### Antiquário da Sé

**Plan B3** – Rua da Porta Nova, 6 ☎ 918 356 477 (port.). Lun.-sam. 9h30-13h et 14h30-19h.

Dans la ruelle en contrebas de la cathédrale qui conduit à la porte des remparts donnant sur l'Arco da Porta Nova. De très belles choses, notamment des azulejos anciens.

### Despensa Algarvia

**Plan A1** – Rua Conseilheiro Bívar, 19-21 ☎ 289 81 31 95. Lun.-ven. 10h-13h30 et 15h-19h, sam. 10h-13h.

Pâtisseries d'Algarve, confitures artisanales, miels, huiles d'olive, mais aussi beau choix de vins et de liqueurs.

## SPORTS ET LOISIRS

### Formosamar

**Plan A2** – Av. da República (stand 1), doca de Recreio ☎ 918 720 002, www.formosamar.com

Écotourisme dans la Ria Formosa : balades en bateau d'île en île, randonnées en kayak dans la lagune, sorties nature à pied, observation des dauphins ou des oiseaux, location de vélos, de barques traditionnelles et de tout l'équipement du surfeur.

# CACELA VELHA

## OÙ DORMIR

### Conversas de Alpendre B&B

Estrada de Santa Rita, 36 ☎ 920 035 704, www.conversasdealpendre.com. De 100 à 150 €.

Une chambre d'hôtes à quelques minutes des plages de Manta Rota et Altura. Les chambres sont spacieuses (T1 et T2) et, les petits déjeuners, copieux et délicieux.

## OÙ MANGER

### Casa da Igreja

Largo da Igreja ☎ 289 95 21 26. T.l.j. 16h30-22h30. Moins de 15 €.

Une petite maison blanche avec ses tables en bois sur une terrasse face à la lagune. Cette *tasca* pittoresque ne sert que des *petiscos* à base de produits de la mer (huîtres, tellines, palourdes).

# ILHA DESERTA

## OÙ MANGER

### O Estaminé

Ilha Desertá ☎ 917 81 18 56 (port.), www.ilhadeserta.com. T.l.j. 12h30-17h. Plus de 30 €

Palourdes, crevettes, poulpe ou encore daurades fraîches... Le seul restaurant de l'ilha Deserta n'est pas le plus abordable, mais le cadre et la qualité de la cuisine sont vraiment à la hauteur.

# MONTE GORDO

## OÙ DORMIR

**Camping**

### Parque de Campismo

3 km O de Vila Real ☎ 281 51 09 70.

150 emplacements près de la plage. Vaste, ombragé, mais très couru.

## • NOS ADRESSES •

**Hôtel**

### Hotel Apartamentos & Spa Monte Gordo

Rua de Mayorca ☎ 281 51 02 10, www.montegordohotel.com. De 60 à 120 €.

Hôtel-spa agréable et bénéficiant d'une piscine avec jets, sauna, hammam, salle de sport. Chambres spacieuses et bien équipées. Choisissez bien votre chambre, car la vue sur l'arrière n'est pas terrible. Personnel aux petits soins.

## OLHÃO

### OÙ DORMIR

**Camping**

### Parque de Campismo de Fuseta

Env. 10 km E d'Olhão par la N125 ☎ 289 79 34 59. Tte l'année.

Très bien situé sur le littoral, mais pris d'assaut en saison.

**Hôtels**

### Pensão Bicuar

Rua Vasco da Gama, 5 ☎ 289 71 48 16, www.pensionbicuar.com. De 40 à 60 €.

Chambres un peu vieillottes, mais cuisine charmante et toit-terrasse agréable.

### Real Marina Hotel & Spa

Av. 5 de Outubro ☎ 289 09 13 00, www.realmarina.realhotelsgroup.com. Plus de 80 €.

Chambres standards ou suites avec terrasse et vue sur la marina.

### OÙ MANGER

### Tapas e Lendas

Rua Dr Manuel Arriaga, 18 ☎ 289 70 64 29. Lun.-sam. 12h-15h et 19h-23h. F. lun. midi. Moins de 20 €.

♥ Il faut s'enfoncer dans les petites rues d'Olhão pour tomber sur ce bijou. Le format tapas permet de goûter à toute la cuisine portugaise, et le chef Renato est d'excellent conseil.

### Casa de Pasto do Algarve

Praça Patrão Joaquim Lopes, 18-20 ☎ 289 70 24 70. Lun.-sam. 12h-15h et 19h-22h30. Moins de 20 €.

Le temple du poisson frit, au débouché des ruelles piétonnes, avant le marché. Le menu offre un rapport qualité/prix imbattable. Grand choix de *petiscos*.

Le vieux centre de Tavira

### Kinkas

Av. 5 de Outubro, 46 ☎ 289 70 33 33.
Lun.-sam. 11h-16h et 18h-23h. Moins de 20 €.

♥ Tout près du marché, on vient chez Kinkas pour y déguster du poisson d'une exceptionnelle fraîcheur. Wifi gratuit.

## PÂTISSERIE

### Delícia de Olhão

Av. 5 de Outubro, 20A ☎ 289 70 24 06. T.l.j. 6h-21h.

Grande pâtisserie située un peu au-delà du marché (côté est).

# TAVIRA

## OÙ DORMIR

Les prix explosent en haute saison, comme partout en Algarve. Réservation impérative !

**Camping**

### Camping Ilha de Tavira

Ilha de Tavira, 4 Águas. Accès en bateau depuis Tavira, pas de voiture sur l'île ☎ 281 027 430.
Juin-sept. Dès 9 €/nuit/pers.

Situé sur l'île de Tavira, à même le sable sous une magnifique pinède, ce camping municipal propose la location de tentes avec literie (protégées du soleil par une toile tendue) ou des emplacements pour tentes privatives à 150 m de la plage.

**Hôtels, pensions, pousadas**

### Lagoas

Rua Almirante Cândido dos Reis, 24
☎ 281 32 82 43. De 50 à 80 €.

Pension avec patio sur la rive nord, au cœur de l'animation la plus authentique de la ville. Les chambres sont petites, mais pas chères. Dommage que les cloisons soient si fines !

### Pensão Princesa do Gilão

Rua Borda d'Água de Aguiar, 10
☎ 281 32 51 71. De 50 à 80 €.

Sur la rive du *rio* Gilão, 22 chambres ont été aménagées avec tout le confort souhaitable ; certaines jouissent d'un balcon.

### Quinta do Morgado

Nora Velha ☎ 281 32 51 31. De 80 à 150 €.

Complexe d'appartements de vacances avec piscine commune. En dehors de la ville, mais près d'un hypermarché. Propre et calme.

### Quinta dos Perfumes

Conceição de Tavira ☎ 281 32 72 33,
www.quintadosperfumes.pt. De 80 à 150 €.

Au cœur de 30 ha d'orangers, cet agro-hôtel (et ancienne distillerie de parfum) bénéficie d'un cadre magnifique. En tout, 6 chambres et 5 suites décorées avec goût, entourées d'un potager et d'une piscine. Une escapade magique.

### Casa Vale del Rei

Almargem (2 km N) ☎ 281 32 30 99,
www.casavaledelrei.co.uk. De 80 à 150 €.

♥ Un jolie maison blanche appartenant à des Anglais qui aiment manifestement les fleurs et la nature. Les chambres sont grandes, claires, décorées avec goût, et la piscine bien tentante.

### Pousada Convento de Tavira

Rua D. Paio Peres Correia ☎ 281 32 90 40.
Plus de 150 €.

En plein centre, dans un ancien couvent du XVIe s. Cour intérieure agréable, piscine et solarium parfaits !

## OÙ MANGER

### O Pátio

Rua Dr António Cabreira, 30 ☎ 281 32 30 08.
Lun.-sam. 18h30-22h30. F. dim. De 20 à 30 €.

Vous dégusterez une cuisine inventive sur une agréable terrasse dominant les toits.

### Quatro Águas

Quatro Águas (2 km E) ☎ 281 32 53 29.
Mar.-sam. De 20 à 30 €.

L'un des meilleurs restaurants de Quatro Águas, peu avant l'embarcadère pour l'ilha de Tavira. Terrasse sur la lagune.

## GLACIER

### Muxagata

Kiosque dans le jardim do Coreto
☎ 965 52 53 87 (port.). En été : t.l.j. 10h30-2h ; en hiver : mer.-lun. 10h30-22h.

## • NOS ADRESSES •

Le plus vieux glacier de Tavira. Cornet, pot ou même sandwich à la crème glacée, on choisit parmi les parfums maison et on déguste à l'ombre...

### FADO

#### Fado com História

Rua Damião Augusto de Brito Vasconcelos, 4 📞 966 620 877 (port.), www.fadocomhistoria.com. Concerts : lun.-sam. à 13h. Entrée : 10 €.

Série de concerts de fado se déroulant tout au long de la journée. Spectacle de 35 min incluant un film sur l'histoire du fado et suivi d'une dégustation de porto.

### SHOPPING

#### Mercearia Conserveira

Rua Dr José Pires Padinha, 80 📞 914 49 16 44 (port.). T.l.j. 10h-17h30.

Cette boutique aux allures vintage propose une bonne sélection de conserves, de vins et d'huiles d'olive de qualité.

#### Casa do Artesanato

Calçada da Galeria, 11 📞 281 381 265 ou 968 896 070 (port.). Lun.-ven. 14h-17h30, sam. 10h-13h.

L'association propose une large palette de produits artisanaux de la région.

#### Casa das Portas

Rua 5 Outubro, 1-3 📞 281 321 025, www.casadasportas.com. Lun.-mar. et jeu.-sam. 11h-19h.

Charmante boutique de souvenirs où vous pourrez dénicher d'adorables cadeaux pour toutes les bourses.

### SPORTS ET LOISIRS

#### Tuk-Tuk Tavira

Rua Almirante Cândido dos Reis, 43 📞 913 35 28 30 (port.). T.l.j. 9h-21h. À partir de 25 €.

Visite de la ville en *tuk-tuk*, commentée par un guide qui vous en livre tous les secrets. Original et intéressant !

#### Golf Benamor

Rua N. S. da Conceição 📞 281 32 08 80, www.benamorgolf.com. Juin-nov. : t.l.j. 7h-20h ; déc.-mai : t.l.j. 7h-19h. 84,50 €/pers.

Parcours 18 trous dans un cadre agréable alliant mer et montagne.

## VILA REAL DE SANTO ANTÓNIO

### OÙ DORMIR

Les pensions font défaut ici. Direction Monte Gordo (3 km O) pour loger dans de grands hôtels souvent sans charme.

### OÙ MANGER

#### Cave

Av. da República, 89 📞 926 752 548 (port.). Mar. 19h-23h, mer.-ven. 12h-14h30 et 19h-23h, dim. 12h-15h. Moins de 20 €.

Près de l'hôtel Guadiana, une terrasse pour jouir de l'animation sur les rives du fleuve. Spécialités de poissons.

#### Puro Café

Rua 5 de Outubro, 13 📞 281 51 24 99. T.l.j. 8h-minuit. Moins de 20 €.

Le seul café ayant conservé un peu de cachet étend une terrasse idéale pour observer l'agitation sur la grande place.

#### Sem Espinhas

Av. da República, 51 📞 281 54 46 05. T.l.j. 11h-22h30. De 20 à 30 €.

L'adresse chic de la ville. Assiettes élaborées, présentation soignée, carte des vins généreuse et terrasse avec vue sur le Guadiana.

Statue du Marquis de Pombal à Vila Real de Santo António

# LES BEIRAS, du Tage au Douro

Entre les rives des deux grands fleuves portugais, le Tage et le Douro, s'étend une région autrefois appelée Beiras (les «bords») et qui , depuis, a hérité du vocable de «Centro». Difficile de cerner cette terre plurielle à la charnière entre deux Portugal ! Au-delà du littoral proche d'Aveiro ou de Coimbra et des campagnes, le relief se soulève peu à peu jusqu'à atteindre 2000 m d'altitude. Passé cette barrière, aux confins de l'Espagne, se déploie une région agricole brûlée par le soleil, où s'annonce déjà le Sud alentejan. Le dynamisme économique de la fin du XX<sup>e</sup> s. a surtout profité au littoral. L'arrière-pays reste encore à l'écart : paysages austères, forêts et vallées verdoyantes, villages de charme ou fortifiés, l'arrière-pays recèle des richesses aussi variées qu'insoupçonnées.

La vieille ville de Coimbra

# Les Beiras

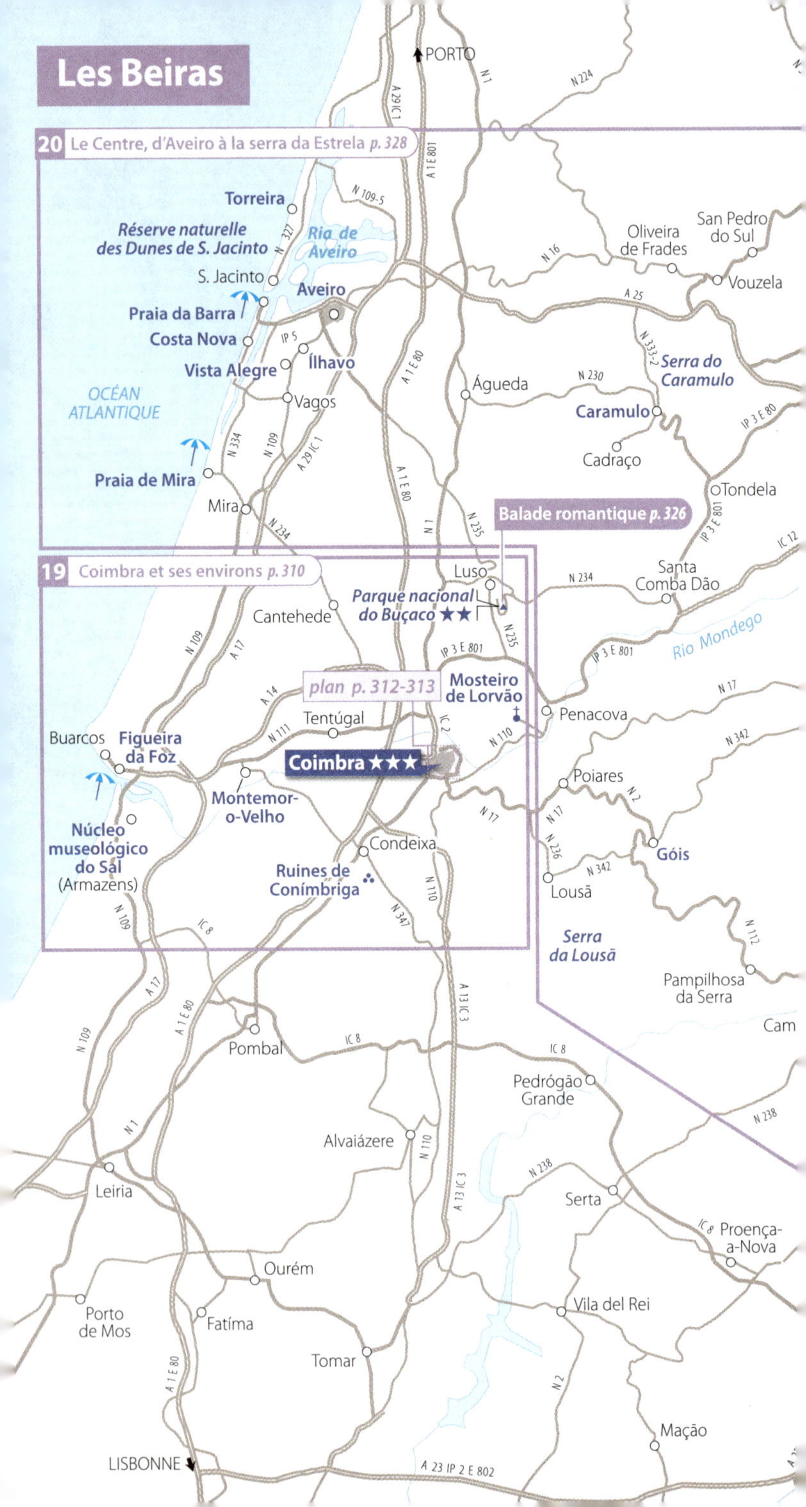

20 Le Centre, d'Aveiro à la serra da Estrela p. 328
19 Coimbra et ses environs p. 310
Balade romantique p. 326
plan p. 312-313
PORTO
LISBONNE
OCÉAN ATLANTIQUE
Torreira
Réserve naturelle des Dunes de S. Jacinto
Ria de Aveiro
S. Jacinto
Aveiro
Praia da Barra
Costa Nova
Vista Alegre
Ílhavo
Vagos
Praia de Mira
Mira
Águeda
Oliveira de Frades
San Pedro do Sul
Vouzela
Serra do Caramulo
Caramulo
Cadraço
Tondela
Luso
Parque nacional do Buçaco ★★
Santa Comba Dão
Rio Mondego
Cantehede
Mosteiro de Lorvão
Penacova
Tentúgal
Buarcos
Figueira da Foz
Coimbra ★★★
Montemor-o-Velho
Núcleo museológico do Sal (Armazens)
Condeixa
Ruines de Conímbriga
Poiares
Góis
Lousã
Serra da Lousã
Pampilhosa da Serra
Cam
Pombal
Pedrógão Grande
Alvaiázere
Leiria
Serta
Proença-a-Nova
Ourém
Porto de Mos
Fatíma
Vila del Rei
Tomar
Mação
A 29 IC 1
A 1 E 801
N 1
N 224
N 109-5
N 327
N 16
A 25
IP 5
A 1 E 80
N 333-2
N 230
IP 3 E 80
N 334
N 109
N 235
N 234
IP 3 E 801
IC 12
A 17
A 14
N 111
IC 2
N 110
N 17
N 342
N 2
N 236
N 347
IC 8
N 112
A 13 IC 3
N 238
A 23 IP 2 E 802

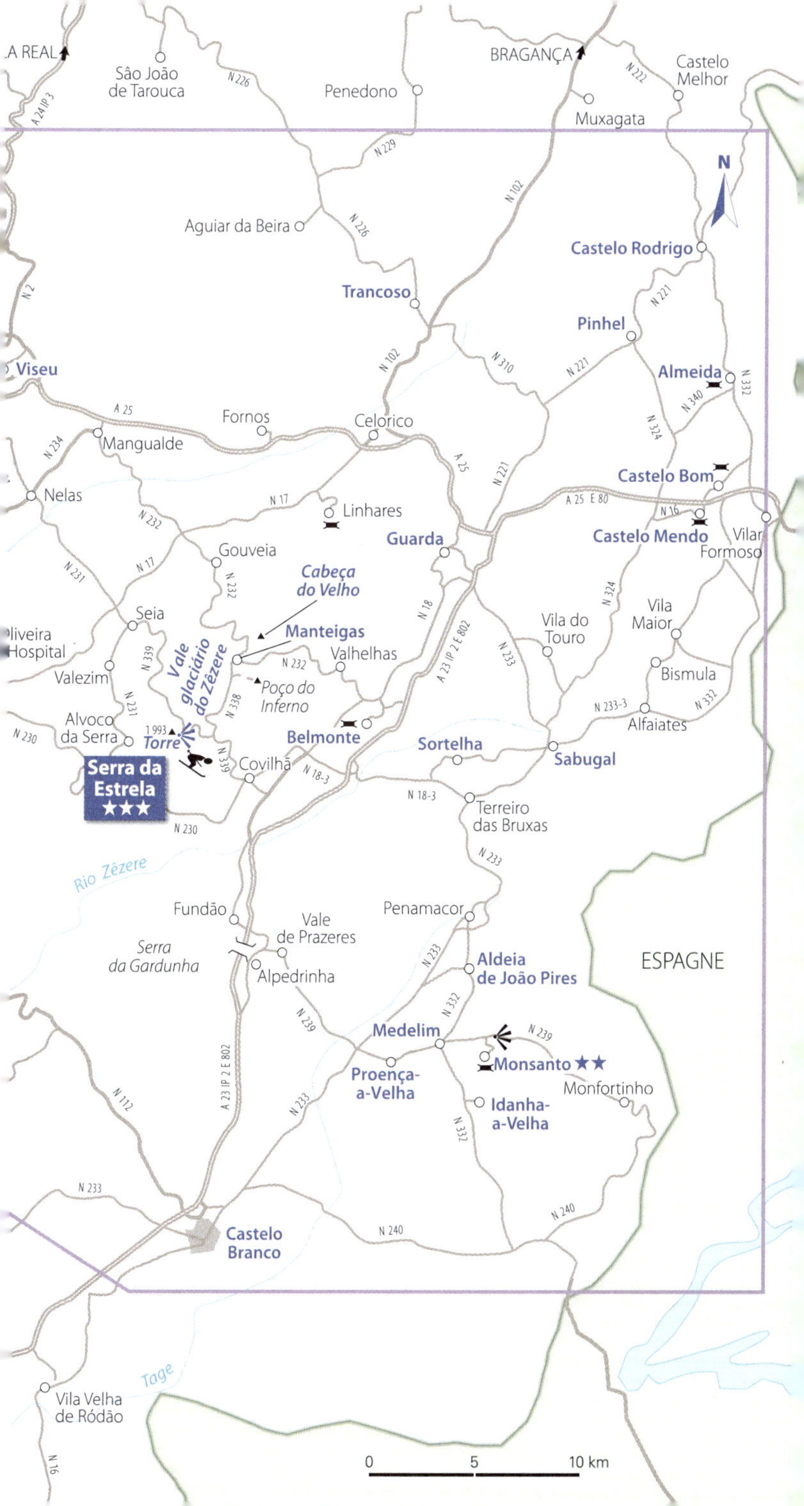

VILA REAL
São João de Tarouca
Penedono
BRAGANÇA
Castelo Melhor
Muxagata
N
Aguiar da Beira
Castelo Rodrigo
Trancoso
Pinhel
Viseu
Almeida
Fornos
Celorico
Mangualde
Nelas
Castelo Bom
Linhares
Guarda
Castelo Mendo
Vilar Formoso
Gouveia
Cabeça do Velho
Seia
Manteigas
Vila do Touro
Vila Maior
Oliveira do Hospital
Vale glaciário do Zêzere
Valhelhas
Valezim
Bismula
Poço do Inferno
Alvoco da Serra
Alfaiates
1 993
Torre
Belmonte
Sortelha
Sabugal
Serra da Estrela ★★★
Covilhã
Terreiro das Bruxas
Rio Zêzere
Fundão
Penamacor
Vale de Prazeres
Serra da Gardunha
Alpedrinha
Aldeia de João Pires
ESPAGNE
Medelim
Monsanto ★★
Proença-a-Velha
Monfortinho
Idanha-a-Velha
Castelo Branco
Tage
Vila Velha de Ródão
0
5
10 km
A 24 IP 3
N 226
N 229
N 102
N 222
N 2
N 221
N 310
N 332
N 340
A 25
N 234
N 324
N 17
N 232
A 25 E 80
N 16
N 231
N 18
A 23 IP 2 E 802
N 233
N 339
N 338
N 233-3
N 230
N 18-3
N 239
N 112
N 240

19

# COIMBRA et ses environs ✧✧✧

La ville a tout pour séduire : site en balcon sur le *rio* Mondego, ribambelle d'églises, cœur ancien aux ruelles pavées, parcs romantiques et réalisations architecturales nées de son statut de capitale européenne de la culture en 2003. Enfin, et surtout, Coimbra abrite la plus prestigieuse et la plus ancienne université de la péninsule après celle de Salamanque, en Espagne. Tantôt fébrile et conviviale, tantôt calme et assoupie, Coimbra vit au rythme de l'année universitaire.

## PRATIQUE


- **Plan p. 312-313**
- **Nos adresses p. 323**


### Accès

**En voiture**

À 115 km au sud de Porto et à 210 km au nord de Lisbonne par la N1 ou l'A1 (env. 2h). Voiture indispensable pour visiter les environs (ruines de Conímbriga, parque nacional do Buçaco).

**En train**

**Coimbra :** Nombreuses liaisons quotidiennes avec Lisbonne Oriente (env. 2h), Porto (1h-1h30) et Figueira da Foz (1h, 1 train/h). www.cp.pt

Attention : les trains de grandes lignes arrivent en gare de Coimbra-B ou Estação Velha (hors plan par A1, au N de la ville), fréquemment reliée à la gare centrale ou Estação Nova (plan A2).

La vieille ville de Coimbra

# L'ESSENTIEL

## À ne pas manquer

La vieille université et le museu Machado de Castro à Coimbra ; les ruines romaines de Conímbriga.

## Expériences

Surfer à Figueira da Foz ; découvrir le fado de Coimbra.

## Balade romantique

Dans le parque nacional do Buçaco.

# Coimbra ✧✧✧

Accès par la rua de Sofia et la rua Olímpio Nicolau Rui Fernandes. Stationnement possible le long de l'av. Sá da Bandeira (horodateurs).

Les principaux monuments de la ville, de l'université au monastère de Santa Cruz en passant par l'ancienne cathédrale, se trouvent sur la colline dominant la rive droite du Mondego. La ville haute et la ville basse sont reliées par un réseau de ruelles pittoresques où bat le cœur véritable de Coimbra. Sur la rive gauche du Mondego, deux monastères sont encore à découvrir.

## LA VILLE BASSE ✧✧

### Rua Sofia

Plan A1.

Percée au XVI$^{e}$ s. au nord-ouest de la praça 8 de Maio, où s'élève le monastère, la rua Sofia compte plusieurs églises des XVI-XVII$^{e}$ s., mais elles sont très souvent fermées en dehors des messes.

**Parc national de Buçaco :** De Coimbra, 2 ou 3 trains/j. pour Luso-Buçaco (30 min), mais horaires peu pratiques. La station se situe à 1 km de Luso et à 3 km de la forêt de Buçaco (45 min de marche jusqu'au Palace Hotel).

**En bus**

**Gare routière de Coimbra :** av. Fernão de Magalhães (plan A1). Liaisons quotidiennes avec Lisbonne Sete Rios (2h30), Porto (1h25) et les principales villes du pays.

**Gare routière de Figueira da Foz :** av. Saraiva de Carvalho. Liaisons avec Lisbonne Sete-Rios (2h30) et Porto (2h). www.rede-expressos.pt

## ↓ Se déplacer à Coimbra

**En voiture**

La circulation en voiture est très compliquée, sauf du samedi après-midi au lundi matin. Avec un peu de chance, vous trouverez une place le long de l'avenida Sá da Bandeira (plan CD1-2) et, →

## Coimbra

# PRATIQUE (SUITE)

pendant les vac. scol., dans le quartier de l'université (BC3). Sinon, garez-vous sur la rive gauche du Mondego (hors plan par A3).

### À pied

La ville se visite à pied sans problème car le centre historique est presque intégralement piéton. Derrière le marché, l'**elevador do Mercado** (t.l.j. 9h-19h ; billet à acheter au liftier), un ascenseur, doublé d'un funiculaire, donne accès à la ville haute.

### En *pantufinhas*

Les «petites pantoufles» (ligne bleue) sont des bus électriques assurant la liaison entre la ville basse (Baixa) et la ville haute. Départs de Portagem lun.-ven. 8h45-18h10, sam. 9h15-12h10 ; billet en vente dans les bureaux de tabac). www.smtuc.pt

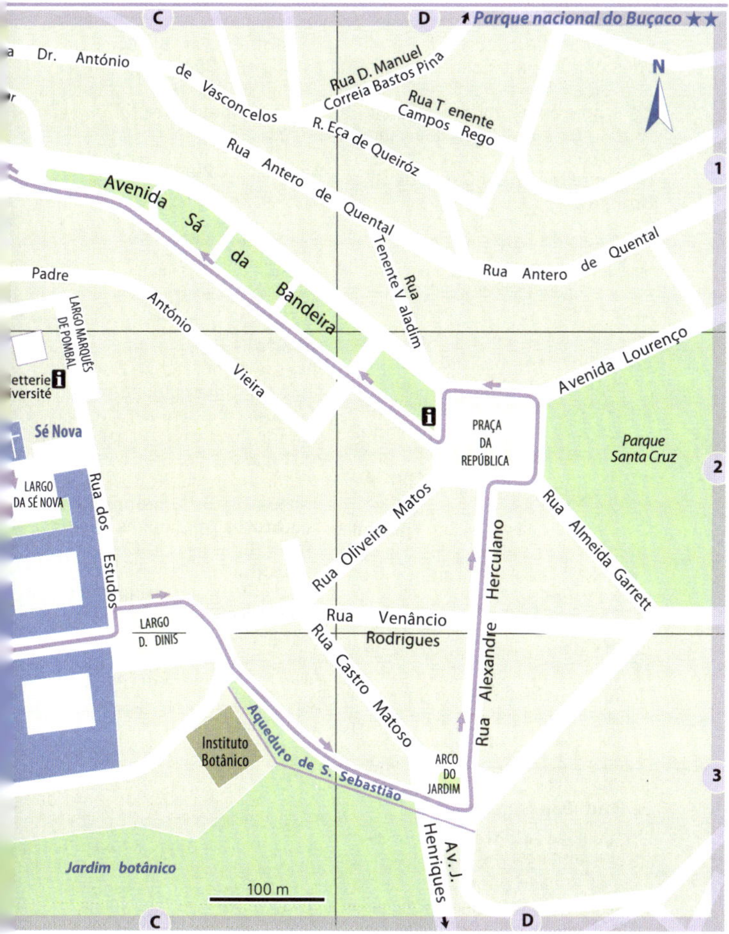


## Offices de tourisme

**Coimbra**

**Turismo Centro de Portugal :** Largo da Portagem (plan A3) 239 48 81 20, www.turismodocentro.pt. Lun.-ven. 9h-18h (19h en été), sam., dim. et j.f. 9h30-13h et 14h-17h30.

**Posto de Turismo de Coimbra :** Praça da Républica (plan D2) 239 85 71 86. Lun.-ven. 9h-18h.

**Figueira da Foz**
www.cm-figfoz.pt.

**Luso-Buçaco**
www.turismodocentro.pt

## Visiter Coimbra

En bus à impériale avec montées et descentes à volonté pendant 24h ou/et balade en bateau sur le *rio* Mondego. Le billet (13 € ; 17 € avec la croisière) donne droit à des réductions dans les principaux monuments de la ville. www.yellowbustours.com

### Rua Pedro Rocha

Plan AB1.

En prenant la rua Pedro Rocha, vous déboucherez sur le pátio da Inquisição, bordé d'édifices collégiaux qui abritaient l'Inquisition (de 1556 à 1821). Au fond de la place, plan d'eau inattendu dans lequel se reflète le **teatro da Cerca de São Bernardo**.

### Mosteiro de Santa Cruz ✧

Plan AB1 – Praça 8 de Maio ☎ 239 82 29 41. Lun.-sam. 9h30-16h30, dim. et j.f. 13h-17h. Entrée : 3 €.

Le monastère de la Sainte-Croix fut fondé par Afonso Henriques en 1130, puis rebâti sous Manuel I au début du XVI$^{e}$ s. Il accueillit l'université avant son installation dans le palais de l'Alcáçova et compta un élève illustre en la personne du poète Camões.

On entre dans l'**église** par un **portail** du XVI$^{e}$ s. remanié au XVIII$^{e}$ s. Il est l'œuvre de Nicolas Chantereine et de Diogo de Castilho.

L'intérieur, Renaissance, abrite une **chaire** attribuée à Jean de Rouen et, dans le chœur, les **tombeaux** d'Afonso Henriques et de Sancho I, réalisés également par Chantereine. Abritant les sépultures des deux premiers rois du Portugal, le monastère de la Sainte-Croix porte le nom de **Panthéon national**.

On accède au **cloître du Silence** en traversant la sacristie (accès au fond à dr.) et la salle capitulaire. Cette œuvre dépouillée a été réalisée vers 1520. Remarquez la fontaine et les bas-reliefs inspirés de gravures de Dürer (1471-1528). À l'étage (f. à la visite en général), des azulejos illustrent les Évangiles.

### Jardim da Manga

Plan B1.

Le nom du minuscule «jardin de la Manche» provient d'une anecdote : João III aurait dessiné sur la manche de son habit le plan du palais qui s'y trouvait à l'origine.

### Praça do Comércio

Plan A2.

En contrebas de la place dominée par l'**igreja São Tiago** (fin XII$^{e}$ s.) s'étend un réseau de ruelles fourmillant de petits restaurants et de boutiques.

### Museu da Cidade

Musée municipal

Plan A2 – Rua Ferreira Borges, 38 ☎ 239 84 07 54. Mar.-ven. 10h-18h, sam.-dim. 10h-13h et 14h-18h ; f. j.f. Entrée : 1,80 € ; gratuite 4$^{e}$ sam. du mois.

Le musée loge dans l'**edifício Chiado** (1910), un ancien grand magasin dont l'architecture métallique fut influencée par l'Art nouveau. Sur trois niveaux, il rassemble des collections de **peintures portugaises** (les périodes représentées s'étendent du XIX$^{e}$ s. aux années 1950), du **mobilier** et des **sculptures religieuses**, ainsi que des céramiques de Chine et des «**biscuits**» de Vista Alegre (objets décoratifs en porcelaine blanche imitant le marbre). Le rez-de-chaussée est consacré aux expositions.

### Arco e Torre de Almedina

Plan A2 – Accès depuis la rua Ferreira Borges ☎ 239 84 07 54. Tour : mar.-sam. 10h-13h et 14h-18h. Entrée : 1,80 €.

Rare vestige de l'enceinte médiévale, la porte, surmontée d'une tour gothique, ouvrait à l'origine sur l'ancienne médina musulmane. Dans la tour, le **núcleo da Cidade Muralhada** raconte l'évolution de la cité fortifiée. On peut grimper au sommet pour cueillir une jolie vue sur la ville.

À partir de là s'étend la partie la plus pittoresque de la vieille ville, avec ses ruelles et ses maisons occupées par des «républiques» d'étudiants.

### Palácio de Sub-Ripas

Plan B2 – Rua de Sobre Ribas, à g. avant le passage voûté. F. à la visite.

De style manuélin, le palais de Sub-Ripas ou Sobre-Ribas (1500-1510) est orné de fenêtres Renaissance.

^ Le portail du monastère de Santa Cruz

Les médaillons ont été réalisés par Jean de Rouen, dont l'atelier se trouvait à proximité.

Avant de couper la rua dos Coutinhos, vous découvrirez la **torre de Anto**, vestige de l'enceinte médiévale. Elle abrite aujourd'hui le **núcleo da Guitarra e do Fado** (mar.-sam. 10h-13h et 14h-18h, f. j.f. ; entrée : 1,80 €), un musée dédié au fado et à son instrument fétiche, la guitare. À côté se dresse l'**igreja Santa Casa da Misericórdia**, fondée en 1500 pour accueillir les orphelins.

### Igreja Santa Casa da Misericórdia

**Plan B2** – Rua de Sobre Ribas, 49 ☎ 239 82 34 03. Lun.-ven. 9h30-12h30 et 14h-17h, sur rés. les autres jours. Entrée : 2 €.

L'édifice de style maniériste construit par Terzi abrite des œuvres d'art offertes par les bienfaiteurs de la confrérie. La capela da Misericórdia, avec son grand autel orné de symboles chrétiens et profanes en rapport avec le monde des découvertes, mérite l'attention. La sacristie est entièrement recouverte d'azulejos du XVII^e^ s.

## PAUSES

### Pastelaria Palmeira

Cette pâtisserie de quartier, à deux pas du monastère de Santa Cruz, propose quelques délicieuses spécialités locales, notamment les *castanhas de ovos* et les *pastéis de Santa Clara*.

> Rua Sofia, 13-17 (plan A1) ☎ 239 82 30 06. Lun.-ven. 7h-20h, sam.-dim. et j.f. 8h-19h.

### Fangas Mercearia

Un resto minuscule mais vraiment sympa ! Tout est fait maison et servi à la manière de tapas. Résultat : c'est toujours frais, et la qualité est au rendez-vous !

> Rua Fernandes Tomás, 45-49 (plan B2-3) ☎ 934 09 36 36 (port.). T.l.j. 12h30-15h30 et 19h-23h30 (fermé mer. et jeu. midi et fermeture 30 min. avant en hiver). Rés. conseillée.

## LA VILLE HAUTE ✧✧

### Sé Nova

**Plan C2** – Largo da Sé Nova ☎ 239 82 31 38. T.l.j. 9h-18h. Entrée : 1 €.

La **nouvelle cathédrale** a été achevée à la fin du XVII^e^ s. après un chantier long de 100 ans. Elle fut le quartier général des jésuites, maîtres de la ville jusqu'à leur éviction en 1759. L'intérieur abrite plusieurs **retables** (XVII^e^ s.) ornés de *talhas douradas* (boiseries sculptées et dorées), des stalles en bois d'ébène (XVII^e^ s.), ainsi qu'un buffet d'orgue de style néoclassique (XVIII^e^ s.).

### Museu Machado de Castro ✧✧

**Plan BC2** – Largo Dr José Rodrigues ☎ 239 85 30 70, www.museumachadocastro.pt. Mar.-dim. 10h-18h. Entrée : 6 €.

Ce musée mettra les amateurs de sculpture à la fête ! Il occupe les bâtiments de l'ancien palais épiscopal (XII$^e$ s.), profondément remanié au XVI$^e$ s. Dédié à Machado de Castro (1731-1822), sculpteur natif de Coimbra, il bénéficie d'une muséographie moderne séduisante, qui met en valeur les objets et entretient un rapport de proximité avec les œuvres. De fréquentes échappées sont ménagées sur la ville, à l'image de la loggia à arcades dans la cour.

Le **cryptoportique** est le réseau souterrain de venelles et de couloirs sur lequel reposait le forum d'Aeminium (I$^{er}$ s. apr. J.-C.), ancien nom de Coimbra. C'est sans doute le vestige romain le plus évocateur du pays.

Les salles consacrées à la **sculpture** sont le moment fort du musée ! Au rez-de-chaussée, remarquez les œuvres gothiques de maître Piero et la petite statue d'un chevalier en armes (XIV$^e$ s.). Vous entrez ensuite dans le vif du sujet, à savoir la Renaissance, période phare à Coimbra, dominée par les personnalités de Nicolas Chantereine et, surtout, de **Jean de Rouen** (João de Ruão), auteur des œuvres provenant du monastère de la Sainte-Croix (p. 314). Ne manquez pas les **sculptures en terre cuite** (niveau -1) de Philippe Hodart, autre grand nom de la Renaissance, ni les **œuvres polychromes sur bois**, essentiellement des XVII$^e$ et XVIII$^e$ s. (niveau -2).

> PAUSE
>
> *Un balcon sur la ville*
>
> Pour prolonger le plaisir au museu Machado de Castro, prenez un verre dans la **cafétéria** aménagée en terrasse, avec la ville à vos pieds.
>
> > Mêmes coordonnées et horaires que ceux du musée.

La collection de **peintures** commence avec le **triptyque** réalisé par Quentin Metsys pour Santa Clara à la demande de Manuel I. Suivent des œuvres portugaises, parmi lesquelles d'intéressantes réalisations du XV$^e$ s. ou du début du XVI$^e$ s. (*Vierge à la rose*, retable de Cristóvão de Figueiredo et triptyque de l'*Annonciation* par Garcia Fernandes).

Côté **arts décoratifs**, on verra des pièces d'orfèvrerie, peu nombreuses mais de grande qualité et très anciennes (*Vierge à l'Enfant* du XIV$^e$ s. provenant de Santa Clara), une riche collection de **céramiques** et d'azulejos (XVI$^e$-XX$^e$ s.), des **tapisseries**, ainsi que des pièces variées rappelant les liens tissés entre le Portugal et l'Orient – *colchas* (couvre-lits), meubles indo-portugais, plafonds en bois précieux et autres objets d'art.

### Sé Velha ✧✧

**Plan B2** – Largo da Sé Velha ☎ 239 82 52 73. Lun.-sam. 10h-18h, dim. et j.f. religieux 11h-17h. Messe le sam. à 19h et le dim. à 10h. Entrée : 2,50 €.

L'ancienne cathédrale de Coimbra est un édifice roman. Son aspect massif et son allure de forteresse rappellent les temps de guerre et d'insécurité de la Reconquista. Afonso Henriques, premier roi du Portugal, a décidé sa construction au lendemain de la bataille d'Ourique (1139). Le chantier a duré une cinquantaine d'années. La ressemblance frappante avec la cathédrale de Lisbonne s'explique par l'origine française de ses maîtres d'œuvre.

La **nef** surprend par son ampleur. Dans le chœur, le **retable en bois polychrome** (1498-1508) est une œuvre de style gothique flamboyant réalisée par Olivier de Gand et Jean d'Ypres, deux artistes par lesquels l'esthétique flamande va pénétrer dans la péninsule Ibérique. De part et d'autre, les **chapelles** abritent des retables de Jean de Rouen et de Nicolas Chantereine (p. 462).

^ La bibliothèque Joanine

Le **cloître** est accessible par une porte située dans le bas-côté droit de la nef ; il date du XIII^e s., comme en témoigne son esthétique gothique encore imprégnée du dépouillement roman.

### Velha Universidade ✧✧

Plan BC3 – Praça da Porta Férrea ☎ 239 24 27 44, www.uc.pt. Nov.-fév. : t.l.j. 9h-13h et 14h-17h ; mars-oct. : t.l.j. 9h-19h. Entrée : 12,50 € (audioguide 3 €). Billetterie sur le largo Marquês de Pombal (C2) (l'horaire de visite de la bibliothèque figure sur le ticket).

L'université, fondée à Lisbonne en 1290 par Dinis I, déménagea à Coimbra en 1308 avant de réintégrer la capitale 70 ans plus tard. Ces allées et venues continuèrent jusqu'en 1537, date à laquelle João III l'installa dans l'ancien palais royal de Coimbra. Le souverain profita de l'occasion pour réformer profondément l'institution, nommant des professeurs venus de France et d'Italie. L'université de Coimbra demeura la seule du pays jusqu'en 1911. Elle est inscrite depuis 2013 au patrimoine mondial de l'humanité.

HISTOIRE

## *Une capitale éphémère*

L'évêché de la grande cité de Conímbriga (p. 322), à 17 km au sud de Coimbra, est transféré sur le site de l'antique Aeminium au VI^e s. La cité prend alors le nom de Coimbra, contraction de Conímbriga. Prise par les Maures au milieu du VIII^e s., elle est définitivement reconquise en 1064 par le roi de Castille Ferdinand le Grand. Au XII^e s., Afonso I en fait la capitale de son royaume et une base avancée de la Reconquista. Le souverain habite le château d'Alcáçova, au sommet de la colline où se trouve l'actuelle université. Coimbra conservera son rang de capitale jusqu'en 1255, date à laquelle elle sera supplantée par Lisbonne.

### Biblioteca Joanina ✧✧

La **bibliothèque** de l'université s'ouvre par un imposant **portail** à colonnes corinthiennes que surmontent les armes de João V. Elle abrite des dizaines de milliers de volumes, dont les plus anciens remontent au XVI^e s. L'intérieur (1716-1736) est un sommet de l'art baroque, avec ses rayonnages en bois précieux sculptés et son plafond en trompe-l'œil orné de motifs allégoriques des arts et des sciences. Au sous-sol s'étend la prison académique, utilisée pour la détention disciplinaire d'étudiants entre 1782 et 1832. Une partie des «secrets», l'ancienne prison médiévale du palais royal, est encore visible.

### Capela de São Miguel ✧

Sonnez si fermée.

Cette **chapelle**, bâtie en 1520, s'élève à gauche de la tour. On y accède par un couloir situé à droite de son **portail** manuélin. L'intérieur renferme des

## SHOPPING

### *Un peu d'artisanat*

Coimbra possède de belles boutiques d'artisans qui se groupent entre la Sé Velha et l'Arco de Almedina. Les plus belles céramiques s'achètent chez **Carlos Tómas**, au flanc de la cathédrale. **A de Amor** propose des créations originales réussies (figurines et objets). Une grande foire se déroule sur la praça da República tous les 24-28 mai.

> **Carlos Tomás :** largo da Sé Velha, 4 (plan B2) 📞 239 81 29 45. T.l.j. 10h-19h.

> 📞 **A de Amor :** rua do Quebra Costas, 35 (plan B2). T.l.j. 10h-19h.

**azulejos** (XVII^e s.), un **orgue** rococo (XVIII^e s.), un plafond peint de la fin du XVII^e s. et des fenêtres manuélines.

### Paço das Escolas ✧

L'escalier monumental du **palais des Écoles** (XVIII^e s.) conduit à une galerie extérieure à colonnades désignée sous le nom de **via Latina**, car il était autrefois interdit d'y parler une autre langue que le latin. Cette galerie mène à la tribune, jadis réservée aux femmes, surplombant la grande **salle des Actes**, décorée de portraits des souverains. La salle sert à l'occasion de grands événements (nomination d'un recteur, par exemple). Les étudiants y soutiennent leur thèse de fin d'études. Un étroit corridor atteint ensuite une terrasse offrant un panorama sur la vieille ville, la cathédrale et la vallée du Mondego. Il aboutit devant la **salle de l'Examen privé** (XVIII^e s.), ornée de portraits des recteurs du XVI^e au XVIII^e s. On visite aussi, dans l'autre aile, la **salle d'armes** abritant les hallebardes de la Garde royale académique.

### Porta Férrea

La **porte de Fer** doit son nom au matériau utilisé pour la réalisation du portail. Elle passe sous les bâtiments du rectorat et donne accès à la vaste cour où se déroulaient les cérémonies d'accueil des nouveaux étudiants.

La **tour** (1728) qui flanque le bâtiment du paço das Escolas est devenue l'emblème de l'université (entrée : 2 €). L'une de ses cloches, la **cabra** (la «chèvre»), a longtemps rythmé la vie estudiantine.

### Aqueduto de São Sebastião

**Plan CD3** – Accès depuis l'Arco do Jardim.

Il a été construit vers 1570 par Filippo Terzi, à qui l'on doit également l'achèvement du grand cloître du couvent de Tomar (p. 182). L'architecte italien s'est inspiré des formes de l'ancien aqueduc élevé ici même par les Romains.

### Jardim botânico ✧

**Plan C3** – , www.uc.pt/jardimbotanico. Avr.-sept. : t.l.j. 9h-20h ; oct.-mars : t.l.j. 9h-17h30. Entrée libre.

Il a été créé à la demande du marquis de Pombal sur des terrasses à flanc de colline. Conformément à l'esprit encyclopédique des Lumières, le ministre de José I a voulu regrouper le maximum d'espèces végétales. Au gré des allées, vous découvrirez des araucarias, des camphriers et des plantes tropicales cultivées sous serre.

### Mercado Dom Pedro V

**Plan B1** – T.l.j. sf dim.

Depuis la praça da República, près du parque Santa Cruz (XVIII^e s.) décoré d'azulejos, l'avenida Sá da Bandeira fait le lien entre ville haute et ville basse, débouchant sur le marché Dom Pedro V.

Le marché où les habitants viennent s'approvisionner chaque matin se tient juste à côté du jardin. À droite derrière l'édifice, l'elevador do Mercado – un ascenseur doublé d'un funiculaire – grimpe dans la ville haute, juste derrière la Sé Nova, rua Padre António Vieira (📞 239 823 138. T.l.j. 9h-18h ; billets au guichet ; entrée : 1 €).

## AU-DELÀ DU MONDEGO ✧

**Hors plan par AB3** – Accès via le ponte de Santa Clara.

Pour rejoindre la rive gauche du Mondego, nous vous conseillons de traverser par le pont piéton Pedro e Inês, depuis le **parque Verde do Mondego**. Ce nouveau jardin – encore jeune – borde la rive droite et offre l'occasion de voir de plus près le **ponte Rainha Santa Isabel** (2003), ainsi que le pavillon du Portugal de l'Exposition universelle de Hanovre (2000). Les habitants viennent jogger, prendre le soleil, nager dans la piscine ou encore s'exercer à l'aviron.

La promenade sur la rive gauche du Mondego vaut surtout pour la visite de l'ancien **monastère de Santa Clara**, «sauvé des eaux», en contrebas de la rive gauche. Elle peut se poursuivre jusqu'au convento da Santa Clara-a-Nova, sur la colline dominant le fleuve.

Longez le fleuve en amont du ponte de Santa Clara, prenez sur la droite, puis suivez les indications.

## Santa Clara-a-Velha ✧✧

**Hors plan par A3** – Rua das Pereiras
📞 239 80 11 60, www.culturacentro.gov.pt. Avr.-mi-oct. : mar.-dim. 10h-18h (9h-17h mi-oct.-mars). F. le 4 juillet. Entrée : 4 €.

Le monastère fut fondé à la demande de la reine Isabel (1271-1336), décidée à y passer le reste de ses jours après la mort de son époux, le roi Dinis I. La construction du couvent, qui débuta en 1286, fut confiée à Domingos Domingues, l'auteur du cloître du Silence d'Alcobaça (p. 164). La première inondation eut lieu un an plus tard. Les crues du Mondego devenant de plus en plus fréquentes, les moniales décidèrent de surélever le sol. Au début du XVII$^{e}$ s., il fallut construire un étage qui limita la hauteur des voûtes de moitié. Finalement, le monastère fut abandonné en 1677 au profit du couvent de Santa Clara-a-Nova, dans les hauteurs de Monte da Esperança.

Le **musée** retrace différents aspects de la vie au monastère à travers des objets usuels ayant appartenu aux moniales.

⌄ Le paço das Escolas

^ Santa Clara-a-Velha

Dans l'auditorium est projeté un film sur l'histoire de l'abbaye. La promenade aménagée fait d'abord découvrir l'**église** gothique, d'une robustesse encore romane. L'édifice présente la traditionnelle séparation entre l'espace réservé aux fidèles et celui des moniales. Sur le mur de clôture se distingue le tourniquet qui permettait aux religieuses d'échanger des objets sans être vues.

Le **cloître** est le plus grand du Portugal médiéval. Bien que pratiquement réduit à son soubassement, il reste très évocateur. On reconnaît bien les annexes (lavabo, dortoir, réfectoire et salle du chapitre).

## Parque Portugal dos Pequenitos

**Hors plan par A3** – Largo Rossio de Santa Clara (au 2e rond-point après le pont) ☎ 239 80 11 70, www.portugaldospequenitos.pt. Janv.-fév. et 16 oct.-déc. : t.l.j. 10h-17h ; mars-mai et 16 sept.-15 oct. : t.l.j. 10h-19h ; juin-15 sept. : t.l.j. 9h-20h. Entrée : 10,50 € (enfant 3-13 ans 6,50 €).

Ce parc créé en 1940 est l'œuvre de Fernando Bissaya Barreto (1886-1974), médecin humaniste et philanthrope dont les œuvres sociales ont été un modèle pour le Portugal.

Le parc réunit les principaux monuments portugais reproduits à échelle réduite, ainsi que les différents types de maisons régionales.

## Santa Clara-a-Nova

**Hors plan par A3** – Du parque Portugal dos Pequenitos, empruntez la calçada Santa Isabel, qui grimpe la colline, à g. ☎ 239 44 16 74. Lun.-sam. 8h30-19h, dim. 9h-18h45. Entrée : 5 €.

Le nouveau couvent des clarisses, construit dans la seconde moitié du XVII^e^ s. en remplacement de Santa Clara-a-Velha, est aujourd'hui encore occupé par des religieuses… et par l'armée.

On afflue à Santa Clara-a-Nova pour vénérer les **reliques d'Isabel**, la reine sainte, grande figure de ferveur. Les années paires, en juillet, des fêtes et des processions commémorent le « miracle de sainte Isabel » : lorsque que Dinis I, reprochant à sa femme sa prodigalité à l'égard des pauvres, lui ordonna de lui montrer ce qu'elle cachait dans ses vêtements, une pluie de roses tomba des plis de sa robe…

## L'église

L'intérieur est un véritable festival d'art baroque. Le chœur, envahi de *talhas douradas* (boiseries sculptées et dorées), abrite le **tombeau** en argent et cristal de la reine sainte Isabel (XVII^e^ s.). Dans le chœur, derrière une grille, se trouve le tombeau primitif d'Isabel, en pierre (XIV^e^ s.).

On le verra de plus près depuis le **chœur inférieur**, où sont exposées des sculptures baroques polychromes. Datant des années 1730, le cloître frappe par ses dimensions gigantesques.

## Aux environs de Coimbra

Les environs immédiats de Coimbra captiveront les amateurs de **ruines romaines**, parmi les plus intéressantes du pays. Les autres iront se détendre sur la grande plage de sable fin de **Figueira da Foz**. Ne manquez pas, enfin, la balade au **parque do Buçaco**, au milieu d'une végétation luxuriante servant d'écrin à un ravissant palais d'opérette.

### MOSTEIRO DE LORVÃO

18 km N-E de Coimbra par la N110 dir. Penacova ☎ 239 095 732. Vis. guidée avr.-sept. : mar.-dim. 9h-12h et 14h-18h30 ; oct.-mars : mar.-dim. 9h-12h et 14h-17h30, f. aux heures de culte. Entrée libre.

Si vous n'êtes pas pressé, rejoignez Buçaco en prenant la jolie N110 jusqu'à Penacova. Peut-être apercevrez-vous des moulins, juchés sur les sommets des collines environnantes... Peu avant d'atteindre Penacova, une route à gauche conduit à Lorvão, petit bourg dominé par son monastère. Fondé au VI$^{e}$ s. et reconstruit autour de 1750, il fut l'un des plus importants du pays et abrita longtemps un centre d'internement psychiatrique. Les amateurs de stalles, de bois dorés, de retables, de tableaux religieux, d'objets d'art sacré un peu poussiéreux et parfois surréalistes seront aux anges. Le clou reste le **cloître**, jalonné de chapelles dévotionnelles (XVII$^{e}$ s.) élégamment décorées.

### PARQUE NACIONAL DO BUÇACO ✧✧

35 km N de Coimbra par l'IC2, l'IP3 et la N235, 235 km N de Lisbonne. Fundação Mata do Buçaco, Luso ☎ 231 93 70 00, www.fmb.pt. Avr.-sept. : lun.-ven. 9h-19h, sam.-dim. 9h-20h ; oct.-mars : t.l.j. 9h-18h30 (19h30 le w.-e.). Accès piéton libre. Accès en voiture : 5 €/véhicule.

Hanté par des ermites dès le haut Moyen Âge, Buçaco devint la propriété de l'évêché de Coimbra au XI$^{e}$ s. Les moines y bâtirent une série de chapelles et d'ermitages dans un effort de recréation du style de vie ascétique des ermites bibliques. Le couvent de Santa Cruz fut bâti au sommet de la colline, ainsi qu'un réseau de chemins bordés de chapelles menant au « Mont Sacré ». Son accès fut interdit aux femmes en 1622 par une bulle pontificale. Six ans plus tard, les carmes plantèrent des espèces exotiques venues de tous les continents et dressèrent une muraille dans la forêt. En 1643, un nouvel édit du pape menaçait d'excommunication tout bûcheron surpris en train de couper un arbre. Après l'abolition des ordres religieux en 1834, le domaine passa dans les mains de la Couronne. Les monarques firent élever, à la place du monastère, un palais fantasque qu'ils n'occupèrent jamais. Seul Manuel II, un jour de 1909, vint y courtiser une belle Anglaise, avant que la proclamation de la république ne vienne changer le destin du palais, aujourd'hui **hôtel de luxe** (p. 325).

> Lire aussi la balade romantique : Dans le parque nacional do Buçaco (p. 326).

### FIGUEIRA DA FOZ ✧

50 km O de Coimbra par l'A14, 180 km N de Lisbonne.

En venant de Coimbra, on découvre d'abord le port industriel, puis le visage « 1900 » de Figueira da Foz, qui s'étend au bord du rio Mondego. Le centre ancien va jusqu'au **fort de Santa Catarina**, où le fleuve se jette dans l'Océan. C'est entre ce fort et le **marché Engenheiro Silva** (tous les matins sf dim.) que la ville est la plus séduisante. Le long des rues piétonnes, autour du **casino** (rua Maestro David de Sousa et travessa dos Banhos), subsistent des **demeures** du début du XX$^{e}$ s. à fronton sculpté et des bâtiments **Art déco**. Au-delà du

‹ La plage de Figueira da Foz

fort, face à la belle **plage**, Figueira da Foz devient un hérissement de tours, avec des avenues rectilignes désertées hors saison.

Figueira da Foz est aussi une galerie à ciel ouvert ! Des œuvres d'artistes contemporains célèbres, dont la grande Tamara Alves, tapissent certains bâtiments – anciens ou nouveaux – de la ville. Purement esthétiques ou vecteurs d'un message, ces fresques monumentales font l'objet d'un circuit libre organisé par l'office de tourisme (p. 313).

### Núcleo museológico do Sal

Armazéns de Lavos, 5 km S de Figueira da Foz ☎ 966 34 44 88 (port.). Mai-15 sept. : mer.-dim. 10h30-12h30 et 14h30-18h45 ; 16 sept-avr. : jeu.-dim. 10h-12h30 et 14h-16h. Entrée : 1 €.

Pour transmettre son patrimoine et revitaliser la saliculture, activité traditionnelle de Figueira da Foz, la municipalité a acquis les salines du Corredor da Cobra (entrée libre) et a créé le núcleo museológico do Sal. Un sentier pédagogique *(rota salinas)* permet de découvrir le site.

**PAUSE**

*Pastelaria A Pousadinha*

Sur le chemin du retour à Coimbra, un arrêt à Tentúgal s'impose aux gourmands amateurs de sucreries. Repérez des dizaines de voitures en stationnement et un ralentissement sur la N111 : c'est là ! Les *pastéis* et autres douceurs attirent tous les Portugais de la région (et d'au-delà).

> N111, Tentúgal (12 km O de Montemor-o-Velho) ☎ 239 95 11 58. T.l.j. 7h-22h.

## MONTEMOR-O-VELHO

16 km E de Figueira da Foz par l'A14 et la N111.

La ville est dominée par un impressionnant **château** (☎ 239 68 03 80 ; mars-sept. : t.l.j. 10h-18h, oct.-fév. : t.l.j. 9h30-17h30 ; entrée libre) qui verrouillait la route de Coimbra. Son chemin de ronde domine la plaine plantée de rizières. L'ancienne place d'armes est occupée par l'**igreja Santa Maria de Alcáçova**, du XIVe s. mais très remaniée à l'époque manuéline.

Les retables des chapelles latérales du chœur, en pierre d'Ança, sont des œuvres de l'école de Coimbra ; remarquez aussi les fonts baptismaux décorés d'azulejos.

## LES RUINES DE CONÍMBRIGA ✧

17 km S de Coimbra par l'IC2. Sortez par la route de Lisbonne et prenez vers Condeixa (fléché) ☎ 239 94 11 77, www.conimbriga.pt. T.l.j. 10h-18h. Entrée : 4,50 €.

Conímbriga s'est élevée à l'emplacement d'un bourg celte. À l'époque romaine, elle devint une cité florissante sur la route traversant l'antique province de Lusitanie, à mi-chemin entre Olissipo (Lisbonne) et Bracara Augusta (Braga). À partir du IIIe s., ses habitants sacrifièrent une partie de la cité pour élever des remparts. Mais en 468, les Suèves brûlèrent tout sur leur passage. Le transfert de l'évêché à Coimbra au VIe s. accéléra la décadence de la cité (p. 317). Les fouilles de 1950 ont mis au jour d'importants vestiges de l'époque romaine. Les ruines s'organisent autour des remparts.

### L'ancienne voie romaine

Au IIIe s., la grande voie dallée traversant la province romaine de Lusitanie du nord au sud coupait la ville en deux. À gauche de la voie, on peut voir plusieurs maisons décorées de mosaïques géométriques (maison de la Svastika, maison des Squelettes...), ainsi que des thermes.

### La maison de Cantaber

Après avoir franchi les remparts, on découvre les ruines de la plus importante demeure conservée à Conímbriga. L'édifice, qui porte le nom de son propriétaire supposé, est typique des constructions de l'élite romaine, avec péristyle et atrium. Il était agrémenté de bassins et doté de thermes privés. Au-delà s'étendait le forum à l'époque d'Auguste, qui fut agrandi sous Claude (41-54).

### La maison aux Jets d'eau ✧

Elle date du IIIe s. et son plan reste parfaitement lisible. Au centre est reconstitué le jardin, avec des fontaines que l'on peut actionner. La passerelle traversant la maison aboutit devant un ensemble de **mosaïques**. Vous reconnaîtrez des scènes mythologiques (Centaure entouré de dauphins) et des allégories de la vie quotidienne (chasse du cerf), le tout dans un style plein de vitalité. Près de la sortie, un **musée** présente divers objets trouvés sur le site.

## • NOS ADRESSES •

# COIMBRA

## OÙ DORMIR

En ce qui concerne les possibilités d'hébergements, Coimbra risque malheureusement de vous décevoir. Nombre d'hôtels auraient en effet bien besoin d'une cure de jouvence. Les établissements modernes, sans aucun charme mais propres, se concentrent du côté de la gare (hors plan par A1), à 10 min du centre. Ils proposent des promotions intéressantes sur Internet.

### Pousada de Juventude

**Hors plan par D1-2** – Rua Dr. Henriques Seco, 14
📞 239 82 92 28. Au-delà du parc de Santa Cruz.

### Antunes

**Plan D3** – Rua Castro Matoso, 8 📞 239 85 47 20, www.residencialantunes.com. Moins de 60 €.

Sans charme mais situé à deux pas de l'université et du jardin botanique. Parking fermé inclus.

### Dona Inês

**Hors plan par A1** – Rua Abel Dias Urbano, 12
📞 239 85 58 00. Parking payant. De 60 à 80 €.

Impossible d'être déçu par cet hôtel ! Rénovation moderne, accueil professionnel, petit déjeuner parfait et chambres ultra-fonctionnelles, dont certaines avec une belle vue. Vraiment imbattable pour le prix, Son voisin, le **Vila Galé Coimbra**, offre des prestations équivalentes.

### Moeda

**Plan A1** – Rua da Moeda, 81
📞 239 82 47 84. De 60 à 80 €.

Petit établissement très confortable, bon marché et très bien situé. Le patron, très sympathique, parle le français.

### Astória

**Plan A3** – Av. Emídio Navarro, 21
📞 239 85 30 20, www.astoria-coimbra.com. De 60 à 80 €.

Un vénérable établissement bien curieux, réservé aux inconditionnels du chic déglingué, voire délabré ! Et pourtant

# • NOS ADRESSES •

le charme opère irrémédiablement, grâce au beau décor de cinéma des années 1920 dans le hall, les salons et les ascenseur. Un véritable monument ! Demandez plutôt une chambre qui donne sur la ruelle à l'arrière, histoire de pouvoir ouvrir les fenêtres. Bon accueil.

### Quinta das Lágrimas

**Hors plan par A3** – Rua António Augusto Gonçalves ☎ 239 80 23 80, www.quintadaslagrimas.pt. Plus de 150 €.

♥ L'un des rares Relais & Châteaux portugais. Nuit inoubliable à la clé, surtout si vous logez dans la partie ancienne. Merveilleux jardin et golf.

## OÙ MANGER

Vous trouverez des restaurants sans prétention dans la rua das Azeiteiras (plan A2), qui débouche sur la praça do Comércio. Les rues da Louça, da Moeda et Direita (plan A1) comptent aussi plusieurs tavernes éclairées au néon.

### O Pátio

**Plan B1** – Pátio da Inquisicão, 26 ☎ 239 82 85 96. Lun.-sam. 8h-2h. Moins de 20 €.

L'archétype du resto portugais : copieux, sans manières ni recherche, mais chaleureux, l'ensemble pas cher du tout. Possibilité de dîner en terrasse, au calme, ce qui est rarissime à Coimbra.

### Adega Paço do Conde

**Plan A2** – Rua Paço do Conde, 1 ☎ 239 82 56 05. Lun.-sam. 11h30-15h30 et 18h30-22h. Moins de 20 €.

Viandes et poissons grillés à déguster en salle ou dans la cour. Pittoresque et bien pour se sustenter, sans plus.

### Zé Manel dos Ossos

**Plan A3** – Beco do Forno, 12 ☎ 239 82 37 90. Lun.-ven. 12h30-15h et 19h30-22h, sam. 12h30-15h. Moins de 20 €.

Viandes et mets portugais savoureux sont servis ici en portions généreuses. Cette institution est si minuscule qu'il est très difficile d'y trouver une place pour dîner. Seule solution : arriver tôt !

### O Trovador

**Plan B2** – Largo da Sé Velha, 15/7 ☎ 239 82 54 75. Lun.-sam. 12h-15h et 19h-22h. De 20 à 30 €.

Célèbre restaurant au décor cossu. Bonne cuisine traditionnelle mais très touristique…

### A Taberna

**Hors plan par D3** – Rua dos Combatentes da Grande Guerra, 86 ☎ 239 71 62 65, www.restauranteataberna.com. T.l.j. 12h30-15h et 19h30-22h30. F. dim. soir et lun. De 20 à 30 €.

Excellente table et service prévenant dans une petite salle. Choix de plats réduit et restaurant participant aux concours gastronomiques.

### Arcadas da Capela

**Hors plan par A3** – Dans l'hôtel Quinta das Lágrimas ☎ 239 80 23 80. T.l.j. 12h30-14h30 et 19h30-22h. De 20 à 30 €.

Excellente cuisine dans un cadre ultra-raffiné, avec un menu « Pedro et Inês » pour se souvenir de la reine assassinée ici, selon la légende.

### Piscinas do Mondego

**Hors plan par A3** – Rotunda das Lages, parque do Mondego ☎ 239 44 15 91. T.l.j. 12h-14h45 et 19h30-22h15 (22h45 ven.-sam.). F. dim. soir. De 20 à 30 €.

Restaurant à la mode et design, installé dans le nouveau complexe de la rive gauche du Mondego. On déjeune ou on dîne au bord de la piscine, attablé sur de grands bancs, ou bien en salle. Bonne cuisine élaborée et cadre original.

### Fêtes à Coimbra

> Déb. mai. **Queima das Fitas :** le « Brûler de rubans » célèbre la fin de l'année universitai[re] entre défilés, bals et sérénades.

> 14 et 15 juin. **Feira medieval de Coimbra :** spectacles culturels autour d'une fête médiévale.

> 10-29 juin. **Fête des Saints populaires :** nombreux concerts, ballets et spectacles folkloriques.

> 1er w.-e. de juil. **Fête de la Reine sainte :** processions et spectacles folkloriques (années paires).

## CAFÉ ET PÂTISSERIE

Les cafés de la praça da República (plan D1 2) étendent des terrasses ombragées prises d'assaut par les étudiants.

### Santa Cruz

**Plan A1** – Jouxtant l'église du même nom
239 83 36 17, www.cafesantacruz.com.
Lun.-sam. 8h-minuit, dim. 8h-20h.

C'est un monument à part entière. L'église (v. 1530) désaffectée reçut diverses fonctions : entrepôt, chambre funéraire, caserne de pompiers, avant de devenir un café à partir de 1923.

### Pastelaria Briosa

**Plan A3** – Largo da Portagem, 5 239 82 16 17.
T.l.j. 7h-21h.

Pour goûter les douceurs de la ville, *queijadas* et *pastéis* de Coimbra.

## FADOS

### Fado ao Centro

**Plan B2** – Rua do Quebra Costas, 7 239 83 70 60 ou 239 40 51 05, www.fadoaocentro.com.
Concerts t.l.j. à 18h, 12 €/pers.

Le fado de Coimbra serait influencé par la musique brésilienne. Vous pourrez le vérifier chaque soir à 18h à l'un des concerts organisés par le centre.

## SPORTS ET LOISIRS

**Botanique**

Les amateurs de jardins seront à la fête. En plus du **jardin botanique** (plan C3) et du **parc de Santa Cruz** (plan D2), ils visiteront le **jardin de l'hôtel Quinta das Lágrimas** (hors plan par A3), avec sa fontaine dite «des Amours», qui marque l'endroit où Inês aurait été étranglée par les sbires d'Afonso IV.

**Croisières**

### OdaBarca

**Plan A3** – Départ en amont du ponte de Santa Clara 969 83 06 64 (port.), www.odabarca.com.
Fermé temporairement pour travaux.

Croisières sur le Mondego de 50 min à bord du *Basófias* (7 €), un ancien bateau-mouche parisien. La société organise des balades dans la ville en *tuk-tuk*, seules ou jumelées avec une croisière.

# FIGUEIRA DA FOZ

## OÙ DORMIR

### Hostel 402

Rua Engenheiro Silva, 40 937 70 86 79 (port.), www.hostel402.pt. Moins de 30 €.

Cette récente auberge de jeunesse offre un cadre moderne tout confort. Chambres pour 2, 4, 6 pers. Accueil en français et bons conseils sur la ville.

## OÙ MANGER

### Mar à Vista

Rua 5 de Outubro, 92-94, Buarcos (4 km N-E de Figueira da Foz) 233 10 72 71.
T.l.j. 12h30-20h. Moins de 30 €

Des sardines, encore des sardines et rien que des sardines. À volonté !

## SPORTS ET LOISIRS

Sur les hauteurs de Figueira da Foz s'étend la serra da Boa Viagem, une superbe forêt de pins où les locaux se réfugient durant les heures chaudes et pique-niquent volontiers le dimanche.

### Parque Aventura

Av. 1° de Maio (près du stade) 915 53 65 55 (port.), www.parqueaventura.net. Juil.-août : t.l.j. 10h-18h ; 16 juin-30 juin et 1er-15 sept. : t.l.j. 14h-18h ; 1er avr.-15 juin et 16 sept.-31 oct. : sam.-dim. 14h-18h.

Parc de loisirs axé sur l'accrobranche, offrant 6 parcours différents et des défis à relever (ponts, cordes et tyroliennes).

# PARQUE NACIONAL DO BUÇACO

## OÙ DORMIR

### Palace do Buçaco

Parque do Buçaco 231 93 79 70, www.almeidahotels.com. 62 ch. Plus de 150 €

Construit par le roi Carlos I, ce palais fut peu habité par le monarque. Décoration intérieure d'un luxe délicieusement daté. Le restaurant ne fait pas l'unanimité.

*Balade romantique*

# DANS LE PARQUE NACIONAL DO BUÇACO

Le vrai plaisir de Buçaco, c'est de pouvoir se balader dans une forêt de plus de 100 ha, ponctuée de cours d'eau cachés par les frondaisons, et de découvrir, au détour d'un chemin, les beaux vestiges de l'enceinte du monastère.

Fontaine-escalier dans la forêt de Buçaco

## Le parc

En venant de Luso, vous entrerez dans le parc par la **porta das Ameias** ou par la **porta da Serra**. Une étroite route pavée (accès payant en saison) pénètre dans la forêt dense et obscure. En chemin, vous verrez un petit bassin peuplé de cygnes et la **fonte Fria**, une source aménagée par les moines. Plus de 700 essences cohabitent dans le parc (env. 100 ha). Les arbres indigènes – chênes, pins sylvestres, etc. – côtoient ceux qui ont été importés au XVII$^{e}$ s. par les moines : cèdres du Mexique (rebaptisés depuis «cèdres de Buçaco»), philarias d'une hauteur impressionnante, séquoias, sapins de l'Himalaya... Partout, fougères et hortensias s'entremêlent autour des fontaines pour former un tableau végétal inoubliable.

## PRATIQUE

Voir p. 321.

### Adresses

**Fundação Mata do Buçaco, Luso** ☎ 231 93 70 00, www.fmb.pt Avr.-sept. : lun.-ven. 9h-19h, sam.-dim. 9h-20h ; oct.-mars : t.l.j. 9h-17h, w.-e. jusqu'à 19h30.

### Accès

Entrée libre pour les piétons ; payante pour les voitures, 5 €. Randonnée dans le parc avec guide : 5 € (disponible en français).

## LE PALACE-HÔTEL

Construit à la fin du XIXe s., c'est à Luigi Manini – l'architecte de la Quinta da Regaleira (p. 134) – que l'on doit cette petite merveille de style néomanuélin. Sa galerie extérieure s'inspire du cloître de Belém (p. 106). Les murs s'ornent de panneaux d'azulejos illustrant des épisodes des *Lusiades* de Camões et de la bataille de Buçaco. Sur le côté est du palais, on découvre le **porche** d'entrée en rocaille noir et blanc, puis l'église, seuls vestiges du **monastère de Santa Cruz**.
À l'arrière, côté sud, s'étend le jardin à la française de l'hôtel, avec ses parterres géométriques. Plusieurs sentiers fléchés (balades de 1h à 1h30) partent à la découverte du parc. Deux petites **randonnées** (1 à 2h) sont guidées par des moniteurs de la Fondation Mata do Buçaco en charge du parc national : l'une permet de découvrir la forêt primitive du parc, l'autre la via Sacra.

### Via Sacra

Du palais, vous pouvez rejoindre à pied ce **chemin de croix** en vingt étapes et autant de petites **chapelles**. Elles renferment des scènes en terre cuite – créées par le célèbre céramiste Rafael Bordalo Pinheiro – illustrant la Passion du Christ, de l'arrestation à la descente de la Croix.
Et si vous trouvez la route extrêmement sinueuse, c'est parce que les stations devaient être séparées par la même distance qui aurait séparé les étapes du calvaire du Christ à Jérusalem ! La via Sacra grimpe en 45 min environ jusqu'à **Cruz Alta**, au sommet de la colline (540 m), mais elle est également accessible en voiture (itinéraire fléché). Le panorama embrasse l'ensemble du site et s'étend jusqu'à la Estrela.

Le Buçaco Palace Hotel

20

# LE CENTRE, d'Aveiro à la serra da Estrela ✧✧✧

La balade s'adresse en premier lieu aux amoureux de la nature, qui découvriront ici des paysages d'une surprenante variété, à commencer par les immenses étendues de la *ria* de Aveiro. Autour de Viseu s'étend la région vinicole du Dão-Lafões, qui aboutit à la serra da Estrela, domaine de forêts et de pâturages jonché de blocs de granit. En chemin, l'itinéraire traverse des villes très différentes : Aveiro, port de pêche aux maisons colorées ; puis Viseu, au riche patrimoine architectural ; enfin Guarda et Castelo Branco, deux aimants dans une région peu peuplée.

## PRATIQUE


- **Plan p. 308-309**
- **Nos adresses p. 342**


### ↓ Accès

**En voiture**

Aveiro est à 60 km au N de Coimbra par l'A1 (50 min). Pour découvrir la serra da Estrela, difficile de se passer de voiture.

**En train**

**Gare ferroviaire d'Aveiro :** au bout de l'av. Dr Lourenço Peixinho. Liaisons quotidiennes avec Coimbra (1h), Porto (30 min) et Lisbonne (2h30).

**Gare ferroviaire de Castelo Branco :** à l'extrémité de l'av. Nuno Álvares Pereira (S de la ville). Liaisons quotidiennes avec Covilhã (1h) et Lisbonne (2h50).

**Gare ferroviaire de Guarda :** 4 km N de Guarda en dir. de Vilar Formoso. Liaisons quotidiennes avec Vilar Formoso (40 min), Coimbra

Les quais d'Aveiro

# L'ESSENTIEL

## À ne pas manquer

Les façades Art nouveau d'Aveiro ; un bol d'air pur dans la Serra da Estrela ; le village perché de Monsanto.

## Expériences

Goûter les *ovos moles*, douceur sucrée d'Aveiro ; voguer en *moliceiro* sur la *ria* de Aveiro ; surfer à Costa Nova ; pique-niquer dans les dunes de São Jacinto.

## Aveiro ✧

59 km N-O de Coimbra par l'A1, puis la N235, 250 km N de Lisbonne et 70 km S de Porto.

Jusqu'au XVI^e s., Aveiro était un port maritime. Les pêcheurs allaient jusqu'à Terre-Neuve traquer la morue. La cité vivait aussi de ses salines. En 1575, une violente tempête leva un barrage de sable qui ferma la lagune. Au début du XIX^e s., on réussit à construire des digues résistant aux marées, et Aveiro redevint opulente. Désormais troisième centre industriel du pays (chantiers navals, sidérurgie et construction mécanique), la ville, que l'on peut découvrir à vélo (p. 329), s'est dotée de nouveaux quartiers et a embelli son patrimoine ancien.

### LE CANAL CENTRAL ✧

La visite peut débuter par une balade le long du canal central, autour de la praça Humberto Delgado. Au bord de l'eau se dressent des maisons aux façades Art nouveau qui font toute l'originalité d'Aveiro. L'une d'elles (début XX^e s.) abrite le **museu da Cidade** (rua João Mendonça, 9-11 ☎ 234 40 64 85 ; mar.-dim. 10h-12h30 et 13h30-18h ; entrée jumelée avec le museu de Arte nova : 2 € ;

(2h30) et Lisbonne (4h20). Rens. : www.cp.pt

**En bus**

**Gare routière de Castelo Branco :** rua Poeta João Roiz, 4. Liaisons avec Covilhã (55 min), Guarda (1h30), Viseu (2h35), Coimbra (2h10) et Lisbonne (2h30).

**Gare routière de Guarda :** rua António Sérgio, 4 km S du centre. Liaisons quotidiennes avec Covilhã (35 min), Castelo Branco, Viseu (55 min), Coimbra (2h), Porto (2h15) et Lisbonne (4h).

**Gare routière de Viseu :** av. Dr António José de Almeida. Liaisons quotidiennes avec Coimbra (1h10), Guarda, Aveiro (1h10), Braga (2h45), Porto (1h45) et Lisbonne (3h40). Rens. : www.rede-expressos.pt

### Se déplacer

À **Aveiro**, service de prêt de vélos, près du forum, dans le kiosque BUGA (munissez-vous d'une pièce d'identité). →

^ L'ancien quartier des pêcheurs, Aveiro

## BATEAUX

### Les moliceiros

Plusieurs *moliceiros* destinés à agrémenter les quais ou à des croisières sont amarrés aux berges. Ces barques, conduites à la perche et glissant sans bruit sur la lagune, servaient autrefois à récolter des algues *(moliços)*, que l'on arrachait du fond de la lagune à l'aide de râteaux fixés à la proue. Les embarcations aux couleurs vives sont ornées de peintures naïves évoquant la vie et l'histoire locales.

billet combiné avec le museu de Arte nova et museu de Aveiro à 5 €), dans lequel sont présentées des expositions temporaires autour de l'histoire de la ville. Une autre, au décor plus séduisant encore, accueille le **museu de Arte nova** (rua Barbosa Magalhães, 9-11 ☎ 234 40 64 85 ; mar.-dim. 10h-12h30 et 13h30-18h ; entrée jumelée avec le museu da Cidade : 2 € ; billet combiné avec le museu da Cidade et museu de Aveiro à 5 €). Plus que le musée proprement dit, la visite sera l'occasion d'apprécier le décor de plus près, d'emprunter le merveilleux escalier et de s'asseoir dans le salon de thé *(encadré ci-contre)*.

En allant jusqu'au **mercado do Peixe**, le marché aux poissons (mar.-dim. jusqu'à 13h), vous atteindrez l'ancien quartier des pêcheurs, avec ses maisons basses et ses quais désormais envahis de voitures. Il s'étend jusqu'au canal de São Roque, que frôle l'autoroute. La balade dans les petites rues des environs est d'autant plus agréable que de nombreuses maisons ont retrouvé un aspect pimpant.

### PRAÇA DA REPÚBLICA

La place dominant la rive sud du canal central résume assez bien ce mélange d'ancien et de moderne qui caractérise Aveiro. L'**igreja da**

## PRATIQUE (SUITE)

### ↓ Offices de tourisme

**Welcome Center Turismo do Centro (Viseu)**
Casa do Adro, Adro da Sé, Viseu ☎ 232 42 09 50, www.turismodocentro.pt. Lun.-ven. 9h-18h, sam.-dim. et j.f. 9h-13h et 14h-17h.

**Almeida**
www.cm-almeida.pt

**Aveiro Welcome Center**
www.cm-aveiro.pt

**Belmonte**
www.cm-belmonte.pt.

**Castelo Branco**
www.cm-castelobranco.pt

**Guarda**
www.mun-guarda.pt

**Pinhel**
www.cm-pinhel.pt

**Trancoso**
www.cm-trancoso.pt

**Misericórdia** (début XVIIIe s.) est tapissée d'azulejos à l'extérieur (XIXe s.) et à l'intérieur (XVIIe s.). Le petit cloître attenant est charmant. Suivez la rua dos Combatentes da Grande Guerra, puis prenez à gauche l'avenida Santa Joana.

### MUSEU DE AVEIRO ✧✧

Av. Santa Joana ☎ 234 42 32 97. Mar.-dim. 10h-12h30 et 13h30-18h (19h en été). Entrée : 4 €.

Le musée est installé dans l'ancien couvent de Jésus, érigé au XVe s. et enrichi d'œuvres baroques au XVIIIe s. Il offre deux séduisants parcours : l'un architectural, dans l'ancien couvent dominicain, l'autre artistique, à travers objets d'art et peintures provenant des couvents voisins ou issus de donations (expositions temporaires d'art contemporain).

#### Le parcours architectural ✧✧

Dans le chœur inférieur de l'igreja do Jesus trône le somptueux **tombeau** de la princesse sainte Joana, fille d'Alfonso V, morte en 1490. Un merveilleux travail de marqueterie en marbre (début XVIIIe s.). Le **cloître** date de la fin du XVe s. et de la Renaissance. Notez ici les vastes dimensions du réfectoire aux murs couverts d'azulejos.

#### Le parcours artistique ✧✧

À l'étage.

Les sculptures religieuses, les reliquaires et les retables, présentés avec sobriété, sont regroupés par thématique (autour de sainte Jeanne, autour de saint Dominique et de son ordre). Parmi les peintures portugaises et flamandes figure le ***Portrait de la princesse Jeanne***, autrefois attribué à Nuno Gonçalves. L'étage permet par ailleurs d'accéder à la tribune de l'église, avec ses chapelles des XVIIe-XVIIIe s. somptueusement décorées.

### CANAL DO CÓJO

À l'extrémité de l'avenue bordant la cathédrale débute l'Aveiro moderne, né dans les années 1990, qui s'étend du canal do Cójo jusqu'au magnifique bâtiment industriel de l'ancienne briqueterie (1896-1916), devenue un centre culturel et de congrès.

**PAUSE**

**Casa de Chá de Arte Nova**

Arrêtez-vous ici au rez-de-chaussée de cette belle bâtisse Art nouveau pour prendre un thé ou une pâtisserie, allongé sur un pouf multicolore, dans la cour ou dans l'un des petits salons. Le soir, place aux cocktails !

> Museu de Arte nova, rua Barbosa Magalhães, 9 ☎ 234 40 64 85. Mar.-jeu. 10h-2h, ven. 10h-3h, sam. 12h30-3h, dim. 12h30-21h.

## Ria de Aveiro ✧

La grande lagune née du mariage des eaux de la mer et des *rios* Vouga et Boco est l'une des grandes curiosités naturelles du pays. Ponctuée d'îles, striée de chenaux et soumise aux marées, elle couvre une superficie d'environ 11 000 ha, dont 6 000 immergés en permanence.

La *ria* est fermée par un cordon littoral percé à **Barra**, station balnéaire en plein essor où trône le plus grand phare du pays et au-delà de laquelle s'étend une vaste plage (13 km O d'Aveiro par l'IP5). Ses eaux sont très poissonneuses (pêche à l'anguille).

**Parc naturel de la Serra da Estrela**
Av. Frei Heitor Pinto, 19, Covilhã ☎ 275 31 95 60. Lun.-sam. 9h-17h30.

**Gouveia**
ww.cm-gouveia.pt

**Manteigas**
www.cm-manteigas.pt

**Seia**
www.cm-seia.pt

### AU NORD-OUEST D'AVEIRO

Itinéraire d'env. 130 km A/R ; sortez d'Aveiro par l'A2 et l'A1 vers Porto jusqu'à la sortie Ovar ; prenez ensuite vers le S (São Jacinto) par la route littorale (N327).

En suivant la N327, vous verrez de beaux paysages lagunaires et des *moliceiros* (encadré p. 331) amarrés à **Torreira**, dont la proue joliment courbée est décorée de fresques et de scènes naïves aux couleurs vives.

Peu après la **Pousada da Ria** (Pousada Murtosa-Torreira) débute la **réserve naturelle des dunes de São Jacinto**. La zone abrite une faune constituée de renards, de blaireaux, de hérissons, de plus de 80 espèces d'oiseaux et de canards sauvages. Pique-niquer ici est idéal.

### AU SUD-OUEST D'AVEIRO ✧✧

Itinéraire d'env. 80 km vers le S ; sortez d'Aveiro par l'A25 en direction de Praia da Barra et Costa Nova.

Si le parcours d'Aveiro jusqu'au littoral n'a rien de réjouissant, le trajet de **Praia da Barra à Praia de Mira** ménage de belles surprises, comme le village de **Costa Nova** (10 km S-O d'Aveiro par l'A25 et la N334), avec ses rues ensablées et ses pavillons rayés de couleurs vives. La rue parallèle, en allant vers le superbe littoral dunaire, est bordée d'anciennes maisons de pêcheurs ou d'artisans décorées de faïences en façade.

Le retour à Aveiro s'effectuera par l'intérieur via Vagos pour passer à **Vista Alegre** (9 km S d'Aveiro), d'où provient la plus prestigieuse porcelaine du pays. L'éminente **manufacture**, dominée par une église baroque, a des allures de cité industrielle. Le **museu da Vista Alegre** (derrière l'usine ☎ 234 32 06 00, www.vistaalegre.com ; t.l.j. 10h-19h30 ; entrée : 6 €, gratuite le 2e dim. du mois 10h-13h) présente les créations de la manufacture depuis ses débuts, dans les années 1820.

La localité suivante, **Ílhavo**, rejoint la banlieue d'Aveiro. Un bâtiment moderne abrite l'intéressant **Museu marítimo** (av. Dr Rocha Madahil N109 ☎ 234 32 99 90, www.museumaritimo.cm-ilhavo.pt ; mar.-sam. 10h-17h15, dim. 14h-17h15 ; entrée : 6 €), qui retrace l'histoire de la pêche à la morue, l'une des activités phares de la zone. Des sections évoquent la *ria* et les embarcations de la lagune à l'aide de maquettes.

## Caramulo ✧

68 km E d'Aveiro par l'A25, la N333-2 et la N230.

Un détour par cette **station thermale** juchée entre ciel et terre (800 m d'altitude) se justifie par la présence d'un superbe **musée** (☎ 232 86 12 70, www.museu-caramulo.net ; mar.-dim. 10h-13h et 14h-18h (oct.-avr. 17h) ; entrée : 8 €), dont les collections sont présentées dans deux bâtiments distincts.

Le bâtiment en face de l'hôtel Do Caramulo abrite à l'étage une **collection d'œuvres d'art** qui force le respect : tapisseries de Tournai (début XVIe s.), arts décoratifs, peintures portugaises (Vasco Fernandes, Frei Carlos, Souza-Cardoso, José de Guimarães...) et étrangères (Quentin Metsys, Picasso ou Dalí, Isenbrant, Pourbus le Jeune, Dufy, Léger ou encore Lurçat).

Le second bâtiment est consacré à l'**automobile** et à la **moto** : Peugeot de 1906, Rolls-Royce Phantom, Bugatti de 1936 et de 1938, Pegazo Z-102, petite bombe de technologie des années 1950 *made in Spain*, et d'autres encore.

## Serra do Caramulo

Office de tourisme de Tondela, largo da República ☎ 232 81 11 10, www.cm-tondela.pt. T.l.j. 9h30-17h30.

La serra do Caramulo propose plusieurs **sentiers de randonnée** bien balisés. L'un d'eux, la **rota dos Caleiros**, permet d'atteindre le belvédère de Caramulinho depuis le village de Cadraço (8,2 km, env. 4h). Les pratiques de l'alpinisme et du VTT se sont également bien développées dans la serra.

^ Le village de Costa Nova

## Viseu ✧

90 km E d'Aveiro par l'A25, 295 km N-E de Lisbonne, 140 km S-E de Porto.

Située au cœur de la région, la petite métropole (100 000 habitants dans l'ensemble du district) attire avant tout les amateurs de bons vins (appellations Dão et Lafões ; p. 477) et de bonne cuisine. Elle est la patrie présumée de Viriathe, le «Vercingétorix portugais», berger assassiné en 139 av. J.-C. et considéré comme le premier héros national.

### VERS LE LARGO DA SÉ

Stationnez à proximité de la praça da República (Rossio), le centre-ville étant piéton. Sinon, parking souterrain non loin, largo de Santa Cristina.

La **praça da República** est bordée au sud par la façade baroque de l'**igreja dos Terceiros de São Francisco** et à l'est par la **Câmara municipal** (mairie). Au centre, à l'ombre des tilleuls, s'étale la terrasse du Café central, prisé des habitants. Un escalier décoré d'azulejos mène au jardim das Mães (le «jardin des Mères»), une place ornée de parterres. La rua Nunes de Carvalho et la rua Soar de Cima grimpent vers la **vieille ville**. En chemin, vous traverserez l'**Arco do Soar**, une porte de l'ancienne muraille édifiée au XVe s.

### Sé ✧✧

Largo da Sé 📞 232 43 60 65. T.l.j. 9h-13h et 14h-17h30.

La cathédrale affiche une façade un peu lourde répondant à celle de la Misericórdia (XVIIIe s.), d'un style rococo plus élégant.

L'**intérieur** est remarquable. Remanié au XVIe s., il présente une voûte manuéline à nervures torsadées, appelée «**voûte des Nœuds**» (1513) et attribuée à João de Castilho. Les clés portent les emblèmes de João II (un pélican) et d'Afonso V (une roue de moulin). Le **chœur** est orné d'un retable baroque et d'une Vierge gothique en pierre d'Ança (XIVe s.).

Le **cloître** de style Renaissance est accessible par l'entrée à droite de la façade. La porte romano-gothique, qui communiquait autrefois avec la nef, est dotée de chapiteaux ornés d'oiseaux affrontés. L'une des chapelles de la cathédrale porte un relief (XVIe s.) figurant une Descente de Croix attribuée à l'école de Jean de Rouen.

### Museu Grão Vasco ✧✧

Largo da Sé 📞 232 42 20 49. Mar.-dim. 10h-13h et 14h-18h. Entrée : 4 €.

La grande curiosité de la ville, dédiée au peintre Vasco Fernandes (v. 1475-v. 1542), dit Grão Vasco, a fait peau neuve voilà quelques années.

Le fleuron des collections, l'ensemble de tableaux de l'école de Viseu, bénéficie d'une présentation particulièrement soignée.

Au premier étage, on découvre un ensemble de **sculptures** présentées de manière chronologique et thématique. Ce niveau renferme aussi le **mobilier** ainsi que des **peintures portugaises** du XVII^e^ s. au début du XX^e^ s., du naturalisme de Silva Porto au modernisme d'Eduardo Viana *(Vue d'Olhão)*.

Le deuxième étage rassemble les tableaux de **peintres contemporains**, des **sculpteurs** de l'école de Coimbra, qui réinterprètent l'esprit de la Renaissance en y intégrant des teintes sombres avec un souci d'expressivité spirituelle.

En arrivant sur le palier, vous découvrirez d'abord l'***Assomption*** de Vasco Fernandes, meilleur représentant de l'école de Viseu. À droite, sont exposés les quatorze panneaux du **retable** (1501-1506) qui ornait la cathédrale. L'œuvre provient sans doute de l'atelier de Francisco Henriques, un Flamand devenu le gendre de Jorge Afonso, peintre de la cour de Manuel I. Dans l'***Adoration des mages***, le roi noir a été remplacé par un Indien du Brésil, juste découvert à l'époque. La ***Visitation*** révèle la parfaite intégration des modèles de Rogier van der Weyden. À gauche du palier, en revanche, la représentation de **saint Pierre** est très italianisante.

La salle suivante présente d'autres **œuvres de Grão Vasco**, pour certaines réalisées en collaboration avec Gaspar Vaz (v. 1495-1569), établi à Viseu après sa formation à Lisbonne auprès de Jorge Afonso. Remarquez surtout ici le ***Calvaire***, le ***Baptême du Christ*** et ***Saint Sébastien***, trois œuvres témoignant d'une remarquable maîtrise de la mise en scène.

Les peintures des deux dernières salles témoignent de l'influence croissante qu'exerçait l'Italie sur les peintres portugais du XVI^e^ s.

### LE QUARTIER ANCIEN ✧

Prenez la rue à dr. de la cathédrale pour rejoindre la praça Dom Duarte.

De forme irrégulière en raison du dénivelé, la **praça Dom Duarte** est prolongée par la rue du même nom, où l'on remarquera le **donjon** percé d'une fenêtre manuéline. De cette place, on descend dans la **vieille ville**, qui compte encore plusieurs **demeures nobles** *(solares)* en granit des XVI^e^-XVIII^e^ s. Les plus belles demeures bordent la rua Direita, qui reconduit à droite vers le centre. D'autres se cachent rua do Gonçalinho et rua do Carvalho.

## Trancoso ✧

71 km N de Viseu par l'IP5/A25 et la N102.

Encore enserrée dans ses murailles, la **bastide** conserve quatre portes, dont la porte d'El Rei, qui donne le ton : le granit et la pierre règnent ici en maîtres.

La place principale, avec son inévitable pilori, annonce clairement le nord du Portugal, de même que les hautes et solides maisons bordant les ruelles du centre historique. Enfin, le **château** domine la campagne à plus de 800 m d'altitude.

Trancoso abritait une importante communauté juive aux XIV^e^-XV^e^ s., dont elle conserve plusieurs souvenirs. Elle est la patrie du cordonnier et poète juif Bandarra (1500-1556), qui prophétisa le retour du roi Sebastião I, disparu en 1578 durant la bataille d'El-Ksar el-Kébir, et signa le début du sébastianisme (croyance populaire dans le retour du roi).

## Guarda ✧

38 km S-E de Trancoso par la N102 et l'IP5/A25, 360 km N-E de Lisbonne.

«La gardienne», la ville la plus haute du Portugal, est juchée sur le versant oriental de la serra da Estrela, à 1000 m d'altitude. Le centre ancien affiche un visage rude, avec ses rues sombres bordées de maisons construites en pierre locale, un granit brun tirant sur le noir. Ancienne place forte, Guarda conserve des fragments de sa muraille et l'une des plus belles cathédrales du pays. L'agglomération a dégringolé dans la vallée, le long de l'axe rapide où poussent ZAC et centres de loisirs.

## MUSEU DA GUARDA

Rua Alves Roçadas, 30 ☎ 271 21 34 60, www.museudaguarda.pt. Mar.-dim. 9h-12h30 et 14h-17h30. Entrée : 2 € ; gratuite 1er dim. du mois.

Logé dans l'ancien séminaire du palais épiscopal (1601), il renferme une importante quantité de vestiges antiques, des armes et quelques sculptures, dont un **retable de l'Annonciation** en pierre d'Ança provenant de la cathédrale. L'étage propose des peintures d'artistes locaux du début du XXe s.

En sortant du musée, allez jeter un coup d'œil à la jolie cour Renaissance de l'évêché (entrée libre), abritant le **paço de Cultura de Guarda**.

˅ Maisons du vieux quartier de Guarda

## TORRE DOS FERREIROS

Du museu da Guarda, traversez la rua Alves Roçadas, puis dépassez le petit jardin en surplomb pour atteindre la torre dos Ferreiros, à g.

La porte en chicane de la forteresse a été édifiée au XIIIe s. sous Sancho I, fondateur de la ville. Elle donne accès à la très médiévale rua da Torre, aboutissant rua Dom Miguel de Alarcão, bordée de demeures armoriées, qui jouxte le chevet de la cathédrale.

## SÉ ✧✧

Praça Luís de Camões ☎ 969 33 09 10 (port.). Avr.-oct. : t.l.j. 10h-13h et 14h-18h ; nov.-mars : t.l.j. 9h30-13h et 14h-17h. Entrée : 2,50 €.

Une cathédrale de Guarda à l'image de la ville : fière et farouche, refusant toute ostentation. Elle est le meilleur exemple de style gothique tardif du pays.

Commencé en 1390, l'édifice fut achevé en 1540, d'où le mélange de styles. La façade d'allure fortifiée est gothique, mais le flanc nord, avec son portail surmonté d'une fenêtre manuéline, rappelle le monastère de Batalha (p. 167). Inutile de tenter une visite un dimanche au moment de la grand-messe : toute la ville, ou presque, s'y donne rendez-vous.

En entrant, vous serez saisi par la beauté de la **nef** (fin XVe s.). Les moulures torses et la voûte étoilée de la **croisée du transept** sont aussi d'époque manuéline, comme l'indique la clé de voûte en forme de croix de l'ordre du Christ. Le chœur abrite un **grand retable** en pierre d'Ança exécuté par Jean de Rouen et son école (vers 1550).

## LE VIEUX QUARTIER

De la praça Luís de Camões à la porta del Rei.

La praça Luís de Camões, où s'élève la cathédrale, forme un bel ensemble architectural. En contrebas de la Sé, la rua Francisco de Passos donne accès à l'ancien **quartier juif**, qui s'étend entre l'église São Vicente (azulejos du

XVIIIe s.) et les murailles. La promenade rua de São Vicente et dans les ruelles avoisinantes, grossièrement pavées, jusqu'à la **porta del Rei** (XIIe-XIIIe s.), est particulièrement poétique au crépuscule.

## Les places fortes de l'Est ✧✧

Itinéraire d'env. 300 km E de Guarda. Comptez 2 j., avec étape à Sortelha ou à Monsanto.

L'est de Guarda constituait un couloir d'accès obligé pour les envahisseurs espagnols au Moyen Âge : une quinzaine de cités alignent encore leurs murs crénelés entre le Douro et Castelo Branco. Cette promenade est à faire absolument pour qui souhaite sortir des sentiers battus et découvrir de vieux villages vraiment attachants.

### PINHEL

37 km N-E de Guarda par l'A25 et la N324.

Une véritable route de montagne conduit à ce bourg, juché sur une colline dominant deux cours d'eau, au cœur d'une région viticole. La place centrale de la ville basse, entourée de l'église et de maisons blasonnées, n'est pas sans charme. Deux donjons subsistent sur l'éminence, dont l'un conserve une fenêtre manuéline géminée. En contrebas, la forme ajourée du clocher de l'église Santa Maria annonce déjà le proche Trás-os-Montes (p. 394).

### CASTELO RODRIGO ✧

22 km N-E de Pinhel par la N221.

Le village occupe un site superbe, coiffant une éminence qui ouvre sur un immense panorama circulaire sur la campagne alentour.

La balade dans les rues pentues, bordées de solides maisons de pierre, s'achève devant les ruines déchiquetées du château, avec un clocher comme posé sur l'une des tours. C'est de son chemin de ronde qu'on profite de la vue la plus incroyable sur les environs.

### ALMEIDA ✧

21 km S de Castelo Rodrigo par la N332.

La cité est entourée de puissantes fortifications à la Vauban. Après avoir franchi la **porte São Francisco** (accès principal de la forteresse) se découvre, à gauche, le long bâtiment des Escadrons (XVIIIe s.). Cet édifice blanc souligné de granit est une ancienne caserne d'infanterie.

En vous promenant dans les ruelles rectilignes de la «bastide», vous verrez des maisons basses et des palais militaires : corps de garde principal, intendance, etc.

### CASTELO BOM

20 km S d'Almeida par la N332 et une route secondaire.

Le «bon château» coiffe – comme il se doit – une colline dominant une tempête de pierres. Aux vieilles et modestes maisons répondent quelques demeures nobles, établies surtout dans la partie basse de ce bourg. De l'église, la rua Direita aboutit à un mirador dominant la campagne rocailleuse.

**PAUSE**

**Cantinho Café**

Un établissement vraiment chaleureux qui sert du thé et du chocolat chaud, des vins d'appellation Castelo Rodrigo et Douro, et, surtout, jusqu'à 80 références de bières artisanales. Un excellent endroit pour découvrir le savoir-faire des artisans brasseurs portugais ! À siroter de préférence sur la terrasse panoramique, d'où l'on profite d'une vue superbe !

> Rua da Sinagoga, 1, Castelo Rodrigo ☎ 912 13 34 92 (port.). Lun.-mar. et jeu.-ven. 15h30-22h30, sam.-dim. 13h-22h30.

^ La place du pilori à Sortelha

## CASTELO MENDO ✧

4 km S-O de Castelo Bom par la N16.

Une vraie merveille ! Le village fortifié s'annonce par un champ de croix et par une porte flanquée de deux tours ménagée dans la muraille. Au-delà, se découvrent l'**igreja São Pedro** et son inévitable pilori, point de convergence des ruelles. Au sommet de la colline veille, dans un isolement poétique, l'**igreja Santa Maria do Castelo**.

## SABUGAL

50 km S de Castelo Mendo par la N16, puis la N324.

La bourgade verrouillait la vallée du Côa. Elle a conservé son **château médiéval** (☎ 271 750 080 ; t.l.j. 9h30-13h et 14h-17h30 ; en été : 10h-13h et 14h-18h ; entrée : 2 €), doté d'un donjon dominant la rivière. Autour de l'esplanade ornée d'un pilori, la couleur du grès et du schiste des maisons répond à celle des remparts.

## SORTELHA ✧

12 km O de Sabugal par une route locale.

La porte fortifiée du village, précédée d'impressionnants éboulis rocheux, donne accès à un village médiéval sans fausse note, rénové avec un (trop ?) grand souci d'authenticité. La balade parmi les vieilles maisons s'appuyant sur de gros rochers, parfois creusés d'escaliers, est un pur bonheur.

## SUR LA ROUTE DE PROENÇA-A-VELHA

En se dirigeant vers Proença-a-Velha, les amateurs d'architecture traditionnelle s'arrêteront dans les villages d'**Aldeia de João Pires** (43 km S de Sortelha), puis de **Medelim** (7 km S d'Aldeia de João Pires), qui conservent de vieux quartiers typiques.

## PROENÇA-A-VELHA

6,5 km S-O de Medelim par la N239, 43 km S de Sortelha par la N233, la N332 et la N239.

Un bourg comme insensible au temps qui passe. Après avoir pris un verre au café sur la place plantée d'un pilori, vous pourrez visiter l'**ancienne huilerie** (Núcleo do Azeite, rua da Igreja, 4 ☎ 277 31 20 12 ; mar.-dim. 9h30-13h et 14h-17h30 ; entrée : 2,50 €). Au sommet de la colline, l'église solitaire, accompagnée de son cimetière, pointe son abside vers un paysage superbe, avec, au loin, la silhouette de Monsanto.

## MONSANTO ✧✧

14 km E de Proença-a-Velha par la N239.

Dominées par l'imposant clocher-campanile isolé de son église et par le château, les maisons du

^ Le village de Monsanto

village semblent s'agripper à la roche et vouloir se fondre avec elle. Nombre d'entre elles, après restauration, sont devenues des résidences secondaires. La promenade dans les rues escarpées, entre des éboulis rocheux formant des grottes ou contre lesquels s'appuient des petites maisons, peut conduire jusqu'au château en ruine. Du sommet s'offre un vaste et sublime panorama.

### Rota dos Barrocais

Le sentier de randonnée PR5 (rota dos Barrocais) offre une jolie balade balisée (2h, 4,5 km ; difficulté moyenne) à ceux qui veulent mieux connaître le village et découvrir ses abords.

## IDANHA-A-VELHA ✧

16 km S-O de Monsanto da Beira en repassant par Medelim, puis par une route locale à g.

La singularité de ce bourg de plaine voué à l'agriculture et ancien centre de production d'huile d'olive surprend le rare visiteur. Idanha-a-Velha mélange en effet les témoignages d'occupations successives, lorsqu'elle était une étape-relais entre Mérida et Guarda à l'époque romaine, un centre important pendant la période wisigothe (VI$^{e}$-VII$^{e}$ s.), puis une place aussi considérable que Silves ou Beja sous la domination musulmane.

Au-delà de la passerelle métallique (à l'entrée du village), un parcours fléché guide le promeneur vers les différents sites. Parvenu sur la place du Pilori, on prendra la rua da Sé. Elle aboutit à l'ancienne **cathédrale** (📞 277 91 42 80 ; mar.-dim. 10h-12h30 et 14h30-16h30 ; entrée : 2,50 €) à trois nefs et au clocher manuélin, qui conserve encore des fragments de fresques médiévales.

En allant vers la tour élevée par les Templiers (XII$^{e}$-XIII$^{e}$ s.), vous visiterez l'intéressante reconstitution de l'huilerie *(Lagar de azeite)*, avec ses pressoirs actionnés par deux énormes troncs d'arbres. Un bâtiment vitré à l'arrière présente les plus belles stèles trouvées sur place.

## BELMONTE ✧

70 km N d'Idanha-a-Velha via Penamacor et Terreiro das Bruxas par les N332, N233, N18-3 et l'A23.

La ville perdit son rôle stratégique après 1297, à l'époque où furent établies les frontières orientales avec l'Espagne. Animée, la ville natale de Pedro Álvares Cabral (p. 452), découvreur du Brésil en 1500, a superbement mis en valeur un patrimoine architectural d'une richesse étonnante. Autour du château, plusieurs musées racontent l'histoire du village (billet combiné château et musées de la ville : 10 €).

### Castelo de Belmonte ✧

📞 275 08 86 98 ; mi-sept.-avr. : mar.-dim. 9h-12h30 et 14h-17h30 ; mi-avr.-mi-sept. : mar.-dim. 9h30-13h et 14h30-18h ; entrée : 2 € ; billet combiné château et musées de la ville : 10 €.

Élevé sur une place hérissée de chapelles, le **château** a fière allure avec sa tour de l'Hommage (milieu du XIIIe s.) et sa belle fenêtre manuéline percée dans la muraille.

### Igreja São Tiago e Panteão dos Cabrais

📞 275 08 86 98. Mêmes horaires que ceux du château. Entrée : 1 €.

Avec son clocher-campanile à escalier caractéristique de la région, l'église s'est vu adjoindre au XVIIe s. une chapelle, devenue le panthéon des Cabrais (elle abrite les restes du navigateur Pedro Álvares Cabral).

### Ecomuseu do Zêzere

Rua Pedro Álvares Cabral, 68
📞 275 08 86 98. Mêmes horaires que ceux du château. Entrée : 1,50 €.

Dans la rue principale de la ville basse, cet écomusée vous apprendra tout sur la serra da Estrela... mais seulement en portugais.

### Museu dos Descobrimentos

Musée des Découvertes

Rua Pedro Álvares Cabral, 68.
Mêmes horaires que ceux du château. Entrée : 5 €.

Installé dans ce qui fut la deuxième résidence des Cabral (XVIIIe s.), il retrace l'épopée des navigateurs en mettant l'accent sur la découverte du Brésil en 1500. L'exposition est instructive, mais tout est en portugais (excepté les bornes interactives, en espagnol et en anglais).

### Les autres musées

Le **Museu judaico** (rua da Portela, 4 ; mêmes horaires ; entrée : 4 €) retrace l'histoire et les vicissitudes des juifs portugais, et tout particulièrement celles des marranes de Belmonte, juifs convertis de force mais ayant continué à pratiquer leur culte en secret. Le **museu do Azeite** (Sítio de Chafariz Pequeno ; mêmes horaires ; entrée : 1,50 €) intéressera les amateurs d'huile d'olive.

À la sortie de Belmonte en direction de Guarda, vous remarquerez un curieux monument en ruine sur votre droite : le ***Centum Celas***. Ce bâtiment romain de 12 m de haut et de trois étages laisse les spécialistes dubitatifs : s'agit-il des ruines d'un temple ou d'une tour ?

## Serra da Estrela ✧✧✧

Itinéraire d'env. 140 km de Guarda à Covilhã. Comptez 1 journée en voiture. Pour cette excursion, prévoyez un pull-over et un coupe-vent. Le temps est très changeant et il pleut assez souvent dans la serra. Par ailleurs, la conduite exige une attention de tous les instants.

La « chaîne de l'Étoile », au sud-ouest de Guarda, constitue un univers à part dans le paysage portugais. Tantôt boisée, tantôt balayée par les vents, et très souvent victime d'incendies difficiles à maîtriser, la serra da Estrela a des allures de montagne et culmine à près de 2 000 m. Son climat continental permet d'y **skier** (station de Torre). On y rencontre des lacs glaciaires, des torrents et des ravins.

### DE GUARDA À MANTEIGAS

94 km. Empruntez l'A25 vers Viseu, puis la N17 (sortie 26 ; direction Coimbra). À g. apparaît bientôt la silhouette du château médiéval de Linhares. Prenez ensuite la N232 sur la g. vers la petite cité animée de Gouveia.

Au-delà de Gouveia, la route grimpe vers les hauteurs jonchées de rochers de granit aux formes étranges, comme la **Cabeça do Velho**, ou « Tête de Vieillard ». Plus loin, une petite route à droite mène sur 1 km aux **Penhas Douradas** (1 550 m), les « Roches Dorées », et à un lac de barrage, point de départ de plusieurs randonnées. À 1 450 m d'altitude, vous atteindrez la ***pousada* de São Lourenço**, en balcon sur la **vallée du Zêzere**. Une grande descente, freinée par de nombreux virages, conduit à **Manteigas**, qui surplombe la vallée.

CULTURE

*Vers une désertification ?*

La serra da Estrela, année après année, prend l'aspect d'un massif pelé. La raison ? Les incendies à répétition, qui ont décimé les forêts de pins couvrant les versants nord-ouest (entre Manteigas et Seia). Le versant sud-est (de Manteigas à Belmonte) a un peu mieux résisté… Mais jusqu'à quand ?

### LES HAUTEURS DE LA SERRA ✧✧

48 km de Manteigas à Covilhã via Torre.

Depuis Manteigas, la N338 emprunte l'étroite **vallée du Zêzere** à flanc de montagne, à travers une végétation qui va en se raréfiant jusqu'à buter devant des pitons rocheux. Quelques lacets précèdent l'arrivée à l'intersection de la route Seia-Covilhã, où vous tournerez à droite. Peu après, vous atteindrez Torre (1993 m), point culminant du Portugal, d'où le panorama est fabuleux. Un **centre d'artisanat** aux allures de supermarché vend des charcuteries, des fromages, du miel et du cuir. À l'intersection précédente, la N339 descend le flanc oriental de la serra. Elle atteint Covilhã, ville universitaire et industrielle sans grand intérêt.

## Castelo Branco ✧

51 km S de Covilhã par l'A23, 260 km N-E de Lisbonne.

La métropole de la plaine, aux portes de l'Alentejo et de l'Espagne, connaît un développement extraordinaire. Aspirant les populations de l'arrière-pays en centralisant les productions agricoles des alentours, elle a dévalé loin de la colline sur laquelle se dresse le château qui lui a donné son nom.

### MUSEU FRANCISCO TAVARES PROENÇA JÚNIOR ✧

Largo da Misericórdia (entrée N de la ville) ☎ 272 34 42 77. Mar.-dim. 10h-13h et 14h-18h. Entrée : 1,50 € ; gratuite 1er dim. du mois.

L'ancien palais épiscopal, édifié en 1596, a été considérablement remanié après 1771 par l'évêque de Guarda, avec l'agrandissement du corps central. Au rez-de-chaussée est présentée une collection d'objets allant de l'âge du bronze à l'époque romaine. Le premier étage abrite une collection de primitifs portugais, avec un saint Pierre de l'école de Viseu, au manteau peint avec maestria.

L'originalité du musée tient à son département consacré au tissage. En plus d'outils variés et de l'évocation de matériaux comme le lin, vous pourrez voir une ouvrière au travail. Quant aux couvre-lits ou ***colchas*** (XVIIe-XIXe s.)

^ La serra da Estrela

provenant d'Inde, de Chine ou du Portugal, découverts en fin de visite, ce sont des pièces d'une extrême délicatesse.

### JARDIM DO PAÇO ✧✧

Accès par la rua Bartolomeu da Costa
📞 272 34 83 20. Avr.-sept. t.l.j. 9h-19h ; oct.-mars t.l.j. 9h-17h. Entrée : 2 €.

Attrait de l'Italie, goût du faste, quête spirituelle teintée de panthéisme ou allégorie de l'existence humaine ? On ne sait pas ce qui a poussé Dom João de Mendonça, évêque de Guarda, à faire dessiner en 1725 cette fantaisie baroque, sans équivalent au Portugal. Les **statues** en granit personnifient les éléments, les saisons, les signes du zodiaque, les vertus et les continents. Au fond du jardin, près du palais, la cascade alimentant la citerne est symboliquement dominée par une représentation de Moïse.

L'**escalier des Rois** forme l'élément le plus remarquable. Les monarques y sont représentés faisant face aux apôtres et aux évangélistes placés sur la volée symétrique. Le nationalisme portugais a reproduit les souverains espagnols plus petits que nature et les a affublés de surnoms vengeurs : Philippe II « le Grand », écrasé par la stature de Manuel I, est irrésistible.

## De Castelo Branco à Coimbra ✧

Itinéraire de 158 km O par la N112.

La route traverse une campagne solitaire, puis s'élève avant de croiser le **rio Zêzere**. Après Pampilhosa da Serra (68 km N-O de Castelo Branco), la N112 grimpe les pentes de la **serra da Lousã**. Après un col, la route rejoint **Góis** (40 km N-O de Pampilhosa da Serra), une petite localité agricole possédant un beau pont manuélin. Elle file ensuite vers Coimbra (50 km par la N2, puis la N17).

v Jardim do Paço, Castelo Branco

# • NOS ADRESSES •

## ALMEIDA

### SPORTS ET LOISIRS

#### Picadeiro del Rey

925 487 589 (port.), T.l.j. 9h-11h45 et 14h-17h15.

Sur les remparts, ce centre organise différentes activités équestres pour enfants et adultes.

## AVEIRO

### OÙ DORMIR

Si vous ne trouvez pas de chambre dans les hôtels ci-dessous, sachez que plusieurs pensions se cachent rua José de Estêvão.

**Camping**

#### Camping Orbitur São Jacinto

N327, Km 20, entre Torreiro et São Jacinto (45 km N d'Aveiro par l'A25, N109 et N109-5) 234 83 82 84.

Bien ombragé, entre mer et lagune, sur le cordon littoral de São Jacinto.

**Hôtels**

#### Rossio Aveiro Hostel

Praça do Rossio 234 04 15 38, www.aveirorossiohostel.com. 3 ch. et 4 dortoirs. Moins de 50 €.

Difficile de faire moins cher (sans être glauque pour autant), surtout quand on voyage à plusieurs. Les chambres doubles sont très confortables. Salon sympa et possibilité de faire la cuisine. Très bon accueil.

#### Aveiro Center

Rua da Arrochela, 6 234 38 03 90, www.hotelaveirocenter.com. 18 ch. De 65 à 75 €.

Chambres impeccables et plaisantes, assez grandes, mais décorées sans la moindre originalité. Bon accueil. Wifi gratuit.

#### Das Salinas

Rua da Liberdade, 10 234 40 41 90, www.hoteldassalinas.com. 9 ch. et 8 studios. De 65 à 75 €.

Même direction, mêmes prestations et accueil aussi bon que dans l'Aveiro Center (ci-avant), mais une ambiance un peu plus moderne. Chambres parquetées et studios équipés avec plafonds en bois.

### OÙ MANGER

#### Mercado do Peixe

Largo da Praça do Peixe 234 351 303 ou 968 073 652 (port.), www.restaurantemercadodopeixeaveiro.pt. Mar.-dim. 12h-15h et 19h30-23h. F. dim. soir. Rés. impérative. Moins de 20 €.

Ce restaurant installé à l'étage du marché aux poissons fait l'unanimité.

#### Clube de Vela

Av. José Estevão, près du port de plaisance, à Costa Nova (10 km O d'Aveiro par l'A25) 234 36 02 50. Mer.-sam. 12h-minuit et dim. 10h-16h. Moins de 20 €.

Bon restaurant spécialisé dans les poissons et fruits de mer, et situé face à la *ria*. Il reste l'un des établissements les plus recommandables de Costa Nova.

#### O Bairro

Largo da Praça do Peixe, 24 234 33 85 67. Jeu.-mar. 12h30-15h et 19h-23h. De 20 à 30 €.

Dans une salle tout en longueur et assis sur des chaises dépareillées, on déguste une excellente cuisine marine, servie avec le sourire. Les plats sont souvent innovants et élaborés, présentés de façon à mettre en appétit, avec de belles réussites dans les alliances de saveurs. Vins excellents.

#### Fêtes à Aveiro

> 12 mai. **Procession de Santa Joana Princesa.**

> Juil. **Festival dos Canais** (https://festivaldoscanais.pt) : théâtre de rue, performances artistiques, concerts, danse, expositions et activités pour les enfants dans toute la ville.

^ Un *moliceiro*, la «gondole» d'Aveiro

### Sal Poente

Canal de São Roque, 82-83 ☎ 234 38 26 74, www.salpoente.pt. T.l.j. 12h30-15h et 19h30-22h30. Plus de 30 €.

Une sorte de hangar, ancien dépôt de sel reconverti en restaurant de poisson haut de gamme. Excellente cuisine et service attentif.

## PÂTISSERIES

Les *ovos moles*, «œufs mous» (confiserie très sucrée à base de jaune d'œuf), sont la grande spécialité d'Aveiro. Ils sont vendus dans des petites boîtes en forme de tonneau. On les trouve facilement en ville, notamment sur le quai du canal central (rua João Mendonça).

### A Barrica

Rua João Mendonça, 25 ☎ 234 42 67 68. T.l.j. 10h-19h.

Cette pastelaria s'est proclamée «la maison des ovos moles».

### Coza Nova

Av. José Estevão, 236, à Costa Nova (10 km O d'Aveiro par l'A25) ☎ 234 36 90 34. T.l.j. 6h-21h30 (lun. jusqu'à 19h).

Cette grande pâtisserie est installée sur l'avenue bordant la *ria*. Sa superbe terrasse aux beaux jours tout comme la variété des pâtisseries et leur fraîcheur font son succès. Coza Nova est aussi une boulangerie, et l'accueil y est excellent.

## SHOPPING

### A Barrica

Praça Dr Joaquim de Melo Freitas, ☎ 234 42 40 14, www.aaabarrica.net

Céramiques, entre autres objets d'artisanat de la région d'Aveiro. Dans le parc, une boutique propose des services complets ou des pièces en porcelaine de la célèbre manufacture portugaise de Vista Alegre (6 km S de la ville par la N109).

### Mundo do Sal

Sur le quai, en face du n° 7 de la rua João Mendonça.

Ce kiosque vend de la fleur de sel, entre autres produits de la *ria*.

# • NOS ADRESSES •

## SPORTS ET LOISIRS

**Promenades en moliceiro**

Plusieurs sociétés proposent des promenades en *moliceiro*, la barque traditionnelle de la lagune à la proue recourbée. Minicroisières de 45 min sur les canaux de la ville ou dans la *ria*. De manière générale, attendez-vous à beaucoup de monde…

**Ecoria**

967 08 81 83 (port.), www.ecoria.pt

**Viva a Ria**

969 008 687 (port.), www.vivaaria.com

**Surf et kitesurf**

Plusieurs écoles à Costa Nova, notamment Riactiva (www.riactiva.com).

# BELMONTE

## OÙ MANGER

### O Brasão

Largo Afonso Costa, 15 965 28 31 79 (port.). Mer.-lun. 12h-15h et 19h-21h30. F. lun. soir. De 15 à 20 €

Table sympa, à côté du Musée juif, pour qui souhaiterait profiter de l'attachante cité de Belmonte. Agréable terrasse.

# CASTELO BRANCO

## OÙ DORMIR

Les possibilités sont limitées, mais en rapport avec la fréquentation touristique.

### Rainha D. Amélia

Rua de Santiago, 15 272 34 88 00, www.hotelrainhadamelia.pt. 65 ch. De 60 à 90 €.

Chambres confortables et bien insonorisées, pour une étape qui ne devrait pas grever votre budget.

## SHOPPING

### Centro de Interpretação do Bordado de Castelo Branco

Praça Camões 272 32 34 02. Mar.-dim. 10h-13h et 14h-18h.

Pour espérer acquérir une authentique *colcha* (couvre-lit) brodée, ayant réclamé des mois de travail.

La vallée du Zêzere, au cœur de la serra da Estrela

### O Sotão

Rua das Olarias, 48 📞 272 34 20 48.
T.l.j. 9h-13h et 14h-18h.

Pour un tour d'horizon de la vitalité de l'artisanat de la région, le meilleur endroit est sans doute cette boutique. Pensez également au marché municipal (av. 1° de Maio, 1er ét.).

# GUARDA

## OÙ DORMIR

Il existe des possibilités de tourisme rural dans les environs. Renseignement à l'office de tourisme pour connaître les disponibilités.

### Santos

Rua Tenente Valadim, 14 📞 271 20 54 00, www.hotelsantos.pt. Moins de 60 €.

27 chambres bien équipées et pas chères dans cet hôtel adossé aux remparts.

### Van Guarda

Av. Monsenhor Mendes do Carmo
📞 271 20 83 90, www.hotelvanguarda.com.
Fermé pour travaux.

Bien moins cher que son architecture moderne, plutôt réussie, et sa situation en balcon sur la campagne ne le laisseraient supposer. Un hôtel de la chaîne Natura IMB, solidement implantée en serra da Estrela, labellisé Eco-Hotel et ISO 140001.

## OÙ MANGER

### Belo Horizonte

Largo de São Vicente, 2 📞 271 21 14 54.
Mar.-dim. 12h-15h et 19h-22h. F. dim. soir.
Moins de 20 €.

Ce sympathique resto, situé dans le vieux Guarda (ancien quartier juif), propose des spécialités régionales et des plats de la cuisine portugaise classique. Les plus intrépides commanderont les premières, en sachant qu'elles ne sont pas des plus digestes (abats, saucisses et boudins).

### O Caçador

Rua Batalha Reis, 121 📞 271 21 17 02.
Mar.-dim. 12h-15h et 19h-22h30.
Moins de 20 €.

Pour faire des orgies de fruits de mer ou se sustenter d'une viande grillée.

## PÂTISSERIE

### Cidade Doce 2

Rua João de Almeida, 28 (en face de la Misericórdia, dans la rue qui monte vers la tour).

La pâtisserie est le QG du troisième âge de Guarda. Très couleur locale, très bon. Toute la ville vient y acheter son pain.

# SERRA DA ESTRELA

## OÙ DORMIR

Pas facile de trouver un hôtel classique dans la serra da Estrela... mais le logement chez l'habitant est heureusement assez répandu. Tentez notamment votre chance à Manteigas, Seia et Gouveia.

Vous trouverez un beau choix d'hébergements ruraux et d'agritourismes sur *www.portalserradaestrela.com* ou *www.turismoserradaestrela.net*.

### Berne

Santo António, à Manteigas
📞 275 98 13 51, www.hotelberne.com.
De 55 à 65 €

Sans âme, mais l'hôtel est calme et sympathique. Chambres donnant sur la montagne.

### Casa das Obras

Rua Teles de Vasconcelos, à Manteigas
📞 275 98 11 55, www.casadasobras.pt.
De 70 à 100 €

Belle maison construite entre 1770 et 1825, ayant conservé tout son cachet et son intérieur aux beaux murs de pierre. Du *turismo de habitação* chic et raffiné, digne d'une *pousada* (6 chambres).

## OÙ MANGER

### Ponte dos Cavaleiros

Bairro da Serra, à Gouveia 📞 238 77 10 10.
T.l.j. 12h-14h30 et 19h-21h30. Moins de 20 €

Restaurant installé dans une ancienne huilerie avec étage panoramique. On privilégie autant que possible les produits locaux. Viandes soigneusement sélectionnées.

## • NOS ADRESSES •

### Restaurante Regional da Serra

Av. dos Combatentes da Grande Guerra, 12-14, à Seia ☎ 238 31 27 17. Ven.-mer. 12h-15h et 19h-22h. F. dim. soir. Moins de 20 €.

Voici une adresse très conviviale et une cuisine qui fait appel aux meilleurs produits de la serra. On retient les excellentes truites grillées.

### O Júlio

Travessa do Loureiro, 11A, à Gouveia ☎ 238 49 80 16. F. temporairement. Tél. pour vérifier les horaires. De 20 à 30 €.

Restaurant régional pour goûter un *cabrito à serra* (chevreau à la façon montagnarde).

## SHOPPING

### Zimbro

Rua 1° de Maio, à Manteigas. Lun.-sam. 10h-18h30.

Épicerie assez bien achalandée, proposant du miel de la serra et des fromages locaux, mais également de belles céramiques.

## SPORTS ET LOISIRS

**Randonnées**

Carte de la région au 1/50 000 et conseils (guides) dans les offices de tourisme. Nombreux choix : env. 350 km de sentiers balisés de 1h à plus de 25h.

# SORTELHA

## OÙ DORMIR

### Casa da Calçada

Calçada de Santo Antão, 11 ☎ 271 38 81 16, www.casalagarica.com. Autour de 80 €.

3 chambres dans une maison en pierre du XVIII$^{e}$ s. pour une capacité de 8 personnes. La proche **Casa da Lagariça** appartient au même propriétaire.

# VISEU

## OÙ DORMIR

**Auberge de jeunesse**

### Pousada de Juventude

Rua Aristides Sousa Mendes, Portal do Fontelo ☎ 232 41 30 01.

**Hôtels, pousada**

### Avenida

Av. Alberto Sampaio, 1 (O de la praça da República) ☎ 232 42 34 32. Moins de 60 €.

Quelques chambres avec salle de bains dans cet hôtel un peu désuet, mais propre et bien tenu.

### Palácio dos Melos

Rua Chão Mestre, 4 ☎ 232 43 92 90, www.hotelpalaciodosmelos.pt. 27 ch. De 80 à 100 €.

♥ Magnifique palais pour mener la vie de château dans un décor du dernier chic. Les chambres coûtent moins de 70 € en passant par Internet. Au restaurant **Maria Xica**, en face, beau choix de *petiscos* et cuisine d'auteur accompagnée d'une belle carte des vins.

### Pousada de Viseu

Rua do Hospital ☎ 210 407 610, www.pousadadeviseu.com. Plus de 120 €.

Le nec plus ultra à Viseu : une *pousada* installée dans l'ancien hôpital São Teotónio (1842), au décor minimaliste et opulent. Le cloître couvert accueille bar et piano pour le concert du samedi soir.

## OÙ MANGER

### O Hilário

Rua Augusto Hilário, 35 ☎ 232 43 65 87. Lun.-sam. 12h30-22h. Moins de 20 €.

Difficile de faire à la fois plus typiquement portugais, plus charmant et moins cher. Une authentique cuisine familiale dans le cadre cosy de ce restaurant qui rend hommage au fadiste Hilário, créateur du fado de Coimbra.

## A Colmeia

Rua das Ameias, 12/4 ☎ 232 422 453.
Lun.-mer. et ven-dim. 12h-15h et 19h-22h.
F. dim. soir. Moins de 20 €.

Établissement jouant la carte du restaurant gastronomique. En été, il étend une terrasse au bas de la cathédrale.

## Muralha da Sé

Adro da Sé, 24 ☎ 232 43 77 77,
www.muralhadase.pt. Mer.-lun. 12h-14h30 et 19h15-22h. F. dim. soir. De 20 à 30 €.

Spécialités régionales sur la place de la cathédrale.

## SHOPPING

Vous trouverez des boutiques d'artisanat et de produits régionaux praça da Sé et rua Direita, et des antiquaires praça Dom Duarte. Un marché a lieu le mardi matin dans un espace qui longe la rua do Arco.

Cour intérieure de la cathédrale de Viseu

# PORTO et le Nord

Le nord du Portugal, entre le Douro et l'Espagne, regroupe tout et son contraire. Du côté du littoral, dans le Minho et le Douro, la forêt et la vigne envahissent les paysages et camouflent les nombreux villages, tandis qu'au bord de l'Océan, de vastes plages, parfois surplombées de dunes, font le bonheur des amateurs de surf ou de farniente. De son côté, Porto se modernise un peu plus chaque jour, tout en conservant le charme et la vivacité de son vieux centre. Braga, qui ne cesse de se densifier, demeure le paradis des amateurs d'architecture baroque. Les chaînes de montagnes qui forment le parc national de Peneda-Gerês isolent les régions littorales de l'arrière-pays : le Trás-os-Montes. Là-bas, le climat est rude et les terres souvent ingrates, mais les paysages et les traditions ancestrales qui y sont préservées méritent d'être découverts.

*Rabelos* sur le Douro

# Porto et le Nord

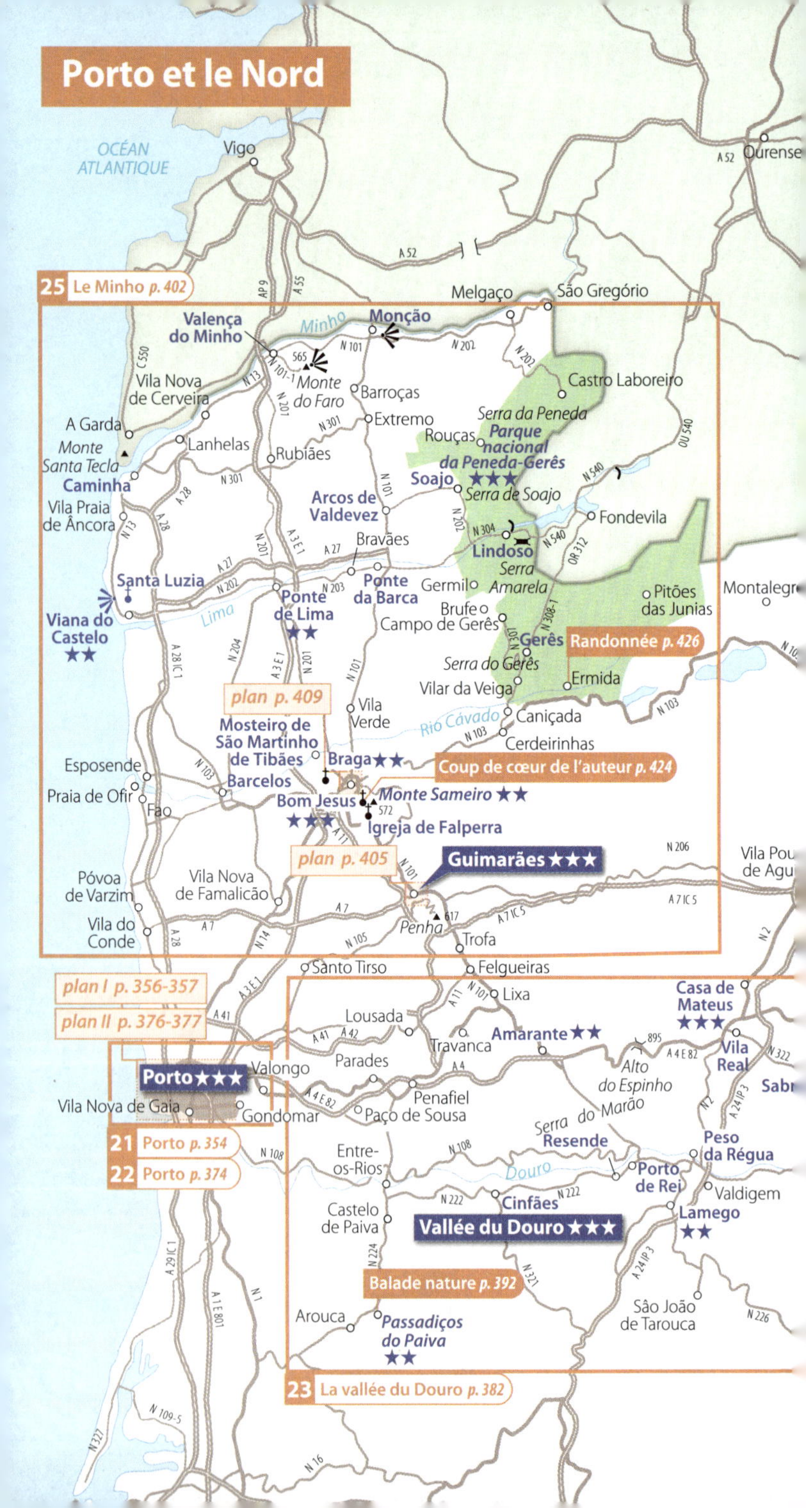

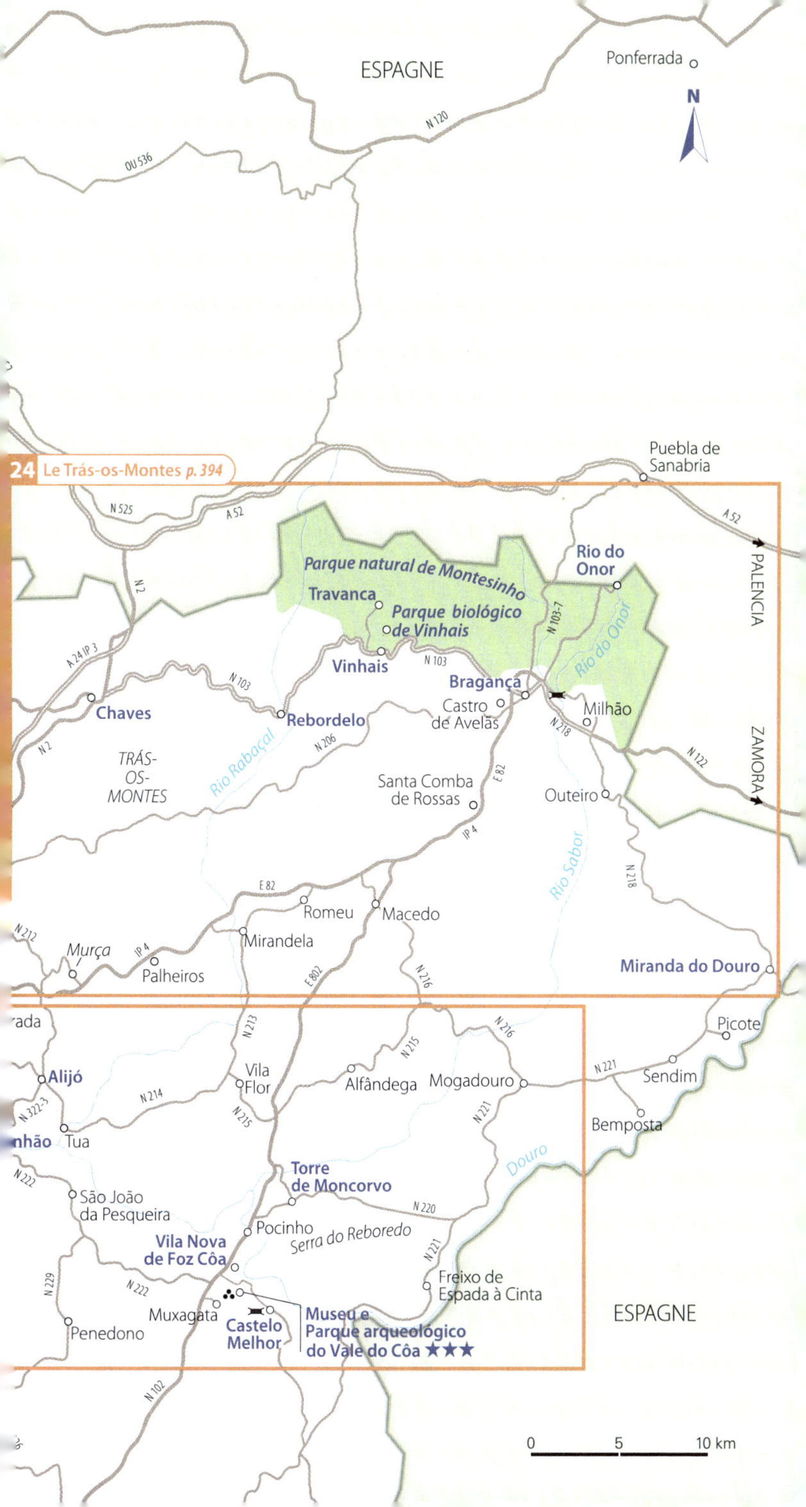
ESPAGNE
Ponferrada
N
N 120
OU 536
Puebla de Sanabria
24 Le Trás-os-Montes p. 394
N 525
A 52
Parque natural de Montesinho
Travanca
Parque biológico de Vinhais
Rio do Onor
PALENCIA
N 2
N 103-7
Rio do Onor
A 24 IP 3
Vinhais
N 103
Bragança
N 103
Chaves
Rebordelo
Castro de Avelãs
Milhão
N 218
N 122
ZAMORA
N 2
TRÁS-OS-MONTES
Rio Rabaçal
N 206
Santa Comba de Rossas
E 82
Outeiro
IP 4
Rio Sabor
N 218
E 82
Romeu
Macedo
N 212
Mirandela
Murça
IP 4
Palheiros
E 802
N 216
Miranda do Douro
N 213
N 216
Picote
N 215
Vila Flor
Alijó
N 214
Alfândega
Mogadouro
N 221
Sendim
N 322-3
N 215
N 221
Bemposta
Tua
N 222
Torre de Moncorvo
Douro
São João da Pesqueira
N 220
Pocinho
Serra do Reboredo
Vila Nova de Foz Côa
N 221
N 229
N 222
Freixo de Espada à Cinta
Muxagata
Castelo Melhor
Museu e Parque arqueológico do Vale do Côa ★★★
ESPAGNE
Penedono
N 102
0
5
10 km

# PRATIQUE

Cartes p. 356-357 et 376-377
Nos adresses p. 367

## Accès à Porto

### En voiture

Porto est à 312 km N de Lisbonne par l'A1 (3h).

### En avion

**Aéroport Francisco de Sá Carneiro**
Env. 15 km N-O de Porto ☎ 229 43 24 00, www.ana.pt. Nombreuses liaisons quotidiennes Lisbonne-Porto (1h). Pour rejoindre le plus rapidement le centre : la ligne E du métro vous conduit en 30 min à la station Trindade ou Bolhão, plan p. 356-357 / C1 ; 2 € (tarif «Z4») + 0,60 € (carte de transport Andante).

### En train

**Gare de Campanhã**
Largo da Estação de Campanhã, E de la ville. Liaisons avec Lisbonne (3h15, via Coimbra et Aveiro), Braga (1h), Guimarães (1h10), Aveiro (1h) et Pinhão (2h30) dans la vallée du Douro. Les lignes de métro A, B, C et E rejoignent le centre en quelques minutes.

**Gare de São Bento**
Praça Almeida Garrett (plan p. 356-357 / C2). Lignes de Braga, de Guimarães, d'Aveiro, du Douro et du Minho (trains en provenance de Vigo et de la Galice desservant Viana do Castelo et Barcelos). Tous les trains font un arrêt à Campanhã.
**Bon à savoir :** pour Braga et Guimarães, les trains *Urbano* sont beaucoup moins chers que les trains *Intercidades* et *Alfa Pendular*, pour un temps de trajet à peine plus long.
**Rens. :** www.cp.pt

### En bus

**Rede Expressos / Renex**
Liaisons avec Lisbonne Oriente (3h30), Coimbra (1h25), Braga (1h), Guimarães (1h10) et de nombreuses villes du Nord.
**Terminal Rodoviário de Porto :** Campo 24 de Agosto, 125.
www.rede-expressos.pt

**Rodonorte**
Liaisons avec Lisbonne et les villes du Nord (Amarante, Vila Real, Chaves, Bragança, Miranda do Douro, etc.).
**Terminal Rodonorte :** rua Dr. Manuel Pereira da Silva (M° Polo Universitário).
**Rens. :** www.rodonorte.pt

## Se déplacer dans Porto

### À pied

Le plus pratique pour se déplacer dans le centre (grande zone semi-piétonne), et même pour se rendre à Vila Nova de Gaia en traversant le ponte Dom Luís I. Attention aux montées un peu rudes.

### En voiture

Évitez de circuler en voiture, sauf le dimanche quand le trafic est fluide et qu'il est possible de trouver une place de stationnement en surface. Les parkings souterrains les plus pratiques se trouvent près de l'église des Clérigos (plan p. 356-357 / B2) et praça Dom João I (C1), mais ils sont chers.

### En transports en commun

**Pass Andante**
*Pass* rechargeable pour voyager dans le **bus**, le **métro** et les trains de banlieue. Vendu (0,60 €) dans le métro et les offices de tourisme, il se recharge aux bornes automatiques. Tarifs bus ou métro pour la zone tarifaire 2 («Z2» incluant tout le centre-ville, la gare de Campanhã, Foz do Douro et Vila Nova de Gaia) : ticket occasionnel (Andante Azul) 1,20 € ; ticket journée (Andante 24) 4,15 €.
www.linhandante.com

**En bus**
Utile pour se rendre dans les quartiers modernes du Nord-Ouest, surtout pour rejoindre la Fundação Serralves (plan p. 376-377 / B1) ou les plages de Foz do Douro (bus 500). Ticket vendu à bord : 2 € (1,20 € avec la carte Andante).
**Rens. :** ☎ 226 158 158, www.stcp.pt

**En métro**
Sa vocation reste essentiellement la desserte des banlieues.

Les occasions de l'utiliser seront donc rares. Prenez au moins la **ligne D** *(linha amarela)*, qui traverse le centre historique avant d'emprunter le tablier supérieur du ponte Dom Luís I : frisson garanti ! Circule t.l.j. 6h-1h. ☎ 808 20 50 60, www.metrodoporto.pt

# Informations pratiques

## Offices de tourisme

**Posto de Turismo – Sé**
Tour médiévale, calçada Dom Pedro Pitões (plan p. 356-357 / B2) ☎ 300 501 920, www.visitporto.travel. T.l.j. 9h-19h (20h mai-oct., 21h août).

**Porto Welcome Center**
Praça Almeida Garrett, 27 (plan p. 356-357 / B2) ☎ 927 411 817. T.l.j. 9h-19h.

**À Vila Nova de Gaia**
Av. Diogo Leite, 135 (plan p. 356-357 / B3) ☎ 223 742 422, www.cm-gaia.pt. T.l.j. 9h30-19h ; oct.-mars : lun.-sam. 10h-18h.

## Visites touristiques

### Porto Card
En vente à l'office de tourisme, elle donne l'accès gratuit à 11 musées, des réductions dans certains magasins, une multitude d'avantages ainsi que la possibilité d'emprunter sans limite les transports en commun (métro et bus mais pas le tramway). Tarif sans transports : 24h (6 €), 48h (10 €) ou 3 j. (13 €) ; avec transports : 24h (13 €), 48h (20 €) ou 3 j. (25 €).

### En bateau
Plusieurs formules de promenades en bateau sur le Douro, de 45 min à 2-3 jours (voir p. 370). Départs sur le cais da Ribeira ou le quai d'en face, à Vila Nova de Gaia (plan p. 356-357 / B3).

### En tramway
Porto Tram City Tour ☎ 226 158 158, www.portotramcitytour.pt. Billet à bord : 3,50 € (6 € pour 2 voyages le même jour) ; pass 2 jours : 10 €.

Trois lignes de tramways touristiques :
**Ligne 1 :** joli parcours au bord du Douro, entre Infante, au bas de l'église São Francisco, et le jardim do Passeio Alegre, à l'embouchure du fleuve.
**Ligne 18 :** circuit entre Carmo et Massarelos.
**Ligne 22 :** circuit entre Carmo et Batalha/Guindais pour découvrir de jolis coins du vieux Porto.

## Conseils

### Meilleure période
Mai, juin et septembre sont les plus agréables, avec un climat clément et un centre-ville animé sans être bondé.
La festa de São João (p. 367), le 23 juin, est le moment fort de l'année.

### Réservations
**Fundação de Serralves et Livraria Lello** : réservation en ligne recommandée pour éviter la queue à l'entrée (le ticket ne donne pas la priorité à l'entrée de la librairie Lello ; prévoir au moins 45 min de queue à Pâques et en été).

### Bon à savoir
En raison de l'affluence, visitez la **Livraria Lello** de préférence entre 13h et 15h, et la **Torre dos Clérigos** entre 9h et 10h30 (beaucoup de monde de 10h30 à 15h et au coucher du soleil).

### Bons plans
Pensez aux **billets combinés** : Palácio da Bolsa + Torre dos Clérigos + museu da Misericórdia (15 €) ; Paço Episcopal + Torre dos Clérigos + Sé Catédral + Museu de Arte Sacra (14 €).
Musées de la ville (Casa do Infante, Museu Romântico) **gratuits** le week-end.

21

# PORTO, la vieille ville ✧✧✧

Deuxième ville du pays, Porto séduit autant par son authenticité que par le vent de modernité qui est en train de s'y lever. Depuis que son centre historique a été classé au patrimoine mondial par l'Unesco, en 1996, elle se refait une beauté en réhabilitant avec loyauté ses édifices qui commençaient à se faner. Fière de son patrimoine historique, médiéval et baroque, elle n'en demeure pas moins active, vivante et terriblement festive ! Ainsi, la vieille ville de Porto et la commune de Vila Nova de Gaia, séparées par le fleuve Douro mais liées par l'histoire, continuent de charmer tous ceux qui y séjournent.

Les rives du Douro

# L'ESSENTIEL

## À ne pas manquer

Le quartier de Ribeira ; la Sé ; l'église São Francisco ; le Palácio da Bolsa ; la librairie Lello ; les azulejos de la gare de São Bento.

## Expériences

Voguer sur le Douro en *rabelo* ; traverser le pont Dom Luis I pour le panorama ; déguster du porto à Vila Nova de Gaia ; faire la fête rua da Galeria de Paris.

## Ribeira et Miragaia ✧✧✧

**Plan C2** – M° São Bento.

Ces deux quartiers pentus et colorés mènent jusqu'au Douro et constituent le cœur historique de la ville. La balade que nous proposons vous permettra de déambuler dans leur dédale de ruelles sinueuses et escarpées et de découvrir tout ce qui fait l'âme et le charme de Porto.

### RUA DAS FLORES ✧

**Plan B2.**

Déroulant un bel échantillon de façades du XVIIIe au XIXe s., l'ancienne rue des orfèvres et des joailliers bruisse d'une nouvelle effervescence. Avec son enfilade de jolies boutiques, de chocolateries, de merceries modernes, de boutiques pour gourmets et de restaurants branchés, cette rue piétonne animée est l'une des plus charmantes à parcourir.

Balcons ouvragés, tuiles vernissées et enseignes rétro sont autant de jolis détails qui accrochent l'œil.

Et pour les amateurs de street art, tous les compteurs électriques de la rue ont été décorés par des artistes locaux !

### Igreja e museu da Misericórdia ✧✧

**Plan B2** – Rua das Flores, 15 📞 220 906 960, www.mmipo.pt. T.l.j. 10h-18h30 (17h oct.-mars). Entrée par le musée : 10 €. La visite libre de l'église n'est possible que durant la messe.

L'église fut construite vers 1550, puis rénovée au XVIIe s. Cachée derrière une grille en fer forgé, sa sublime façade baroque en gra-

## PAUSE

### *Mercearia das Flores*

Cette épicerie à l'ancienne vend des produits locaux, bio et gourmets, qu'elle utilise pour concocter des assiettes, sandwichs et pâtisseries à déguster sur place. Un endroit charmant et délicieux, idéal pour s'approvisionner pour un pique-nique !

> Rua das Flores, 110 (plan B2) 📞 222 08 32 32, www.merceariadasflores.com. T.l.j. 12h-21h.

## Porto plan I : la vieille ville

nit sculpté est l'œuvre de Nicolau Nasoni, immense architecte et peintre italien qui s'installa à Porto en 1725 pour y travailler.

Le musée attenant à l'église expose la collection d'œuvres d'art sacré de la **Santa Casa da Misericórdia** (une institution qui gère des hôpitaux, des hospices, des orphelinats et des écoles depuis 1498). On admirera en particulier un magnifique tableau offert par le roi Manuel I, *Fons Vitae* (v. 1520).

## MUSEU DAS MARIONETAS ✧

**Plan B2** – Rua de Belomonte, 61 ☎ 220 10 82 24, www.marionetasdoporto.pt. Mer.-ven. 14h-18h, w.-e. 11h-13h et 14h-18h, f. 1er janv., 1er mai, 24 juin et 25 déc. Entrée avec visite guidée : 3,50 €.

Ce musée présente des décors et des personnages qui animent depuis plus de 25 ans le Théâtre de marionnettes de Porto. Comiques, émouvantes ou effrayantes, ces marionnettes sont parfois de véritables œuvres d'art, qui ne laissent insensibles ni les petits ni les grands !

## PASSEIO E JARDIM DAS VIRTUDES ✧✧

**Plan A2** – Rua de Azevedo de Albuquerque (en face des nos 74, 76 et 79) ☎ 225 32 00 80. **Jardin :** avr.-sept. : t.l.j. 9h-19h ; oct.-mars : t.l.j. 9h-18h. Accès libre.

Promenade publique aménagée au XVIIIe s., le **Passeio das Virtudes** offre un joli point de vue sur le Douro et les toits de Miragaia. Sa fontaine du XVIe s. était un lieu de rendez-vous romantique au XIXe s.

C'est à cette époque que fut dessiné le jardin : les terrasses paysagées qui épousent la colline sont un véritable enchantement. On peut notamment y voir le plus grand ginkgo biloba du Portugal, planté au XVIIIe s. et haut de 35 m.

La bâtisse jaune qui se trouve à l'entrée du jardin abrite des salles d'exposition, une boutique artisanale et le restaurant Arvore, doté d'une terrasse en contrebas ouverte sur le jardin.

^ Maisons colorées du quartier de Ribeira

PAUSE

*Ribeira 50*

À partir de ces quelques tables installées le long de la coursive surplombant le quai, on jouit d'un panorama hors pair sur le fleuve. Parfait pour grignoter au calme des croquettes de morue ou une assiette de fromages.

> Rua de Cima do Muro, 50 (plan B3) ☎ 223 40 12 10. T.l.j. 13h-22h30.

### WORLD OF DISCOVERIES ✧

**Plan A2** – Rua de Miragaia, 106 ☎ 220 43 97 70, www.worldofdiscoveries.com. Lun.-ven. 10h-18h, sam.-dim. et j.f. 10h-19h. Entrée : 15 €.

Ce **musée** et parc thématique retrace la fantastique **odyssée des navigateurs portugais** partis sur les océans à la découverte d'un monde inexploré. La visite (environ 1h) est interactive, ludique pour les enfants, intéressante pour les plus grands, dans un décor où tout a été pensé dans les moindres détails. Possibilité de prolonger l'expérience au restaurant du musée avec un buffet de spécialités des anciennes colonies portugaises.

### IGREJA DE SÃO PEDRO DE MIRAGAIA ✧✧

**Plan A2** – Largo de São Pedro de Miragaia ☎ 222 00 76 18. Mar.-sam. 15h30-19h, dim. 10h-11h30. Accès libre.

Cette église datant des XVIIe et XVIIIe s. renferme un superbe chœur en *talhas douradas* ainsi qu'un autel dédié à sainte Rita. À l'étage, vous trouverez un triptyque de l'école flamande du XVIe s. et une relique de la main de saint Pantaléon, saint patron de Porto pendant près de 500 ans.

### IGREJA DE SÃO FRANCISCO ✧✧✧

**Plan B2-3** – Rua do Infante Dom Henrique ☎ 222 06 21 25. T.l.j. nov.-fév. : 9h-18h, mars-juin et oct. : 9h-19h, juil.-sept. : 9h-20h. Entrée (église, musée, catacombes) : 8 €. Billetterie en face de l'église, au musée du Tiers-Ordre.

L'ancien couvent franciscain, fondé au XIIIe s. et reconstruit au siècle suivant, demeure le meilleur exemple d'architecture médiévale à Porto. Les murs de l'église, classée au patrimoine mondial de l'humanité par l'Unesco, semblent vibrer, onduler, sans jamais offrir d'appui stable au regard. Les ***talhas douradas***, ces boiseries sculptées et dorées typiques du baroque portugais, couvrent presque tout l'espace. Elles grimpent comme du lierre le long des piliers et des voûtes, effaçant la matérialité de l'architecture. Leur richesse ostentatoire finit par mettre le clergé tellement mal à l'aise qu'il fut décidé d'interdire l'église au culte ! Dans ce monde de bois doré, ne manquez pas l'autel du bas-côté gauche, orné d'un splendide ***Arbre de Jessé***, chef-d'œuvre de la sculpture baroque portugaise.

Le billet d'entrée de l'église donne accès au **musée du Tiers-Ordre de Saint-François**, de l'autre côté du parvis. Sa sinistre **crypte**, en noir et blanc, fut utilisée comme cimetière par les moines franciscains entre le milieu du XVIII^e^ s. et les années 1860.

## PALÁCIO DA BOLSA ✧✧✧

Palais de la Bourse

**Plan B2** – Rua de Ferreira Borges
📞 223 39 90 00, www.palaciodabolsa.pt. Avr.-oct. : t.l.j. 9h-18h30 ; nov.-mars : t.l.j. 9h-12h30 et 14h-17h30. Vis. guidée (45 min) obligatoire. Résa du créneau et de la langue de la visite sur place uniquement (venir tôt). Entrée : 10 €.

Siège de l'Association commerciale de Porto, le palais de la Bourse illustre le style néoclassique des bâtiments officiels de la seconde moitié du XIX^e^ s. L'intérieur, d'un luxe inouï, attire beaucoup de monde. Dans le hall, l'escalier en granit décoré de candélabres est orné de bustes réalisés par le sculpteur Soares dos Reis (p. 365). Il donne accès à la **salle d'audience**, à la **salle des Portraits** et au **salon arabe**, inspiré de l'Alhambra de Grenade et dont la décoration nécessita 18 ans d'efforts.

## MERCADO FERREIRA BORGES ✧

**Plan B2** – Praça do Infante Dom Henrique. T.l.j. 10h-minuit.

Construit en 1885, ce superbe édifice de ferronnerie industrielle, qui devait à l'origine abriter un marché couvert, renferme une salle de concerts, un bar-restaurant où l'on se contentera de boire un verre, et des manifestations temporaires.

## IGREJA DE SÃO NICOLAU ✧

**Plan B3** – Rua do Infante Dom Henrique, 93 📞 222 00 44 86. Lun. et mer.-sam. 9h-12h et 16h-20h, dim. 9h-10h30. Accès libre.

L'église d'origine (XVII^e^ s.) fut détruite par un incendie en 1758 et reconstruite en 1762 dans un mélange de styles néoclassique et baroque. Sa charmante façade recouverte d'azulejos date, quant à elle, de 1861.

## CASA DO INFANTE ✧

Maison de l'Infant

**Plan B3** – Rua da Alfândega, 10
📞 222 06 04 00. T.l.j. 10h-17h30. F. lun. Entrée : 4 € ; gratuite dim.

Élevée au XIV^e^ s. et très remaniée par la suite, l'ancienne douane est surnommée « casa do Infante » parce qu'elle aurait vu naître **Henri le Navigateur**, ce qui relève certainement de la légende.

L'édifice abrite les archives municipales et un musée pas vraiment inoubliable présentant l'histoire du monument et l'urbanisme du vieux Porto. Un espace est consacré à Henri le Navigateur.

## QUARTIER DE RIBEIRA ✧✧✧

**Plan BC3.**

C'est au bord du Douro que s'est développée au fil des siècles l'activité économique et marchande de Porto. Un dynamisme qui perdure notamment le long du quai, **Cais da Ribeira**, et de sa place centrale, animés par les multiples terrasses de restaurants et les artistes de rue qui s'y produisent.

Au bout du quai, le long de l'avenida Gustavo Eiffel, vous découvrirez l'œuvre la plus célèbre du peintre expressionniste portugais Júlio Resende, ***Ribeira Negra***, un panneau d'azulejos long de 40 m.

Revenez sur vos pas pour accéder aux **escadas do Barredo** situés derrière le quai : ces escaliers vous mèneront à la cathédrale.

## PAÇO EPISCOPAL ✧✧

**Plan B2** – Terreiro da Sé 📞 223 39 23 30. Lun.-sam. 9h-13h et 14h-16h. Entrée : 5 €.

L'ancienne résidence des évêques de Porto, bâtie entre le XII^e^ et le XIII^e^ s., peut désormais se visiter. Les évêques quittèrent les lieux au XIX^e^ s. et la mairie de Porto les occupa de 1916 à 1956. Aujourd'hui, le bâtiment appartient à nouveau au diocèse de Porto. Admirez sa grande façade baroque, que l'on attribue à Nicolau Nasoni.

La visite vaut surtout pour le grand escalier en granit, orné de médaillons et de rubans de stuc, et pour les points de vue inédits que les innombrables fenêtres du palais offrent sur la Sé, le Douro, Gaia et la muraille Fernandina.

## CATHÉDRALE (SÉ) ✧✧✧

**Plan B2** – Terreiro da Sé.

**Cathédrale :** ☎ 222 05 90 28. Lun.-sam. 9h-18h (19h en été), dim. et j.f. religieux 14h30-17h30 (18h30 en été). Entrée libre.

**Cloître :** lun.-sam. 9h-17h30 (18h30 en été), dim. et j.f. religieux 14h30-17h30 (18h30 en été). Entrée : 3 €.

De la même génération que ses homologues de Coimbra et de Lisbonne, la **cathédrale** de Porto présente une façade du XVIII<sup>e</sup> s. L'intérieur frappe par son ampleur et sa décoration hétérogène, effet des embellissements successifs. Admirez le devant de l'autel en marbres polychromes et les ***talhas douradas*** signées Nasoni qui ornent le maître-autel.

Une porte sur le bas-côté droit de la nef donne accès au **cloître** gothique. Vous y verrez des panneaux d'azulejos (XVIII<sup>e</sup> s.), dont les scènes sont tirées du *Cantique des cantiques* et des *Métamorphoses* d'Ovide.

Du cloître, vous accéderez à une **sacristie** chatoyante. L'escalier de Nasoni conduit à l'étage, où s'ouvre l'imposante **salle capitulaire**, surmontée d'un somptueux plafond à caissons peints.

En sortant de la cathédrale, après avoir profité du panorama depuis la terrasse, descendez le plan incliné pour accéder à un second belvédère, d'où s'offre une spectaculaire vue plongeante sur l'igreja de São Lourenço, dite aussi « igreja dos Grilos ».

## IGREJA DE SÃO LOURENÇO (IGREJA DOS GRILOS) E MUSEU DE ARTE SACRA E ARQUEOLOGIA ✧✧

**Plan B2** – Largo do Colégio ☎ 223 39 50 20. Mer.-ven. 9h-12h et 13h-16h30, sam. 10h-12h et 14h-17h30. F. dim. Entrée : 3 €.

Communément appelé **igreja dos Grilos**, ce couvent fut construit entre 1573 et 1577 par les jésuites grâce aux dons des fidèles. L'église comporte des azulejos du XVI<sup>e</sup> s., le retable de Nossa Senhora da Purificação, œuvre baroque, et un orgue ibérique du XVIII<sup>e</sup> s.

Au sein du couvent, le **musée d'Art sacré et d'Archéologie** rassemble des œuvres allant du XIII<sup>e</sup> au XXI<sup>e</sup> s. Une salle est dédiée à l'artiste portuense Irene Vilar. Pour finir en beauté, les deux tours-clochers livrent de superbes perspectives sur la Sé, la Ribeira et Vila Nova de Gaia.

## CASA-MUSEU GUERRA JUNQUEIRO ✧

**Plan BC2** – Rua Dom Hugo, 32. De retour sur le terreiro da Sé, contournez la cathédrale par la g. et prenez la rua Dom Hugo à dr. ☎ 222 00 36 89. Mar.-dim. 10h-17h30 (dernière admission 30 min avant). Entrée : 4 € ; gratuite dim.

Le poète et homme politique Guerra Junqueiro (1850-1923) était aussi collectionneur. La visite de cette demeure baroque attribuée à un disciple de Nasoni passionnera les amateurs par ses collections de céramiques, de sculptures, de tapisseries et de mobilier.

## IGREJA SANTA CLARA ✧

**Plan C2** – Largo 1o de Dezembro. ☎ 222 005 338. Lun.-ven. 10h-12h30 et 14h30-17h, sam. 10h-12h30. Accès libre.

La fondation du monastère des clarisses remonte au début du XV<sup>e</sup> s. L'intérieur a été entièrement refait dans les années 1730. Les ***talhas douradas*** et les retables dorés y sont à peine moins envahissants que dans l'église São Francisco (p. 358) et tout aussi étonnants, venant d'un ordre mendiant…

### FUNICULAR DOS GUINDAIS

Plan C2 – Station Ribeira : av. de Gustavo Eiffel (au pied du ponte Dom Luís I), station Batalha : rua Augusto Rosa. Nov.-mars : dim.-jeu. 8h-20h, ven.-sam. 8h-22h ; avr.-oct. : dim.-jeu. 8h-22h, ven.-sam. 8h-minuit. Billet : 2,50 € ; temps de trajet : 3 min.

Si vous souhaitez rejoindre les quais sans vous fatiguer, vous pouvez emprunter le funiculaire. Il gravit la colline de Pena Ventosa en longeant la **Muralha Fernandina**, vestige de l'enceinte du XIVe s.

### PONTE DOM LUÍS I ✧✧✧

Plan C3 – Accès piéton : cais da Ribeira (bas) ou avenida Vimara Peres (haut).

Souvent attribué à tort à Gustave Eiffel, le ponte Dom Luís I fut conçu par son ex-associé Théophile Seyrig. Inauguré en 1886, ce majestueux double pont enjambe le fleuve d'un seul jet à 70 m de hauteur au tablier supérieur. Il peut se traverser à pied par les deux niveaux, en métro par le niveau supérieur et en voiture par le niveau inférieur.

## Vila Nova de Gaia ✧✧

Située de l'autre côté du Douro, la commune de Vila Nova de Gaia concentre les caves de Porto et de vins du Douro sur son quai, du fait de sa rive plus ombragée et donc plus adaptée à la conservation de ces breuvages. C'est également d'ici que vous aurez le plus beau panorama sur les collines de Porto et sur la Ribeira.

### MOSTEIRO DA SERRA DO PILAR ✧✧

Plan C3 – Largo de Aviz ☎ 220 14 24 25. Mar.-dim. 10h-18h30 (17h30 nov.-mars) ; f. 1er janv., dim. de Pâques, 1er mai et 25 déc. Vis. guidée + montée en haut du dôme à 10h30, 11h30, 12h30, 14h30, 15h30 et 16h30 (également 17h30 avr.-oct.). Entrée cloître + expo : 2 € ; vis. guidée + dôme : 4 €.

Cet ancien couvent perché sur une colline abrite une église et un cloître des XVIe et XVIIe s. Sa forme circulaire est unique dans la péninsule Ibérique. Réquisitionné par le futur duc de Wellington pendant la guerre d'Espagne, il appartient toujours à l'armée portugaise.

### TELEFÉRICO DE GAIA ✧

Plan BC3 – ☎ 223 741 440. Mi-oct.-mi-mars : 10h-18h ; mi-mars-mi-avr. et mi-sept.-mi-oct. : 10h-19h ; mi-avr.-mi-sept. : 10h-20h. Billet : 6 € (9 € A/R).

La télécabine de Gaia (niveau supérieur du pont et à la sortie de la station de métro) relie le **Jardim do Morro** au quai. L'expérience est onéreuse, mais le survol du toit des chais et la vue sur Porto sont mémorables. Si vous préférez marcher, empruntez la **calçada Serra** pour descendre à pied.

### LES CHAIS DE PORTO ✧✧✧

Plan AB3 – Le long des quais. Vis. guidée de 30 min à 1h, 9/10h-17/18h, avec généralement une coupure de 1h au moment du déjeuner.

Parmi la soixantaine de caves présentes à Vila Nova de Gaia, une quinzaine propose la visite guidée de leur chai, suivie d'une dégustation de deux vins (env. 13 € ; tarif variable selon la qualité du porto dégusté). À vous de choisir votre cave, en sachant que les marques les plus connues, comme Sandeman ou Graham's, sont souvent les plus fréquentées (rés. conseillée en période estivale). Faites aussi un tour à l'Espaço Porto Cruz.

### CONVENTO CORPUS CHRISTI ✧✧

Plan AB3 – Largo de Aljubarrota, 13 ☎ 223 74 24 62. Mar.-dim. 10h-17h30 (f. de 12h30 à 14h le w.-e.) ; f. 1er janv., 1er mai et 25 déc. Accès libre.

Fondé en 1345, le couvent de Corpus Christi s'installa en ce lieu au XVIIe s. et y abrita des sœurs dominicaines jusqu'en 1834. Au-delà de sa visite, le couvent accueille aujourd'hui des expositions d'art contemporain. Ne manquez pas l'église octogonale et la salle capitulaire située à l'étage.

## Aliados et Bolhão ✧✧✧

Cette promenade en retrait du fleuve vous mènera dans l'effervescence du quotidien des Portuenses : le marché et les boutiques de mode de la rua de Santa Catarina, la vie estudiantine autour de la rua do Carmo ou encore l'épicentre de la vie nocturne rua da Galeria de Paris.

### ESTAÇÃO DE SÃO BENTO ✧✧✧

Plan C2 – Praça Almeida Garrett.

Édifiée en 1896, la salle des pas perdus de la gare renferme d'immenses panneaux d'azulejos, qui

**GASTRONOMIE** *Espaço Porto Cruz*

L'**Espace Porto Cruz** n'ouvre pas ses chais au public mais célèbre la culture du porto avec un espace multimédia logé dans un superbe bâtiment tapissé d'azulejos. Il empile sur cinq niveaux une boutique, des salles d'exposition, un auditorium, une salle de dégustation, un restaurant et un bar en rooftop, le **Terrace Lounge 360°** (p. 370), où l'on goûte des cocktails à base de porto devant un panorama exceptionnel sur le Douro et la Ribeira.

> Largo Miguel Bombarda, 23 (plan B3) ☎ 220 92 53 40, www.myportocruz.com. Mar.-sam. 12h30-minuit, dim. 12h30-19h.

‹ Dégustation de porto à Vila Nova de Gaia

s'étendent du sol au plafond et illustrent des faits marquants de l'histoire du pays comme, par exemple, la conquête de Ceuta par l'infant Henrique.

## TEATRO NACIONAL SÃO JOÃO ✧

Plan C2 – Praça da Batalha ☎ 223 40 19 00, www.tnsj.pt. Vis. guidées mar.-sam. à 12h30 (rés. conseillée). Entrée : 6 €.

Inauguré en 1798, ce théâtre fut royal avant d'être national. Détruit par un feu, il fut reconstruit par Marques da Silva en 1809 et devint un cinéma en 1932. Depuis 1995, il a retrouvé sa vocation initiale en présentant une programmation très novatrice.

## RUA DE SANTA CATARINA ✧

Plan C1.

La rua de Santa Catarina est l'épicentre des magasins de mode du centre-ville. Elle comprend à la fois un centre commercial très moderne et de nombreuses boutiques aux devantures de bois datant du début du XXe s. À l'entrée de la rue, l'**église Santo Ildefonso** (début du XVIIIe s.) détient de remarquables vitraux du maître Isolino Vaz (1967). À l'autre bout de la rue, la ravissante **Capela das Almas** (fin du XVIIe s.) a été intégralement revêtue d'azulejos bleu et blanc par le céramiste Eduardo Leite en 1929.

PAUSE

### Café Majestic

Élégant et raffiné, le Café Majestic est un superbe exemple d'Art nouveau, avec une imposante façade de marbre munie de larges baies vitrées ouvertes sur la rue. L'intérieur est paré de miroirs, de boiseries dorées et de luminaires en métal travaillé. Et, pour ne rien gâcher, les pâtisseries y sont délicieuses !

> Rua de Santa Catarina, 112 (plan C1) ☎ 222 00 38 87, www.cafemajestic.com. Lun.-sam. 9h30-23h30.

## MERCADO DO BOLHÃO ✧

Plan C1 – Accès par la rua Fernandes Tomás ou la rua Formosa ☎ 223 32 60 24, www.mercadobolhao.pt. F. pour travaux jusqu'en 2021. Marché temporaire : au sous-sol du centre commercial La Vie, rua de Fernandes Tomás, 506-508. Lun.-ven. 8h-20h, sam. 8h-18h.

Ouvert en 1915, le marché mythique de Porto, où s'activent d'innombrables commerçants, est l'un des plus anciens de la ville. Classée comme immeuble d'intérêt public en 2006, la grande halle en béton et fer forgé, devenue vétuste, se refait une beauté. Pendant les travaux, les stands de fleurs, de fruits, de poissons et de viande sont transférés dans le centre commercial La Vie, situé à deux pas, dans un cadre évidemment beaucoup moins typique et charmant.

## AVENIDA DOS ALIADOS ✧

Plan BC1.

En quittant le marché, empruntez la **rua Formosa** en direction du **Paços do Concelho**, la mairie de Porto. Édifiée en 1920, elle arbore une splendide façade décorée de sculptures représentant les diverses activités liées à la ville. L'avenida dos Aliados, qui la prolonge, est bordée d'imposants bâtiments aux élégantes façades d'influence française, dessinées par Marques da Silva. Au bout de l'avenue, sur la **praça da Liberdade**, trône le **Monumento a Dom Pedro IV**. Cet ancien roi du Portugal tient dans sa main la Constitution du pays.

## IGREJA E TORRE DOS CLÉRIGOS ✧✧✧

Église et tour des Clercs

Plan B2 – Rua dos Clérigos ☎ 222 145 489, www.torredosclerigos.pt. T.l.j. 9h-19h. Accès libre à l'église. Entrée (tour et musée) : 6 €.

C'est au génial architecte italien Nicolau Nasoni que Porto doit l'un de ses monuments les plus emblématiques. Construite à partir de 1732 pour la confrérie dos Clérigos, l'église la plus haute du Portugal doit sa silhouette élancée au terrain exigu sur lequel elle a été bâtie. Nasoni, architecte mais aussi peintre illusionniste, a profité de la pente du terrain pour mettre en scène une sorte de trompe-l'œil et créer une façade faisant paraître l'église beaucoup plus monumentale qu'elle ne l'est vraiment.

### L'église

Ce qui semble être la porte de l'église donne en fait accès à une petite chapelle mortuaire, sans communication avec l'église, dans laquelle on entre par une petite porte latérale.

Derrière une façade rocaille en granit chargée de motifs flamboyants, l'église fait songer à un petit théâtre italien, avec sa nef ovale, sa coupole et ses marbres roses. La lumière y pénètre abondamment par de grandes fenêtres, dépourvues de vitraux pour mieux faire briller les ors des retables baroques, du lambrequin et des stalles en bois doré. Quand le concert d'orgue résonne tous les jours à midi, l'expérience baroque est totale : on est littéralement transporté à l'âge d'or du Portugal.

### La tour des Clercs

Phare dans la ville (elle servait jadis d'amer aux bateaux), la svelte tour baroque offre du haut de ses 76 m un formidable panorama à 360° sur Porto. Le regard embrasse les toits de tuiles rouges, les églises, les rives du Douro et les entrepôts de Vila Nova de Gaia. L'ascension des 225 marches de l'escalier en colimaçon, très exigu, est éprouvante, et le temps d'attente pour l'accès au sommet de la tour est parfois très long. Une exposition y raconte l'histoire du lieu, et chaque jour, à 12h et à 18h, les 49 cloches y produisent un concert saisissant.

### Le musée de la Confrérie des Clercs

Logé dans la maison de la confrérie, il présente une collection de peintures, sculptures, crucifix, mobilier et bijoux du XIIIe au XXe s. La visite de l'infirmerie, où l'on soignait les membres du clergé pauvres, donne une autre perspective sur l'église grâce à une fenêtre plongeant sur le chœur, qui permettait aux malades de suivre la messe.

**PAUSE**

**Leitaria da Quinta do Paço**

Cette laiterie créée en 1920 confectionne des éclairs fourrés à la chantilly qui fondent en bouche de façon surprenante. Plusieurs nappages sont proposés (chocolat, citron, caramel, fruits rouges...) ainsi que des versions miniatures. Une vaste terrasse prolonge le plaisir.

> Praça Guilherme Gomes Fernandes, 47/51 (plan B1) ☎ 222 08 46 96, www.leitariaquintadopaco.pt. T.l.j. 9h-20h.

## PASSEIO DOS CLÉRIGOS E JARDIM DAS OLIVEIRAS ✧✧

Promenade des Clercs et jardin des Oliviers

**Plan B1-2** – Rua das Carmelitas, 151 ☎ 253 144 400. **Galerie :** lun.-sam. 10h-20h, dim. 11h-20h (restaurants jusqu'à minuit env.). **Jardin :** f. à 20h en hiver et à minuit en été.

Cet adorable jardin de poche, aux pelouses plantées de splendides oliviers, est presque surréaliste. Aménagé sur les toits de la galerie marchande dos Clérigos, il donne presque la sensation de flotter dans les airs au milieu des buildings. S'il fait beau, c'est un bonheur de s'arrêter boire un verre chez Base, un bar à ciel ouvert (p. 371). La galerie abrite des boutiques de mode et des bistrots.

## LIVRARIA LELLO ✧✧

**Plan B1** – Rua das Carmelitas, 144 ☎ 222 00 20 37, www.livrarialello.pt. T.l.j. 9h-20h. Entrée : 5 €, déductibles des achats. Billetterie à l'angle, sur la gauche de la librairie. Achetez votre billet en ligne pour éviter de faire deux fois la queue, à la billetterie et à l'entrée de la librairie. Moins de monde à l'heure du déjeuner.

La blanche façade Art nouveau cache l'une des plus belles librairies d'Europe. Avec son escalier double, ses ogives et ses rayonnages en faux bois qui grimpent jusqu'à un merveilleux plafond, elle est un monument à part entière. Son fantastique intérieur aux allures de cathédrale miniature aurait inspiré l'auteure de *Harry Potter*, fidèle cliente quand elle vivait à Porto.

## RUA DO CARMO ✧✧

**Plan AB1.**

Dans la rua do Carmo se dressent deux églises conventuelles accolées : l'**igreja das Carmelitas** (XVIIIe s.), dont la façade est attribuée à Nasoni, et l'**igreja do Carmo** (XVIIe s.), de style rococo. Cette dernière est la plus pittoresque, avec sa double façade et ses azulejos (début XXe s.). À l'intérieur, des *talhas douradas* de style rocaille illuminent les autels. Face à ces deux églises, la **praça Parada Leitão** est le lieu de rendez-vous des étudiants. Les vendredis et samedis, elle accueille un marché artisanal (9h-18h).

## MUSEU NACIONAL DE SOARES DOS REIS ✧✧

**Plan A1** – Rua Dom Manuel II, 44. Bus 201 ou 207, arrêt Hospital-de-Santo-António ☎ 223 39 37 70, www.museusoaresdosreis.pt. Mar.-dim. 10h-18h. Entrée : 3 €.

Une ancienne résidence royale, le **palácio dos Carrancas** (XVIIIe s.),

˅ Intérieur de la livraria Lello

^ Centro português de fotografia

abrite ce musée consacré à l'art portugais du XIXe s. et de la première moitié du XXe s. Il porte le nom de l'un de ses représentants les plus éminents, le sculpteur Soares dos Reis (1847-1889), né à Vila Nova de Gaia. Une salle entière lui est consacrée. Son chef-d'œuvre *O Desterrado* (1872) fut primé à diverses reprises. Parmi les 2500 tableaux du musée, c'est la peinture naturaliste portugaise du XIXe s. qui est la plus représentée, avec des œuvres d'António Carvalho da Silva Porto, dont le tableau *Um Campo de trigo* est considéré comme le précurseur de ce courant artistique au Portugal. Le musée possède également une importante collection de faïences, de céramiques et de pièces d'orfèvrerie ainsi que du mobilier sur lequel l'influence étrangère est perceptible, notamment celle des anciens comptoirs portugais.

## CENTRO PORTUGUÊS DE FOTOGRAFIA ✧✧

Plan B2 – Campo dos Mártires da Pátria ☎ 220 04 63 00, www.cpf.pt. Mar.-ven. 10h-18h, sam.-dim. 15h-19h. Entrée libre.

Sur le proche campo dos Mártires da Pátria se dresse l'imposant bâtiment de la prison de la cour d'appel (fin XVIIIe s.), où l'on peut voir de passionnantes **expositions temporaires de photographie**. La salle du tribunal a conservé ses stucs néoclassiques. On découvrira la cellule où l'écrivain Camilo Castelo Branco (1825-1890) – célèbre pour son roman *Amour de perdition* (1862) – fut incarcéré un an pour un simple adultère avec Ana Plácido, celle qui devait devenir sa compagne. De l'étage supérieur, belle vue sur la ville, avec la cathédrale dans le lointain. Au troisième étage, une **collection exceptionnelle d'appareils photos** réunit daguerréotypes, systèmes à soufflet, modèles cultes Kodak et Leica, appareils miniatures, polaroïds, appareils jetables et spécimens d'espionnage déguisés en boîte de Pepsi, paquet de cigarettes, montre et rouleaux de bonbons, utilisés pendant la guerre froide.

## RUA DA GALERIA DE PARIS ✧

Plan B1.

Cette promenade dans la vieille ville de Porto ne pourrait mieux s'achever que par une invitation à la fête dans la rua da Galeria de Paris. Comme son nom l'indique, cette rue, ouverte en 1903, a été imaginée à la manière des passages couverts de la capitale française, bien que le projet de toit ait été finalement abandonné. Bordée d'immeubles aux façades Art nouveau, elle accueille, comme les galeries parallèles Cândido dos Reis et Conde de Vizela, bars et clubs, et devient à la nuit tombée l'une des rues les plus animées de Porto, où il faut jouer des coudes pour passer d'un bar à l'autre.

# • NOS ADRESSES •

## OÙ DORMIR

Porto manque d'hôtels de catégories intermédiaires. Les établissements modestes sont souvent spartiates et bruyants. Si tout est complet, demandez l'assistance de l'office de tourisme.

**Camping**

### Parque de Campismo de Angeiras (Orbitur)

**Hors plan par B1** – Rua Angeiras, à Lavra (20 km N de la ville) 229 27 05 71.

Sous les pins et pas loin de la mer.

## RIBEIRA ET MIRAGAIA

## OÙ DORMIR

### Eurostars das Artes

**Plan A1** – Rua do Rosário, 160-164 222 07 12 50, www.eurostarsdasartes.com. Parking payant. Autour de 100 €.

Hôtel moderne dans un quartier agréable et peu touristique, sans être excentré. Chambres grandes, bien insonorisées et équipées de lits *king size*. Accueil et petit déjeuner excellents.

### Cocorico Luxury Guesthouse

**Plan C2** – Rua Duque de Loulé, 97 222 01 39 71, www.cocorico-porto.pt. Plus de 100 €.

Une maison d'hôtes dans l'air du temps proposant 10 suites cosy et élégantes, décorées avec beaucoup de goût, et un restaurant aux airs de brasserie parisienne où la France et le Portugal se rencontrent avec bonheur dans l'assiette. Une adresse qui sort du lot.

### Infante Sagres

**Plan B1** – Praça Dona Filipa de Lencastre, 62 223 39 85 00, www.hotelinfantesagres.pt. Plus de 150 €.

Le top en centre-ville : un palace de toute beauté (vitraux et déco somptueuse).

### Fêtes et manifestations

> 23-24 juin. Porto est en liesse pour fêter la nuit de la **Saint-Jean**, patron de la cité. Les autels de la ville sont fleuris et les rues résonnent des chants des cortèges aux flambeaux. Les habitants dansent toute la nuit et s'attaquent à coups de poireaux, comme le veut la tradition. Le lendemain, les rives du Douro sont noires de monde pour la régate des *barcos rabelos*.

## OÙ MANGER

### Pimm's Café

**Plan B3** – Rua do Infante Dom Henrique, 95 912 362 492 (port.). T.l.j. 9h30-minuit. Moins de 20 €.

*Cheap and chic*, c'est la devise de ce café-restaurant dans le vent, où l'on mange plutôt bien sans se ruiner. Terrasse fort agréable.

### Solar Moinho de Vento

**Plan B1** – Rua de Sá Noronha, 81 222 05 11 58, www.solarmoinhodevento.com. T.l.j. 12h-15h30 et 19h-22h. F. dim. soir. Moins de 20 €.

Dans ce petit restaurant à la devanture séduisante, on déguste une bonne cuisine sans prétention. La salle à l'étage est plus agréable. Accueil aimable.

### Abadia do Porto

**Plan C1** – Rua do Ateneu Comercial, 22 222 00 87 57, www.abadiadoporto.com. Lun.-sam. 12h-15h30 et 18h30-22h30. F. lun midi. Moins de 20 €.

Une brasserie à la portugaise, avec service empressé et plats copieux. Cuisine excellente, servie avec amabilité.

### Bacalhau

**Plan B3** – Muro dos Bacalhoeiros, 153-155 960 37 88 83 (port.), www.bacalhauporto.pt. T.l.j. 12h-23h. De 20 à 30 €.

La rue du Mur-des-Morutiers était le fief des vendeurs de morue. Pas étonnant de trouver ici un restaurant spécialisé dans le *bacalhau* ! La cuisine est goûteuse et créative, et la petite terrasse surplombant le Douro participe au plaisir de déguster l'assiette. Belle carte des vins.

## • NOS ADRESSES •

### O Comercial

**Plan B2** – Rua Ferreira Borges (palácio da Bolsa) ☎ 223 32 20 19, www.ocomercial.com. Lun.-sam. 12h30-15h30 et 19h30-23h (fermé dim. et lun. midi). De 20 à 30 €.

♥ Cuisine d'auteur et plats variés dans le cadre enchanteur du palácio da Bolsa. Belle carte de vins et de portos. Un peu intimidant, mais l'addition reste étonnamment sage. Le soir, réservez une table avec vue sur la ville illuminée.

### Postigo do Carvão

**Plan B3** – Rua da Fonte Taurina, 24-34 ☎ 222 00 45 39. T.l.j. 12h-15h et 19h-23h (fermé à minuit en été). De 20 à 30 €.

Touristique évidemment, mais tout de même la plus recommandable des adresses de Ribeira quand on ne cherche pas à dîner en plein air. Le cadre est joli, mais il arrive que l'attente soit longue, c'est la rançon du succès...

### DOP

**Plan B2** – Largo de São Domingos, 18 (palácio das Artes) ☎ 222 01 43 13, www.ruipaula.pt. Lun.-sam. 12h30-15h et 19h-23h. F. lun. midi. Plus de 40 €.

Le célèbre chef Rui Paula a ouvert une adresse dans sa ville natale. DOP signifie *Degustar e Ousar no Porto* («Déguster et oser à Porto»). Une cuisine raffinée qui donne une tout autre idée de la cuisine portugaise. Le menu à 90 € est une fête pour les papilles.

## CAFÉ

### Chocolataria das Flores

**Plan B2** – Rua das Flores, 121-123 ☎ 220 18 58 92. T.l.j. 9h30-19h (10h le dim.).

Rare occasion d'une pause chocolatée ou pour déguster un gâteau dans ce petit local où tout est fabriqué maison. On peut aussi y déjeuner sur le pouce d'une part de quiche ou d'une salade.

## BARS

### Wine Quay Bar

**Plan B3** – Muro dos Bacalhoeiros, 111/112 ☎ 222 08 01 19, www.winequaybar.com. Lun.-sam. 16h-23h. Paiement en espèces slmt.

♥ Idéalement situé sur la Ribeira, ce bar propose une intéressante sélection de vins portugais et d'excellents *petiscos*. Peu de places assises, à l'intérieur comme en terrasse, mais on s'y attarde tout de même volontiers pour profiter de l'animation de ce quartier.

### Bar Ponte Pênsil

**Plan B3** – Rua de Cima do Muro, 27 ☎ 222 08 53 42, www.barpontepensil.com. T.l.j. 10h-2h.

Idéal pour vous reposer sur l'eau, sous le ponte Dom Luís I, en sirotant un verre sur la vaste terrasse surplombant le Douro. Le cadre est exceptionnel.

### Portologia

**Plan B2** – Rua de São João, 28-30 ☎ 222 011 050, www.portologia.com. T.l.j. 11h-minuit.

Un bar à vins incontournable pour découvrir le porto, ou plutôt les portos, de préférence ceux de petits producteurs indépendants, soigneusement sélectionnés par le propriétaire. La carte de dégustation convient à tous les budgets, et propose en accompagnement des fromages et autres produits locaux à déguster dans une belle salle aux pierres apparentes.

## SHOPPING

#### Alimentation

### Oliva & Co

**Plan B2** – Rua Ferreira Borges, 60 ☎ 222 08 39 38. T.l.j. 9h30-19h.

Pour déguster et connaître l'huile d'olive sous toutes ses formes.

#### Vins et portos

### Porto in a Bottle

**Plan B2** – Rua das Flores, 263 ☎ 222 011 370, http://portoinabottle.pt. Mar.-dim. 15h30-21h.

Tenue par deux passionnés, Marco Ferreira et Célia Linos, cette petite *garrafeira* (cave à vins) est spécialisée dans les vins et spiritueux du Douro et du Minho. Une bonne adresse pour faire ses emplettes de porto, de *vinho verde* ou de *ginjinha* (la fameuse liqueur de griotte) hors des sentiers battus. Ici, on privilégie

Terrasse dans le quartier de Ribeira

les petits producteurs, avec une sélection triée sur le volet et toujours pleine de bonnes surprises.

## Instituto dos Vinhos do Douro e do Porto

**Plan B2** – Rua Ferreira Borges, 27
222 071 600, www.ivdp.pt. Lun.-ven. 11h-13h et 14h-18h. Entrée avec visite guidée et une dégustation incluse gratuite.

Sous contrôle de l'État, l'Institut des Vins est la haute autorité chargée de délivrer les précieuses dénominations «porto» et «douro». En complément de la salle d'exposition, la visite guidée du laboratoire et de la chambre de dégustation permet d'en savoir plus sur les portos et leur processus de certification. Elle s'achève par la dégustation de deux portos. Pour tout achat d'une bouteille dans la boutique, la visite est gratuite. Dégustation libre à la machine (1,50-9,90 €).

### Savons

## Claus Porto

**Plan B2** – Rua das Flores, 22 914 290 359, https://clausporto.com. T.l.j. 10h-19h.

Le magasin amiral de la célèbre maison de parfums fondée à Porto en 1887 par les deux gentlemen allemands Ferdinand Claus et Georges Schweder. Outre les fragrances créées à partir de la flore portugaise, Claus Porto est réputé pour ses savons de luxe aux sublimes emballages Art nouveau et Art déco. La collection pour homme est tout aussi mythique : pas une maison portugaise qui ne possède une eau de Cologne ou un savon Musgo Real. Un petit musée à l'étage retrace l'épopée de la marque.

### Mode

## Burel Mountain Originals

**Plan B2** – Rua de Mouzinho da Silveira, 83
223 203 798, www.burelfactory.com. Lun.-sam. 10h-19h30, dim. 10h-19h.

Résistant et imperméable, le burel, à base de pure laine vierge tissée, bouillie et battue, était le tissu traditionnel des capes des bergers de la serra da Estrela. Un couple de Lisboètes a eu la bonne idée de relancer une fabrique de burel et d'associer ce savoir-faire ancestral à un design contemporain. Résultat : de superbes manteaux, chemises, capes, vestes, écharpes, sacs, chaussures, couvertures, meubles, objets de déco et peluches.

## La Paz

**Plan B3** – Rua da Reboleira, 23
222 025 037, www.lapaz.pt. Lun.-ven. 10h-18h, sam.-dim. 12h-19h.

Rien que pour la boutique, une ancienne pharmacie du XVIIIe s., poussez la porte de La Paz. Deux amis, José Miguel de Abreu et André Bastos Texeira, ont créé cette marque locale de mode masculine, cosmopolite et de fabrication 100 % portugaise. La Paz puise son inspiration dans l'Atlantique et réinterprète les

# • NOS ADRESSES •

classiques marins avec un design contemporain, des tissus de haute qualité et un vrai savoir-faire local.

## SPORTS ET LOISIRS

### Croisière en rabelo

Trois sociétés proposent une minicroisière en *barco rabelo* de 50 min sous les six ponts de Porto. Départ cais da Estiva, cais da Ribeira et cais dos Guindais (15 €/pers.). Ces mêmes compagnies proposent des croisières sur le Douro jusqu'à Peso da Régua, Pinhão ou Foz Côa, avec un retour en bateau ou en train. **Rens.** : www.barcadouro.pt, www.rotadodouro.pt, www.tomazdodouro.pt

# VILA NOVA DE GAIA

## OÙ MANGER

### Dom Luís

**Plan B3** – Av. Ramos Pinto, 266 📞 223 751 251. Mar.-dim. 12h-15h et 19h-22h. F. temporairement, tél. pour vérifier les horaires. Moins de 20 €.

Restaurant traditionnel, situé le long du quai, qui propose une délicieuse morue braisée. Serveurs toujours de bon conseil.

## BARS

### Espaço Porto Cruz-Terrace Lounge 360°

**Plan B3** – Largo de Miguel Bombarda, 23 📞 220 925 401. Mar.-sam. 12h30-minuit, dim. 12h30-19h.

♥ Il n'y a pas de plus bel endroit pour déguster un verre de porto les jours de beau temps ! Le toit-terrasse de cet espace surplombe le Douro et offre une vue imprenable sur la Ribeira. Des DJ officient certains soirs.

### Enoteca 17.56

**Plan A3** – Alameda da Rua Serpa Pinto, 44B 📞 222 448 500 ou 930 424 841 (port.), www.enoteca1756.pt. Mar.-sam. 12h-minuit, dim. 12h-18h.

Fondée en 1756, la Real Companhia Velha, plus vieille appellation d'origine contrôlée au monde, a fait sensation en ouvrant cet espace contemporain au bout des quais. On y trouve un musée dédié à la célèbre maison de porto (entrée : 5 €) et, à l'étage, l'Enoteca 17.56, un spacieux et chaleureux bar à vins et restaurant aux airs de chalet alpin design. La terrasse, qui donne sur le Douro et la Ribeira, est très agréable pour déguster un porto de la maison.

## SHOPPING

### Vin de Porto

Toutes les caves à vins présentes à Vila Nova de Gaia vendent leurs propres produits. Des dégustations sont la plupart du temps possibles.

# ALIADOS ET BOLHÃO

## OÙ MANGER

### Pedro dos Frangos

**Plan C1** – Rua do Bonjardim, 223 📞 222 00 85 22. T.l.j. 11h30-22h30. Moins de 20 €.

Restaurant populaire pour manger du poulet frit à la bonne franquette. Accueil charmant et souvent francophone.

### Queijaria Amaral

**Hors plan par C1-2** – Rua de Santo Ildefonso, 190 📞 222 00 41 62. Lun.-sam. 9h-19h. Moins de 20 €.

Ouverte en 1920, la plus vieille fromagerie de la ville propose des fromages artisanaux de tout le Portugal, et plus spécialement le Queijo da Serra, le fromage de montagne au lait de brebis fabriqué dans la Serra da Estrela. On peut y cueillir un sandwich jambon-fromage ou déguster sur place une planche de fromages et de charcuteries (chouriço, saucisses fumées…) accompagnée d'un bon vin de la région.

### Petiscaria Santo António

**Plan B1** – Rua da Assunção, 40 📞 938 704 632 (port.). Mar.-jeu. 12h30-minuit, ven.-sam. 12h30-0h30 ; fermé dim. Moins de 20 €.

Bar à tapas proposant une carte originale : salades de sardines ou de maquereaux (servies dans un bocal),

Le passeio et la torre dos Clérigos

saucisse et purée de pommes, conserves de poissons, ou encore un chorizo flambé directement sur votre table.

### Raiz

**Plan B2** – Largo dos Lóios, 8 ☎ 914 404 206 (port.), www.raiz.com.pt. Lun.-dim. 19h-1h. De 20 à 30 €.

Belle expérience culinaire sur fond de jazz. Au menu : asperges fourrées au jambon fumé et porto, poulpe au four, morue en croûte d'olives, sans oublier leur fondant au chocolat servi dans une casserole. Un régal !

### Miss'Opo

**Plan B2** – Rua dos Caldeireiros, 100 ☎ 222 082 179, www.missopo.com. Mar.-dim. 20h-minuit. De 20 à 30 €.

Cette petite maison d'hôtes pleine de charme ouvre sa salle de restaurant le soir. Sa carte est renouvelée chaque jour, avec des plats simples mais délicieux, car tout est fait maison, de la soupe aux desserts. Un lieu surprenant et sympathique, plein de personnalité avec son décor industriel et son mobilier dépareillé.

## PÂTISSERIE

### Confeitaria do Bolhão

**Plan C1** – Rua Formosa, 339 ☎ 223 39 52 20, http://confeitariadobolhao.com. Lun.-ven. 6h-20h, sam. 6h-19h.

Cette vieille dame de Porto régale les *Tripeiros* depuis 1896. Dans un cadre rétro et une ambiance bien typique, on accompagne son *cimbalino* (le nom pour un espresso à Porto) d'un *pastel de nata* ou d'une *tigelinha do Bolhão*, spécialité de la maison aux amandes. On y propose aussi tartelettes, croissants, pains aux fruits et toutes sortes de gâteaux crémeux, sans oublier le *pão de Deus*. Cette petite brioche moelleuse à la noix de coco est une bénédiction.

## BARS

### Aduela

**Plan B1** – Rua das Oliveiras, 36 ☎ 222 084 398. Lun. 15h-2h, mar.-sam. 10h-2h, dim. 16h-minuit.

Les points forts de cet ancien magasin de machines à coudre reconverti en bar à vins sont sa terrasse, légèrement en retrait de la zone la plus agitée du quartier, et ses toasts de sardines épicées, à savourer avec un verre de vin, une bière artisanale ou un Martini. L'accueil est convivial, et l'ambiance, toujours joyeuse.

### Café Candelabro

**Plan B1** – Rua da Conceição, 3, www.cafecandelabro.com. Lun. et mer.-sam. 14h-2h, mar. 15h-2h, dim. 16h30-minuit.

Point de chute du Porto arty et créatif, ce café-librairie aux étagères remplies de livres sur le cinéma et la photographie propose une sélection pointue de vins portugais servis au verre, ce qui n'est pas si fréquent à Porto, avec plus de 80 références, des vins bio et nature, et des étiquettes qu'on ne trouvera pas ailleurs. La musique calme et la lumière tamisée créent une atmosphère cosy.

### BASE

**Plan B1-2** – Passeio dos Clerigos, Jardim ☎ 910 07 69 20 (port.), www.baseporto.com. Mai-oct. : t.l.j. 10h-2h ; nov.-avr. : dim.-jeu. 10h-21h, ven.-sam. 10h-22h.

Perché sur la colline du Jardim dos Clérigos, ce bar a l'air d'un mirage planté dans les airs. Une musique

## • NOS ADRESSES •

aux décibels contrôlés permet de se relaxer en sirotant un mojito en plein air dans un fauteuil ou un canapé. À la nuit tombée, le panorama devient sublime !

### Café au Lait

**Plan B1** – Rua da Galeria de Paris, 46
222 05 20 16. Mar.-sam. 22h-4h.
Entrée : 2 € à partir de minuit.

Cet espace aménagé dans un ancien entrepôt textile est l'un des premiers bars à avoir ouvert dans la rua da Galeria de Paris. Il est recherché pour son excellente programmation musicale (jazz, blues, soul, pop et techno) et pour ses soirées animées par des DJ invités.

## CLUBS

### Plano B

**Plan B1** – Rua Cândido dos Reis, 30
222 01 25 00, www.planobporto.com.
Mar.-mer. 21h-2h, jeu.-sam. 21h-4h.

Plano B est l'un des bars-clubs les plus prisés de Porto. Et on comprend pourquoi ! Il renferme plusieurs espaces sur deux étages, avec une galerie d'art, un bar et des espaces concerts à la programmation éclectique très large (mention spéciale pour les DJ invités). N'arrivez pas trop tard, au risque de ne pas pouvoir entrer.

### Café Lusitano

**Plan B1** – Rua de José Falcão, 137
914 413 882, www.cafelusitano.com.
Mer.-dim. 19h30-4h.

Ce bar-club occupe les locaux d'une ancienne imprimerie. La décoration y est chaleureuse, avec des couleurs chaudes, des fauteuils et des canapés en cuir, et le parquet, qui conserve le côté XIXe s. du lieu. L'ambiance est éclectique, avec des soirées à thème, des concerts de fado, du tango parfois, et une programmation musicale qui s'étend des années 1980 à l'électro. La clientèle est majoritairement gay, mais pas seulement…

### Fé Wine & Club

**Plan B1** – Praça Dona Filipa de Lencastre, 1
927 22 34 46 (port.) ou 222 01 09 01, www.feporto.pt. Jeu.-sam. 18h-4h.
Entrée payante après 1h : 5 € en conso.

À l'origine de ce projet : quatre copains qui se sont retrouvés à Porto après avoir beaucoup voyagé. Ils ont créé un espace moderne et accueillant, inspiré de leurs pérégrinations et entouré de tonnes de livres (10 t, paraît-il !), au milieu desquels on boit un verre. La musique est mixée le week-end par les DJ de la maison ou invités, avec un dancefloor dédié à la musique soul, funk et pop, et l'autre, aux sons électro.

## SHOPPING

**Alimentation**

### Pretinho do Japão

**Plan C1** – Rua do Bonjardim, 496 A 222 007 185.
Lun.-sam. 9h-19h.

Cette épicerie de 1947, dont le nom obscur, « Petit Noir du Japon », ferait

référence à un prophète du XIXe s., a conservé son charme des années 1950. Le café et l'orge continuent d'être moulus sur place, et ses ananas, gingembre et fraises déshydratés font partie de ses spécialités. Grand choix de thés, vins du Douro, portos et bières artisanales. Insoupçonnable, un café a été aménagé dans le jardin. On y sert thés, tartines et cuisine vegan.

## Artisanat

### A Vida Portuguesa

**Plan B1** – Rua Candido dos Reis, 36
222 022 105, www.avidaportuguesa.com.
Lun.-sam. 10h-20h, dim. 11h-19h.

Pour certains la plus belle boutique de souvenirs de la ville ! On y trouve en tout cas une mine de petits objets du Portugal d'autrefois, empreints de nostalgie et terriblement séduisants : savonnettes, jouets rétro, carnets sérigraphiés, céramiques (dont les fameuses hirondelles de Pinheiro !), mouchoirs d'amoureux et pantoufles de grand-mère, sans oublier les chocolats, miels et boîtes de sardines ! L'endroit idéal pour ramener un souvenir authentique.

### Almada 13

**Plan B1** – Rua do Almada, 13
223 21 60 02. Lun.-sam. 10h-20h (19h30 en hiver), f. dim.

Pour rapporter dans ses bagages un article design ou d'artisanat portugais. Au fond du grand concept-store, un petit café propose les délicieux gâteaux de Miss Pavlova.

### Mercado de Artesanato do Porto

**Plan B1** – Praça de Parada Leitão.
Jeu.-dim. 9h-18h.

Ce marché chaleureux accueille une soixantaine de stands proposant des créations artisanales : bijoux, sacs, vêtements...

Marché de rue sur la rua da Galeria de Paris

# 22 PORTO, la ville nouvelle ✧✧

Au nord-ouest du centre-ville, Porto prend le visage d'une ville d'affaires, avec de grandes artères, des hôtels internationaux et des centres commerciaux. Mais elle offre surtout une magnifique vitrine de l'art et de l'architecture contemporains grâce à divers musées, galeries et bâtiments de renom, dont la Casa da Música et le musée d'Art contemporain, qui l'ont propulsée avec brio dans le XXIe s. Un peu plus à l'ouest, au bout de la ligne 1 du tramway ou du bus 500, le quartier de Foz do Douro, avec ses plages et ses belles demeures, lui concède son statut de station balnéaire.

La fondation Serralves

L'ESSENTIEL

**À ne pas manquer**

La fondation Serralves ; le Jardim do Palácio de Cristal.

**Expériences**

Débusquer le Porto arty et créatif rua Miguel Bombarda ; grignoter des *petiscos* au mercado Bom Sucesso ; un concert à la Casa da Música ; une promenade en bord de mer à Foz do Douro : un must au coucher du soleil !

## Massarelos et Boavista ✧✧

Massarelos, situé à l'ouest du musée de Soares dos Reis, est un quartier où l'on déambule en prenant son temps au travers d'étonnants jardins et le long de la rua de Miguel Bombarda, vivier d'art contemporain. Plus au nord, l'étonnante Casa da Música se déploie telle une diva le long de l'avenida de Boavista.

### JARDIM DO PALÁCIO DE CRISTAL ✧✧

**Plan C2** – Rua Dom Manuel II. Bus 201 ou 207.

Cet ensemble de jardins tient son nom de l'ancien palais construit ici en 1865 à l'identique du Cristal Palace londonien. Détruit par le feu en 1951, il fut remplacé par l'immense coupole verte du **pavillon des Sports Rosa Mota**. Les jardins qui l'entourent, conçus au XIX$^{e}$ s., offrent une échappée romantique avec des fontaines et des sculptures disséminées au milieu d'une végétation luxuriante. La lisière sud du parc livre de formidables points de vue.

### MUSEU ROMÂNTICO DA QUINTA DA MACIEIRINHA ✧✧

**Plan C2** – Rua de Entre-Quintas, 220. Bus 201 ou 207, arrêt Palácio ☎ 226 05 70 32. Mar.-dim. 10h-17h30. Entrée : 4 € ; gratuite dim.

Les pièces, plutôt petites et intimes, restituent l'atmosphère dans laquelle vivait la bourgeoisie de Porto au XIX$^{e}$ s. Carlos Alberto, ancien roi de Piémont et de Sardaigne en exil à Porto, y mourut en 1849. L'endroit a du charme

## Porto plan II : la ville nouvelle

avec sa placette ombragée, à condition qu'il n'y ait pas trop de visiteurs, compte tenu de l'exiguïté des lieux.

### RUA MIGUEL BOMBARDA ✧✧

Plan C2.

Avec ses voisines, Rosário et Breyner, la rua Bombarda forme le quartier des Arts, petite enclave créative et branchée qui concentre une vingtaine de galeries d'art contemporain, des ateliers d'artistes, des cafés cool et des concept-stores pointus, le tout sur fond de street art.

Au n°285, le **Centro Comercial Bombarda** est une petite galerie marchande alternative réunissant boutiques indépendantes, ateliers de créateurs et restauration 100 %

PAUSE

### La Roto do Chá

Son jardin parsemé de poufs et de bouddhas, insoupçonnable depuis la rue, offre une sérénité enivrante ! La Rota do Chá («la Route du Thé») propose plus de 300 variétés venues du monde entier. À la carte, vous trouverez aussi des pâtisseries maison, des sandwichs et des jus de fruits frais.

> Rua Miguel Bombarda, 457 (plan A1) 📞 220 13 67 26. Lun.-sam. 12h-19 et 19h30-22h30 (f. lun.soir).

locale. Évitez d'y aller le lundi et le matin, les galeries d'art sont fermées.

## MERCADO BOM SUCESSO ✧✧

**Plan C1-2** – Praça de Bom Sucesso, 132 📞 933 238 609 (port.), www.mercadobomsucesso.pt. Dim.-jeu. 8h-23h (minuit ven.-sam.).

Ce marché des années 1940 est aujourd'hui un grand *food hall* accueillant le meilleur de la gastronomie portugaise. Charcuterie, fromages, pesticos traditionnels et pâtisseries artisanales sont proposés au fil des stands, puis on tente sa chance pour trouver une place aux petites tables pour déguster.

## CEMITÉRIO DE AGRAMONTE ✧

Cimetière d'Agramonte

**Plan C1-2** – Rua de Agramonte, 136. Bus 201 ou 207, arrêt Boavista 📞 226 06 66 04. T.l.j. 8h30-16h45. Entrée libre.

Les cimetières au Portugal, fleuris et soignés, sont loin d'être lugubres. Porto a ouvert des cimetières publics dès 1833 pour inhumer les victimes d'une épidémie de choléra et du siège de Porto. Celui d'Agramonte mérite qu'on s'attarde au milieu de tombes parfois richement décorées et de statues de sculpteurs renommés, comme Soares dos Reis ou Teixeira Lopes. À voir en particulier, un monument en hommage à la centaine de victimes qui périrent dans l'incendie du théâtre de Baquet, le 21 mars 1888.

### CASA DA MÚSICA ✧✧✧

Plan C1 – Av. da Boavista, 604-610. M° Casa da Música ou bus 201 ou 207, arrêt Boavista-Casa da Música ☎ 220 12 02 00, www.casadamusica.com. Vis. guidées sans résa. (10 €) en portugais et en anglais : t.l.j. à 11h et 16h (+ 10h, 14h30 et 17h en juin-sept.) ; en français : t.l.j. à 15h en août. Entrée libre dans le hall.

La Casa da Música est reconnue internationalement comme l'une des œuvres majeures de l'architecte néerlandais Rem Koolhaas. Inauguré en 2005, ce bâtiment ultramoderne, qui se transforme selon l'angle de vision par lequel on l'observe, est néanmoins rempli de références subtiles liées à l'architecture locale : les orgues à tuyaux ornés de *talha dourada* sont un clin d'œil au baroque, les azulejos noir et blanc de la salle Renascença et de la salle VIP établissent un lien entre le Portugal et les Pays-Bas...

La salle de concert Suggia est dotée d'une acoustique exceptionnelle, du fait, entre autres, de ses vitres incurvées. La Casa da Música héberge l'orchestre symphonique de Porto ainsi qu'un orchestre baroque, un orchestre de musique contemporaine et un chœur.

## Foz do Douro et le front de mer ✧✧✧

Plan AB1-2. Pour y accéder directement, ligne de tramway 1 jusqu'au terminus ou lignes de bus 500 (elle longe la côte !), 200, 203, 204 ou 207 qui partent toutes du centre-ville ou d'une station de métro.

Direction les plages et les promenades en bord de mer ! Foz, qui signifie «embouchure» en portugais, marque la rencontre du Douro et de l'océan Atlantique. C'est le quartier chic et balnéaire de la ville.

### FUNDAÇÃO DE SERRALVES ✧✧✧

Plan B1 – Rua Dom João de Castro, 210. Bus 203 ou 207, arrêt Serralves ☎ 226 15 65 00 ou 808 20 05 43, www.serralves.pt. Lun.-ven. 10h-18h (w.-e. 19h). Entrée : musée, villa et parc 20 € ; musée, villa ou parc seul : 12 €.

Installée au cœur d'un quartier luxueux, la fondation Serralves regroupe un prestigieux musée d'art contemporain, une villa Art déco, un parc de 18 ha et l'ancien corps de ferme de Mata-Sete. Autant dire que vous pouvez aisément y passer une bonne partie de la journée ! Pour vous y rendre, prenez le bus 203 depuis la station de métro Casa da Música. Si vous venez du bord de mer, il faut compter 30 min de marche par l'avenida Marechal Gomes da Costa ou prendre les bus 207 (mercado da Foz) ou 203 (castelo do Queijo/rua do Mal. Saldanha/mercado da Foz).

#### Museu de Arte Contemporânea ✧✧✧

Créé par l'immense architecte portugais Álvaro Siza Vieira (lauréat du prix Pritzker), ce musée est une prouesse architecturale. La fluidité de ses lignes est déroutante. D'une blancheur immaculée, il s'insère parfaitement dans le parc omniprésent à l'intérieur même de l'édifice grâce à de larges ouvertures créant un espace lumineux qui met en valeur les productions d'artistes contemporains.

Pensez à faire un tour à la bibliothèque, illuminée par des lampes en suspension telles des bulles de savon colorées.

Le musée présente sa propre collection, qui s'étend de 1960 à nos jours, ainsi que des expositions temporaires sur des artistes établis ou émergents.

#### Casa Serralves ✧✧

C'est le comte de Vizela qui fit construire cette maison Art déco, à la surprenante façade rose, entre 1925 et 1944. Il fit appel à Marques da Silva mais aussi à René Lalique, dont on peut admirer une claire-voie au plafond, et à Edgar Brandt, auteur d'une belle porte en fer forgé. Bien qu'il ne reste rien de son mobilier d'origine, on est saisi par le raffinement de son intérieur, la délicatesse de ses éléments décoratifs, et par sa luminosité, du fait des baies vitrées donnant sur le jardin. La salle de bains en marbre rose mérite le coup d'œil. Des expositions temporaires sont parfois installées dans la Casa Serralves, ce qui en modifie les conditions de visite.

### Parque Serralves ✧✧✧

Dessiné dans les années 1930 par Jacques Gréber, il est un rare exemple de jardin Art déco encore conservé. Il est constitué de différents espaces : bois, zone agricole, roseraie, allées de buis. En vous y enfonçant, vous aurez même la surprise d'y découvrir une petite forêt et une prairie où paissent des animaux de ferme. Du petit lac, situé au cœur du jardin, un escalier grimpe jusqu'à l'allée en forme d'axe central conduisant à la Casa Serralves. Ce parc expose également de magnifiques et volumineuses sculptures d'art contemporain.

### MARGINAL DA FOZ DO DOURO ✧✧✧

Plan A1-AB2.

Cette délicieuse promenade (4,5 km) part du **jardim de António Calém** et mène le long du fleuve, puis de la mer, jusqu'au **Castelo do Queijo**, un fort du XVIIe s. adapté à la forme du rocher sur lequel il repose et écrin d'un musée militaire.

Sur votre route, vous croiserez la **statue de l'ange Gabriel** d'Irene Vilar, le **phare de São Miguel-o-Anjo** (XVIe s.), l'un des plus anciens d'Europe, et le **jardim do Passeio Alegre**, dont la fontaine et les deux obélisques sont signés Nicolau Nasoni. Dans le prolongement, le **fort de São João Baptista** protège Porto depuis le XVIe s.

Derrière le jardin, les ruelles du **vieux Foz**, bordées de maisons basses de pêcheurs, sont irrésistibles. Sur le *paseo*, frangé de petites plages rocheuses et balayé par les vents, la colonnade années 1930 de la Pérgola da Foz est idéale pour contempler le coucher du soleil.

⌄ Le castelo do Queijo

• NOS ADRESSES •

# MASSARELOS ET BOAVISTA

## OÙ DORMIR

### Mira d'Aire

**Plan D2** – Rua de Álvares Cabral, 197
📞 222 08 31 13, www.hotelmiradaire.com.
De 50 à 80 €.

Légèrement excentrée, cette maison ancienne à la façade couverte d'azulejos a beaucoup de charme, et offre de la clarté et un bon confort. Prix raisonnable pour la ville.

### Mercador Guest House

**Plan C2** – Rua de Miguel Bombarda, 382
📞 224 081 545 ou 911 059 755 (port.).
De 100 à 170 €.

Charmante maison d'hôtes, située dans la rue des galeries d'art, dont les sept chambres évoquent les ports des anciennes colonies portugaises. L'accueil est aussi soigné que la décoration de cette maison bourgeoise du XIXe s.

## OÙ MANGER

### BUGO Art Burger

**Plan C2** – Rua de Miguel Bombarda, 598
📞 226 06 21 79. Mer.-sam. 12h30-15h et 19h30-23h (f. mar. soir). Moins de 20 €.

Plaisir des papilles et des pupilles dans ce restaurant de burgers. Présentation artistique et menu créatif.

### Casa das Bôlas

**Plan C1** – Av. da Boavista, 577
📞 220 13 52 11. Mar.-sam. 10h30-19h30.
Moins de 20 €.

Par ici les petites faims ! la *casa* sert des sandwichs faits à partir de fines fougasses, servis chauds ou froids, farcis de jambon, de fromage, de morue ou de sardines. Un régal ! En dessert, gardez un peu de place pour goûter la *bôla de Berlim*, un pain rond fourré de crème pâtissière, l'une des spécialités de la ville. Quelques tables pour déjeuner sur place.

## BAR

### Douro Sky Lounge

**Plan C2** – Vincci Porto Hotel, Alameda Basílio Teles, 29 📞 220 439 620. Avr.-oct. (quand il fait beau) : t.l.j. 13h-minuit.

D'anciens entrepôts frigoriques de poisson au look années 1930 reconvertis en hôtel design et, au sommet, un bar en rooftop surplombant le Douro.
Le coucher de soleil sur l'estuaire, avec l'arche du Ponte da Arrábida en ligne de mire, est spectaculaire. Cocktails, snacks, atmosphère relax et DJ le week-end.

# FOZ DO DOURO

## OÙ DORMIR

### Hotel Boa-Vista

**Plan A2** – Esplanada do Castelo, 58 📞 225 320 020, www.hotelboavista.com. De 90 à 120 €.

Un hôtel au confort correct idéalement situé à l'embouchure du Douro, à quelques mètres des plages.
La piscine couverte sur le toit offre une vue splendide.

## OÙ MANGER

### Pisca

**Plan B2** – Rua do Passeio Alegre, 294
📞 931 96 08 77 (port.). Dim.-jeu. 12h-minuit, ven.-sam. 12h30-1h. Moins de 20 €.

♥ Situé face au Douro, à ses barques de pêcheurs et à sa magnifique promenade, ce restaurant avec vue sert de délicieuses tapas. Parfait pour l'apéritif !

## PÂTISSERIE

### Tavi – Confeitaria da Foz

**Plan A2** – Rua da Senhora da Luz, 363
📞 226 18 01 52. T.l.j. 8h30-20h.

Cette excellente pâtisserie a une terrasse couverte avec vue sur l'Océan. La carte propose crêpes, salades et plats légers.

## BAR

### Bar Praia da Luz

Plan A1-2 – Av. do Brasil 📞 226 17 32 34. T.l.j. 10h-2h.

Sa terrasse en bois aménagée sur la plage offre un cadre de rêve pour boire un verre au son des vagues. En été, l'endroit est idéal au coucher du soleil.

## Fêtes et manifestations

> 23 août. **Cortejo do Traje de Papel** : le défilé du «cortège de papier» se tient la veille de la Saint-Barthélemy à Foz do Douro. Des centaines de personnes, vêtues de papiers colorés, se rendent à la plage pour assister à une bataille navale entre «pirates» et «hommes de la terre». La fête se termine par un bain sacré.

Vue sur le ponte da Arrábida depuis le jardim do Palácio de Cristal

# 23 LA VALLÉE du Douro ✧✧✧

La vallée du Douro possède l'un des plus beaux vignobles du monde, classé au patrimoine mondial par l'Unesco en 2001. De part et d'autre du fleuve, les flancs des collines laissent apparaître de somptueuses terrasses élaborées par l'homme. La basse vallée est la patrie du *vinho verde*, un vin vert finement pétillant et faiblement alcoolisé, car l'humidité du climat l'empêche d'arriver à maturité. Les vignes produisant le porto et les excellents vins du Douro (AOC) sont situées en amont, autour de Peso da Régua. Long d'environ 900 km, le Douro prend sa source en Espagne pour finir dans l'océan Atlantique. De nombreuses compagnies proposent des balades au fil de l'eau.

## PRATIQUE


- **Plan p. 350-351**
- **Nos adresses p. 389**


### Accès

**En voiture**

**Amarante** est à 40 min de Porto par l'A4. Environ 145 km séparent Porto de **Pinhão**, mais il faut compter plus de 3h pour les parcourir en longeant le Douro (routes étroites et sinueuses).

**En train**

Liaisons quotidiennes de Porto avec **Peso da Régua** (1h50) et **Pinhão** (2h25).

**En bus**

**Gare routière d'Amarante :** largo das Navarras (près du ponte de l'av. 1° de Maio). Liaisons quotidiennes avec Porto, Vila Real, Bragança, Coimbra et Lisbonne.

**Gare routière de Lamego :** derrière le musée. Liaisons quotidiennes avec Chaves, Vila Real, Viseu et Lisbonne.

Paysage de la vallée du Douro

# L'ESSENTIEL

## À ne pas manquer

La superbe route du vignoble entre Peso da Régua et Pinhão ; la baroquissime Casa de Mateus et ses jardins à la française ; les gravures rupestres du parc archéologique de la vallée du Côa.

## Expériences

Une dégustation de vin dans une *quinta*.

## Balade nature

Les Passadiços do Paiva, l'aventure pour tous !

## Amarante ✧✧

60 km E de Porto par l'A4.

La petite ville d'Amarante, répartie sur les deux rives du fleuve Tâmega, possède un charme exceptionnel grâce à son pont fortifié (XVIIIe s.) et à ses maisons à balcons du XVIIe s., un attribut architectural assez rare dans la région. Amarante est une ville qui se visite rapidement, mais il y règne une telle atmosphère de douceur et de sérénité qu'on a du mal à la quitter. En été, la traversée de la ville est interdite aux voitures, mais vous pourrez sillonner le fleuve à bord d'une *gaivota*, une embarcation à pédales atypique surmontée de quatre chaises, ou d'une barque.

### IGREJA SÃO GONÇALO ✧✧

Praça da República ☎ 255 42 20 50. T.l.j. 9h-18h (19h en été). Fermé temporairement, tél. pour vérifier la réouverture.

L'église de l'ancien couvent de São Gonçalo est d'un aspect curieux avec sa coupole recouverte de tuiles et sa galerie extérieure à arcades. Construit à partir de 1540, l'édifice s'ouvre par un portail Renaissance italianisant surmonté d'un fronton baroque. L'intérieur abrite un bel ensemble décoratif (*talhas douradas* du chœur et buffet d'orgue baroque). À gauche du chœur, une petite chapelle renferme le tombeau à gisant polychrome de São Gonçalo,

**Gares routières de Vila Real :** rua Dom Pedro de Castro, 19-31 (Rodonorte) et av. Cidade de Orense (Rede Expressos). Liaisons quotidiennes avec Amarante, Bragança, Chaves, Lamego, Peso da Régua et Porto.
**Rens. :** www.rede-expressos.pt, www.rodonorte.pt

## Visiter

**Train historique du Douro**

Balade dans un petit train à vapeur au bord du Douro entre Peso da Régua et Tua avec un arrêt à Pinhão (3h AR). Juin.-oct. le sam. sur rés. ☎ 707 21 02 20, www.cp.pt. Tarif : 45 €.

**Croisières sur le Douro**

Embarquement depuis Porto, Peso da Régua ou Pinhão. Pour les plus longues, en particulier celles depuis Porto, un trajet retour en train est à prévoir (souvent inclus dans la prestation).

→

^ L'église São Gonçalo à Amarante

PAUSE

*Confeitaria da Ponte*

En contrebas du pont, avec une agréable terrasse au-dessus du *rio* Tâmega pour paresser au frais, cette pâtisserie artisanale propose le meilleur des douceurs locales : *lérias, foguetes, brisas*...

> Rua 31 de Janeiro, 186, Amarante ☎ 255 43 20 34. T.l.j. 8h30-20h.

décédé en 1259. Admirez également le plafond à caissons peints de la sacristie et les azulejos du cloître.

### MUSEU MUNICIPAL AMADEO DE SOUZA-CARDOSO ✧✧

Alameda Teixeira de Pascoães ☎ 255 42 02 72, www.amadeosouza-cardoso.pt. Mar.-dim. 10h-12h30 et 14h-18h (9h30-12h et 14h-17h30 en hiver). Entrée : 1 €.

Ce musée d'Art contemporain installé dans le cloître de l'ancien couvent de l'église São Gonçalo accorde une large place aux œuvres du peintre Amadeo de Souza-Cardoso (1887-1918), né à Manhufe, près d'Amarante. Immortalisé par Georges Braque dans un portrait intitulé *Le Portugais* (1911), cet artiste majeur a découvert le cubisme à Paris.

## Passadiços do Paiva ✧✧

À proximité d'**Arouca** ; 63 km S-O d'Amarante par l'A4, la N106 et la N225, 75 km S-E de Porto par l'A1, l'A32 et la R326. Accès par les plages fluviales d'Areinho (moins exigeant) ou d'Espiunca ☎ 256 94 02 58, www.passadicosdopaiva.pt. Avr. : t.l.j. 9h-18h (19h sam.-dim. et j.f.) ; mai-sept. : t.l.j. 8h-20h ; oct.-mars : t.l.j. 9h-17h. Entrée 2 € sur place (4 € juin-oct.), 1 € sur Internet (2 € juin-oct.). Il est vivement conseillé de réserver votre billet en ligne, car le nombre quotidien de promeneurs est limité pour la protection du site ; l'entrée pourrait vous être refusée en cas d'achat le jour même. Parking gratuit.

## PRATIQUE (SUITE)

### Offices de tourisme

**Amarante**
www.baixotamega.pt

**Arouca**
www.cm-arouca.pt et aroucageopark.pt

**Peso da Régua**
www.cm-pesoregua.pt

**Vila Nova de Foz Côa**
www.cm-fozcoa.pt

**Vila Real**
www.cm-vilareal.pt

Les Passadiços do Paiva (passerelles de Paiva) offrent une superbe échappée nature le long de la rivière Paiva. Sur plus de 8 km, passerelles en bois, escaliers et pont suspendu se fondent dans le paysage pour mieux contempler ce site géologique exceptionnel. Certains l'aborderont comme un défi sportif, en sachant que le parcours ne présente aucune difficulté pour les aguerris. Les autres y passeront plus de temps, pour profiter de plages aménagées le long de la rivière et des aires de pique-nique. De nombreuses familles viennent s'y poser pour la journée et jouir de la fraîcheur ambiante.

La rivière impétueuse, où rafts et kayaks s'en donnent à cœur joie, dévale 85 km de la serra de Leomil au Douro. Elle a sculpté la roche, poli de gros blocs de granit et créé un chaos minéral extraordinaire, autour duquel la flore et la faune – dont certaines espèces en voie d'extinction – se sont épanouies. Les passionnés de nature choisiront une visite guidée avec un naturaliste pour tout savoir sur la biodiversité du lieu.

> Lire aussi la balade nature : Passadiços do Paiva, l'aventure pour tous (p. 392).

**CULTURE**

*São Gonçalo*

D'après la tradition, ce saint aurait bâti le premier pont d'Amarante, mais on le vénère surtout comme «faiseur de mariages». Son culte prend même des allures païennes. Le 1er samedi de juin, lors de la *romaria*, les demoiselles offrent des gâteaux en forme de phallus *(Bolo de Gonçalo)* aux jeunes garçons, tandis que les veuves et les «vieilles filles» embrassent la statue du saint et caressent la corde de son froc.

## Vers Lamego

Itinéraire de 55 km depuis Amarante par la N101, 137 km depuis Porto par l'A4 et l'A24 (comptez 1h30) ou par les N108, N222 et N226 (comptez 3h).

Les nationales de cette région offrent parfois de très beaux paysages, mais sont bien souvent d'étroites routes de montagne en épingle à cheveux et, de surcroît, très empruntées par les camions. Résultat : elles sont lentes, longues et parfois embouteillées. Calculez cela dans vos temps de trajet ! Sachez néanmoins que si vous passez par la N222, les villages de **Cinfães** et de **Resende** sur votre chemin constituent d'importants centres de production de *vinho verde*.

Moins de 10 km après Resende, vous trouverez sur votre gauche un panneau direction **Porto de Rei** (M552) qui vous mènera à une plage fluviale agrémentée d'une piscine en plein air.

## Lamego ✧✧

55 km S-E d'Amarante par les N101, N128 et N222, 137 km E de Porto par les N108, N222, N224 et N226.

La paisible cité située au milieu des vignobles, où règne une atmosphère très provinciale (et une chaleur accablante au plus fort de l'été), s'enorgueillit d'avoir accueilli les premières réunions des Cortes sous l'égide d'Afonso Henriques. Elle possède par ailleurs un riche patrimoine architectural où le granit règne en maître, comme l'atteste la sublime façade du **Teatro Ribeiro**, non loin de la cathédrale.

### SANTUÁRIO DE NOSSA SENHORA DOS REMÉDIOS ✧✧

Possibilité de monter jusqu'au parvis en voiture en contournant (à dr.) la colline qu'escalade le grand escalier (indiqué). **Escalier :** accès libre. **Église :** ☎ 254 666 002. T.l.j. 8h30-18h ; entrée libre.

Au sommet de la colline qui surplombe Lamego, trône le sanctuaire de Nossa Senhora dos Remédios, édifié au XVIIIe s. L'église baroque est intéressante, mais ce qui séduit le plus reste son majestueux et monumental escalier à double rampe, inspiré de celui de Bom Jesus, situé près de Braga (p. 413). Les différents paliers sont ornés de chapelles, de balustrades, de statues et de fontaines, le tout au milieu d'une végétation exubérante et fleurie au printemps.

### CATEDRAL (SÉ) ✧

Largo da Sé ☎ 254 61 27 66.
T.l.j. 8h-12h30 et 14h30-19h.

La cathédrale de Lamego a été construite par étapes successives à partir du XII^e s., avec de nombreuses transformations aux XVI^e et XVIII^e s. Elle est l'un des monuments les plus emblématiques de la région du Douro. Ses fresques ont été peintes par Nicolau Nasoni et elle possède un ravissant cloître Renaissance.

### MUSEU DE LAMEGO ✧

Largo de Camões ☎ 254 60 02 30, http://museudelamego.pt. T.l.j. 10h-18h. Entrée : 3 €.

Le musée occupe l'ancien palais épiscopal (XVIII^e s.). Il rassemble des œuvres de la cathédrale, tels un retable composé de cinq panneaux réalisés par Vasco Fernandes entre 1501 et 1511, des tapisseries flamandes du XVI^e s. et des panneaux d'azulejos du XVII^e s.

## Peso da Régua

122 km E de Porto, 17 km N de Lamego par l'A24 et 13 km par la N226.

Située au bord du Douro, Peso da Régua a joué un rôle primordial dans la production et la commercialisation du porto. C'est d'ici que les barriques de vin, aujourd'hui acheminées par chemin de fer, partaient en bateau jusqu'aux chais de Vila Nova de Gaia. Une agréable promenade a été aménagée le long du fleuve, point de départ de plusieurs croisières.

### MUSEU DO DOURO

Rua Marquês de Pombal ☎ 254 31 01 90, www.museudodouro.pt. T.l.j. 10h-18h (17h30 en hiver). Entrée : 6 €.

Le musée loge dans une bâtisse du XVIII^e s. en balcon sur le fleuve, à laquelle s'est greffée une aile moderne. Doté sur sa terrasse d'un *rabelo*, bateau utilisé autrefois pour transporter le vin jusqu'à Vila Nova de Gaia, il présente une exposition permanente sur l'histoire de la culture de la vigne et la production de vin dans la région ainsi que des expositions temporaires. La boutique offre un choix impressionnant de vins (porto et AOC Douro).

## Vers Pinhão ✧✧✧

Itinéraire de 28 km par la N222 et la N323.

Entre Peso da Régua et Pinhão, la région est parsemée de petites localités qui se consacrent uniquement à la production vinicole. Pour les relier, nous vous conseillons vivement d'emprunter la N222, située sur l'autre rive du Douro. Sur plusieurs kilomètres, la route est quasiment au même niveau que le fleuve et offre un panorama exceptionnel. Chaque nouveau virage

‹ Le sanctuaire de N. S. dos Remédios

réserve sa magie visuelle. Juste avant Pinhão, la N222 s'éloigne du fleuve pour traverser des paysages caractéristiques du Haut Douro.

Si vous souhaitez prolonger votre balade dans le secteur, empruntez la N323 jusqu'à **Sabrosa**, ville natale de Magellan, ou bien la N322 jusqu'à **Alijó**, deux charmants villages.

### QUINTA DE MARROCOS

N 222, Valdigem ☎ 254 31 30 12, www.quintademarrocos.com. T.l.j. 9h-18h. Visite guidée + dégustation de 2 vins : 20 €.

Cela fait plus de quatre générations que la famille Correia de Sequeira produit du vin sur ce domaine, où le foulage est encore fait aux pieds dans des pressoirs en granit.

**VINS**

*Visiter une quinta*

Réparties sur les deux rives du Douro, aux abords du fleuve ou aux alentours des villes de Peso da Régua, Lamego, Pinhão, Sabrosa, Alijó et Vila Real, 25 *quintas* vous ouvrent leurs portes pour visiter leur domaine, goûter leur production et, la plupart du temps, dîner et passer la nuit. Renseignez-vous auprès des offices de tourisme pour en avoir la liste complète. Nous vous recommandons la Quinta de Marrocos (ci-contre) située sur la N222, au niveau de Valdigem.

## Vila Real

40 km N-O de Pinhão par la N323 et la N322, 25 km N de Peso da Régua par l'A24 et la N322.

Malgré son nom clinquant, la petite «ville royale» ne possède pas de monuments inoubliables. L'avenida Carvalho Araújo, son artère principale, part de l'**hôtel de ville** (XIX$^{e}$ s.), reconnaissable à son escalier tarabiscoté. Derrière lui, se trouvent un cimetière ainsi que le **museu da Vila Velha**, dédié à l'histoire de la ville. Sur leur gauche, un petit chemin mène à un point de vue remarquable sur les **gorges du** *rio* **Corgo**.

Face à l'hôtel de ville, une esplanade dotée de jets d'eau sortant du sol fait le bonheur des enfants en été. Un peu plus haut sur l'avenue, la **cathédrale**, ancienne église gothique d'un couvent dominicain, est surmontée d'un clocher baroque. Baroque également, la **Capela Nova** qui s'élève à l'angle des rues 31 de Janeiro et Dr Roque da Silveira.

Enfin, dominant le *rio* Corgo, le **museu de Arqueologia e Numismática** occupe un bâtiment du XVIII$^{e}$ s. le long de la rua do Rossio.

### CASA DE MATEUS ✧✧✧

3 km E de Vila Real par la N322 ☎ 259 32 31 21, www.casadematеus.com. T.l.j. 9h-18h (19h avr.-oct.) ; f. 25 déc. Entrée jardins : 9,50 € ; jardins + palais : 13 €.

Ce *solar* (manoir) du XVIII$^{e}$ s., commandé par António Mourão, est d'une rare élégance et compte parmi les splendeurs du baroque portugais ! Sa façade principale à escalier double, attribuée à Nicolau Nasoni, se reflète merveilleusement dans un bassin orné depuis 1981 d'une sculpture de João Cutileiro. Parfait exemple de style rocaille, l'ensemble dispose de frontons courbes et de statues allégoriques hérissés de pinacles aux formes contournées.

En dehors de l'aile encore habitée, la demeure peut se découvrir par une visite guidée. L'intérieur y est splendide, avec ses plafonds en bois sculpté, ses salles en enfilade, sa bibliothèque et son mobilier d'époque. La chapelle et sa superbe sacristie valent également le détour.

Le jardin à la française, étagé en terrasses, est à l'image du palais : élégant, rempli de finesse et de fantaisie. Il est planté de camélias, de rosiers, et agrémenté de parterres de buis taillés avec une patience de bénédictin. Cette broderie végétale s'achève par une allée de cyprès en forme de tunnel qui aboutit dans les vignobles. Le vin et l'huile d'olive produits ici peuvent se déguster au sein des anciennes écuries.

^ Paysages du Haut Douro

PAUSE

*O Lagar*

À Torre de Moncorvo, tout le monde se donne rendez-vous pour le déjeuner d'après-messe chez O Lagar, dans la rue bordant l'église à droite. Ce restaurant de cuisine régionale est installé dans une ancienne huilerie, d'où son nom de *lagar*.

> Rua do Hospital Velho
☎ 279 25 28 28. Lun.-sam. 12h-15h et 19h-22h (dim. 12h-15h en été).

## Le Haut Douro

Itinéraire de 63 km par la N222 de Pinhão à Vila Nova de Foz Côa (env. 1h30), puis de 22 km par les N102, IP2 et N220 jusqu'à Torre de Moncovo (25 min). En train : la ligne longe le Douro pratiquement jusqu'à Pocinho, d'où des cars partent vers Torre de Moncorvo. Le trajet est très agréable.

Depuis Pinhão, prenez la N222 en direction de la vallée du Côa. Jusqu'à São João da Pesqueira, la route bordée de champs d'oliviers reste sublime. À **São João da Pesqueira**, vous pouvez vous arrêter au **museu do Vinho** si vous avez manqué celui de Peso da Régua (p. 386). À la sortie de la ville, une route sur votre gauche mène au point de vue de **São Salvador do Mundo**, qui offre un intéressant panorama sur la vallée selon la clarté du ciel.

Retournez ensuite sur la N222 en direction de **Vila Nova de Foz Côa**. Par endroits, la route redevient étroite et fortement sinueuse et laisse peu à peu place à des paysages plus arides. La ville de Vila Nova de Foz Côa ne présente que peu d'intérêt en dehors de sa proximité avec le parc archéologique. Notez cependant la surprenante qualité du design de son mobilier urbain !

### MUSEU E PARQUE ARQUEOLÓGICO DO VALE DO CÔA ✧✧✧

**Musée :** rua do Museu, 3 km E de Vila Nova de Foz Côa, route signalée. **Castelo Melhor :** 15 km S-E de Vila Nova de Foz Côa par la N222. ☎ 279 76 82 60, www.arte-coa.pt. Musée : t.l.j. 9h30-19h (18h mars-mai ; 9h-17h30 oct.). F. du 1er nov. au 31 mars. **Vis. guidée des sites d'art rupestre :** t.l.j. le matin (l'ap.-m. pour Penascosa) sur rés. auprès du musée (au moins 1 sem. à l'avance). Entrée : musée 7 € ; 16 € par site archéologique. Accès aux sites en 4x4 depuis le musée (Canada do Inferno et Ribeiro de Piscos) ou le centre d'accueil de Castelo Melhor (Penascosa), puis parcours à pied de 600 m à 1,1 km. En été, se prémunir du soleil, il fait très chaud.

En 1994, dans l'austère **vallée du Côa**, des gravures rupestres ont été découvertes par hasard, à la faveur d'un projet de barrage. Contemporaines des peintures de Lascaux, elles montrent toutes sortes d'animaux, représentés à main levée et d'une extraordinaire qualité. L'Unesco a inscrit le site au patrimoine mondial de l'humanité en 1998.

#### Le musée ✧✧

Le musée, en balcon sur le Douro, dresse un panorama passionnant des découvertes faites dans la vallée, dont les répliques des plus belles gravures rupestres ainsi qu'une vitrine où sont répertoriées et classées les trouvailles faites sur les différents sites (de 30 000 à 12 000 ans av. J.-C.).

### Le parc archéologique ✧✧✧

Il comprend une quinzaine de sites, mais seulement trois d'entre eux sont ouverts au public. Sur chaque site, on approche cinq ou six roches gravées, représentant pour la plupart des figures paléolithiques. **Penascosa** (36 roches gravées) est le site le plus visité, autant pour sa beauté que pour sa facilité d'accès. On y découvre en bord de plage des figures d'animaux. **Ribeira de Piscos** (42 roches gravées) dévoile le long de la rivière Piscos les gravures les plus précieuses : les chevaux aux cous entrelacés et «l'homme de Piscos», rare figure humaine du parc. Près du barrage abandonné où les premières gravures ont été découvertes, **Canada do Inferno** (46 roches gravées) recèle un cheval à deux têtes et une chèvre filiforme.

Le site de Penascosa est celui qui permet d'aller à l'essentiel sans avoir à marcher longtemps. Il permet également de découvrir le village de **Castelo Melhor**, avec ses maisons blotties sur un éperon coiffé d'une forteresse en ruine.

## TORRE DE MONCORVO

22 km N de Vila Nova de Foz Côa par les N102, IP2 et N220.

Cette petite cité établie au milieu des oliviers, des arbres fruitiers et des amandiers fait figure d'oasis dans une région dépeuplée. Faites une halte sur la place principale, où s'élève la grande église avec son splendide portail Renaissance. En levant la tête, vous noterez le grand nombre de maisons au dernier étage à claire-voie, qui font de son centre l'un des mieux conservés de la vallée du Douro.

# • NOS ADRESSES •

## AMARANTE

### OÙ DORMIR

#### Navarras

Rua António Carneiro, 84 ☎ 255 43 10 36, https://hotelnavarras.pt. Moins de 50 €.

Hôtel sans charme particulier, mais comme l'offre est limitée en ville, il faudra s'en contenter.

#### Casa da Calçada

Largo do Paço, 6 ☎ 255 41 08 30, www.casadacalcada.com. Chambres : plus de 150 €. Menus du restaurant : 125-145 €.

Ancien palais du XIXe s. dans un jardin appartenant à la chaîne Relais & Châteaux. Une adresse de luxe. Le restaurant étoilé **Largo do Paço** est tout un univers, tant au niveau du cadre qu'à celui de la cuisine, inventive et raffinée.

### OÙ MANGER

#### A Quelha

Rua de Olivença (sur la rive g.) ☎ 255 42 57 86. T.l.j. 11h30-14h30 et 18h30-22h. Moins de 20 €.

Une *adega* de qualité pour les amateurs de viande et de charcuterie régionales.

#### A Taberna

Rua 31 de Janeiro, 22 ☎ 935 53 19 20 (port.). Mar.-dim. 11h30-22h (23h sam.-dim.). Moins de 20 €.

♥ Cette joyeuse et minuscule taverne, dotée d'une terrasse à l'arrière, propose de savoureux *petiscos*. Sandwichs, croquettes, chorizo grillé, *caldo verde*... tout y est délicieux et à tout petits prix !

#### Zé da Calçada

Rua 31 de Janeiro ☎ 255 42 68 14, www.zedacalcada.com. Mar.-dim. 12h-15h et 19h-22h. De 20 à 30 €.

## • NOS ADRESSES •

### Fête à Amarante

> Romaria de São Gonçalo
La fête s'étend sur 3 jours autour du premier week-end de juin.

Restaurant dont la terrasse surplombe la rivière. Pour déguster dans un cadre romantique une truite du *rio*, une morue à la « Zé da Calçada » ou du cabri rôti au riz. Propose aussi des chambres.

### SPORTS ET LOISIRS

#### Parque Aquático de Amarante

Rua do Tâmega - Fregim (4 km SO d'Amarante) 255 41 00 40, https://parqueaquaticoamarante.com. Juin-mi-sept. : t.l.j. 10h-19h. Entrée : 13,50 € (17,50 € le dim. et en juil., 17,90 € en août), 7,50 € pour les 5-11 ans (8,90 € le dim. et en juil., 9,90 € en août).

Gigantesque complexe de piscines avec toboggans et cascades.

## LAMEGO

### OÙ DORMIR

Nombreuses possibilités de chambres chez l'habitant dans les environs de Lamego. Rens. à l'office de tourisme.

#### Lamego Hotel & Life

Quinta da Vista Alegre (2 km N-E) 254 65 61 71, www.hotellamego.pt. De 80 à 100 €.

Un palais des années 1920 modernisé pour une nuit paisible dans une chambre impeccable, confortable et avec vue sur la campagne. Le hic, c'est qu'on est loin de la ville et qu'un véhicule s'impose. Le spa et la piscine sont salutaires.

#### Casa dos Viscondes da Várzea

Quinta da Várzea, à Várzea de Abrunhais (5 km S-E) 254 69 00 20, www.hotelrural viscondesvarzea.com. Plus de 150 €.

La Casa dos Viscondes da Várzea est un superbe manoir du XIX^e^ s. avec grand balcon en granit, au milieu des vergers et des oliveraies. Une élégance poussée jusque dans les salles de bains.

### OÙ MANGER

#### Pastelaria da Sé

Rua Virgílio Correia, 16 254 61 24 63. Mar.-dim. 8h-19h30. De 20 à 30 €.

C'est ici que vous trouverez les fameux *bôlas* de Lamego. Le *bôla de Berlim* est un pain rond fourré de crème pâtissière ; les versions salées sont farcies de jambon, de fromage, de morue ou de sardines.

#### Vindouro

Rua Macário de Castro, 39 254 40 16 98, www.restaurantevindouro.com. Mar.-sam. 12h-14h30 et 19h-22h, dim. 12h-15h. De 20 à 30 €.

Carte innovante et variée dont les plats fondent en bouche (salade de poulpe servie sur une tranche de pain grillée à l'huile d'olive, confit de morue…).

### SHOPPING

**Alimentation**

#### Casa Rodrigues

Rua da Olaria, 19 964 29 43 12 (port.). T.l.j. 9h-minuit.

Des jambons suspendus, de la charcuterie et des fromages sous vide, ou du *vinho verde* à glisser dans vos bagages.

## PESO DA RÉGUA

### OÙ DORMIR

#### Quinta de Marrocos

Estrada nacional 222 - Valdigem 254 31 30 12, www.golddrink.pt. De 70 à 100 €.

Cela fait plus de quatre générations que la famille Correia de Sequeira produit du vin au sein de cette *quinta*, jadis monastère de moines franciscains. Vous pouvez vous y arrêter pour une simple visite guidée du domaine (sur rés.) ou pour y séjourner. Possibilité de repas sur place.

## OÙ MANGER

### Castas & Pratos

Rua José Vasques Osório ☎ 254 32 32 90, www.castasepratos.com. T.l.j. 12h-15h et 19h30-22h30. Moins de 20 €.

Installé dans l'un des entrepôts en bois proches de la gare, un bar à vins qui jouit d'une excellente réputation.

## SPORTS ET LOISIRS

Des **croisières** dans la région de Peso da Régua, de Pinhão, voire jusqu'à Porto, partent des quais. www.barcadouro.pt

# VILA NOVA DE FOZ CÔA

## OÙ DORMIR

### Quinta do Chão d'Ordem

N102-IP2, 7 km S de Vila Nova de Foz Côa ☎ 279 76 24 27, www.chaodordem.com. De 50 à 80 €.

Une ancienne *quinta* parmi les vignes et les oliviers, avec des chambres très confortables et une piscine. Vous goûterez au porto et à l'huile bio.

## OÙ MANGER

Plusieurs **cafés** avec terrasse dans la rue piétonne Dr Juiz Moutinho de Andrade (ancienne rua São Miguel).

## SHOPPING

### Garrafeira e Artesanato

Rua São Miguel, 64 ☎ 912 47 39 62 (port.). T.l.j. 9h-19h.

Vins, fromages, produits alimentaires et artisanat de la vallée du Douro. L'huile d'olive de la région est excellente.

# VILA REAL

## OÙ DORMIR

### Parque de Campismo municipal

Rua Dr. Manuel Cardona, Quinta da Carreira ☎ 259 092 029, www.campingvilareal.com. F. mi-déc-janv. 200 emplacements.

### Real

Rua Serpa Pinto, 5 ☎ 259 32 58 79, www.residencialreal.com. Moins de 50 €.

Le Real est le plus recommandable des hôtels modestes du centre, et puis il y a une pâtisserie juste en bas...

### Casa Agrícola da Levada

Timpeira (2 km E direction Solar de Mateus) ☎ 259 32 21 90, www.casadalevada.com. De 50 à 80 €

Agréable propriété rurale des années 1920, à l'écart de la ville. Piscine surplombant le *rio* Corgo.

## OÙ MANGER

### Snack Bar Encontro

Av. Carvalho Araújo, 72 ☎ 259 32 25 32. T.l.j. 8h-20h. Moins de 20 €

Ce café-restaurant doté d'une agréable terrasse ombragée sur l'avenue principale propose de copieux plats du jour (6-9 €), des salades et des sandwichs.

### Cais da Villa

Rua Monsenhor Jerónimo do Amaral, 6 ☎ 259 35 12 09, www.caisdavilla.com. Lun.-sam. 12h30-15h et 18h-22h30, dim. 12h30-15h. De 20 à 30 €

Un ancien entrepôt proche de la gare, au bas d'une cheminée d'usine, est devenu le restaurant *in* de Vila Real. Cuisine gastronomique avec des menus qui changent chaque jour.

### Terra de Montanha

Rua 31 de Janeiro, 28 ☎ 961 783 911 (port.). Mar.-dim. 12h-15h et 19h-22h. F. dim. soir. De 20 à 30 €

Cuisine locale de qualité en centre-ville. On dîne dans d'amusantes alcôves en forme de tonneaux. Service stylé.

## PÂTISSERIE

### Gomes

Largo do Pelourinho ☎ 259 309 710. Mar.-dim. 8h-19h30.

L'institution pâtissière de Vila Real, qui étend sa grande terrasse tout près de l'avenida Carvalho Araújo.

*Balade nature*

# PASSADIÇOS DO PAIVA, L'AVENTURE POUR TOUS

Le site de Passadiços do Paiva, ou « Passerelles de Paiva », fait partie du Geopark d'Arouca, territoire inscrit par l'Unesco au patrimoine géologique de l'humanité. Il s'étend sur 8,7 km, entre les plages fluviales d'Areinho et d'Espiunca. Il s'agit d'un parcours de randonnée balisé sur la rive gauche de la Paiva, rythmé par des gorges et des cascades spectaculaires.

‹ Des passerelles en bois permettent d'évoluer le long de la rivière Paiva

## PRATIQUE

Voir p. 384.

### Accès et coordonnées

**Carte p. 350-351** – Areinho
☎ 256 94 02 58, www.passadicosdopaiva.pt/fr

### Horaires

Avr. : t.l.j. 9h-18h (19h sam., dim. et j.f.) ; mai-sept. : t.l.j. 8h-20h ; oct.-mars : t.l.j. 9h-17h.

### Tarifs

Entrée : 2 € sur place (4 € juin-oct.), 1 € sur Internet (2 € juin-oct.). Réservez votre billet en ligne, car le nombre quotidien de promeneurs admis sur le site est limité. Parking gratuit.

## LA RANDONNÉE

Partant d'Areinho, au seuil de la buvette, un chemin longe la petite plage, puis s'éloigne sur 1 km dans la nature pour rejoindre la première volée de marches qui s'accroche au relief. Le site est en effet pourvu quasiment tout du long de passerelles en bois qui montent et descendent à flanc de montagne. Cette première ascension est raide, mais des paliers permettent de faire des pauses salutaires ! Une fois au sommet, la récompense est là : un panorama plongeant sur la Paiva dévalant tel un torrent.

Après quelques mètres, une cahute marque l'entrée officielle du site. C'est là que votre billet sera contrôlé. Puis la descente s'amorce de façon tout aussi vertigineuse. Néanmoins, les marches et rambardes sont 100 % sécurisantes. Les multiples points de vue au fil de la balade sont saisissants. L'érosion a modelé et creusé de magnifiques paysages. Une passerelle souple a été suspendue au-dessus de la rivière pour profiter d'autres sensations.

### Sens de la marche

Dans le sens Areinho-Espiunca, seuls les 2,5 premiers kilomètres sont difficiles. Le reste suit une pente douce. Le tout représente environ 2h30 de marche. Les sportifs en quête de performance feront, eux, l'itinéraire inverse. À votre arrivée, un service de taxis est disponible pour vous reconduire à votre point de départ. Comptez de 15 à 18 € la course. Cette balade s'adresse à tous, à condition d'y aller à son rythme, d'éviter les heures les plus chaudes et de boire régulièrement.

### Un lieu pour tous

Durant l'été, le site offre aux familles de nombreuses aires de loisirs. Tables de pique-nique et petites plages ont ainsi été aménagées en plusieurs endroits du parcours. Rien n'oblige les visiteurs à effectuer les 8,7 km de balade. Certains choisissent simplement de passer la journée au bord de l'eau et de revenir sur leurs pas. D'autres viennent faire du kayak sur les rapides. C'est également l'occasion de renouer avec une nature protégée, grâce à des panneaux didactiques positionnés sur le trajet. Ils permettent d'identifier les pierres et minéraux présents (granit, schiste, quartz), les arbres (aulnes, frênes, saules, chênes), les plantes (bruyères, fougères, lichens), les insectes (libellules, papillons) et les échassiers (hérons). Des visites guidées sont proposées pour une découverte approfondie.

⌄ Passerelle au-dessus de la Paiva

# 24 LE TRÁS-OS-MONTES

De la région nord-est du pays, on ne retient souvent qu'un nom : Bragança, ville médiévale coiffée d'une forteresse. Or, la particularité du Trás-os-Montes (qui signifie «au-delà des monts») ne réside pas tant dans ses villes et ses monuments que dans son ambiance et ses paysages, parfois austères, constitués de montagnes et de hauts plateaux parsemés de petits villages médiévaux. Ici plus qu'ailleurs, sans doute du fait de son isolement, la population entretient une véritable perpétuation de ses traditions culturelles et musicales, qui forgent toute l'âme de la région.

## PRATIQUE


- **Plan p. 350-351**
- **Nos adresses p. 400**


### Accès

À l'extrémité nord-est du pays, cette région est relativement isolée et ne se découvre bien qu'en voiture. **Miranda do Douro** est à 1h15 de Torre de Moncorvo par la N220 et la N221.

**En bus**

Avec les bus **Rede Expressos** et **Rodonorte**. www.rede-expressos.pt www.rodonorte.pt

**Gare routière de Bragança :** av. João da Cruz, dans le N-O de la ville. Liaisons quotidiennes avec Amarante, Guimarães, Braga, Miranda do Douro, Vila Nova de Foz Côa, Viseu, Vila Real et Porto.

**Gares routières de Chaves : Auto Viação do Tâmega,** largo da Estação (N de la ville) et **Estaçao Rodonorte,** av. de Santo Amaro (O de la

Le parc naturel de Montesinho dans le Trás-os-Montes

# L'ESSENTIEL

## À ne pas manquer
La citadelle de Bragança ; le village de Rio de Onor, où le temps s'est arrêté ; la ville thermale de Chaves.

## Expériences
Une excursion en bateau sur le Douro ; une séquence baignade ou canoë sur la plage fluviale d'Azibo ; goûter la solitude dans le parc naturel de Montesinho.

## Miranda do Douro ✧
105 km N-E de Torre de Moncorvo par la N220 et la N221. Centre historique interdit aux véhicules des non-résidents ; parking près de la muraille.

Située face à l'Espagne, la petite ville, encore bordée des vestiges de ses murailles, est dominée par une cathédrale trop grande pour elle. On y parle encore le *mirandês*, un idiome issu du bas latin, et non du castillan, utilisé de l'autre côté du Douro. Cette spécificité culturelle est aujourd'hui préservée (informations sur les monuments et noms de rues indiqués dans les deux langues), au même titre que les traditions folkloriques, notamment la danse du bâton des Pauliteiros, d'origine très ancienne, qui célèbre le solstice d'hiver (p. 401).

### CATEDRAL SÉ
Largo da Sé. Mar. 14h-17h30 et mer.-dim. 9h-12h30 et 14h-17h30 (18h en été).

Cette cathédrale démesurée par rapport au reste de la ville date du XVIe s. Elle est installée sur une terrasse qui domine à pic le Douro et le barrage de Miranda. Derrière sa façade massive agrémentée de tours carrées, se cachent de belles surprises comme des retables en *talha dourada* et un buffet d'orgue baroque. À l'arrière de l'église, les ruines du cloître de

ville). Liaisons avec Porto, Lisbonne, Coimbra, Braga, Guimarães, Bragança et Vila Real.

**Gare routière de Miranda do Douro :** arrêt des bus sur le largo da Moagem, près de l'office de tourisme. Liaisons quotidiennes avec Bragança, Vila Real, Porto, Viseu et Lisbonne.

### Se déplacer
Les bus de la ville de Bragança (STUB) desservent quelques villages du parc naturel de Montesinho, comme Rio de Onor. Se renseigner sur place.

### Offices de tourisme
**Bragança**
Av. Cidade de Zamora
📞 273 38 12 73, www.cm-braganca.pt. Lun.-ven. 9h30-13h et 14h-17h30.

Rua Abílio Beça, 105
📞 273 24 00 20. Mer.-dim. 9h30-13h et 14h-17h30.

→

l'ancien palais épiscopal du XVIIIe s. abritent un agréable parc.

### MUSEU DA TERRA DE MIRANDA ✧

Praça Dom João III ☎ 273 41 72 88. Mar. 14h-17h30 et mer.-dim. 9h-12h30 et 14h-17h30 (18h en été). Entrée : 2 €.

Installé dans l'ancien hôtel de ville (XVIIe s.), à l'architecture très caractéristique de la région (étage en retrait avec galerie soutenue par des colonnes), le musée évoque l'héritage de la cité sous tous ses aspects : historique, archéologique, ethnographique, etc. Vous y découvrirez de magnifiques masques et costumes de cérémonie.

## Bragança ✧

76 km N-O de Mirando do Douro par la N218, puis l'A4 (env. 1h15), 210 km N-E de Porto par l'A4.

L'ancien fief médiéval, trop à l'étroit au cœur de ses remparts, a commencé à s'étendre et à coloniser le bas de la colline dès la fin du Moyen Âge. Son nom, connu de tous au Portugal, fait référence à la maison de Bragance, la dernière dynastie à avoir régné sur le pays. Actuellement en pleine ébullition urbanistique, Bragança s'éparpille toujours plus loin vers le nord, mais a su préserver tout le charme de sa citadelle et développer une offre culturelle de qualité en son centre-ville, situé au bas de celle-ci. Sur la place centrale, où s'installe un marché de produits locaux le samedi matin, la cathédrale vaut une visite pour ses azulejos, ses *talhas douradas* et son buffet d'orgue polychrome. La rua Trindade Coelho, avec ses maisons anciennes, sa chaussée caillouteuse et ses trottoirs en escaliers, puis la rua dos Combatentes da Grande Guerra, qui la prolonge, grimpent vers la «ville haute». Là, ombragée par de grands arbres et perchée au sommet de sa colline, la citadelle abrite un vieux village aux maisons blanches encore habitées.

### MUSEU DO ABADE DE BAÇAL ✧✧

Rua Abílio Beça, 27 ☎ 273 33 15 95, www.mabadebacal.com. Mar.-dim. 9h30-12h30 et 14h-18h. Entrée : 3 €.

Nommé en l'honneur de l'archéologue et historien Abade de Baçal, le musée a été aménagé dans l'ancien palais épiscopal, où vécurent les évêques jusqu'en 1910, et qui a conservé une bonne partie de sa décoration, dont d'incroyables plafonds à caissons de bois peints ou sculptés. Ce musée présente l'histoire religieuse, sociale, économique et artistique du nord-est du Trás-os-Montes et l'histoire de l'ancien évêché.

### CENTRO DE ARTE CONTEMPÔRANEA GRAÇA MORAIS ✧

Rua Abílio Beça, 105 ☎ 273 30 24 10, http://centroartegracamorais.cm-braganca.pt. Mar.-dim. 10h-18h30. Entrée : 2,09 € ; gratuite dim. avant 12h30.

Inauguré en 2008, le CACGM est une œuvre de référence de l'architecte Eduardo Souto de Moura (prix Pritzker 2011) installé au sein du *solar* dos Sá Vargas, un magni-

## PRATIQUE (SUITE)

**Parque natural de Montesinho**
Bairro Rubacar, rua Cónego Albano Falcão, 5, Bragança ☎ 273 30 04 00, www.icnf.pt ou www.montesinhovivo.pt. Une visite dans cet office est indispensable pour toute personne souhaitant préparer une randonnée dans le parc. On y trouve des cartes détaillées et de nombreux conseils.

**Chaves**
www.chaves.pt

**Miranda do Douro**
www.cm-mdouro.pt.

fique manoir du XVIIIe s. Ce centre d'art présente des artistes contemporains nationaux et internationaux par l'intermédiaire d'expositions temporaires, et consacre de façon permanente sept salles à l'artiste peintre Graça Morais, née en 1948 dans le Trás-os-Montes et cofondatrice du groupe Puzzle au lendemain de la révolution des Œillets.

### CENTRO DE FOTOGRAFIA GEORGES DUSSAUD

Rua Abilio Beça, 75/77 ☎ 273 32 40 92. Mar.-dim. 9h-12h30 et 14h-17h30. Entrée libre.

Créé en 2013, ce Centre de photographie est dédié à l'œuvre du photographe français Georges Dussaud et à la photographie en général. Une collection unique de Dussaud sur le thème du Portugal et en particulier de la région du Trás-os-Montes y est présentée : récits de vies, univers ruraux, scènes de rituels, portraits, etc.

### MUSEU IBÉRICO DA MÁSCARA E DO TRAJE ✧

Musée ibérique du Masque et du Costume

Rua Dom Fernão «O Bravo», 24-26 ☎ 273 38 10 08, http://museudamascara.cm-braganca.pt. Mar.-dim. 9h-13h et 14h-17h. Entrée : 1,04 € ; gratuite dim. 9h-13h.

Ce très curieux musée de masques et de costumes s'intéresse à la tradition du déguisement au Trás-os-Montes mais aussi dans la région espagnole proche de Zamora. Vous y découvrirez une soixantaine de masques de carnaval vraiment étonnants, qui permettent aux visiteurs de faire connaissance avec une variété de fêtes, de personnages et de rituels dans lesquels le masque tient le rôle principal des célébrations. Une musique ambiante recrée l'atmosphère des festivités. Au rez-de-chaussée, des artisans proposent de la vente directe pour un souvenir original.

### CASTELO E MUSEU MILITAR

☎ 273 32 23 78. Mar.-dim. 9h-12h et 14h-17h. Entrée : 3 €.

La forteresse édifiée par Sancho I en 1187 est dotée d'un donjon haut de plus de 30 m. Le sommet offre une vue d'ensemble sur la complexité du système défensif de la citadelle. Installé à l'intérieur du donjon, le musée militaire occupe cinq étages. Il expose une collection montrant l'évolution de l'armement léger de l'infanterie de l'armée portugaise du XIIe s. jusqu'à la première moitié du XXe s. ainsi que des objets collectionnés lors des campagnes militaires africaines.

⌄ Costumes traditionnels de carnaval

LOISIRS

## Albufeira do Azibo

Le panorama qu'offre le réservoir d'Azibo est plutôt inattendu lorsque l'on vient de traverser les paysages parfois austères de la région. Par temps de forte chaleur, ce lac artificiel d'une superficie de près de 5 ha, doté d'une plage de sable aménagée, apparaît comme une oasis de fraîcheur ! Aire de jeux pour enfants et location de canoës, kayaks et planches à voile sur place.

> À env. 33 km S-O de Bragança par l'A4, sortie 37.

### IGREJA DE SANTA MARIA

Rua da Cidadela. Ouv. slt durant les offices religieux.

Située face au château, cette église d'origine romane a été maintes fois modifiée. Sa façade présente un portail de style baroque richement décoré avec deux colonnes salomoniques agrémentées de feuilles de vigne. À l'intérieur, ses retables et son plafond en trompe-l'œil sont tout aussi fascinants.

---

## De Bragança à Chaves

Itinéraire de 96 km par la N103 (env. 1h50) ou de 111 km par l'A4 et la N213 (env. 1h30).

La N103 relie le parc naturel de Montesinho au parc national de Peneda-Gêres (p. 414) en passant par Chaves. C'est une très belle route qui s'apparente à la traversée d'un désert de pierres, de pâtures et de forêts. Une campagne solitaire mais parfaitement préservée ! Au terme de cet itinéraire dans les zones les moins peuplées de la région, la ville frontalière de Chaves fera figure de métropole.

Si vous préférez vous rendre à Chaves en passant par l'A4, profitez-en pour faire une pause à la **plage d'Azibo**, située à 33 km au sud-ouest de Bragança *(voir encadré ci-dessus)*.

### PARQUE NATURAL DE MONTESINHO ✧

La N103 longe le sud du parc naturel et serpente à travers un paysage boisé. Sur le chemin, faites halte à **Vinhais** (27 km à l'ouest de Bragança), petite localité en balcon sur la vallée. Son église de campagne à clocher plat ajouré est caractéristique du Trás-os-Montes. De là, pour voir un village traditionnel et découvrir la campagne de landes, de prairies et de forêts de cette région, une petite route peut vous mener jusqu'à **Travanca** (10 km au nord), en creux de vallée et assez typique avec ses fermes serrées les unes contre les autres. De retour à Vinhais, vous atteindrez **Rebordelo** (25 km) avant de descendre en lacets vers les **gorges du *rio* Rabaçal**. La route rejoint ensuite Chaves à travers la plaine riche et fertile de la région du haut Tâmega.

#### Parque biológico de Vinhais

35 km N-O de Bragança et 4 km N de Vinhais ☎ 273 77 10 40. T.l.j. 9h-17h (18h avr.-sept.). Entrée : 2,50 €.

Ce parc biologique invite à découvrir la biodiversité du Montesinho. Des animaux de la région sont préservés dans leur milieu naturel : vache et âne mirandais, agneau de Bragança, sanglier... Petits et grands pourront y suivre des sentiers balisés, des ateliers de sensibilisation à l'écologie, et y passer la nuit (camping avec bungalows).

CULTURE

## Un village au bout du monde

Situé à 25 km au nord-est de Bragança, sur la frontière avec l'Espagne, le village de **Rio de Onor** est à la fois portugais et espagnol (Riohonor de Castilla en espagnol). Comme si le temps s'y était arrêté, on y utilise encore la forge, le lavoir et le moulin en commun. Ruelles pavées, maisons traditionnelles à avancées en bois et toits de lauze, potagers au bord de la rivière : il constitue un monde à part, profondément attachant, l'archétype du «communautarisme agropastoral». Le village a fait l'objet d'un moyen métrage d'António Campos en 1974, *Falamos de Rio de Onor*.

^ Maisons à encorbellements typiques de Chaves

## Chaves ✧

96 km O de Bragança par la N103, 157 km N-E de Porto par l'A7 et l'A24.

Réputée pour ses eaux thermales et son pont romain du début du IIe s. (seul héritage de l'antique Ad Aquas Flavias, les eaux de Flavio), Chaves est une ville dynamique et accueillante qui mérite largement qu'on la découvre. Installés de part et d'autre du *rio* Tâmega, les **Jardim do Tabolado** et **Jardim público de Chaves** offrent une promenade à la fois vivifiante et romantique de chaque côté du fleuve, où se côtoient de nombreux aménagements sportifs. Peu de monuments à visiter dans le centre-ville, mais le charme et l'ambiance de ses rues suffisent au plaisir d'y demeurer. La **rua Direita**, bordée de maisons à encorbellements, rencontre la praça da República, où s'élève l'**igreja Santa Maria Maior**, précédée d'un pilori torsadé. Sur la praça Luís de Camões se dresse l'**igreja da Misericórdia** (XVIIe s.) avec sa façade baroque très originale et son intérieur tapissé d'azulejos (XVIIIe s.). L'ancien palais des ducs de Bragance (XVIIe s.) abrite un musée d'archéologie, le **museu da Região flaviense**, dont l'intérêt se limite à des bronzes de l'époque romaine.

### MUSEU NADIR AFONSO ✧✧

Av. 5 de Octubro 10 ☎ 276 34 05 01, https://macna.chaves.pt. Mar.-dim. 10h30-13h et 14h30-19h (9h30-18h en hiver). Entrée : 5 €.

Inauguré en 2016 au sein d'un bâtiment somptueux réalisé par l'architecte portugais Álvaro Siza Vieira au bord de la rivière Tâmega, le musée se consacre essentiellement à l'œuvre de Nadir Afonso (1920-2013), peintre et architecte natif de Chaves, l'un des maîtres européens de l'abstraction géométrique. Des expositions thématiques d'art contemporain réunissant divers artistes s'ajoutent à la visite.

### TERMAS DE CHAVES

Largo das Caldas ☎ 276 33 24 45, www.termasdechaves.com. Fév.-déc. : lun.-sam. 9h-12h30 et 14h-19h, dim. et j.f. 9h-12h30.

Les sources d'eau chaude de Chaves sont renommées depuis l'époque romaine et posséderaient des vertus médicinales, notamment pour l'appareil digestif, les voies respiratoires et les rhumatismes. Son eau thermale, qui s'élève à 76 °C, est bicarbonée et riche en minéraux, principalement en sodium, silice, fluorure et hydrogénocarbonate. On peut la goûter gratuitement à la **buvette** circulaire située près du spa. Un agréable jardin vous accueille à l'entrée.

# • NOS ADRESSES •

## BRAGANÇA

### OÙ DORMIR

L'éventail d'hébergement est limité en ville, mais l'office de tourisme peut vous renseigner sur les possibilités de logement chez l'habitant dans l'un des villages du parc naturel de Montesinho.

#### Cepo Verde

10 km O de Bragança par la route de Chaves
📞 273 99 93 71. Mars.-oct.

Bien équipé, dans un site montagneux. Piscine.

#### Pousada de Juventude

Av. 22 de Maio 📞 273 32 92 31.

À côté de l'hôtel de ville, la meilleure solution pour les petits budgets.

#### Tulipa

Rua Dr Francisco Felgueiras, 8-10
📞 273 33 16 75, www.tulipaturismo.com.
Autour de 50 €.

Les chambres sont plutôt grandes pour la catégorie, claires et confortables. Emplacement pratique pour visiter la ville. Bon accueil.

#### Pousada de São Bartolomeu

Estrada do Turismo 📞 273 33 14 93.
De 100 à 130 €.

♥ Située sur un versant de la serra da Nogueira, avec une vue panoramique sur la citadelle, sublime le soir lorsque tout s'illumine. Tennis et piscine.

### OÙ MANGER

#### D. Roberto

N218, à Gimonde (7 km E) 📞 273 30 25 10.
T.l.j. 12h-15h et 19h30-22h. Moins de 20 €.

♥ Vous allez succomber en dégustant cette cuisine à base de produits de la région. Un lieu convivial dans une bâtisse traditionnelle, avec une coopérative pour acheter de l'huile d'olive, du vin ou du miel.

#### Poças

Rua Combatentes da Grande Guerra, 200
📞 273 33 14 28. Jeu.-mar. 12h-15h30 et 19h-22h.
Moins de 20 €.

Cuisine goûteuse et raffinée à deux pas de la cathédrale. Personnel très serviable.

#### Geadas

Rua do Loreto 📞 273 324 413. T.l.j. 12h30-15h30 et 19h30-22h30. F. dim. soir. De 20 à 30 €.

Au bord de l'avenue qui longe le *rio* Fervença, dans le quartier moderne. Excellente cuisine et accueil sympa. Ne manquez pas le veau *mirandês*.

#### Solar Bragançano

Praça da Sé, 34 (1er ét.) 📞 273 32 38 75.
Mar.-dim. 12h-15h et 19h-21h30. De 20 à 30 €.

Quelques plats régionaux dans le cadre chic d'une demeure du XVIIIe s. Goûtez au jambon de la région et au *favaios*, l'apéritif du Trás-os-Montes. L'accueil est adorable, et on dîne dans un charmant jardin en été.

## CHAVES

### OÙ DORMIR

#### Parque de Campismo Quinta do Rebentão

Rua Freixo, Vila Nova de Veiga (4 km S-O de Chaves) 📞 276 32 27 33. Tte l'année.

Très arboré, donc ombragé. Complexe de piscines en plein air juste à côté (1,50 € l'entrée si vous êtes campeur).

#### Petrus Hotel

Ed. Solar Flaviense, rua da Família de Camões, 20
📞 276 35 15 00, www.petrushotel.com.
De 50 à 80 €

Des chambres impeccables avec balcon qui jouent la carte du design. Tout le confort souhaitable et un excellent rapport qualité/prix.

#### Quinta da Mata

Estrada nacional, 213 📞 276 34 00 30,
www.quintadamata.net. De 50 à 80 €.

♥ Ce manoir du XVIIe s., qui offre une vue imprenable sur Chaves, a été brillamment reconverti en maison d'hôtes. Jardin cultivé en permaculture (herbes aromatiques, potager). Piscine (juin-sept.), terrain de tennis. Cuisine raffinée.

### Vidago Palace

Parque de Vidago, apartado 16, Vidago (15 km S par l'A24) 276 990 920, www.vidagopalace.com. Plus de 200 €.

Un étonnant palais néoromantique du début du XXe s. dans un immense parc. Escalier d'apparat, salle à manger avec promenoir supérieur… L'intérieur donne le vertige. Golf 9 et 12 trous.

## OÙ MANGER

### Adega Faustino

Travessa Cândido dos Reis (en face de l'hôtel Trajano) 276 32 21 42. Lun.-sam. 12h-15h et 19h-22h. Moins de 20 €.

Ancienne cave à vins où l'on dîne en grandes tablées. Cuisine régionale.

### Carvalho

Alameda do Tabolado 276 32 17 27. Mar.-dim. 12h-15h et 19h-23h. F. dim. soir. Moins de 20 €.

En face du jardim do Tabolado, un restaurant élégant, un peu impersonnel. Bonne cuisine et prix abordables.

## PÂTISSERIE

### Pastelaria Maria

Largo do Município, 4 276 32 41 39. Lun.-sam. 5h30-13h et 14h30-18h30, dim. 7h-13h.

Excellentes pâtisseries faites sous vos yeux dans une jolie maison traditionnelle bleue derrière la place principale, côté château.

# MIRANDA DO DOURO

## OÙ DORMIR

### Camping municipal Santa Luzia

À la sortie de Miranda 273 09 83 22, 273 417 172 et 925 642 243 (port.).

Camping municipal aménagé dans une agréable pinède à l'écart du village.

### Fête à Miranda do Douro

> Mi-août. Le 3e dimanche, se déroule une curieuse fête : les ***pauliteiros***, des hommes vêtus d'une jupe blanche et d'un gilet noir, coiffés d'un chapeau fleuri et armés d'un bâton, font des mouvements. L'origine de cette danse, qui rappelle quelque art martial, serait guerrière.

### Vista Bela

Rua do Mercado, 63 273 43 10 54, www.vistabela.com. Moins de 50 €.

Des chambres peu onéreuses qui jouissent, en plus, d'une jolie vue sur les gorges. Bon accueil.

## OÙ MANGER

### Balbina

Rua Rainha Dona Catarina, 1
273 43 23 94. T.l.j. 12h-15h et 19h-21h30. F. dim. soir. De 20 à 30 €

Une maison réputée pour sa cuisine des confins du Trás-os-Montes.

### Capa d'Honras

Travessa do Castelo 273 43 26 99. T.l.j. 12h-15h et 19h-22h. De 20 à 30 €.

Dans une ruelle donnant sur la rue principale, un établissement spécialisé dans le poisson. Notez le beau choix de plats à base de *bacalhau*.

## SHOPPING

### Casa Pimentel

Rua Mouzinho de Albuquerque, 17-23
273 43 14 84. T.l.j. 9h-19h.

Dans la rue principale, une épicerie proposant le meilleur du Minho (vins, fromages et charcuterie).

## SPORTS ET LOISIRS

Des excursions sur le Douro, comprenant des sessions d'observation de la faune et de la flore et une dégustation de porto, sont organisées à bord d'un catamaran à propulsion solaire.
Rens. : www.europarques.com

# 25 LE MINHO ✧✧✧

Entre Guimarães et la Galice, les campagnes n'ont pas la rigueur ni le caractère dépeuplé de celles du Trás-os-Montes. La proximité de l'Océan et l'omniprésence de fleuves et de rivières garantissent une douceur et une humidité qui expliquent l'exubérance de la végétation. Leurs eaux procurent aussi un charme fou aux villes que l'on traverse (seule Braga n'est pas au bord de l'eau). Le parc de Peneda-Gerês et ses chaînes montagneuses permettent de magnifiques randonnées et activités de plein air, tandis que Braga, Guimarães et Ponte de Lima constituent de véritables pages de l'histoire du Portugal.

## PRATIQUE

• **Plan p. 350-351**
• **Nos adresses p. 430**

### Accès

Guimarães, Braga et Viana do Castelo sont proches de Porto et se découvrent chacune en une journée. Les liaisons par train et par bus sont nombreuses et rapides. En revanche, la voiture est essentielle pour atteindre le parc national de Peneda-Gerês.

**En voiture**

**Guimarães** est à 45 min de Porto par l'A3 et l'A7, **Braga** est à 45 min par l'A3, et **Viana do Castelo** à 55 min par l'A28.

**Parque nacional da Peneda-Gerês**
Cinq portes d'entrée avec bureaux d'information. Les plus intéressantes, en venant du sud du Minho ou du Trás-os-Montes, sont celles de Gerês (N103 depuis Braga ou

L'église de Nossa Senhora da Oliveira à Guimarães

## L'ESSENTIEL

### À ne pas manquer

La ville historique de Guimarães ; la cathédrale de Braga ; les paysages d'une beauté folle du parc national de Peneda-Gerês.

### Expériences

Grimper les 581 marches du sanctuaire de Bom Jesus do Monte.

### Randonnée

Sobreiral da Ermida do Gerês.

## Guimarães ✧✧✧

56 km N-E de Porto par l'A3 et l'A7, 108 km S-O de Chaves par l'A24 et l'A7, 50 km N-O d'Amarante par l'A4, l'A11 et l'A7. Circulation quasiment impossible dans la citadelle. Se garer à l'extérieur, mais attention, tous les stationnements de la ville sont payants (2h maximum).

Cette cité médiévale aurait vu naître en 1109 Dom Afonso Henriques, premier roi du Portugal, et fut le théâtre de la décisive bataille de São Mamede (le 24 juin 1128) qui conduisit le pays à l'indépendance. Voilà pourquoi il est inscrit sur l'une des tours qui marquent l'entrée de la citadelle *« Aqui Nasceu Portugal ! »* («Ici est né le Portugal !»).

Mais la popularité de Guimarães ne s'arrête pas à cela : son urbanisme médiéval, ses vieilles maisons, sa vivacité et son offre culturelle lui confèrent un charme fou dont on a du mal à se détacher. Son centre historique, appelé communément la «ville basse», est classé au patrimoine mondial de l'humanité par l'Unesco depuis 2001. Il fut fondé au X$^{e}$ s. par la comtesse Mumadona, parente du roi Léon, à laquelle on doit le premier donjon.

Montalegre), Lindoso et Soajo (N203 depuis Ponte da Barca).

### En train

**Gare ferroviaire de Barcelos :** largo Marechal Gomes da Costa. Liaisons quotidiennes avec Viana do Castelo, Valença do Minho, Porto et Lisbonne.

**Gare ferroviaire de Braga :** dans le S-O, au-delà du campo das Hortas (hors plan p. 409 par A1). Liaisons quotidiennes avec Porto, Coimbra et Lisbonne.

**Gare ferroviaire de Guimarães :** 600 m au S de la ville (hors plan p. 405 par B2). Liaisons quotidiennes avec Porto et Lisbonne.

**Gare ferroviaire de Viana do Castelo :** à l'extrémité de l'av. dos Combatentes, au N de la ville. Liaisons quotidiennes avec Caminha, Valença do Minho et Porto.

### En bus

Avec **Rede Expressos** (www.rede-expressos.pt) et **Transdev** (www.transdev.pt).

→

^ Le chœur de l'igreja de São Francisco

## HISTOIRE

### « Ici est né le Portugal ! »

L'histoire de Guimarães est liée au destin d'Afonso Henriques. Après avoir pris possession du fief de Portucale, Henri de Bourgogne s'établit avec sa femme, Teresa, dans le donjon du château. De leur union naquit, vers 1110, Afonso Henriques, futur roi du Portugal. Après le règne glorieux de ce monarque, Guimarães végéta dans l'ombre de Braga, siège de l'évêché, puis de Porto. On y fabriquait l'équipement de la flotte à l'époque de Manuel I.

## IGREJA DE SÃO FRANCISCO ✧

**Plan B2** – ☎ 253 43 98 50. Mar.-sam. 9h-12h et 14h-18h, dim. jusqu'à 13h. Entrée libre.

L'édifice de style gothique (début du XVe s.) a subi d'importants remaniements au XVIIIe s. Les chapiteaux du portail relatent des épisodes de la vie de saint François d'Assise. La largeur de l'intérieur résulte des transformations opérées au XVIIIe s. La décoration passe pour l'un des chefs-d'œuvre de l'art « joanin » avec ses azulejos, ses retables et ses boiseries dorées.

## MUSEU ALBERTO SAMPAIO ✧

**Plan B2** – Rua Alfredo Guimarães ☎ 253 42 39 17. Mar.-dim. 10h-18h. Entrée : 3 €.

Le musée occupe les bâtiments de l'ancien couvent de Nossa Senhora da Oliveira. Créé en 1928 pour recueillir les œuvres d'art sacré des églises environnantes, il reçut le nom d'Alberto Sampaio en hommage à l'illustre historien. Certaines des œuvres présentées sont classées trésor national, comme la veste militaire et le triptyque en argent offerts par le roi Dom João après sa victoire à la bataille d'Aljubarrota (1385). À l'extérieur, le petit cloître roman est orné de chapiteaux en granit témoignant d'une recherche de variété dans les motifs.

## PRATIQUE (SUITE)

**Arrêt de bus de Barcelos :** av. Sidónio Pais, 245. Liaisons quotidiennes avec Braga, Porto, Coimbra et Lisbonne.

**Gare routière de Braga :** av. General Norton de Matos (N de la ville ; hors plan p. 409 par B1). Liaisons quotidiennes avec toutes les villes du Minho, Porto, Coimbra, Leiria et Lisbonne.

**Gare routière de Guimarães :** env. 600 m par l'av. Conde Margaride (hors plan p. 405 par A2). Liaisons quotidiennes avec Braga (25 min), Porto, Lisbonne et les villes du Minho.

**Gare routière de Ponte de Lima :** sur l'av. da Central de Camionagem. Liaisons quotidiennes avec Ponte da Barca, Monção, Barcelos, Braga et Porto.

**Gare routière de Viana do Castelo :** 1,5 km E par la rua da Bandeira. Liaisons

## Guimarães

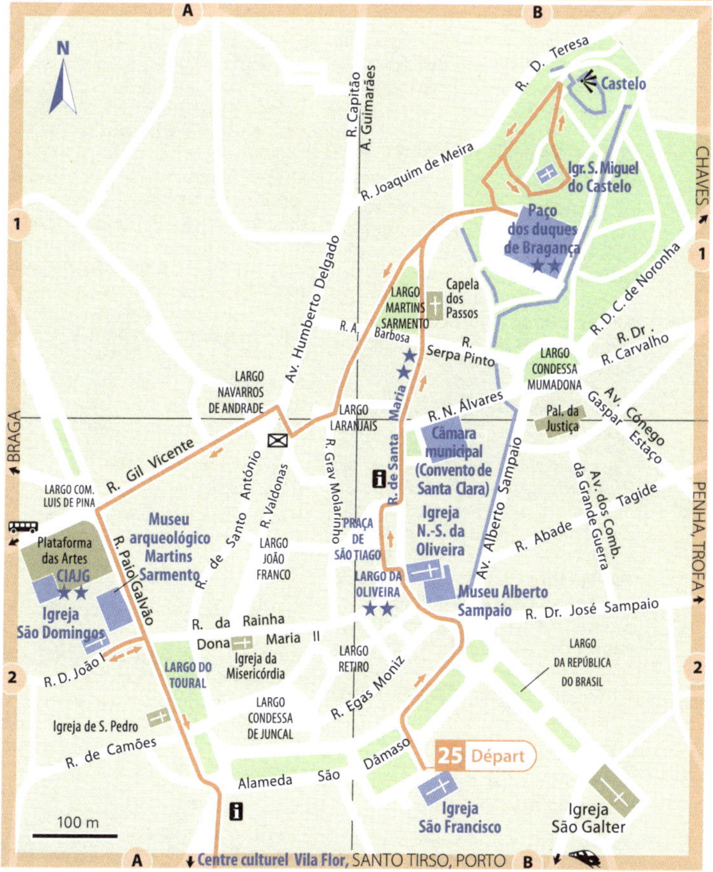


### LARGO DA OLIVEIRA ✧✧

Plan B2.

Cette place au parfum médiéval accueille l'**igreja Nossa Senhora da Oliveira**, dont l'origine remonte au monastère fondé en 950. Elle a, depuis, subi de nombreuses transformations, comme le prouvent les éléments gothiques, classiques et baroques qui la composent.

quotidiennes avec toutes les villes du Minho, Porto et Lisbonne.

**Parque nacional da Peneda-Gerês**
Une ligne relie Braga à Gerês (1h15 à 1h30). 7 liaisons/j. en semaine, 4 le samedi et 3 le dimanche.

**Empresa Hoteleira do Gerês :** ☎ 253 26 20 33, www.ehgeres.pt
De Ponte da Barca ou Arcos de Valdevez, 2 bus/j. en semaine pour Lindoso et Soajo.

**Salvador :** www.salvador-transportes.com

### Offices de tourisme

**Braga**
Av. da Liberdade, 1 (plan p. 409 / B2)
☎ 253 26 25 50, www.cm-braga.pt. T.l.j. 9h30-13h et 14h-17h30. L'agenda mensuel **Braga cultural** est téléchargeable sur le site de la municipalité. →

Face à l'église, l'édicule en ogive du XIVe s. **Padrão do Salado** célèbre la victoire de Dom Afonso IV sur les Maures en 1340.

## PRAÇA DE SÃO TIAGO ✧

Plan AB2.

De forme irrégulière et bordée de maisons modestes, elle constitue l'une des plus jolies places de la ville. Sur le côté, se dressent les arcades de l'ancien hôtel de ville, **Antigos Paços do Concelho**, où siégeaient les dirigeants de la ville aux XIVe et XVe s.

## RUA DE SANTA MARIA ✧✧

Plan B1-2.

La rue la plus ancienne de Guimarães, reliant le château au monastère d'origine, est jalonnée de bâtiments qui témoignent de son passé, comme la **Casa Gótica dos Valadres** (n° 9), la **Casa do Arco** (n° 28) et la **Casa dos Peixotos** (n° 39). En son milieu, le **Convento de Santa Clara**, bel édifice du XVIe s. à la façade baroque, abrite aujourd'hui l'hôtel de ville, qui autorise l'accès au cloître (lun.-ven. 9h-17h).

## PAÇO DOS DUQUES DE BRAGANÇA ✧✧

Palais des ducs de Bragance

Plan B1 – Rua Conde Dom Henrique ☎ 253 41 22 73, http://pdmas.guimaraes.pt/paco. T.l.j. 10h-18h (dernière admission 30 min avant). Entrée : 5 € (6 € avec le château).

Ce vaste palais est situé au bas de l'éperon rocheux sur lequel se dresse le château fort. Il a été construit par les ducs de Bragance au début du XVe s., puis abandonné au profit du palais de Vila Viçosa (p. 214). Restauré entre 1937 et 1959, il est aujourd'hui garni de meubles et d'objets d'art des XVIIe et XVIIIe s. La cour centrale, avec ses grandes toitures hérissées de cheminées, donne l'étrange impression d'être quelque part en Flandres ou en Bourgogne. La **chapelle** ouvrant par un portail orné de colonnes de marbre et l'impressionnante **salle des Banquets** sont à ne pas manquer. Une partie du deuxième étage sert de résidence officielle au président portugais lors de ses déplacements dans le Nord.

## IGREJA DE SÃO MIGUEL DO CASTELO

Plan B1 – Paço dos Duques, rua Conde Dom Henrique. T.l.j. 10h-18h. Entrée libre.

C'est dans cette église romane du XIIe s., située entre le palais et le château, que le roi Dom Afonso Henriques aurait été baptisé. Le plancher intérieur est pavé de tombes de nobles guerriers tous liés à la naissance de la nation. Plusieurs fois rénovée, l'église de São Miguel est aujourd'hui classée monument historique.

## CASTELO ✧

Plan B1 – Rua Conde Dom Henrique. T.l.j. 10h-18h. Entrée : 6 € (avec le palais) ; gratuite dim. avant 14h.

Le château de Guimarães fut construit sur ordre de la comtesse Mumadona afin de protéger le monastère de Santa Maria contre les invasions.

## PRATIQUE (SUITE)

**Guimarães**
Praça de Santiago (plan p. 405 / B2) ☎ 253 42 12 21, www.guimaraesturismo.com. Lun.-ven. 9h30-13h et 14h-17h30, sam. 10h-17h30, dim. et j.f. 10h-13h30.

**Parque nacional da Peneda-Gerês**
Av. Dom João V, Vila do Gerês ☎ 253 392 096, www.cm-terrasdebouro.pt. T.l.j. 9h-13h et 14h-17h. Consultez aussi www.geres.pt pour des informations sur la serra.

**Barcelos**
www.cm-barcelos.pt

**Caminha**
www.cm-caminha.pt

**Monção**
www.cm-moncao.pt

**Ponte de Lima**
www.cm-pontedelima.pt

**Viana do Castelo**
www.vivexperiencia.pt

^ Largo do Toural

Au XIIe s., le comte de Portucale Dom Henriques s'y installe et son fils Afonso Henriques y est probablement né. Rénové au XXe s., il est classé monument historique. La promenade sur les remparts offre un beau panorama.

## CENTRO INTERNACIONAL DAS ARTES JOSÉ DE GUIMARÃES – CIAJG ✧✧

**Plan A2** – Av. Conde de Margaride, 175 ☎ 253 42 47 15, www.ciajg.pt. Mar.-ven. 10h-17h, w.-e. 11h-18h. Entrée : 4 € ; gratuite dim. 11h-14h.

Inauguré en 2012, l'ancien marché de Guimarães est devenu une plate-forme multifonctionnelle destinée à l'activité artistique, culturelle et socio-économique. Au sein de celle-ci, le CIAJG, dédié à l'art contemporain, présente des expositions temporaires au côté des collections permanentes réunies par José de Guimarães, peintre et sculpteur natif de la ville.

## LARGO DO TOURAL ✧

**Plan A2.**

Située en dehors de la ville d'origine, là où se tenait le marché aux bestiaux, cette belle place rectangulaire que forme le largo do Toural devint le centre vivant de Guimarães à partir du XIXe s. Elle est bordée sur tout un côté par un long bâtiment portant trois rangées de fenêtres ininterrompues. L'**igreja São Domingos**, à un angle, est de style gothique (XIVe s.) bien que percée d'un portail baroque.

Son cloître fait partie du **Museu arqueológico Martins Sarmento**, un musée qui regroupe les objets trouvés lors des fouilles archéologiques menées dans les environs (☎ 253 415 969. Mar.-ven. 9h30-12h30 et 14h30-17h30, sam.-dim. à p. de 10h ; entrée : 3 €).

## CENTRO CULTURAL VILA FLOR

**Hors plan par A2** – Av. Dom Afonso Henriques, 701 ☎ 253 42 47 00, www.ccvf.pt. Mar.-ven. 10h-17h, sam. 11h-18h. Entrée : 3 €.

**VISITE**

### *Monte da Penha*

L'ascension qui mène au mont de la Penha (en voiture ou en téléphérique) est une aventure en elle-même. Là-haut, vous profiterez d'une vue sublime, découvrirez le **sanctuaire de Notre-Dame de Carmo**, conçu dans un style Art déco par Marques da Silva, et déjeunerez de sardines ou de saucisses grillées à l'**Adega do Ermitão**, un restaurant rustique aménagé sous une grotte.

> **Teleférico da Penha :** t.l.j. 10h-18h30 (f. dernier lun. de chaque mois) ; billet A/R 7,50 €.
**Sanctuaire :** lun.-ven. 10h-17h, sam.-dim. 9h-18h.
**Adega do Ermitão :** t.l.j. 12h30-21h30 (juil.-sept.), sam.-dim. 14h-20h (oct.-juin).

La cathédrale de Braga

Ce magnifique palais du XVIIIe s., décoré de statues en granit représentant les premiers rois du Portugal, accueille des expositions temporaires. Un peu plus loin, le centre culturel Vila Flor, érigé en 2005, programme de nombreux spectacles. Ces deux bâtiments s'ouvrent sur un splendide jardin à trois paliers.

## Braga ✧✧

25 km N-O de Guimarães par l'A11, 58 km N-E de Porto par l'A3. Centre-ville piéton : parkings sous la praça C. de Agrolongo (plan AB1), avenida Central (B2) et rua Dom Afonso Henriques (A2).

Fondée par l'empereur Auguste il y a plus de 2000 ans, Braga est aujourd'hui une grande ville de plus de 180 000 habitants, ceinturée par une voie rapide, des centres commerciaux, et dynamisée par son importante université. Le diocèse de Braga est le plus ancien du Portugal, et vous trouverez des églises à tous les coins de rue, ce qui lui vaut le surnom très exagéré de «Rome portugaise». Les amoureux d'art sacré, d'azulejos et de retables baroques seront comblés ! Braga est également très célèbre pour ses fêtes de la Semaine sainte.

### CATEDRAL SÉ ✧✧

**Plan A1-2** – ☎ 253 26 33 17, www.se-braga.pt. T.l.j. sf pendant les messes 9h-12h et 14h30-17h30 (18h en été). Obole de 2 €.

La cathédrale est le monument emblématique du siège du primat des Espagnes. Fondée au XIe s., elle n'a cessé, depuis, d'être remaniée, car chaque évêque a voulu y laisser son empreinte. La visite est donc une promenade sur dix siècles d'architecture religieuse, avec des éléments gothiques, Renaissance et baroques, dont des orgues stupéfiants. L'actuel bâtiment date, pour l'essentiel, des XVIe et XVIIIe s. On retiendra le porche aux arcades festonnées et l'abside hérissée de pinacles, éléments bâtis par des artistes de Biscaye à l'initiative de Dom Diogo de Sousa (XVIe s.).

À l'intérieur, le plan bénédictin de l'édifice primitif est encore lisible malgré d'importants remaniements effectués au XVIe s. Dans la nef, les fonts baptismaux constituent une œuvre intéressante de la Renaissance.

#### Museu da Sé ✧✧

Chapelles du cloître, accès par l'intérieur de la cathédrale ☎ 253 26 33 17. Vis. guidée, mêmes horaires que ceux de la cathédrale. Entrée : 3 € (5 € trésor et Sé).

## Braga

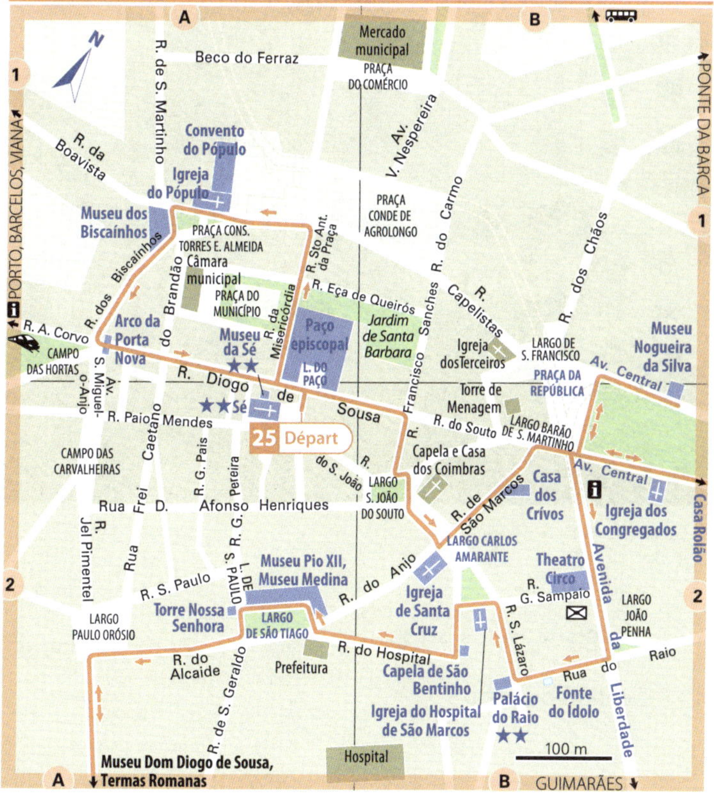


Tout autour du cloître et de la cour intérieure, sont regroupées des dizaines de chapelles qui constituent une partie du musée. Certaines sont en visite libre, d'autres nécessitent une visite guidée, notamment celles situées au 1er étage. Vous découvrirez une avalanche de bois dorés, de statues appartenant à des retables démembrés, d'ornements sacerdotaux et d'orfèvrerie. Ne manquez pas la visite de la **capela dos Reis**, où sont inhumés Dom Henrique et

STOIRE

### *Foi en Braga*

Fondée par la tribu celte des Brácaros, la ville devient la capitale de la Galice à l'époque romaine sous le nom de Bracara Augusta. Les Suèves, qui s'en emparent au Ve s., en font le centre de leur royaume éphémère avant l'arrivée des Wisigoths. La cité, ensuite occupée par les musulmans, redevient définitivement chrétienne en 1040. Aussitôt, elle retrouve le rang de foyer du christianisme que lui avaient jadis donné les Wisigoths. Henri de Bourgogne y fait bâtir une cathédrale. Ses successeurs laissent les archevêques gouverner la ville. Au XVIe s., l'un d'eux, Dom Diogo de Sousa, entreprend de la transformer. Cet humaniste crée des places ornées de fontaines, transforme les églises et les palais, fonde des hôpitaux et des collèges. Au XVIIIe s., l'architecte André Soares, un enfant du pays, couvre Braga d'édifices de style rocaille.

^ La praça da República, à Braga

Teresa de León, les parents du premier roi du Portugal, et la **capela da Gloria** pour ses peintures mudéjares.

## LARGO DO PAÇO ✧

Plan A1-2.

La vaste place, ornée d'une fontaine aux motifs héraldiques, a été achevée dans la première moitié du XVIIᵉ s. Elle est encerclée par le **paço episcopal**, l'ancien palais des archevêques (XVIᵉ s.-XVIIIᵉ s.). Ce palais a également constitué le siège de la République bracarense (de Braga), dissoute en 1790 par la reine du Portugal.

Aujourd'hui, c'est l'administration de l'université qui occupe le bâtiment.

## IGREJA E CONVENTO DO PÓPULO

Plan A1.

Édifié entre 1588 et 1609 suivant le modèle de l'église Gesù de Rome, le couvent fut plus tard reconstruit par Carlos Amarante dans le style néoclassique, tout en respectant le langage baroque de la façade. À l'intérieur, des azulejos du XVIIIᵉ s. illustrent des épisodes de la vie de saint Augustin.

## MUSEU DOS BISCAÍNHOS ✧

**Plan A1** – Rua dos Biscaínhos
📞 253 20 46 50, www.culturanorte.pt.
Mar.-dim. 10h-12h et 14h-17h. Entrée : 2 €.

Cette ancienne maison seigneuriale des XVIIᵉ et XVIIIᵉ s. s'est transformée en un musée qui invite à découvrir son vécu, ses souvenirs et ce qui fut son quotidien. Son aménagement et son mobilier regorgent de surprises. La visite se fait avec un guide dont les anecdotes facilitent la plongée dans l'histoire. L'édifice lui-même est remarquable, tout comme son jardin baroque, auquel on accède en traversant l'écurie.

## ARCO DA PORTA NOVA

Plan A1.

Cette arche monumentale s'ouvre sur les rues Diogo de Sousa et do Souto, qui mènent à l'avenida Central. Édifié à l'emplacement d'une ancienne porte datant du XVIᵉ s., cet arc de la «porte nouvelle» a été remodelé par André Soares au XVIIIᵉ s. Observez la différence entre ses deux façades.

## LARGO CARLOS AMARANTE

**Plan B2.**

La place forme une intéressante mise en scène baroque. La rigoureuse façade de l'**igreja de Santa Cruz**, qui cache trois sculptures de coqs (à propos desquels la légende raconte qu'une jeune fille qui parviendrait à les découvrir serait assurée de se marier dans l'année), s'oppose à celle de l'**igreja do Hospital de São Marcos** *(plan B2)*, bombée et surmontée d'une galerie de statues.

## CASA DOS CRIVOS ✧

Maison criblée

**Plan B2** – Visite lors d'expositions temporaires.

Cette bâtisse des XVIIe-XVIIIe s. est aussi appelée casa das Gelosias, la «maison aux Jalousies». Fréquentes au XVIIe s., ces persiennes évoquant les moucharabiehs d'Afrique du Nord étaient imposées par une mentalité religieuse stricte qui maintenait les habitants dans une réclusion totale semblable à celle des couvents. Elles permettaient aussi aux femmes de regarder la rue sans être vues. Propriété de la mairie, cette maison accueille aujourd'hui des expositions temporaires.

## PRAÇA DA REPÚBLICA ET AVENIDA CENTRAL ✧

**Plan B1-2.**

La praça da República est dominée par l'**Arcada**, édifice du début du XVIIIe s. sous les arcades duquel les évangélisateurs haranguaient les foules. On y trouve aujourd'hui des terrasses de cafés. Face à elle, l'avenida Central encercle un parc dans lequel les étudiants viennent pique-niquer et s'allonger aux beaux jours. Sur le côté droit de l'avenue se dressent deux œuvres d'André Soares : l'**igreja dos Congregados**, avec sa façade rococo et ses deux tours-clochers, et la **Casa Rolão** (nos 118/120), un chef-d'œuvre du baroque qui renferme aujourd'hui un lieu d'expositions, des boutiques de créateurs et de design ainsi qu'une formidable librairie comprenant un jardin et un café. Sur le côté gauche de l'avenue, le **Museu Nogueira da Silva** présente des collections variées de porcelaines de Chine, de mobilier, de tableaux flamands du XVIe s. et d'œuvres portugaises des XVIIe et XVIIIes.

## AVENIDA DA LIBERDADE

**Plan B2.**

Partant de la praça da República, l'avenida da Liberdade permet de quitter la ville. Elle est bordée de boutiques de marques internationales et renferme le somptueux **Teatro Circo**, édifié en 1915, puis restauré dans les années 2000, qui offre une programmation éclectique et accueille l'orchestre symphonique portugais. Observez les sculptures de corps féminins qui font office de poignées de porte !

## FONTE DO ÍDOLO

Fontaine de l'Idole

**Plan B2** – ☎ 253 21 80 11. Lun.-ven. 9h30-13h et 14h-17h30, sam. 11h-17h30. Entrée : 1,90 €.

**PAUSE**

*A Brasileira*

Inauguré en 1907, ce café historique de Braga offre une atmosphère mi-Belle Époque, mi-bohème, avec une façade tapissée d'azulejos et de drôles de petits «parapluies» à l'entrée, qui plaira aux amateurs de rétro. Carte classique de bistrot et nombreuses pâtisseries.

> Largo do Barão de São Martinho, 17 (plan B2)
☎ 253 26 21 04. Lun.-sam. 8h-minuit, dim. 8h-20h.

^ La façade du Palácio do Raio

> **CULTURE**
>
> *André Soares*
>
> Fils d'un commerçant de Braga, il réalisa son premier dessin d'architecte en 1747. Il construisit d'abord l'hôtel de ville, œuvre d'une symétrie parfaite appartenant au baroque tardif. L'artchitecte introduisit le style rococo à Santa Maria Madalena da Falperra (1753-1755). Son œuvre la plus accomplie, parfois qualifiée d'abstraite en raison de son ornementation proliférante et de ses éléments architectoniques colorés, est l'igreja dos Congregados, elle aussi à Braga.

Il fut un temps où il était possible de l'approcher ; désormais, c'est d'une passerelle que vous pourrez découvrir la fontaine de l'Idole, aux origines probablement préromaines. Au même niveau que vous, un écran présente en boucle une vidéo en anglais qui détaille la fontaine et propose une reconstruction en 3D du paysage au sein duquel elle pouvait se trouver.

## PALÁCIO DO RAIO ✧✧

**Plan B2** – Rua do Raio ☎ 253 20 65 20. Mar.-sam. 10h-13h et 14h30-18h30. Entrée : 2 €.

Ce palais, construit entre 1753 et 1754, est un joyau de l'architecture baroque réalisé par André Soares. Sa façade, recouverte d'azulejos bleus, se distingue par l'exubérance de son ornementation.

Restauré en 2015, il a été reconverti en un musée consacré à l'histoire de la Sainte Maison de la Miséricorde de Braga. Profitez de cette visite pour découvrir la préciosité de son intérieur !

## CAPELA DE SÃO BENTHINO ✧

**Plan B2** – Rua de São Bentinho.

Cette minuscule et émouvante chapelle de style baroque et néoclassique, ouverte directement sur la rue, date du milieu du XVIIIe s. À toute heure de la journée, des fidèles s'y arrêtent pour prier ou allumer une bougie, véritable témoignage de la foi enracinée d'un peuple.

## LARGO DE SÃO TIAGO

**Plan A2.**

La grande place où s'élève l'ancien collège et séminaire de São Tiago est un havre de calme. Bâti au XVIIIe s. en forme de U, celui-ci est venu s'appuyer sur les vestiges d'une tour de mur médiéval, la **torre Nossa Senhora**, qui renferme une exposition sur l'histoire de Braga et offre d'intéressants points de vue sur la cité. La chapelle du séminaire est l'actuelle église paroissiale de São Paulo.

L'intérieur du séminaire abrite, quant à lui, deux musées : le **Museu Pio XII,** qui présente des vestiges archéologiques des époques romaine, wisigothe et médiévale ainsi qu'un ensemble d'objets liturgiques (dont de splendides croix processionnelles), et le **Museu Medina**, consacré à l'artiste Henrique Medina (1901-1988), dont on voit surtout des portraits féminins.

### MUSEU DOM DIOGO DE SOUSA ET TERMAS ROMANAS

**Hors plan par A2** – Rua dos Bombeiros Voluntários ☎ 253 27 37 06, http://mdds.culturanorte.pt.
Mar.-dim. 10h-17h30. Entrée : 3 €.

À quelques pas du largo de São Tiago, légèrement en retrait du centre-ville, se trouve le cœur de la zone archéologique de Braga. Vous pourrez y découvrir les vestiges des «thermes romains», ces bains publics qui furent en service jusqu'au Ve s., et le musée Dom Diogo de Sousa, consacré à l'évocation de Braga depuis la préhistoire jusqu'à l'époque romaine.

## Autour de Braga ✧✧

S'il n'y avait qu'une excursion à faire, il faudrait impérativement suivre celle qui mène au sanctuaire de Bom Jesus do Monte et à son extraordinaire escalier, l'une des réalisations les plus extravagantes du Portugal baroque. Au-delà de l'église de pèlerinage, la route traverse une grande forêt d'eucalyptus où se cache la ravissante **igreja Santa Maria Madalena da Falperra**, au granit mangé par les lichens.

### SANTUÁRIO DO BOM JESUS DO MONTE ✧✧✧

7 km E de Braga par la N103 ou bus 2 depuis l'avenida da Liberdade à Braga (plan B2 ; ttes les 20/30 min, billet 1,65 €).

Le sanctuaire de Bom Jesus est l'une des plus belles curiosités du pays. Bien que commandé en 1723 par l'archevêque de Braga, son escalier monumental à double rampe, sculpté dans le granit et orné de chapelles, de statues, de fontaines et de pinacles, tout comme son église, ne fut achevé qu'au début du XIXe s. La mise en scène très baroque évoque l'église de la Trinité-des-Monts à Rome.

> Lire aussi le coup de cœur de l'auteur : Le sanctuaire de Bom Jesus do Monte à Braga (p. 424).

˅ Le sanctuaire de Monte Sameiro

### MONTE SAMEIRO ✧✧

3 km S de Bom Jesus par la N309, 11 km E de Braga par la N309 ou bus 23 depuis l'avenida da Liberdade à Braga (plan B2 ; ttes les heures, billet 2 €).

Au-delà de Bom Jesus, la route serpente dans les hauteurs boisées et passe en contrebas du sanctuaire de pèlerinage très fréquenté de Monte Sameiro, dont la construction s'est étirée sur un siècle à compter de 1863. Il s'agit du plus grand centre de dévotion dédié à la Vierge Marie au Portugal, après Fatima. La basilique néoclassique se distingue par son autel en granit blanc poli, son tabernacle en argent et la couronne en or que porte la statue de Nossa Senhora do Sameiro.

### MOSTEIRO DE SÃO MARTINHO DE TIBÃES ✧

Monastère Saint-Martin de Tibães

7 km O de Braga (parcours indiqué) ou bus 50 depuis la rua dos Biscaínhos à Braga (plan A1 ; 4/j., billet 2 €) ☎ 253 62 26 70, www.mosteirodetibaes.org. Avr.-oct. : mar.-dim. 10h-19h ; nov.-mars : mar.-dim. 10h-18h. Entrée : 4 €.

Le monastère bénédictin de São Martinho, fondé au XIe s., date dans son état actuel des XVII-XVIIIe s. Il fut l'un des plus riches et puissants du nord du Portugal. On entre par le cloître où étaient enterrés les moines avant de découvrir le décor féerique de l'église et de la sacristie.

## Parque nacional da Peneda-Gerês ✧✧✧

Vers la **serra do Gerês** : 36 km N-E de Braga par la N103, puis la N304 (env. 40 min). Vers la **serra Amarela** : 64 km N-E de Braga par l'A11, l'A3 et la N203 (env. 45 min). Payant pour les voitures de juin à sept. Interdiction de s'arrêter et de se garer sur certaines routes (zones protégées). Rens. aux bureaux d'information des cinq portes du parc.

C'est le plus vaste parc national du pays (70 000 ha). Il regroupe les quatre chaînes montagneuses que sont la **serra do Gêres** (1 545 m), la **serra Amarela** (1 361 m), la **serra do Soajo** (1 415 m) et la **serra da Peneda** (1 373 m). Chacune est peuplée de villages et traversée par un vaste réseau hydrographique. Ceci confère à l'ensemble du parc un paysage très accidenté de forêts, de rivières, de cascades, mais aussi de zones granitiques quasi désertes.

Les routes ne sont pas nombreuses, mais suffisantes pour pouvoir survoler l'ensemble du parc et joindre le départ de la plupart des sentiers de randonnée. En revanche, soyez prudent (et patient !), car il s'agit de routes de montagne sinueuses, étroites et parfois dangereuses.

Le parc possède cinq « portes d'entrée » (à l'appellation trompeuse, car elles ne se trouvent pas forcément aux entrées du parc) qui constituent les offices de tourisme des différentes communes se partageant le parc. C'est ici que vous trouverez toutes les précisions sur les randonnées et activités à faire dans le secteur où vous serez, ainsi que des plans indispensables pour vous repérer et connaître les différentes routes accessibles en voiture. Certains villages, comme Gerês, possèdent également leur propre bureau d'informations touristiques.

### SERRA DO GERÊS ✧✧✧

36 km N-E de Braga par la N103, puis la N304 (env. 40 min). **Porta de Campo do Gerês** : ☎ 253 35 18 88. Mar.-dim. 9h30-12h30 et 13h30-17h. **Porta de Montalegre** : ☎ 276 51 02 03. T.l.j. 10h-13h et 14h-18h.

En venant de Braga, juste avant d'entrer dans le parc, poursuivez sur la N304 pendant quelques kilomètres en direction de **Rio Caldo** et du **sanctuaire de São Bento da Porta Aberta**, un lieu de pèlerinage atypique perché sur les hauteurs du **lac de Caniçada**. Il se compose d'une église couverte d'azulejos datant du XIXe s. et d'une autre très moderne, voire surréaliste, établie pour augmenter la capacité d'accueil des pèlerins.

De retour sur vos pas, traversez la **marina de Rio Caldo** afin de franchir le pont qui mène à **Vilar do Veiga**, l'entrée du parc. Tout de suite sur votre gauche, une petite plage fluviale permet baignade et balade en kayak ou en embarcation à pédales (très fréquentée en août).

Continuez votre route en direction de **Gerês**, où vous attendent le **parque das Termas** (www.aguasdogeres.pt), un agréable parc ombragé qui borde la rivière, ainsi que des thermes qui font toute la popularité de Gerês. La serra do Gerês est la chaîne montagneuse la plus vaste du parc puisqu'elle s'étire à l'est jusqu'à la ville de Montalegre.

Au nord-ouest de **Montalegre**, le village de **Pitões das Junias** possède un sublime monastère. À l'ouest de la serra, la **Porta de Campo do Gerês** renferme un petit **musée ethnographique** qui relate l'histoire du village de **Vilarinho da Furna**, submergé par les eaux du fait de la construction du barrage sur la rivière Homem.

> Lire aussi la randonnée : Sobreiral da Ermida do Gerês – PR 14 (p. 426).

## SERRA AMARELA ✧✧✧

64 km N-E de Braga par l'A11, l'A3 et la N203 (env. 45 min). **Porta do Lindoso** : 📞 258 57 81 41. T.l.j. 10h-18h (17h oct.-mars).

La principale route d'accès à la serra Amarela est la N203 depuis Ponte da Barca (p. 417), mais on peut aussi y accéder depuis la serra do Gerês en suivant la N307 depuis **Campo do Gerês** en passant par **Brufe** et **Germil**, deux villages de montagne constitués de maisons en granit.

À Germil, vous pourrez découvrir les pièges à loup *(fojo do lobo)* jadis utilisés, également visibles au village d'**Ermida**, un peu plus au nord.

Mais le point fort de cette zone reste la visite de **Lindoso**, à la fois pour son **château militaire** (XIIIe s. ; visite libre 1,50 €, visite guidée 3 €), entièrement restauré au XXe s., et pour sa cinquantaine d'***espigueiros*** perchés sur une colline. Il s'agit de surprenants greniers à grains datant

⌄ Le parc national de Peneda-Gerês

des XVIIe et XVIIIe s., construits en granit sur pilotis. Ils étaient utilisés pour garder le maïs à l'abri des bêtes. Le panorama y est magnifique !

## SERRA DO SOAJO ✧✧✧

14 km E de Arcos de Valdevez par la N202, 10 km de Lindoso par la M530. **Porta do Mezio :** ☎ 258 51 01 00. T.l.j. 9h30 (10h les sam. et dim. en juil.-août)-13h et 14h30-18h (17h oct.-mars et 20h juil.-août). Accès au parc aventure et parcours découverte : 2 € (+ 1 € pour l'accès à la piscine).

La route principale d'accès à la serra do Soajo est la N202 depuis Arcos de Valdevez (p. 417) ; elle mène directement à **Porta do Mezio**. En plus de vous informer sur le secteur, ce centre situé en pleine forêt renferme un parcours découverte sur la région (villages typiques reconstitués, plantes spécifiques, expositions temporaires, costumes traditionnels), une aire de jeux pour enfants, un parc aventure (escalade) et une piscine en plein air ouverte de mi-juin à mi-septembre.

Poursuivez sur la N202 jusqu'à **Soajo** (que vous pouvez également rejoindre depuis Lindoso en 20 minutes en passant par le **barrage d'Alto Lindoso**, la route est sublime !). Le village de **Soajo** est l'un des plus typiques du parc en raison de son ensemble d'*espigueiros* mais aussi de ses ruelles et de ses maisons en granit qui convergent vers la placette principale, où trône un **pilori** fort atypique déclaré monument national.

À la sortie de Soajo, prenez la M530 en direction de Cunhas (c'est la route utilisée en provenance de Lindoso). À la sortie d'un virage, un minuscule panneau blanc indique **Pôço Nêgro**. Arrêtez-vous et descendez l'escalier de pierres, qui vous mènera à une piscine naturelle cachée par la végétation, où vous pourrez vous baigner et pique-niquer. La serra do Soajo est riche en nature et en biodiversité.

En vous éloignant des routes principales, vous pourrez croiser des chevaux sauvages et découvrir les ***brandas***, des terrains situés au sommet de la montagne réservés à la culture et au pâturage des animaux.

## SERRA DA PENEDA ✧✧✧

31 km N de Soajo jusqu'à la Porta de Lamas de Mouro (env. 50 min) en passant par le village de Rouças. **Porta de Lamas de Mouro :** ☎ 251 46 50 10. T.l.j. 9h30-13h et 14h-18h (17h oct.-avr.).

Le plus facile pour découvrir la serra da Peneda est d'y arriver par la serra do Soajo en passant par le village de **Rouças**, point de départ de plusieurs sentiers de randonnée. Depuis la **Porta de Lamas de Mouro**, suivez la direction de **Peneda** pour y visiter son fabuleux **Santuário da Senhora da Peneda** (à 8 km), inspiré de celui de Bom Jesus do Monte. Érigé au XIXe s., il est accessible par un escalier monumental parsemé de 20 petites chapelles renfermant les épisodes de la vie de Jésus. Ce site est très fréquenté par les pèlerins durant la première semaine du mois de septembre.

Revenez ensuite en direction de **Porto Ribeiro**, où se trouve la porte d'entrée de **Porta de Lamas de Mouro**, afin de vous informer sur les nombreux villages qui constituent la pointe nord du parc. Le centre historique de **Castro Laboreiro**, qui comprend une église romane du XIIe s., les vestiges d'un château et un musée consacré à son histoire et à ses traditions, mérite une visite. Aux abords de la ville, de nombreux ponts d'origine romaine ou médiévale enjambent la rivière. Depuis la Porta de Lamas de Mouro, vous pourrez rejoindre **Monçao** par la N202 (32 km, environ 40 min, voir p. 419) ou **Ponte da Barca** par la N203 (52 km, environ 1h20).

^ Les *espigueiros* du village de Lindoso

## PAUSE

### Vai a Fava

On y vient autant pour sa cuisine que pour son cadre. La carte est contemporaine, avec des plats traditionnels revisités, et le restaurant possède une vaste terrasse à l'arrière qui surplombe le fleuve et offre une vue imprenable sur le pont au coucher du soleil.

> Rua Dr Alberto Cruz, 13, Ponte da Barca ☎ 258 02 77 69. Été : lun.-ven. 19h30-23h, sam.-dim. 12h-30-15h et 19h30-23h ; le reste de l'année : mer.-dim. 12h30-15h et 19h30-22h.

## Ponte da Barca ✧

26 km O de Lindoso par la N304 et la N203, 38 km N de Braga par la N101 (env. 50 min).

Cette petite ville qui borde le *rio* Lima ne possède pas de monument à visiter mais déploie un art de vivre qui fait qu'on a envie d'y rester. Au bord de la rivière, proche du centre-ville, une **plage fluviale** ainsi qu'une piscine en plein air agrémentent les journées estivales. Le long de l'eau, une **promenade** très agréable a été aménagée. Elle est dotée d'un parcours sportif et s'étend sur 16 km jusqu'à Ponte de Lima. Le **pont médiéval**, qui franchit le *rio* Lima, date du XVe s. et demeure l'emblème de la ville. À la sortie de Ponte da Barca, en direction de Ponte de Lima (N203), la petite commune de **Bravães** renferme une église romane à clocher plat isolée, vestige d'un ancien monastère bénédictin du XIIIe s., qui faisait autrefois l'objet d'une étape sur la route de Saint-Jacques-de-Compostelle.

## Arcos de Valdevez ✧

6 km N de Ponte da Barca par la N101, 20 km O de Soajo par la N202.

Une autre ville à visiter pour le charme de ses ruelles et sa position stratégique en bordure du *rio* Vez, dans lequel il est possible de se baigner. Plusieurs églises sont à découvrir, comme l'**igreja do Espírito Santo** (XVIIe s.) et l'**igreja Matriz** (XVIIIe s.), toutes deux situées sur une vaste esplanade en haut du centre-ville, offrant un beau point de vue sur la vallée.

^ Le pont médiéval de Ponte de Lima

## Ponte de Lima ✧✧

18 km O de Ponte da Barca par la N203, 37 km N-O de Braga par la N201 et l'A3 (env. 40 min).

Immanquable ! Ponte de Lima, dont les ruelles expriment une douceur méditerranéenne, réunit le charme et la tranquillité d'une petite ville retirée tout en possédant de nombreux lieux à visiter. Vous y découvrirez des vestiges du Moyen Âge et un grand nombre de palais des XVIIe et XVIIIe s.

Installée de part et d'autre du *rio* Lima, le cité se singularise par son pont **médiéval**, témoin de deux époques. Le centre historique se trouve sur la rive gauche. Les deux tours situées face au fleuve, vestiges des murailles de la ville fortifiée, constituent l'ancienne prison des femmes et l'ancienne prison des hommes.

Tournez le dos au pont et longez le quai jusqu'à l'**allée des Platanes**. Au bout de celle-ci, le **museu dos Terceiros** présente de l'art religieux au sein de deux bâtiments distincts : l'église de Santo António dos Frades et l'église des Tertiaires de Saint-François.

Revenez sur vos pas. À droite de l'allée des Platanes, une halle abrite un **marché** typique (samedi matin) où sont vendus plantes et animaux vivants au milieu des fruits et légumes. Promenez-vous au cœur de la ville avant de regagner le prestigieux **largo de Camões**, qui fait face au pont.

Une fois de l'autre côté de la rive, pénétrez à l'intérieur de la minuscule **igreja de Santo António da Torre Velha**, qui se trouve sur votre droite. À l'arrière de celle-ci, toujours sur votre droite, la petite **chapelle Anjo da Guarda** mérite un coup d'œil, tout comme le **Parque do Arnado**, un parc thématique constitué de jardins baroque, romain et labyrinthique, qui lui fait face. Vous pouvez également longer la promenade qui borde le fleuve dans la direction opposée (en passant sous le pont) afin de vous rendre au **Festival des jardins**, auquel participent plusieurs pays.

### PONTE MEDIEVAL ✧

Le pont médiéval représente le principal symbole de Ponte de Lima. Sa construction remonterait au Ier s., sous la domination de l'empereur Auguste. Il est en fait constitué de deux ponts distincts qui témoignent chacun de l'histoire de la ville. La partie romaine, la plus ancienne, part de la rive droite et s'étend jusqu'à l'église de Santo

António da Torre Velha. La partie médiévale, qui se poursuit jusqu'au centre-ville, comprend 16 arches ; elle date du XIVe s. mais aurait été rénovée au XVe s.

### CENTRO DE INTERPRETAÇÃO E PROMOÇÃO DO VINHO VERDE (CIPVV) ✧

Rua da Fonte da Vila, 38 📞 258 90 04 26, www.cipvv.pt. Mar.-dim. 10h-12h30 et 14h-18h. Entrée : 3 € (dégustation incluse).

Ponte de Lima est entourée de vignobles, ce qui explique la présence de ce musée consacré au *vinho verde*. Il permet de comprendre toutes ses particularités et de s'informer sur son processus de vinification. Possibilité de dégustation et d'achat sur place.

### MUSEU DO BRINQUEDO PORTUGUÊS ✧

Casa do Arnado, Largo da Alegria 📞 258 24 02 10. Mar.-dim. 10h-12h et 14h-18h. Entrée : 3 €.

Installé sur la rive droite de la ville, jouxtant le Parque do Arnado, voici un musée fort atypique puisqu'il réunit plus de 2 000 jouets fabriqués au Portugal depuis le XIXe s. Un espace qui fascine autant les petits que les grands et qui, finalement, témoigne beaucoup des mœurs et des traditions des différentes époques référencées.

## Valença do Minho ✧

40 km N de Ponte de Lima par la N201 (env 50 min) ou par l'A3 (env. 25 min). De nombreuses rues du centre-ville ne sont pas accessibles en voiture. Garez votre véhicule dans un parking public et promenez-vous à pied. Le parking du port (en plein air) est gratuit.

La cité de Valença, entièrement ceinturée par d'impressionnantes murailles datant du XVIIe s., peut ravir autant que décevoir. Les esprits chagrins déploreront le tourisme espagnol de masse (l'Espagne est à 6 km) venu profiter des bas prix sur les vêtements et le linge de maison, tandis que les autres retiendront la beauté du site et le charme des maisons édifiées le long des ruelles pavées. C'est donc une ville qu'il faut visiter les yeux rivés sur les bâtiments et non sur les enfilades de magasins bon marché. Ou, encore mieux, à la nuit tombée lorsque les boutiques ont baissé leurs stores. Prenez le temps de longer les remparts et de profiter de la vue sublime sur le Minho.

## Monção

17 km E de Valença do minho par la N101.

La petite cité en amont du fleuve Minho, également station thermale, est la patrie de l'**alvarinho**, l'un des vins verts les plus appréciés. Vous pourrez découvrir l'histoire de sa fabrication au **musée** (Casa do Curro (1er ét.), praça de Deu-la-Deu 📞 251 64 90 09 ; mar.-dim. 10h-13h et 14h-18h) qui lui est consacré et vous en procurer à l'**Adega Cooperativa Regional de Monção** (située juste à la sortie de la ville en suivant la N101 en direction d'Arcos de Valdevez : Cruzes-Macedo 📞 251 65 21 67, www.adegademoncao.pt ; lun.-ven. 9h-12h30 et 14h-18h, sam. 9h-12h30). Si vous venez de Valença, vous apprécierez avant tout son côté paisible et aéré, parsemé de ruelles aux maisons typiques de la région. Belle vue sur le fleuve du côté du belvédère (à deux pas de la grande **praça do Loreto**) et près du centre thermal. Dans la vieille ville, l'église romane abrite le **tombeau de Deu-la-Deu**, la Jeanne d'Arc portugaise.

## Caminha ✧

46 km S-O de Monção par la N101 et la N13 (env. 50 min), 29 km S-O de Valença do Minho par la N13.

Cette ville tranquille, située à l'embouchure du fleuve Minho et du *rio* Coura, est fort agréable. En face et bien visible, se trouvent la pointe sud de la Galice espagnole et, à l'ouest, l'immensité de l'océan Atlantique. Une position stratégique qui justifie amplement son statut de station balnéaire. D'autant que la vieille ville, aux alentours de l'**igreja Matriz**, fourmille de bons restaurants et que la **rua Ricardo Joaquim de Sousa** concentre un grand nombre de bars de nuit. La **praça do Conselheiro Silva Torres** mérite une halte pour son **igreja da Misericórdia** (aussi blanche à l'extérieur que resplendissante de dorures à l'intérieur), ses terrasses de cafés et la **Torre do Relógio** (tour de l'Horloge). Grimpez-y pour profiter du panorama (mar.-dim. 10h-12h et 14h-18h ; entrée : 1 €).

### IGREJA MATRIZ

Ouv. slt durant les offices (19h en été, 18h en hiver).

Sans équivalent par ses proportions dans le nord du Minho, elle a été édifiée entre le XV$^{e}$ s. et le XVI$^{e}$ s. par des architectes espagnols. Elle s'ouvre sur le sud par un portail latéral orné de statues d'excellente facture. L'intérieur présente trois nefs couvertes d'un plafond mudéjar en bois sculpté. La capela Nossa Senhora do Rosário abrite un Arbre de Jessé (XVIII$^{e}$ s.), tandis que la première chapelle à gauche est ornée d'un Christ gisant de la Renaissance.

## Viana do Castelo ✧✧

25 km S de Caminha par la N13, 74 km N de Porto par l'A28.

Considérée comme l'une des plus belles villes du Minho, Viana do Castelo attire par ses palais, ses églises, ses places animées, ses ruelles commerçantes bordées de maisons traditionnelles et par sa position stratégique en bord de mer. D'ailleurs, son économie s'est principalement développée grâce à l'activité de ses chantiers navals et à son port de pêche. Cette ville, peu étendue, se visite à pied. Laissez votre véhicule dans l'un des parkings publics ; celui du port est gratuit la plupart de l'année. Évitez de la visiter le dimanche, les ruelles sont désertes et la plupart des restaurants ainsi que l'ensemble des boutiques sont fermés, alors que le reste du temps, Viana do Castelo est plutôt dynamique. En revanche, l'offre culturelle est impressionnante et de grande qualité en comparaison de la taille de la ville.

### PRAÇA DA REPÚBLICA ✧✧

La praça da República est entourée de belles façades et ornée d'une **fontaine Renaissance.** L'**hôpital de la Misericórdia** (1589), contigu à l'église (XVIII$^{e}$ s.) du même nom, est le plus beau monument de la cité. Avec sa loggia à cariatides reposant sur une galerie à arcades, il fait penser à la fois aux Flandres et à Venise. Face à lui, le **Paço do Concelho** (hôtel de ville), datant du XVI$^{e}$ s. Sa façade austère fait place au rez-de-chaussée à trois arcades gothiques fermées par de grandes baies vitrées. Des expositions temporaires sont installées à l'intérieur.

**LOISIRS**

*La plage cachée*

En quittant Caminha, prenez la N13 en direction de Viana do Castelo. Juste à la sortie de la ville, un petit panneau sur votre droite vous indiquera les directions de **Foz do Rio Minho** et Parque de Turismo. Suivez cette route. Garez votre véhicule près du restaurant et empruntez la passerelle en bois qui s'enfonce dans la pinède. Elle mène à une immense plage de sable fin cachée derrière des dunes. Un régal !

^ Le centre historique de Viana do Castelo

## PAUSE

### Pastelaria Natário

Sa devanture paraît vieillotte, mais il n'y a qu'à juger par la foule qui patiente pour déguster ses spécialités pâtissières : une halte s'y impose. À tester : le *bôla de Berlim* (chausson fourré à la crème) ou la *Meia Lua* (gâteau fourré à la pâte d'amandes). À déguster sur place ou à emporter.

> Rua Manuel Espreigueira, 37, Viana do Castelo 📞 258 82 23 76. T.l.j. 9h-19h.

### IGREJA MATRIZ

Rua Sacadura Cabral. Ouv. slt durant les cérémonies religieuses.

Elle fut achevée en 1440, même si sa façade romane d'allure fortifiée et ses statues-colonnes en granit laissent supposer une date antérieure. L'intérieur, remanié à l'époque baroque, abrite un retable luso-flamand du XVIe s. figurant la Vierge à l'Enfant avec saint Jean.

### MUSEU DE ARTES DECORATIVAS ✧✧

Largo de São Domingos 📞 258 80 93 05. Mar.-ven. 10h-18h, sam.-dim. 10h-13h et 15h-18h. Entrée libre.

Installé dans un palais du XVIIIe s., ce musée présente au rez-de-chaussée du mobilier et une riche collection de céramiques portugaises. Une salle est consacrée à la fabrique de Louça, dont les délicates productions connurent leur apogée autour de 1800.

À l'étage, la **salle de réception** a ses parois tapissées d'azulejos illustrant les thèmes de la chasse, des continents et des plaisirs. On visite aussi la **chapelle** (azulejos de Policarpo de Oliveira Bernardes) et les pièces de vie ainsi qu'une salle consacrée à la numismatique. L'adjonction moderne accueille les expositions temporaires.

### MUSEU DO TRAJE ✧

Musée du Costume

Praça da República 📞 258 80 93 06. Mar.-ven. 10h-18h, sam.-dim. 10h-13h et 15h-18h. Entrée libre.

À l'opposé de l'hôtel de ville, s'élève un bâtiment datant de 1958, de style Estado Novo, abritant l'étonnant musée du Costume. Il possède une riche collection de vêtements portés lors des fêtes (notamment les fêtes religieuses) et à diverses occasions dans les communes des rives du *rio* Lima.

La **sala do Ouro**, aménagée dans l'ancienne salle des coffres au sous-sol, abrite la collection du bijoutier Manuel Rodrigues Freitas (boucles d'oreilles, pendentifs, colliers et montres à gousset).

### NAVIO-HOSPITAL GIL EANNES

Navire-hôpital Gil Eannes

Doca Comercial ☎ 258 80 97 10, www.fundacaogileannes.pt. T.l.j. 9h30-18h (19h avr.-oct.). Entrée : 4,50 €.

Le *Gil Eannes* a été construit en 1955 par les chantiers de Viana pour servir de navire-hôpital à la flotte de pêche portugaise partie traquer la morue jusqu'au Groenland. La visite de ses différents ponts, du poste de pilotage à la salle des machines en passant par la salle de radiologie ou le bloc opératoire, s'avère très intéressante.

### LE BELVÉDÈRE DE SANTA LUZIA ✧

4 km N de Viana do Castelo, en sortant par l'av. 25 de Abril, qui contourne la ville au N ☎ 258 82 31 73, www.templosantaluzia.org. T.l.j. 8h-18h (17h en hiver et 19h en août). Accès possible par le funiculaire : mar.-ven. 10h-12h et 13h-17h, sam.-dim. 9h-18h (nov.-fév. : sam.-dim. 10h-17h) ; en été : t.l.j. 9h-20h ; billet A/R : 3 €.

Une belle route dessert de luxueuses *quintas* cachées dans la végétation et grimpe sur la colline de Santa Luzia jusqu'à la basilique. La construction du **temple du Sacré-Cœur-de-Jésus** s'étira sur de nombreuses années (début du XX^e s.). Il fut ouvert au culte en août 1926, après la mort de son auteur, Miguel Ventura Terra, mais ne fut achevé qu'en 1943. Observez le mariage d'éléments néo-romains, néo-byzantins et néo-gothiques. Depuis le parvis, admirez le panorama : toute la ville est à vos pieds ! Sachez que Santa Luzia est accessible par un **funiculaire** (le plus long du pays). Il s'élève de 160 m sur un parcours de 650 m. Sensations garanties !

## Barcelos ✧

35 km S-E de Viana do Castelo par l'A28, 22 km O de Braga par l'A11, 60 km N de Porto par l'A28.

La cité établie sur les rives du *rio* Cávado est la patrie du fameux **coq**, devenu l'emblème du pays. Impossible d'y échapper : sa silhouette multicolore est partout

dans le centre historique. Barcelos doit aussi sa popularité à son immense **marché** – l'un des plus importants du pays –, qui a lieu chaque jeudi sur le campo da Feira (7h-19h ; si le jeu. est férié, le marché est avancé au mer.). En dehors de ces singularités liées à la tradition et à l'artisanat, grimpez jusqu'en haut de la **Torre da Porta Nova**, un donjon faisant partie du rempart édifié au XVe s. et qui, du XVIIe s. jusqu'en 1932, servit de prison. Remontez ensuite la commerçante **rua Dom António Barroso**, puis dirigez-vous vers le **pont médiéval**, édifice gothique du début du XIVe s. qui surplombe le fleuve.

**CULTURE**

*La légende du coq*

Un pèlerin, en route vers Saint-Jacques-de-Compostelle, fut accusé de vol par un riche propriétaire lors de son passage à Barcelos. Il fut condamné à la pendaison. Pour clamer son innocence, il déclara que le coq rôti servi à la table du juge lors d'un banquet chanterait au moment où on lui passerait la corde au cou… ce qui se produisit.

### PAÇO DOS CONDES DE BARCELOS (MUSEU ARQUEOLÓGICO)

Palais des comtes de Barcelos (Musée archéologique)

Rua Fernando Magalhães ☎ 253 82 47 41. T.l.j. 9h-17h30. Entrée libre.

Les ruines du palais comtal (XVe s.) transformées en **parc archéologique** se dressent sur la colline dominant le fleuve. On en a une belle vue depuis la rive gauche du Cávado, en traversant le pont. Un ***padrão*** (croix sculptée sur un pilier) a été édifié devant le palais en l'honneur du coq de Barcelos. Juste à côté, le ***solar* dos Pinheiros**, reconnaissable à ses tours de granit, date du XVe s.

### IGREJA DO BOM JESUS DA CRUZ ✧

Jardim da Avenida da Liberdade. T.l.j. 9h-18h.

Son origine est liée à l'apparition miraculeuse d'une croix de terre noire dans le sol argileux sur le terrain du campo da Feira en décembre 1504. De ce fait, l'église de style baroque a adopté un plan en croix grecque en souvenir de cette apparition. Commencé au XVIe s., l'édifice a été conçu par l'architecte de Santa Engrácia de Lisbonne (p. 83) et ouvert au culte en 1710. Il est doté d'un impressionnant dôme du XVIIIe s.

### IGREJA DE NOSSA SENHORA DO TERÇO ✧

Av. dos Combatentes da Grande Guerra ☎ 253 817 091. Lun. et mer.-sam. 9h-12h et 14h-17h30, dim. 14h-17h30.

L'église faisait partie de l'ancien couvent des religieuses bénédictines, datant du début du XVIIIe s. Elle possède un intérieur impressionnant du fait de ses panneaux d'azulejos bleu et blanc montrant des scènes de la vie de saint Benoît et des emblèmes moralisateurs. Remarquez aussi le splendide plafond à caissons en bois peints.

### MUSEU DE OLARIA ✧

Musée de la Poterie

Rua Cónego Joaquim Gaiolas ☎ 253 82 47 41, www.museuolaria.pt. Mar.-ven. 10h-17h30, sam.-dim. et j.f. 10h-12h30 et 14h-17h30. Entrée libre ; visite guidée : 2,20 €.

Installé dans une maison datant du XIXe s., ce **musée régional de la céramique** s'inscrit dans un contexte de traditions artisanales fortes. Il présente une impressionnante collection permanente d'environ 7 000 pièces.

‹ Romaria de Nossa Senhora da Agonia, à Viana do Castelo

*Coup de cœur de l'auteur*

# LE SANCTUAIRE DE BOM JESUS DO MONTE À BRAGA

L'ascension vers l'église n'est autre qu'un parcours initiatique ponctué de stations, à l'image d'un chemin de croix, permettant au pèlerin de s'élever symboliquement vers Dieu.

^ Chapelle sur la via Sacra

## La via Sacra

C'est à genoux que les pélerins les plus dévôts entamaient l'ascension des 581 marches de la **voie Sacrée**. Le parcours débute au portail géant affichant les armoiries de Dom Rodrigo de Moura Teles, l'archevêque commanditaire de l'ouvrage. Le croyant s'engage alors dans un premier escalier qui zigzague dans les bois de pins, d'eucalyptus et de chênes-lièges. Il dessert une dizaine de chapelles renfermant des scènes sculptées sur fond de décors peints illustrant la Passion du Christ. Du Baiser de Judas à la Descente de Croix, les représentations sont d'un réalisme outrancier qui devait participer à l'édification du croyant. À la première esplanade, l'escalier des Cinq-Sens apparaît dans toute

## PRATIQUE

Voir p. 413

### Accès

**En voiture**

Peu avant d'atteindre le site, la route passe sous une arche. À g. se trouve l'accès à la terrasse inférieure, en balcon sur la ville de Braga, que surplombe l'escalier.

**En bus**

Bus n° 2 (départ av. da Liberdade à Braga), arrêt República II, à 100 m de la via Sacra.

**Accès au sommet**

En voiture ou à pied (près de 600 marches), ou encore par le funiculaire (elevador do Bom Jesus).

### Horaires et tarifs

**Basilique :** t.l.j. 8h-19h (9h-18h en hiver).

**Funiculaire :** t.l.j. 9h-20h (19h en hiver), ttes les 30 min (durée du trajet : 3 min); billet : 1,50 € (2,50 € A/R).

^ L'escalier du sanctuaire de Bom Jesus do Monte

sa majesté, son granit gris délicatement souligné par les murs blanchis à la chaux. Cette fois, ce sont des fontaines – l'eau est un symbole de purification du corps et de l'esprit – qui ponctuent le chemin. Ici, le pélerin fait vœu de renoncer aux plaisirs terrestres. À vous de retrouver les fontaines représentant la vue, l'ouïe, l'odorat, le goût et le toucher, autant de sens à cadenasser avant d'entamer l'ascension de l'escalier des Trois-Vertus. Celui-ci incite le fidèle à acquérir les vertus théologales (foi, espérance, charité), là encore symbolisées par des fontaines. Au terme de ce trajet, le pénitent doit encore acheter son pesant de cierges (la balance est toujours là).

## IGREJA DO BOM JESUS

Remarquez les huit statues tournées vers l'église : elles représentent les hommes ayant condamné le Christ, comme Pilate et Hérode. Enfin purifié, le croyant peut pénétrer dans l'église néoclassique, un peu sévère, élevée en 1813 par Carlos Amarante. Au maître-autel, un diorama spectaculaire illustre la Crucifixion, la représentation en 3D donnant à la scène un réalisme très théâtral. Après ce voyage en accéléré au mont du Calvaire, revenez sur l'esplanade admirer le panorama sur les jardins de bosquets et sur Braga au loin.

### Le funiculaire

Caché par l'épais manteau de végétation, l'elevador do Bom Jesus est une curiosité fonctionnant à l'eau ! À chaque fois que l'une de ses deux cabines arrive au sommet, on remplit son réservoir d'eau, une charge qui lui permet de redescendre tout en entraînant l'autre cabine vers le haut. Magique !

Randonnée

# SOBREIRAL DA ERMIDA DO GERÊS (PR 14)

Il existe plus de 380 km de routes balisées à l'intérieur du parc (les sentiers référencés «PR» parcourent une distance de 15 km maximum, les «GR» sont plus longs). Ce parcours pédestre doit son nom au chêne-liège *(sobreiro)*, visible autour du village d'Ermida do Gerês. Il passe à travers des sentiers et chemins forestiers, permettant au visiteur d'apprécier non seulement la nature locale – comme la cascade et la vallée de la rivière Arado –, mais aussi plusieurs pâturages de montagne utilisés par les bergers.

‹ Village communautaire d'Ermida do Gerês

## PRATIQUE

**Départ et arrivée**
Ermida (serra do Gerês).

**Durée**
5h.

**Balisage**
Jaune et rouge.

**Distance**
13,3 km.

**Dénivelé**
Modéré.

**Difficulté**
Modérée.

^ Le parc national de Penada-Gerês

1 **Ermida do Gerês** est un village de montagne situé à 550 m d'altitude dont l'architecture, typique de la région, et les traditions ont été préservées. Il constitue d'ailleurs l'un des derniers villages communautaires du pays. Le parcours débute au **belvédère** *(miradouro)*, qui offre un point de vue formidable sur les sommets de la serra et sur le village.

**2** À partir du belvédère, suivez la flèche qui indique le parcours balisé du PR14. Il vous mènera tantôt sur des petites routes de montagne accessibles aux véhicules, tantôt à travers des chemins forestiers. C'est dans cette partie que ça grimpe le plus, mais l'effort fourni sera bien récompensé lorsque vous atteindrez la **Cascata do Arado** (750 m d'altitude), l'une des cascades les plus célèbres du parc ! Elle provient des cours d'eau de montagne dérivés des rivières Arieiro et Teixeira, qui débouchent sur la rivière Arado. Elle est constituée d'une succession de chutes qui forment des petits bassins de retenue d'eau où il est agréable de se baigner. Le pont en pierre situé en contrebas date de 1936.

⌄ Le pont de pierre de la Cascata do Arado

< Cascata do Arado

## *Une piscine naturelle secrète !*

Depuis **Lindoso** (serra Amarela, voir p. 415), roulez sur la route principale (N304-1) en direction de Parada (3 km).
À la sortie du village, vous croiserez sur votre droite le Café MO, garez-vous sur le terre-plein. Marchez jusqu'à la passerelle et prenez le sentier situé de l'autre côté de la route. À environ 350 m, traversez le petit pont, puis empruntez le chemin sur votre gauche. Au bout du chemin, après avoir traversé une passerelle en bois, vous serez face au **Poço da Gola**, un bassin lumineux qui invite à la baignade.

**3** Depuis la cascade, vous pouvez décider de poursuivre directement le long du PR14 ou de faire un détour (3,5 km) en direction du point de vue de **Pedra Bela** (829 m d'altitude), qui offre une vue splendide et vertigineuse sur l'ensemble de la vallée. Une fois regagné le sentier balisé du PR14, vous traverserez les plateaux de **Malhadoura**, de **Portos** et de **Cortes**, qui comportent d'étranges refuges et fontaines taillés dans la pierre. En chemin, il est fort probable que vous vous retrouviez nez à nez avec quelques animaux, tels que d'impressionnantes vaches à cornes ou des *garranos*, les poneys sauvages peuplant la région.

Jeunes *garranos* dans la serra >

**4** Peu avant de regagner le village d'**Ermida**, vous pouvez rallonger le plaisir en bifurquant sur votre gauche (destination fléchée, env. 700 m) en direction de la **Cascata do Tahiti** (également appelée «Fecha das Barjas») pour une ultime baignade.

## • NOS ADRESSES •

# ARCOS DE VALDEVEZ

## OÙ DORMIR

### Ribeira Collection Hotel

Largo dos Milagres 258 009 410,
https://ribeiracollectionhotel.com.
De 50 à 100 €.

La situation de cet hôtel, au bord de la rivière, en fait une halte privilégiée. Chambres contemporaines, bar, restaurant, salle de gym et spa avec piscine chauffée, hammam et jacuzzi.

## OÙ MANGER

### Cafetaria DNA

Av. Campo do Trasladário 258 52 31 07.
Mar.-dim. 10h-minuit (ven.-sam. 2h).
Moins de 20 €.

Carte de bistrot classique avec snacks et sandwichs sur la promenade qui longe la rivière. Terrasse agréable et salle intérieure spacieuse.

# BARCELOS

## OÙ DORMIR

### Bagoeira

Av. Dr Sidónio Pais, 495 253 824 588,
www.bagoeira.com. De 60 à 80 €.

Hôtel moderne avec restaurant, établi sur la grande place de Barcelos. Chambres impersonnelles mais tout confort. Certaines disposent d'un balcon pour profiter de l'animation.

## OÙ MANGER

### Casa dos Arcos

Rua Duques de Bragança, 185 253 82 62 65.
Mer.-lun. 12h-15h30 et 19h-22h30. Moins de 20 €.

Touristique, mais la maison en pierre est d'une belle architecture traditionnelle. Grande salle pouvant accueillir des groupes.

### Pedra Furada

Rua Santa Leócadia, 1415, Pedra Furada (12 km S)
252 95 11 44, www.pedrafurada.com.
T.l.j. 12h-15h et 19h-22h. F. lun. soir.
De 20 à 30 €.

Aucun risque de se retrouver au milieu d'un car de touristes dans ce restaurant proposant une excellente cuisine du Minho. Spécialité de cozido à portuguesa.

## PÂTISSERIE

### Confeitaria Colonial

Largo da Porta Nova, 43 253 81 13 65.
T.l.j. 7h30-19h30.

Cette pâtisserie propose un large choix de délicieuses gourmandises aux amandes.

# BRAGA

## OÙ DORMIR

**Camping**

### Parque da Ponte

**Hors plan par B2** – Près du parc des Expositions (S de la ville) 253 27 33 55.
100 emplacements.

Bien ombragé, bon marché et propre.

**Auberge de jeunesse**

### Hi Braga – Pousada de Juventude

**Hors plan par B2** – Rua de Santa Margarida, 6
253 148 682.

**Hôtels**

### Centro Avenida

**Plan B1** – Av. Central, 27 253 27 57 22.
Moins de 50 €.

Dans les étages d'un immeuble. Pas le grand luxe, mais prix et situation sans concurrence. Pour faire étape.

### Albergaria da Sé

**Plan A2** – Rua Dom Gonçalo Pereira, 39-51
253 687 075. Moins de 50 €.

Des chambres modernes, très correctes mais sans charme. Vaut surtout pour sa situation, près de la cathédrale, et pour ses prix intéressants.

### Dona Sofia

**Plan B2** – Largo São João do Souto
253 26 31 60, www.hoteldonasofia.com.
De 60 à 80 €.

Dans le cœur historique. Des chambres sans beaucoup d'âme, mais tout confort.

### Elevador

**Hors plan par B2** – Bom Jesus do Monte (6 km E)
253 60 34 00, www.hoteisbomjesus.pt.
De 60 à 80 €.

Elevador est un hôtel luxueux situé dans le parc de Bom Jesus, avec vue sur la ville. Nuit paisible en perspective, mais nécessité absolue de posséder un véhicule.

## OÙ MANGER

Vous dégusterez les spécialités de Braga – la morue, le chevreau, les abats de porc *(papas de sarrabulho, rojões)* et un délicieux pâté *(frigideiras)* –, arrosées de *vinho verde* ou de rosé du Minho.

### A Taberna do Félix

**Plan A1** – Largo da Praça Velha, 18-19
253 61 77 01. Lun.-sam. 12h-15h et 19h30-23h.
Fermé lun. midi. De 20 à 30 €.

Près de l'Arco de Porta Nova, un minuscule restaurant proposant une cuisine délicieuse et inventive. Cadre intime et accueil souriant.

### Cozinha da Sé

**Plan A2** – Rua Dom Frei Caetano Brandão, 129
253 27 73 43. Mar.-dim. 12h-15h et 19h-22h30.
Fermé dim. soir. De 20 à 30 €.

Situation on ne peut plus pratique, à deux pas de la cathédrale, dans un quartier où les restaurants ont poussé comme des champignons. Cuisine correcte à déguster dans un décor agréable et service irréprochable.

### Centurium

**Hors plan par B2** – Av. Central, 134 253 20 62 60, http://centurium.bracaraaugusta.com.
Lun.-sam. 12h-15h et 19h-22h. Plus de 30 €.

À quelques dizaines de mètres au-delà de l'igreja dos Congregados, ce restaurant très chic passe pour l'un des meilleurs de Braga. La *cataplana* (p. 476) mérite une mention spéciale.

### Fêtes à Braga

> Pâques, **Semaine sainte.** Le centre de Braga se transforme pour l'occasion en un grand chemin de croix, et la cité vit au rythme des processions : celle de l'**Ecce Homo** (Jeudi saint), où les *farricolos* (cagoulards) cheminent pieds nus en brandissant des flambeaux, suivie de celle de l'**Encontro do Senhor** (l'enterrement du Vendredi saint), à l'atmosphère beaucoup plus douloureuse et triste.

> Début juin. **Vinho Verde Festival :** les principales coopératives viticoles de la région viennent présenter leurs produits le long de l'avenida Central.

> 23-24 juin. Les fêtes de la **Saint-Jean** (São João de Braga) se déroulent sur 10 jours. Rens : www.saojoaobraga.pt

A Brasileira, le café historique de Braga

## • NOS ADRESSES •

### PÂTISSERIE

#### Ferreira Capa

Plan B1 – Rua dos Capelistas, 45 253 18 18 82. T.l.j. 8h-19h.

Pâtisserie chic, à deux pas de la praça da República, fréquentée par la bourgeoisie. Avec une agréable terrasse pour observer l'animation.

### SHOPPING

Les rues commerçantes du centre-ville regroupent beaucoup de magasins d'articles religieux et de vêtements de cérémonie pour enfants.

## CAMINHA

### OÙ DORMIR

Vous trouverez d'assez nombreuses possibilités en tourisme rural ou en chambres d'hôtes.

**Camping**

#### Parque de Campismo Orbitur Caminha

Estrada nacional 13 – km 90. Mata do Camarido 258 92 12 95, www.orbitur.pt. Tte l'année.

Situé à 200 m de la plage, au cœur de la pinède. Tentes et bungalows.

**Hôtel**

#### Hôtel Design & Wine

Praça do Conselheiro Silva Torres, 8 258 71 90 40, www.designwinehotel.com. Autour de 120 €.

Hôtel situé en plein centre, avec des chambres thématiques, certaines dotées de moult gadgets technologiques. Demandez une chambre donnant sur le rio. Les prix s'effondrent à moins de 80 € en basse saison. Restaurant à l'élégance épurée, où la cuisine de l'Alto Minho se conjugue avec les meilleurs crus de la région.

### OÙ MANGER

#### Jeni's Diner

Rua Conselheiro Miguel Dantas, 39 258 72 41 99. Ven.-mer. 11h-23h, f. jeu. Moins de 20 €.

Burgers, hot dogs, sandwichs, pancakes au sein d'une déco kitsch et colorée typique des *diners* américains.

#### Solar do Pescado

Rua Visconde Sousa Rego, 85 258 922 794, www.solardopescado.pt. T.l.j. 12h-15h et 19h-22h (f. lun. soir et mar. en hiver). De 20 à 40 €.

Salle voûtée décorée d'azulejos pour déguster une *lampreia à bordalesa*, des poissons du *rio* Minho, ou des fruits de mer.

### SPORTS ET LOISIRS

#### MinhAventura

962 02 36 74/675 (port.), www.minhaventura.com

Descente de la rivière Coura en kayak, location de vélos et paddle.

## GUIMARÃES

### OÙ DORMIR

**Camping**

#### Parque de Campismo da Penha

Hors plan par B2 – S-E de la ville 253 51 59 12, www.turipenha.pt. 160 emplacements.

Dans un cadre séduisant.

**Hôtel, pension**

#### Mestre de Avis

Plan A2 – Rua Dom João I, 60 253 42 27 70, www.hotelmestredeavis.pt. Moins de 50 €.

Petit *residencial* pas désagréable du tout, tout près du quartier le plus animé de la ville. Chambres non sans charme, en particulier celles qui sont mansardées.

### Trovador City Guest House

**Plan A2** – Largo do Trovador, 20 ☎ 935 37 34 00 (port.). De 50 à 80 €.

Idéalement placée, cette maison d'hôtes propose 14 chambres contemporaines parfaitement équipées. Demandez celle située au dernier étage sur la droite : elle possède un balcon avec une vue très agréable. Petit déjeuner en chambre.

## OÙ MANGER

### Cor de Tangerina

**Plan B1** – Largo Martins Sarmento, 89 ☎ 253 54 20 09. Mar.-jeu. 12h-15h, ven.-sam. 12h-15h et 19h30-22h. Moins de 20 €.

Inattendu, original, délicieux : le restaurant végétarien établi quasiment en face du château se taille un franc succès depuis sa création. Des jus de fruits à se damner et la possibilité de dîner dans le patio à la belle saison. Service et accueil très bons.

### Rolhas & Rótulos

**Plan B2** – Largo da Oliveira, 11 ☎ 253 048 068. Dim.-lun. 10h-minuit (2h mer.-sam.). Fermé mar. Moins de 20 €.

L'archétype de l'établissement à grand succès. Entre bar à vins et bar à tapas, on y sert une bonne cuisine, avec une pointe d'originalité. Service jeune et décontracté. Aux beaux jours, grande terrasse sur la place.

### Pregaria de Guimarães

**Hors plan par A2** – Av. Dom Afonso Henriques, 15 ☎ 968 18 91 37 (port.). Lun et mer.-dim. 12h-16h et 19h-23h. Moins de 20 €.

Les meilleurs sandwichs de la ville !

### Pizzaria Luzzo

**Plan A2** – Largo do Toural, 82 ☎ 253 53 60 38, www.pizzarialuzzo.pt. T.l.j. 12h30-14h30 et 18h-22h30. Moins de 20 €.

Des pizzas savoureuses à la pâte fine. Décoration soignée. Belle terrasse.

## CAFÉS

### Milenário

**Plan A2** – Largo do Toural ☎ 253 06 00 24.

Dans ce grand café lumineux, un spectacle permanent dans un décor inchangé depuis les années 1950 : mêmes vieux, et moins vieux, qui lisent le journal chaque matin, et absence totale de la gent féminine…

## PÂTISSERIE

### Casa Costinhas

**Plan B1** – Rua de Santa Maria, 68 ☎ 253 51 62 48. Lun.-ven. 8h-18h, sam. 9h-18h.

Une pâtisserie où l'on dénichera des douceurs conventuelles, des spécialités régionales et d'excellents gâteaux faits maison.

# MONÇÃO

## OÙ DORMIR

### Hotel Rural Convento dos Capuchos

Quinta do Convento dos Capuchos ☎ 251 64 00 90, www.conventodoscapuchos.com. De 70 à 150 €.

Chambres élégantes et prestations de qualité dans un ancien monastère. Restaurant gastronomique, piscine et spa.

## OÙ MANGER

### Cabral

Rua 1° de Dezembro ☎ 251 65 17 75. Sam.-jeu. 12h-15h, le soir à partir de 19h. Moins de 20 €.

Une bonne adresse en ville pour déguster des viandes grillées, tout simplement.

# PARC NATIONAL DE PENEDA-GERÊS

**Adere** (www.adere-pg.pt et www.go2nature) est un organisme destiné à promouvoir le parc de Peneda-Gerês. Son site regorge d'informations utiles liées à l'hébergement et aux activités proposées au sein du parc.

Vous pouvez également vous connecter à la Centrale de réservation : www.turismoruraleparques-decampismogeres.com

# • NOS ADRESSES •

## OÙ DORMIR

### Camping

#### Lima Escape

N203 (entrée du parc : serra Amarela), Lugar de Igreja, à Entre Ambos-os-Rios ☎ 258 58 83 61, www.lima-escape.pt. Tte l'année.

♥ Excellente situation au bord de la rivière Lima. Très ombragé. Emplacements pour tentes mais aussi bungalows, roulottes et Glamping (tentes ou tipis). Restaurants et barbecues. Location de vélos et kayak.

#### Ermida Gerês Camping

Lugar da Ermida, 295, Vilar da Veiga (serra do Gerês) ☎ 969 84 66 86 (port.), www.ermidagerescamping.com. Tte l'année.

Près des cascades de Tahiti (voir p. 429), emplacements de tentes et location de cabanes ou d'abris de montagne. Barbecue sur place. Organisation de randonnées et de balades en Jeep ou en canoë.

#### Parque de Campismo de Lamas de Mouro

Situé à côté de la Porta de Lamas de Mouro (serra da Peneda) ☎ 251 46 60 41.

Tentes et bungalows. Piscine naturelle, canyoning, kayak, escalade et yoga.

### Hôtel, pousada

#### Peneda Hotel

Lugar da Peneda, Gavieira (serra da Peneda) ☎ 251 46 00 40, www.penedahotel.pt. De 50 à 100 €.

Chambres confortables dans un majestueux bâtiment en pierre, à deux pas du sanctuaire de Nossa Senhora da Peneda.

#### Pousada Mosteiro de Amares

À Amares (30 km S-O par la N308-1 et la N308) ☎ 253 37 19 70. Plus de 150 €.

Entre Braga et Gerês, un ancien monastère cistercien reconverti en *pousada*. Décoration moderne en accord avec l'esprit de l'ordre monastique.

Kayak à Ponte de Lima

### OÙ MANGER

#### Restaurante Lurdes Capela

Av. do Dr Manuel Gomes de Almeida, 77, à Gerês (serra do Gerês) ☎ 253 39 12 08. T.l.j. 11h30-14h30 et 18h30-21h30 (service le midi et le sam. soir en hiver). Horaires peuvent varier. Moins de 20 €.

Restaurant typique portugais. Assiettes copieuses. Service agréable.

#### Saber ao Borralho

Av. 25 de Abril, Costa Velha, à Soajo (serra do Soajo) ☎ 963 708 986 (port.). Mer.-dim. 12h-15h et 19h-21h. F. sam. soir. Moins de 20 €.

Plats traditionnels de qualité. On se blottit devant la belle cheminée hors saison, ou on profite de l'agréable terrasse extérieure aux beaux jours.

### SPORTS ET LOISIRS

Promenades à cheval ou en canoë, canyoning, randonnées, et balades à vélo ou en Jeep.

#### Lobo Tours

www.facebook.com/GeresLoboTours/

#### Equi Desafios

www.equidesafios.com

## PONTE DA BARCA

### OÙ DORMIR

#### Os Poetas

R. Dr. Alberto Cruz, 9 ☎ 258 48 81 52, www.hotelospoetas.com. Moins de 50 €.

♥ Un paradis, caché en contrebas du pont. Chambres rénovées, propres et impeccables, avec le délice de prendre le petit déjeuner ou de bavarder jusqu'à pas d'heure au bas de la belle bâtisse.

#### Casa Nobre do Correio-Mor

Rua Trás do Forno, 1 ☎ 919 44 08 01 (port.), www.laceme.pt. De 50 à 100 €.

Une dizaine de chambres aménagées au sein d'une magnifique demeure du XVII$^{e}$ s. ainsi que deux dortoirs de 5 et 7 lits. Sauna et piscine.

### OÙ MANGER

#### O Moinho

Campo do Côrro, 1 ☎ 258 45 20 35, www.restauranteomoinho.pt. Mer.-lun. 12h-15h et 19h-22h. F. lun.soir et mar. De 20 à 30 €.

Situé dans un ancien moulin à vent près de la rivière, O Moinho est l'un des restaurants les plus réputés de la ville. Cuisine portugaise et spécialités locales comme la *lampreia* (lamproie), le *cabrito da serra Amarela* (chevreau rôti) ou le *sarrabulho* (riz mijoté).

## PONTE DE LIMA

### OÙ DORMIR

C'est le moment ou jamais de passer la nuit dans un vieux *solar* (manoir) en profitant de la formule du tourisme d'habitation. Réservation à l'avance ou adressez-vous à Solares de Portugal (p. 488).

Le Central Nacional de Turismo no Espaço Rural (Praça da República ☎ 258 93 17 50, www.center.pt) vous propose des hébergement (séjours de 2 nuits minimum) dans des manoirs, demeures historiques, fermes ou maisons de style traditionnel.

**Auberge de jeunesse**

#### Pousada de Juventude

Rua Papa João Paulo II ☎ 258 75 13 21.

**Hôtels**

#### InLima

Rua Agostinho José Taveira, lote 6 ☎ 258 90 00 50, www.inlimahotel.com. De 60 à 75 €.

Une architecture moderne sans concession, une belle situation au bord de la rivière, un spa et des chambres fonctionnelles, à défaut d'avoir une âme.

### OÙ MANGER

Dans le centre ancien, de nombreux bars proposent la formule *vinhos e petiscos*. Parfait pour manger à prix tout doux ou pour caler une petite faim à l'heure de l'apéritif.

## • NOS ADRESSES •

### Encanada

Passeio 25 de Abril ☎ 258 94 11 89.
Mer.-lun.12h-22h. F. lun. soir. Moins de 20 €.

Près du marché, excellente cuisine traditonnelle du Minho accompagnée de crus rares de *vinho verde* blanc ou rouge.

### Vaca das Cordas

Rua Padre Francisco Pacheco, 39-41
☎ 258 74 11 67. Lun.-sam. 12h-15h et 19h-22h.
Moins de 20 €.

Une excellente cuisine préparée dans un bar-restaurant à l'ambiance décontractée. Pour faire court, *vaca das cordas*, c'est une vache qu'on a encordée et soûlée. Alors, n'y allez dîner que si vous n'avez pas à reprendre votre voiture...

### Açude

Centro náutico de Ponte de Lima, Arcozelo (sur la rive g.) ☎ 258 94 41 58,
www.restauranteacude.com.
Mar.-dim. 12h-15h et 19h-22h. F. dim. soir.
De 20 à 30 €.

Le restaurant couru du moment, dans une construction moderne ouverte sur la nature. On vient ici pour la cuisine certes (les lamproies en saison), mais aussi pour la salle panoramique dominant le Minho.

## SPORTS ET LOISIRS

**Nautisme**

### Centro náutico

Au bord de la rivière.

Location de canoës en saison.

**Équitation**

Largement développée dans la région de Ponte de Lima. Renseignements à l'office de tourisme (pour les clubs équestres et les randonnées).

**Golf**

### Axis Golfe Ponte de Lima

2 km S par la N201 ☎ 258 74 34 14,
www.axishoteisegolfe.com

Beau parcours de 18 trous au bord de l'eau offrant d'intéressantes échappées sur la campagne.

# VALENÇA DO MINHO

## OÙ DORMIR

Les hôtels modestes se cachent près de la gare, dans la ville moderne, mais ils ne sont guère engageants. Autant aller à Tui, côté espagnol...

## OÙ MANGER

### Fortaleza

Rua Apolinário da Fonseca, 29 ☎ 251 818 461.
T.l.j. 12h-16h et 18h-21h. De 20 à 30 €.

Cuisine régionale dans un bastion de la forteresse. Vous aurez moins de risques de tomber sur des groupes au **Fortaleza II**, juste à côté, à la déco plus tendance.

# VIANA DO CASTELO

## OÙ DORMIR

**Camping**

### Orbitur

Praia de Cabedelo (3 km S), rua Diogo Álvares
☎ 258 32 21 67. 550 emplacements.

**Auberge de jeunesse**

### Pousada de Juventude

Rua de Limia ☎ 258 83 84 58.

**Hôtels**

### Laranjeira

Rua Cândido dos Reis, 45 ☎ 258 82 22 61,
www.hotelaranjeira.com. De 50 à 80 €.

Confort honorable (salle de bains) pour le prix. Bien situé. Wifi gratuit.

### Margarida da Praça

Largo 5 de Outubro, 58 ☎ 258 809 630.
De 50 à 80 €.

Boutique-hôtel original qui joue la carte du charme, de la couleur et des belles étoffes. Personnel sympa et très bonne situation. Fait aussi restaurant.

## Fêtes à Viana do Castelo

> Fin juil.-début août. **Fêtes de la Meadela** en l'honneur de sainte Christine : défilé de jeunes filles en *mordomas* (vêtement noir brodé de paillettes) et en *lavradeiras* (habit de fête des paysannes).

> 3e sem. d'août. **Romaria de la Senhora da Agonia :** 3 jours de fête, processions, concerts de musique folklorique, sérénades sur le Lima et présentations de costumes traditionnels.

### Casa Melo Alvim

Av. Conde da Carreira, 28 📞 258 80 82 00, www.casameloalvim.com. Autour de 150 €.

Hôtel de luxe dans une belle bâtisse avec atrium toscan dont l'origine remonte à l'époque manuéline (1509). Très bon accueil, mais certaines chambres sont petites, et l'on entend passer les trains...

## OÙ MANGER

### O Pescador

Largo de São Domingos, 35 📞 258 82 60 39, www.opescadorviana.com. Mar.-sam. 12h-15h et 19h-22h. F. dim. soir. Moins de 20 €.

Une salle en longueur, au décor marin, où les cuistots s'activent au fond. Parfait pour un dîner décontracté et pour calmer une envie de poisson. Bon accueil.

### Restaurante Astúrias

Largo 5 de Outubro, 21 📞 258 82 38 14. Mar.-dim. 12h-14h30 et 19h30-22h. Moins de 20 €.

Agréable situation sur le quai face à la mer. Cuisine portugaise classique. Bon rapport qualité-prix.

### Taberna do Valentim

Av. Campo do Castelo, 45 📞 258 82 75 05. Lun.-sam. 12h30-14h30 et 19h30-22h. Moins de 20 €

Malgré une façade peu avenante, ce restaurant de poisson est considéré comme l'un des meilleurs de la ville. Fraîcheur irréprochable. Les grillades sont délicieuses.

## SHOPPING

Broderies et céramiques sont les deux spécialités locales. On pourra en acheter dans les magasins bordant le **jardim Marginal** ou dans les ruelles autour de l'**igreja Matriz**.

## SPORTS ET LOISIRS

Croisières sur le Lima en été : départs sur la jetée au sud du largo 5 de Outubro.

⌄ Vue sur la côte depuis la basilique de Santa Luzia

# TOUT SAVOIR SUR...

# L'histoire

# LA GASTRONOMIE,

# LA RELIGION

# LA CULTURE...

Des monastères de Batalha et d'Alcobaça au fantasque palais national de Pena en passant par la cité médiévale d'Évora ou la baroque Coimbra, découvrez ce pays fascinant à travers sa culture, son histoire, sa gastronomie, mais aussi son artisanat, ses célèbres azulejos et ses *touradas* légendaires. Pour tout savoir ou presque sur le Portugal et les Portugais.

## SOMMAIRE

# VIVRE À L'HEURE PORTUGAISE

## PAYSAGES PORTUGAIS

Un Nord verdoyant où s'épanouit la vigne, des serras couvertes de grandes forêts s'achevant par de hauts plateaux balayés par les vents ; un Sud presque méditerranéen et inondé de soleil... Telle est la physionomie d'un pays marqué par le contraste entre ses zones littorales et ses régions de l'intérieur, ainsi que par son étirement en latitude : plus de 600 km séparent en effet l'Algarve de la frontière avec la Galice, tout au nord du pays.

La serra da Arrábida

## Une mosaïque de régions

Rien ne prédestinait ce petit rectangle grand comme trois fois la Belgique (92 072 km$^2$) à devenir une nation indépendante. Ses frontières apparaissent comme des découpages artificiels, et chacune des régions périphériques ressemble à sa voisine espagnole : les paysages ne changent pas de l'autre côté du rio Minho, du rio Douro ou du rio Guadiana, les trois grands fleuves qui marquent les frontières du pays. Les seuls facteurs d'unité nationale sont l'histoire et la langue.

### Le Nord : vignes, serras et hauts plateaux

Dans le Minho et le Douro (extrême Nord), le climat est franchement océanique.

Les **fleuves** sont abondants et l'eau ruisselle sur des sols le plus souvent imperméables. L'humidité ambiante explique l'aspect verdoyant des paysages, où dominent les **forêts** et surtout la **vigne** produisant le *vinho verde* (p. 477).

Les serras de Alvão et do Marão, culminant respectivement à environ 1300 et 1400 m d'altitude, agissent comme des barrières isolant les terres de l'influence océanique. Au-delà de Vila Real débute le Trás-os-Montes, les **hauts plateaux** de «l'au-delà des monts». Les arbres se font plus rares et le climat plus rude. Les campagnes prennent des teintes ocre une grande partie de l'année : c'est la **Terra Fria** («terre froide»).

Loin en amont du fleuve, dans la haute **vallée du Douro**, s'étend la **Terra Quente** («terre chaude»), au microclimat favorisant la culture de la vigne qui donnera le porto.

### Du Mondego au Tage : le cœur du pays

La région Centre, entre Coimbra et la frontière espagnole, est plus variée encore. Les cordons de dunes s'entrouvrent près d'Aveiro pour former une *ria* attirant les oiseaux migrateurs et une faune aquatique malmenée par l'industrialisation. Aux horizons de **rizières** des rives du Mondego, près de Coimbra, succède presque sans transition la **serra da Lousã** (1204 m), que des incendies dévastateurs transforment peu à peu en montagne désertique. Plus loin, à l'ouest de Guarda, se dresse le «toit du Portugal», la **serra da Estrela** (1993 m). Là aussi, des milliers d'hectares de pins partent en fumée chaque année.

L'Estremadura, entre l'Atlantique et le Tage, est une région de transition par excellence : c'est par celle-ci que s'effectuent les communications entre Lisbonne et Porto. Quand elles ne sont pas intensément cultivées ou loties, les **collines** se couvrent d'une végétation déjà méditerranéenne. Les serras, du fait de l'érosion, ne dépassent jamais 600 m d'altitude. Arides et percées de grottes au nord près de Fátima, elles se couvrent de chênes, de cèdres et de toutes sortes d'essences tropicales près de Sintra, au nord-ouest de Lisbonne. De l'autre côté de l'estuaire du Tage, la **serra da Arrábida** annonce le Sud.

**ISTE BRASIER**

Plusieurs facteurs rendent les incendies difficiles à maîtriser : sécheresse et chaleur, vent soufflant en rafale et relief tourmenté, simultanéité des fronts. D'après le ministre portugais de l'Intérieur, plus de 90 % des incendies seraient dus à des négligences humaines. En quelques années, ils ont ravagé 1 million d'hectares, faisant même parfois des victimes, comme en 2017.
Les incendies de ces dernières années ont été particulièrement destructeurs. Les pinèdes de la région Centre ont été décimées, des foyers se sont déclarés dans la serra de Aire, entre Fátima et Alcobaça, le Trás-os-Montes n'a pas été épargné, tout comme l'Algarve, qui a perdu 50 % de son parc forestier en quelques années…

### Le Midi du Portugal

Le **Ribatejo**, l'«au-delà du Tage», préfigure déjà la grande plaine de l'**Alentejo**. Entre le fleuve et la barrière montagneuse isolant l'Algarve, les terres arrosées de précipitations irrégulières alternent avec des **forêts** clairsemées de chênes-lièges ou de chênes verts. Les étés sont longs. La température dépasse facilement 40 °C.
Les localités, peu nombreuses, se sont implantées dans le voisinage des points d'eau et des sols les plus fertiles, voués à la monoculture du blé. L'immensité des terres latifundiaires compense la faiblesse des rendements. Ce centre du Portugal ressemble à un grand désert, ponctué de quelques hameaux et d'une ou deux «métropoles» qui aspirent l'essentiel de l'activité économique. Dans ces régions de l'intérieur, la densité atteint rarement 50 hab./km$^2$ (à peine plus que la densité du Limousin). Au cours du XX$^e$ s., les terres proches de la frontière espagnole se sont vidées de leurs habitants, lesquels sont partis vers l'étranger, puis sur le littoral. Un exode qui se poursuit aujourd'hui encore : la plupart des régions de l'intérieur ont perdu de 3 à 6 % de leur population pendant la dernière décennie du XX$^e$ s. Moins de 1,6 million d'individus vivent aujourd'hui dans ce qui constitue 56 % du territoire portugais, tandis que les grandes villes continuent à s'étendre. Lisbonne et Porto concentrent le tiers de la population portugaise, et 70 % des urbains.

L'**Algarve**, dans l'extrême sud du pays, bénéficie d'un air plus humide grâce à la proximité de la mer. Les campagnes ont l'allure d'un grand potager. Les primeurs abondent et la douceur du climat favorise la croissance des amandiers, des figuiers, des orangers et des citronniers. Conséquence de l'essor démographique que connaît cette région, l'urbanisation s'étend de plus en plus loin dans les terres.

## Les différents visages du littoral

Très tôt, les Portugais ont compris que leur avenir se jouait du côté de l'Océan et non de l'Espagne, difficile d'accès et longtemps hostile. Effet d'une tradition vieille de plusieurs siècles, les régions littorales concentrent les trois quarts de la population et les grands centres urbains du pays : Braga, Porto, Coimbra, Lisbonne et Setúbal.

Le **littoral** (plus de 800 km) arbore plusieurs facettes. Dans le Nord, le long de la **Costa Verde**, dans le Minho et jusqu'à hauteur de Porto, s'étendent de vastes plages où la baignade s'avère délicate à cause du courant froid qui longe les côtes.

Le vent souffle volontiers aussi sur le littoral de la région Centre, où se déploient des cordons lagunaires et des dunes fixées par d'immenses pinèdes. Au sud du littoral plat que borde la grande **pinède de Leiria**, la côte prend un relief plus heurté, avec une alternance de longues bandes de sable et de hautes falaises ponctuées de caps. D'anciens villages de pêcheurs s'y blottissent, comme Peniche ou Nazaré. Aux abords de Lisbonne, la côte devient franchement balnéaire ; de l'autre côté du Tage, les pentes de la **serra da Arrábida** plongent dans une eau bleutée aux allures de Méditerranée.

Aux vallonnements et aux caps ponctués de belles plages du rivage alentejan succèdent les falaises enserrant la pointe ouest de l'**Algarve**. Elles s'entrouvrent pour laisser place à de sublimes **plages**, comme Praia da Rocha ou Albufeira. À l'est de Faro commence l'autre Algarve, un littoral indécis inondé par des lagunes cernées de cordons sablonneux. Les villes, qui sont autant d'anciens villages de pêcheurs et de mareyeurs, sont établies en retrait de la mer. Il faut prendre un bac pour aller se baigner dans une eau qui, comme partout ailleurs sur les 170 km de côte de l'Algarve, ne descend jamais en dessous de 20 °C en août.

^ Peinture murale sur le fado à Lisbonne

# SOUS LE SIGNE DU CHANGEMENT

Jacinto Lucas Pires, écrivain né en 1974, a évoqué la «portugalité» en ces termes : savoir vivre dans un pays de poètes, mais, en même temps, vouloir être le plus grand centre commercial de la péninsule Ibérique. Autre trait typiquement portugais selon lui, une certaine propension à «s'interroger sans cesse sur ce que peut représenter le fait d'être portugais», à «exagérer de petits riens, comme s'il fallait se souvenir à tout instant qu'on est bien portugais pour l'être véritablement».

## Une mutation en accéléré

Longtemps, le Portugal a été une société tripartite constituée d'une poignée de privilégiés, d'une masse dominée de paysans et d'ouvriers, et d'une Église puissante inféodée au pouvoir. Les choses ont bien changé après la révolution des Œillets en 1974 (p. 454) : l'**adhésion à l'Union européenne** en 1986, la **croissance des villes**, la montée des classes moyennes, l'essor du tertiaire, puis le **boom économique** des années 1990 ont bouleversé la société.

Entre 1986 et 1990, dans les premières années qui suivent son entrée dans l'UE, le Portugal enregistre une croissance annuelle de 5 %. C'est un record, qui fait taire les critiques hostiles à l'intégration de celui qui fait alors figure de parent pauvre de l'Europe. Le pays connaît un second boom économique entre 1996 et 2000. L'importante et constante augmentation de son PIB lui permet ainsi de respecter les critères de convergence de Maastricht et d'intégrer la zone euro. L'Exposition universelle de Lisbonne, en 1998, qui se déroule en pleine période d'euphorie, braque tous les regards sur le Portugal ; elle résume l'immense chemin parcouru par le petit pays en un quart de siècle.

### Descente aux enfers

Le Portugal adopte l'euro en 2002. De «bon élève de l'Europe», il va devenir en moins d'une décennie le «nouvel homme malade de l'Europe» pour *The Economist*. Que s'est-il passé ? La surchauffe de l'économie, prédite par certains Cassandre, a bel et bien eu lieu. Elle est venue s'adosser à une croissance de plus en plus faible et à la crise économique mondiale. Début 2011, les agences de notation abaissent la note souveraine du Portugal.

La dette est abyssale. Le chômage, déjà de 7% en 2005, dépasse allègrement les 10%. Aucun des gouvernements qui se succèdent, qu'ils soient de centre droit ou de centre gauche, ne parvient à redresser la barre, malgré la mise en place de plans d'austérité successifs.

### Sous perfusion

En 2011, confronté à un risque de banqueroute, le Portugal est contraint de demander le plan de sauvetage de la «troïka» (FMI, UE et BCE). Apôtre de la rigueur budgétaire, le Premier ministre Pedro Passos Coelho (centre droit) applique avec zèle des mesures d'austérité particulièrement brutales (suppressions de postes et gel des salaires des fonctionnaires, baisse des indemnités de licenciement, hausses des impôts, doublement du ticket modérateur et remise en cause de la gratuité de l'enseignement). Il privatise tout ce qui peut l'être. C'est la grande braderie des «bijoux de famille» : électricité, aéroports, chantiers navals, jusqu'à la poste et la télévision publique ! Dans un pays où l'économie repose en grande partie sur la demande intérieure, les mesures d'austérité alimentent la crise : le Portugal s'enfonce dans la récession (-3,2% en 2012) ; le chômage atteint des sommets (près de 18% en 2013).

Les exigences des marchés spéculatifs, relayés par la troïka et le gouvernement portugais, aggravent chaque fois un peu plus le sort des classes moyennes et populaires, souvent lourdement endettées et bénéficiaires de prestations sociales constamment «rabotées». Du côté des jeunes, comme en Espagne, l'espoir n'est plus de mise. On rêve d'un avenir ailleurs, au Brésil, peut-être en Angola ou dans une autre ancienne colonie africaine.

### La reprise, grâce au tourisme

Depuis 2015, la reprise économique est enclenchée et le chômage a retrouvé son niveau d'avant la crise. En novembre 2015, António Costa (PS), l'ancien maire de Lisbonne, est nommé Premier ministre, après avoir fait campagne sur la promesse de mettre fin à la politique d'austérité.

En parallèle, le tourisme s'affirme comme une valeur sûre : en hausse de façon significative depuis neuf ans, et ayant explosé ces dernières années, il couvre environ la moitié du déficit budgétaire et ses recettes augmentent d'environ 2% par an. En 2016, le Portugal a accueilli plus de 11 millions de

### PRÉCARITÉ ET PETITS TRAVAUX

Le salaire minimal au Portugal est d'environ 590 €, l'un des plus faibles de la zone euro. Dans les milieux populaires surtout, on a coutume de cumuler deux, voire trois emplois, ou de faire des petits travaux (*biscate*). Ainsi parvient-on à faire face à une grande précarité du travail et à joindre les deux bouts dans un pays où le niveau de vie a considérablement augmenté. Autre avantage, vu du gouvernement : un «cumulard» n'est pas comptabilisé comme chômeur s'il perd l'un de ses emplois... La solution, pour beaucoup de foyers, est de recourir au crédit. Avec la bénédiction des banques, qui ont trouvé là un juteux négoce. Le poids de la dette des ménages, lié principalement à l'acquisition de biens immobiliers, n'a cessé de s'alourdir. Il est devenu insoutenable aujourd'hui pour de nombreuses familles.

visiteurs étrangers : 13% de plus qu'en 2015. Les Britanniques et les Allemands représentent la moitié du contingent de touristes. Environ 10 % des touristes sont désormais des Français, un chiffre en constante augmentation.

L'Algarve est plébiscitée : elle représente 45 % des nuitées ! Si le tourisme prend une forme plus culturelle en Estremadura, région possédant le plus important patrimoine historique, il ne fait qu'effleurer les provinces de l'intérieur : à peine 1 Français sur 30 passe une nuit dans les régions proches de la frontière espagnole. La faiblesse de ce chiffre s'explique par le manque d'infrastructures hôtelières… et par l'absence de la mer.

## *Emigrantes* et immigrés

L'un des premiers effets du décollage économique du Portugal dans les années 1990 a été de tarir les flux migratoires vers des pays comme la France.

### L'exil en héritage

Une première vague de départs intervient dans les années 1920, quand une situation troublée et le **coup d'État** de 1926 poussent les opposants à l'exil. La deuxième vague d'émigration, beaucoup plus importante, correspond à la période 1956-1974. Elle est la conséquence de l'**exode rural** dans les régions situées au nord du Tage, puis des guerres coloniales qui poussent de nombreux jeunes à fuir le pays. La France est la destination de prédilection ainsi que le Luxembourg, la Suisse, et l'Allemagne à partir de 1965. On estime aujourd'hui à 800 000 le nombre de Portugais résidant en France. Ils représentent jusqu'à 14 % de la population du Luxembourg.

Pendant des années, les *emigrantes* ont consacré tout leur temps libre à construire, dans leur région d'origine, une grande maison familiale. Ils y passent désormais leurs vacances, ou la moitié de l'année quand ils sont retraités (plus rares sont ceux qui retournent définitivement s'établir au Portugal). Ces constructions neuves se rencontrent surtout dans le Centre et le Nord (Minho et littoral aux environs de Porto), généralement en périphérie des villages. Elles ont un aspect cossu et leur architecture est influencée par le pays d'adoption de leurs propriétaires. Jusqu'à la survenue de la crise de 2008, les «binationaux», enfants de Portugais nés à l'étranger, étaient nombreux à venir terminer leurs études au Portugal et à s'y installer pour travailler.

Contre toute attente, les Portugais renouent aujourd'hui avec l'exil. Conséquence de la crise et des mesures d'austérité, en 2013 et 2014, 110 000 citoyens ont quitté leur pays chaque année. Une hémorragie supérieure à celle des années 1960, une époque à laquelle les Portugais fuyaient en masse la dictature et les guerres coloniales.

### «Russes» et Africanos

Au moins dans les grands centres urbains, la **multiethnicité** demeure sans doute le trait sociologique le plus marquant : de traditionnel pays d'émigration, le Portugal est devenu terre d'immigration. On recense aujourd'hui environ 450 000 étrangers, soit 4,3 % de la population totale. La plupart sont venus clandestinement avant de profiter de vagues de **régularisations**. Pour juguler l'immigration clandestine dans un contexte de crise et de chômage, le gouvernement a fait voter en 2002 une loi introduisant des **quotas** pour les non-ressortissants de l'UE.

Aujourd'hui, un tiers des résidents étrangers en situation régulière sont des **Brésiliens**. La deuxième communauté étrangère est constituée de ressortissants des **pays de l'Est** arrivés dans les années 1990, au lendemain de la chute du bloc soviétique et à la faveur du grand chantier d'Expo' 98 – Roumains (environ 30 000), Moldaves (20 000) et surtout Ukrainiens (près de 50 000). Le Portugal doit sa mixité ethnique aux **Africanos** originaires des anciennes colonies : Cap-Vert (environ 45 000), Angola (25 000), Guinée-Bissau (plus de 20 000) et São Tomé e Príncipe (10 000).

Église décorée pour les festivités de l'été >

# UNE TERRE RELIGIEUSE ?

La société portugaise dans son ensemble reste profondément attachée au catholicisme. Au Portugal, on compte encore les jours en fonction du dimanche, selon une tradition instaurée au VIe s., tandis que les *romarias* – fêtes catholiques – rythment la vie des villages. L'Église, si elle perd de son influence auprès des jeunes, pèse encore largement sur les débats politiques.

## Les *romarias*

Les *romarias*, fêtes religieuses données en l'honneur du saint patron local ou de la Vierge, se tiennent du printemps à l'automne. Dans les grandes villes, les festivités durent plusieurs jours (un jour seulement dans les villages). Aujourd'hui, les *romarias* prennent un tour de plus en plus folklorique ; elles s'intègrent parfois dans le cadre d'une foire commerciale ou d'un festival.

Elles débutent par des quêtes, effectuées en musique, qui servent à couvrir les frais de la fête. Puis vient la **procession religieuse** : précédés d'une fanfare, des fidèles portant des cierges accompagnent la statue du saint ou de la Vierge, vêtue de ses plus beaux atours et souvent placée sur un char fleuri. Les dévotions s'achèvent au sanctuaire du saint. La fête prend ensuite un tour **profane**, avec l'organisation de spectacles (concerts, danses ou courses de taureaux). Chacun improvise de copieux repas arrosés de *vinho verde*, puis c'est la grande kermesse finale au son des musiques traditionnelles. Cette ambiance populaire et bon enfant se poursuit avec un bal, dans une atmosphère de fête foraine, et se clôt par l'inévitable feu d'artifice et par des lancers de pétards.

## Le poids de l'Église

L'Église est une **institution puissante**, qui possède des banques, des entreprises florissantes (la loterie nationale)

et des médias (Rádio Renascença, la chaîne de télévision TVI à ses débuts…). Elle dispose surtout d'un grand **pouvoir moral** et profite de l'action d'organisations apostoliques (les jésuites et l'Opus Dei), même si leur influence est difficilement quantifiable.

### La césure Nord-Sud

Environ deux tiers des Portugais se déclarent catholiques, un chiffre en déclin. La jeunesse éprouve une nette **désaffection** pour la liturgie, mais seulement un tiers d'entre eux déclarent vouloir se passer d'un prêtre à l'occasion d'un mariage. Quant aux aînés, tous ne sont pas farouchement attachés au catholicisme. Le **clivage historique** entre le Nord pratiquant et le Sud anticlérical est encore bien réel. Si la moitié des habitants du Minho affirment aller à la messe tous les dimanches, ils sont à peine 10 % à fréquenter régulièrement une église dans l'Alentejo, traditionnel bastion de la gauche.

### Le difficile débat de l'avortement

En 1998, le référendum sur la dépénalisation de l'avortement n'a pas abouti, faute d'atteindre le quorum nécessaire de votants, puisqu'il y a eu 70 % d'abstentions. L'Église appelait à voter «non», certains évêques menaçant même d'excommunication ceux qui enfreindraient la consigne… Le projet a été enterré, au grand soulagement de la classe politique locale.

Des milliers de femmes portugaises ont donc continué à passer la frontière avec l'Espagne pour recourir à l'IVG (l'avortement est autorisé en Espagne depuis 1936, sous certaines conditions), ou, pour les plus pauvres d'entre elles, à recourir à des moyens plus dangereux. Elles étaient ainsi plus de 10 000 chaque année à arriver aux urgences, victimes de complications, s'exposant aux dénonciations et à la prison. En 2002 et 2004, des procès pour avortement illégal ont mobilisé l'opinion en faveur d'une libéralisation. Les socialistes, lors de leur retour au pouvoir en 2005, ont promis d'organiser un référendum. Il a eu lieu en 2007, un an après la mort d'une adolescente de 14 ans par overdose de pilules abortives. Le «oui» a obtenu près de 60 % des suffrages.

## Vers de nouvelles mentalités

Le déclin du monde rural a favorisé l'évolution de mentalités autrefois conservatrices. La transformation est flagrante chez les moins de 40 ans, qui n'ont pas connu la dictature, et surtout chez les 18-35 ans. Rien ne distingue fondamentalement ces derniers de leurs homologues européens. De mœurs plus libres que leurs aînés, ils utilisent la **contraception** et ont des enfants hors mariage. Nombre d'entre eux vivent en **concubinage** ou n'hésitent plus à divorcer. L'évolution du statut des femmes est plus contrastée. Dans les villes, le changement est net : le taux d'activité féminine dépasse 50 %, mais l'égalité devant les salaires est loin de suivre… L'image de la mère de famille dévouée reste encore vivace dans les campagnes.

## FÁTIMA

Depuis 1917, les visiteurs affluent à Fátima, petite ville située au nord de Lisbonne. La légende veut que la Vierge y soit apparue à trois enfants, auxquels elle aurait prédit des événements historiques. L'Église s'est d'abord méfiée de cette croyance, avant de l'institutionnaliser. Le sanctuaire promu «capitale spirituelle de l'Europe», selon les souhaits de Jean-Paul II, a été agrandi en 2007, avec l'érection de la nouvelle église dédiée à la Sainte-Trinité.

^ Statues de Francisco et Jacinta à Fátima

### Les apparitions

Le 13 mai 1917, la Vierge apparaît à Francisco, Jacinta et Lúcia, trois bergers âgés de 7, 9 et 10 ans. Alors qu'ils gardent leurs moutons dans la montagne, les enfants voient le soleil vaciller, le ciel s'illuminer, puis Marie leur parler. La Vierge leur confie un secret sur le déroulement de la guerre dans laquelle le Portugal est engagé aux côtés de la Triple-Entente. Elle évoque l'imminence d'une révolution... Tous les mois, toujours le 13, Marie réapparaît, mais les jeunes bergers sont de moins en moins seuls.
Les fidèles, les curieux et les incrédules affluent. Le 13 octobre, date de la sixième et dernière apparition, 70 000 personnes sont groupées autour du chêne des Apparitions. Tout à coup, la pluie cesse, le ciel se déchire et le soleil zigzague dans l'ouverture des nuages...

### Un message secret

Le clergé portugais accueille ce miracle avec scepticisme. Il parle d'imposture, de fascination collective, et décide d'attendre la prochaine apparition pour envoyer ses témoins oculaires. Mais rien ne se produit le 13 novembre ni le 13 décembre. Deux événements historiques sont intervenus entre-temps : la révolution d'Octobre en Russie et le coup d'État de Sidónio Pais, qui renverse le gouvernement de la République portugaise en décembre 1917. Les enfants réaffirment leurs témoignages mais ne souhaitent livrer «le secret» qu'au saint pontife. Benoît XV et Pie XI n'y accorderont guère d'importance.En 1942, Pie XII donne connaissance d'une partie du message : pour la première fois, la révolution russe de 1917 est évoquée.
La suite du «secret de Fátima», longtemps tenue secrète, est divulguée à la fin des années 1990 : la Vierge évoquait un attentat contre un «religieux habillé de blanc», celui dont Jean-Paul II a été victime en 1981...

### Le culte autorisé

Francisco meurt en 1919, Jacinta en 1920. Lúcia entre au carmel de Coimbra ; elle s'y éteint début 2005. À la suite d'une longue enquête à laquelle participe un certain António Salazar, l'évêque de Leiria autorise la célébration du culte au lieu-dit Cova da Iria (Grotte d'Irène). Une immense basilique est élevée dès 1924. Le culte de Fátima sert plus tard de moyen de propagande efficace au dictateur Salazar : le Portugal, terre élue par le Ciel pour mener la croisade moderne contre l'URSS et le communisme, ennemis nommément désignés, doit se ranger derrière son chef, le nouveau Sébastien...

### Le pape à Fátima

En 1967, Paul VI rend visite à Lúcia. Leur entretien met un terme à une longue polémique entre l'Église portugaise et le Vatican. En mai 1982, Jean-Paul II rencontre lui aussi Lúcia, à Fátima. Il revient au lendemain de la chute du mur de Berlin pour remercier la Vierge d'«avoir conduit les peuples sur le chemin de la liberté».
Il y retourne en 1991, pour le dixième anniversaire de l'attentat dont il a été victime. La balle qui l'a blessé a été sertie dans la couronne de la Vierge. En 2017, Fátima a fêté le centenaire des apparitions en présence, le 13 mai, du pape François. Ce dernier a procédé à la canonisation des deux bergers Francisco et Jacinta Marto, béatifiés le 13 mai 2000 à l'occasion du Jubilé par le pape Jean-Paul II.

# HISTOIRE

## LES DATES QUI ONT FAIT LE PORTUGAL

Marqué par la présence phénicienne, puis grecque et romaine durant l'Antiquité, le Portugal sera dominé, au Moyen Âge, par les Wisigoths et les Maures, puis reconquis par les seigneurs chrétiens au XIIe s. Le royaume devient une grande puissance coloniale et connaît son âge d'or à la Renaissance, avant de décliner à partir du XVIIe s. En 1910, la monarchie laisse place à une république, qui sera renversée par António de Oliveira Salazar. La révolution des Œillets, en 1974, met fin à quarante ans de dictature et restaure la démocratie dans le pays.

### La Lusitanie antique

**Ier millénaire av. J.-C.** Les Phéniciens, puis les Grecs installent des comptoirs commerciaux sur le littoral atlantique au Ier millénaire av. J.-C.

**IIe s. av. J.-C.** Les Lusitaniens, basés entre le Tage et le Douro, refusent la domination romaine. Leur chef, le berger Viriathe, est assassiné en 139 av. J.-C. La tradition fera de ce peuple l'ancêtre des Portugais, et de Viriathe, le premier héros national.

**Ier s. apr. J.-C.** La Lusitanie, qui comprend également le León, en Espagne, devient une province impériale. Les Romains développent l'agriculture et couvrent le territoire de routes.

Les cités situées sur les grandes voies, comme Bracara Augusta (Braga), Ebbora (Évora), Scallabis (Santarém) ou encore Pax Julia (Beja), gagnent en importance.

### Des Barbares à la Reconquista

**VIe-VIIe s.** Les Wisigoths, maîtres de l'ensemble de l'Hispania au VIe s., développent une brillante civilisation.

**VIIIe s.** En 711, le Berbère Tariq ibn-Ziyad bat les Wisigoths à Jerez, près du détroit de Gibraltar. Les Maures occupent d'abord l'Algarve – Al-Gharb al-Andalus signifie « à l'ouest de l'Andalousie » en arabe –, qui restera sous domination musulmane jusqu'au XIIIe s. Ils s'emparent ensuite de la péninsule Ibérique avec une rapidité déconcertante.

**IXe s.** Alphonse II le Chaste (791-842), basé à Oviedo, dans les Asturies, conquiert la zone comprise entre le Minho et le Douro. Celle-ci reçoit l'appellation de Terra Portucalensis, du nom de sa capitale, Portucale (Porto). La région est définitivement acquise aux chrétiens sous

Alphonse III le Grand (866-910), qui fortifie la ligne du Douro, favorise son repeuplement et la place sous l'autorité d'un duc.

Xe s. Les troupes d'Al-Mansour ravagent la Terra Portucalensis et incendient Compostelle en 997. La ligne du Douro est abandonnée.

1057-1064. Ferdinand Ier le Grand (1035-1065), roi de Castille, reprend Lamego en 1057, Viseu en 1058 et Coimbra en 1064. Le nord de l'actuel Portugal retrouve définitivement la paix.

1093-1112. En récompense de son aide dans son entreprise de reconquête, le roi Alphonse VI de Castille-et-León (1072-1109) marie sa fille Teresa à Henri de Bourgogne (1066-1112) et lui donne le comté du Portugal, ancienne Terra Portucalensis.

1112-1140. À la mort d'Henri de Bourgogne, sa veuve Teresa assure la régence. Son fils Afonso Henriques l'évince en battant ses alliés castillans à Guimarães. Sa victoire sur les Amoravides à Ourique (1139), en Alentejo, lui confère une stature de héros de la Reconquista. En 1140, ses troupes le proclament roi du Portugal sous le nom d'Afonso I.

1140-1185. Règne d'**Afonso I.** Le roi s'empare de Santarém et de Lisbonne en 1146-1147, avant de se voir accorder, en 1179, le droit de s'approprier les terres conquises sur les Maures. Le pape Alexandre III reconnaît explicitement la couronne du Portugal.

1185-1249. Les trois successeurs d'Afonso Henriques, Sancho I (1185-1211), Afonso II (1211-1223) et Sancho II (1223-1248), poursuivent la reconquête. La prise de Faro par Afonso III (1248-1279) marque la fin de la Reconquista.

## Les derniers Bourgogne

1250-1325. L'Église, qui détient aussi les leviers administratifs et judiciaires, entre de plus en plus souvent en conflit avec les monarques. Les heurts persistent jusqu'en 1289, date à laquelle un accord est signé entre les évêques et **Dinis I** (1279-1325). Le roi promulgue le portugais langue officielle et crée la première université à Lisbonne en 1290, qu'il fait transférer une vingtaine d'années plus tard à Coimbra.

Le castelo dos Mouros, repris aux Maures par le roi Afonso VI de Castille-et-León

1325-1385. Le pouvoir royal s'affermit sous les règnes d'Afonso IV (1325-1357), de Pedro I (1357-1367) et de Fernando I (1367-1383). À la mort de ce dernier, sa fille Béatrice, épouse du roi de Castille, Jean Ier, est seule héritière. Soucieux de préserver l'indépendance du pays, la bourgeoisie et le peuple de Lisbonne déclarent João, frère naturel de Fernando et maître de l'ordre militaire d'Avis, «recteur et défenseur du royaume». João d'Avis prend le nom de **João I** (1385-1433).

## La dynastie des Avis ou l'époque des grandes découvertes

1385. La bataille d'Aljubarrota, en Estremadura, oppose les Castillans aux troupes du maître d'Avis, appuyées par des archers anglais. La victoire sauve l'intégrité du pays et assoit la légitimité de la nouvelle dynastie.

1415. **Henri le Navigateur** (1394-1460), fils de João I, convainc son père de s'emparer de Ceuta, au Maroc. L'infant consacre les immenses richesses de sa congrégation à l'école de navigation basée à Sagres, en Algarve. Dans ce «laboratoire scientifique», Henri le Navigateur attire les meilleurs géographes, astronomes et navigateurs d'Europe.

1419-1481. Madère, l'«île du bois», est découverte en 1419; l'archipel des Açores à partir de 1431. En 1434, **Gil Eanes** double le cap Bojador, au sud des Canaries, réputé infranchissable. Des marins portugais comme **Nuno Tristão** s'aventurent bientôt jusqu'à l'embouchure du Sénégal (1434-1444). Grâce à leurs caravelles, ils atteignent les îles du Cap-Vert (1455-1456) et la Sierra Leone (1460), avant de franchir l'équateur et d'explorer la côte du Gabon vers la fin du règne d'Afonso V (1438-1481), dit «l'Africain».

^ Vasco de Gama reçoit un messager du roi de Calcutta

1481-1495. Règne de **João II**, qui insuffle un nouvel élan aux explorations. Le monarque souhaite atteindre l'**Inde** en contournant l'Afrique pour acheminer directement les épices vers Lisbonne et ainsi concurrencer le monopole de Venise. En 1488, **Bartolomeu Dias** double le cap de Bonne-Espérance. En 1494, le traité de Tordesillas fixe les limites de la domination de la Castille et du Portugal dans l'Atlantique : tout ce qui se trouve à l'est de la ligne fixée à 50° de longitude ouest revient au Portugal, c'est-à-dire l'Afrique, l'Asie et le Brésil ; les terres à découvrir à l'ouest, le reste de l'Amérique du Sud et l'Amérique du Nord, sont possessions espagnoles.

1495-1521. Règne de **Manuel I**. En juillet 1497, Vasco de Gama appareille de Lisbonne. Il arrive le 18 mai 1498 en vue des côtes de l'Inde. À Calicut, il tente de jeter les bases d'un accord économique entre le Portugal et le souverain local. Sans résultat... Lorsqu'il rentre à Lisbonne en août 1499, l'illustre *descobridor*, «l'explorateur», est accueilli comme un prince. Les découvertes s'accélèrent après cet exploit : Pedro Álvares Cabral découvre le Brésil en 1500 ; Ceylan est atteint en 1505 ; Malacca et Sumatra en 1509 ; le Timor et la Chine vers 1515. Prise en 1510, Goa devient la capitale de l'Inde portugaise, et Afonso de Albuquerque son premier gouverneur. Le pays tout entier bénéficie des richesses que les vaisseaux rapportent d'Orient. La cour du roi du Portugal devient l'une des plus brillantes d'Europe.

1521-1557. Règne de **João III.** Avec le fils de Manuel I s'achève l'âge d'or des Avis. L'absolutisme s'accroît, en même temps que se resserrent les liens avec l'Église. João III est un ami des arts et un esprit éclairé. Il favorise la pénétration des idéaux de la Renaissance au Portugal et réforme l'université de Coimbra. Sous la pression de la Castille, le roi accepte néanmoins, en 1536, l'établissement d'un tribunal de l'**Inquisition.** Celui-ci s'acharne contre les anciens musulmans et les juifs convertis : les *cristãos novos* («nouveaux chrétiens»).

1557-1578. Règne de **Sebastião I.** L'infant, âgé de 14 ans à son accession au trône, cherche à égaler ses glorieux ancêtres. Il mobilise une armée de 18 000 hommes et se lance à la conquête du Maroc. La **bataille d'El-Ksar el-Kébir** est un échec sanglant : Sebastião I et une bonne partie de l'aristocratie y trouvent la mort. L'absence d'héritier direct ouvre une grave crise dynastique.

## La domination espagnole

1580-1640. En 1580, après deux années passées dans l'expectative, **Philippe II d'Espagne**, oncle de Sebastião I, se proclame roi du Portugal sous le nom de **Felipe I** (1580-1598). L'unification de la péninsule est enfin réalisée. Philippe III (1598-1621) et Philippe IV (1621-1640) pressurent la population de taxes et d'impôts pour financer les guerres. L'empire colonial portugais se désagrège sous les assauts anglais et hollandais.

## Entre Restauração et Lumières

1640-1706. Le duc de Bragance Dom João est porté au pouvoir par une conspiration de l'aristocratie : c'est la **Restauração** («Restauration») de l'indépendance nationale. **João IV** (1640-1656) s'empresse de reprendre aux Hollandais et aux Anglais les comptoirs commerciaux perdus et de recouvrer le Brésil (1654). L'économie sort ruinée par les guerres. Le **comte d'Ericeira**, ministre de Pedro II (1683-1706), tente de l'assainir en favorisant le commerce et en créant des manufactures, à l'image de Colbert en France. En 1703 est signé le traité de Methuen : en échange de l'entrée de ses textiles, l'Angleterre s'engage à acheter du vin portugais.

1706-1750. Règne de **João V.** Découvert en 1693 au Brésil, l'**or** commence à affluer vers le Portugal. Cette manne providentielle sauve pour un temps une économie nationale qui vivote en exportant huile, sel et vin. João V remet à plus tard la nécessaire réforme des structures économiques entamées par Ericeira.

1750-1777. Règne de **José I.** L'or brésilien ayant été dilapidé en quelques années, le fils de João V hérite d'une économie en déroute. Le diplomate **Sebastião José de Carvalho e Melo**, futur marquis de Pombal et tout-puissant ministre de José I, favorise la bourgeoisie, qu'il sait apte aux affaires et à l'art de la diplomatie. Clergé et noblesse sont mis à l'écart du pouvoir.

En 1755, le jour de la Toussaint, Lisbonne est presque entièrement détruite par un **tremblement de terre.** L'Église considère le séisme comme un châtiment divin à l'adresse du gouvernement «républicain athée» de Pombal. En 1758, une conspiration nobiliaire manquée offre l'occasion au ministre de dissoudre l'ordre des Jésuites (1759). L'Inquisition est transformée en une simple cour de justice royale en 1769.

## Dernières heures de la monarchie

1777-1826. Le règne de **Dona Maria I** (1777-1792) est marqué par le retour de l'absolutisme, par crainte d'une pénétration des idéaux français : c'est la **Viradeira** («le Revirement»). Refusant d'appliquer le blocus continental, **João VI** (régent de 1792 à 1816, roi jusqu'en 1826) s'enfuit au Brésil en 1807. À l'occupation des troupes napoléoniennes (1807-1810) succède la présence anglaise, qui s'achève par un soulèvement de l'armée en 1820. De retour du Brésil, le roi João VI jure fidélité à la Constitution de 1822, qui octroie la liberté de la presse et restreint le pouvoir monarchique. La même année, le Brésil accède à l'indépendance.

1826-1851. Le Portugal entre dans une longue période d'affrontements entre les tenants de l'Ancien Régime et les libéraux favorables à la Constitution de 1822. Ces années d'instabilité et de revirements politiques aboutissent à l'idée d'une nécessaire régénération (**Regeneração**) de la vie politique.

1851-1889. Sous **Pedro V** (1853-1861) et **Luís I** (1861-1889) sont prises des mesures en faveur de l'éducation et des sciences. Le pays s'ouvre à l'industrie et se modernise, mais le progrès profite surtout à la bourgeoisie foncière et à l'aristocratie ; le peuple se sent exclu.

1889-1910. Grèves et émeutes se multiplient au cours du règne de **Carlos I** (1889-1908). Appelé au pouvoir, **João Franco** dissout l'Assemblée et instaure une dictature sanglante. La révolution éclate à Lisbonne en 1910. **Manuel II** (1908-1910) prend le chemin de l'exil. Le Portugal tourne la page monarchique.

## La république

1910-1926. La **république**, proclamée le 5 octobre 1910, adopte une nouvelle Constitution. Incapables de gérer la crise économique et sociale, plus d'une quarantaine de gouvernements se succèdent dans un climat d'émeutes, de grèves et de répressions. L'entrée en guerre aux côtés de la France et de la Grance-Bretagne, en 1916, va constituer, paradoxalement, l'un des rares moments de cohérence nationale.

1926-1932. Le 28 mai 1926, le général Manuel de Oliveira Gomes da Costa organise un coup d'État. Un an plus tard, il est évincé par le général **Óscar Carmona**. Nommé ministre des Finances en 1928, l'économiste **António de Oliveira Salazar** conduit une politique d'austérité qui porte ses fruits.

1932-1974. **Salazar** est promu président du Conseil en 1932. La Constitution de 1933 rétablit «l'État national et autoritaire» et donne au dictateur les moyens de mettre en œuvre une politique répressive. Jouant la carte de la neutralité pendant la guerre de 1939-1945, l'**Estado Novo** (État nouveau) isole le Portugal de l'Europe occidentale. Le pays mise tout sur l'agriculture et le tourisme, en plein essor en Algarve. En l'absence de débouchés industriels, les Portugais émigrent. Dans les années 1960, des jeunes quittent le pays pour ne pas s'enrôler dans les **guerres coloniales** (Angola, Guinée, Mozambique). Salazar quitte la scène politique en 1968 et meurt en 1970. Le régime totalitaire survit jusqu'en 1974, avec **Marcelo Caetano**, ancien ministre des Colonies.

‹ Peinture murale à Lisbonne pour le 40e anniversaire de la révolution des Œillets

## La révolution des Œillets et le Portugal démocratique

1974-1975. Le 25 avril 1974, la **révolution des Œillets** rétablit la démocratie. Le général **António de Spinola** (1910-1996), nommé président de la République, met en place le passage au système parlementaire. La **décolonisation** est achevée en 1975.

1976-1987. Une nouvelle Constitution est promulguée en 1976. Le pays entre dans une phase d'instabilité politique. La présidence de la République est assumée par **Ramalho Eanes** (1976-1986), puis par **Mário Soares** (PS) à partir de 1986, date de l'entrée du Portugal dans l'Union européenne.

1987-1995. Le PSD d'Aníbal Cavaco Silva (centre droit) obtient la majorité absolue des sièges aux législatives de 1987 et de 1991. Mário Soares est réélu président de la République en 1991.

1995-2001. António Guterres (PS) remporte les élections législatives de 1995 et de 1999, tandis que les présidentielles de 1996 et de 2001 portent Jorge Sampaio (PS) à la présidence de la République. En 1998, année de la rétrocession de Macao à la Chine, a lieu l'**Exposition universelle de Lisbonne**.

2002. L'escudo laisse place à l'**euro**. Les législatives anticipées ramènent le PSD au pouvoir. José Manuel Durão Barroso, nommé Premier ministre, entame une cure d'austérité.

2003. Incendies liés à la canicule. L'affaire de pédophilie de la Casa Pia éclabousse la classe politique.

2004. Euro 2004. José Manuel Durão Barroso, nommé à la présidence de la Commission européenne, cède sa place de Premier ministre à Pedro Santana Lopes.

2005. Pour la première fois, le PS obtient la majorité absolue aux législatives. José Sócrates devient Premier ministre.

2006. Élection présidentielle : l'ancien Premier ministre Aníbal Cavaco Silva (PSD) est élu.

2009-2017. **José Sócrates**, reconduit dans ses fonctions en 2009, mène une **politique d'austérité** qui lui aliène l'opinion. Sans surprise, les élections anticipées de 2011 conduisent l'opposition de droite au pouvoir. Le Portugal est sous perfusion. **Pedro Passos Coelho** mène la politique dictée par l'UE, la BCE et le FMI. Devant la brutalité des exigences de la troïka et ses injustices sociales, les défections interviennent au sein de la coalition gouvernementale courant 2013, laissant craindre une instabilité gouvernementale susceptible d'inquiéter les marchés. En mai 2013, de grandes manifestations contre cette cure d'austérité ont lieu dans les grandes villes, et certaines mesures sont même censurées par la cour constitutionnelle portugaise. Pourtant, ce mécontentement, contrairement à la Grèce ou à l'Espagne, ne trouve pas d'écho politique. Le jeu politique reste inchangé.

La fin de l'année **2014** marque une timide reprise de la croissance économique, sans doute liée à une reprise de la consommation, permise par un ralentissement des mesures d'austérité, avant les élections législatives de 2015. 2014 marque également une baisse du chômage, qui, après avoir culminé à plus de 17 % en 2013, repasse sous la barre des 13 %. Ce recul, présenté par certains économistes comme le fruit de la flexibilisation du droit du travail, serait également lié à l'exil de nombreux Portugais. Si le gouvernement se targue d'avoir mené une politique efficace, le pays est pourtant bien loin d'avoir retrouvé son niveau d'avant la crise. Aujourd'hui, un tiers des moins de 25 ans pointent au chômage, un Portugais sur cinq vit avec moins de 411 € par mois et le secteur bancaire reste fragile. En octobre 2015, le Premier ministre Pedro Passos Coelho est reconduit dans ses fonctions à la suite des élections législatives. Cependant, échouant à obtenir une majorité, il doit laisser sa place au socialiste Antonio Costa, qui promet une sortie de la politique d'austérité menée par son prédécesseur et la maîtrise des déficits publics.

## UNE POPULATION VIEILLISSANTE

Le Portugal compte autour de 10 millions d'habitants (avec les archipels de Madère et des Açores). Naguère réputée pour sa jeunesse et son important taux de fécondité, la population vieillit lentement mais sûrement : le pays devrait perdre 1 million d'habitants à l'horizon 2050. L'indice de fécondité s'aligne sur la moyenne de l'UE (1,5). Aujourd'hui, 16 % des Portugais ont moins de 15 ans, les plus de 65 ans étant en proportion légèrement supérieure, soit une situation démographique comparable à celle de la France.

La gare Oriente, construite pour Expo'98

# LISBONNE : AUX PORTES DE L'EUROPE

La tradition fait d'Ulysse le fondateur d'Ossilipo, la future Lisbonne. En réalité, c'est aux Phéniciens que revient la création d'Alissubo, la «rade délicieuse», vers 1200 av. J.-C. Situé sur la route qui relie la Méditerranée au Nord européen atlantique, le port prend rapidement de l'importance. La cité est déjà opulente lorsque les Romains s'en emparent, au Ier s. av. J.-C. Elle reçoit le nom de Felicitas Julia, en l'honneur de Jules César.

## La Lissabona arabe

Après la chute de l'Empire romain, Lisbonne est prise par les **Alains**, puis par les **Wisigoths**. Ces derniers entourent de fortifications le petit castrum, où se dresse aujourd'hui le castelo de São Jorge. En 716, les **Arabes** succèdent aux Wisigoths. La cité prend alors le nom de **Lissabona** et poursuit son essor. Sous la domination musulmane (716-1147), elle devient un important centre économique et culturel.

Le 25 octobre 1147, après plusieurs mois de siège, le roi **Afonso I** parvient à entrer dans la ville, avec l'aide d'une flotte qui, en route vers la Palestine, mouillait dans l'estuaire du Tage. Mais il faut attendre plus d'un siècle, c'est-à-dire la fin de la **Reconquista** et le recul certain des Maures, pour qu'**Afonso III** élève la ville au rang de capitale (1255), à la place de Coimbra.

Le XIVe s. est une période faste, malgré la peste de 1348. La présence d'une nouvelle enceinte, la Cerca Fernandina, permet de tenir tête aux incursions castillanes. Elle protège une ville qui s'étend maintenant jusqu'aux rives du Tage.

## La ville-monde

Les **grandes découvertes** des XVe et XVIe s. coïncident avec l'apogée de Lisbonne. Surnommée la «reine du Tage» en raison de sa prospérité et de sa beauté, la capitale du royaume voit affluer toutes les richesses venues d'Afrique, puis d'Orient, ainsi que des convois d'esclaves. Le commerce enrichit des centaines de marchands ou d'aventuriers et attire un peuple cosmopolite et bigarré.

Les bénéficiaires de l'intensification des échanges restent les souverains, le roi **Manuel I** en particulier, qui embellit la ville et fait bâtir les deux monuments appelés à devenir les symboles de la puissance de l'Empire portugais : le **paço da Ribeira** (palais de la Rive), au bord du Tage, et le **mosteiro de Belém**, où se trouve l'avant-port de Lisbonne. C'est de là que partiront les vaisseaux des grands explorateurs comme Vasco de Gama et Cabral.

Lisbonne ne décline pas sous la domination espagnole. En 1620, elle est la ville la plus peuplée de la péninsule Ibérique avec 165 000 habitants. Au XVIIe s.

^ Le Rossio, symbole de la Lisbonne moderne de Pombal

pourtant, le port s'essouffle, concurrencé par ses homologues anglais et hollandais. La **découverte d'or** au Brésil en 1693 amène un regain d'activité, qui permet à la dynastie de Bragance de mener une politique fastueuse dont profite la capitale du royaume. De nombreux bâtiments baroques, tant religieux que civils, sont construits pendant cette période. Le 1er novembre 1755, un **tremblement de terre**, suivi d'un gigantesque tsunami, transforme Lisbonne en un champ de ruines. Près du tiers de la ville est détruit par le séisme et par l'incendie qui s'ensuit. Près de 30 000 personnes sont tuées.

## L'URBANISME DES LUMIÈRES

La destruction de Lisbonne par un séisme en 1755 impose sa reconstruction. Aidé de trois architectes, le marquis de Pombal élabore un projet révolutionnaire qui prévoit la destruction des ruines du quartier proche du Tage et la refonte complète du plan d'occupation des sols. Ainsi naît la Baixa Pombalina, un modèle d'urbanisme admiré dans l'Europe entière. Des rues rectilignes sont tracées, puis bordées d'immeubles aux façades sobres et identiques, formant un quartier aéré et ordonné. De part et d'autre, deux places sont aménagées : le Rossio et la praça do Comércio. Cette dernière, ouvrant sur le Tage, est dédiée au commerce. Autour de la statue équestre de José I, les bâtiments à colonnades sont conformes à l'idéal néoclassique.

## Lisbonne renaît de ses cendres

Au lendemain du tremblement de terre, la reconstruction de la Baixa, le quartier le plus gravement touché, est confiée à Sebastião Carvalho e Melo, futur **marquis de Pombal** *(encadré ci-contre)*. En un peu plus de cent ans, la capitale portugaise devient une cité moderne, un modèle de clarté admiré partout en Europe. Ses rues, se coupant à angle droit, conduisent à de larges places bordées d'immeubles aux façades toutes identiques. À la fin du XVIIIe s., l'histoire de Lisbonne se confond avec celle du pays. La population augmente peu, atteignant seulement la barre des 200 000 habitants en 1820. À cette date, la capitale portugaise n'est plus la première ville de la péninsule : Madrid l'a supplantée.

### Lisbonne, cap sur le XXI$^{e}$ s.

Lisbonne (3 millions d'habitants avec l'agglomération) demeure la plus grande métropole portugaise. La plus cosmopolite aussi : pôle d'immigration après la décolonisation (Angolais, Mozambicains et Capverdiens), elle a attiré d'importants contingents de travailleurs venus de l'Est à la faveur de l'Exposition universelle de 1998. L'agglomération s'est largement étendue vers le nord et l'est, les quartiers ouest restant le domaine des classes les plus aisées.

Effet de la crise et des mesures d'austérité, plusieurs projets ont été dans un premier temps reportés, avant de passer à la trappe, comme le nouvel aéroport, le troisième pont sur le Tage et la ligne de train à grande vitesse qui devait mettre Madrid à moins de 3h de Lisbonne.

Le grand rêve de «réconcilier la ville avec ses habitants» avance malgré tout, vaille que vaille. Dans le cadre du projet de réhabilitation des rives du Tage, les travaux d'embellissement de la ribeira das Naus, tout près de la praça do Comércio, sont maintenant achevés. Une éventuelle inscription de la Baixa au patrimoine de l'humanité par l'Unesco paraît à portée de main.

## PORTO, SES MARINS, SES TRIPES ET SON VIN

Deuxième agglomération du pays après Lisbonne, Porto s'est gagné, au cours de son histoire, les surnoms de *cidade invicta* («ville invaincue») et *capital do Norte* (capitale du Nord), et a donné son nom au Portugal. Connue pour son vin, ses monuments et ses ponts sur le Douro, c'est aujourd'hui la plus grande ville universitaire du Portugal et une métropole dynamique et attractive grâce à son intense vie culturelle.

‹ *Rabelos* sur le Douro

^ Porto et le ponte Maria Pia sur le Douro

## Portus et Cale

À l'époque romaine, deux villes se font face de part et d'autre du Douro : *Portus* («le port»), sur la rive droite, et *Cale*, sur la rive gauche. Prise par les Maures au lendemain de l'invasion de 711, Porto redevient chrétienne dès les années 870. Son importance commerciale, liée à son port et à sa situation au bord du fleuve, voie de pénétration vers l'arrière-pays, s'accroît au long du Moyen Âge.

## La cité des *tripeiros*

La ville développe ses **chantiers navals** et fabrique les vaisseaux qui participent à la prise de Ceuta en 1415 (p. 451). Pour nourrir soldats et marins, les bœufs sont réquisitionnés. Les habitants se voient contraints de manger les abats des animaux, d'où leur surnom de *tripeiros* («mangeurs de tripes») et l'origine de la grande spécialité locale : les **tripes à la mode de Porto.**

## La rebelle

En 1703, le Portugal signe avec l'Angleterre le traité de Methuen, destiné à favoriser l'exportation des vins de Porto (p. 452). Très vite, les négociants britanniques s'installent dans la ville du Douro et contrôlent la production du vin, dont les marques deviennent à 80 % anglaises. Le marquis de Pombal tente de s'opposer à cette mainmise étrangère. Il impose une réglementation sévère mais déclenche une émeute : la «révolte des Ivrognes». Au XIXe s., Porto devient un perpétuel foyer insurrectionnel. Elle se dote d'indispensables ponts et fait appel à Gustave Eiffel pour construire l'un d'eux, le ponte Maria Pia (1875-1877).

## Une ville en métamorphose

Porto achève aujourd'hui une profonde mutation entamée dans les années 1990, laquelle a permis la réhabilitation de bon nombre d'édifices et du centre historique, inscrit en 1996 au patrimoine mondial par l'Unesco. Depuis sa nomination au rang de Capitale européenne de la culture en 2001, la ville s'est offert un nouveau pont et plusieurs bâtiments prestigieux, à commencer par une salle de spectacle signée par le Néerlandais Rem Koolhaas *(Casa da Música)*. Le réseau de métro s'est sensiblement étendu. Vers le sud, il franchit désormais le Douro et dessert Vila Nova de Gaia.

# BEAUX-ARTS

^ La rotonde du convento de Tomar

## DIX SIÈCLES D'ARCHITECTURE

Les témoignages antérieurs à la Reconquista sont rares. De l'Antiquité ne subsistent que les ruines de Conímbriga, près de Coimbra, et le temple de Diane de l'ancienne Ebbora (Évora) pour attester du développement de la Lusitanie romaine. Quant à la présence arabe, longue de plusieurs siècles, elle a été effacée dès le Moyen Âge. Il n'en reste aujourd'hui que quelques forteresses. Le XVI^e^, siècle des grandes découvertes, et le XVIII^e^, qui voit l'or affluer du Brésil, sont les temps forts de la création portugaise.

### Le roman, art de la Reconquista

Les territoires repris aux Maures, aux XI^e^ et XII^e^ s., se couvrent d'églises et de cathédrales. La première cathédrale est bâtie à Braga, à la demande d'Henri de Bourgogne, au début du XII^e^ s. D'autres sont élevées à Porto, Coimbra et Lisbonne. L'origine bourguignonne de la première dynastie des rois portugais se lit dans l'architecture de ces édifices fortifiés. Leur construction s'inspire des églises romanes situées sur la route de Saint-Jacques-de-Compostelle, avec un vaisseau central voûté en berceau et flanqué de collatéraux. La *charola* (rotonde) du **convento de Tomar** (p. 182) illustre, quant à elle, une formule venue d'Orient. Son plan centré est caractéristique des sanctuaires élevés par les Templiers, gardiens du Saint-Sépulcre de Jérusalem.

Mieux que les cathédrales, souvent remaniées par la suite, les églises rurales du Minho constituent les exemples les plus originaux de l'art roman au Portugal. Ces édifices volontiers rustiques utilisent le granit, matériau abondant dans le nord du Portugal mais difficile à travailler. Trop, sans doute, pour que la sculpture puisse atteindre des sommets.

## Tardives floraisons gothiques

Le premier art gothique apparaît sous l'impulsion de moines de Cîteaux, qui laissent à **Alcobaça** l'une des plus grandes églises cisterciennes (p. 164). L'édifice est consacré au milieu du XIIIe s., à une époque où persistent les traditions romanes. Le style nouveau se propage peu après grâce aux dominicains et surtout aux franciscains descendus de Galice, qui élèvent des églises plus élancées, aux nefs couvertes de charpentes, comme **São Francisco** (p. 179) ou **Santa Clara de Santarém** (p. 179). Ils bâtissent beaucoup dans le centre et le sud du pays, là où l'art roman est moins enraciné.

Le gothique acquiert un succès national avec Dinis I (1279-1325), sous le règne duquel s'affermit le pouvoir royal. Le XIVe s. est jalonné de grands chantiers de prestige, de la fondation du monastère de **Santa Clara-a-Velha de Coimbra** (p. 320) aux cloîtres des **cathédrales de Lisbonne** (p. 68), d'**Évora** (p. 196) ou de **Porto** (p. 360).

L'architecture religieuse révèle désormais la richesse de l'État et la prospérité des villes. Elle trouve son expression la plus aboutie à la fin du siècle à **Batalha** (p. 167). Élevé pour commémorer la bataille qui sauve l'indépendance du Portugal face à la Castille, le monastère est l'emblème de la nouvelle dynastie régnante, celle des Avis. L'église-mausolée de João I (1385-1433), par sa profonde originalité, marque ainsi la naissance d'un art réellement portugais.

## L'art manuélin

Le chantier de Batalha s'étend jusqu'à la fin du XVe s. Les additions au projet original présentent une complexité de voûtement et des élévations toujours plus ambitieuses. Ainsi naît un gothique tardif très différent de celui en vigueur dans les autres pays d'Europe. Ce style prend le nom d'«art manuélin» parce qu'il s'épanouit sous le règne de **Manuel I** (1495-1521). En réalité, il naît dès l'époque de João II (1481-1495) pour s'éteindre sous João III (1521-1557).

**Diogo Boytac,** peut-être d'origine française, serait l'inventeur de ces formes nouvelles qui apparaissent pour la première fois à l'**église du Jésus de Setúbal** (1495), avec sa nef aux étonnants piliers spiralés (p. 150). L'architecte est aussi le maître d'œuvre du **monastère des Jerónimos à Belém** (Lisbonne), dont Manuel I fait le symbole de son royaume tourné vers la mer (p. 105).

Les successeurs de Diogo Boytac sont des Portugais. Les ornements ondulent sur les fenêtres, les portails ou les arcs. Ils évoquent l'art de l'Islam ou de l'Inde. L'influence de l'Orient est évidente chez Mateus Fernandes, actif de 1490 à 1515, qui décore les **«chapelles inachevées» du monastère de Batalha.** Elle est manifeste chez **Francisco de Arruda**, auteur de la **torre de Belém** (1515-1520, p. 110), qui s'inspire de la Koutoubia de Marrakech. Le style manuélin trouve son expression la plus échevelée avec Diogo de Arruda. Avec ses motifs marins

### FENÊTRE DE TOMAR

Un capitaine soutient à bout de bras deux mâts autour desquels s'enroulent des algues, des coraux, des cordages, des chaînes. Aux extrémités, deux sphères armillaires encadrent le blason de Manuel I et la croix évidée de l'ordre du Christ. Malgré sa densité et sa profusion «baroque», l'iconographie est claire : elle renvoie au temps des Grandes Découvertes, à la mer et aux civilisations que les explorateurs rencontrèrent alors. Avec ses lignes ondoyantes qui s'étendent dans l'espace, la fenêtre de Tomar reflète l'image symbolique de la puissance du Portugal, lancé à la conquête du monde et tentant d'y imposer sa foi. Certains historiens la considèrent comme l'une des plus précoces expressions du baroque.

enchevêtrés, la décoration de la **fenêtre de Tomar** *(encadré page précédente)* peut même être qualifiée de «baroque».

## L'ouverture à la Renaissance

L'architecture de la Renaissance tarde à s'imposer. Jusqu'en 1550, elle trouve une illustration dans deux réalisations importantes seulement : le **palais des ducs de Bragance** à Vila Viçosa (p. 214) et le grand **cloître du couvent de Tomar**, dessiné par l'Espagnol Diego de Torralva (p. 182). La Renaissance s'épanouit pleinement après 1550 dans sa forme dite «maniériste». Filippo Terzi, architecte toscan passé du service de Sebastião I à celui de Philippe II, dessine les plans de **São Vicente de Fora** de Lisbonne (p. 71). Dans le Nord, Baltazar Álvares, le grand architecte de la fin du XVIe s., réalise la **Sé Nova de Coimbra** (p. 316) et l'**église des Grilos de Porto** (p. 360). Toutes deux présentent d'austères façades scénographiques et une large nef, autant d'éléments typiques de l'art jésuite importé d'Italie.

La sculpture abandonne la profusion gothique et manuéline sous l'impulsion d'un Français, Nicolas Chantereine, sculpteur du roi Manuel I, qui s'installe à Coimbra. La ville devient la capitale de la Renaissance au Portugal. Son école est fréquentée par d'autres sculpteurs français, comme Philippe Hodart et Jean de Rouen. Ce dernier laisse un somptueux retable en pierre d'Ança, calcaire d'une extrême finesse plébiscité par de nombreux artistes du XVIe s., à la **cathédrale de Guarda** (p. 335).

## Entre baroque et néoclassicisme

L'activité artistique s'essouffle sous la domination espagnole (1580-1640). Aucun monument vraiment exceptionnel ne voit le jour au lendemain de la reconquête de l'indépendance. Les grands édifices élevés alors, de **Santa Clara-a-Nova de Coimbra** (p. 319) à **Santa Engrácia de Lisbonne** (p. 83), frappent par leur caractère massif et austère.

La découverte d'or au Brésil donne à João V (1706-1750) les moyens de se montrer un grand roi bâtisseur. L'économie en bonne santé favorise une fièvre de construction. Dans tout le territoire s'élèvent des églises qui rivalisent de splendeur décorative. Les aristocrates construisent dans le même temps des palais d'un baroque gracieux, volontiers teinté d'exotisme ou d'influences françaises, à l'instar du **palácio de Queluz** (p. 129), œuvre de style rocaille achevée en 1795.

La solide implantation du baroque en terre portugaise explique l'apparition tardive du néoclassicisme. Le retour aux formes à l'antique est d'abord illustré dans le Nord, précisément à Porto, où il est encouragé par la colonie anglaise des négociants. Dès 1780, les églises dessinées par Carlos Amarante à **Braga** (p. 408) abandonnent courbes et façades incurvées au profit des droites et des frontons. Le néoclassicisme s'impose à Lisbonne à partir des années 1790 au teatro de São Carlos (p. 64), puis au palácio da Ajuda (p. 104).

## Renouer avec le passé

À l'exemple d'autres pays d'Europe, le Portugal se tourne vers son passé national à partir du milieu du XIXe s. L'impulsion vers l'historicisme romantique est donnée ici par les Anglais. L'architecture s'oriente d'abord vers le néogothique, avant de pencher vers un style néomanuélin mâtiné de réminiscences baroques. Au **palácio da Pena** (p. 134) dans la serra de Sintra, sorte de château de Bavière égaré sous le ciel portugais,

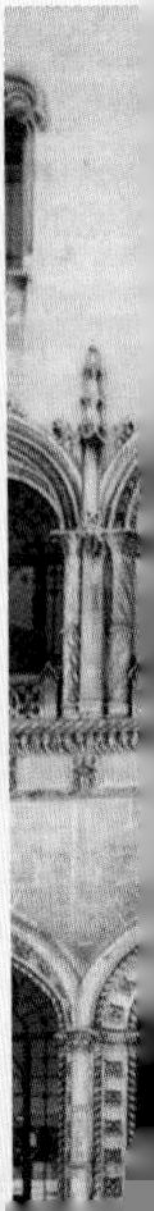

succèdent les évocations de Belém ou de Batalha à la **gare du Rossio de Lisbonne** (p. 59) ou au **palácio do Buçaco**, près de Coimbra (p. 321).

Les grands édifices publics, comme les **arènes de Campo Pequeno** à Lisbonne, adoptent une sorte de néoroman sévère. Le fer apparaît dans les constructions utilitaires à partir des années 1860. Gustave Eiffel construit plusieurs ponts dans le Nord, à Viana do Castelo, à Valença do Minho et, surtout, à Porto.

São Vicente de Fora

## Dictature et avant-garde

Sous Salazar (1928-1970), l'art sert à glorifier le pouvoir et prend un caractère propagandiste. La sculpture devient surtout commémorative. En témoignent le monument du **Cristo Rei** (p. 149) et celui des **Découvertes** (p. 109), tous deux à Lisbonne. En architecture, l'Art nouveau illustré dans le Nord laisse place à l'Art déco, puis aux lignes rigides et rigoureuses

La façade néomanuéline de la gare du Rossio à Lisbonne

d'un style exaltant la puissance de l'État. Le meilleur exemple de l'architecture au temps de la dictature de Salazar reste sans doute l'ensemble de nouveaux bâtiments des différentes facultés de l'université de Coimbra.

La fin des années 1990, période de «grands travaux», rompt avec une longue période d'atonie marquée cependant par d'intéressantes initiatives privées, notamment le **museu Gulbenkian de Lisbonne** (p. 80). À tout seigneur tout honneur, le Portugais Álvaro Siza Vieira (né en 1933) réalise le **pavillon du Portugal** de l'Exposition universelle de Lisbonne en 1998 (p. 86), puis le **museu de Arte contemporânea de Porto** (1999 ; p. 378). L'Américain Peter Chermayeff (né en 1936), auteur du grand aquarium d'Osaka, dessine l'**Oceanário** sur les rives du Tage (p. 87). Toujours dans le cadre d'Expo'98, l'Espagnol Santiago Calatrava (né en 1951) élève la **gare intermodale de l'Oriente** (p. 85), monument tout en transparence de la plus extrême élégance.

L'innovation architecturale semble marquer le pas au début du XXI$^{e}$ s. La crise n'y est sans doute pas pour rien... La **Casa da Música de Porto** (p. 378), étrange bâtiment renversé du Néerlandais Rem Koolhaas (né en 1944), est incontestablement le monument le plus ambitieux et le plus innovant de la décennie.

Il convient aussi de citer l'immense **basilique** en forme de rotonde inaugurée en 2007 à Fátima (p. 169). L'Euro 2004 donne l'occasion de moderniser ou de créer dix **stades** disséminés dans le pays. Révélant l'étonnante variété du genre, ces cathédrales modernes oscillent entre gigantisme (estádio da Luz à Lisbonne, estádio do Dragão à Porto) et originalité (les couleurs du stade d'Aveiro, la forme rectangulaire «à l'anglaise» du stade de Bessa, à Porto). La palme de l'innovation revient certainement à l'architecte portugais du stade de Braga, pourvu de deux tribunes latérales seulement et incrusté dans la montagne, rappelant ainsi, selon son maître d'œuvre, un «amphithéâtre grec»...

# L'ART BAROQUE AU XVIII$^{e}$ S.

En 1693, la découverte de mines d'or au Brésil est une surprise providentielle pour le Portugal : le pays reçoit 6 à 16 tonnes de métal précieux par an. João V en profite pour financer des projets grandioses où triomphe l'art baroque. De cette époque datent des églises spectaculaires et des palais décorés d'azulejos, que l'on trouve surtout dans le nord du pays.

^ Les *talhas douradas* de l'église São Francisco de Porto

## Le chantier de Mafra

João V entreprend la construction du **palais-monastère de Mafra** (p. 159) en 1717, après la naissance de son fils. Le monarque fait appel à un architecte allemand, formé à l'école des meilleurs Italiens, Johann Friedrich Ludwig (1673-1752), ou Ludovice en italien. Celui-ci dessine un plan en grille, très inspiré de celui de l'Escorial de Philippe II, près de Madrid, dans lequel s'intègrent une basilique, un hôpital, un monastère et un palais royal. Le tout reçoit une façade italianisante ponctuée aux angles par des dômes très germaniques. Le chantier, qui nécessite la contribution de 50 000 ouvriers et de nombreux artistes étrangers – principalement italiens –, s'achève en 1750. Le mobilier, les sculptures, les éléments de décoration et les matériaux précieux sont acheminés des quatre coins du monde. Le coût dépasse rapidement toutes les prévisions. Mais le souverain, enrichi par l'or brésilien, se montre d'une prodigalité vraiment… royale. Mafra crée une émulation artistique sans précédent depuis l'époque manuéline. Dans son sillage naissent des écoles d'architectes et de sculpteurs que dirigent les Italiens appelés par João V. Elles formeront les grands noms de la seconde moitié du siècle, comme Machado de Castro, auteur de la statue équestre de José I à Lisbonne.

## Le baroque du Nord

Le Nord réserve le meilleur accueil au baroque. Les églises se parent d'éléments scénographiques spectaculaires, comme les escaliers de **Nossa Senhora dos Remédios**, à Lamego (p. 386), ou ceux du **Bom Jesus de Braga** (p. 413).

Sur des murs blancs crépis à la chaux se détachent des pilastres, des portails et des fenêtres en granit. À Porto, Nicolau Nasoni (1691-1773) dessine plusieurs monuments déjà teintés d'esprit rococo, à l'instar de l'**église des Clérigos**, avec son plan elliptique (p. 363). Ici, comme à Coimbra ou à Braga, les façades des palais apprivoisent le style rocaille : une architecture fantasque, dont la **casa de Mateus** (p. 387) reste le plus bel exemple.

## Azulejos et bois dorés

L'intérieur des palais et des églises se couvre de panneaux d'azulejos illustrant des scènes narratives, multipliant les effets de profondeur et de trompe-l'œil chers au baroque. Dans les édifices religieux, le bleu et le blanc des azulejos s'accordent aux boiseries dorées, les fameuses ***talhas douradas***, des retables pour former une atmosphère très particulière. Les *talhas douradas*, nées au XVII^e s., envahissent le chœur et les chapelles, parfois même la nef des églises... jusqu'à faire oublier l'architecture. De plus en plus délicates au XVIII^e s., elles adoptent les motifs capricieux et le goût de l'univers végétal chers au style rocaille. Tant d'exubérance ne laisse guère de place à la peinture religieuse, très effacée au XVIII^e s. La sculpture en souffre également, se bornant à décorer l'extérieur des monuments.

^ Azulejos typiques d'une façade de maison à Lisbonne

# L'AZULEJO

Le goût du Portugal pour les azulejos (de l'arabe *azzulaïj*) remonte au XVI^e s. Les carreaux de faïence sont alors importés d'Andalousie, et particulièrement de Séville, où Manuel I s'approvisionne pour décorer son palais de Sintra. Aujourd'hui, leur succès ne se dément pas, et l'azulejo continue d'inspirer décorateurs et artistes.

## Des tapis géométriques

Les épais carreaux mudéjars sont disposés par modules de quatre. Répétant à l'infini des motifs simples (fleurs, sphères armillaires et pommes de pin), ils suggèrent des **tapis muraux** dont les reliefs accrochent la lumière. Une subtile polychromie fait se côtoyer vert émeraude, bleu de Fez, blanc, noir et jaune-orangé.

## Les ateliers de la Renaissance

Le Portugal ouvre ses propres ateliers d'azulejos vers le milieu du XVI^e s. Les artisans utilisent la **majolique**, d'origine italienne. Ils peignent les arabesques et les motifs géométriques sur un support lisse, selon une technique qui rend possible la représentation figurée. Le plus souvent, il s'agit de médaillons allégoriques de style maniériste, mais l'époque produit aussi de véritables panneaux d'après des cartons de peintres flamands ou italiens.

## Du jaune au bleu

Au XVII^e s., les scènes figurées polychromes se multiplient. Réservées aux devants d'autels ou aux parois du chœur des églises, elles présentent de subtils accords de couleurs claires où dominent le vert, le bleu et, surtout, le jaune.

Les motifs végétaux ou animaux s'inspirent du monde exotique découvert par les navigateurs.

À la fin du siècle apparaît l'*azulejo fino*, dont l'invention est attribuée aux ateliers de Delft. Cet art bleu et blanc, très influencé par la porcelaine chinoise, connaît une grande vogue au XVIII^e s.

## Les entrelacs du baroque

L'apogée de l'azulejo intervient sous le règne de João V (1706-1750). De grands **panneaux monumentaux** ornent les palais, les murs des cloîtres ainsi que les fontaines.

Le temps est aux scènes de genre, aux représentations de batailles, d'épisodes mythologiques ou tirés de la vie des saints. Les scènes évangéliques qui ornent les églises sont représentées avec la plus grande clarté, afin d'édifier les fidèles, mais le baroque reprend ses droits dans les bordures, agrémentées d'entrelacs complexes et envahissants.

## Des palais au métro

Le tremblement de terre de 1755, avec son cortège de reconstructions, entraîne une forte demande, à laquelle répondent des fabriques comme celle du Rato à Lisbonne. L'azulejo se découvre un nouvel usage après les guerres napoléoniennes : il sert à couvrir les **façades des maisons.** Dans les chantiers officiels, il profite de la vogue de l'historicisme et de l'éclectisme, avant de glorifier les valeurs patriotiques sous la dictature. On l'utilise pour embellir les édifices publics – particulièrement les gares d'Aveiro (p.329) et de Porto (p. 362) –, mais aussi les palais, notamment celui de Buçaco (p. 321), ou les façades des églises. Les scènes populaires et la célébration des hauts faits de l'histoire du pays sont les thèmes le plus souvent abordés.

Les premiers décors des **stations de métro** de Lisbonne, réalisés entre les années 1950 et 1970, ont été conçus par Keil do Amaral et Maria Keil, tous deux à l'origine de la redécouverte des possibilités artistiques de l'azulejo. Dans les années 1980 et 1990, à la faveur de l'extension du réseau, de grands artistes ont participé à la décoration des nouvelles stations, parmi lesquels Hundertwasser, Júlio Pomar, Maria Helena Vieira da Silva, José de Guimarães, Júlio Resende et Erró.

‹ Vestibule de la gare de São Bento à Porto

# L'ARTISANAT PORTUGAIS

Vous aurez l'embarras du choix au moment de rapporter des souvenirs de voyage. Si les femmes brodent la dentelle ou tissent couvertures et tapis, les hommes sculptent le bois, tournent et pétrissent l'argile qui sert à fabriquer les traditionnelles poteries portugaises, décorées de motifs fleuris et colorés.

## Céramique et verrerie

Les centres de production se comptent par dizaines entre Porches, en Algarve, et Barcelos, dans le Minho, patrie des santons portugais et du fameux **coq emblématique** de la nation.

À l'intérieur du pays, les artisans façonnent des céramiques rustiques très abordables. Les **terres cuites** mates ou vernies sont répandues partout. En Alentejo, notamment à Estremoz, les poteries sont fabriquées à partir d'une argile rouge. Elles sont ornées de fleurs et de fruits, quelquefois de scènes de la vie campagnarde, comme celles que réalisent les artisans de São Pedro de Corval. Dans la région de Viseu et jusqu'à Chaves, à la frontière avec la Galice, les poteries sont noires, colorées par la fumée de cuisson. Les plus connues sont celles de Bisalhães, que l'on trouve facilement à Vila Real.

Les centres proches du littoral, entre Viana do Castelo et Lisbonne, produisent des pièces généralement plus élaborées, dont le visiteur découvrira quelques-uns des plus beaux spécimens dans les musées. Vista Alegre, près d'Aveiro, abrite la plus célèbre manufacture de porcelaine fine du pays. La tradition de la **faïencerie** perdure à Coimbra, avec des céramiques de formes variées reprenant des motifs des XVII$^{e}$ et XVIII$^{e}$ s. Plus au sud encore, à côté de Leiria, Marinha Grande est le grand centre verrier du Portugal, même si la crise a entraîné la fermeture de nombreuses manufactures. L'Estremadura, quant à elle, est le berceau des céramiques bleu et blanc d'Alcobaça et des curieuses céramiques colorées de Caldas da Rainha. Très originales, celles-ci prennent la forme de légumes, de poissons ou de fruits.

## LES TAPIS D'ARRAIOLOS

En Alentejo, dans cette région aride et où l'élevage du mouton est roi, le travail de la laine est vite devenu une activité essentielle. C'est à la domination musulmane que la fabrication de tapis à Arraiolos doit son existence. Les artisans produisirent d'abord des tapis aux tonalités jaune et bleue, avant de changer de style au cours du XVII$^{e}$ s. Ils abandonnèrent alors leurs sujets populaires et la bichromie pour suivr l'engouement de l'Orient. Leurs tapisseries de chanvre ou de lin brodées de laine évoquaient leurs homologues de Perse, par les figures mais aussi par le chatoiement des couleurs. Très vite, cependant, les tapis d'Arraiolos délaissèrent ce répertoire au profit de motifs floraux qui se compliquèrent de plus en plus. Aujourd'hui encore, les procédés de fabrication sont les mêmes qu'autrefois.

^ Petites chaises alentejanes peintes à la main

## Le tissage

C'est l'autre grand secteur de l'artisanat au Portugal. Les productions des régions de l'intérieur varient, des **couvertures** de laine de la serra da Estrela aux tapis de Portalegre ou d'Arraiolos *(encadré ci-dessous)* en passant par les **couvre-lits brodés** *(colchas)* de Castelo Branco, tous inabordables. Sur le littoral, les **dentelles** de Peniche, en Estremadura, rivalisent de finesse avec celles de Vila do Conde. La **broderie** embellit une production textile qui constitue encore, malgré la crise, l'un des grands secteurs de l'économie : en témoigne l'avalanche de nappes brodées et de linge de maison dans les villes frontalières de Valença do Minho, dans l'extrême nord du pays, ou d'Elvas dans le Sud. On pourra préférer à ces objets, aujourd'hui pas toujours *made in Portugal*, les tissus et foulards colorés que vendent les femmes des pêcheurs de Nazaré.

## Objets rustiques

Les artisans travaillent tous les matériaux locaux, à commencer par le **bois** dont sont faits les jolis **meubles peints** alentejans. La **vannerie** est répandue, vendue jusqu'au bord des routes. Prenant des formes variées, elle utilise la feuille de palmier en Algarve et l'osier dans le reste du pays. Le **cuivre** repoussé est travaillé aussi bien à Caminha, dans le Minho, que dans l'arrière-pays algarvais. Le **fer forgé** est plutôt une tradition du Trás-os-Montes, tandis que les objets en os, en liège ou en corne sont spécifiquement alentejans.

< Atelier de couture de tapis d'Arraiolos

# CULTURE

## FADO, ENTRE DOULEUR ET ESPOIR

Le fado est né de l'appel du large et de la douleur d'un exil souvent forcé. Il doit beaucoup à la *saudade*, mélange de regret et de désir qui enveloppe l'âme portugaise. Loin d'utiliser les mêmes formules, le fado a su se renouveler. Il est une musique vivante qui sait aussi parler de bonheur. Le fado est l'un des trois F, un opium du peuple, au même titre que le football et que les apparitions de Fátima...

*O Fado* de José Malhoa (1910) au musée du Fado de Lisbonne

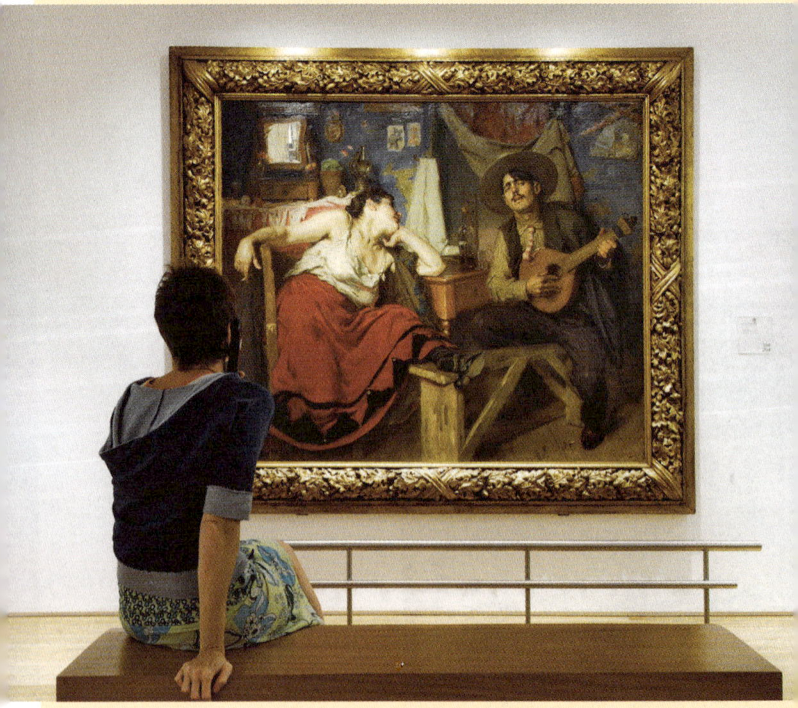

‹ Portrait d'Amália Rodrigues

## DANS LE RESPECT ET L'INTIMITÉ

Pour entendre du fado, il faut aller dans les clubs de Lisbonne, où se succèdent plusieurs chanteurs par soirée. De plus en plus, les meilleurs artistes désertent les maisons de fado dès qu'ils accèdent à une certaine notoriété. Ils préfèrent donner des récitals dans des salles de concert plus classiques. Là, loin des bruits de fourchettes, leur chant mélancolique retrouve l'indispensable intimité (voire l'empathie) avec un public plus attentif.

## *Saudade*

Le fado, dont le nom signifie littéralement «destin», peut être considéré comme l'expression chantée de la *saudade*. Ce mot, dérivé du latin *solitudo* («solitude»), désigne un sentiment proche du spleen ou du blues, à la fois agréable et douloureux. C'est la **nostalgie** du passé, la conscience déchirante du temps qui passe, le regret de ceux que l'on a quittés, d'un bonheur perdu ou inaccessible. La *saudade* imprègne la littérature et la musique depuis le Moyen Âge. Elle accompagne les navigateurs au temps des découvertes, puis les colons installés au Brésil ou sur les rives de l'océan Indien. Sous la domination espagnole, elle est un élément clé du sébastianisme, ce mélange de nostalgie de l'indépendance et d'espoir dans le retour du jeune monarque Sebastião I. Plus près de nous, les expatriés perpétuent cette constante de l'âme portugaise. On la retrouve aussi dans l'attitude retenue qui distingue les Portugais de leurs voisins espagnols ainsi que dans certaines formules fatalistes émaillant les conversations, comme «*É a vida !*» («C'est la vie !»).

## Aux sources du fado

**Amália Rodrigues** (1920-1999) a fait connaître le fado au monde entier. Apparu au XIXe s., le fado s'enracine dans les mélodies des troubadours *(cantigas)* et dans les complaintes des marins au temps des grandes découvertes. Sa plainte est patiente et presque stoïque, quand le flamenco d'Andalousie est un cri de désespoir.

Le genre connaît son heure de gloire au XIXe s. à Lisbonne, où il prend des formes tantôt aristocratiques et littéraires, tantôt populaires. Au début du XXe s., il s'étend à Coimbra, où les étudiants inventent un fado original, gai et rythmé. Après 1974, on lui reproche de véhiculer l'image d'un pays fermé sur lui-même, et, à tort, d'avoir été la musique officielle de la dictature.

### Une renaissance

Le fado est redevenu aujourd'hui un **chant populaire** faisant partie intégrante de la culture lusitanienne. Lors des concerts, le **minimalisme** est de règle : un faisceau de lumière éclaire la scène où se tient le fadiste, habillé de noir, que le public écoute dans un silence quasi religieux. Le chant est accompagné d'une *guitarra* à six cordes doubles, dont le jeu cristallin et très orné s'entremêle à la ligne mélodique, et d'une *viola* assurant la basse rythmique.

Depuis Amália Rodrigues, les artistes adaptent des poètes contemporains ou les textes des plus grands auteurs portugais. L'instrumentation s'est élargie, en particulier avec l'utilisation fréquente du piano ou de la contrebasse. Les mélodies empruntent à la musique brésilienne ou à d'autres influences. Plusieurs chanteuses sont devenues des stars internationales : elles se nomment **Mísia**, **Cristina Branco**, **Mariza**, **Katia Guerreiro** ou **Carla Pires**. Les fadistes masculins ne manquent pas, à l'image de **Camané**, de **Pedro Moutinho** ou du vétéran **Carlos do Carmo**, mais ils sont moins connus hors des frontières portugaises.

## UN CINÉMA D'AUTEURS

Nul n'est prophète en son pays ! La formule sied parfaitement au cinéma portugais. Les films portugais, qui puisent leurs thèmes dans l'imaginaire national, sont encensés par la critique et régulièrement primés lors des festivals internationaux. Sans concession, très attachés aux valeurs formelles et à l'image, ils peinent à trouver leur public à domicile et pâtissent de l'absence de soutien politique à la culture.

### Le monstre sacré, le pionnier et l'iconoclaste

**Manoel de Oliveira** (1908-2015) a bâti une œuvre ambitieuse, captivante et pléthorique. On y retrouve une gravité de ton, des images dépouillées et une mise en scène d'une précision obsessionnelle. Il puisait son inspiration dans la littérature (*Amour de perdition*, 1978 ; *Le Soulier de satin*, 1985 ; *Le Principe de l'incertitude*, 2001), l'opéra (*Les Cannibales*, 1988), l'histoire nationale (*Non ou la Vaine Gloire de commander*, 1990 ; *Le Cinquième Empire*, 2004) ou la parabole biblique (*La Divine Comédie*, lion d'or en 1991 à Venise). En 2008, l'année de ses 100 ans, le plus vieux cinéaste d'alors a reçu la palme d'or à Cannes pour l'ensemble de son œuvre.

**Paulo Rocha** (1935-2012) est l'inventeur du cinéma portugais moderne (*Nos vertes années*, 1963). Il mariait l'imaginaire et sa fascination pour l'Orient

(*Les Montagnes de la Lune*, 1986). En 1998, *Fleuve d'or* a été présenté à Cannes. Dans cette tragédie fantastique et solaire, le héros est le Douro.

L'inclassable **João César Monteiro** (1939-2003) s'est fait connaître en 1991 avec *Souvenirs de la maison jaune*, lion d'argent à Venise. Antidotes au puritanisme, ses œuvres divisent le public. La *Comédie de Dieu* (grand prix du jury à Venise en 1995) raconte la vie d'un saint farfelu, Jean de Dieu, partagé entre son travail de glacier et sa collection de poils pubiens féminins.

## La relève

**Pedro Costa** (né en 1959) s'intéresse à l'immigration. Dans *Casa de Lava* (1994), Isaach de Bankolé est un maçon cap-verdien revenu sur sa terre natale après un accident. *Ossos* (1997) s'attarde sur les laissés-pour-compte du «miracle économique» portugais. *En avant jeunesse !* (2004) raconte la vie des Cap-Verdiens de Lisbonne.

La crise a durement frappé le cinéma portugais, qui a du mal à trouver des financements depuis 2011, malgré de jeunes réalisateurs talentueux comme **João Pedro Rodrigues** (né en 1966), salué par la critique pour *Mourir comme un homme* (2009) et *L'Ornithologue* (2016), ou **João Salaviza** (né en 1984), palme d'or du court métrage à Cannes en 2009 pour *Arena*. *Tabou* (2012) de **Miguel Gomes** (né en 1972), encensé par la critique, est un ovni cinématographique imprégné de *saudade* en deux volets, l'un parlant, l'autre empruntant à l'esthétique du cinéma muet. Dans son dernier projet, *Les Mille et Une Nuits*, dont le premier volet, *L'Inquiet*, est sorti en 2015, Gomez évoque les effets de la crise.

Festival de cinéma de nuit, Guimaraes

‹ Spectacle de *tourada* au Campo Pequeno à Lisbonne

# LES TOURADAS

Les *touradas* sont au Portugal ce que les corridas sont à l'Espagne. À la différence notoire que, dans les courses de taureaux portugaises, il n'y a pas de mise à mort de l'animal dans l'arène. La star est le cavalier, et non le torero.

## Le spectacle

Une *tourada* se déroule selon un cérémonial strict. Elle est le reflet de l'ancienne société portugaise et d'une hiérarchie dominée par la noblesse, incarnée par le *cavaleiro*. La course de taureaux met l'accent sur l'adresse du cavalier et sur la bravoure des hommes à pied.

Le cavalier, vêtu d'un habit de lumière tout droit sorti du XVIIIe s., monte un cheval richement harnaché, le plus souvent de race lusitanienne : cette monture, élégante et courageuse, est le plus ancien cheval de selle du monde. Dans l'arène, le *cavaleiro* commence par saluer le public et se livre à une démonstration de dressage destinée à échauffer sa monture. Le taureau entre bientôt dans l'arène. L'animal poursuit le cavalier, qui doit déployer toute son habileté équestre et son talent d'esquive pour protéger sa monture des coups de cornes. À chaque occasion propice, le *cavaleiro* plante des *farpas* (banderilles) dans l'échine du taureau, soulevant alors des salves d'applaudissements. L'homme à cheval quitte ensuite l'arène, remplacé par une équipe de *peões* (écuyers), qui achèvent d'épuiser la bête par des figures de capes.

Vient enfin la *pega*. Accompagné de sept autres *moços de forcado* (à l'origine un paysan portant une fourche), un jeune homme se place à une vingtaine de mètres du taureau. Après un face-à-face dans un silence crispé, le *forcado* pousse un cri qui amène l'animal à charger. Le choc est violent. L'homme se jette entre les cornes de la bête pour l'aveugler tandis que les autres *moços de forcado* viennent à sa rescousse pour immobiliser l'animal. Tout le monde se met ensuite à l'abri, sauf un *forcado* qui maintient le taureau par la queue. On fait alors entrer des vaches dans l'arène pour convaincre le taureau de quitter la scène…

## La mort reportée

Dans les arènes portugaises, il n'y a ni mise à mort ni, *a fortiori*, mutilation de l'animal (oreilles ou queue coupées et lancées par le vainqueur au public). La règle fut fixée au milieu du XVIIIe s., à la suite d'une *tourada* au cours de laquelle un noble mourut encorné. Le roi estima alors que les Portugais étaient trop peu nombreux pour qu'ils soient sacrifiés dans une arène. Mais sa décision a peut-être été prise sous l'influence de l'Église, qui considérait la *tourada* comme une survivance païenne. Cependant, si le taureau est trop gravement blessé par les *farpas* pour survivre, il est abattu à son retour au *toril*…

# GASTRONOMIE

## LE PORTUGAL À TABLE

La cuisine portugaise ne se limite pas, selon le dicton bien connu, à accommoder la morue de 365 manières : une par jour ! Copieux, les plats savent tirer profit de mélanges inédits : porc et palourdes, pâtes et poulpe... Et les saveurs varient considérablement du Nord au Sud.

^ Morue salée

### La soupe à l'honneur

Dans le Nord, on trouve surtout le ***caldo verde,*** à base de pommes de terre et de chou émincé, auquel on peut ajouter des rondelles de saucisson *(chouriço)*. Dans le Trás-os-Montes et les montagnes de la région Centre, on sert des potages de haricots ou de châtaignes, ou encore du bouillon de lièvre. L'***açorda*** est une soupe à base de pain dur, d'œufs et d'ail, parfois agrémentée de fruits de mer. Dans l'Alentejo et en Algarve, l'***arjamolho*** se sert froid, avec du pain dur, des tomates, du concombre et de l'ail.

### Viandes et poissons

Partout, vous pourrez déguster un **steak de bœuf** accompagné d'une sauce au porto *(bife à portuguesa)*, des **brochettes de viande** marinée au vin et à l'ail *(espetadas)* et une panoplie de **volailles** : poulet *(frango)*, canard *(pato)* ou pigeon *(borracho)*. Le **pot-au-feu** *(cozido à portuguesa)* est très fréquent sur les cartes. Les viandes sont généralement accompagnées de riz, de haricots ou de pâtes, mais aussi très souvent de frites.

Le **porc** *(porco)* entre dans de nombreuses préparations. Dans l'Alentejo, il est mariné dans des herbes parfumées et cuisiné avec des palourdes. Dans le Nord, il est proposé sous forme de *rojões* (filets), quand il n'accompagne pas la *feijoada à transmontana* (différents morceaux et boudin aux haricots blancs). Les **saucisses** *(alheiras)* de Bragança et le **jambon fumé** de Chaves sont délicieux, de même que le **cochon de lait** *(leitão)* de la région Centre. Le **chevreau** *(cabrito)* est fréquent dans les assiettes : il est cuit au vin dans le Centre mais rôti dans le Trás-os-Montes, où il conserve la saveur de l'herbe sauvage des hauts plateaux. La ***cataplana*** doit son nom à l'ustensile en cuivre en deux parties permettant de cuire à l'étouffée viandes, poissons ou fruits de mer, avec des légumes et des épices. Ce plat originaire du Sud a été adopté par de nombreuses régions. La ***chanfana à Bairrada***, présente elle aussi sur de nombreux menus, est à l'origine un ragoût d'agneau cuit dans une cocotte avec du vin et des épices.

Les **poissons** se dégustent grillés à l'huile d'olive *(grelhados)*, cuits au four (*assados*), à la braise *(na brasa)* ou en bouillabaisse *(caldeirada)*. L'***arroz de mariscos*** (sorte de paella) est un plat national. Les spécialités proviennent plutôt de l'intérieur, comme le **ragoût d'anguille** *(enguia)* ou la **lamproie** *(lampreia)* du Tage. Sur le littoral, on a l'embarras du choix : homard *(lavagante)*, crabe *(santola)*, crevette *(camarão)*, raie *(raia)*, calamar *(lulas)*, sole *(linguado)*, thon *(atum)* ou encore sardine *(sardinha)*. Enfin, concernant la **morue** *(bacalhau)*, il faut savoir qu'elle est utilisée comme ingrédient dans les plats de fête et que le cabillaud est aujourd'hui une espèce menacée. Sachez aussi qu'il y a bien plus de 365 façons de la préparer : environ 600, dit-on !

## Les fromages

Les fromages sont peu nombreux. Les plus appréciés proviennent de l'Alentejo et de la serra da Estrela, comme le ***queijo da serra***, à base de lait de brebis. À Serpa, Évora ou Castelo Branco, le **fromage de chèvre** se déguste parfois avec de la marmelade de coings. Dans la serra da Arrábida, près de Setúbal, sont produits les savoureux petits fromages d'Azeitão.

### *BACALHAU À BRÁS* OU MORUE BRAISÉE

**Pour 4 personnes** : 500 g de morue, 500 g de pommes de terre, 350 g d'oignons, 2 dl d'huile d'olive, 3 œufs, 1 gousse d'ail, olives noires, coriandre fraîche, sel et poivre.

Dessalez la morue, enlevez la peau et les arêtes, puis émiettez délicatement la chair et séchez-la dans un linge. Faites blondir l'ail finement coupé dans l'huile, puis ôtez-le du feu. À la place, ajoutez les pommes de terre coupées en allumettes afin de les rissoler. Retirez-les également après cuisson. Faites revenir les oignons coupés en rondelles. Ajoutez la morue, les pommes de terre rissolées et l'ail.

Mélangez à cette préparation les œufs battus en omelette, ajoutez du sel (mais pas trop, car la morue est déjà salée !) et du poivre.

Retirez du feu avant que l'ensemble ne se dessèche. Au moment de servir le plat, décorez avec des olives noires et parsemez de coriandre fraîche hachée.

^ Pastéis de nata

## Desserts et douceurs

Les pâtisseries se parfument volontiers d'épices. Chaque ville possède sa spécialité. En Algarve, les gâteaux sont à base de figues ou de pâte d'amandes, comme le ***morgados***, un massepain que l'on trouve à Lagos. Dans le Nord, les gâteaux sont coiffés d'une confiture de jaunes d'œufs *(doce de ovo)*. Le ***pastel de nata***, un classique, est une sorte de flan pâtissier sur une pâte feuilletée servi tiède et saupoudré de cannelle. Le ***bolo rei,*** gâteau des rois, se déguste début janvier. Essayez les ***queijadas de Sintra***, tartelettes au fromage, les pâtisseries aux amandes et aux œufs d'Évora, ou encore les **confiseries de nonnes** à Portalegre ou à Beja. Pendant les fêtes de Noël, vous dégusterez deux douceurs : l'***aletria***, à base de vermicelles cuits dans du lait et saupoudrés de cannelle, et les ***rabanadas***, un pain perdu saupoudré d'un mélange de cannelle et de sucre.

Pour découvrir la richesse du patrimoine dans ce domaine, il faudra suivre les habitudes locales et fréquenter les pâtisseries. En effet, le repas dans un restaurant ne se clôt pas nécessairement par un dessert. Le choix s'y limite souvent aux «basiques» : crème renversée *(pudim flan)*, riz au lait *(arroz doce)*, crème brûlée ou mousse au chocolat.

## Les vins portugais

Au Portugal, boire du vin à table n'a rien de systématique. C'est même un luxe, ici, que l'on réserve seulement aux grandes occasions. Les Portugais accompagnent plus volontiers leurs repas d'une bière *(cerveja)*, de préférence blonde et légère, de marque Sagres ou Super Bock. Dans la plupart des petits restaurants, le choix de vins reste donc limité. Parfois, on ne vous proposera qu'un vin de table moyen *(vinho da casa)* d'origine locale, servi en bouteille ou en pichet. Pour trouver les meilleurs crus, il faut s'attabler dans un restaurant de catégorie supérieure ou dans celui d'une *pousada* (p. 488).

Le Portugal est le huitième producteur mondial de vin. Il produit une trentaine de vins répondant aux normes européennes **VQPRD** (vins de qualité produits dans des régions déterminées). Voici quelques-uns des meilleurs :

**Bairrada** (blanc et rouge). Produit entre Coimbra et Aveiro, c'est un vin charpenté et plutôt corsé, qui se déguste avec une viande grillée ou du gibier.

**Bucelas** (blanc). Produit près de Lisbonne, il est un peu acidulé lorsqu'il est jeune et devient sec en vieillissant.

**Colares** (blanc et rouge). Issu des vignobles proches de Sintra, il doit être bu très frais, en accompagnement d'un poisson ou d'un fromage fort (blanc). Rouge, il rappelle vaguement le bordeaux.

**Dão** (rouge et blanc). Originaire de la région de Viseu, le rouge, au goût velouté, rappelle certains bourgognes et se déguste avec le gibier.

**Douro** (blanc et rouge). Produit dans la haute vallée du Douro, le rouge est un vin fruité à la robe puissante qui accompagne le gibier ou les fromages ; le douro blanc convient parfaitement aux poissons.

**Moscatel.** Un vin blanc doux produit dans la région de Setúbal (serra d'Arrábida) qui se boit en apéritif.

**Vins de l'Alentejo** (blancs et rouges). Qu'ils se nomment *alvito*, *borba*, *cuba*, *reguengos de monsaraz* ou *vidigueira*, tous ont une saveur corsée.

**Vins de l'Algarve** (blancs et rouges). Si le *lagoa* est le plus renommé, le vin produit à Tavira, lui aussi fruité et corsé, est excellent.

**Vinho verde** (blanc et rouge). Produit dans le Minho et la basse vallée du Douro, ce « vin vert » est obtenu à partir d'un raisin pas encore arrivé à maturité. Il est très rafraîchissant, légèrement pétillant et faiblement alcoolisé (de 8 à 11°). Aigrelet et fruité, il s'accorde à merveille avec les fruits de mer et les poissons.

### ROUTE DES VINS DE L'ALENTEJO

La *rota dos Vinhos do Alentejo* a été mise en place dans la région Alentejo, avec publication d'une plaquette (en anglais) évoquant les différentes appellations (DOC), les coopératives adhérentes, et indiquant des restaurants participant à la promotion des vins d'Alentejo. Une visite de l'Alentejo **Wine Route Office** à Évora constitue l'indispensable introduction à un voyage œnologique en Alentejo.

*> Praça Joaquim António de Aguiar, 20-21 ☎ 266 74 64 98, www.vinhosdoalentejo.pt. Lun.-ven. 10h-17h30 (dégustation jusqu'à 17h), sam. 11h-17h (dégustation jusqu'à 16h30).*

L'*alvarinho* passe pour l'un des meilleurs, même s'il est, en fait, un *vinho maduro* (mature). Le *vinho verde da casa* le plus anonyme, servi en pichet, peut s'avérer tout aussi délicieux.

### Le chêne-liège

Le Portugal assure 50 % de la production mondiale de liège, utilisé pour fabriquer les bouchons des bouteilles de vin. Les grandes régions productrices sont l'Algarve, le Ribatejo et surtout l'Alentejo. De nombreux viticulteurs du Bordelais ne jurent que par les bouchons de liège portugais.

La première récolte s'effectue après vingt-cinq ans d'attente et de soins, lorsque le tronc a atteint un diamètre respectable. L'incision se fait à la main. Des ouvriers découpent de très larges bandes dans le sens longitudinal, entre la base du tronc et le début des branches. Au bout de neuf ans, l'écorce se reconstitue et l'opération peut être renouvelée jusqu'à la mort de l'arbre, qui vit près de deux cents ans. Après le ramassage, le liège est séché, puis bouilli, afin d'être assoupli, et de nouveau mis au soleil. Il est ensuite découpé et trié selon son utilisation future : isolant thermique ou phonique, décoration ou, bien sûr, bouchons.

# LE VIN DE PORTO

La haute vallée du Douro, où l'on produit le vin de Porto, est la première zone viticole du monde à avoir fait l'objet d'une délimitation (dès 1756). Elle s'étend sur 250 000 ha de Mesão Frio, à une centaine de kilomètres à l'est de Porto, jusqu'à la frontière espagnole. Les parcelles dispersées dans la région font à peine 1 ha en moyenne. Elles sont exploitées par 33 000 viticulteurs qui produisent entre 240 000 et 310 000 fûts par an (de 132 à 183 millions de litres).

Bouteilles de porto millésimées

## Péripétie de l'histoire

Le porto naît au début du XVIIIe s. de la rivalité franco-anglaise. Par le traité de Methuen (1703), l'Angleterre taxe le vin français, très consommé au Portugal. En échange, elle s'engage à acheter les vins portugais. John Bearsley, un marchand anglais établi à Porto, a l'idée de fortifier ses vins avec de l'eau-de-vie de moût pour les rendre transportables : ainsi naît le porto, dont le succès est immédiat. Dès 1750, c'est le premier produit alcoolisé consommé au Royaume-Uni. En 2016, les principaux clients en volume étaient la France (27 %), les Pays-Bas (14 %), la Belgique (10,2 %) et le Royaume-Uni (11,8 %).

## Les *blends*

Le porto le plus connu est le *blend* rouge ou blanc, obtenu par des assemblages de raisins provenant de parcelles et d'années diverses. Dès la première fermentation alcoolique, le marc est pressé, puis on ajoute une certaine quantité d'eau-de-vie de vin. Selon le moment où la fermentation est interrompue, un *blend* sera **extra-doux**, **doux**, **moyen-sec**, **sec** ou **extra-sec**. Le mélange fermente tout l'hiver dans d'énormes cuves. Dès le printemps et pendant les deux premières années, le vin subit plusieurs soutirages (opération consistant à transvaser le vin dans une autre cuve afin d'éliminer les dépôts indésirables). Le processus de vieillissement dans du bois peut ensuite se prolonger plusieurs années. La robe s'éclaircit au fur et à mesure que le vin vieillit : elle passe du pourpre sombre au topaze, sauf pour le porto blanc, dont la couleur vieil or s'épanouit avec le temps. Les portos portant la mention Ruby, mis en bouteilles au bout d'un an ou deux, sont vigoureux et fruités. Leur robe rouge est plus ou moins intense. Les vins de style Tawny (avec ou sans indication d'âge), aux arômes rappelant les fruits secs et les senteurs des bois, conservés au moins un an en fûts, prennent une robe rouge doré à doré clair en vieillissant. Tous les portos se boivent à température ambiante, excepté les blancs et les très jeunes Tawnies («Réserve»), qu'il n'est pas criminel de boire en apéritif avec un glaçon. Inversement, rien n'empêche d'accompagner un plat de viande rouge, ou surtout du gibier, d'un verre ou deux de porto rouge.

## Les catégories supérieures

**Le vintage.** Ce vin millésimé obtenu à partir d'une seule récolte de qualité exceptionnelle est le roi incontesté des portos. Il reste entre deux et trois ans en fûts et vieillit au minimum dix ans. Certains millésimes sont mythiques, comme

˅ Transport fluvial traditionnel des barriques de porto

^ Dégustation de porto dans le Douro

1947, 1966 et surtout 1994 ; 2007 est considérée comme une excellente année. Un vintage se boit après décantation dans les vingt-quatre heures suivant l'ouverture de la bouteille.

**Le Late Bottled Vintage.** Appelé aussi LBV. Issu d'une bonne récolte, il est mis en bouteilles après un vieillissement de quatre à six années en fûts.

**Le Colheita.** Provenant d'une seule vendange, il séjourne au minimum sept ans en fûts avant sa mise en bouteilles.

**Les Tawnies (avec indication d'âge).** Portant la mention «Réserve», ils sont obtenus par un assemblage de vins de différentes années et sont élevés en fûts de chêne pendant dix, vingt, trente ou quarante ans.

**Les quintas.** Vins de propriété issus de vignobles réputés, ces portos sont quasiment introuvables en dehors du Portugal, tant leur production est réduite. On les trouve sous forme de vintages et de LBV, mais aussi de Tawnies avec indication d'âge.

# CARNET PRATIQUE

## Tout pour réussir vos vacances...

# CARNET PRATIQUE

## FORMALITÉS

**Passeport ou carte d'identité** valide pour les ressortissants de l'UE.

**Permis de conduire national** si vous souhaitez louer un véhicule.

**Informations Covid :** voir p. 485.

## BUDGET

**Devise : euro**

| – | + | ++ |
|---|---|---|
| 40-50 €/j. | ≈ 60-90 €/j. | ≈ + 100 €/j. |

## TÉLÉPHONE

Depuis l'étranger vers le Portugal :

**00 351** (indicatif du Portugal)

*+ n° du correspondant à 9 chiffres.*

Depuis le Portugal vers l'étranger :

**00 33** n° du correspondant

*(sans le 0 initial).*

*(Belgique : 32; Canada : 1; Luxembourg : 352; Suisse : 41)*

## DÉCALAGE HORAIRE

**- 1H** été comme hiver.

## SANTÉ

**Carte européenne d'assurance maladie** (CEAM) recommandée.

**Aucun vaccin** classique nécessaire.

**Pass et situation sanitaires :** voir informations p .485.

## SAISON ET CLIMAT

**Meilleure période :** le printemps et le début de l'automne. Juin-août pour profiter de la côte et des plages.

**À éviter :** le Nord en hiver (pluvieux) et les régions intérieures, comme l'Alentejo et le Trás-os-Montes, très chaudes en été (40 °C).

**Pics de fréquentation :** à Pâques et en juillet-août.

**Température de la mer :** 16 °C (hiver) à 22 °C (été) en Algarve (15-19 °C sur la Costa da Prata). Difficile de se baigner au nord de Lisbonne.

## BON À SAVOIR

**Pass touristique et billets combinés :** la Lisboa Card et la Porto Card offrent l'entrée gratuite dans les musées et monuments, et l'accès gratuit et illimité aux transports en commun. Autre bon plan : les billets combinés des parcs et palais de Queluz et de Sintra ; et celui des monastères d'Alcobaça, de Batalha et du convento de Cristo de Tomar.

**Jours fériés :** les musées et monuments sont en général fermés le 1er janvier, le lundi de Pâques, le 1er mai et le 25 décembre.

**Réservations** : pour les vacances scolaires du printemps et l'été, réserver très à l'avance dans les grandes villes et en Algarve.

## Adresses utiles

### Ambassade de France à Lisbonne

Rua de Santos-o-Velho, 5 (plan p. 44-45 / B3) ☎ 213 93 92 94 ou ☎ 966 16 07 01 (port., n° d'urgence), www.pt.ambafrance.org

Liste des consuls honoraires à Porto, Coimbra, Leiria et en Algarve sur le site de l'ambassade.

### Office de tourisme du Portugal

www.visitportugal.com

Cartes et brochures en téléchargement.

### Institut Camões

6, passage Dombasle, 75015 Paris ☎ 01 53 92 01 00, www.instituto-camoes.pt.

La prestigieuse institution culturelle propose conférences et expositions.

## Argent et budget

### Argent

Le Portugal étant un pays de la zone euro, les paiements par carte sont gratuits et les retraits soumis aux mêmes conditions tarifaires qu'en France (gratuits la plupart du temps). Se renseigner auprès de sa banque pour s'assurer que les plafonds de retrait et de paiement à l'étranger sont activés, et connaître les montants hebdomadaires autorisés. Certains restaurants et commerces n'acceptent que les espèces.

### Budget

D'une manière générale, le coût de la vie est inférieur à celui de la France.

**Petit budget**

De 40 à 50 €/j./pers.
En période estivale, pour ce tarif, inutile d'espérer mieux qu'un hébergement en auberge de jeunesse ou dans une modeste pension. Pique-niques et déplacements en transports en commun devraient vous permettre de tenir ce budget serré sans devoir restreindre visites de monuments et de musées ou verres à la terrasse des cafés.

**Budget moyen**

De 60 à 90 €/j./pers.
C'est la fourchette à envisager pour s'offrir une chambre un peu coquette, des tables simples mais gourmandes et l'indépendance qu'offre une voiture de location. Hors saison, l'hébergement dans un hôtel de charme est à votre portée.

**À LIRE SUR LE WEB**

**Le blog du Guide Evasion**
www.guide-evasion.fr : retrouvez sur le blog du Guid[e] Évasion des reportages sur l[e] Portugal, des conseils et des idées de nos experts du voya[ge]

**Le Facebook GuideEvasion**
Suivez-nous sur Facebook, découvrez nos nouveautés, participez à nos jeux-concou[rs] et partagez vos propres découvertes et coups de cœ[ur]

**Budget plaisir**

De 100 à 250 €/j./pers.
Les portes des hôtels de luxe et des *pousadas* s'ouvrent à vous, de même que celles des meilleurs restaurants. Déplacement en voiture de catégorie C.

## COMBIEN ÇA COÛTE ?

| Ticket de bus | Repas complet | Pastel de nata | Café | Entrée au musée |
|---|---|---|---|---|
| 1,50-2 € | 15-25 € | 1 € | 0,80-2 € | 1,50-12 € |

# Comment y aller

## En avion

Le Portugal dispose de trois aéroports internationaux : Lisbonne (p. 54), Porto (p. 352) et Faro (p. 286).

Temps de vol : Paris-Lisbonne (2h30), Paris-Porto (2h) et Paris-Faro (2h50). Fréquence plus importante des vols vers l'Algarve de mai à octobre.

### Vols directs et low cost

**Air France** (www.airfrance.fr) : de Paris-CDG vers Lisbonne et Porto.

**TAP Air Portugal** (www.flytap.com) : vers Lisbonne depuis Paris-Orly, Bruxelles, Zurich, Genève, Lyon, Nice, Marseille, Toulouse et Bordeaux. Vers Porto depuis Paris-Orly, Bruxelles et Genève.

**Easy Jet** (www.easyjet.fr) : vers Lisbonne depuis Paris-CDG, Zurich, Genève, Luxembourg, Bâle-Mulhouse, Lille, Lyon, Nice, Marseille, Bordeaux et Nantes. Vers Porto depuis Paris-CDG, Zurich, Genève, Luxembourg, Bâle-Mulhouse, Lyon, Nice, Marseille, Toulouse, Montpellier, Bordeaux et Nantes. Vers Faro depuis Paris-CDG, Paris-Orly, Bâle-Mulhouse, Genève, Lyon, Nice, Toulouse et Bordeaux.

**Ryanair** (www.ryanair.com) : vers Lisbonne, Porto et Faro depuis Paris-Beauvais, Marseille, Bruxelles.

**Luxair** (www.luxair.lu) : Luxembourg-Porto ou Lisbonne.

**Swiss International Airlines** (www.swiss.com) : vers Lisbonne, Porto et Faro depuis Genève et Zurich.

### Comparateurs de vols

www.skyscanner.fr, www.algofly.fr, www.kayak.fr, www.liligo.fr

## En train

Pas vraiment moins cher que l'avion, mais une autre façon de voyager, bien que le trajet soit interminable ! De Paris (gare Montparnasse) à Lisbonne (gare d'Oriente), comptez près de 20h de voyage (*via* Hendaye).

**SNCF** www.oui.sncf

## En car

Comptez 24h pour un trajet Paris-Lisbonne, 20h pour un Paris-Porto.

www.eurolines.fr
www.flixbus.fr

## En voiture

Comptez env. 1440 km de Paris à la frontière de Vilar Formoso, et 1835 km jusqu'à Lisbonne, soit, au minimum, 2 jours de route. L'itinéraire le plus rapide emprunte l'A10 jusqu'à Bordeaux (589 km), puis la N10 en direction de Bayonne et Biarritz (188 km). L'autoroute A63 traverse le Pays basque jusqu'à Irún (34 km). Côté espagnol, l'A8, jusqu'à Bilbao (118 km), puis l'A1 conduisent à Burgos (162 km). Le dernier trajet jusqu'à Vilar Formoso (354 km), à la frontière portugaise, traverse Salamanque, où vous pourrez passer la nuit.

^ Le pont Vasco de Gama sur le Tage

# Formalités

## Informations Covid

Suite à la pandémie, il est impératif de **vous renseigner sur les conditions pour entrer au Portugal :** preuve de schéma vaccinal complet et formulaire (à remplir en ligne avant le départ) voire test négatif peuvent être exigés. Infos actualisées sur **www.diplomatie.gouv.fr/fr/je-pars-a-l-etranger**

## Papiers d'identité

Le passage de la frontière s'effectue sans formalité pour les ressortissants de l'Union européenne. Munissez-vous d'une carte d'identité ou d'un passeport pour les contrôles éventuels et les formalités dans les hôtels.

Les **enfants mineurs** non accompagnés de leurs parents doivent être en possession d'une autorisation de sortie du territoire (formulaire à télécharger sur www.service-public.fr/particuliers/vosdroits/F1359).

## Douane

Même règles que celles de toute l'Union européenne.
www.douane.gouv.fr

## Se déplacer au Portugal

### En voiture

**Autoroutes et péages**

Il existe des autoroutes à péage traditionnel (paiement en espèces, par carte bancaire ou télépéage) et des **autoroutes à péage électronique** (« Electronic toll only »), dont les caméras identifient les plaques d'immatriculation.

Plusieurs options pour payer :

- **La Toll Card :** carte prépayée (5, 10, 20 ou 40 €), valable un an, en vente dans les bureaux de poste, sur les aires d'autoroutes et sur www.tollcard.pt. Activer la carte par l'envoi d'un SMS avec le code imprimé sur la carte et l'immatriculation du véhicule. Lorsque le solde s'épuise, le client reçoit un SMS.
- **Le système EasyToll :** si l'on vient d'Espagne, suivre le panneau véhicules étrangers à l'une des quatre entrées suivantes : A28 (aire de repos Viana do Castelo), A25 (aire de repos Alto Leomil à Vilar Formoso); A24 (poste-frontière de Chaves) et A22 (poste-frontière de Castro Marim). Insérer sa carte bancaire (Visa ou MasterCard) dans la borne Easytoll et saisir son numéro d'immatriculation. L'adhésion au système est valable 30 jours; bien conserver le justificatif. L'utilisateur est ensuite débité du montant exact des passages effectués. **Rens. :** www.portugal tolls.com

Autre possibilité : payer aux bureaux de poste entre 48h et 5 jours après le passage par le péage.

**Axes secondaires**

À éviter dans les régions littorales, car la circulation y est difficile : mieux vaut emprunter l'autoroute, même sur de petites distances. Le trafic est moins dense dans l'intérieur du pays, mais le relief rend la conduite souvent éprouvante.

**Code de la route**

La vitesse est limitée à 120 km/h sur autoroute, 100 km/h sur voie express, 90 km/h sur route et 50 km/h en agglomération.

Le code de la route est le même qu'en France mais pas toujours respecté, notamment l'arrêt au stop ou la priorité à droite (souvent, l'axe le plus important est « prioritaire »).

Le Portugal a l'un des taux de mortalité routière les plus élevés d'Europe. La vitesse excessive et l'alcool (taux maximal de 0,5 g/l) sont surtout en cause. En cas d'accident, attendez la police, qui établira le constat.

Le port de la ceinture, le gilet fluorescent et le triangle de signalisation sont obligatoires. Sur certaines routes, il est obligatoire de rouler avec les feux de croisement allumés (contrôles fréquents). La conduite accompagnée et l'usage d'un téléphone au volant sont interdits.

#### EN CAS DE PANNE

**Automóvel Clube de Portugal**
📞 808 22 22 22, www.acp.pt

**Verbalisation**

Les étrangers doivent s'acquitter immédiatement de l'amende, sous peine de confiscation des papiers ou du véhicule.

**Stationnement**

Il est difficile et toujours payant (horodateurs). Dans les grandes villes, des «placeurs» aident les automobilistes à trouver une place moyennant un pourboire en forme de taxe (1 €). Un refus expose à une rayure vengeresse sur la portière...

**Carburants**

L'essence (95 et 98) et le diesel sont plus chers qu'en France.

En zone frontalière, il est intéressant d'aller faire le plein côté espagnol.

**Location de voitures**

Les principaux loueurs de voitures internationaux – Avis, Budget, Hertz, etc. – sont présents aux côtés d'entreprises locales. La location se fait dans les mêmes conditions que partout ailleurs en Europe. La plupart des voitures de location sont équipées d'un **dispositif électronique de paiement des péages.** Vous serez débité sur la carte bancaire ayant servi à la location de la voiture.

#### AUTOROUTES À PÉAGE ÉLECTRONIQUE

**Littoral Nord :** A27/IP9 (Viana do Castelo-Ponte de Lima), A28/IC1 (Viana do Castelo-Porto); **région de Lisbonne :** A13/IC3 (Atalaia-Tomar), A8/IC36 (Variante Sul de Leiria), A19/IC2 (Variante da Batalha); **Algarve :** A22 (Lagos-Castro Marim); **Centre :** A17/IC1 (Estádio de Aveiro-Mira-Autoestrada do Litoral Centro, A25/IP5 (Albergaria-a-Velha-Vilar Formoso), A29/IC1 (Miramar-Angeja).

## LOCATION DE VÉHICULE : À SAVOIR

Voici quelques astuces à savoir pour louer un véhicule sans tracas :

- Vous êtes obligé d'**utiliser la même carte bancaire** pour la souscription de la location et pour l'empreinte de carte qui sera prise sur place pour la caution. Si vous ne présentez pas la même carte, l'agence peut vous refuser le véhicule sans vous rembourser la location.
- Beaucoup de loueurs (souvent les moins chers) exigent une **carte de crédit** pour la caution. Or, la quasi-totalité des Français ne disposent que d'une carte de débit ! Contactez votre banque pour savoir comment en obtenir une. Si vous ne présentez pas une carte de crédit, l'agence peut vous refuser le véhicule sans vous rembourser la location.
- Si vous louez par un **comparateur** (comme BSP Auto, Carigami, Rentalcars...), celui-ci n'est pas responsable des contentieux avec le loueur : il faudra vous retourner directement contre celui-ci.
- Lisez toujours très attentivement le **contrat de location** pour connaître les options et les assurances incluses. Les loueurs les moins chers proposent toujours des frais très importants en cas d'accident.
- Pensez à **prendre en photo le véhicule** sous tous les angles possibles (extérieur et intérieur) au moment de la prise de la voiture, puis également au moment de sa restitution.
- Certains loueurs donnent le véhicule avec seulement un **réservoir à moitié plein**, et même parfois moins. Vous devez restituer le véhicule avec au minimum le même niveau.
- Certaines cartes bancaires (type Visa Premier) disposent d'une **assurance** pour les véhicules citadins, mais celle-ci n'est **pas valable pour les 4x4 ni pour les camping-cars**. Prenez, dans ce cas, une assurance à part ou celle proposée par l'agence de location.
- Il est fréquent que la **caution** soit réellement débitée et ne soit remboursée que plusieurs semaines après la restitution du véhicule.
- En cas de dégâts sur votre véhicule, **contactez immédiatement votre assurance** et demandez quels papiers sont nécessaires pour obtenir le remboursement des frais. Exigez-les fermement au loueur.

## En train

La compagnie nationale **Comboios de Portugal (CP)** possède un réseau assez peu développé de 3500 km, (contre 30000 km en France). Il dessert surtout la portion littorale entre Braga au nord et Faro au sud, ainsi que les principales villes de l'intérieur. Les trains sont assez lents et pas toujours à l'heure, en dehors de l'**Alfa Pendular**. Le transport des vélos est gratuit sur les liaisons urbaines et régionales.

### Comboios de Portugal

📞 707 21 02 20, www.cp.pt

### Les trains longue distance

Du plus lent au plus rapide, on distingue les trains omnibus *Inter-Regionais* (IR) et *Regionais* (R), et les *Intercidades* (IC), beaucoup plus rapides (réservations obligatoires).

L'**Alfa Pendular**, sorte de TGV, relie Braga-Porto-Coimbra-Lisbonne-Faro. Prévoyez 2h30-3h pour faire la liaison Lisbonne-Porto. La réservation de la place est obligatoire.

### Les trains de banlieue

Lisbonne, Porto et Coimbra disposent d'un réseau étendu de trains Urbanos (U), moins chers, plus nombreux et plus pratiques que les lignes de train classiques.

Les *Urbanos* de Lisbonne desservent Sintra, Cascais et Setúbal, ceux de Porto vont jusqu'à Braga, Guimarães et Aveiro, et ceux de Coimbra relient Figueira da Foz.

## En car

Voilà un moyen de transport très économique et qui permet de limiter son empreinte carbone ! Les cars portugais coûtent moins chers que le train et permettent d'aller quasiment partout.

Le réseau, très dense, est exploité par la compagnie nationale **Rede Expressos**, qui assure les liaisons entre les principales villes du pays à bord de cars confortables et climatisés.

Les liaisons entre les localités de province sont assurées par de nombreuses compagnies privées comme Rodonorte dans le Nord, Rodoviária do Oeste dans la région de Lisbonne, Rodoviária do Alentejo ou Eva Transportes en Algarve.

^ Le tramway de Po

**Rede Expressos**
707 22 33 44,
www.rede-expressos.pt

**Rodonorte**
259 340 710,
www.rodonorte.pt

**Rodoviária do Oeste**
262 76 76 76,
http://rodoviariadooeste.pt

**Rodoviária do Alentejo**
266 738 120,
www.rodalentejo.pt

**Eva Transportes**
707 223 344,
https://eva-bus.com

### En avion

Il existe des vols intérieurs sur trois lignes (Lisbonne-Porto, Lisbonne-Faro ou Porto-Faro), assurés soit par la **TAP Air Portugal** (www.flytap.com) soit par **Ryanair** (www.ryanair.com).

Cependant, vu la rapidité de l'**Alfa Pendular (p. 487)** sur des distances aussi courtes, ce mode de transport n'est vraiment pas conseillé car il se révèle ni économique ni écologique.

### En bateau

Des croisières touristiques d'un ou plusieurs jours permettent d'explorer la vallée du Douro et la vallée du Tage.

Les deux rives du Tage sont reliées par un bac à Lisbonne. Enfin, des ferries assurent la liaison entre Setúbal et Tróia dans l'estuaire du Sado.

## Hébergement et restauration

### Hébergement

Il est indispensable de réserver longtemps à l'avance en haute saison (Pâques, juin-août et vacances de Noël), en particulier en Algarve et dans les grandes villes. Prévoir d'importantes variations de prix selon les villes, les saisons et la proximité de la mer. Hors saison, une chambre peut être trois fois moins chère qu'au cœur de l'été !

#### Campings

Le camping sauvage est interdit. En général, les parques de *campismo* sont bon marché et corrects, surtout ceux de la chaîne Orbitur (www.orbitur.pt). Dans un camping de luxe, comptez autour de 5 € par adulte, autant pour la tente et autant pour le véhicule (- 50 % pour les 5-10 ans, gratuité pour les moins de 5 ans). Munissez-vous de la carte de camping internationale, souvent exigée (https://campingcardinternational.com).

En vente dans les librairies et les campings, le *Roteiro Campista* (www.roteiro-campista.pt) répertorie les terrains et donne leurs tarifs.

### Auberges de jeunesse

On les trouve surtout dans les grandes villes. Distinguer les *pousadas de juventude* institutionnelles (www.pousadasjuventude.pt, carte de membre exigée), un peu austères, et les *hostels* privés, plus modernes et cosy, mais aussi un peu plus chers. Décorés avec goût, ils occupent souvent des demeures anciennes, et proposent des dortoirs et des chambres privées avec ou sans salle de bains individuelle. Pas de limite d'âge.

### Chambres chez l'habitant

Elles se rencontrent dans les petites villes touristiques et les stations balnéaires. Les propriétaires sollicitent les clients dans les gares ou dans les rues, en brandissant des pancartes *alugam-se quartos*. Visitez et fixez le prix avant de conclure l'affaire. Choix de chambres sur **https://bedycasa.com**.

### Motéis

Les motels, classés de 2 à 3 étoiles, affichent, à confort égal, des tarifs moins élevés que ceux des hôtels. Le problème est qu'ils sont souvent situés dans des environnements ingrats.

www.motelemportugal.com

### Hôtels

On distingue la *pensão* (pension, catégorie la plus basse), le *residencial* (hôtel sans restaurant), l'*albergaria* (auberge), l'hôtel classique (de 2 à 5 étoiles) et l'*estalagem*, hôtel de charme à l'ambiance plus intime. Dans tous les cas, choisissez une pension ou un *residencial* de première catégorie (les deux sont classés en trois catégories) plutôt qu'un hôtel 2 étoiles ; vous paierez moins cher pour un confort équivalent et une ambiance plus familiale. Les hôtels disposent d'un restaurant, sauf dans les catégories inférieures. Le petit déjeuner *(pequeno almoço)* est généralement inclus.

### Tourisme rural

La campagne offre un beau choix de chambres d'hôtes et de gîtes ruraux.

Le ***Turismo rural*** (sigle TR) regroupe les fermes et les petites maisons rustiques de village *(casas rústicas)*.

L'***Agroturismo*** (sigle AT) concerne les *quintas e herdades*, exploitations où l'on peut participer aux activités agricoles.

Le ***Turismo de habitação*** (sigle TH) rassemble les maisons d'hôtes de charme et de prestige. Il existe trois grandes «appellations» :

**Solares de Portugal**

Maisons aristocratiques des XVII$^{e}$-XVIII$^{e}$ s., manoirs *(solares)* et *quintas* de charme avec mobilier d'époque et piscine... De superbes demeures anciennes (*casas antigas*) pour goûter à l'art de recevoir des familles portugaises.

www.solaresdeportugal.pt

**Aldeias de Portugal**

Maisons rustiques en pierre, fermes, anciennes usines ou écoles... Des gîtes ruraux dans les petits villages du Nord.

www.aldeiasportugal.pt

**Casas no Campo**

Du bungalow à la villa cossue, des maisons à la campagne inscrites dans un bel environnement naturel.

www.casasnocampo.pt

**Central nacional de Turismo no Espaço Rural** (CENTER)

www.center.pt

### *Pousadas*

Pour un séjour d'exception, ces hôtels chics occupent des édifices prestigieux (palais, châteaux,monastères) ou des bâtiments modernes inscrits dans de beaux sites naturels. Le confort correspond à un hôtel 4-étoiles, et la table est généralement gastronomique. Comptez de 120 à plus de 250 € pour une chambre double. Les *pousadas* historiques sont les plus recherchées. Réservez le plus tôt possible ou pistez les offres de dernière minute sur www.pousadas.pt.

## Restauration

### Heures

Le déjeuner *(o almoço)* se prend en général de 13h à 14h30, le dîner *(o jantar)* de 20h à 22h. En province, de nombreux établissements arrêtent de servir à 21h30. Si le restaurant est réputé, il est préférable de réserver.

### Mode d'emploi

Le plat du jour *(prato do dia)* et le menu *(ementa)* sont les formules les moins onéreuses. Dans les restos bon marché, la mention *meia dose* signifie que le plat est servi en demi-portion, largement suffisant même pour un gros appétit.

### Service et addition

Les *petiscos* (amuse-gueules servis en début de repas sans que vous les ayez commandés), le pain, le beurre et le couvert *(coperto)* sont facturés, de même que l'eau, toujours servie en bouteille. Tout cela vous sera facturé dès l'instant où vous y aurez touché...Refusez tout de suite ce que vous ne voulez pas consommer.

Le service étant compris, le pourboire est facultatif.

## LE PORTUGAL EN FÊTE

En mai-juin ou en septembre-octobre, vous assisterez à coup sûr à une *romaria* (p. 446), une fête religieuse donnée en l'honneur d'un saint. La Saint-Antoine (13 juin) et plus encore la Saint-Jean (24 juin) sont célébrées dans la liesse à Lisbonne, Évora et Braga. Le carnaval est fêté dans tout le pays, tout comme l'Assomption (15 août). La Semaine sainte de Braga compte parmi les fêtes les plus intéressantes.

## Quand partir

### Été

C'est bien sûr la haute saison. En juillet et août, les touristes affluent en nombre. Ne vous attendez pas à trouver des littoraux déserts...

Grâce aux vents océaniques, le littoral ne connaît jamais de chaleurs étouffantes, même en Algarve. En revanche, en Alentejo et dans le Trás-os-Montes, le thermomètre peut afficher plus de 40 °C.

L'été est la seule saison où la température de l'Atlantique devient acceptable, sans jamais atteindre des températures comme en Méditerranée. En Algarve, on se baigne de juin à septembre sans problème. La mer est plus fraîche dans le Nord et le Centre.

### Printemps et automne

C'est sans doute les meilleures périodes pour découvrir le pays, même si le ciel est parfois couvert. Il y a peu de touristes en dehors des vacances scolaires, et vous trouverez facilement une chambre d'hôtel. Seul ennui : il est bien difficile de se baigner ailleurs qu'en Algarve, et encore !

Au début de l'automne, la mer est encore agréable dans le Sud, et les plages sont moins surpeuplées. En contrepartie, les paysages de l'intérieur gardent les traces des chaleurs de l'été.

Au moment de la moyenne saison (avr.-mai et oct.), certains hôteliers réduisent leurs tarifs de 10 à 20 %.

### Hiver

Les températures restent clémentes et la neige est peu abondante, sauf dans les hautes serras du Nord-Est.

Le Nord est à éviter en raison des pluies, mais l'Algarve reste une belle région à visiter en janvier.

En outre, c'est la basse saison (nov.-mars) : vous passerez des nuits dans des hôtels de charme sans vous ruiner.

Attention : dans certaines zones, les restaurants et les hôtels les moins onéreux ne sont pas toujours très bien chauffés.

### JOURS FÉRIÉS

**1er janvier :** Jour de l'an.

**Février :** Mardi gras (jour variable).

**Mars ou avril :** Vendredi saint et lundi de Pâques (jours variables).

**25 avril :** jour de la Liberté, fête de la révolution des Œillets.

**1er mai :** fête du Travail.

**10 juin :** fête nationale (anniversaire de la mort du poète Luís de Camões en 1580).

**15 août :** Assomption.

**5 octobre** : fête de la proclamation de la république.

**1er décembre :** restauration de l'indépendance de 1640.

**8 décembre :** Immaculée Conception. **25 décembre** : Noël.

**Le 13 juin** (Saint-Antoine), le **24 juin** (Saint-Jean) et le **29 juin** (Saint-Pierre) peuvent entraîner la fermeture de magasins et de monuments.

Praia do Camilo près de Lagos

# Vie quotidienne

## Courrier

Les timbres *(selos)* s'achètent dans les bureaux de poste portant le sigle **CTT Correios**, dans les bureaux de tabac et chez les marchands de journaux. Des bornes rouges font office de boîtes aux lettres et de distributeurs de timbres.

## Décalage horaire

Il y a une heure de décalage avec la France : lorsqu'il est midi à Paris, il est 11h à Lisbonne. Les horaires d'été et d'hiver s'appliquent aux mêmes dates qu'en France.

## Handicap

Trains, bus et tramways récents sont généralement adaptés, tout comme les voies publiques dans une large mesure, ainsi que les grands sites touristiques et les musées nationaux. Les places de stationnement réservées aux handicapés sont plutôt bien respectées, mais parfois malaisées à utiliser, car trop étroites.

**Instituto nacional para a Reabilitação**
Av. Conde de Valbom, 63, Lisbonne (plan p. 78 / B1)
📞 215 95 27 70, www.inr.pt.

Pour connaître l'accessibilité d'un lieu, consultez : www.portugalacessivel.pt.

## Horaires

### Administrations

Lun.-ven. 8h30 (ou 9h)-12h (ou 13h) et 14h (ou 14h30)-18h (ou 18h30).

### Banques

Lun.-ven. 8h30 (ou 9h)-14h30 (ou 15h).

### Églises

Les plus importantes ont des horaires de visite étendus ; les plus petites n'ouvrent que lors des offices, à un moment où la déambulation de touristes est mal vue. Quant aux églises de campagne, si elles sont closes, il faut trouver la clé et quelqu'un pour vous accompagner...

### Magasins

Lun.-ven. 8h-12h30 et 15h-19h.

Le shopping du samedi après-midi n'est pas une habitude portugaise. À partir de 13h, tout est fermé en dehors des centres commerciaux, qui restent ouverts le dimanche.

### Musées

Mar.-dim. (sauf jours fériés) 9h30/10h jusqu'à 17h/18h. Une interruption à l'heure du déjeuner est de règle en province.

Dans les musées nationaux, gratuité pour les moins de 12 ans et les handicapés, et réduction de 50 % pour les étudiants et les plus de 65 ans. Certains musées sont gratuits un jour dans la semaine ou le 1er dimanche du mois.

### Pharmacies

Lun.-ven. 9h-13h et 15h -19h, sam. 10h-13h.

### Postes

Lun.-ven. 8h-12h30 et 14h30-18h.

Dans les grandes villes, les postes principales ne font pas de coupure le midi et ouvrent le samedi matin.

## Langue

Le personnel des offices de tourisme et de l'hôtellerie parle souvent le français. À défaut, il est possible de se faire comprendre en anglais, mais vos efforts pour parler la langue seront appréciés.

**Voir le lexique, p. 493.**

## Politesse et usages

### Dans les églises

Évitez de visiter les sanctuaires pendant les offices. Le short est déconseillé.

### En général

On s'adressera souvent à vous par des *Senhor* ou *Senhora*. Ne soyez pas avare de *se faz favor* («s'il vous plaît») ou de *obrigado – obrigada* au féminin – («merci»). Dire *Olá* («Salut !») quand on entre dans un café ou une boutique.

## Pourboire

La *gorjeta* est une pratique courante dans l'hôtellerie, la restauration et aux spectacles. Laissez 10 % de votre note au chauffeur de taxi et au serveur.

## Téléphone

Depuis 2017, les frais d'itinérance (*roaming*) ne sont plus facturés par votre opérateur mobile lors de vos voyages dans les pays de l'Union européenne. Vos communications au Portugal vous coûteront le même prix que si vous étiez en France. Même chose pour la navigation sur Internet, mais il peut y avoir des quotas à ne pas dépasser. Renseignez-vous auprès de votre opérateur.

## Voyagistes

La plupart des voyagistes proposent une gamme complète de formules allant du circuit organisé à l'itinéraire individuel, permettant de voyager à son rythme sans avoir à se préoccuper de l'organisation.

### Spécialistes des voyages au Portugal

**Terra Lusitania**
www.terra-lusitania.com

**Portugal Authentique** www.portugal-authentique.com

# URGENCES • ADRESSES UTILES

## NUMÉROS ET LIENS UTILES

**Urgences (police, pompiers ou ambulance)** ☎112

**Aide aux touristes** ☎800 296 296

**Objets trouvés** https://perdidoseachados.mai.gov.pt

**Ambassade de France à Lisbonne** ☎213 939 100, https://pt.ambafrance.org

**Institut portugais de la mer et de l'atmosphère** www.ipma.pt (météo et conditions de baignade et de surf en direct)

## SANTÉ

Suite à la pandémie de Covid, il est impératif de vous renseigner sur les conditions pour entrer dans le pays : preuve de schéma vaccinal complet voire test négatif peuvent être exigés. Renseignez-vous sur les documents nécessaires pour voyager et sur la situation sanitaire dans le pays sur **www.diplomatie.gouv.fr/fr/je-pars-a-l-etranger**

**Carte européenne d'assurance maladie (CEAM)**
Demandez-la auprès de la Sécurité sociale plus de deux semaines avant votre départ. Il suffit de présenter cette carte (gratuite et valable deux ans) et une pièce d'identité pour que vos soins soient pris en charge dans un centre médical public ou un hôpital public.

## PHARMACIES

Un tour de garde des pharmacies est effectué les dimanches et jours fériés. Un panonceau indique l'adresse de l'officine la plus proche.

## HÔPITAUX

Vous pouvez vous rendre dans les centres de soins publics *(Centros de Saúde)*, les services de soins ouverts 24h/24 *(Serviços de Atendimento Permanente)* ou les hôpitaux (en cas d'urgence). Liste de médecins francophones sur le site de l'ambassade de France à Lisbonne. Prestataires de soins de santé publics : www.sns.gov.pt/sns/pesquisa-prestadores

## SÉCURITÉ

Prenez les mêmes précautions qu'en France : ne laissez rien en évidence dans votre voiture. Le risque de retrouver son véhicule fracturé est plus important dans les grandes villes et aux abords des plages. La vigilance est de mise dans le métro et les tramways à Lisbonne, en particulier sur les lignes 15E et 28E. Les pickpockets opèrent généralement près des portes.

## PERTE OU VOL DE CARTE BANCAIRE

Avant de partir, procurez-vous, auprès de votre agence, le numéro à composer pour faire immédiatement opposition depuis l'étranger. Pensez à noter les 16 chiffres de votre carte bancaire, ils vous seront demandés.

De France, appelez le **☎0892 705 705** (service groupé d'opposition).

**Carte Visa**
☎800 811 824, www.visa.com

**American Express**
☎01 47 77 72 00, wwwamericanexpress.com

**Eurocard/MasterCard**
☎800 811 272 (du Portugal), www.mastercard.com

## PERTE OU VOL DE VOS PAPIERS D'IDENTITÉ

Faire une déclaration de vol auprès des autorités de police portugaises : Polícia de Segurança Publíca (www.psp.pt) ou Guarda Nacional Republicana (www.gnr.pt).

Contactez votre compagnie aérienne pour avoir confirmation que vous serez autorisé à embarquer sur présentation de la déclaration et de la copie de vos papiers d'identité. En cas de refus, contactez les autorités consulaires de l'ambassade de France pour obtenir un laisser-passer (payant).

Pour faciliter vos démarches en cas de perte ou de vol, pensez à scanner tous vos documents avant de partir et à les envoyer par courriel à votre propre adresse électronique ou sauvegardez-les en ligne sur le site www.service-public.fr.

# LEXIQUE

## Mots et expressions usuels

| | |
|---|---|
| **À tout à l'heure** | *até logo* |
| **Au revoir** | *adeus, até a vista* |
| **Bonjour** | *bom dia (le matin), boa tarde (l'après-midi), boa noite (le soir)* |
| **C'est (im)possible** | *é (im)possível* |
| **Cette place est-elle libre ?** | *este lugar está livre ?* |
| **Combien coûte ?** | *quanto custa ?* |
| **D'accord** | *está bem* |
| **Excusez-moi** | *desculpe, com licença* |
| **Il fait chaud/froid** | *está calor/frio* |
| **J'ai perdu mon sac/ porte-monnaie** | *perdi minha mala/ minha carteira* |
| **Je ne comprends pas** | *não percebo* |
| **Je n'en veux pas** | *não quero* |
| **Je ne sais pas** | *não sei* |
| **Madame** | *a senhora* |
| **Mademoiselle** | *a menina* |
| **Merci** | *obrigado (dit par un homme), obrigada (dit par une femme)* |
| **Monsieur** | *o senhor* |
| **Montrez-moi, s'il vous plaît** | *mostre-me, se faz favor* |
| **Oui/non** | *sim/não* |
| **Parlez-vous français/ anglais ?** | *fala francês/ inglês ?* |
| **Pourquoi ?** | *por quê ?* |
| **S'il vous plaît** | *se faz favor* |

## Espace et temps

| | |
|---|---|
| **À droite** | *à direita* |
| **À gauche** | *à esquerda* |
| **Aujourd'hui** | *hoje* |
| **Demain** | *amanhã* |
| **Heure** | *hora* |
| **Hier** | *ontem* |
| **Ici** | *aqui/cá* |
| **Loin** | *longe* |
| **Matin** | *manhã* |
| **Midi/après-midi** | *meio-dia/tarde* |
| **Mois** | *mês* |
| **Nuit** | *noite* |
| **Où se trouve ?** | *onde é?* |
| **Semaine** | *semana* |
| **Soir** | *tarde* |
| **Tout droit** | *em frente* |
| **Lundi** | *segunda-feira* |
| **Mardi** | *terça-feira* |
| **Mercredi** | *quarta-feira* |
| **Jeudi** | *quinta-feira* |
| **Vendredi** | *sexta-feira* |
| **Samedi** | *sábado* |
| **Dimanche** | *domingo* |

## Interdits et avertissements

| | |
|---|---|
| **Circulation interdite** | *trânsito proibido* |
| **Danger** | *perigo* |
| **Défense d'entrer/ de fumer/de se baigner** | *é proibido entrar/ fumar/tomar banho* |
| **Entrée/Sortie** | *entrada/saída* |
| **Interdit** | *proibido* |
| **Libre** | *livre* |
| **Ouvert/Fermé** | *aberto/fechado* |
| **Passage interdit** | *passagem proibida* |
| **Poussez/Tirez** | *empurre/puxe* |
| **Sens interdit** | *sentido proibido* |
| **Stationnement interdit** | *estacionamento proibido* |
| **Travaux** | *obras* |

## En ville

| | |
|---|---|
| **Avenue, rue, place** | *avenida, rua, praça* |
| **Banque** | *banco* |
| **Boutique** | *loja* |
| **Distributeur automatique** | *caixa multibanco* |
| **Hôtel de ville** | *câmara municipal* |
| **Marché/foire** | *feira* |
| **Office de tourisme** | *posto de turismo* |
| **Plan (de la ville)** | *mapa (da cidade)* |
| **Poste** | *correio* |
| **Quartier** | *bairro* |
| **Quel chemin est le plus pratique pour... ?** | *qual é o melhor caminho para... ?* |
| **Renseignements** | *informações* |
| **Téléphone** | *telefone* |
| **Timbres** | *selos* |

## Transports

| | |
|---|---|
| **Aller et retour** | *ida e volta* |
| **À quelle heure part le rapide pour... ?** | *a que horas sai o rápido para... ?* |
| **Arrivée/départ** | *chegada/partida* |
| **Autobus** | *autocarro* |
| **Bagages/valise** | *as bagagens/mala* |
| **Bateau** | *barco* |
| **Un billet de 1re, de 2e classe pour...** | *um bilhete de primeira, segunda classe para...* |
| **Consigne** | *depósito* |
| **Essence sans plomb** | *gasolina sem chumbo* |
| **Gare** | *estação* |
| **Je voudrais louer une voiture/un vélo** | *queria alugar um carro/uma bicicleta* |

| | |
|---|---|
| **Où dois-je changer ?** | *onde tenho de mudar ?* |
| **Où est la gare ?** | *onde fica a estação ?* |
| **Où est l'arrêt le plus proche ?** | *onde é a próxima paragem ?* |
| **Le plein** | *cheio ou pleno* |
| **Quai** | *plataforma, cais* |
| **Quand part un autobus pour… ?** | *quando sai um autocarro para… ?* |
| **Route** | *estrada* |
| **Station essence** | *posto de gasolina* |
| **Train** | *comboio* |
| **Tramway** | *elétrico* |
| **Voiture** | *automóvel* |

## À l'hôtel

| | |
|---|---|
| **Avez-vous des chambres ?** | *tem quartos livres ?* |
| **Couverture** | *cobertor* |
| **Lit** | *cama* |
| **Oreiller** | *travesseiro* |
| **Petit déjeuner** | *pequeno almoço* |
| **Puis-je voir chambre ?** | *posso ver o la quarto ?* |
| **Salle de bains** | *casa de banho* |
| **Vous n'avez pas de chambre plus tranquille ?** | *você não tem um quarto mais tranquilo ?* |

## Au restaurant

| | |
|---|---|
| **L'addition, s'il vous plaît** | *a conta se faz favor* |
| **Beurre** | *manteiga* |
| **Bière (très fraîche)** | *cerveja (fresquinha)* |
| **Bœuf/porc/mouton** | *carne de vaca/ porco/carneiro* |
| **Café** | *café* |
| **Cochon de lait** | *leitão* |
| **Coquillages** | *mariscos* |
| **Crevettes** | *camarão* |
| **Déjeuner** | *almoço* |
| **Dessert** | *sobremesa* |
| **Dîner** | *jantar* |
| **Eau minérale pétillante/plate/ fraîche** | *água mineral com gás/sem gás/ fresca* |
| **Fromage** | *queijo* |
| **Haricots** | *feijão* |
| **Huile d'olive, vinaigre** | *azeite, vinagre* |
| **Je voudrais réserver une table** | *eu queria reservar uma mesa* |
| **Menu, carte** | *ementa, lista* |
| **Morue** | *bacalhau* |
| **Œuf** | *ovo* |
| **Pain** | *pão* |
| **Poisson** | *peixe* |
| **Pommes de terre** | *batatas* |
| **Potage** | *sopa* |
| **Plat du jour** | *prato do dia* |
| **Sel, poivre** | *sal, pimenta* |
| **Sucre** | *açúcar* |
| **Table** | *mesa* |
| **Thé** | *chá* |
| **Verre de vin rouge/ blanc** | *copo de vinho tinto/ branco* |

## Urgences et Santé

| | |
|---|---|
| **Accident** | *desastre* |
| **Aidez-moi, s'il vous plaît !** | *ajude-me, por favor !* |
| **Appelez un médecin/ un dentiste/la police** | *chame um médico/a polícia* |
| **Hôpital** | *hospital* |
| **Je suis malade** | *estou doente* |
| **Je suis perdu(e)** | *estou perdido/ perdida* |
| **Médicament** | *remédio, medicamento* |
| **Où sont les toilettes ?** | *onde é a casa de banho ?* |
| **Pharmacie** | *farmácia* |

## Les nombres

| | |
|---|---|
| **1** | *um* |
| **2** | *dois (fém. duas)* |
| **3** | *três* |
| **4** | *quatro* |
| **5** | *cinco* |
| **6** | *seis* |
| **7** | *sete* |
| **8** | *oito* |
| **9** | *nove* |
| **10** | *dez* |
| **20** | *vinte* |
| **30** | *trinta* |
| **40** | *quarenta* |
| **50** | *cinquenta* |
| **60** | *sessenta* |
| **70** | *setenta* |
| **80** | *oitenta* |
| **90** | *noventa* |
| **100** | *cem* |
| **1000** | *mil* |

# NOTES PERSONNELLES

# INDEX

## A



## B



## C



## E



## F



## G

# CRÉDITS PHOTOS

**Adobe Stock**

Acnalesky : 343 ; Alex : 231 ; alexanderkonsta : 326, 344 ; am : 13 ; André Almeida: 9 (ht) ; Jorge Alves : 341 ; analuciasilva : 416-417 ; aro49 : 319, 399 ; aroxopt : 211 ; aterrom : 4, 75, 89 ; Christophe Cappelli : 236 ; daliu : 8, 15 (b.), 490 ; Simon Dannhauer : 16 ; DHorta : 296 ; Digitalsignal : 287 ; Discovod : 233 ; DMAH : 9 (b.) ; dudlajzov : 347, 381 ; e55evu : 246 ; efesenko : 5 (ht) ; eskystudio : 57 ; estivillml : 389 ; Eunikas : 251, 458 ; Fazon : 284 (ht) ; Sergii Figurnyi : 33, 199 ; Luis Fonseca : 393 ; Sergio Formoso : 434 ; fotobeam.de : 59 ; Fotoeventis : 212 ; fotojanis : 11 (ht) ; Frack : 327 ; MIGUEL GARCIA SAVED : 425 ; Julian Gazzard : 274-275 ; GVictoria : 338 ; Nido Huebl : 272 ; Iam_Autumnshine : 361 ; jeayesy : 314-315 ; joboalam : 243 ; joserpizarro : 214 ; jroberpg : 41 ; joyt : 488 ; Lukasz Janyst : 14 ; KajzrPhotography.com : 466 ; Kavalenkava : 121 ; Nickolay Khoroshkov : 55 ; Mariia Korneeva : 26 ; Luis : 141 ; Paco Luna : 17 ; Kisa_Markisa : 5 (b.) ; kite_rin : 7 (ht), 265, 294 ; malajscy : 20 ; ManuelHurtado : 138 ; mehdi : 335 ; Artem Merzlenko : 70 ; milosk50 : 225 ; moedas1 : 152 ; mtrommer : 109 ; Natalia Mylova : 9 (m) ; Joaquin Ossorio-Castillo : 299 ; peizais : 366 ; inacio pires : 193, 216 ; pkazmierczak : 15 (ht) ; PUNTOSTUDIOFOTO Lda : 103 ; Edler von Rabenstein : 166 ; raquel : 12 ; Relay24 : 413 ; Rolf : 424 ; ronnybas : 94 ; Alexandre Rotenberg : 185, 477 ; Saiko3p : 407, 410-411 ; SeanPavonPhoto : 67 ; sergojpg : 271 ; shantihesse : 259 ; siempreverde22 : 412 ; Nikolai Sorokin : 65 ; Fátima Sorte/EyeEm : 29 ; Jose Ignacio Soto : 135 ; StockPhotosArt : 196-197, 221, 222-223, 226, 403 ; streetflash : 459 ; Taiga : 10 (ht) ; Tamas : 6 (ht) ; Tilio & Paolo : 164-165 ; TMAX : 202-203 ; Tobias : 200 ; Rui Vale de Sousa : 110 ; Vector : 330 ; viennetta14 : 340-341 ; Vincent : 298 ; Yasonya : 97 ; zm_photo : 428 (ht).

**Shutterstock**

agsaz : 161 ; amnat30 : 85 ; Amurca : 358 ; art_of_sun : 162 ; canyalcin : 177 ; Francisco Caravana : 460 ; John Copland : 260 ; Alessandro Cristiano : 145 ; eXpose : 34-35, 456-457 ; Luis Pedro Fonseca : 46 ; Fotoeventis : 337 ; Glen Photo : 136 ; Russ Heinl : 153 ; InnaFelker : 307 ; Inspired By Maps : 93 ; JeanLucIchard : 74 ; KajzrPhotography : 100 ; Anjo Kan : 234 ; Pawel Kazmierczak : 38-39 ; Kiev.Victor : 369 ; Aivita Lejniece : 349 ; matremors : 448 ; Mikadun : 450 ; Neirfy : 125 ; Andrey Orekhov : 11 (b.) ; Sean Pavone : 355 ; Sergey Peterman : 415 ; Pinkcandy : 51 ; Inacio Pires : 189 ; portumen : 333 ; Matyas Rehak : 116 ; Mauro Rodrigues : 250, 440 ; rui vale sousa : 418-419 ; ruigsantos : 81 ; saiko3p : 7 (b.), 42-43 ; S-F : 130-131, 159 ; Angel Simon : 475 ; Madhusudan Singh : 25 ; StevanZZ : 6 (b.) ; StockPhotosArt : 83, 108, 463 (ht) ; Studio f22 ricard : 23 ; Ferenc Szelepcsenyi : 18 (b.) ; Takashi Images : 206, 362 ; Filipe B. Varela : 474 ; Vector99 : 384 ; Vlada Z : 10 (b.) ; Wirestock Creators : 428 (b.), 485.

**Hemis**

Alamy : 229 ; Jon Arnold : 19, 22, 98, 113, 151, 155, 168, 181, 182-183, 217, 224, 232, 245, 257, 266, 279, 291, 311, 320, 328, 371, 383, 397, 421, 422 ; Aurora : 429 ; Philippe Blanchot : 201 ; Maurizio Borgese : 470, 471 ; Guy Christian : 241 ; Marc Dozier : 480 ; Patrick Frilet : 179 ; Bertrand Gardel : 263 ; Franck Guiziou : 106-107 ; Robert Harding : 219 ; Patrice Hauser : 140 ; Stéphane Lemaire : 18 (ht), 479 ; Richard Manin : 443 ; Bruno Perousse : 465 ; Jacques Pierre : 48 ; Jean-Baptiste Rabouan : 134 ; Philippe Renault : 149, 317 ; Bertrand Rieger : 63, 72, 87, 137, 404, 408 ; Emilio Suetone : 463 (b.) ; Stefano Torrione : 139 ; Westend 61 : 282.

**Alamy/Hemis**

Mauricio Abreu : 252 (b.) ; agefotostock : 469 (b.) ; Joao Almeida : 147 ; Sergio Azenha : 365 ; Fernando Batista : 284 (b.) ; Paul Bernardt : 187 ; Louis Champion : 454 ; Ian Dagnall : 302 ; Angelo DeVal – Travel Photography : 285 ; Paul Domanski : 172 ; Jose Elias : 129 ; Adam Eastland Art + Architecture : 374 ; Peter Eastland : 431 ; Jose Pedro Fernandes : 170 ; geogphotos : 252 (ht) ; GM Photo Images : 130 ; Olivier Guiberteau : 426 ; imageBroker : 455 ; Ivy Close Images : 451 ; Dorling Kindersley ltd : 395 ; Cro Magnon : 209, 427, 437 ; Jack Malipan Travel Photography : 379 ; Aliaksandr Mazurkevich : 467 ; Anamaria Mejia : 372-373 ; Irina Naoumova : 481 ; Pandora : 77 ; Panther Media : 472-473 ; parkerphotography : 386 ; Zacarias Pereira da Mata : 469 (ht) ; Hans Rönneke : 446-447 ; Witold Skrypczak : 253 ; Cesar Soares : 322 ; Jacek Sopotnicki : 305 ; Martin Thomas Photography : 123 ; Visions from Earth : 2.

**Sarah Sergent**

176, 392.

La présente édition de ce guide a été mise à jour par **Natasha Penot**.
L' édition originale a été établie par **Denis Montagnon** et augmentée par **Sandrine Rabardeau** et **Sarah Sergent**.

**Direction :** Sidonie Chollet
**Direction éditoriale :** Cécile Petiau
**Édition :** Adam Stambul
**Ont également collaboré :** Nathalie Mayevski, Inès Da Silva Rodriguès
**Cartographie :** Aurélie Huot et Frédéric Clémençon
**Fabrication :** Liza Sacco

**Conception graphique de la couverture et de la maquette intérieure :** Elsa Antoine
**Illustrations du plat 1 et plat 4 :** © Nicolas Galkowski / www.pekelo.fr
**Mise en pages intérieure :** Maogani

**Contact presse :** Rachida Mazef, rmazef@hachette-livre.fr ☎ 01 43 92 36 66
**Contact partenariat et publicité :** partenariat-tourisme@hachette-livre.fr

**Pour nous écrire :** Hachette Tourisme / Guides Évasion
58, rue Jean-Bleuzen - 92170 Vanves
evasion@hachette-livre.fr



Édité par Hachette Livre, 58, rue Jean-Bleuzen, CS 70007, 92178 Vanves cedex
Imprimé en République tchèque par Finidr

Achevé d'imprimer : mars 2022 – Dépôt légal : mars 2022
Collection n° 25 – Édition n° 1
ISBN : 978-2-01-628202-1
Code ouvrage : 15-0890-0